现代经济增长导论

Introduction to Modern Economic Growth

（上册）

[美] 达龙·阿西莫格鲁 著
Daron Acemoglu

唐志军 徐浩庆 谌莹 译　徐浩庆 谌莹 校

中信出版集团 | 北京

图书在版编目（CIP）数据

现代经济增长导论 /（美）达龙·阿西莫格鲁著；
唐志军，徐浩庆，谌莹译 . -- 北京：中信出版社，
2019.8（2024.11重印）
书名原文：Introduction to Modern Economic Growth
ISBN 978-7-5217-0343-6

Ⅰ.①现… Ⅱ.①达… ②唐… ③徐… ④谌… Ⅲ.
①经济增长—研究 Ⅳ.① F061.2

中国版本图书馆 CIP 数据核字（2019）第 060579 号

Introduction to Modern Economic Growth by Daron Acemoglu
Copyright © 2009 by Princeton University Press
No part of this book may be reproduced or transmitted in any form or by any means, electronic
or mechanical, including photocopying, recording or by any information storage and retrieval
system, without permission in writing from the Publisher.
Simplified Chinese translation copyright © 2019 by CITIC Press Corporation
ALL RIGHTS RESERVED

本书仅限中国大陆地区发行销售

现代经济增长导论

作　　者：[美]达龙·阿西莫格鲁
译　　者：唐志军　徐浩庆　谌莹
校　　对：徐浩庆　谌莹
出版发行：中信出版集团股份有限公司
　　　　　（北京市朝阳区东三环北路 27 号嘉铭中心　邮编　100020）
承　印　者：河北鹏润印刷有限公司

开　　本：787mm×1092mm　1/16　　印　张：73.75　　字　数：1000 千字
版　　次：2019 年 8 月第 1 版　　印　次：2024 年 11 月第 7 次印刷
京权图字：01-2009-5404
书　　号：ISBN 978-7-5217-0343-6
定　　价：198.00 元（上下册）

版权所有·侵权必究
如有印刷、装订问题，本公司负责调换。
服务热线：400-600-8099
投稿邮箱：author@citicpub.com

献给阿苏，为了她永恒的爱和支持

总 目

前言 XI

第一篇　引言

第 1 章　经济增长和经济发展的相关问题 3
第 2 章　索洛增长模型 27
第 3 章　索洛模型及数据 84
第 4 章　经济表现差异的根本原因 121

第二篇　迈向新古典增长

第 5 章　新古典增长的基础 163
第 6 章　无限期界最优化及动态规划 204
第 7 章　最优控制理论导论 257

第三篇　新古典增长

第 8 章　新古典增长模型 329
第 9 章　叠代增长 379
第 10 章　人力资本与经济增长 419
第 11 章　第一代内生增长模型 454

第四篇　内生技术变化

第 12 章　技术变化的模型 483

第 13 章　扩展投入品种类模型 ⋯⋯⋯⋯⋯⋯⋯⋯⋯⋯⋯⋯⋯⋯⋯⋯⋯⋯⋯⋯⋯ 510
第 14 章　熊彼特增长模型 ⋯⋯⋯⋯⋯⋯⋯⋯⋯⋯⋯⋯⋯⋯⋯⋯⋯⋯⋯⋯⋯⋯⋯ 542
第 15 章　定向技术变化 ⋯⋯⋯⋯⋯⋯⋯⋯⋯⋯⋯⋯⋯⋯⋯⋯⋯⋯⋯⋯⋯⋯⋯⋯ 592

第五篇　随机增长

第 16 章　随机动态规划 ⋯⋯⋯⋯⋯⋯⋯⋯⋯⋯⋯⋯⋯⋯⋯⋯⋯⋯⋯⋯⋯⋯⋯⋯ 639
第 17 章　随机增长模型 ⋯⋯⋯⋯⋯⋯⋯⋯⋯⋯⋯⋯⋯⋯⋯⋯⋯⋯⋯⋯⋯⋯⋯⋯ 676

第六篇　技术扩散、国际贸易和技术依存

第 18 章　技术扩散 ⋯⋯⋯⋯⋯⋯⋯⋯⋯⋯⋯⋯⋯⋯⋯⋯⋯⋯⋯⋯⋯⋯⋯⋯⋯⋯ 729
第 19 章　贸易和增长 ⋯⋯⋯⋯⋯⋯⋯⋯⋯⋯⋯⋯⋯⋯⋯⋯⋯⋯⋯⋯⋯⋯⋯⋯⋯ 775

第七篇　经济发展与经济增长

第 20 章　结构变化与经济增长 ⋯⋯⋯⋯⋯⋯⋯⋯⋯⋯⋯⋯⋯⋯⋯⋯⋯⋯⋯⋯⋯ 833
第 21 章　发展中的结构转型和市场失灵 ⋯⋯⋯⋯⋯⋯⋯⋯⋯⋯⋯⋯⋯⋯⋯⋯⋯ 867

第八篇　增长的政治经济学

第 22 章　制度、政治经济学及增长 ⋯⋯⋯⋯⋯⋯⋯⋯⋯⋯⋯⋯⋯⋯⋯⋯⋯⋯⋯ 929
第 23 章　政治制度和经济增长 ⋯⋯⋯⋯⋯⋯⋯⋯⋯⋯⋯⋯⋯⋯⋯⋯⋯⋯⋯⋯⋯ 988
后　　记　经济增长的机制和原因 ⋯⋯⋯⋯⋯⋯⋯⋯⋯⋯⋯⋯⋯⋯⋯⋯⋯⋯⋯⋯ 1024

第九篇　数学附录

附录 A　实分析拾零及其在优化中的应用 ⋯⋯⋯⋯⋯⋯⋯⋯⋯⋯⋯⋯⋯⋯⋯⋯⋯ 1043
附录 B　常微分方程综述 ⋯⋯⋯⋯⋯⋯⋯⋯⋯⋯⋯⋯⋯⋯⋯⋯⋯⋯⋯⋯⋯⋯⋯⋯ 1091
附录 C　动态博弈简介 ⋯⋯⋯⋯⋯⋯⋯⋯⋯⋯⋯⋯⋯⋯⋯⋯⋯⋯⋯⋯⋯⋯⋯⋯⋯ 1111
定理目录 ⋯⋯⋯⋯⋯⋯⋯⋯⋯⋯⋯⋯⋯⋯⋯⋯⋯⋯⋯⋯⋯⋯⋯⋯⋯⋯⋯⋯⋯⋯⋯ 1124
参考文献 ⋯⋯⋯⋯⋯⋯⋯⋯⋯⋯⋯⋯⋯⋯⋯⋯⋯⋯⋯⋯⋯⋯⋯⋯⋯⋯⋯⋯⋯⋯⋯ 1129

上册

目 录

前言 ··· XI

第一篇 引言

第 1 章 经济增长和经济发展的相关问题 ··· 3
  1.1 跨国收入差距 ·· 3
  1.2 收入和福利 ··· 6
  1.3 经济增长和收入差距 ·· 9
  1.4 当前收入差距和世界经济增长的起源 ·· 11
  1.5 有条件的收敛* ·· 15
  1.6 经济增长的相关因素 ·· 17
  1.7 从相关因素到根本原因 ··· 19
  1.8 本章思路 ··· 21
  1.9 参考文献 ··· 23

第 2 章 索洛增长模型 ··· 27
  2.1 基本索洛模型的经济环境 ··· 28
  2.2 离散时间的索洛模型 ·· 36
  2.3 离散时间索洛模型的转移动态 ·· 46
  2.4 连续时间的索洛模型 ·· 51
  2.5 连续时间索洛模型的转移动态 ·· 54
  2.6 持续增长初探 ·· 59
  2.7 考虑技术进步的索洛模型 ··· 61

III

- 2.8 比较动态学 ··· 73
- 2.9 小结 ··· 74
- 2.10 参考文献 ··· 75
- 2.11 习题 ·· 77

第3章 索洛模型及数据 ··· 84
- 3.1 增长核算 ·· 84
- 3.2 索洛模型和回归分析 ······································ 87
- 3.3 包含人力资本的索洛模型 ································ 93
- 3.4 索洛模型和跨国收入差距：回归分析 ················· 98
- 3.5 对生产率差异进行校准 ·································· 106
- 3.6 估计生产率差异 ··· 110
- 3.7 小结 ··· 116
- 3.8 参考文献 ·· 117
- 3.9 习题 ··· 118

第4章 经济表现差异的根本原因 ································· 121
- 4.1 直接原因与根本原因 ····································· 121
- 4.2 规模经济、人口、技术和全球增长 ···················· 125
- 4.3 四大根本原因 ··· 127
- 4.4 制度对经济增长的影响 ·································· 137
- 4.5 什么类型的制度？ ·· 150
- 4.6 疾病与发展 ·· 152
- 4.7 制度的政治经济学：初步思考 ························· 155
- 4.8 小结 ··· 155
- 4.9 参考文献 ·· 156
- 4.10 习题 ·· 159

第二篇 迈向新古典增长

第5章 新古典增长的基础 ··· 163
- 5.1 引子 ··· 163

5.2 代表性家庭 ········· 166
5.3 无限规划期界 ········· 173
5.4 代表性企业 ········· 175
5.5 问题的公式化表述 ········· 177
5.6 福利理论 ········· 178
5.7 第二福利定理的证明（定理5.7）* ········· 187
5.8 序贯交易 ········· 191
5.9 最优增长 ········· 194
5.10 小结 ········· 196
5.11 参考文献 ········· 197
5.12 习题 ········· 199

第6章 无限期界最优化及动态规划 ········· 204
6.1 离散时间的无限期界最优化问题 ········· 204
6.2 稳态动态规划 ········· 207
6.3 稳态动态规划的一些定理 ········· 209
6.4 压缩映射定理及其应用* ········· 213
6.5 主要动态规划定理的证明 ········· 218
6.6 稳态动态规划的应用 ········· 226
6.7 非稳定无限期界的最优化问题 ········· 238
6.8 离散时间的最优增长 ········· 242
6.9 竞争均衡增长 ········· 247
6.10 计算 ········· 249
6.11 小结 ········· 250
6.12 参考文献 ········· 250
6.13 习题 ········· 252

第7章 最优控制理论导论 ········· 257
7.1 变分参数 ········· 258
7.2 最大化原则：初步探讨 ········· 266
7.3 无限期界的最优控制 ········· 272
7.4 关于横截性条件的更多讨论 ········· 284

- 7.5 有贴现的无限期界最优化控制 288
- 7.6 解的存在性、凹性和可微性* 295
- 7.7 初探连续时间的最优增长问题 305
- 7.8 投资的 q 理论和鞍轨稳定 307
- 7.9 小结 313
- 7.10 参考文献 314
- 7.11 习题 317

第三篇 新古典增长

第 8 章 新古典增长模型 329
- 8.1 偏好、技术和人口 329
- 8.2 刻画均衡 336
- 8.3 最优增长 344
- 8.4 稳态均衡 345
- 8.5 转移动态和均衡的唯一性 347
- 8.6 离散时间下的新古典增长模型 351
- 8.7 技术变化和经典新古典模型 353
- 8.8 政策的作用 360
- 8.9 比较动态 362
- 8.10 定量分析 363
- 8.11 扩展 366
- 8.12 小结 367
- 8.13 参考文献 367
- 8.14 习题 369

第 9 章 叠代增长 379
- 9.1 无限问题 379
- 9.2 基本叠代模型 382
- 9.3 标准叠代模型 389
- 9.4 叠代模型中的过度积累和竞争均衡下的帕累托最优问题 390
- 9.5 社会保障在资本积累中的作用 394

- 9.6 非纯粹利他主义下的叠代 ······ 397
- 9.7 永葆青春前提下的叠代问题 ······ 401
- 9.8 连续时间下的叠代问题 ······ 404
- 9.9 小结 ······ 411
- 9.10 参考文献 ······ 412
- 9.11 习题 ······ 414

第10章 人力资本与经济增长 ······ 419
- 10.1 一个简单的分离定理 ······ 419
- 10.2 学校教育的投资和回报 ······ 422
- 10.3 本–波拉斯模型 ······ 424
- 10.4 有物质资本和人力资本的新古典增长模型 ······ 428
- 10.5 叠代模型中的资本–技能互补性 ······ 433
- 10.6 不完全劳动市场中的物质资本和人力资本 ······ 437
- 10.7 人力资本外部性 ······ 443
- 10.8 人力资本的纳尔逊–菲尔普斯模型 ······ 445
- 10.9 小结 ······ 447
- 10.10 参考文献 ······ 449
- 10.11 习题 ······ 450

第11章 第一代内生增长模型 ······ 454
- 11.1 回顾 AK 模型 ······ 455
- 11.2 包含物质资本和人力资本的 AK 模型 ······ 461
- 11.3 两部门 AK 模型 ······ 463
- 11.4 具有外部性的增长 ······ 467
- 11.5 小结 ······ 473
- 11.6 参考文献 ······ 474
- 11.7 习题 ······ 475

第四篇 内生技术变化

第12章 技术变化的模型 ······ 483

12.1	技术的不同概念	483
12.2	科学和利润	487
12.3	局部均衡中的创新价值	489
12.4	迪克西特-斯蒂格利茨模型以及总需求外部性	496
12.5	个人研发的不确定性与股票市场	503
12.6	小结	505
12.7	参考文献	505
12.8	习题	507

第13章 扩展投入品种类模型 510

13.1	包含投入种类类的实验设备增长模型	510
13.2	考虑知识外溢的增长	523
13.3	不包含规模效应的增长	526
13.4	包含产品种类扩展的增长	529
13.5	小结	534
13.6	参考文献	535
13.7	习题	535

第14章 熊彼特增长模型 542

14.1	基本熊彼特增长模型	543
14.2	单部门熊彼特增长模型	554
14.3	现有企业和新企业的创新	559
14.4	逐步创新*	569
14.5	小结	581
14.6	参考文献	582
14.7	习题	583

第15章 定向技术变化 592

15.1	有偏技术变化的重要性	592
15.2	基本原理和定义	596
15.3	定向技术变化的基准模型	599
15.4	伴随着知识外溢的定向技术变化	611

- 15.5 不存在规模效应的定向技术变化 ………………………………… 616
- 15.6 内生劳动扩张型技术变化 …………………………………………… 617
- 15.7 一般化和其他应用 …………………………………………………… 621
- 15.8 劳动扩张型技术变化的另一种替代方法* ………………………… 622
- 15.9 小结 …………………………………………………………………… 627
- 15.10 参考文献 ……………………………………………………………… 628
- 15.11 习题 …………………………………………………………………… 630

前 言

> 只要某一科学的分支能够提出很多问题，它就有存在的理由。
>
> —— 大卫·希尔伯特，巴黎，1900 年

本书旨在解决两个问题。首要的一点，这是一本有关经济增长和长期经济发展的书。经济增长的过程和不同国家经济表现差异的来源是现代社会科学中最有趣、最重要且最具挑战性的领域。本书的首要目的就是引导研究生学习这些问题以及研究这些问题的理论工具。因此，本书致力于加强学生的动态经济分析背景，因为只有具备这种背景的学生才能更严谨地研究经济增长和经济发展问题。我还试图明确讨论世界经济现状背后的广泛经验模式和历史过程。这一叙述背后的动力源自我的信念，我坚信，为了理解为什么一些国家实现了增长而其他国家没有，经济学家必须超越机械的模型，提出那些关于经济增长根本性原因的问题。

第二，本书也可以作为一本研究生层次的介绍现代宏观经济学和动态经济分析的教材。有观点认为，和基本的微观经济理论不同，当前并不存在被所有经济学家都认同的核心宏观经济理论。事实并不完全如此。尽管宏观经济学家在有关如何处理短期宏观现象和宏观经济学的边界应该是什么这些问题上存在分歧，但对于动态宏观分析的主力模型（workhorse model）还是存在着广泛的共识。这些模型包括索洛增长模型、新古典增长模型、叠代模型以及技术变化和技术应用模型。由于这些都是经济增长的模型，它们对现代经济增长的透彻分析也能够（也许是应该可以）对现代宏观经济提供关键材料。尽管有几本很好的研究生层次的宏观经济学教科书，但它们通常在基本的核心内容上花费的篇幅相对较少，而且没有介绍现代宏观经济分析与经济动态，以及与一般均衡理论之间的联系。相

反，这本书虽然并没有涵盖宏观经济学的所有短期问题，但是它透彻而严谨地介绍了我心目中的宏观经济学的核心问题。

本书在谋篇布局上注意平衡两个目的。第 1 章、第 3 章和第 4 章介绍了经济增长过程的许多显著特点，以及经济表现跨国差异的来源。即使这几章没有更多介绍有关经济增长的实证研究，它们也为学生了解经济增长研究的关键问题提供了充足的背景知识，同时为学生进一步研究这些丰富的文献提供了平台。

第 5 章至第 7 章介绍了现代宏观经济分析的概念和数理基础。第 5 章对本书的很多其余部分（以及为大部分现代宏观经济学）给出了微观基础，而第 6 章和第 7 章简洁而又相对严谨地阐述了动态优化问题。大多数关于宏观经济学或经济增长的著作或者单独使用连续时间或者单独使用离散时间的概念。我认为要严谨地研究经济增长和现代宏观经济，就要求学生（以及研究人员）能够在使用离散时间和连续时间的表达式之间切换自如，为手中正在研究的一组问题选择更便利或者更合理的方法。因此，我在这里的方法和标准的处理方法不同，而是将连续时间和离散时间材料都贯穿全书。

第 2 章、第 8 章、第 9 章和第 10 章介绍了现代宏观经济学和传统经济增长问题的主力模型，而第 11 章介绍了可持续（内生）经济增长的第一代模型。第 12 章至第 15 章介绍了技术进步模型，这些模型是任何现代经济增长过程的必要组成部分。

第 16 章将第 6 章介绍的工具推广到随机环境中。使用这些工具，第 17 章介绍了随机增长的几个模型，最值得注意的是不确定性下的新古典增长模型，它是很多宏观经济学的基础（尽管它常常被排除在经济增长的课程之外）。标准的真实商业周期模型作为一个应用被引入。本章还介绍了另一个现代宏观经济学的主力模型，比利（Bewley）的不完全市场模型。最后，第 17 章还提出了一些其他方法，用以研究不完全市场和经济增长之间的相互作用，并且说明了随机增长模型如何有助于理解经济体从停滞或者缓慢增长状态转变为可持续增长的均衡状态。

第 18 章至第 21 章涵盖了有时被经济增长教科书遗漏的几个主题。这些主题包括技术应用模型、技术扩散模型、国际贸易和技术相互影响模型、结构变迁过程模型、人口转变模型、贫困陷阱可能性模型、不平衡的经济增长影响模型以及金融发展与经济发展相互影响模型。这些主题有助于我们在现实和理论中观察到的经验模式之间寻求联系。大多数传统增长模型考虑的是与世界隔离的单独经济体，而且通常是已经进入经济稳定增长阶段的经济体。研究有关国家间的相互依存、结构变迁以及经济起飞可能性的模型,将有助于我们把发展经济学的核心议题,例如结构变迁、贫困陷阱或者人口转变等和经济增长理论联系起来。

最后,第 22 章和第 23 章考虑的是常常被宏观经济学和经济发展教科书忽略的另一个主题:政治经济学。把这些内容纳入本书是受我的一个信念驱使,如果我们不思考引起各国间经济表现差异的根本原因并提出问题,就会严重阻碍我们对经济增长的研究。这些问题无情地将我们带到了经济政策和制度的跨国差异的面前。政治经济学帮助我们构建模型,搞清楚为何各国具有不同的经济政策和制度,而且它必将成为经济增长研究不可分割的一部分。

对本书的理念以及编排情况稍做介绍或许对学生和老师有所裨益。本书的基本理念是书中陈述的所有结论都应该得到证明或至少得到详细解释。这意味着本书和其他书籍多少有一些不同的编排方式。大多数经济学教科书并不会对很多被表述或者援引的结论给出证明过程,而且通常假定读者已经掌握了分析所需的数学工具或者将这些工具放在附录。相反,我对本书表述的几乎所有结论都尽可能地进行简单证明。结果表明,一旦去除不必要的一般性,大部分结论都可以用一种研究生比较容易理解的方式来表述和证明。实际上,我相信即使是长一点的证明也比缺乏证明的一般陈述更容易理解,因为读者往往会对这些陈述的真实性感到怀疑。

希望我选择的这种风格不仅能使本书自洽,而且能够为学生提供一个深入理解本书内容的机会。与该理念一致的是,我介绍了阐述正文主要内容所需的基本数学工具。我本人的经验表明,以循序渐进的方式,只在需要的时候介绍必要的数学工具,有助于学生更容易接受并理解书中的内容。因而,本书的主体部分介绍了动态系统稳定性、离散时间下的动态规划以及连续时间下的最优控制问题。这既有助于学生理解经济增长理论的基础,也为他们提供了动态经济分析的主要工具,这些工具在经济学的各个分支中得到越来越多的应用。对于那些技术上难度较高,如果省略却不会影响连贯性的内容,我都用星号(*)标注。和文中主要结论只有一点点关系或者应该为大多数研究生熟悉的内容则被放到了附录。

我也编入了大量习题。学生们只有完成这些习题,才可能对内容有深刻理解。稍难一些的习题同样标注了星号。

本书具有很多用途。首先,它可以用作经济增长课程的四分之一或者一学期的教材。这样一门课程可以从第 1 章至第 4 章开始,接着根据该课程的性质,用第 5 章至第 7 章对一般均衡和增长理论的动态优化基础进行深入学习,或者仅作参考。第 8 章至第 11 章涵盖了传统的增长理论,第 12 章至第 15 章介绍了内生增长理论的基础。根据时间和兴趣,可以任意选择从第 16 章至第 23 章的一部分作为该课程最后的教学部分。

第二，本书也可以用作研究生一年级四分之一学期的宏观经济学课程的教材。这种情况下，第 1 章作为可选章节。第 2 章、第 5 章至第 7 章、第 8 章至第 11 章、第 16 章至第 17 章以及从第 12 章至第 15 章选择的一部分可以作为本课程的核心内容。一个学期的课程也可以包含上述相同内容，不过，在这种情况下，可以补充一些后面章节或者研究生宏观经济学常规教科书中关于短期宏观经济、财政政策、资产定价或者动态宏观经济学中其他主题的内容。

第三，本书还可以用作经济增长或者经济发展的高级（第二学年的）课程。关于增长或者发展的高级课程可以用第 1 章至第 11 章的内容作为背景，接着重点挑选第 12 章至第 23 章的章节作为教学的重点。

最后，由于本书结构完整，我也希望它能用来自学。

致谢

本书源自我在麻省理工学院对一年级研究生的宏观经济学课程教学。本书的部分内容也用作第二学年研究生宏观经济学和经济增长课程的一部分。我要感谢参与了这些课程的学生，他们课上给出的评价帮助我改进了本书的手稿。我还要特别感谢 Nathan Hendren、Derek Li、Monica Martinez-Bravo、Plamen Nemov、Samuel Pienknagura、Anna Zabai，尤其是 Georgy Egorov、Michael Peters 和 Alp Simsek 三位出色的研究助理工作。

特别值得一提的是 Alp。两年多来，他参与了本书几乎各个方面的编写工作。没有 Alp 的帮助，本书完成的时间会更长，而且谬误会更多。我对他深表感激。

我还要感谢 Pol Antras、Gabriel Carroll、Francesco Caselli、Melissa Dell、Jesus Fernandez-Villaverde、Kiminori Matsuyama、James Robinson 和 Pierre Yared 对许多章节提出的宝贵建议，以及 George-Marios Angeletos、Binyamin Berdugo、Truman Bewley、Olivier Blanchard、Leopoldo Fergusson、Peter Funk、Oded Galor、Hugo Hopenhayn、Simon Johnson、Chad Jones、Christos Koulovatianos、Omer Moav、Eduardo Morales、Ismail Saglam、Ekkehart Schlicht、Patricia Waeger、Luis Zermeno 和 Jesse Zinn 对个别章节提出的有用建议及纠正。

最后但并非不重要的是，我同样要感谢 Lauren Fahey 就许多章节提出的编辑建议以及对参考文献的贡献，Cyd Westmoreland 出色的审稿工作和编辑建议，以及普林斯顿大学出版社 Seth Ditchik 和他的同事在整个过程中的支持和帮助。

第一篇 引言

第1章 经济增长和经济发展的相关问题

1.1 跨国收入差距

今天,不同国家的人均收入和劳均产出之间存在着很大的差异。处于世界收入分配顶端的国家的富裕程度是底部国家的30多倍。例如,2000年美国人均GDP(或收入)超过34 000美元。相比之下,其他许多国家的人均收入要低得多:墨西哥大约为8 000美元,中国大约为4 000美元,印度刚刚超过2 500美元,尼日利亚只有大约1 000美元,而撒哈拉以南其他非洲国家,如乍得、埃塞俄比亚和马里,还要低得多。这些数字是以2000年美元币值计算的,而且已经根据购买力平价原理进行了调整,以消除各国物价差异的影响。[①]如果不进行购买力平价调整,国别收入差距还要更大。例如,如果不进行购买力平价调整,2000年印度和中国的人均产出比美国要进一步低1/4左右。

图1.1初步展现了这些差异情况。图中给出了1960年、1980年和2000年可获得相关数据的国家经购买力平价调整后的人均GDP的分布估计。从图中可以发现几个明显的特征。1960年的分布密度表明,二战后的15年内,大多数国家的人均收入不足1 500美元(以2000年美元币值计算);分布密度的众数值[②]是1 250美元。1980年和2000年的分布右移,表明在随后40年里人均收入的增长。到2000年,众数值超过3 000美元,而且一些国家的人均收入集中于20 000至30 000美元之间。2000年的分布密度估计值显示各国人均收入存在着显著的不平等。

图1.1中的分布格局部分是源于平均收入的增长。观察人均收入的对数值会

[①] 所有的数据都来源于佩恩世界数据统计表(Penn World tables),由Heston, Summers和Aten于2002年编制。数据来源和有关购买力平价调整的细节可以在本章结尾的参考文献查阅。
[②] 众数是数据的一种代表数,反映了一组数据的集中程度,是图形中曲线的最高点对应的横坐标值。——译者注

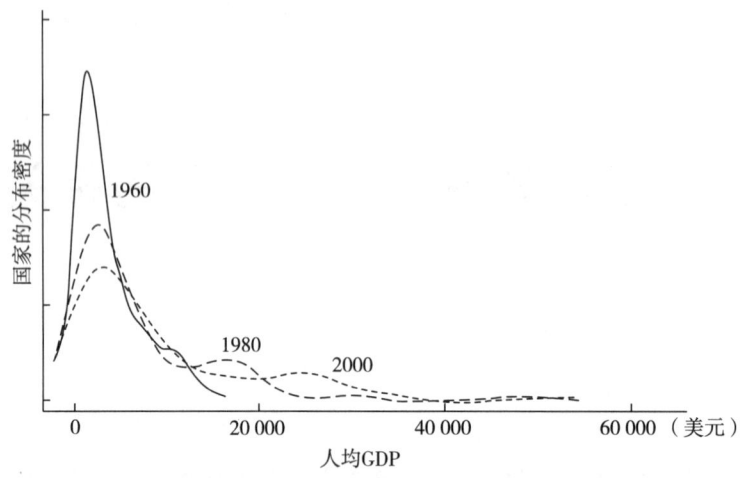

图 1.1 1960 年、1980 年和 2000 年所选国家人均 GDP（经购买力平价调整）的分布估计图

更有助于我们理解。观察随时间变化而增长的变量（比如人均收入）的对数值往往更加合理，尤其是当这种增长大致成比例时（如图 1.8 所示）。其中的原因很简单，当 $x(t)$ 按一定比例增长，$\log x(t)$ 线性增长，于是，当 $x_1(t)$ 和 $x_2(t)$ 按相同比例增长时，$\log x_1(t) - \log x_2(t)$ 是一个常量，而 $x_1(t) - x_2(t)$ 则是一个增量。

图 1.2 给出了一个相似的图形，但这个分布更加紧凑，因为从 1960 年到 2000 年，尽管贫富国家之间的绝对收入差距增长明显，但相对收入差距的增长则小很多。尽管如此，我们还是可以看出，人均 GDP 的对数分布密度在 2000 年要比 1960 年更为分散。尤其是，图 1.1 和图 1.2 都表明，相对富裕国家的分布密度显著提高了，但仍有许多国家依然非常贫困。后一个图形有时候被看作一种"分层现象"，这源于 20 世纪 60 年代部分中等收入国家已经逐渐加入了高收入国家的行列，而其他一些国家则停留在中等收入阶段，甚至相对贫穷化。

图 1.1 和图 1.2 显示，今天国与国之间的不平等程度比 20 世纪 60 年代时更为严重。一个同样有意义的概念可能是世界经济中的人际不平等。图 1.1 和图 1.2 并没有直接给出这些信息，因为这些图直接将每个国家作为一个整体而没有考虑其人口规模。考虑到这一点，图 1.3 给出了人口加权分布的情况。其中，中国、印度、美国和俄罗斯由于人口较多获得了较大的权重。这种情况与图 1.1 和图 1.2 展示的情况明显不同。实际上，2000 年的分布图形看起来更为集中，其左尾比 20 世纪 60 年代的分布图要窄一些。这反映出如下事实：20 世纪

60 年代的中国和印度位于世界最贫穷国家之列,然而,由于 90 年代相对较快的增长,到 2000 年两国得以进入中等贫困国家的行列。中国和印度的增长强有力地推动了全球居民人均收入的相对均等化。

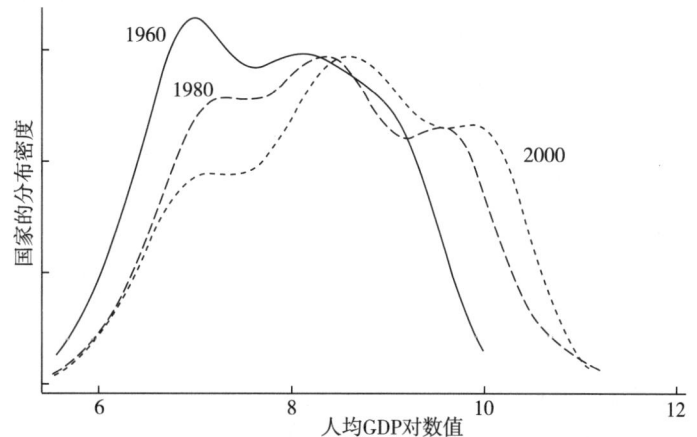

图 1.2　1960 年、1980 年和 2000 年所选国家人均 GDP（经购买力平价调整）对数值的分布估计图

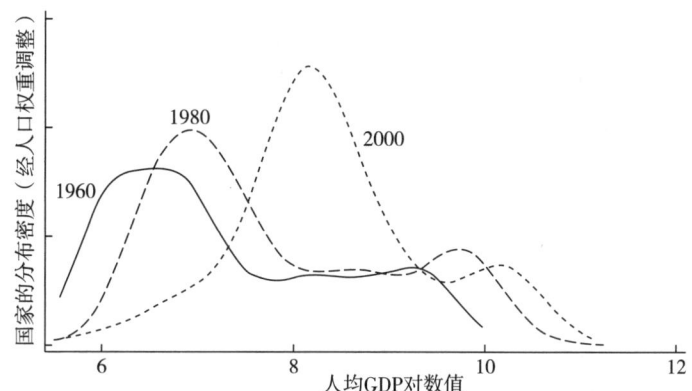

图 1.3　1960 年、1980 年和 2000 年所选国家经人口权重调整后的人均 GDP（经购买力平价调整）对数值的分布估计图

图 1.1、图 1.2 和图 1.3 显示的都是人均 GDP 的分布状况。尽管这些指标能够反映人们的福利情况,但许多增长理论只是着眼于对各国生产能力的研究。当我们关注劳均产出这一指标时,理论更容易与数据相契合。此外,国家政策和制度也是导致跨国经济表现差异的关键原因。因此,对于理解导致国别收入和增长差距的根源（而非福利评估问题）,不考虑人口权重的分布比考虑了人口权重的

分布更有意义。相应地，图1.4显示了未考虑人口权重的劳均GDP（经购买力平价调整）的跨国分布情况。"工人"在此是指所有参与经济活动的人口（按照国际劳工组织的定义）。图1.4与图1.2十分相似，唯一的区别在于，在图1.4中，2000年世界各国在表示相对富裕的尾部（右侧）更为集中，而在表示相对贫穷的尾部（左侧）则和图1.2差不多。

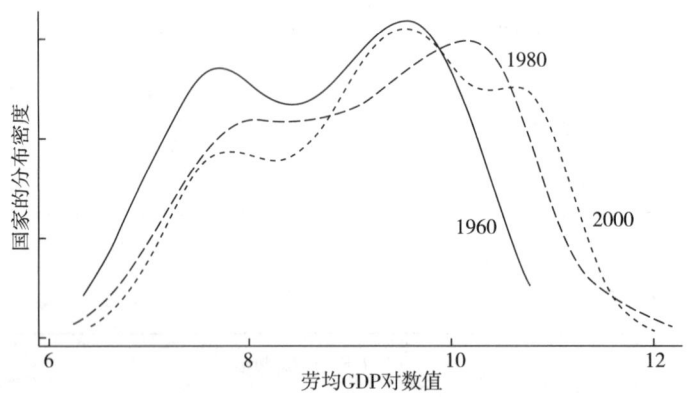

图1.4　1960年、1980年和2000年所选国家劳均GDP（经购买力平价调整）对数值的分布估计图

总之，图1.1至图1.4给出了两个重要事实：第一，高度分散的分布图形说明不同国家间存在着较大的人均收入差异和劳均收入差异。第二，跨国不平等程度正在经历轻微但是值得关注的扩大（尽管未必是世界经济中人际间的不平等程度在扩大）。

1.2　收入和福利

我们需要关注跨国收入差异吗？答案是肯定的。高收入水平意味着高生活水平。经济增长有时候会加剧污染或提升个人愿望，于是，同样的一揽子消费品也许不再能满足个人。但是最终，如果你将富裕的发达国家与欠发达国家做一比较，就会发现，两国人民的生活品质、生活标准和健康水平有着令人震惊的差距。

图1.5和图1.6显示了这些差距，并描述了2000年人均收入、人均消费与出生时的预期寿命之间的关系。消费数据同样来源于佩恩世界数据统计表，出生时的预期寿命数据来自世界银行发展指数。

这些图形表明，人均收入差距与消费差距、以预期寿命衡量的健康水平差距高度相关。回顾前面经购买力平价调整的相关数据，消费差距并没有（至少理论上没有）反映不同国家同一揽子消费品的成本差异。购买力平价调整有助于修正这些差距，并试图测度真实消费水平的变化。因此，最富裕的国家不仅产出是最贫穷国家的 30 多倍，消费也同样是 30 多倍。同样，世界各国健康水平的跨国差距也十分显著，在最富裕国家，出生时的预期寿命达到 80 岁，而在撒哈拉沙漠以南非洲国家，则只有 40~50 岁。这些差距反映了巨大的人类福利差距。

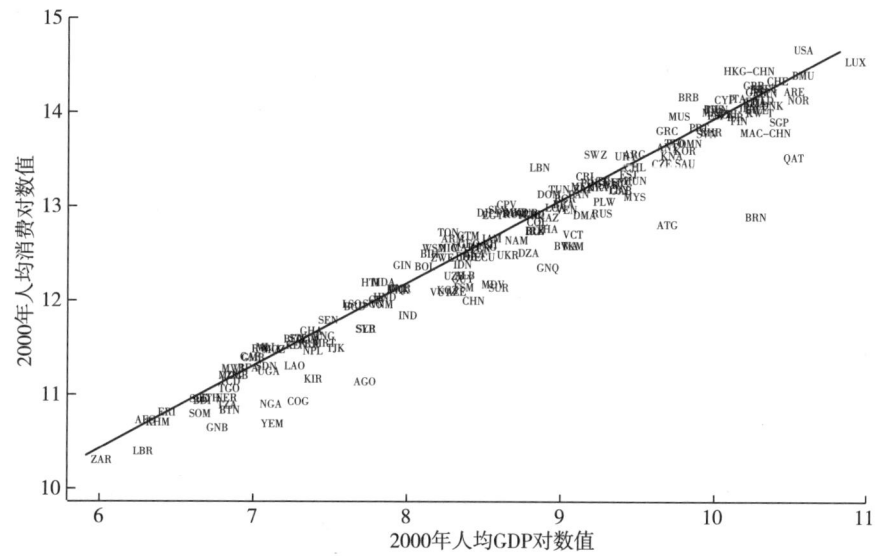

图 1.5　2000 年人均收入与人均消费之间的关系图

注：图中使用的缩写的含义以及书中类似的缩写，请参考 http：//unstats.un.org/unsd/methods/m49/m49alpha.htm。

弄清楚为何有些国家那么富裕而有些国家那么贫穷，是社会科学研究面临的最重要或者可能是最重要的挑战之一。之所以如此重要，一方面是因为收入差距对社会福利有着重大影响，另一方面是因为研究这些令人震惊的差距将有助于弄清楚经济机制是如何在不同国家发挥功能的，为何它们有时候又会失灵。

强调跨国收入差距，并不是说我们要将人均收入作为衡量公民福利的"充分统计量"，也不是说不需要关注其他指标。如下文中将要详细讨论的，市场经济体制的效率特征（比如著名的第一福利定理和亚当·斯密"看不见的手"）并不意味着社会个人或组织之间完全没有冲突。经济增长通常有利于社会福利的提升，但不可避免会产生赢家和输家。约瑟夫·熊彼特的著名概念"创造性破坏"精确描述了经济增长的这一面：生产关系、企业甚至有时候个人生活都会在经济

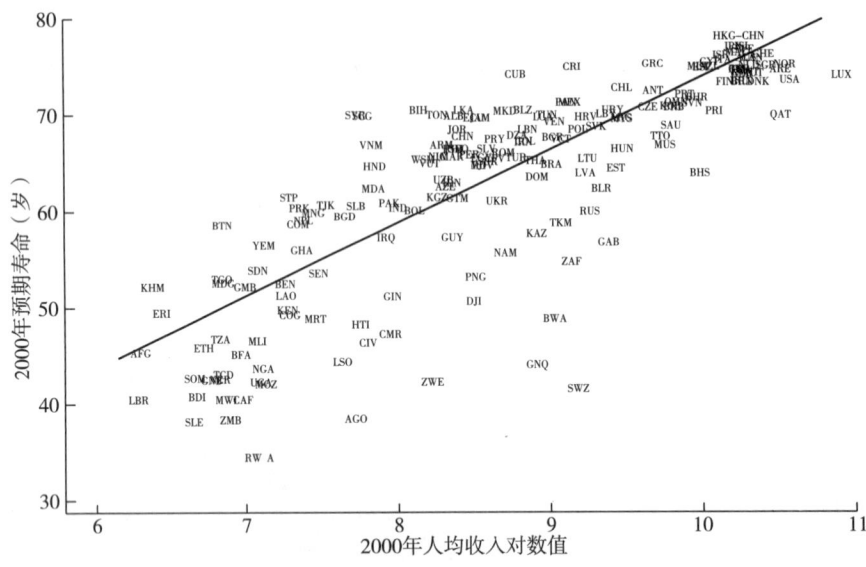

图 1.6　2000 年人均收入与 2000 年预期寿命之间的关系图

增长的过程中遭到破坏，因为经济增长常常伴随着新技术替代旧技术、新企业取代旧企业的活动。这一过程会带来一种自然的社会张力，甚至在经济不断增长的社会中也无法避免。与经济增长（以及发展）相关的社会张力的另一个来源是增长和发展常常伴随着彻底的社会结构变革，这种变革可以摧毁现有的经济关系并创造出新的赢家和输家，西蒙·库兹涅茨强调了这一来源，本书第七篇将对此进行详细讨论。政治经济学的一个重要问题（本书最后一篇将会探讨）是，讨论何种制度安排和政策设计可以用来补偿那些在经济增长中遭受损失的个人和组织，或是通过其他方式避免这些个人和组织阻碍经济发展。

种族隔离制度下的南非是一个鲜活的例子，说明经济增长并不一定会提升社会中所有人甚至是大多数人的生活水平。可得数据（金矿开采行业的工资）显示，从 20 世纪初到种族隔离制度结束，南非的人均 GDP 增长很可观，但是南非黑人（构成南非人口的绝大部分）的实际工资却下降了。当然，这并不意味着南非的经济增长是无益的。南非依然是撒哈拉以南非洲国家中最富裕的国家之一。然而，观察到的这一问题提醒我们还要关注经济的其他方面，重视经济增长过程中固有的潜在冲突。同样，大量现有证据显示，在英国工业革命的早期阶段虽然开启了现代经济增长的进程，但大多数工人的生活水平是下降的或至少是停滞不前的。人均 GDP 与大量个人及社会经济财富之间的这种差异模式，不仅值得关注，而且也许能让我们了解为什么某些社会群体会支持那些不能促进经济增长的政策和制度。

1.3 经济增长和收入差距

一个国家是如何做到比另一个国家富裕 30 多倍的？答案是两者的（经济）增长率不同。假设有 A 和 B 两个国家，某个时刻两者的初始收入水平相同。令 A 国的人均（经济）增长率为 0%，其人均收入保持不变，而 B 国人均（经济）增长率为 2%。两百年后，B 国将会比 A 国富裕 52 倍以上。这种算法表明，美国之所以比尼日利亚富裕得多，是因为它经历了长时期的稳定增长，而尼日利亚并非如此。我们可以通过这类简单的计算观察到很多客观事实。实际上，即便是历史长河中短暂的战后时期，国家之间的（经济）增长率也存在着巨大的差异。这类战后时期的差异可以通过图 1.7 说明，图中绘出了不同国家 1960 年、1980 年和 2000 年的（经济）增长率分布密度。1960 年的增长率是指 1950 年至 1969 年的（几何）平均增长率，1980 年的增长率是指 1970 年至 1989 年的平均增长率，2000 年的增长率是指 1990 年至 2000 年的平均增长率（图中所有内容都基于可获得数据绘制）。图 1.7 表明，在不同时段，（经济）增长率会发生显著变化；跨国分布从负增长到年均高达 10% 的增长率。该图同时表明，世界平均经济增长率在 20 世纪 50 年代和 60 年代要比接下来的几十年快得多。

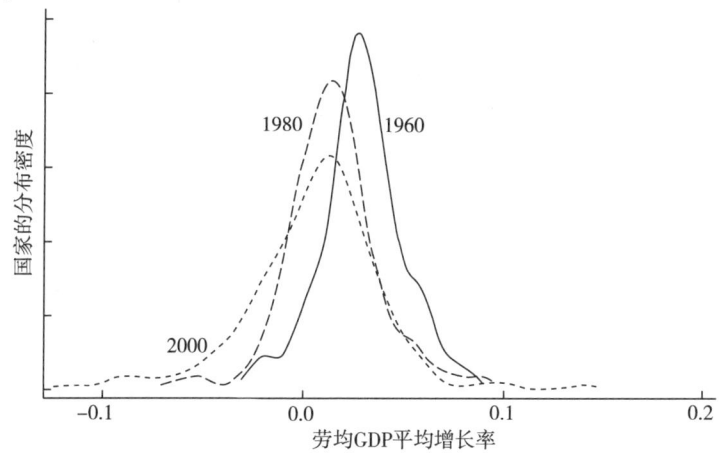

图 1.7 1960 年、1980 年和 2000 年劳均 GDP（经购买力平价调整）增长率的分布估计图

图 1.8 提供了另一种视角来观察这些问题，它显示了一些国家在 1960 年至 2000 年的对数人均 GDP（此例中，之所以选择人均 GDP 而非劳均 GDP 是因为前者的数据更易获取，同时便于比较下面的历史数据）。在图的上方，美国和英国

现代经济增长导论

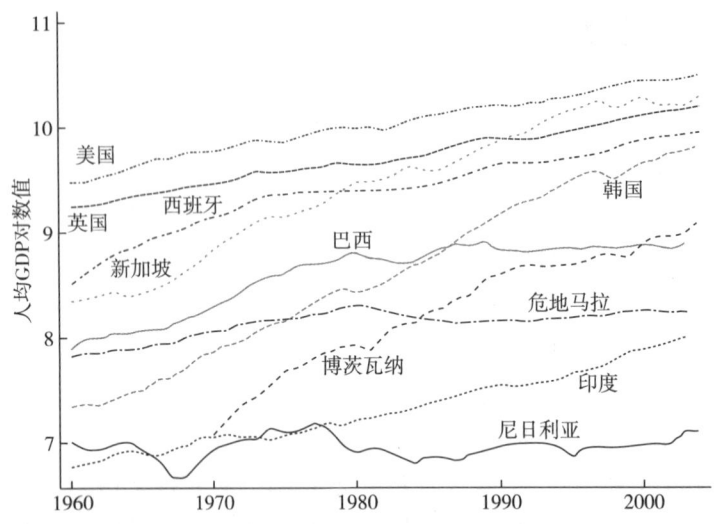

图1.8 美国、英国、西班牙、新加坡、巴西、危地马拉、韩国、博茨瓦纳、
尼日利亚和印度1960年至2000年的人均收入变化

的人均GDP稳步增长，美国增长得稍快一点，于是两国的人均GDP对数值在2000年的差距要大于1960年。西班牙在1960年起步时比英国和美国落后许多，但是经过1960年至70年代中期的快速发展，它与英美两国的差距逐渐缩小。图中增长最快的三个国家分别是新加坡、韩国和博茨瓦纳。新加坡在1960年起步时比英国和西班牙落后很多，但是增长很快，到20世纪90年代中期后来居上。韩国的发展轨迹与之类似，起点比新加坡低且发展速度略慢，于是最后它比西班牙要稍微落后一点。还有一个增长很快的国家是被誉为"非洲奇迹"的博茨瓦纳，它一开始极度贫穷，但经济的快速增长（尤其是1970年后）使其在2000年跻身中等收入国家之列。

图中包括两个拉美国家——巴西和危地马拉，这两个国家为我们展现了经常被人们讨论的战后拉丁美洲经济萎靡不振的情况。巴西的起点比韩国和博茨瓦纳都要高，并且在1960年至1980年间有着相对较高的经济增长率。但是，它从1980年开始陷入停滞状态，于是最终韩国和博茨瓦纳超过了巴西。危地马拉的经历与巴西类似，但是更加悲惨。相比巴西，危地马拉从1960年至1980年几乎没有增长，从1980年至2000年也没有增长。

尼日利亚和印度起初与博茨瓦纳的人均收入水平接近，但是1980年之前几乎都没有什么增长。从1980年开始，印度开始经历较快的增长，但是这一增长还不足以使其人均收入赶上图中其他国家的水平。最后，和大多数撒哈拉以南非

10

洲国家一样不幸的是，尼日利亚从 1960 年开始人均 GDP 经历了负增长，以致其在 2000 年比 1960 年还要贫穷。

我们接下来要试图理解和解释图 1.8 中的格局。为什么美国在 1960 年比大多数国家富裕，而且此后还能保持稳定增长？新加坡、韩国和博茨瓦纳是如何成功地连续 40 年保持较快增长？西班牙为何较快增长了约 20 年，然后增长放缓？巴西和危地马拉为什么在 20 世纪 80 年代都陷入停滞？是什么导致了尼日利亚灾难性的增长表现？

1.4 当前收入差距和世界经济增长的起源

图 1.7 和图 1.8 所示的（各国经济）增长率差异本身就很有趣，同时，好像可以从理论上解释我们今天观察到的各国人均收入的巨大差异。但果真如此吗？答案是否定的。如图 1.8 所示，早在 1960 年，美国与印度、尼日利亚之间就已经存在着巨大的差距。

这一格局在图 1.9 中更容易被观察到，图中沿着 45 度线描绘了 2000 年劳均 GDP 对数值和 1960 年劳均 GDP 对数值（分别相对于美国的劳均 GDP）。大多数观测值围绕着 45 度线分布，说明在 1960 年至 2000 年间，各国和地区的相对排序基本没有发生变化。因此，我们无法从二战后时期来寻求导致跨国收入巨大差别

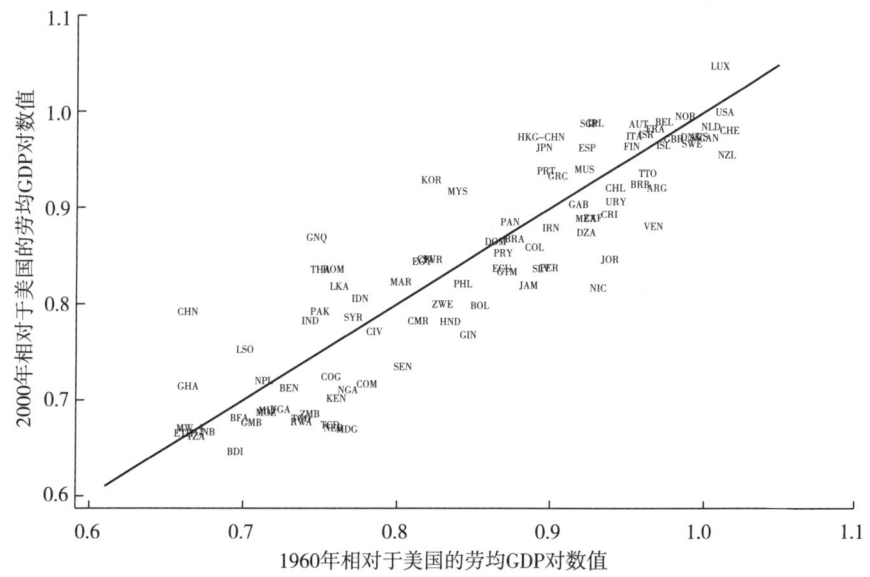

图 1.9　2000 年劳均 GDP 对数值与 1960 年劳均 GDP 对数值，以及 45 度线

的起因。二战后时期各国和地区增长率之间存在着巨大差异,但就目前证据来看,世界收入分布格局已经变得更为稳定,并略微趋于更不平等。

这种增长差距如果不是在战后时期出现的,那又是在何时出现的呢?答案是差距主要发生在19世纪和20世纪早期。图1.10至图1.12给出了由麦迪森收集的1820年以来(甚至更早)世界各国人均GDP的数据,以便我们观察各国增长差距的发展过程。这些数据不像萨默斯–海斯顿的佩恩世界数据统计表那样可靠,因为这些数据并非来源于标准的国民账户。而且,样本非常有限,同时并非所有国家的数据都追溯到1820年。此外,尽管对这些数据做了购买力平价调整,但还是没有佩恩世界数据统计表中的用价格比较来构建物价指数的方法那么完整。尽管如此,这也已经是能够获得的可以反映19世纪以来很多国家之间财富差距的最佳估计数据了。

图1.10展现了这种(收入)差距。图中描绘了五组国家的人均收入演化过程,它们分别来自非洲、亚洲、拉丁美洲、西欧和欧洲的西方旁支(澳大利亚、加拿大、新西兰、美国)。图中显示,19世纪欧洲后裔国和西欧国家发展相对较快,而亚洲国家和非洲国家陷入停滞,拉丁美洲国家也几乎没有增长。1820年各国收入差距还比较小,而到了1960年,这种差距已经变得很大。

我们还能从图1.10中观察到另一个重要的宏观经济事实:众所周知的"大萧条"使欧洲后裔国和西欧国家的人均GDP在1929年左右经历了一个明显的下

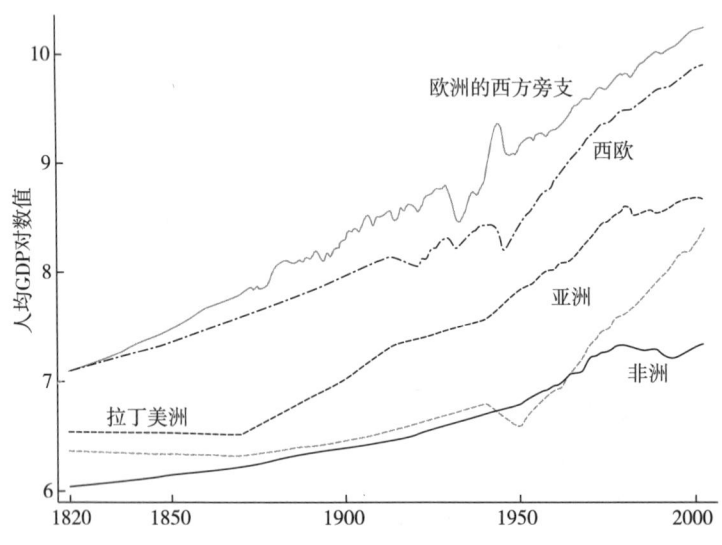

图1.10　1820—2000年欧洲的西方旁支、西欧、拉丁美洲、亚洲和非洲人均GDP平均值的演变

降。欧洲的西方旁支，尤其是美国，直到二战爆发才完全从这场衰退中恢复。一个经济体产出的剧烈下降是如何发生的，它又是怎样从这一冲击中恢复的，这些都是宏观经济学要研究的主要问题。

大量证据表明，各国人均收入的差距在1820年之前更小。麦迪森还对这几组国家在公元1000年甚至更早的平均收入做过估计。图1.10可以利用这些数据向早期延伸，图1.11展现了这些结果。尽管这些数字是基于零散证据和合理推测，但这种一般模式与定性的历史证据以及下述事实是吻合的，即任何国家的人均收入折算成2000年美元币值都未曾低于500美元过多，因为当实际收入大大低于这一标准时个体是无法生存的。图1.11表明，越是往早期追溯，国家之间的差距就越小。这进一步证实了各国之间的差异主要产生于最近200年左右。从图中明显可以看到另外一个值得关注的特点，即世界经济增长的显著性。很多证据表明，18世纪以前经济增长很有限，15世纪以前显然也是如此。当然，某些国度，包括古代希腊、罗马、中国和威尼斯，虽然增长了，但是这种增长要么是未能延续很长时间（结束于崩溃或者是危机），要么增长十分缓慢。19世纪以前西欧国家和美国都没有取得稳定的增长。

麦迪森的数据还显示，西欧的人均GDP从更早期的公元1000年开始就曾经历过一个缓慢但是稳定的增长过程。并非所有的经济史学家都赞同这个说法，很多人认为西欧在1500年前甚至1800年前人均GDP几乎没有增长。不过这一争议

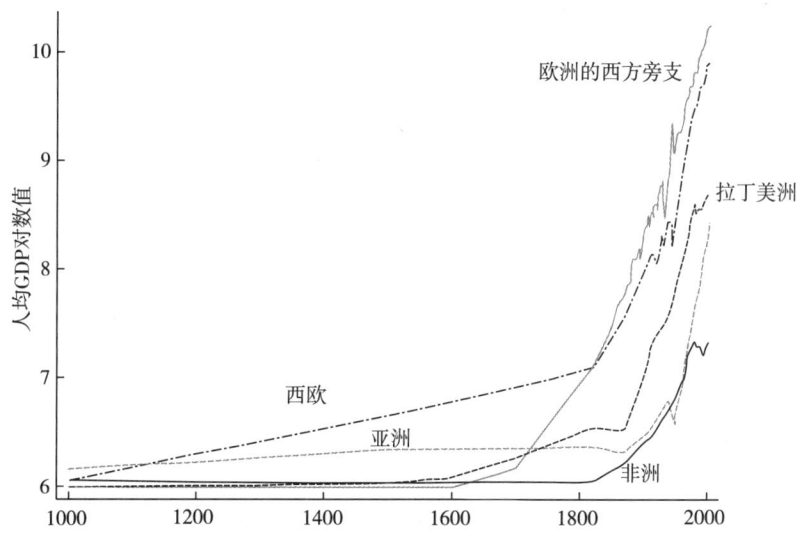

图1.11　1000—2000年欧洲的西方旁支、西欧、拉丁美洲、亚洲和非洲人均GDP平均值的演变

对于本书的研究目标并不重要，重要的是，图 1.11 展示了一种由"起飞"进入持续增长的模式——借用沃尔特·罗斯托的术语——显示了西欧和欧洲的西方旁支的经济增长在大约 200 年前发生了急剧变化。经济史学家争辩着经济活动的非连续变化现象是否可以恰当地表述为"起飞"或者"工业革命"这类术语。这类争辩对于本书的分析目的也无关紧要，不论变化是否连续，它们都已成为事实并使许多经济体的运行机制发生了变化。这种转型的一个结果是，原本陷入停滞或者增长缓慢的欧洲国家进入了持续增长的通道。当前富裕国家的起源以及各国财富差距的起源都能够追溯到 19 世纪的（经济）"起飞"模式。在西欧国家和欧洲的西方旁支迅速发展的时期，世界上其他多数国家却没有经历一个起飞（或者是很长时间之后才开始经济起飞）。因此，要理解现代经济增长和当前跨国收入差距问题，最终要探究导致经济起飞的原因，它为何发生于约 200 年前以及起飞为何只发生在某些地区，而未发生在另一些地区。

图 1.12 给出了美国、英国、西班牙、巴西、中国、印度和加纳的人均收入发展过程。该图证实了图 1.10 所示，平均来看，美国、英国、西班牙自始至终要比印度和加纳增长快很多，也比巴西和中国快得多（除了两国经济快速冲刺时期以外）。

总之，基于可获取的信息，我们可以得出以下结论：导致当前跨国人均收入差距的原因应该追溯到 19 世纪和 20 世纪早期（甚至可以追溯到 18 世纪晚期）。这种跨国收入差距的产生与世界上很多国家开始"起飞"并获得持续的经济增

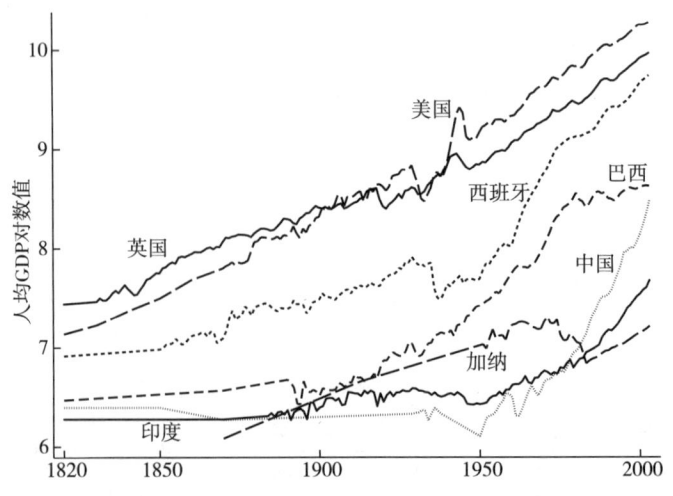

图 1.12　1820—2000 年美国、英国、西班牙、巴西、中国、印度和加纳的人均收入演变

长是同时出现的。因此，理解现代经济增长的起源不仅本身有趣而且重要，同时也是了解今天跨国人均收入差距原因的关键。

1.5 有条件的收敛*

迄今为止，我已经讨论了跨国人均收入的巨大差异，二战后时期各国经济表现的轻微分流和从19世纪初期就开始的大分流。我们的分析集中于人均（或劳均）收入的无条件分布情况。尤其是我们在观察两国收入差距增大或减小的时候，并没有考虑这些国家的具体特征（如制度、政策、技术或投资情况）。巴罗和萨拉－伊－马丁（Barro and Sala－i－Martin，1991，1992，2004）认为，观察收入的有条件分布能使我们获得更多的信息。我们关心的问题是，两个观测特征相似的国家之间的收入差距是否会逐渐变窄或变宽。这样就呈现一种有条件收敛的情景：战后，特征相似的国家的跨国收入差距逐渐变小（尽管这一变化十分缓慢）。这一点对我们理解世界收入分布的统计特征十分重要，同时也是我们用以构建理论的重要研究素材。

我们该如何来研究这种有条件分布呢？考虑一个典型的巴罗增长回归模型：

$$g_{i,t,t-1} = \alpha \log y_{i,t-1} + \mathbf{X}_{i,t-1}^T \boldsymbol{\beta} + \varepsilon_{i,t} \tag{1.1}$$

式中 $g_{i,t,t-1}$ 是 i 国 $t-1$ 期到 t 期的年均增长率，$y_{i,t-1}$ 是 $t-1$ 期的劳均产出（或人均收入），$\mathbf{X}$ 是该回归方程中表示其他变量的向量，它的系数是向量 $\boldsymbol{\beta}$（$\mathbf{X}^T$ 表示该向量的转置），$\varepsilon_{i,t}$ 是一个误差项，涵盖了所有其他被忽略的因素。方程引入变量 $\mathbf{X}$ 是因为该向量是稳态收入和（或）增长的潜在决定要素。首先我们要注意的是，这里没有协变量，（1.1）式和图1.9表示的内在关系很相似。另外，由于 $g_{i,t,t-1} \approx \log y_{i,t} - \log y_{i,t-1}$，（1.1）式又可以写为：

$$\log y_{i,t} \approx (1+\alpha) \log y_{i,t-1} + \varepsilon_{i,t}$$

图1.9显示2000年和1960年劳均GDP对数值之间的关系（轨迹）基本上是落在45度线附近，应用到这个方程，α 应该约等于0。这种情况在图1.13得以证实，图中描述了（各国）1960年至2000年（几何）平均增长率与其1960年的

---

* convergence，在涉及跨国比较时，也译为"趋同"，但书中也有数学意义上的收敛，因此统一翻译成收敛。——编译者注

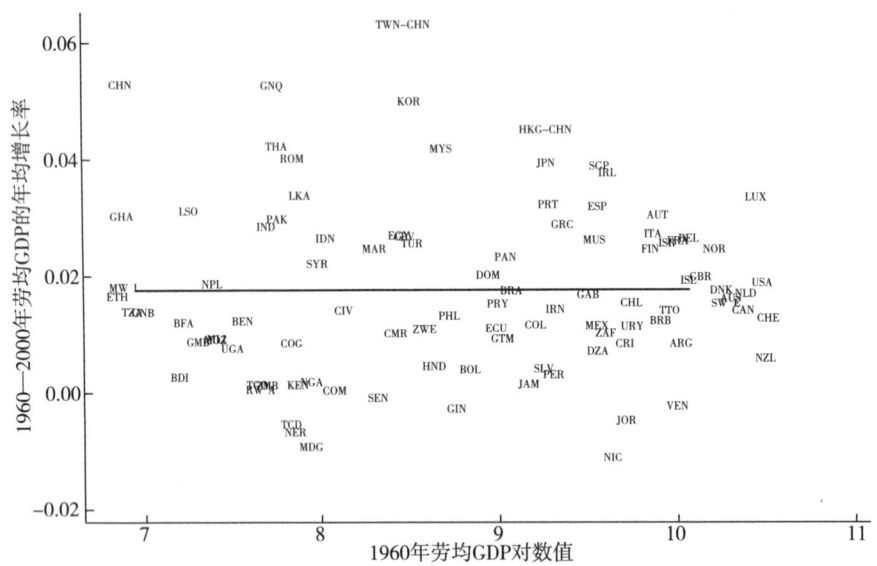

图 1.13 世界各国和地区 1960—2000 年劳均 GDP 的年均增长率与 1960 年劳均 GDP 对数值

劳均 GDP 对数值二者之间的关系。该图证实了整个世界不存在"无条件"收敛的情况,也就是说,战后并未出现相对贫穷国家变得相对富裕的趋势。

尽管全世界并没有出现收敛,但是,如果我们观察经合组织(OECD)[①] 成员国,会发现情况有所不同。图 1.14 显示,(各成员国)1960 年的劳均 GDP 与其 1960 年至 2000 年的年均增长率之间存在着显著的负相关关系。以 OECD 成员国为样本和以全世界国家为样本的差别在于 OECD 成员国具有同质性,相对于全世界范围内的各国来说,OECD 成员国之间拥有更为相似的制度、政策和初始条件。于是,当我们控制了某些有可能影响经济增长的国家特征之后,也许会发现有条件收敛的情形。

这就是(1.1)式中向量 **X** 要表达的内容。具体而言,如果将受教育程度和预期寿命之类的变量纳入这一向量,巴罗和萨拉-伊-马丁使用横截面回归方法,估计 α 大约为 -0.02,得出了具有相同人力资本禀赋国家的收入差距在战后时期平均每年收缩了 2% 的结论。当我们使用面板数据和包含全套国家固定效应的向量 **X** 来估计这个方程的时候,估计量 α 会变得更小,即更快的收敛速度。

总的来说,没有证据表明战后的世界收入分布(无条件)收敛了(实际上,

[①] 此处"OECD"指的是 20 世纪 60 年代加入 OECD 组织的成员(其中澳大利亚、新西兰、墨西哥和韩国除外)。图中也不包括德国,因为缺乏德国统一后的可比数据。

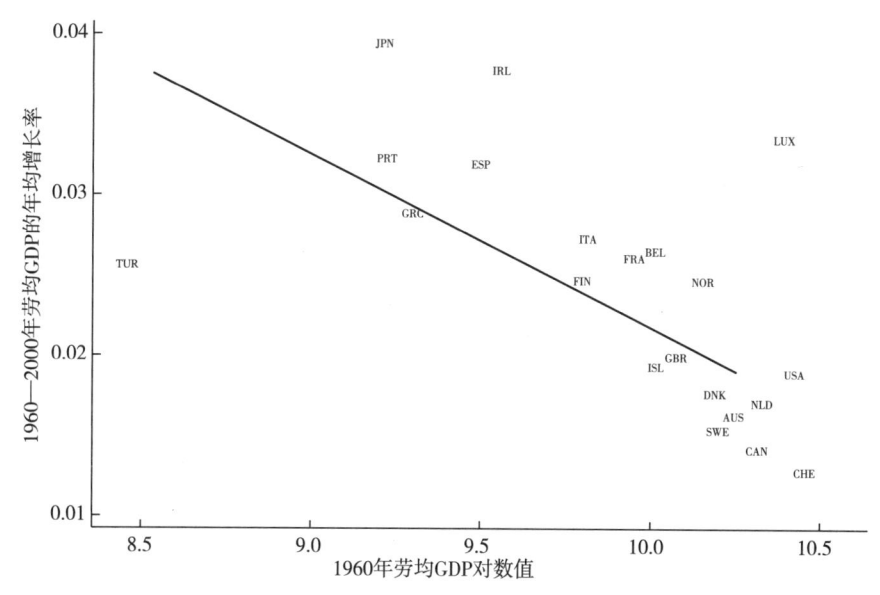

图 1.14　1960—2000 年 OECD 核心国家劳均 GDP 的年均增长率与 1960 年劳均 GDP 对数值

证据表明跨国收入差异反而变得更大了)。不过，倒是有证据表明有条件收敛是存在的，即收入差距在那些具有相似观测特征的国家之间是逐渐缩小的。后一种情况一方面有助于帮助我们辨识出哪些国家之间出现了收入差距的扩大，另一方面也有助于我们决定选择哪些类型的模型分析经济增长的过程和跨国经济表现的差异。例如，我们看到有很多增长模型，包括基本的索洛增长模型和新古典增长模型，都认为当经济体的人均收入从低于稳态（目标）水平朝着该水平迈进时一定存在着转型动力。有条件收敛符合这种转型动力。

1.6　经济增长的相关因素

前一节强调了某些国家特征可能与经济增长相关这一问题的重要性。那么什么类型的国家会增长更快呢？理论上，这一问题应该从因果关系的层面予以回答。换一种方式来说，我们想知道国家的哪些具体特征（包括它们的政策和制度）会对增长产生影响。"因果效应"指的是下述反事实思想实验的答案：在其他情况相同的前提下，如果某一个特定的国家特征发生了外生变化（例如，不是均衡动态的组成部分，或者随着其他可观测或不可观测变量的变化而变化），它对经济均衡增长会产生什么影响？回答这种因果问题是一个相当大的挑战，主要是因为我们难以分离出那些并非由均衡动态或者遗漏因素导致的内生变量的变化。

因此，我们可以先从更简单的问题开始，即什么因素与战后经济增长相关。从接下来两章提及的理论看，有两个显而易见的因素值得考虑：实物投资和人力资本（教育）投资。

图1.15表明，1960年至2000年平均投资占GDP比重与经济增长之间存在正相关。图1.16表明平均受教育年限与经济增长之间存在正相关。这些图形说明，那些在实物和人力资本方面投资较多的国家往往也增长更快。值得注意的是，这些图形并不意味着实物投资或人力资本投资是经济增长的原因（尽管从基本的经济学原理看，我们认为这些因素能够促进经济增长）。到目前为止，这些都只是简单的相关关系，并且这种相关关系很可能至少部分是由遗漏因素导致的，这些因素一方面能够影响投资和教育，另一方面能够影响经济增长。

我们在第3章进一步探讨了物质资本和人力资本在经济增长中的作用。从第3章的分析中得出的一个主要观点是，仅仅考虑物质资本和人力资本不能很好地解释经济增长。为了了解经济持续增长的机制和导致跨国收入差距较大的原因，我们还需要研究各国为什么在物质资本和人力资本的利用效率上存在差别。经济学家通常会用"技术"这个词描述除物质资本和人力资本之外能够影响经济增长和经济表现的因素。因此我们要铭记于心的一点是，跨国技术差异不仅包括生

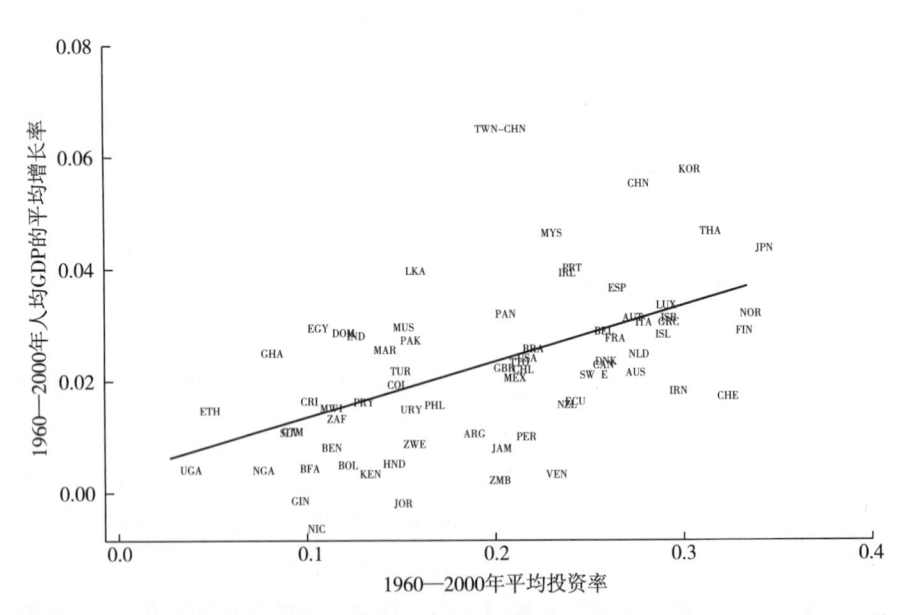

图1.15 1960—2000年各国和地区人均GDP的平均增长率与各国投资占GDP比重的平均增长率之间的关系

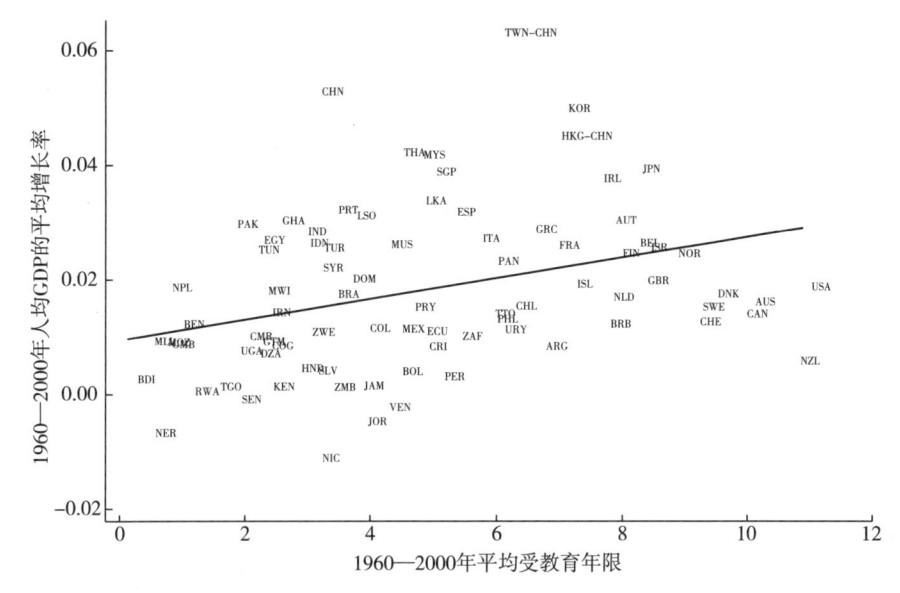

图 1.16　1960—2000 年各国和地区人均 GDP 平均增长率与平均受教育年限之间的关系

产技术和生产过程使用的机器设备质量的差异，还包括生产效率的差别（详见第 21 章关于生产效率差异源于市场组织结构和市场失灵问题的阐述）。仔细研究（广义的）技术对理解世界经济增长过程和跨国差异是十分必要的。关于技术在经济增长中扮演的角色会在第 3 章和后面各章中考察。

1.7　从相关因素到根本原因

与经济增长相关的因素，诸如物质资本、人力资本和技术，是下面要研究的第一个问题。但是，这些因素只能算是经济增长和成功的直接原因（假使我们说服自己以上的相关关系中存在一定的因果关系）。仅用技术、物质资本和人力资本解释经济增长过程和跨国收入差异并不全面，因为可能还存在着引起技术、物质资本和人力资本跨国差异的原因。如果这些因素对于导致跨国收入差异和促成一国经济"起飞"并迈入现代经济增长通道是如此重要，那么为什么有些国家却未能成功地提升其技术、增加实物投资并积累人力资本呢？

让我们回到图 1.8 进一步解释这一点。该图显示，韩国和新加坡在过去的 50 年增长很快，而尼日利亚并非如此。我们可以用经济增长的直接原因来解释韩国和新加坡的成功表现。像很多人做的一样，我们可以得出结论，快速的资本积累是导致这些增长奇迹的主要原因，而人力资本和技术是次要原因。我们会简单地将尼日利亚的失败归罪于它没能积累资本并且提升其技术水平。毫无疑问，这些观点对于理解战后经济成功和失败的机制是很有用的。但是从某个层面来讲，这些观点不能解答关键问题：韩国和新加坡到底是怎样实现增长的，而尼日利亚为什么没有很好地把握增长机遇？如果物质资本这么重要，为什么尼日利亚不进行更多的物质资本投资？如果教育这么重要，为什么尼日利亚的教育水平这么低？为什么现有的人力资本没能得到更有效的利用？这些问题的答案关乎经济增长的根本原因，即导致不同社会做出不同技术选择和资本积累选择的潜在影响因素。

从某种程度上说，根本原因是那些使我们能够将经济增长问题与其他社会科学关注的问题联系起来，并对政策、制度、文化和外部环境因素提出疑问的因素。下面，我们冒着可能把复杂现象过度简化的风险，试着考虑下列可能存在的根本原因：第一，运气（或多重均衡），这使那些有着相同机会、偏好和市场结构的社会走上了不同的增长道路；第二，地理差异，它们能够影响个体生存环境、农业生产效率、自然资源的可得性以及对个人行为或个人态度的某种约束；第三，制度差异，这些差异能够影响法律和规则，而个人和企业又在这些法律和规则之下运行，并形成资本积累、投资和贸易行为方面的激励；第四，文化差异，它们能够决定个人的价值观、偏好和信仰。第 4 章区分了直接原因和根本原因，还更详尽地讨论了哪种类型的根本原因能够更好地解释经济增长过程和跨国收入差异。

现在我们可暂时来比较一下韩国、新加坡与尼日利亚，并提出以下问题（即使我们尚不能完整地回答这些问题）：我们能说韩国和新加坡快速增长是因为它们幸运，而尼日利亚不幸运吗？我们能把韩国和新加坡的快速增长与其地理因素联系起来吗？我们可否将快速增长归功于制度和政策因素？文化能够成为主要因素之一吗？大部分有关这些国家二战后经济和政治情况的详细解释都强调了韩国和新加坡实施的增长促进政策是十分重要的，包括这些国家给企业提供了相对较好的产权保护以及投资激励。相比之下，二战后的尼日利亚饱受内战、军事政变、地方腐败的煎熬，总体来看，其环境无法为企业的投资和技术升级提供激励。因此，很有必要探寻与这些事实相关的经济增长的根本原因。进一步说，将运气视为二战后经济表现的主要原因是不大可靠的，韩国、新加坡和尼日利亚早在二战后初始阶段就存在着显著的经济差距。同样，把这些国家之间的差异说成是由地理因素导致的也不合常理。毕竟，地理环境未发生改变，而韩国、新加坡却在二战后经历了迅猛增长。另外，即便说新加坡得益于其岛国的地理特征，我们也同样可以说尼日利亚丰富的石油资源为其提供了最好的经济增长环境。① 跨国文化差异对很多问题都有重要影响,人们也常常将许多亚洲国家的快速增长与某种特定的"亚洲价值观"相联系。然而,文化方面的解释并不足以作为根本原因,因为韩国和新加坡的文化在二战结束后并没有发生太多变化,但是它们战后的快速增长则非常突出。另外,尽管韩国增长很快,与之具有相同文化和亚洲价值观的朝鲜在过去 50 年里则饱受贫困的煎熬。

这些不可否认的简单(并且片面)论述说明,要更好地理解经济增长的根本原因,我们必须考察能影响物质资本和人力资本积累及技术升级的制度和政策因素。韩国与新加坡的制度和政策有利于经济增长,而尼日利亚则不是。理解经济增长的根本原因主要就是理解这些制度和政策对经济激励的影响,理解为什么它们促进了韩国和新加坡的增长,却没能促进尼日利亚的增长。根本原因和以上讨论中强调的制度因素之间的紧密联系引出了本书的第八篇——经济增长的政治经济学研究,即研究制度如何影响经济增长以及制度本身的国别差异。

这里必须指出一个重要的问题,有关地理、制度和文化的讨论有时并无增长模型甚至经验数据作为明确的参考。毕竟,这是很多非经济学领域的社会学者研究的范畴。然而,如果根本原因可以作用于那些对物质资本、人力资本和技术有重要影响的参数和政策,它们就可以对经济增长产生巨大影响。因此,为了评估那些被认为推动了经济增长的根本原因是否真的起到了其应有的作用,理解经济增长的机制就显得至关重要。增长的经验数据对于鉴别导致跨国收入差异的根本原因也具有同样重要的作用。只有通过构建简化的经济增长模型,并且用数据进行验证,才能使我们更好地理解引起经济增长的直接原因和根本原因。

1.8　本章思路

我们可以从前文的讨论中提炼出三个主要问题:
1. 为什么不同国家的人均收入和劳动生产率存在着较大差别?
2. 为什么一些国家实现了快速增长,而另一些国家则增长缓慢?
3. 是什么使经济长时间保持增长,为什么持续的经济增长开始于大约 200 年前?

---

① 换一个角度看,有人提出尼日利亚的贫穷正是因为所谓的"自然资源诅咒",即拥有的丰富的自然资源。但这种说法缺乏解释力,因为也有很多其他国家,如博茨瓦纳,同样拥有丰富的自然资源却在过去 50 年实现了快速增长。更重要的是,唯一能使丰富的自然资源导致更差的经济表现这一机制具有说服力的说法与制度和政治经济因素有关。这些因素属于制度性根本原因的范畴。

为了寻求以上问题的答案，我们需要一套构思精密的模型来刻画经济增长的机制和跨国收入差距，以及导致各国沿不同路径发展的根本原因。换句话说，我们需要将理论模型与经验研究结合起来。

传统的增长模型——尤其是基本的索洛模型和新古典模型——提供了良好的开端，它们强调投资和人力资本，这与图1.15和图1.16所示一致。然而，我们也注意到跨国技术差异（或是源于各国获取技术发展的机遇不同，或是源于生产效率的不同）同样重要。传统模型把技术和市场结构看作给定的，或最多是外生变化的（很像是一个黑匣子）。但如果技术如此重要，我们应该了解为什么会产生技术进步以及技术是如何进步的，同时还要了解为什么存在技术的国别差异。这一点促使我们更细致地研究内生技术进步和技术应用。确切地说，我们将尽力了解技术差距是如何产生、持续，并影响人均收入差距的。技术变化模型对我们思考200年来世界经济持续增长的源泉，以及起飞于200年前并持续至今的这一增长过程背后的原因都有重要作用。

本章提到的有关经济增长和跨国收入差距的某些其他情况可以告诉我们构建哪些类型的模型才能很好地解释经济增长和跨国收入差异。比如说，我们发现只有很好地理解为什么在过去200多年里有些国家增长很快而其他国家并非如此，才能解释跨国收入差距。因此，我们需要构建能够解释何以一些国家能够获得持续增长而其他国家则不能的模型。

然而，我们也看到二战后的世界收入分配是相对稳定的（至多从1960年至2000年出现了轻微的发散）。这一情况提醒经济学家应该关注那些导致大幅度、持续跨国人均收入差距的模型，而不一定要关注那些导致大幅度、长期经济增长率差距（至少不是近几十年）的模型。这一论断基于以下理由：伴随着长期增长率的显著差异（像内生增长模型一样，投资率不同的国家，其增长率也会有长期差异），我们可以预测到显著的收入差异。我们在前文中看到，虽然世界收入分配的顶端和底部的差距有所扩大，但二战后的跨国收入分配还是相对稳定的。

为了将二战后的情况与过去几个世纪导致各国收入差距的原因联系起来，我们应该寻找一类模型，它们既能解释长期的显著增长差异，又能解释世界收入分配最终趋于稳定的现象，尽管存在着跨国差异较大的问题。从当前全球经济的性质看，跨国收入差异十分具有挑战性，因为全球经济允许技术、大量资金以及商品的自由跨国界流动。于是，我们有必要了解贫穷的国家是如何落后的，是什么阻止了这些国家应用和模仿富裕国家的技术和组织结构（以及从富裕国家引入资本)。

就像上一节讨论的那样,所有这些问题可以(或是应该)从两个不同但相关的层面来回答,且采用相应的两个步骤。第一步是用理论模型和数据说明经济增长的机制。这一步揭示了经济增长的直接原因,解释了物质资本、人力资本、技术差异是如何引起人均收入差异的,反过来,这些又和其他变量,如偏好、技术、市场结构、对国际贸易的开放程度以及经济政策相关。

第二步是探究直接原因背后的根本原因,以及考察为何有些社会的组织模式和其他社会不同。为什么不同的社会有不同的市场结构?为何有些社会采用了激励经济增长的政策而其他国家对技术变化设置障碍?这些问题是经济增长研究的中心议题,只能通过建立系统的政治经济发展模型并获得经济增长历史过程中的数据来揭示这些根本原因。

我们的下一个任务是建立一系列模型解释经济增长机制。我将详细阐述一系列动态一般均衡模型的数学结构,这些模型有助于思考经济增长和相关的宏观经济现象,同时,我重点阐述了这些模型对理解跨国经济表现差异的原因有何启示。只有通过了解这些机制,我们才能建立一个有用的框架,用于思考经济增长和收入不平等的原因。

1.9 参考文献

这一章提到的经验材料基本上是标准化的,其中部分材料可以从许多书中找到,只是其解释和侧重点不同。琼斯(Jones,1998,第1章)和威尔(Weil,2005,第1章)的本科经济增长教科书是很好的入门教材,只是侧重点稍有区别。巴罗和萨拉-伊-马丁(Barro and Sala-i-Martin,2004)也对经济增长的典型事实进行了简单的讨论,但他们的重点是放在二战后经济增长和有条件收敛问题上,而非跨国收入的巨大差距和本章强调的长期视角。赫尔普曼(Helpman,2005)、阿吉翁(Aghion,2008)和豪伊特(Howitt,2008)在其著作中很好地论述了经济增长的关键问题,并且可读性很强,其论述的视角与本文相似。本书中讨论的许多主题在阿吉翁和豪伊特的著作中都得到了很好的阐述。

本章使用的许多数据来自萨默斯-海斯顿(Summers-Heston,佩恩表)的数据库(最新版本,Summers、Heston and Aten,2006)。这些表格由萨默斯和海斯顿通过细致研究而构建的国际可比物价指数和人均收入、消费的估计值组成。购买力平价调整也依赖于这些数据才能完成。萨默斯和海斯顿(1991)透彻地论述了购买力平价调整的方法论及其在佩恩表中的应用。购买力平价调整使人均收入的跨国比较成为可能。没有购买力平价调整，跨国人均收入差距一般采用当期汇率或某种基础汇率来计算。但是，这种以汇率为基础的测度方法存在很多问题。最重要的一个问题是，它不考虑各国相对价格甚至总体价格水平的显著差异。购买力平价调整使我们更加贴近真实收入和真实消费差异的事实。佩恩数据表中的 GDP、消费和投资数据全部使用 1996 年美元价格表示。工人（参见经济活动的人口）、消费和投资的相关信息也都来源于这个数据库。预期寿命数据来源于世界银行的世界发展指标光盘（CD-ROM），是指男性、女性出生时的平均预期寿命。这个数据库还包含一系列其他有用的信息。受教育情况数据来源于巴罗和李（Barro and Lee，2001）的数据库，其中包括可以进行国际比较的受教育年限的信息。跨国数据自始至终都使用了世界银行的标识方法来表示各个不同的国家。这个标识名单可以在网址 http://unstats.un.org/unsd/methods/m49/m49alpha.htm 上查找。

在所有的图形和回归分析中，增长率都是按照几何平均值计算的。具体而言，从 t 期到 $t+T$ 期的人均产出 y 的几何平均增长率为：

$$g_{t,t+T} \equiv \left(\frac{y_{t+T}}{y_t}\right)^{1/T} - 1$$

在研究人均收入的情况下，几何平均增长率比算术平均增长率更为合适，因为增长率指的是按比例增长。我们很容易从该公式得出，假定对于所有 t 期，都有 $y_{t+1} = (1+g)y_t$，则可推出 $g_{t+T} = g$。

历史数据来源于麦迪森的各类研究成果，尤其是 2001 年和 2003 年的研究。尽管这些数据不像佩恩表那样可靠，但其展示的总体情况和来源于各种渠道的证据大致相符。不过，也存在一些争议。比如，图 1.11 中麦迪森的估计值表明西欧国家的人均收入从公元 1000 年起开始了缓慢但比较稳定的增长。这种增长模式引起一些历史学家和经济史学家的争议。彭慕兰（Pomeranz，2000）在其可读性较强的论述中，强烈批评了这一论断，他认为西欧国家和中国长三角地区的人均收入直到公元 1800 年才基本相当。这个观点在艾伦（Allen，2004）近期的研究中也得到了支持，该研究表明西欧国家和中国的农业生产率水平在公元 1800 年时基本相当。阿西莫格鲁、约翰逊和罗宾逊（2002，2005b）以城市化率作为人均收入的代理变量进行研究，得出的结果介于麦迪森和彭慕兰之间。阿西莫格鲁、约翰逊和罗宾逊（2002）的研究还表明，各国直到 16 世纪初都只有很小的收入差距，快速的经济增长过程始于 19 世纪（或 18 世纪晚期）。布罗德伯利和古普塔（Broadberry and Gupta, 2006）在近期的研究中不认同彭慕兰的观点，并且更为支持西欧和中国之间的收入差距始于 18 世纪末的论断。

第 1.4 节用到的"起飞"这个词来自沃尔特·罗斯托的著作《经济增长的阶段》(*The Stage of Economic Growth*, 1960)，它的含义比"工业革命"这个词更广泛，经济史学家用后者表示英国在 18 世纪末期开始的历史进程（例如 Ashton, 1969）。莫克尔（Mokyr, 1993）对工业增长的开端是源于连续还是非连续变化的争议进行了精彩的论述。与我在此处的观点一致，莫克尔认为，上述问题与现代经济增长过程是否的确始于这一时期的问题相比是次要的。

从巴罗（Barro, 1991）开始，有大量文献研究经济增长的相关要素。巴罗和萨拉－伊－马丁（2004），以及巴罗本人（1997）对这些文献进行了综述。然而，其中很多文献把相关关系解释为因果关系，即使这种解释并没有根据（见第 3 章和第 4 章的讨论）。

图 1.15 和图 1.16 显示了 1960 年至 2000 年平均投资和平均受教育年限与该时期经济增长之间的关系。该时期投资增长和经济增长之间的关系是比较紧密的，但是受教育年限增加与经济增长之间的联系就要弱很多。受教育年限增加和产出增加之间缺乏联系可能源于一系列的原因。第一，对受教育年限的估算存在着较多的测算误差（参见 Kruger and Lindahl, 2001）。第二，像后面一些模型阐述的那样，人力资本的主要作用是促进新技术的应用，因此，我们认为教育水平和经济增长之间的关系要比受教育年限变化与经济增长之间的关系更强（参见第 10 章）。最后，教育水平与经济增长的关系可能有虚假的成分，因为可能会存在被忽略的与教育水平相关的其他因素也影响着两者之间的关系，如果这是事实，这些被忽略的因素也许在我们观察教育变化时被去除了。虽然我们无法就这些解释得出确切的结论，但图 1.16 中显示的平均受教育程度与经济增长之间的强相关性本身也依然十分有趣。

萨拉－伊－马丁（2005）发现，当我们用各国人口数量作为权重时，世界经济的人均收入差异会缩小。迪顿（Deaton, 2005）批评了萨拉－伊－马丁的研究。麦迪森（1991）则首次提出，各国人均收入在公元 1800 年左右或之前一定更加平等，因为个人要想生存，必定存在一个真实收入的下限要求。该观点后来由普利切特（Pritchett, 1997）进一步推广。麦迪森关于人均 GDP 的估计以及阿西莫格鲁、约翰逊和罗宾逊（2002）基于城市化的估计都证实了上述结论。

本章对人均收入密度的估计和夸赫（Quah, 1993, 1997）以及琼斯（Jones, 1997）使用的类似。这些估计使用了非参数高斯核。核估计的具体细节并未改变密度的总体形状。夸赫还首次提出了世界收入分布的分层以及向双峰分布转变的可能，这一点可以从图1.3中观察到。他还将这种"双峰"现象命名为"孪生峰"（参见Durlauf and Quah，1999）。巴罗本人（1991）以及他和萨拉-伊-马丁（1992，2004）强调了有条件收敛的存在及其重要性，并驳斥了夸赫和其他人强调的收入分层模式的正确性。据巴罗和萨拉-伊-马丁（1992）估计，有条件收敛的速度为每年大约2%。卡塞利、艾斯奎瓦和勒夫特（Caselli、Esquivel and Lefort，1996）的研究表明，使用面板数据进行回归会引起有条件收敛的速度显著上升。

麦里斯（Marris，1982）和鲍莫尔（Baumol，1986）是最早研究跨国收敛的经济学家。然而，当时的数据质量比萨默斯-海斯顿的数据质量要低，而且只能获取部分样本国家的数据。巴罗本人（1991）以及他和萨拉-伊-马丁（1992）在研究中使用了萨默斯-海斯顿数据库，这极其有益于重新燃起对跨国增长回归的兴趣。

关于GDP增长率和南非黑人实际工资的数据来源于威尔森（Wilson，1972）的研究。这里的工资是指金矿的实际工资。费恩斯坦（Feinstein，2005）就南非经济史进行了精彩论述。莫克尔（1993）讨论了英国工业革命对实际工资和工人生活水平的影响。另一个关于经济快速增长伴随着实际工资下降的例子是20世纪早期的墨西哥经济（见Gomez-Glavarriato，1998）。还有证据表明，这一时期墨西哥人口的平均身高可能出现了下降，这常常与生活水平的下降有关（Lopéz-Alonso and Porras Condey，2004）。

有关技术和资本积累在东亚国家，尤其是韩国和新加坡的增长经历中所起的作用也有过争论。例如扬格（Young，1991，1995）认为，物质资本和劳动力投入的增长几乎完全能够解释两国经济的快速增长。而克雷诺和罗德里格兹（Klenow and Rodriguez，1997）以及谢长泰（Hsieh，2002）则持相反观点。

后面各章还会进一步讨论直接原因和根本原因的区别。诺思和托马斯（North and Thomas，1973）在其经典著作中含蓄地谈到了这一区别，戴蒙德（Diamond，1997）则在不同的背景下讨论了这种区别。阿西莫格鲁、约翰逊和罗宾逊（2005a）详细讨论了两种原因在长期经济发展和经济增长环境下的区别。第4章将更详细地讨论这些问题。

第 2 章 索洛增长模型

第 1 章介绍了一些基本事实并列举了一些主要问题，这些事实和问题涉及经济增长的长期源泉和跨国增长差异的原因。它们不仅是增长理论的核心，广义而言，也是宏观经济学和社会科学的核心。我们接下来的任务是建立一个简单的框架，这个框架可以帮助我们思考经济增长过程以及跨国收入差距的直接原因和机制。这个框架既可以用来研究经济增长的潜在根源，也可以用来进行简单的比较静态分析，以便了解什么样的社会特征有利于更高的人均收入水平和更快速的经济增长。

我们的出发点是所谓的索洛-斯旺模型。如此命名源于模型创立者——罗伯特（鲍勃）·索洛和特雷沃·斯旺，或者干脆叫索洛模型，因为两人中索洛名声更高。两位经济学家在同一年（1956 年）分别发表了一篇开创性的文章介绍了索洛模型（Solow，1956；Swan，1956）。索洛后来对该模型做了很多扩展和应用，也因为这些贡献被授予诺贝尔经济学奖。索洛模型塑造的不仅仅是我们研究经济增长的方式，而且是整个宏观经济学的研究方式。因此，本章分析的一个伴生成果是对宏观经济学主力模型的详细说明。

索洛模型极其简洁。今天来看该模型，可能很难理解，与之前的经济增长模型相比，索洛模型是一个多大的理论突破。索洛模型出现之前，研究经济增长最常用的方法建立在哈罗德和多马模型的基础之上（Harrold，1939；Domar，1946）。哈罗德-多马模型强调经济增长的潜在功能失调，例如，经济增长如何可能与失业增加如影随形（见本章习题 2.23）。索洛模型表明哈罗德-多马模型为什么不是一个有吸引力的研究起点。新古典总生产函数是索洛增长模型的核心，它显著区别于哈罗德-多马模型。这个函数不仅能够使索洛模型接壤微观经济学，也正如我们在后续章节中将要看到的那样，它还能够架起模型和数据之间的桥梁。

索洛模型与我们将在本书中学习的其他许多模型共同具有的一个重要特征是，简单抽象地表述复杂的经济。乍一看，索洛模型可能会显得过于简单或过于抽象。毕竟，要客观地处理增长过程或宏观经济平衡，我们必须考虑社会中具有不同偏好、能力、收入和充当不同角色的家庭和个体、各种各样的部门，以及各种力量之间错综复杂的相互影响。通过构建一个不考虑个体决策的单一产品经济，索洛模型规避了这些复杂性。因此，索洛模型既是研究的起点，也是通往更丰富模型的跳板。

本章将介绍基本的索洛模型。与之密切相关的新古典增长模型将在第 8 章予以介绍。

2.1 基本索洛模型的经济环境

经济增长和经济发展是动态过程，因此有必要使用动态模型。尽管索洛模型异常简洁，但它仍然不失为一个动态一般均衡模型（尽管第 5 章强调的动态一般均衡模型的许多关键特征，如偏好和动态优化并没有出现在索洛模型）。

索洛模型既可以用离散时间表述，也可以用连续时间表述。我从离散时间版本开始，因为它在概念上更加简单，并且在宏观经济学里运用更加广泛。然而，许多经济增长模型用连续时间表述，接下来我将详尽阐释连续时间的索洛模型并证明通常它运算起来更方便。

2.1.1 家庭和生产

考虑一个只有单一最终商品的封闭经济体。经济体以离散时间运行至无限期界，所以时间以下标 $t=0, 1, 2, \cdots$ 表示，这里的时间段可以对应于每天、每周或每年。现在，我们不需要指定时间尺度。

经济体由大量的家庭组成。在整本书中，我交替无差异地使用家庭、个体和行为人这三个术语。因为未对家庭的优化问题明确建模，所以索洛模型对家庭的假设很少。家庭最优决策的缺乏是索洛模型与新古典经济增长模型的主要区别，后者是附带家庭最优决策的索洛模型。为使概念清晰，你可能假定所有家庭是相同的，所以该经济体显然也适用代表性家庭的存在，这意味着整个经济体的劳动需求和劳动供给决策就好像由一个单一的家庭行为来决定。代表性家庭的假设将在第 5 章详细讨论。

对于该经济体的家庭我们需要知道什么？答案是：并不多。我们还没有赋予家庭以偏好（效用函数）。相反，现在假定家庭将其可支配收入的一个外生固定的比例 $s \in (0,1)$ 用于储蓄，而不考虑经济中发生的其他事情。这个假设与上一章提到的基本的凯恩斯模型和哈罗德-多马模型的假设是相同的。但这也与事实相悖，个体储蓄不会是他们收入的固定比例，如果家庭这样做，那就意味着即使政府宣布下一年大幅度加税，也对居民的储蓄决定没有丝毫影响，这似乎既不合理，也不符合经验事实。然而，储蓄率外生固定的假设是一个方便的起点，我们会在本书的其余部分花很多时间分析消费者有何行为，如何做出跨期选择。

该经济的另一个关键行为人是企业。同消费者一样，现实中企业是高度异质性的。即使在一个狭义的经济部门中，也没有两家企业完全相同。但是，为简便起见，让我们再次从类似于代表性家庭的假设出发，只是现在运用于企业：假设该经济中所有企业都具有相同的最终产品生产函数，或者说，该经济中存在着具有代表性生产函数的代表性企业。我们将在第5章讨论代表性企业这一假设合理的前提条件。单一最终产品的总生产函数可以表示为

$$Y(t) = F(K(t), L(t), A(t)) \qquad (2.1)$$

其中，$Y(t)$ 是在 t 期的最终产品的生产总量，$K(t)$ 是资本存量，$L(t)$ 是总就业人数，$A(t)$ 代表在 t 期的技术。就业可以用不同的方式测度。例如，我们可以把 $L(t)$ 看作和工作时间或雇员人数相对应。资本存量 $K(t)$ 对应于生产中使用的"机器"数量（或者更具体地，生产设备和建筑物），通常用机器的价值衡量。理解资本也有多种方式（同样地，设定资本如何形成的方法也有很多）。由于此处我们的目标是从一个简单可行的模型开始，我做了相当极端的假设：资本与该经济的最终产品完全相同。只是，与被消费掉的产品不同的是，资本被用来生产更多的产品。举个具体的例子，把最终产品想象成玉米。玉米既可以用来消费，也可以做种子，也就是当作要素投入以便未来生产更多的玉米。因此，资本对应于作为生产性种子的玉米数量。

另外，技术没有自然单位，$A(t)$ 仅仅是生产函数（2.1）式的一个"移相器"。为了数学上的方便，我经常用数字代表 $A(t)$，但是牢记这一点很有用：最终，它只是代表着更抽象的概念。正如第1章中提及的，我们可能经常要思考技术的广义概念，它包含了生产组织及市场组织对生产要素利用效率的影响。在目前的模型中，$A(t)$ 代表所有这些效应。

索洛增长模型的一个主要假设是（也是我们将在第8章中学习的新古典增长模型的主要假设），技术是免费的：作为一种非排他性、非竞争性的公共品使用。回想一下，如果某种物品由某人消费或使用并不排除他人对该物品的消费或使用，则该物品就是非竞争性的。如果不可能防止他人使用或消费，则是非排他性的。技术无疑可以归入非竞争性和非排他性物品的行列。一旦社会拥有某种可以

提高生产效率的有用知识，这种知识就可以被任何企业使用，而不会影响他人的使用。而且要防止其他企业使用这种知识是很难的（至少，一旦这种知识处于公共领域，而且不受专利保护）。例如，一旦社会知道如何生产车轮，每个人都可以使用这些知识生产车轮，同时并不会削弱别人做同样事情的能力（从而使生产车轮的知识具备非竞争性）。此外，除非某人在车轮生产上拥有的专利保护能得到良好的执行，否则，任何人都可以决定从事车轮生产（从而使生产车轮的专有技术具有非排他性）。技术具有非竞争性和非排他性这一假设的含义就是经济中的所有潜在企业都可以免费获取 $A(t)$，因此，企业无须为使用这项技术支付费用。以技术免费使用的模型为起点，是理解技术进步的主要步骤，也是本书第四篇的重点。

顺便提请注意，一些经济学家在建立离散时间模型时，使用 x_t 或者 K_t，在建立连续时间模型时，使用符号 $x(t)$ 或 $K(t)$。由于我反复使用连续时间和离散时间模型，所以我在全书中统一使用后一组符号。当没有混淆的危险时，我略去时间变量，但凡有丝毫混淆的危险，我就会谨慎地将时间参数考虑进来。

接下来我们对总量生产函数施加如下标准假设：

假设1：（连续性、可微性、正定性与边际产量递减、规模报酬不变） 生产函数 F：$\mathbb{R}^3_+ \to \mathbb{R}_+$ 是 K 和 L 的二阶可微函数，并满足

$$F_K(K, L, A) \equiv \frac{\partial F(K, L, A)}{\partial K} > 0, \quad F_L(K, L, A) \equiv \frac{\partial F(K, L, A)}{\partial L} > 0$$

$$F_{KK}(K, L, A) \equiv \frac{\partial^2 F(K, L, A)}{\partial K^2} < 0, \quad F_{LL}(K, L, A) \equiv \frac{\partial^2 F(K, L, A)}{\partial L^2} < 0$$

另外，生产函数 F 对于 K 和 L 规模报酬不变。

假设1的所有内容都非常重要。首先，表达式 F：$\mathbb{R}^3_+ \to \mathbb{R}_+$ 表明生产函数中的自变量即生产要素取非负值（即 $K, L \in \mathbb{R}_+$）并映射到非负产出水平（$Y \in \mathbb{R}_+$）。自然，资本水平和就业水平应该为正数。由于技术水平 A 没有自然单位，有可能为负值。但是，我们将其限定为正值也不失一般性。假设1的第二个重要方面是函数 F 对其自变量是连续且可微的。有许多有趣的生产函数不具可微性，也有一些生产函数甚至不连续。但是，使用可微函数能够让我们使用微积分，而作为这种便利的代价便是损失了一点点一般性。假设1也设定边际产量为正（所以产出水平随要素投入递增），这个限制也排除了一些潜在的生产函数，并减少了复杂性（见习题2.8）。更重要的是，假设1要求劳动和资本的边际产量递减，即 $F_{KK} < 0$ 和 $F_{LL} < 0$，其结果是，如果其他要素投入不变，资本扩张带

来的产出增加越来越少。同样的道理也适用于劳动力。这个性质有时也被称为劳动和资本的收益递减。资本收益递减的程度对基本增长模型的许多结果产生了重要影响。事实上，正是资本收益递减使索洛模型有别于之前的哈罗德－多马模型（见习题2.23）。

另外一个重要假设是规模报酬不变。回忆生产函数 F 对于 K 和 L 规模报酬不变，如果 F 是线性齐次函数（1次齐次）。

定义 2.1 令 $K \in \mathbb{N}$，函数 $g: \mathbb{R}^{K+2} \to \mathbb{R}$ 对于 $x \in \mathbb{R}$，$y \in \mathbb{R}$ 是 m 次齐次函数，如果，对于所有 $\lambda \in \mathbb{R}_+$ 和 $z \in \mathbb{R}^K$

$$g(\lambda x, \lambda y, z) = \lambda^m g(x, y, z)$$

容易证明线性齐次性意味着生产函数是凹函数，虽然不一定严格为凹（见习题2.2）。因为如下定理，线性齐次（规模报酬不变）生产函数非常有用。

定理 2.1（欧拉定理） 假设 $g: \mathbb{R}^{K+2} \to \mathbb{R}$ 在 $x \in \mathbb{R}$，$y \in \mathbb{R}$ 上是可微的，对 x 和 y 的偏导数分别记为 g_x 和 g_y，并且是 x 和 y 的 m 次齐次函数。则对于所有 $x \in \mathbb{R}$，$y \in \mathbb{R}$ 和 $z \in \mathbb{R}^K$，有

$$mg(x, y, z) = g_x(x, y, z)x + g_y(x, y, z)y$$

此外，$g_x(x,y,z)$ 和 $g_y(x,y,z)$ 本身是 x 和 y 的 $m-1$ 次齐次函数。

证明 已知函数 g 可微且

$$\lambda^m g(x, y, z) = g(\lambda x, \lambda y, z) \tag{2.2}$$

公式（2.2）两边对 λ 求微分，得到

$$m\lambda^{m-1} g(x, y, z) = g_x(\lambda x, \lambda y, z)x + g_y(\lambda x, \lambda y, z)y$$

上式对任何 λ 都成立，令 $\lambda = 1$，可以得到第一个结论。要得到第二个结论，将公式（2.2）两边分别对 x 求偏导数：

$$\lambda g_x(\lambda x, \lambda y, z) = \lambda^m g_x(x, y, z)$$

两边同时除以 λ 得证。

2.1.2 禀赋、市场结构和市场出清

上一小节设定了家庭的行为与生产技术。下一步需设定禀赋，也就是经济开始时劳动和资本的数量以及禀赋所有者。现在我们需要厘清经济中的资源配置状况。资源（在既定的家庭和生产技术下）有多种配置方式，这取决于社会的制

度结构。第 5 章至第 8 章探讨试图使家庭加权平均效用最大化的社会规划者可能如何配置资源，第八篇集中探讨对拥有政治影响力的人有利的资源配置。研究资源配置更为人们熟悉的框架是假定一系列市场制度，尤其是竞争市场制度。在竞争市场中，家庭和企业作为价格接受者追求自己的目标，价格使市场出清。竞争市场是个自然的基准，我从假定所有产品和要素市场都是竞争市场开始。当然，这并不是个全然无害的假定。例如，劳动市场和资本市场的不完全对经济增长有重要含义，产品市场的垄断力量在本书第四篇扮演重要角色。但是从竞争性框架着手研究可以更好地理解这些含义。

在考察竞争市场的交易之前，我们也要明确禀赋的所有者。由于竞争市场只有在资产及生产资料（至少部分的）私人所有的经济中才有意义，我们可以很自然地假设生产要素属于家庭。具体而言，我们假定家庭拥有所有劳动力，他们无弹性地供应劳动力。例如，如果经济体的劳动禀赋等于人口数量 $\bar{L}(t)$，且不管工资率高低——只要非负即可，所有这些劳动都被提供到市场上，则意味着劳动力供给是无弹性的。于是，劳动市场出清条件可以表示为：

$$L(t) = \bar{L}(t) \tag{2.3}$$

对所有 t 成立，其中 $L(t)$ 表示劳动需求（也是就业水平）。更一般地，我们可以写出这个等式的互补松弛形式。具体地，令 t 期劳动力的雇用成本或者工资为 $w(t)$，劳动市场出清条件采取如下形式：

$$L(t) \leq \bar{L}(t), w(t) \geq 0 \text{ 和 } (L(t) - \bar{L}(t))w(t) = 0 \tag{2.4}$$

这一互补松弛公式确保劳动力市场不会在工资为负的条件下出清，或者劳动力需求足够低，以至于在零工资时，就业水平低于 $\bar{L}(t)$。然而，在本书大多数的模型中该问题并不存在，因为假设 1 和竞争性劳动力市场确保了工资严格为正（见习题 2.1）。考虑到这个结果，全文我都使用更简洁的条件（2.3）并且把 t 期的劳动供给和劳动需求都记为 $L(t)$。

家庭还拥有经济中的资本存量并将其出租给企业。我们将 t 期资本的出租价格表示为 $R(t)$。资本市场出清条件类似于（2.3）式，要求企业的资本需求等于家庭的资本供给：

$$K(t) = \bar{K}(t)$$

其中 $\bar{K}(t)$ 代表家庭的资本供给，而 $K(t)$ 表示企业的资本需求。在本书研究的这类模型中，资本市场出清显然是可以保证的。具体而言，只要在 t 期生产使用的资本数量（来自企业的优化行为）与家庭的禀赋和储蓄行为一致就行了。

假定家庭持有的初始资本存量 $K(0) \geq 0$ 是已知的（作为环境描述的一部分）。现在，初始资本存量如何在家庭成员之间分配并不重要，因为未对家庭最优决策明确建模，并且仅仅假定该经济体将其收入的一个份额 s 用于储蓄。当我们考虑下列附带家庭优化行为的模型时，对经济环境进行描述的一个重要部分就是设定家庭的偏好和预算约束。

现在，我也可以引入 t 期最终商品的价格，如 $P(t)$。但是这样做没必要，因为该经济需要选择一个计价商品，其价格被标准化为 1。尤其是，如第 5 章将详细讨论的，瓦尔拉斯法则（Walras's Law）说明一种商品的价格应该被标准化为 1。事实上，我在全书中都做了较强的假定，在所有时期把最终商品的价格标准化为 1。通常，计价物的选择不能超过一种商品，否则就需要确定计价物之间的相对价格。但是，正如第 5 章将要解释的，我们可以借鉴阿罗（1964）的洞见来定价一种证券，这种证券（资产）能够将某一时刻（或者某种状态）1 单位的消费转移到另一时刻或另一状态。在动态经济的前提下，这意味着我们需要跟踪不同时期的利率，将之记为 $r(t)$，该利率决定了跨期价格，使我们将每期最终商品的价格标准化为 1。自然，我们也需要记录工资率 $w(t)$，它决定了任一时期 t 的劳动力相对于最终商品的价格。

这些讨论强调了一个关键事实：本书中所有模型应该被理解为一般均衡经济，其中不同商品对应于不同时期的同一种商品。回忆一下基本的一般均衡理论就会知道同样的东西在不同时期（或不同状态或不同地点）就被理解为不同的商品。因此，因为时间趋向无穷远，在本书几乎所有模型中都存在无穷数量的商品。这会导致许多特殊问题，这些问题将在第 5 章及后续各章中探讨。

回到基本的索洛模型。下一个假设涉及资本折旧，意思是说，因为磨损，用于生产的机器在使用过程中损失了部分价值。以上文提到的玉米生产为例，有些作为种子的玉米不能够被消费或者在下一期继续当作种子使用。假定折旧采取指数形式，这在数学上非常易于处理。因此，资本以速率 $\delta \in (0, 1)$ 折旧，对于 1 单位本期使用的资本，只有 $1 - \delta$ 部分留到下一期使用。尽管此处折旧代表机器的磨损，在更有现实意义的模型中，也可以表示新机器对旧机器的替代（见第 14 章）。

部分资本存量的损失影响家庭面临的利率（储蓄回报率）。给定指数折旧率 δ 和最终商品价格标准化为 1 的假设，家庭面对的利率为 $r(t) = R(t) - \delta$，回忆一下 $R(t)$ 代表 t 时期资本的租金价格。1 单位的最终商品可以现在消费掉，也可以用作资本租给企业。后一种情形下，作为储蓄的租金价格，家庭在下一期收到

$R(t)$ 单位的最终商品,但是损失了 δ 单位的资本持有,因为这个 δ 单位随时间折旧掉了。因此,家庭在时期 $t-1$ 放弃了 1 单位商品,而在时期 t 得到的商品数量为 $1 + r(t) = R(t) + 1 - \delta$ 单位,即有 $r(t) = R(t) - \delta$。$r(t)$ 和 $R(t)$ 之间的关系解释了资本的利率和租金价格符号间的相似性。家庭面临的利率在后文家庭的动态优化决策中起到关键作用。而在索洛模型中,利率并不直接影响资源的配置。

2.1.3 企业优化和均衡

现在我们应该考察企业的优化问题和这个经济的竞争均衡。全文假定企业的目标是最大化利润。假定存在一个总量生产函数,考虑代表性企业就足够了。除非特别说明,我始终假定资本市场运行良好以至于企业能够在现货市场租用资本。对于给定的技术水平 $A(t)$、要素价格 $R(t)$ 和 $w(t)$,代表性企业在 t 期的利润最大化问题可以表示为如下的静态优化问题:

$$\max_{K \geq 0, L \geq 0} F(K, L, A(t)) - R(t)K - w(t)L \tag{2.5}$$

当存在不可逆的投资或者调整成本,正如第 7.8 节讨论的,企业的优化问题变成动态的。但是如果没有这些特征,每个时期分别求最大化利润等价于求最大化利润的净现值。这一特征大幅简化了分析。

还有一些特征值得注意:

1. 给定代表性企业,利润最大化问题以加总变量来设定并没有损失一般性。
2. 生产函数 F 项未与任何数相乘,因为最后总商品的价格被标准化为 1。因此 (2.5) 式的第一项是代表性企业的收益(或者该经济中所有企业的收益)。
3. 这种表达优化问题的方式已经采用了竞争性要素市场的条件,因为把企业的劳动力和资本的租金价格 $w(t)$ 和 $R(t)$ 视为既定(以最终商品为计价物)。
4. 因为生产函数 F 是凹函数,目标函数也是凹的(见习题 2.2)。

一个重要问题是,因为生产函数表现为规模收益不变(假设 1),最大化问题 (2.5) 式可能不存在有意义的解(见习题 2.3)。要么不存在任何解 (K,L) 能够实现该(无限期界)规划的最优值,要么 $K = L = 0$,要么存在能实现该规划最优值的 (K,L) 的多个解(此时该最优值恰好为零)。这个问题与如下事实相关:在规模收益不变的世界里,每个企业的规模是不确定的(只有总量是确定的)。因为 (2.5) 式并未采用市场出清的条件,也会导致同样的问题。竞争均衡要求所有企业(自然包括代表性企业)实现最大化利润和要素市场出清。具体而言，所有时期对劳动力和资本的需求必须等于这些要素的供给（除非要素价格为零，但这已经被假设 1 排除）。这个结论意味着代表性企业获得零利润，否则企业会希望雇用到任意大量的资本和劳动，以致超出有限的供给。该结论也表明，总的劳动需求 L 必须等于可用的劳动供给 $L(t)$。类似地，资本总需求 K 也应该等于总供给 $K(t)$。否则，如果 $L < L(t)$，就会存在超额劳动供给，从而均衡工资等于零。但是这与企业最大化假设不一致，因为给定假设 1，代表性企业就会愿意雇用足够多的、超过供给的劳动力。这个论点与生产函数是可微的事实（假设 1）一起，意味着给定 t 期的资本 $K(t)$ 和劳动力供给 $L(t)$，要素价格必须满足如下常见的条件，即要素价格等于边际产出[1]：

$$w(t) = F_L(K(t), L(t), A(t)) \tag{2.6}$$

$$R(t) = F_K(K(t), L(t), A(t)) \tag{2.7}$$

欧拉定理（定理 2.1）则证实了在价格（2.6）式和（2.7）式下，企业（或代表性企业）获得零利润。

命题 2.1 假定假设 1 成立，则在索洛模型的均衡结果中，企业赚取零利润，并且

$$Y(t) = w(t)L(t) + R(t)K(t)$$

证明 对于常数规模报酬（$m=1$）的情形，该结果直接得自定理 2.1。

既然均衡时企业利润为零，我们不需要明确设定企业所有权。我们只需要知道企业是利润最大化的实体。

除了这些关于生产函数的标准假设，在分析经济增长和宏观经济均衡时，通常需要设定以下边界条件——稻田条件。

假设 2（稻田条件） F 满足稻田条件：

$$\lim_{K \to 0} F_K(K,L,A) = \infty \text{ 和 } \lim_{K \to \infty} F_K(K,L,A) = 0 \text{ 对于所有 } L > 0 \text{ 和所有 } A \text{ 都成立}$$

$$\lim_{L \to 0} F_L(K,L,A) = \infty \text{ 和 } \lim_{L \to \infty} F_L(K,L,A) = 0 \text{ 对于所有 } K > 0 \text{ 和所有 } A \text{ 都成立}。$$

而且，$F(0,L,A) = 0$ 对于所有 L 和 A 都成立。

---

[1] 推导（2.6）式和（2.7）式的另一种方法是考虑代表性企业的成本最小化问题，采取的办法是，对应于某个给定的产出水平 Y，在约束条件为 $F(K,L,A) = Y$ 下，将 $rK + wL$ 分别对 K 和 L 最小化。对于任意给定的 Y 水平，该问题有唯一解。于是，施加市场出清的条件，即 $r = F(K,L,A)$，其中 K 和 L 对应于资本和劳动供给，可以得到（2.6）式和（2.7）式。

这些条件的作用——尤其在确保内部均衡的存在性方面——将会在后续章节中变得很清晰。稻田条件意味着第一单位的劳动力和资本生产率非常高，而当资本或者劳动力足够充裕时，其边际产量接近于零。条件 $F(0,L,A) = 0$ 对于所有 L 和 A 都成立，这表示资本是重要投入。本书中这个条件可以放宽而不会对本书的结论产生任何重要影响。图 2.1 表明，在两种情形下，对于给定的 L 和 A，生产函数 $F(K,L,A)$ 是 K 的函数。图 2.1A 满足稻田条件，而图 2.1B 不满足。

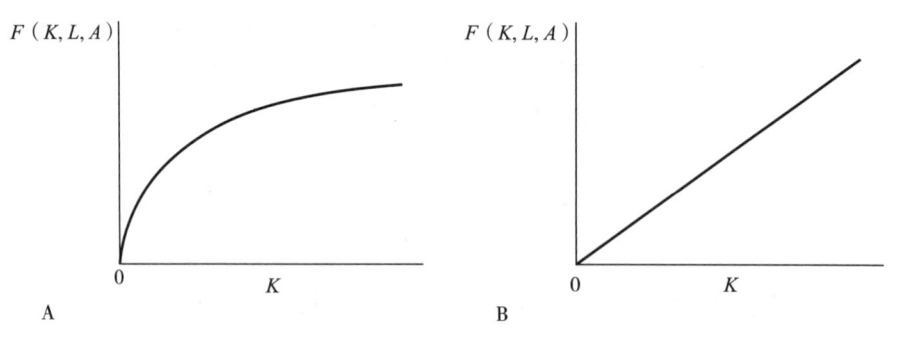

图 2.1 生产函数：图 2.1A 满足假设 2 的稻田条件，图 2.1B 不满足

在本书的大部分内容中，我会反复提及假设 1 和假设 2，这两个假设可以被看成新古典技术假设。基于这个原因，给它们的编号独立于本章的等式、定理和命题。

2.2 离散时间的索洛模型

接下来我将介绍离散时间的索洛模型中经济增长的动态表现。

2.2.1 索洛模型的基本运动法则

回顾前面，K 是以指数型速率 δ 折旧，于是资本存量的运动法则由如下方程决定：

$$K(t+1) = (1-\delta)K(t) + I(t) \tag{2.8}$$

其中 $I(t)$ 代表 t 时期的投资。

从封闭经济的国民收入核算得知，最终商品的总数量必定要么被消费要么被投资，因此

$$Y(t) = C(t) + I(t) \tag{2.9}$$

其中，$C(t)$ 是消费。① 根据（2.1）式、（2.8）式和（2.9）式，经济中的任何可行配置必须满足：对于 $t=0,1,\cdots$ 有

$$K(t+1) \leqslant F(K(t), L(t), A(t)) + (1-\delta)K(t) - C(t)$$

要决定的问题是可行配置里的均衡动态配置。此处，家庭储蓄占收入固定比例的规则大大简化了均衡结构（这是个行为规则，因为此规则不是从最大化定义良好的效用函数推导出来的）。该假设的一个含义是任何基于索洛模型的福利比较分析都应当慎重，因为我们根本不了解家庭的偏好。

由于该经济是封闭的（且没有政府支出），总投资等于总储蓄：

$$S(t) = I(t) = Y(t) - C(t)$$

有关家庭将其收入的一个固定比例 $s \in (0,1)$ 用于储蓄的假设可以表示为：

$$S(t) = sY(t) \tag{2.10}$$

这反过来意味着消费占收入的比重为 $1-s$，因此

$$C(t) = (1-s)Y(t) \tag{2.11}$$

就资本市场出清而言，（2.10）式表明源自家庭行为的 $t+1$ 时期的资本供给可表示为 $K(t+1) = (1-\delta)K(t) + S(t) = (1-\delta)K(t) + sY(t)$。令供需相等并结合（2.1）式和（2.8）式，就会得到索洛增长模型的基本运动法则：

$$K(t+1) = sF(K(t), L(t), A(t)) + (1-\delta)K(t) \tag{2.12}$$

这是一个非线性差分方程。索洛增长模型的均衡由（2.12）式以及 $L(t)$ 和 $A(t)$ 的运动法则描述。

2.2.2 均衡的定义

索洛模型混合了旧凯恩斯模型和现代动态宏观模型。对于消费或储蓄，家庭不做最优化决策。相反，它们的行为由（2.10）式与（2.11）式决定。然而，企业仍然会追求最大化利润，同时要素市场出清。因此，以现代动态宏观模型常用的方式定义均衡是有用的。

---

① 此外，可以在（2.9）式右端引入政府支出 $G(t)$。索洛模型中，政府支出不起主要作用，因此，其引入放到习题 2.7。

定义 2.2 在基本的索洛模型中，对于给定的 $\{L(t),A(t)\}_{t=0}^{\infty}$ 序列，以及初始资本存量 $K(0)$，均衡路径是资本存量、产出水平、消费水平、工资率以及租金率 $\{K(t),Y(t),C(t),w(t),R(t)\}_{t=0}^{\infty}$ 的一个序列。这个序列使 $K(t)$ 满足 (2.12) 式，$Y(t)$ 由 (2.1) 式给出，$C(t)$ 由 (2.11) 式给出，$w(t)$ 和 $R(t)$ 分别由 (2.6) 式和 (2.7) 式给出。

关于定义 2.2 最应该注意的一点是，均衡被定义为配置和价格的完整路径。经济均衡不是静态的，而是经济的完整行为路径。还要注意，定义 2.2 把市场出清条件 (2.6) 式和 (2.7) 式包括进均衡定义。这是宏观和增长模型的标准做法。另一种定义涉及用更加抽象的术语描述均衡，我们将在第 8 章新古典增长的框架中讨论（详见定义 8.1）。

2.2.3 没有人口增长和技术进步的均衡

从以下假设（本章后文将会放宽这些假设）开始是有益的：

1. 模型中没有人口增长，总人口被固定在某个常数 $L > 0$。此外，由于家庭无弹性地供给劳动力，有 $L(t) = L$。
2. 不存在技术进步，于是 $A(t) = A$。

让我们把该经济体的资本劳动比定义为

$$k(t) \equiv \frac{K(t)}{L} \tag{2.13}$$

这是分析的一个关键对象。现在应用规模报酬不变的假设，人均产出（收入）$y(t) \equiv Y(t)/L$，可被表示为：

$$y(t) = F\left(\frac{K(t)}{L}, 1, A\right)$$
$$\equiv f(k(t)) \tag{2.14}$$

换言之，如果规模报酬不变，人均产出仅仅是资本劳动比的函数。注意此处 $f(k)$ 依赖于 A，所以我本可以写为 $f(k,A)$。我不这样写是为了简化符号，也因为直到第 2.7 节才出现技术进步。因此，到目前为止 A 是常数，并可以标准化为 $A = 1$。[①] 资本的边际产出和租金价格可由 F 对其第一个变量求导，即 $f'(k)$ 得到。劳

[①] 下文中，如果技术变化为劳动扩张型，技术项 A 也可以被拿出来，人均生产函数可表达为 $y = Af(k)$，与把 k 定义为有效资本劳动比略有不同（参见第 2.7 节 (2.50) 式）。

动的边际产出和工资率由定理2.1决定，所以

$$R(t) = f'(k(t)) > 0 \text{ 和}$$
$$w(t) = f(k(t)) - k(t)f'(k(t)) > 0 \tag{2.15}$$

两种要素价格皆为正数是因为假设1，它保证了 F 对劳动和资本的一阶导数总为正数。

例2.1（柯布－道格拉斯生产函数） 我们考虑宏观经济学中最常见的生产函数的例子，即柯布－道格拉斯生产函数。此处，需要先强调的是，即使柯布－道格拉斯生产函数非常便利且广泛使用，它仍然非常特殊，并且排除了本书后面将会讨论的许多有意思的现象。柯布－道格拉斯生产函数可以写成如下形式：

$$Y(t) = F(K(t), L(t), A(t))$$
$$= AK(t)^{\alpha}L(t)^{1-\alpha}, 0 < \alpha < 1 \tag{2.16}$$

易于证明该生产函数满足假设1和假设2，包括了假设1施加的规模报酬不变的特征。两边同时除以 $L(t)$，（2.14）式中的人均生产函数变成：

$$y(t) = Ak(t)^{\alpha}$$

其中 $y(t)$ 代表劳均产出。如（2.13）式定义的，$k(t)$ 是资本劳动比。（2.15）式中要素价格的表达式也可以证明。根据人均生产函数表达式，尤其是（2.15）式，资本租金价格可以表示为：

$$R(t) = \frac{\partial Ak(t)^{\alpha}}{\partial k(t)}$$
$$= \alpha Ak(t)^{-(1-\alpha)}$$

或者，就原始生产函数（2.16）式而言，（2.7）式中资本的租金价格由下式给出：

$$R(t) = \alpha AK(t)^{\alpha-1}L(t)^{1-\alpha}$$
$$= \alpha Ak(t)^{-(1-\alpha)}$$

这等价于上一个表达式，并因此证明了（2.15）式中的边际产量形式。类似地，从（2.15）式可以得到：

$$w(t) = Ak(t)^{\alpha} - \alpha Ak(t)^{-(1-\alpha)} \times k(t)$$

$$= (1-\alpha)AK(t)^{\alpha}L(t)^{-\alpha}$$

这个表达式证明了（2.6）式中工资率的替代表达式。

回到对一般生产函数的分析中，总量生产函数的人均表达式使我们能够用 L 去除（2.12）式的两边，以获得如下资本收入比演变的简单差分方程：

$$k(t+1) = sf(k(t)) + (1-\delta)k(t) \tag{2.17}$$

既然上式是从（2.12）式推导得来的，它也可以被称为索洛模型的均衡差分方程，描述了模型的关键变量——资本劳动比——的均衡反应。其他的均衡数量也可以从资本劳动比 $k(t)$ 中得到。

基于此，现在让我们定义该模型的稳态均衡。

定义 2.3 没有技术进步和人口增长的稳态均衡是一条均衡路径，其中所有时期有 $k(t) = k^*$。

稳态均衡时，资本劳动比固定为常数。因为没有人口增长，这意味着资本存量也将固定在常数水平上。数学上，一个稳态均衡对应于均衡差分方程（2.17）式的一个稳定点。本书的大多数模型允许存在一个稳态均衡，这也适用于这个简单模型。

对代表经济均衡行为的差分方程（2.17）式绘制图表，可以观察到稳态的存在，如图 2.2 所示。实线代表（2.17）式的右边，虚线为 45 度线。两条线（正）的交点决定了资本劳动比 k^* 的稳态值，该稳态值满足如下条件：

$$\frac{f(k^*)}{k^*} = \frac{\delta}{s} \tag{2.18}$$

注意图 2.2 中（2.17）式和 45 度线在 $k=0$ 处还有另外一个交点。第二个交点出现是因为根据假设 2，资本是重要的要素投入，因此 $f(0)=0$。从 $k(0)=0$ 开始，没有储蓄，因此该经济体将停留在 $k=0$（的水平）。然而，自始至终这个交点被忽略有几个原因。首先，只有当资本是关键生产要素且 $f(0)=0$，$k=0$ 才是稳态均衡。但是正如前文提到的，这个假设可以放宽而不会影响接下来的分析。当 $f(0)>0$，$k=0$ 就不再是稳态均衡，这在图 2.3 中清楚地表明了，该图描绘了 $f(0)=\varepsilon$，$\varepsilon>0$ 时的（2.17）式。其次，正如我们在后面将会看到的，这个交点，即使存在，也是不稳定的均衡点，因此，从 $K(0)>0$（或者 $k(0)>0$）出发，经济永远不会趋于该点。最后，也是最重要的原因，这个交点对于我们而言没有什么经济学意义。[1]

---

[1] Hakenes 和 Irman（2006）证明了即使 $f(0)=0$，稻田条件也表明在连续时间的索洛模型中，$k=0$ 可能不是唯一的均衡，经济体可能朝着远离 $k=0$ 方向运行。

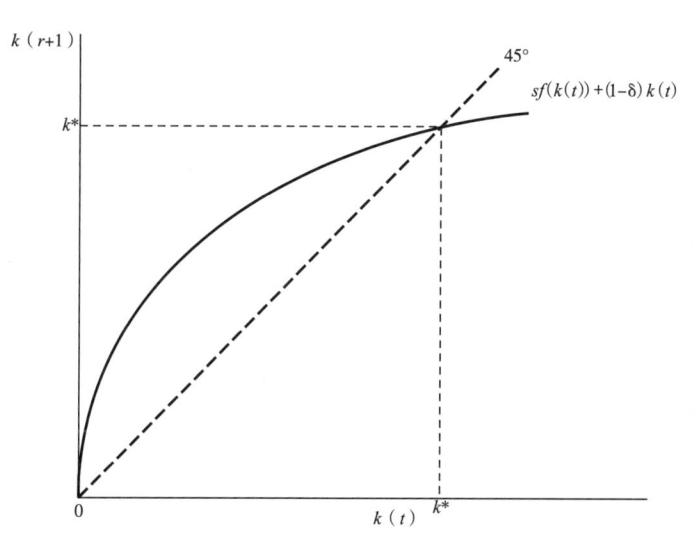

图 2.2 没有人口增长和技术进步的索洛模型中稳态资本劳动比的确定

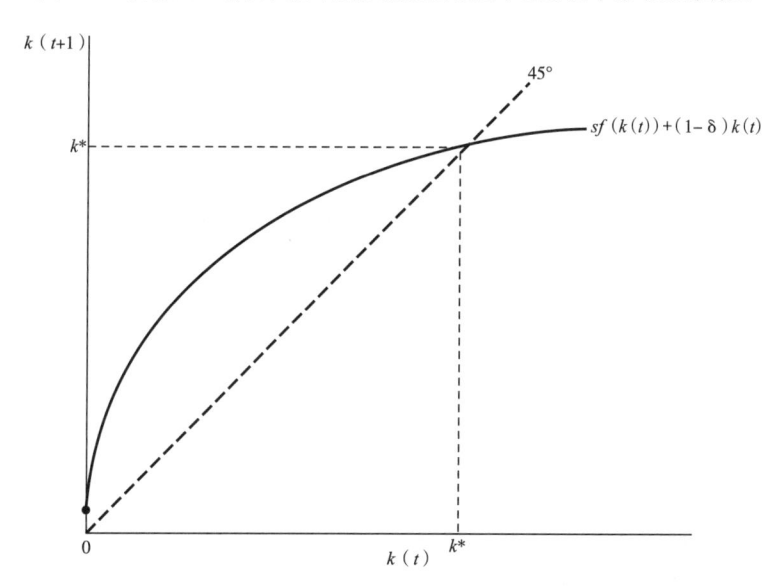

图 2.3 当 $f(0) = \varepsilon > 0$ 时，基本索洛模型中唯一的稳态均衡

另一种图形化的表达式认为，稳态是通过原点、斜率为 δ 的射线（代表函数 δk）与函数 $sf(k)$ 的交点。图 2.4 展示了这个表达式，就两个目的而言也是有益的。第一，在一幅图里描绘了消费水平和投资水平。稳态均衡时，横轴与 δk 的垂直距离为稳态均衡的人均投资水平（等于 δk^*），而在 k^* 处，函数 $f(k)$ 与 δk 线的垂直距离是人均消费水平。显然，这两者之和为 $f(k^*)$。第二，图 2.4 还强

调了索洛模型的稳态均衡本质上是让投资 $sf(k)$ 等于需要更新的资本数量 δk。当模型需要考虑人口增长和技术进步时,这个解释特别有用。

该分析导出了如下命题(按照惯例,忽视在 $k=0$ 处的交点,即使 $f(0)=0$)。

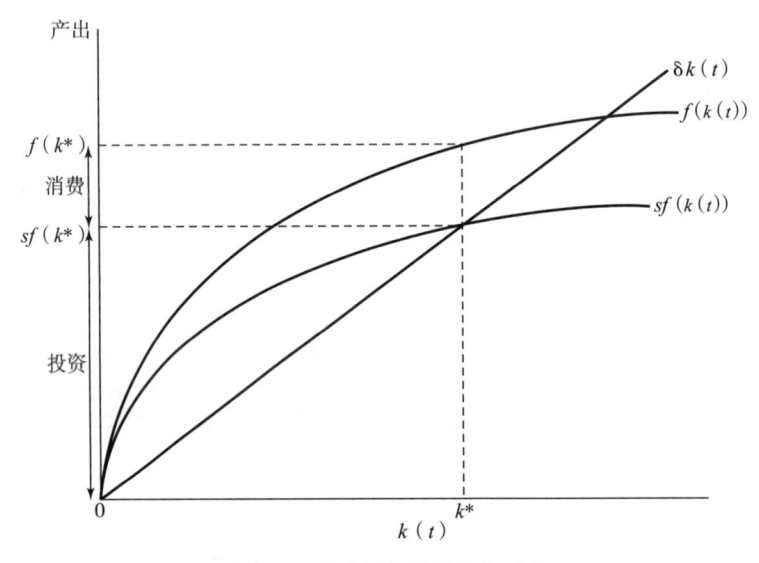

图2.4 稳态均衡的投资和消费

命题 2.2 考虑基本的索洛增长模型,同时假定假设 1 和假设 2 都成立。则必定存在一个唯一的稳态均衡,其中资本劳动比 $k^* \in (0,\infty)$ 满足(2.18)式,人均产出表示为

$$y^* = f(k^*) \tag{2.19}$$

且人均消费为

$$c^* = (1-s)f(k^*) \tag{2.20}$$

证明 之前的论述证明了任何满足(2.18)式的 k^* 都是稳态。为了证明存在性,请注意根据假设 2(以及洛必达法则,见附录 A 定理 A.21),有 $\lim_{k\to 0} f(k)/k = \infty$ 和 $\lim_{k\to \infty} f(k)/k = 0$。而且,根据假设 1,$f(k)/k$ 是连续函数,所以根据中值定理(定理 A.3)必定存在 k^* 满足(2.18)式。为了证明唯一性,将 $f(k)/k$ 对 k 求导得到:

$$\frac{\partial (f(k)/k)}{\partial k} = \frac{f'(k)k - f(k)}{k^2} = -\frac{w}{k^2} < 0 \tag{2.21}$$

其中（2.21）式的最后一个等式利用了（2.15）式。由于 $f(k)/k$ 在每一处都是（严格）递减的，只能存在唯一的 k^* 满足（2.18）式。根据定义，可得（2.19）式和（2.20）式。

通过一系列举例，图2.5说明了要想证明命题2.2的存在性和唯一性，假设1和假设2为什么必不可少。在前两幅图里，违背了假设2会导致稳态均衡不存在，而第三幅图显示，违背假设1会导致稳态均衡的非唯一性。

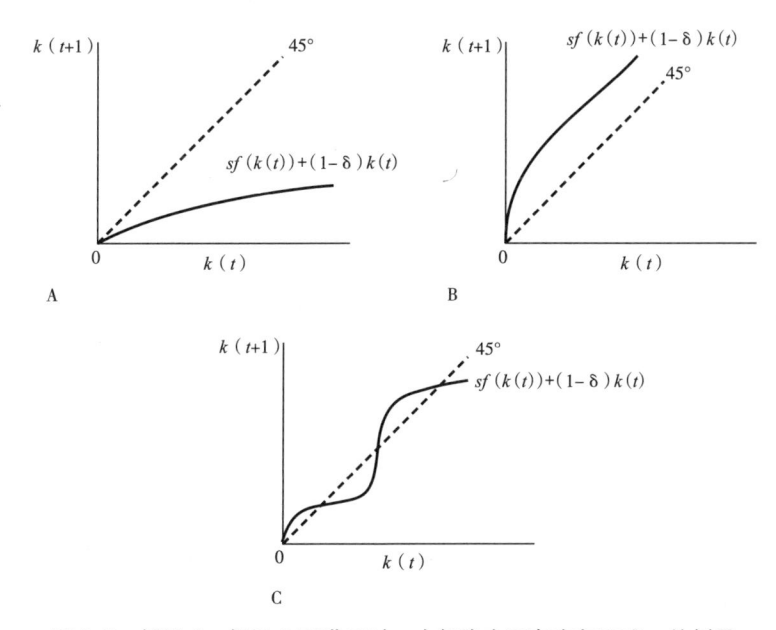

图2.5 假设1、假设2不满足时，内部稳态不存在与不唯一的例子

到目前为止，该模型异常简洁：模型参数很少并对真实世界的很多特征做了抽象。理解国家之间某些参数的差异如何转化为增长率或产出水平的差异是我们关注的重点。下一个命题将建立两者的联系。但是，在此之前，让我们先以简洁的方式概括生产函数，假定

$$f(k) = A\tilde{f}(k)$$

其中 $A > 0$，所以 A 可理解为一个转移参数（shift parameter），更大的数值则对应于更高的要素生产率。这种生产率类型被称为"希克斯中性"（见下文）。在这里，它仅仅是对国家之间生产率差异设置参数的权宜之计。既然 $f(k)$ 满足上文施加的正则条件，那么 $\tilde{f}(k)$ 也满足。

命题2.3 假定假设1和假设2成立且 $f(k) = A\tilde{f}(k)$。当参数是 A、s 和 δ 时，把稳态水平的资本劳动比记为 $k^*(A,s,\delta)$，稳态产出记为 $y^*(A,s,\delta)$。则有：

$$\frac{\partial k^*(A,s,\delta)}{\partial A} > 0, \quad \frac{\partial k^*(A,s,\delta)}{\partial s} > 0 \text{ 和 } \frac{\partial k^*(A,s,\delta)}{\partial \delta} < 0$$

$$\frac{\partial y^*(A,s,\delta)}{\partial A} > 0, \quad \frac{\partial y^*(A,s,\delta)}{\partial s} > 0 \text{ 和 } \frac{\partial y^*(A,s,\delta)}{\partial \delta} < 0$$

证明 写成如下形式可以很快得到证明

$$\frac{\tilde{f}(k^*)}{k^*} = \frac{\delta}{As}$$

该表达式对于 k^*、A、s 和 δ 的开集成立。现在，应用隐函数定理（定理A.25），证明立即完成。例如

$$\frac{\partial k^*}{\partial s} = \frac{\delta(k^*)^2}{s^2 w^*} > 0$$

其中，$w^* = f(k^*) - k^* f'(k^*) > 0$。其他结果的证明类似。证毕。

因此，储蓄率更高、技术更先进的国家将拥有更高的资本劳动比，也更加富裕。而（技术）折旧率更高的国家资本劳动比倾向于更低，也更加贫穷。命题2.3的所有结果非常符合直觉，使我们可以初步了解国家间资本劳动比和产出水平的潜在决定因素。

对于 A 和 δ 的比较静态分析也同样适用于 c^*。然而，显而易见的是，c^* 不是储蓄率的单调函数（例如，考虑一下 $s = 1$ 的极端情形）。事实上，存在一个被称为"黄金律"储蓄率的唯一储蓄率 s_{gold}，这个储蓄率最大化稳态消费。既然我们将储蓄率当作外生参数，而且至今也没有设定家庭的目标函数，我们不能判断黄金律储蓄率是否优于其他储蓄率。然而，刻画黄金律储蓄率对应的其他参数非常有趣。为此，我们先写出 c^* 和 s 之间的稳态关系，并且暂不考虑其他参数：

$$c^*(s) = (1-s)f(k^*(s))$$
$$= f(k^*(s)) - \delta k^*(s)$$

其中，第二个等式利用了稳态时 $sf(k) = \delta k$ 的事实。现在将第二行对 s 求导数（再次利用隐函数定理）得到：

$$\frac{\partial c^*(s)}{\partial s}=[f'(k^*(s))-\delta]\frac{\partial k^*}{\partial s} \qquad (2.22)$$

我们把黄金律储蓄率 s_{gold} 定义为使 $\partial c^*(s_{\text{gold}})/\partial s=0$ 的储蓄率。对应的稳态黄金律资本存量定义为 k^*_{gold}。这些数值以及消费和储蓄率的关系描绘在图 2.6 中。下一个命题表明 s_{gold} 和 k^*_{gold} 都是唯一确定的。

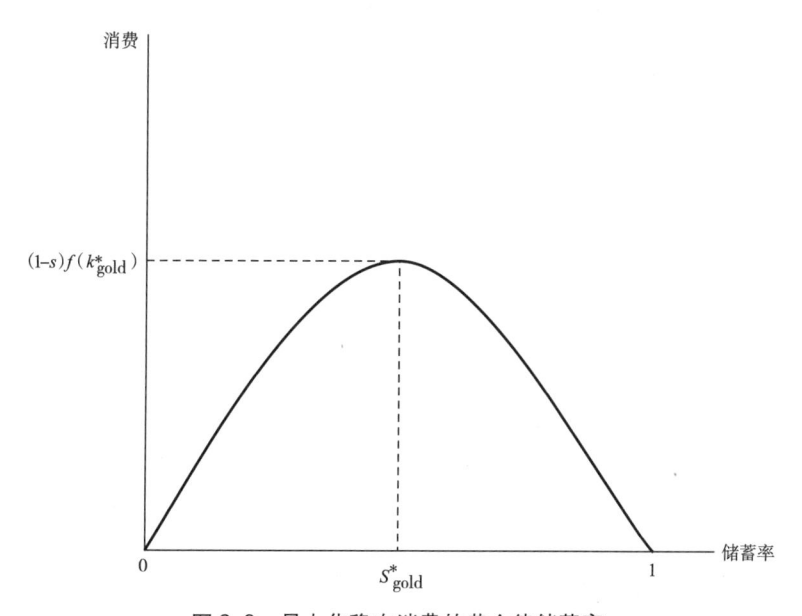

图 2.6 最大化稳态消费的黄金律储蓄率

命题 2.4 在基本的索洛模型中，稳态消费的最高水平在 s_{gold} 达到，相应的稳态资本 k^*_{gold} 使

$$f'(k^*_{\text{gold}})=\delta \qquad (2.23)$$

证明 按照定义有 $\partial c^*(s_{\text{gold}})/\partial s=0$。根据命题 2.3，有 $\partial k^*/\partial s>0$；因此，只有当 $f'(k^*(s_{\text{gold}}))=\delta$ 时（2.22）式等于零。此外，当 $f'(k^*(s_{\text{gold}}))=\delta$ 时，可以证明 $\partial^2 c^*(s_{\text{gold}})/\partial s^2<0$，所以，$f'(k^*(s_{\text{gold}}))=\delta$ 的确对应于局部最大值。$f'(k^*(s_{\text{gold}}))=\delta$ 也可以得出全局最大值，这源于如下观察结果：对所有的 $s\in[0,1]$，我们有 $\partial k^*/\partial s>0$，而且当 $s<s_{\text{gold}}$ 时，根据 f 的凹性有 $f'(k^*(s))-\delta>0$，所以对于所有 $s<s_{\text{gold}}$，$\partial c^*(s)/\partial s>0$。反之，对于所有 $s>s_{\text{gold}}$，$\partial c^*(s)/\partial s<0$。因此，只有 s_{gold} 可以满足 $f'(k^*(s))=\delta$，并且决定了人均消费的唯一全局最大值。

换言之，存在由（2.23）式决定的唯一一个储蓄率 s_{gold} 和对应的资本劳动比 k_{gold}^*，k_{gold}^* 能够最大化稳态消费水平。当经济的资本劳动比低于 k_{gold}^*，更高的储蓄率使稳态消费增加，而当经济体的资本劳动比高于 k_{gold}^*，更低的储蓄率使消费增加。后一种情形，低储蓄转化为高消费是因为资本劳动比过高，家庭投资过度而消费太少。这是在第 9 章将详细讨论的动态无效率现象的本质。现在，由于这里没有明确的效用函数，所以关于无效率的表述必须谨慎考虑。事实上，当消费储蓄决策内生化后，很多读者都能明了这种类型的动态无效率适用面很窄的原因。

2.3 离散时间索洛模型的转移动态

命题 2.2 证明了（有正活动的）唯一稳态均衡的存在。回忆一下，均衡路径不仅仅是稳定状态，而且是资本存量、产出、消费和要素价格的完整路径。这一点非常重要，应当牢记，尤其是在经济学中术语"均衡"的使用有别于其他学科。在工程学和物理学中，均衡概念通常是指动态系统的一个静止点，也就是至今我称为稳态均衡的那个概念。当系统偏离稳态时，人们会说该系统处于"失衡"状态。然而，在经济学中，经济体的非稳态行为也受到市场出清以及家庭和企业优化行为的制约。大多数经济学家都会花费很多时间致力于非稳态情况的研究。因而我们对经济的完整均衡路径也很感兴趣，而不仅仅对其稳态感兴趣。

为了理解简单经济均衡路径是什么样的，我们需要研究从任意初始资本劳动比 $k(0) > 0$ 出发的均衡差分方程（2.17）式的转移动态（transitional dynamics）。从任意的资本劳动比开始的经济体是否会收敛于稳态，以及经济体是如何沿着转移路径（transition path）运动的，这两个问题的答案尤其激发了我们的兴趣。回想一下，在经济开始时，资本总量 $K(0) > 0$ 被当作状态变量，而目前劳动供给固定。因此，在时刻 $t = 0$，经济体以任意资本劳动比 $k(0) = K(0)/L > 0$ 作为其初始值，并且遵循差分方程（2.17）式给出的运动法则。因而，问题变成以任意资本劳动比为初始值，方程（2.17）式是否会把我们带到唯一的均衡点。

回答这个问题之前，回忆来自动态系统理论的一些定义和关键结果。附录 B 提供了更多细节以及一些更深入的结果。考虑如下自治差分方程的非线性系统，

$$\mathbf{x}(t+1) = \mathbf{G}(\mathbf{x}(t)) \tag{2.24}$$

其中，$\mathbf{x}(t) \in \mathbb{R}^n$ 且 $\mathbf{G}: \mathbb{R}^n \to \mathbb{R}^n (n \in \mathbb{R})$。令 $\mathbf{x}^*$ 是映射 $\mathbf{G}(\cdot)$ 的不动点，也就是

$$\mathbf{x}^* = \mathbf{G}(\mathbf{x}^*)$$

我把 $\mathbf{x}^*$ 称为差分方程（2.24）式的稳定点。① 稳定性的相关含义将在下一个定义介绍。

定义 2.4 稳定点 $\mathbf{x}^*$ 是局部渐进稳定的，如果存在一个包含 $\mathbf{x}^*$ 的开集 $B(\mathbf{x}^*)$ 使对于(2.24)式的任意解 $\{\mathbf{x}(t)\}_{t=0}^{\infty}$，有 $\mathbf{x}(0) \in B(\mathbf{x}^*)$，$\mathbf{x}(t) \to \mathbf{x}^*$。此外，$\mathbf{x}^*$ 是全局渐近稳定的，如果对于所有 $\mathbf{x}(0) \in \mathbb{R}^n$，任意解 $\{\mathbf{x}(t)\}_{t=0}^{\infty}$，有 $\mathbf{x}(t) \to \mathbf{x}^*$。

接下来的定理给出了线性差分方程系统稳定性的主要结论。以下定理都是附录 B 中介绍的主要结论的特殊情形。

定理 2.2（线性差分方程系统的稳定性） 考虑如下线性差分方程系统：

$$\mathbf{x}(t+1) = \mathbf{A}\mathbf{x}(t) + \mathbf{b} \tag{2.25}$$

其初始值为 $\mathbf{x}(0)$，对于所有的 $t, \mathbf{x}(t) \in \mathbb{R}^n$ 成立，$\mathbf{A}$ 是 $n \times n$ 矩阵，$\mathbf{b}$ 是 $n \times 1$ 列向量。令 $\mathbf{x}^*$ 为差分方程 $\mathbf{A}\mathbf{x}^* + \mathbf{b} = \mathbf{x}^*$ 决定的稳态。假定 $\mathbf{A}$ 的所有特征根都严格位于复平面单位圆的内部。则差分方程（2.25）的稳态 $\mathbf{x}^*$，是全局（渐近）稳定的，其含义是：从任意初始值 $\mathbf{x}(0) \in \mathbb{R}^n$ 出发，唯一的解 $\{\mathbf{x}(t)\}_{t=0}^{\infty}$ 满足 $\mathbf{x}(t) \to \mathbf{x}^*$。

遗憾的是，我们对于非线性系统更难展开讨论，但是如下定理是一个标准的局部稳定结论。

定理 2.3（非线性差分方程系统的局部稳定性） 考虑如下非线性自治系统：

$$\mathbf{x}(t+1) = \mathbf{G}(\mathbf{x}(t)) \tag{2.26}$$

其初始值为 $\mathbf{x}(0)$，其中 $\mathbf{G}: \mathbb{R}^n \to \mathbb{R}^n$。令 $\mathbf{x}^*$ 为系统的稳定点，即 $\mathbf{G}(\mathbf{x}^*) = \mathbf{x}^*$，并且假定 $\mathbf{G}$ 在 $\mathbf{x}^*$ 处是可微的。定义

$$\mathbf{A} \equiv D\mathbf{G}(\mathbf{x}^*)$$

其中 $D\mathbf{G}$ 代表 $\mathbf{G}$ 的偏导数矩阵（雅可比矩阵）。假定 $\mathbf{A}$ 的所有特征根都严格位于单位圆的内部。则差分方程（2.26）的稳态 $\mathbf{x}^*$ 是局部（渐近）稳定的，这意味着：存在 $\mathbf{x}^*$ 的一个开邻域 $B(\mathbf{x}^*) \subset \mathbb{R}^n$，可使从任意初始值 $\mathbf{x}(0) \in B(\mathbf{x}^*)$ 开

---

① 其他几个不同术语也用来刻画 $\mathbf{x}^*$，例如，"均衡点"或者"临界点"。因为这几个术语在经济学中有不同的含义，自始至终，我称 $\mathbf{x}^*$ 为稳定点。

始，都有 $\mathbf{x}(t) \to \mathbf{x}^*$。

从定理 2.3 很容易得到如下有用的推论。

推论 2.1

1. 令 $x(t), a, b \in \mathbb{R}$。如果 $|a| < 1$，则线性差分方程 $x(t+1) = ax(t) + b$ 的唯一稳态是全局（渐近）稳定的，则有 $x(t) \to x^* = b/(1-a)$。

2. 令 $g: \mathbb{R} \to \mathbb{R}$ 在稳态 x^* 的邻域是可微的，定义为 $g(x^*) = x^*$，同时假定 $|g'(x^*)| < 1$。则非线性差分方程 $x(t+1) = g(x(t))$ 的稳态 x^* 是局部（渐近）稳定的。此外，如果 g 是连续可微的且对所有 $x \in \mathbb{R}$ 满足 $|g'(x)| < 1$，则 x^* 是全局（渐近）稳定的。

证明 第一条推论可由定理 2.2 直接得到。第二部分 g 的局部稳定性可从定理 2.3 得到。由于

$$|x(t+1) - x^*| = |g(x(t)) - g(x^*)|$$

$$= \left| \int_{x^*}^{x(t)} g'(x) dx \right|$$

$$< |x(t) - x^*|$$

可得全局稳定性，第二行来自微积分基本定理（附录 B 定理 B.2），最后一个不等式使用了对于所有 $x \in \mathbb{R}$ 有 $|g'(x)| < 1$ 的假设。这意味着对于任何 $x(0) < x^*$，$\{x(t)\}_{t=0}^{\infty}$ 是一个递增序列。既然 $|g'(x)| < 1$，不可能存在 $x' \ne x^*$ 使 $x' = g(x')$，而且 $\{x(t)\}_{t=0}^{\infty}$ 有下界 x^*，因而收敛于 x^*。对于 $x(0) > x^*$ 的情形，论证是相同的。

现在我们把推论 2.1 运用到索洛模型的均衡差分方程（2.17）式，来证明稳态均衡的局部稳定性，从推论 2.1 不能直接得到全局稳定性的结论（因为 $|g'(x)| < 1$ 不再对所有 x 均成立）。但可以运用一个略有不同的论证来证明这一性质。

命题 2.5 假定假设 1 和假设 2 成立。则由差分方程（2.17）式刻画的索洛增长模型的稳态均衡是全局渐近稳定的。从任何 $k(0) > 0$ 出发，$k(t)$ 单调收敛于 k^*。

证明 令 $g(k) \equiv sf(k) + (1-\delta)k$。首先注意到 $g'(k)$ 存在且一直严格为正，即 $g'(k) > 0$ 对所有 k 成立。接着，从（2.17）式可知

$$k(t+1) = g(k(t)) \qquad (2.27)$$

在 k^* 具有唯一的稳态。从（2.18）式得知，稳态资本存量 k^* 满足 $\delta k^* = sf(k^*)$，或者

$$k^* = g(k^*) \tag{2.28}$$

现在请回忆由假设1可知$f(\cdot)$是凹且可微的,且由假设2可知f满足$f(0) = 0$。对于任何严格为凹的可微函数,我们有(回忆附录A的事实A.23):

$$f(k) > f(0) + kf'(k) = kf'(k) \tag{2.29}$$

既然(2.29)式意味着$\delta = sf(k^*)/k^* > sf'(k^*)$,我们得到$g'(k^*) = sf'(k^*) + 1 - \delta < 1$。因而

$$g'(k^*) \in (0, 1)$$

则推论2.1证明了局部渐近稳定。

为了证明全局稳定,请注意对于任何$k(t) \in (0, k^*)$,有

$$k(t+1) - k^* = g(k(t)) - g(k^*)$$
$$= -\int_{k(t)}^{k^*} g'(k) dk$$
$$< 0$$

其中第一行来自(2.27)式减去(2.28)式,第二行再次使用了微积分基本定理(定理B.2),最后一行来自$g'(k) > 0$对于所有k成立的观察。接下来,(2.17)式也意味着

$$\frac{k(t+1) - k(t)}{k(t)} = s\frac{f(k(t))}{k(t)} - \delta$$
$$> s\frac{f(k^*)}{k^*} - \delta$$
$$= 0$$

其中第二行用到了$f(k)/k$随k递减的事实(根据(2.29)式),最后一行使用了k^*的定义。两者共同决定了对于任何$k(t) \in (0, k^*)$,有$k(t+1) \in (k(t), k^*)$。因此,$\{k(t)\}_{t=0}^{\infty}$单调递增,且有下界k^*。另外,既然k^*是唯一的均衡点(当$k>0$),则不存在$k' \in (0, k^*)$对于任何t均满足$k(t+1) = k(t) = k'$。因此,$\{k(t)\}_{t=0}^{\infty}$必定单调收敛于k^*。同样的逻辑,对于所有的$k(t) > k^*$,$k(t+1) \in (k^*, k(t))$,且从任意$k(0) > k^*$出发,严格单调收敛。这就完成了全局稳定性的证明。

这个稳定性结论可以在图2.7中看到。从任何小于稳态资本存量k^*的初始资本存量$k(0) > 0$出发,经济增长到k^*,并且经历资本深化的过程——表示资本劳动比是提高的。伴随资本深化的是人均收入增加。相反,如果经济从$k'(0) > k^*$出发,通过资本消散和收缩的过程(也就是负增长),经济的资本存量会降至稳态水平。

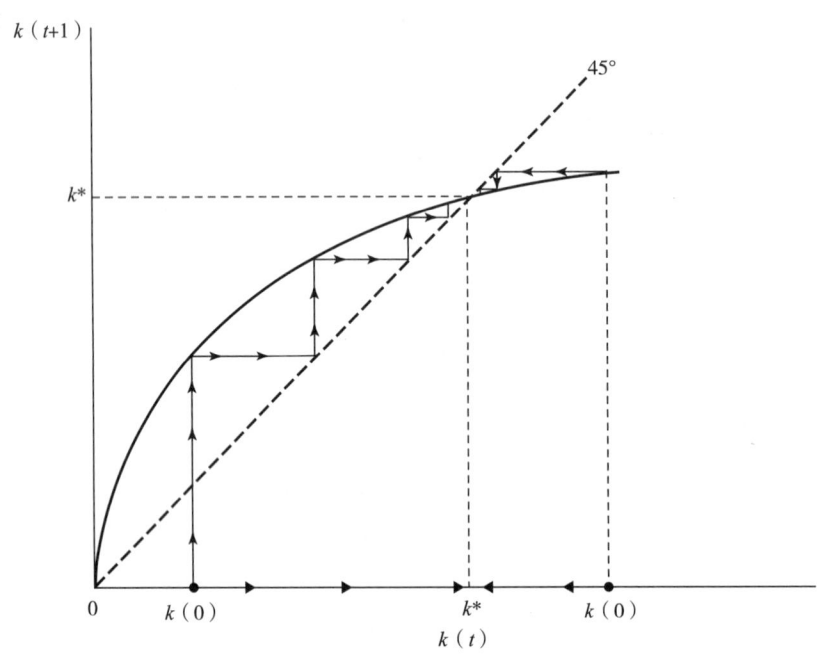

图2.7 基本索洛模型中的转移动态

下一个命题是命题2.5的直接引理。

命题2.6 假定假设1和假设2成立，且$k(0) < k^*$。则$\{w(t)\}_{t=0}^{\infty}$是一个递增序列，并且$\{R(t)\}_{t=0}^{\infty}$是个递减序列。如果$k(0) > k^*$，则相反的结论成立。

证明 见习题2.9。

回想如果刚开始的时候，经济体中的资本相对于劳动非常稀缺，资本劳动比将会上升。因为资本收益递减，所以资本边际产量下降而工资率上升。反之，如果开始时资本存量过多，资本会开始耗散，在此过程中工资将下降而资本收益率上升。

目前的分析已经证明索洛模型具有良好的特性：唯一的稳态、全局（渐近）稳定性以及简洁而直观的比较静态分析。只不过迄今为止模型还未考虑增长问题。稳态只是这样一个点，在这个点上，没有资本劳动比的增加，没有资本深化，也没有人均产出的增长。结果，基本的索洛模型（不考虑技术进步）只能实现沿着转移路径到稳态的增长（开始于$k(0) < k^*$）。然而，这种增长是不可持续的：它随着时间的推移越来越慢并最终消失。第2.7节证明了索洛模型可以通过允许外生技术进步讨论经济增长问题。在此之前，观察一下离散时间与连续时间表达式的差异是有益的。

2.4 连续时间的索洛模型

2.4.1 从差分方程到微分方程

前面说过，时期 $t=0$，1，…可以指代天、周、月或者年。从某种意义上说，时间单位本身并不重要。时间跨度选择的随意性暗示着把时间单位压缩得尽可能小，也就是连续时间，对于考察动态可能更方便。尽管许多现代宏观经济学（除了经济增长理论）使用离散时间模型，然而，许多增长模型是建立在连续时间基础之上的。连续时间框架有许多优点，因为当使用连续时间模型时，离散时间模型的一些荒谬结论会消失（见习题2.21）。而且，在进行动态分析时，连续时间模型更灵活并且在更宽松的条件下，可以获得非常确定的解。正是这些考虑促使本书对离散时间和连续时间模型都进行详细研究。

我们从一个简单的差分方程开始：

$$x(t+1) - x(t) = g(x(t)) \tag{2.30}$$

这个方程表明，在时期 t 与 $t+1$ 之间，x 的绝对增长由 $g(x(t))$ 给出。假设时间比离散时间指标 $t=0$，1，…划分得更细。极端地看，我们可以把时间视为可任意细分的，则有 $t \in \mathbb{R}_+$。在这种情况下，（2.30）式为我们提供了变量 x 在两个离散时间点 t 与 $t+1$ 之间如何变化的信息。在这两个时期之间，我们不知道 x 如何演化。然而，如果 t 与 $t+1$ 相隔不是很远，如下的近似对于任意 $\Delta t \in [0, 1]$ 是合理的：

$$x(t+\Delta t) - x(t) \simeq \Delta t \cdot g(x(t))$$

当 $\Delta t = 0$，这个方程恰为恒等式。当 $\Delta t = 1$，这个方程可写为（2.30）式。在 0 和 1 之间它是一个线性近似表达式。如果 t 与 $t+1$ 之间的距离较小，这个近似会相对更加准确，以致对于所有 $x \in [x(t), x(t+1)]$，均有 $g(x) \simeq g(x(t))$（然而，你也应该确信如果函数 g 是高度非线性的，即其行为在 $x(t)$ 和 $x(t+1)$ 之间变化剧烈，这可能也是个非常糟糕的近似）。现在在等式两边同除以 Δt 并取极限得到

$$\lim_{\Delta t \to 0} \frac{x(t+\Delta t) - x(t)}{\Delta t} = \dot{x}(t) \simeq g(x(t)) \tag{2.31}$$

我在全书中都使用符号"·"表示对时间求导数，即 $\dot{x}(t) \equiv dx(t)/dt$。方程（2.31）式是微分方程，与 t 和 $t+1$ 之间非常小时的差分方程（2.30）式代表同样的动态。

2.4.2 连续时间索洛模型的基本方程

现在我们使用连续时间表达式重复所有的分析。供给方没有任何变化，所以我们继续使用（2.6）式和（2.7）式代表要素价格，只不过现在代表瞬时租金率。例如 $w(t)$ 代表工人在 t 期获得的工资流。储蓄仍然由下式决定

$$S(t) = sY(t)$$

而消费仍然由（2.11）式给出。

我们也在模型中引入人口增长并假定劳动力 $L(t)$ 成比例增长，也就是

$$L(t) = \exp(nt)L(0) \tag{2.32}$$

这样做的目的是在许多经典的经济增长分析中，人口增长扮演了关键的角色，所以有必要观察人口增长是如何影响均衡的。这里仍然假定没有技术进步。

回想一下

$$k(t) \equiv \frac{K(t)}{L(t)}$$

这意味着

$$\frac{\dot{k}(t)}{k(t)} = \frac{\dot{K}(t)}{K(t)} - \frac{\dot{L}(t)}{L(t)}$$

$$= \frac{\dot{K}(t)}{K(t)} - n$$

其中我使用了来自（2.32）式的事实，$\dot{L}(t)/L(t) = n$。从极限形式可以得到上一小节中的（2.31）式，资本存量的运动法则可表示为

$$\dot{K}(t) = sF(K(t), L(t), A(t)) - \delta K(t)$$

利用资本劳动比的定义 $k(t)$ 和生产函数的常数规模报酬性质，连续时间索洛模型的基本运动法则可写为

$$\frac{\dot{k}(t)}{k(t)} = s\frac{f(k(t))}{k(t)} - (n + \delta) \tag{2.33}$$

其中，遵循惯例，用 $k(t)$ 去除两边，我把方程左边部分转化为资本劳动比的变

化率。[①]

定义 2.5 在连续时间的基本索洛模型中，人口增长速度为 n，没有技术进步且初始资本存量为 $K(0)$，均衡路径是资本存量、劳动力、产出水平、消费水平、工资和租金率六个变量的路径 $[K(t),L(t),Y(t),C(t),w(t),R(t)]_{t=0}^{\infty}$，使 $L(t)$ 满足（2.32）式，$k(t) \equiv K(t)/L(t)$ 满足（2.33）式，$Y(t)$ 由（2.1）式给出，$C(t)$ 由（2.11）式给出，$w(t)$ 和 $R(t)$ 分别由（2.6）式和（2.7）式给出。

如前一样，稳态均衡意味着 $k(t)$ 维持在某个 k^* 的水平。

很容易证明均衡微分方程在 k^* 处存在唯一的稳态，对（2.18）式稍加修改，将人口增长考虑进来即可得到：

$$\frac{f(k^*)}{k^*} = \frac{n+\delta}{s} \tag{2.34}$$

换言之，从离散时间到连续时间假定，并未改变模型的任何基本特征。因此，稳态同样可以在类似于图 2.1 的图中刻画出来，只是现在考虑了人口增长。图 2.8 表示考虑了人口增长的稳态均衡，还强调了不管人口增长存在与否，稳态的逻辑是一样的。投资的数额 $sf(k)$ 被用来补充资本劳动比，但是现在补充的原因有两个。

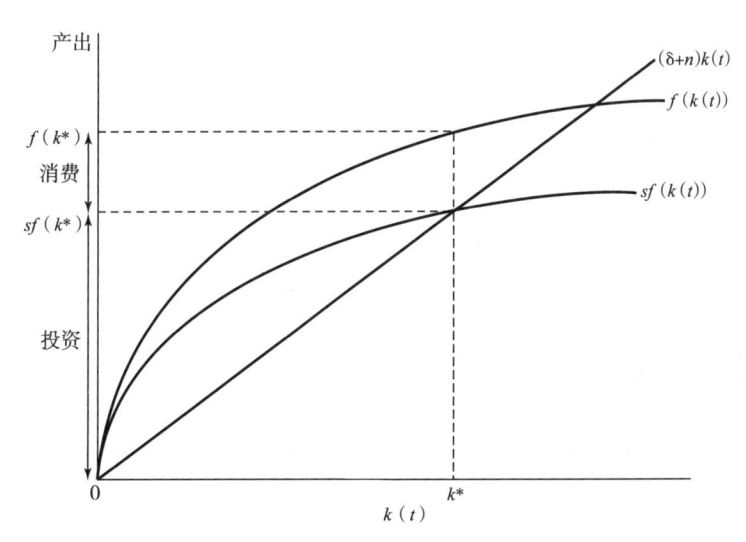

图 2.8 考虑人口增长的稳态均衡中的投资和消费

[①] 我始终用符号 $[x(t)]_{t=0}^{\infty}$ 表示变量 $x(t)$ 的连续时间路径。文献中常用的另一个符号是 $(x(t);t \geq 0)$ 我更加偏爱前者既因为它相对更加紧凑，也因为它与变量的离散时间符号 $\{x(t)\}_{t=0}^{\infty}$ 更加相似。当提及 $[x(t)]_{t=0}^{\infty}$，我交替使用路径、序列或者 t 期的函数。

资本存量以指数化方式折旧，折旧率为 δ。另外，资本存量必须伴随人口的增长而增长，以维持资本劳动比的固定水平。因此，需要补充的资本存量为 $(n+\delta)k$。

命题 2.7 考虑连续时间下的基本索洛模型，并假定假设 1 和假设 2 成立。则必然存在一个唯一的稳态均衡，其中资本劳动比等于 $k^* \in (0,\infty)$ 且满足（2.34）式，人均产出由 $y^* = f(k^*)$ 决定，而人均消费由 $c^* = (1-s)f(k^*)$ 决定。

证明 见习题 2.5。

另外，再次定义 $f(k) = A\tilde{f}(k)$，如下命题成立。

命题 2.8 假定假设 1 和假设 2 成立，且 $f(k) = A\tilde{f}(k)$。当参数是 A、s、δ 和 n 时，稳态水平的资本劳动比记为 $k^*(A,s,\delta,n)$，稳态产出记为 $y^*(A,s,\delta,n)$。则我们有

$$\frac{\partial k^*(A,s,\delta,n)}{\partial A} > 0, \quad \frac{\partial k^*(A,s,\delta,n)}{\partial s} > 0, \quad \frac{\partial k^*(A,s,\delta,n)}{\partial \delta} < 0 \text{ 和 } \frac{\partial k^*(A,s,\delta,n)}{\partial n} < 0$$

$$\frac{\partial y^*(A,s,\delta,n)}{\partial A} > 0, \quad \frac{\partial y^*(A,s,\delta,n)}{\partial s} > 0, \quad \frac{\partial y^*(A,s,\delta,n)}{\partial \delta} < 0 \text{ 和 } \frac{\partial y^*(A,s,\delta,n)}{\partial n} < 0$$

证明 见习题 2.6。

相对于之前的比较静态命题（命题 2.3），新的结论是更高的人口增长率 n 降低了资本劳动比和人均产出。其原因非常简单：更高的人口增长率意味着更多的劳动者使用现存数量的资本，而现存资本扩张缓慢，因此均衡的资本劳动比最终会降低。这个结果说明人口增长率更高的国家其人均（或每个工人的）收入会更低。

2.5 连续时间索洛模型的转移动态

分析连续时间的转移动态和稳定性会带来和第 2.3 节相似的结论，分析本身却更加简洁。首先回忆一下微分方程系统稳定性的基本结论。更详细的内容也包含在附录 B。

定理 2.4（线性微分方程系统的稳定性） 考虑如下的线性微分方程系统：

$$\dot{\mathbf{x}}(t) = \mathbf{A}\mathbf{x}(t) + \mathbf{b} \tag{2.35}$$

初始值 $\mathbf{x}(0)$，对于所有的 t，$\mathbf{x}(t) \in \mathbb{R}^n$，$\mathbf{A}$ 是 $n \times n$ 矩阵，$\mathbf{b}$ 是一个 $n \times 1$ 的列向

量。令 $\mathbf{x}^*$ 为微分方程 $\mathbf{Ax}^* + \mathbf{b} = 0$ 决定的稳态。假定 $\mathbf{A}$ 的所有特征根都有负的实部。则微分方程（2.35）的稳态 $\mathbf{x}^*$ 是全局渐近稳定的，其含义是：从任意 $\mathbf{x}(0) \in \mathbb{R}^n$ 出发，$\mathbf{x}(t) \to \mathbf{x}^*$。

定理 2.5（非线性微分方程系统的局部稳定性） 考虑如下的非线性自治微分方程：

$$\dot{\mathbf{x}}(t) = \mathbf{G}(\mathbf{x}(t)) \tag{2.36}$$

其初始值为 $\mathbf{x}(0)$，这里 $\mathbf{G}: \mathbb{R}^n \to \mathbb{R}^n$，令 $\mathbf{x}^*$ 为系统的稳态，即 $\mathbf{G}(\mathbf{x}^*) = 0$，并且假定 $\mathbf{G}$ 在 $\mathbf{x}^*$ 处是可微的。定义

$$\mathbf{A} \equiv D\mathbf{G}(\mathbf{x}^*)$$

并且假定 $\mathbf{A}$ 的所有特征根都有负的实部。则微分方程（2.36）的稳态 $\mathbf{x}^*$，是局部渐近稳定的，其含义是：存在 $\mathbf{x}^*$ 的一个开放邻域 $\mathbf{B}(\mathbf{x}^*) \subset \mathbb{R}^n$，可使从任意 $\mathbf{x}(0) \in \mathbf{B}(\mathbf{x}^*)$ 开始，有 $\mathbf{x}(t) \to \mathbf{x}^*$。

再一次直接得到如下引理。

推论 2.2

1. 令 $x(t) \in \mathbb{R}$。如果 $a < 0$，则线性微分方程 $\dot{x}(t) = ax(t)$ 的稳态是全局渐近稳定的（就 $x(t) \to 0$ 而言）。

2. 令 $g: \mathbb{R} \to \mathbb{R}$ 在由 $g(x^*) = 0$ 确定的稳定点 x^* 的邻域是可微的，并假定 $g'(x^*) < 0$。则非线性微分方程 $\dot{x}(t) = g(x(t))$ 的稳定点 x^* 是局部渐近稳定的。

3. 令 $g: \mathbb{R} \to \mathbb{R}$ 连续可微。假定 $g(x^*) = 0$ 而且对所有 $x > x^*$，$g(x) < 0$；所有 $x < x^*$，$g(x) > 0$。则非线性微分方程 $\dot{x}(t) = g(x(t))$ 的稳态 x^* 是全局渐近稳定的，即从任意 $x(0)$ 出发，有 $x(t) \to x^*$。

证明 见习题 2.10。

需要注意，在离散时间的情况下，与推论 2.2 第 3 部分对应的等式不成立。这个观察的含义将在习题 2.21 加以说明。

考虑到这些结论，命题 2.5 将该结论简单推广到离散时间。

命题 2.9 假定假设 1 和假设 2 成立。则人口增长率为常数以及没有技术进步的连续时间基本索洛增长模型的稳态均衡是全局渐近稳定的。也就是从任何 $k(0) > 0$ 出发，$k(t)$ 唯一收敛到 k^*。

证明 现在对稳定性的证明就更加简洁了，可以从推论 2.2 的第 3 部分直接得到。请注意，当 $k < k^*$ 时，$sf(k) - (n+\delta)k > 0$；而当 $k > k^*$ 时，$sf(k) - (n+\delta)$

$\dot{k}<0$ 成立。证毕。

图 2.9 对稳定性做了分析。该图刻画了 (2.33) 式的右边。很显然,当 $k<k^*$ 时,$\dot{k}>0$;而当 $k>k^*$ 时,$\dot{k}<0$,结果资本劳动比单调收敛至稳态值 k^*。

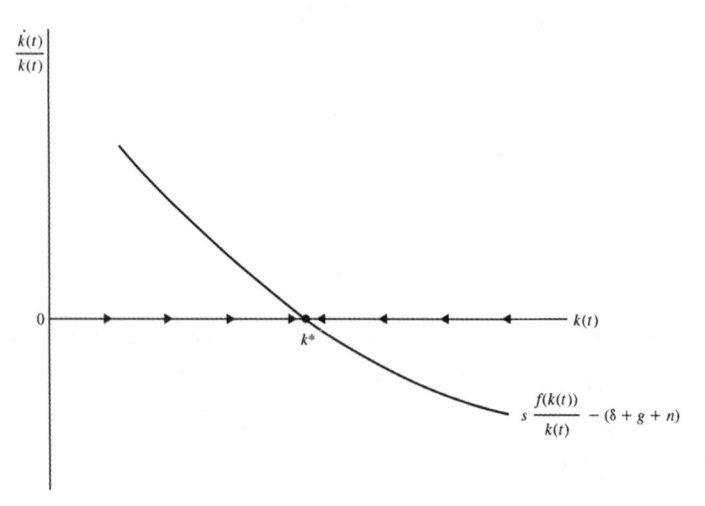

图 2.9 基本索洛模型中的资本劳动比的动态变化

例 2.2(动态柯布－道格拉斯生产函数) 我们回到例 2.1 引入的柯布－道格拉斯生产函数:

$$F(K, L, A) = AK^\alpha L^{1-\alpha}, \ 0<\alpha<1$$

如前所述,柯布－道格拉斯生产函数的特殊之处主要在于其资本和劳动之间的替代弹性等于 1。对于一个位似生产函数 $F(K,L)$,替代弹性定义如下

$$\sigma \equiv -\left[\frac{\partial \log(F_K/F_L)}{\partial \log(K/L)}\right]^{-1} \tag{2.37}$$

其中 F_K 和 F_L 分别代表资本和劳动的边际生产率(当 F_K/F_L 仅仅是 K/L 的函数时,F 是位似函数)。对于柯布－道格拉斯生产函数而言,$F_K/F_L = \alpha L/((1-\alpha)K)$,因而 $\sigma=1$。这个特征说明,当生产函数为柯布－道格拉斯生产函数并且要素市场是竞争性市场时,均衡要素份额是常数,与资本劳动比无关。尤其是,国民收入中的资本份额为

$$\alpha_K(t) = \frac{R(t)K(t)}{Y(t)}$$

$$= \frac{F_K(K(t), L(t))K(t)}{Y(t)}$$

$$= \frac{\alpha A K(t)^{\alpha-1} L(t)^{1-\alpha} K(t)}{A K(t)^{\alpha} L(t)^{1-\alpha}}$$
$$= \alpha$$

类似地,劳动收入份额为 $\alpha_L(t) = 1 - \alpha$。因此,当替代弹性等于 1 时,随着资本数量增加,其边际产量等比例下降,结果资本份额(资本数量乘以其边际产量)始终固定不变。

回忆一下,对于柯布－道格拉斯技术,人均生产函数采取 $f(k) = Ak^{\alpha}$ 的形式,所以稳态仍然由（2.34）式决定（人口以速率 n 增长）:

$$A(k^*)^{\alpha-1} = \frac{n+\delta}{s}$$

或者

$$k^* = \left(\frac{sA}{n+\delta}\right)^{\frac{1}{1-\alpha}}$$

这是一个稳态资本劳动比的简单表达式。显然,k^* 随 s 和 A 递增,随 n 和 δ 递减（自然,这些结论与命题 2.8 中的结论一致）。此外,k^* 随 α 递增,因为更大的 α 意味着更小的资本收益递减,因而,需要一个更高的资本劳动比把资本的平均收益降低到与（2.34）式给出的稳态水平相一致。

这种情况下的转移动态也是显而易见的,具体表示为:

$$\dot{k}(t) = sAk(t)^{\alpha} - (n+\delta)k(t)$$

其初始条件为 $k(0) > 0$。为求解这个方程,令 $x(t) \equiv k(t)^{1-\alpha}$,所以资本劳动比的均衡变动法则可以用 $x(t)$ 重新表述为

$$\dot{x}(t) = (1-\alpha)sA - (1-\alpha)(n+\delta)x(t)$$

这个线性微分方程有一个通解:

$$x(t) = \frac{sA}{n+\delta} + \left[x(0) - \frac{sA}{n+\delta}\right]\exp(-(1-\alpha)(n+\delta)t)$$

(见附录 B)。用资本劳动比表示这个解,得到如下结果:

$$k(t) = \left\{\frac{sA}{n+\delta} + \left[k(0)^{1-\alpha} - \frac{sA}{n+\delta}\right]\exp\left(-(1-\alpha)(n+\delta)t\right)\right\}^{\frac{1}{1-\alpha}}$$

这个解表明从任意 $k(0)$ 出发,均衡资本存量 $k(t) \to k^* = (sA/(n+\delta))^{1/(1-\alpha)}$,而

且，事实上，调整速度与 $(1-\alpha)(n+\delta)$ 相关。更具体地，$k(0)$ 和稳态资本存量 k^* 的距离以指数速度 $(1-\alpha)(n+\delta)$ 收窄。该结果非常直观：更高的 α 意味着更小的资本收益递减，这降低了资本的边际常量和平均产量随资本扩张下滑的速度，从而也降低了向稳态调整的速度。类似地，δ 越小，折旧越少；n 越低，人口增速越低，这两者都降低了人均资本的调整速度，从而也降低了转移动态的速度。

例 2.3（替代弹性为常数的生产函数） 柯布－道格拉斯生产函数具有替代弹性为 1 的特征，是固定替代弹性生产函数的特殊情形，该生产函数最早由阿罗等人提出（Arrow et al, 1961）。这个生产函数的替代弹性为常数 σ，并不必然等于 1。考虑一个向量值指数技术 $\mathbf{A}(t)=(A_H(t),A_K(t),A_L(t))$。则固定替代弹性（CES）生产函数可以被表述为：

$$Y(t)=F(K(t),L(t),\mathbf{A}(t))$$
$$\equiv A_H(t)\left[\gamma\left(A_K(t)K(t)\right)^{\frac{\sigma-1}{\sigma}}+(1-\gamma)(A_L(t)L(t))^{\frac{\sigma-1}{\sigma}}\right]^{\frac{\sigma}{\sigma-1}} \quad (2.38)$$

其中 $A_H(t)>0$，$A_K(t)>0$ 和 $A_L(t)>0$ 是将在第 2.7 节进一步讨论的三种不同的技术变化类型；$\gamma \in (0,1)$ 是分配参数，决定了劳动和资本服务对于决定最终产品生产的重要性；$\sigma \in [0,\infty]$ 是替代弹性。要确认它是固定替代弹性，让我们运用（2.37）式。资本与劳动的边际产量之比 F_K/F_L，由下式决定

$$\frac{F_K}{F_L}=\frac{\gamma A_K(t)^{\frac{\sigma-1}{\sigma}}K(t)^{-\frac{1}{\sigma}}}{(1-\gamma)A_L(t)^{\frac{\sigma-1}{\sigma}}L(t)^{-\frac{1}{\sigma}}}$$

因此，替代弹性的确由 σ 决定，也就是

$$\sigma=-\left[\frac{\partial\log(F_K/F_L)}{\partial\log(K/L)}\right]^{-1}$$

固定替代弹性生产函数尤其有用，因为它比柯布－道格拉斯生产函数适用性更广也更加灵活，虽然柯布－道格拉斯生产函数也可以用。当 $\sigma\to 1$，固定替代弹性生产函数（2.38）式趋近于柯布－道格拉斯生产函数

$$Y(t)=A_H(t)(A_K(t))^{\gamma}(A_L(t))^{1-\gamma}(K(t))^{\gamma}(L(t))^{1-\gamma}$$

当 $\sigma\to\infty$，固定替代弹性生产函数变成线性的，也即

$$Y(t)=\gamma A_H(t)A_K(t)K(t)+(1-\gamma)A_H(t)A_L(t)L(t)$$

最后，如果 $\sigma \to 0$，固定替代弹性生产函数趋近于里昂惕夫生产函数，要素之间没有替代：

$$Y(t) = A_H(t) \min \{\gamma A_K(t)K(t); (1-\gamma) A_L(t)L(t)\}$$

里昂惕夫生产函数的特殊之处在于，如果 $\gamma A_K(t)K(t) \neq (1-\gamma)A_L(t)L(t)$，资本或者劳动略微减少对产出及要素价格没有影响，从这个意义上讲资本或者劳动有一部分是闲置的。习题 2.23 描述了固定替代弹性生产函数的一些特征，而习题 2.16 沿着阿罗（1961）的开创性论文的思路给出了该生产函数的另一种推导。注意到 $\sigma > 1$ 的固定替代弹性生产函数违反了假设 1（见习题 2.24），所以在资本和劳动的总生产函数中，我们将 $\sigma \leq 1$ 看作基准情况。

2.6 持续增长初探

如果没有技术进步，索洛模型能否产生持续增长？答案是可以，但是必须放松迄今为止我们施加的一些条件。柯布-道格拉斯生产函数（例 2.2）已经证明，当 α 接近于 1，资本劳动比率调整到其稳态水平可能非常缓慢。与（迅速）落定在稳态相比，朝着稳态缓慢调整有持续增长的意味。事实上，就柯布-道格拉斯生产函数而言，持续增长的最简单模型实质上取了 $\alpha = 1$。为了构造这样一个模型，让我们放松假设 1 和假设 2（它们不允许 $\alpha = 1$），并且考虑所谓的 AK 模型，其中

$$F(K(t), L(t), A(t)) = AK(t) \tag{2.39}$$

$A > 0$ 是一个常数。此处的结果适用于更一般的放宽了假设 2 的规模收益不变生产函数，例如：

$$F(K(t), L(t), A(t)) = AK(t) + BL(t) \tag{2.40}$$

不过我们可以比较简单地说明（2.39）式的主要观点，而把生产函数由（2.40）式决定的情形留到习题 2.22 分析。

我们继续假定，和以前一样，人口以固定速率 n 增长（见（2.32）式）。然后结合（2.32）式与生产函数（2.39）式，资本存量的基本运动法则变成

$$\frac{\dot{k}(t)}{k(t)} = sA - \delta - n$$

上式显示，当参数满足不等式 $sA-\delta-n>0$ 时，资本劳动比以及人均产出将会有持续增长。接下来的命题概括了这个结论。

命题 2.10 考虑索洛模型，其生产函数由（2.39）式给出，并假定 $sA-\delta-n>0$，则均衡时，人均产出以速率 $sA-\delta-n$ 持续增长。特别是，从任意资本劳动比 $k(0)>0$ 出发，经济的资本存量为

$$k(t)=\exp((sA-\delta-n)t)k(0)$$

人均产出为

$$y(t)=\exp((sA-\delta-n)t)Ak(0)$$

这个命题不仅证明了持续增长的可能性，也说明当总生产函数由（2.39）式给出时，即使没有转移动态也可获得持续增长。不管初始资本劳动比是多少，经济始终以速率 $sA-\delta-n$ 增长。图 2.10 以图形显示了这一动态均衡。

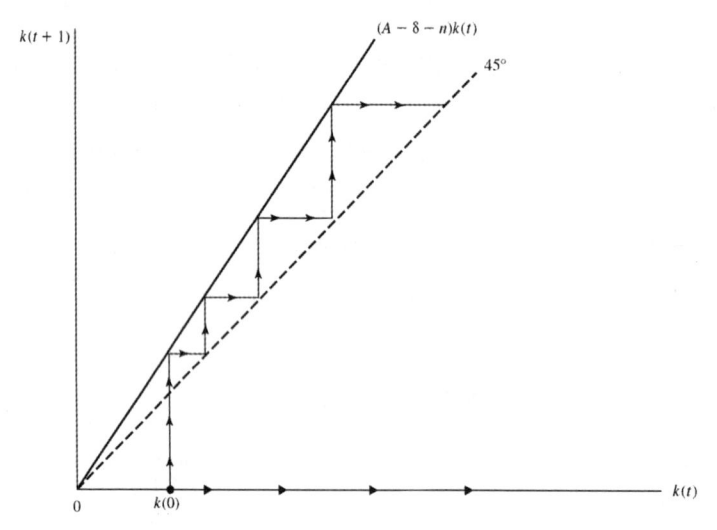

图 2.10　线性 AK 生产技术下的持续增长（其中 $sA-\delta-n>0$）

AK 模型是否给出了一个解释经济持续增长的良好方法？尽管简洁性为其增色不少，然而该模型有许多特点不那么令人满意。首先，该模型不满足假设 1 和假设 2，其结果也多少有些难以预料；此外，它要求生产函数最终是资本存量的线性函数。与第一点相关的第二点是，这个特征意味着随时间推移，国民收入中分配于资本的份额将逐渐增加到 1（如果不是一开始就等于 1 的话）。下一节将会证明这个趋势看上去与实际数据不符。最后也是最重要的一点是，大量证据显示，技术进步是理解经济增长过程的主要（也许是最重要的）因素。没有技术

进步的持续增长模型未能反映经济增长的这个重要方面。考虑到这些因素，我们下一步的任务是把技术进步引入基本索洛模型。

2.7 考虑技术进步的索洛模型

2.7.1 平衡增长

截至目前，我们分析的模型没有涉及技术进步。现在我引入 $A(t)$ 的变化以反映该经济体的技术进步。无疑，与以前相比，当今人类社会知道如何并且更高效地生产更多的产品。人类社会的生产性知识在过去 200 年突飞猛进，与过去 1 000 年或者 10 000 年相比，进步更为明显。这提示我们，把经济增长引入已有框架的一条有效途径是容许技术进步采取 $A(t)$ 的变化形式。

关键问题是如何将 $A(t)$ 变化对总量生产函数的影响建模。标准的方法是对技术进步的形式（及其对总量生产函数的影响）制定规则，这就要求最后的分配结果与平衡增长相一致，正如所谓的"卡尔多"事实定义的那样（Kaldor, 1963）。卡尔多注意到，尽管人均产出一直增加，但是资本产出比、利率以及收入在资本与劳动间的分配大致维持不变。例如，图 2.11 显示了美国国民收入中劳动和资本份额的演化。在本书中，平衡增长指的是这样一种配置：产出以固定速度增加，而资本产出比、利率以及要素份额保持不变（显然，这四个特征中的前三个隐含着第四个特征）。

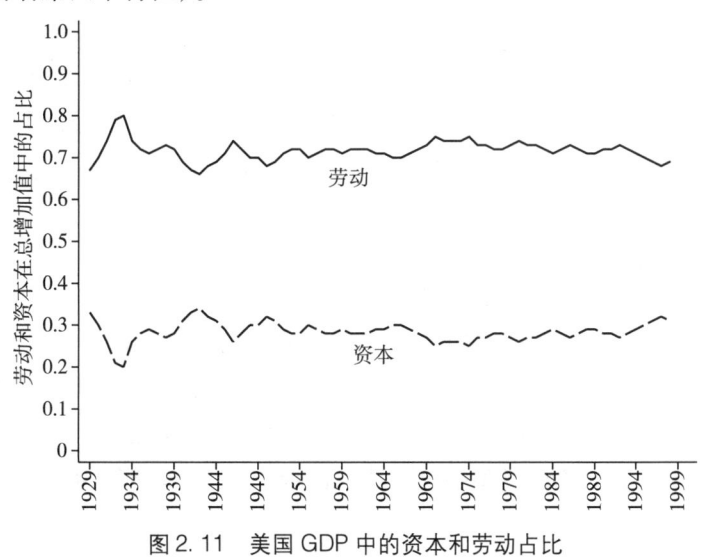

图 2.11 美国 GDP 中的资本和劳动占比

图 2.11 显示，尽管要素份额存在大幅波动，却无趋势可言。此外，一系列证据表明从较长的时间看，利率水平没有明显的趋势（也可参见 Homer and Sylla, 1991）。这些事实以及 20 世纪 70 年代之前资本产出比相对固定使许多经济学家偏爱具有平衡增长的模型，而非没有平衡增长的模型。国民收入中的资本份额以及资本产出比并非严格固定。例如，虽然对国民收入中的资本份额以及资本产出比的测算因人而异，但是，20 世纪 70 年代以来，这两个指标或许都上升了。然而，固定的要素份额以及固定的资本产出比提供了与现实的良好近似，也为模型提供了非常实用的研究起点。

注意图 2.11 中，国民收入中的资本份额约为 1/3，劳动份额约为 2/3。这一点在以后将会用到。这个估计忽视了土地的份额，现代经济中，土地不是主要的生产要素（对于历史上以及当前的欠发达经济体而言，这样的假设并不正确）。习题 2.11 讨论了把土地纳入这个框架后，分析会有什么改变。我们还要注意到，这种收入要素分配模式和经济学家希望使用简单模型的要求，常常使他们选择 $AK^{1/3}L^{2/3}$ 形式的柯布—道格拉斯生产函数作为对现实的近似（尤其是这样建模能够保证要素份额的固定）。然而，下面的定理 2.6 证明了柯布-道格拉斯技术对平衡增长并非必要，而且正如例 2.2 显示的那样，柯布-道格拉斯生产函数既特殊又有局限性。

具有平衡增长的模型的另一个主要优点是，与没有平衡增长的模型相比，这种模型分析起来更加容易。因为平衡增长的存在，分析起来便利多了，描述经济运动法则的方程可以用差分方程或微分方程表示，而这些方程的转移变量有定义良好的稳态（因此，平衡增长意味着 $\dot{k}=0$，只是现在 k 的定义不同）。这使我们能够运用静态模型的分析工具研究持续增长的经济。然而，现实中增长具有很多非平衡特征，记住这一点很重要。例如，在增长过程中，不同部门的份额存在系统性变化，农业部门持续衰退，生产制造业先繁荣后衰落。最后，我们希望建立模型把这些平衡特征与结构转换类型结合起来。在本书第七篇中，我们将回过头来讨论这些问题。

2.7.2 不同类型的中性技术进步

平衡增长对我们的模型施加了什么类型的限制？事实证明这个问题的答案"非常多"。生产函数 $F(K(t),L(t),A(t))$ 太过一般化，难以获得平衡增长，只有一些特殊类型的生产函数与平衡增长一致。为了看清楚这一点，考虑一个加总生产函数 $\tilde{F}$ 并且定义不同类型的中性技术进步。第一个可能性如下：

$$\tilde{F}(K(t), L(t), A(t)) = A(t)F(K(t), L(t))$$

对应于某个规模收益不变的生产函数 F。这个生产函数形式意味着技术项 $A(t)$ 仅仅是另外一个（准）生产函数的一个倍增常数（multiplicative constant）。这种生产函数以英国著名经济学家希克斯命名，称为希克斯中性生产函数。图 2.12 通过绘制函数 $\tilde{F}(K(t),L(t),A(t))$ 的等产量线，说明了这种类型的技术进步。函数 $\tilde{F}(K(t),L(t),A(t))$ 与给定技术 $A(t)$ 下的劳动和资本组合相对应，而生产水平是常数。在图 2.12A 中，希克斯中性技术进步对应于不同位置的等产量线（其形状没有任何改变）。

另一种可能性是资本增进型或者说索洛中性技术进步，该种技术进步采取如下形式

$$\tilde{F}(K(t), L(t), A(t)) = F(A(t)K(t), L(t))$$

也被称为"资本扩张型进步"，因为更高的 $A(t)$ 等价于拥有更多资本的经济。与这类技术进步对应的等产量线向内移动就好像资本轴在萎缩（因为更高的 A 对应于更高水平的有效资本）。这种类型的技术进步如图 2.12B 所示，其中 $A(t)$ 翻了一倍。

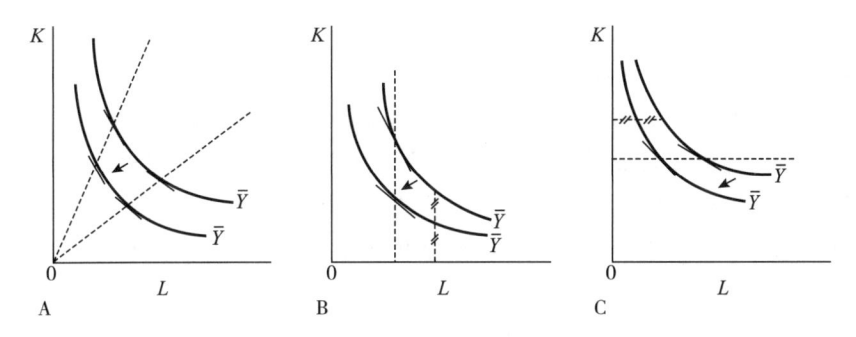

图2.12　(A) 希克斯中性，(B) 索洛中性，以及 (C) 哈罗德中性转移的等产量线

最后，我们还有劳动增加型或者由哈罗德（在哈罗德-多马模型中已经见过）命名的哈罗德中性技术进步（图 2.12C）：

$$\tilde{F}(K(t), L(t), A(t)) = F[K(t), A(t)L(t)]$$

这个函数形式意味着技术进步对产量的提升就好像经济体拥有更多的劳动，图 2.12C 大致描绘了等产量线的这种移动形式，其 $A(t)$ 同样翻了一倍。

当然，实际中的技术变化可能是这三者的混合，所以我们有技术的向量值指数 $\mathbf{A}(t) = (A_H(t), A_K(t), A_L(t))$ 以及如下形式的生产函数

$$\tilde{F}(K(t), L(t), \mathbf{A}(t)) = A_H(t) F\left[A_K(t)K(t), A_L(t)L(t)\right] \tag{2.41}$$

该式表现了例2.3介绍的固定替代弹性生产函数。即使如此，（2.41）式依然是对技术进步形式的限制，因为总的来说技术 $A(t)$ 的变化会调节整个生产函数。

尽管所有这些类型的技术进步初看上去都很合理，接下来我们将看到，只有当所有技术进步是劳动扩张型或哈罗德中性时，长期平衡增长才有可能实现。这个结果很令人惊讶也很麻烦，因为没有特别让人信服的原因证明技术进步应该采取这种形式。在第15章中，我们会回过头来讨论长期技术变化为什么是哈罗德中性的。

2.7.3 宇泽定理

以上讨论表明，平衡增长的关键因素是要素份额以及资本产出比 $K(t)/Y(t)$ 是固定的。国民收入中资本和劳动份额分别为

$$\alpha_K(t) \equiv \frac{R(t)K(t)}{Y(t)} \quad \text{和} \quad \alpha_L(t) \equiv \frac{w(t)L(t)}{Y(t)}$$

由假设1和定理2.1，有 $\alpha_K(t) + \alpha_L(t) = 1$。

定理2.6的一个版本最早由杰出的增长理论家宇泽弘文（Uzawa, 1961）证明。而此处的论述以及证明是基于施利希特（Schlicht, 2006）最近的论证。该定理证明，产出、资本以及消费的固定增长结合规模报酬不变，表明总生产函数必定具有哈罗德中性技术进步（纯粹的劳动扩张型）。为了简单且不失一般性，我关注连续时间模型。

定理2.6（宇泽定理Ⅰ） 考虑一个增长模型，其总生产函数为

$$Y(t) = \tilde{F}(K(t), L(t), \tilde{A}(t))$$

其中 $\tilde{F}: \mathbb{R}_+^2 \times \mathcal{A} \to \mathbb{R}_+$ 且 $\tilde{A}(t) \in \mathcal{A}$ 代表 t 期的技术（其中 $\mathcal{A}$ 为任意集合，例如某自然数 N 的子集 $\mathbb{R}^N$）。假定 $\tilde{F}$ 对 K 和 L 呈规模报酬不变。总资源约束为

$$\dot{K}(t) = Y(t) - C(t) - \delta K(t)$$

假定人口增长率为常数，$L(t) = \exp(nt)L(0)$，并且存在 $T < \infty$ 使对所有 $t \geq T$，

有 $\dot{Y}(t)/Y(t) = g_Y > 0$，$\dot{K}(t)/K(t) = g_K > 0$，以及 $\dot{C}(t)/C(t) = g_C > 0$。则

1. $g_Y = g_K = g_C$；且
2. 对任意 $t \geq T$，存在一个两变量的一次齐次函数 $F: \mathbb{R}_+^2 \to \mathbb{R}_+$，从而总生产函数可被表示为：

$$Y(t) = F(K(t), A(t)L(t))$$

其中 $A(t) \in \mathbb{R}_+$，以及

$$\frac{\dot{A}(t)}{A(t)} = g = g_Y - n$$

证明（第一部分） 假设 $t \geq T$，我们有 $Y(t) = \exp(g_Y(t-T))Y(T)$，$K(t) = \exp(g_K(t-T))K(t)$ 以及 $L(t) = \exp(n(t-T))L(T)$。因为 $\dot{K}(t) = g_K K(t)$，t 期的总资源约束意味着

$$(g_K + \delta)K(t) = Y(t) - C(t)$$

两边同除以 $\exp(g_K(t-T))$，对所有 $t \geq T$，可得到

$$(g_K + \delta)K(T) = \exp((g_Y - g_K)(t-T))Y(T) - \exp((g_C - g_K)(t-T))C(T)$$

将前面等式对时间微分，对所有 $t \geq T$，可得到

$$(g_Y - g_K)\exp((g_Y - g_K)(t-T))Y(T) - (g_C - g_K)\exp((g_C - g_K)(t-T))C(T) = 0$$

如果下面四个条件中任何一个成立，上式就对所有 t 都成立：（ⅰ）$g_Y = g_K = g_C$，（ⅱ）$g_Y = g_C$ 且 $Y(T) = C(T)$，（ⅲ）如果 $g_Y = g_K$ 且 $C(T) = 0$，或者（ⅳ）$g_C = g_K$，且 $Y(T) = 0$。后三种可能性是相互矛盾的，即 $g_K > 0$，$g_C > 0$（这意味着 $C(T) > 0$ 且 $K(T) > 0$，从而 $Y(T) > C(T)$），且 $Y(T) > 0$。因此（ⅰ）必然成立，正如定理第一部分宣称的 $g_Y = g_K = g_C$。

（第二部分） 对所有 $t \geq T$，T 期的总生产函数可以表示为

$$\exp(-g_Y(t-T))Y(t) = \tilde{F}[\exp(-g_K(t-T))K(t), \exp(-n(t-T))L(t), \tilde{A}(T)]$$

两边同时乘以 $\exp(g_Y(t-T))$ 并利用 $\tilde{F}$ 规模报酬不变的性质得到

$$Y(t) = \tilde{F}[\exp((t-T)(g_Y - g_K))K(t), \exp((t-T)(g_Y - n))L(t), \tilde{A}(T)]$$

根据第一部分，$g_Y = g_K$，因此对任何 $t \geq T$，下式成立

$$Y(t) = \tilde{F}\left[K(t), \exp\left((t-T)(g_Y - n)\right) L(t), \tilde{A}(T)\right] \tag{2.42}$$

由于（2.42）式对所有 $t \geq T$ 成立，而且 $\tilde{F}$ 是 K 和 L 的一次齐次函数，所以，必定存在一个一次齐次函数 $F: \mathbb{R}_+^2 \to \mathbb{R}_+$ 使

$$Y(t) = F(K(t), \exp((g_Y - n)t)L(t))$$

重新改写得到

$$Y(t) = F(K(t), A(t)L(t))$$

其中

$$\frac{\dot{A}(t)}{A(t)} = g_Y - n$$

这就完成了定理第二部分的证明。

这个定理的显著特征是，其表述与证明没有考虑任何均衡行为。它只是充分利用了如下事实：生产函数对资本和劳动呈规模收益不变，其配置 $[Y(t), K(t), C(t)]_{t=0}^{\infty}$ 有一个特征，即在 T 期之后，产出、资本和消费以相同的固定速率增长。然而，请注意这个定理成立的前提假设是，在某个（有限的）T 期之后，产出、资本和消费都有一个固定增长率。一个更可靠的结果要求当 $t \to \infty$，同样的结论成立。习题2.14 包含了定理2.6 在这个方向上的一般化，也说明了为什么需要在这种情况下施加一些额外条件。

在对定理2.6 给出一个经济学的直观解释之前，我们先陈述这个定理的一个简单引理，这个引理对于后文的讨论以及直观解释都非常有用。

推论2.3 在定理2.6 的假设下，对于所有 $t \geq T$，技术进步可以表示为哈罗德中性（单纯的劳动增加型）。

根据定理2.6 以及这个引理，我们可以说"技术进步必须是渐进哈罗德中性的"，这显得有滥用术语之嫌。

现在让我们对宇泽定理给出一个直观解释。这个定理假定存在资本积累，也即 $g_K > 0$。第一部分意味着只有产出和资本以同样速度增长，资本积累才有可能。要么经济增长率等于人口增长率 n，此时没有技术变化（命题也适用于 $g_Y = 0$），要么经济体呈现人均收入以及资本劳动比的增加（$g_K = g_Y > 0$）。后一种情形产生了资本和劳动间的不对称，资本积累比劳动积累得更快。于是固定增长率要求技术变化以消除这种不对称，亦即技术应该采取劳动增加型。

然而，这一直观解释并没有说明技术应该采取劳动扩张型（哈罗德中性）的原因。该定理及其引理只是简单地表明，如果技术不采取这种形式，产出、资本和消费增长率固定（从而平衡增长）的（渐进）配置是不可能实现的。某种意义上说，这个结果令人沮丧，因为它暗示平衡增长（事实上比平衡增长更弱）只有在非常严格的条件下才可能实现。第15章证明了当技术是内生的时候，这一直观解释意味着，技术应该是内生的劳动扩张型而非资本扩张型。

同时请注意，定理2.6及其引理并没有说技术进步在所有时间都必须是劳动扩张型的。相反，在 T 期之后（沿着平衡增长路径），技术进步应该是劳动扩张型的。这是特定类型的内生技术模型将会产生的模式（再次参考第15章的讨论）。更重要的是，与教科书以及文献通常宣称的相反，定理2.6并没有断言当 $t\to\infty$，资本扩张型（索洛中性）技术进步是不可能的。它只是说，在 T 期之后，如果经济存在平衡增长，资本扩张型技术进步不可能发生。习题2.17提供了一个简单的例子，其中存在渐近资本扩张型技术进步，渐进平衡增长是有可能的（当 $t\to\infty$，定理2.6中的条件得到满足）。

同样应当强调的是，定理2.6并不要求 $Y(t) = F(K(t), A(t)L(t))$，只是说总产出有一个这种形式的表达式。例如，如果总生产函数是柯布—道格拉斯型的，也就是

$$Y(t) = (A_K(t)K(t))^{\alpha}(A_L(t)L(t))^{1-\alpha}$$

则 $A_K(t)$ 和 $A_L(t)$ 都可能以固定速度增长且维持平衡增长。然而，在这个柯布-道格拉斯生产函数的例子中，我们可以定义 $A(t) = A_K(t)^{\alpha/(1-\alpha)}A_L(t)$，生产函数可以被表示为

$$Y(t) = K(t)^{\alpha}(A(t)L(t))^{1-\alpha}$$

结果技术进步被表述为纯粹的劳动增加型，这也是定理2.6要求的。从直觉上看，当劳动和资本的替代弹性不等于1时，技术进步的劳动扩张型与资本扩张型（以及希克斯中性）之间的差异非常重要。在柯布-道格拉斯情形下，正如我们前文所见，替代弹性等于1。因而哈罗德中性、索洛中性以及希克斯中性的技术进步只是相互之间的简单转换。

定理2.6并没有具体说明要素价格如何变化。正如本小节开头指出的，卡尔多事实也要求要素份额是固定的。既然资本和产出以固定的速度增长，资本的租金价格也必然是固定的。定理2.6（结合竞争性要素市场）隐含着要素份额为常数的性质吗？不幸的是，答案是不一定。这与2.6中的一个隐含限制有关。定理2.6说

明最初的生产函数 $\tilde{F}(K(t),L(t),\tilde{A}(t))$ 沿着增长率固定的渐进路径有一个形如 $F(K(t),A(t)L(t))$ 的表达式。但是这并不能保证 $\tilde{F}$ 和 F 对 K 和 L 的导数相等。习题 2.19 提供了一个生产函数 $\tilde{F}$ 满足定理 2.6 所有条件的例子（因而承认当 $t \to \infty$ 时，存在形如 $F(K(t),A(t)L(t))$ 的表达式），但是其导数与 F 的导数不一致。事实上，这道习题表明，对于竞争市场，当 $t \to \infty$ 时，这个生产函数 F 引致了要素价格的任意变化。然而，下一个定理证明了沿着平衡增长路径，其中要素份额是保持不变的，$\tilde{F}$ 和 F 的导数是一致的，反之亦然。

定理 2.7（宇泽定理 II） 假设定理 2.6 中的所有假设都满足，使 $\tilde{F}: \mathbb{R}_+^2 \times \mathcal{A} \to \mathbb{R}_+$ 有一个形如 $F(K(t),A(t)L(t))$ 的表达式，其中 $A(t) \in \mathbb{R}_+$，对于 $t \geq T$，$\dot{A}(t)/A(t) = g = g_Y - n$。此外，假定要素市场是竞争的，并且对于所有 $t \geq T$，租金价格满足 $R(t) = R^*$（或者等价的 $\alpha_K(t) = \alpha_K^*$），则把 $\tilde{F}$ 和 F 对其前两个变量的偏导数分别记为 $\tilde{F}_K$、$\tilde{F}_L$、F_K 和 F_L，我们得到

$$\tilde{F}_K(K(t), L(t), \tilde{A}(t)) = F_K(K(t), A(t)L(t))\ \text{和}$$
$$\tilde{F}_L(K(t), L(t), \tilde{A}(t)) = A(t)F_L(K(t), A(t)L(t)) \tag{2.43}$$

此外，如果（2.43）式成立且要素市场是竞争的，则对于所有 $t \geq T$，$R(t) = R^*$（且 $\alpha_K(t) = \alpha_K^*$）。

证明 根据定理 2.6，有 $g_Y = g_K = g_C = g + n$。既然对于所有 $t \geq T$，$R(t) = R^*$，这也意味着工资率满足 $w(t) = (Y(t) - R^*K(t))/L(t) = \exp(g(t-T))w^*$（其中 $w^* = w(T)$）。因此，对于所有 $t \geq T$，我们有

$$R^* = \tilde{F}_K(K(t), L(t), \tilde{A}(t))$$
$$\exp(g(t-T))w^* = \tilde{F}_L(K(t), L(t), \tilde{A}(t)) \tag{2.44}$$

运用定理 2.6 的证明中同样的观点，我们可以写成

$$R^* = \tilde{F}_K(\exp(-(g+n)(t-T))K(t), \exp(-n(t-T))L(t), \tilde{A}(T))$$
$$w^* = \tilde{F}_L(\exp(-(g+n)(t-T))K(t), \exp(-n(t-T))L(t), \tilde{A}(T))$$

利用 $\tilde{F}_K$、$\tilde{F}_L$ 是 K 和 L 的零次齐次函数的事实（参考定理 2.1），前两个方程可

以被重新改写成

$$R^* = \tilde{F}_K(K(t), \exp(g(t-T))L(t), \tilde{A}(T))$$
$$w^* = \tilde{F}_L(K(t), \exp(g(t-T))L(t), \tilde{A}(T))$$

把这个结果与（2.44）式相比较，对于所有 $t \geq T$，我们得到结论，

$$\tilde{F}_K(K(t), \exp(g(t-T))L(t), \tilde{A}(T)) = \tilde{F}_K(K(t), L(t), \tilde{A}(t))$$
$$\exp(g(t-T))\tilde{F}_L(K(t), \exp(g(t-T))L(t), \tilde{A}(T)) = \tilde{F}_L(K(t), L(t), \tilde{A}(t))$$

这意味着存在零次齐次函数 $\hat{F}_1$，$\hat{F}_2: \mathbb{R}_+^2 \to \mathbb{R}_+$，使

$$\hat{F}_1(K(t), A(t)L(t)) = \tilde{F}_K(K(t), L(t), \tilde{A}(t))$$
$$A(t)\hat{F}_2(K(t), A(t)L(t)) = \tilde{F}_L(K(t), L(t), \tilde{A}(t))$$

其中 $\dot{A}(t)/A(t) = g$。把 $\hat{F}: \mathbb{R}_+^2 \to \mathbb{R}_+$ 定义为

$$\hat{F}(K, AL) \equiv \hat{F}_1(K, AL)K + \hat{F}_2(K, AL)AL \qquad (2.45)$$

根据定理 2.1，有 $\hat{F}(K(t), A(t)L(t)) = \tilde{F}(K(t), L(t), \tilde{A}(t))$，因此 $\hat{F}$ 对其两个变量是一次齐次函数，并且沿着路径 $[K(t), L(t)]_{t=0}^{\infty}$ 给出了一个 $\tilde{F}$ 的表达式。既然 $\hat{F}$ 是一次齐次的，（2.45）式说明其偏微分由 $\hat{F}_1$ 和 $\hat{F}_2$ 给出，因此与 $\tilde{F}$ 的偏导数一致，从而（2.43）式成立。

为了证明定理的第二部分，只需要注意，如果要素市场是竞争的，对于 $t \geq T$，我们可得到，

$$\alpha_K(t) \equiv \frac{R(t)K(t)}{Y(t)}$$
$$= \frac{K(t)}{Y(t)}\frac{\partial \tilde{F}(K(t), L(t), \tilde{A}(t))}{\partial K(t)}$$
$$= \alpha_K^*$$

其中第二行利用了竞争市场中资本的租金价格的定义，第三行利用了（2.43）式以及 F 是一次齐次函数的事实。

定理 2.7 表明，任何增长率固定的产出、资本和消费的配置必定是一个平衡增长路径（其中，要素在国民收入中的份额也是固定的）。该定理也说明平衡增长只能通过具有哈罗德中性技术变化特征的总生产函数来实现。

对定理2.6进一步的直观认识来自定理2.7。假定生产函数采取特殊形式 $F(A_K(t)K(t), A_L(t)L(t))$。定理2.7表明，当 $t \to \infty$ 时，要素份额必须是常数。因此，给定不变的规模报酬，只有当总资本投入 $A_K(t)K(t)$ 和总劳动投入 $A_L(t)L(t)$ 以相同速度增长时，T 期之后的平衡增长才有可能。否则，要么资本份额，要么劳动份额将不是常数。但是，如果总资本和总劳动投入以同样的速度增长，则产出 $Y(t)$ 一定也以该速度增长（还是因为规模报酬不变）。稳态时，资本产出比是常数的事实意味着 $K(t)$ 必须和产出，进而和 $A_L(t)L(t)$ 以同样的速度增长。因此，只有在 T 期之后 $A_K(t)$ 是常数，平衡增长才可能实现。

2.7.4 考虑技术进步的索洛增长模型：连续时间

现在，我将分析连续时间中的有技术进步的索洛增长模型。离散时间的分析与连续时间的分析类似，在此我略去细节以免重复。定理2.6意味着，当经济经历平衡增长，生产函数一定采取如下表达式

$$Y(t) = F(K(t), A(t)L(t))$$

其中技术进步采取纯粹的劳动扩张型。于是，大多数宏观分析和增长分析都假定这种形式贯穿始终（对所有 t），并且技术进步速度为 $g > 0$，也就是

$$\frac{\dot{A}(t)}{A(t)} = g > 0 \tag{2.46}$$

我们也从这个假设开始。同时假定人口和（2.32）式一样，以速度 n 增长。再次利用储蓄率固定的假设，资本积累遵循如下微分方程

$$\dot{K}(t) = sF(K(t), A(t)L(t)) - \delta K(t) \tag{2.47}$$

分析这个经济体的最简单方法是用一个规范化的变量来代表其他项。既然劳动的"有效"或者效率单位由 $A(t)L(t)$ 给出，并且 F 对这两个变量呈规模报酬不变。现在我把 $k(t)$ 定义为有效的资本劳动比（资本除以劳动的有效单位）使

$$k(t) \equiv \frac{K(t)}{A(t)L(t)} \tag{2.48}$$

尽管用同一个符号 $k(t)$ 表示较早的资本劳动比和现在的有效资本劳动比有可能会引起混淆，但是，不考虑技术进步的索洛模型的资本劳动比与考虑劳动扩张型技术进步的有效资本劳动比发挥着相同的作用，因此这种符号表述是合理的。

把这个表达式对时间求微分得到

$$\frac{\dot{k}(t)}{k(t)} = \frac{\dot{K}(t)}{K(t)} - g - n \tag{2.49}$$

每单位有效劳动的产出量可以表示为

$$\hat{y}(t) \equiv \frac{Y(t)}{A(t)L(t)}$$

$$= F\left(\frac{K(t)}{A(t)L(t)}, 1\right)$$

$$\equiv f(k(t))$$

人均收入为 $y(t) \equiv Y(t)/L(t)$，所以

$$y(t) = A(t)\hat{y}(t)$$

$$= A(t)f(k(t)) \tag{2.50}$$

应当清楚，如果 $\hat{y}(t)$ 是常数，人均收入 $y(t)$ 将随时间增长，因为 $A(t)$ 在增长。这个结果强调，在该模型以及考虑技术进步的更一般模型中，我们不应该寻找人均收入不变的稳态，而是应该寻找一条平衡增长路径，在平衡增长路径上，人均收入以固定速度增长，而转换变量（transformed variables），如 $\hat{y}(t)$ 或者（2.49）式的 $k(t)$ 保持不变。既然这些转换变量保持不变，平衡增长路径可以被理解为转换模型的稳态。根据这一观察，在考虑技术进步的模型中，我交替使用"稳态"和平衡增长路径。我们将看到与第 2.7.1 节的定义一致，该平衡增长路径配置也具备资本劳动比、利率以及国民收入中要素份额固定的特征。

下一步，将（2.47）式中的 $\dot{K}(t)$ 代入（2.49）式得到

$$\frac{\dot{k}(t)}{k(t)} = \frac{sF(K(t), A(t)L(t))}{K(t)} - (\delta + g + n)$$

利用（2.48）式得到

$$\frac{\dot{k}(t)}{k(t)} = \frac{sf(k(t))}{k(t)} - (\delta + g + n) \tag{2.51}$$

这个表达式与（2.33）式中不考虑技术进步的模型中的资本劳动比运动方程非常相似。唯一的差别是 g 的出现，它反映了 k 不再是资本劳动比，而是有效资本劳动比的事实。因此，为了让 k 在平衡增长路径上保持稳定，资本劳动比需要以速

率 g 上升。

该模型中的均衡与以前的定义相似。反过来，稳态或者平衡增长路径被定义为有效资本劳动比 $k(t)$ 是常数的一个均衡。因此以下命题成立（证明略）。

命题2.11 考虑连续时间的基本索洛增长模型。技术进步为哈罗德中性，速率为 g，人口增长速率为 n。假定假设1和假设2成立，定义有效资本劳动比如（2.48）式所示，则存在一条唯一的平衡增长路径，其中有效资本劳动比等于 $k^* \in (0,\infty)$，由如下等式决定

$$\frac{f(k^*)}{k^*} = \frac{\delta + g + n}{s} \tag{2.52}$$

其中人均产出和消费以速率 g 增长。

等式（2.52）决定了平衡增长路径的（稳态）有效资本劳动比，强调了当前总储蓄 $sf(k)$ 因为三个不同的原因被用来重置资本存量。第一个原因还是速率为 δ 的折旧。第二个是速率为 n 的人口增长（降低了人均资本）。第三个是哈罗德中性技术进步。当资本劳动比保持固定时，哈罗德中性技术进步以速率 g 降低了有效资本劳动比。于是重置有效资本劳动比要求总投资等于 $(\delta + g + n)k$，这是对（2.52）式的直观解释。

比较静态分析的结果也与以往情况类似，并具有与劳动增加型初始技术水平 $A(0)$（给定（2.46）式的假设，所有时点的技术水平 $A(t)$ 完全由 $A(0)$ 决定）相关的额外的比较静态。

命题2.12 假定假设1和假设2成立，$A(0)$ 代表初始技术水平，把有效资本劳动比的平衡增长路径水平记为 $k^*(A(0), s, \delta, n, g)$，人均产出水平记为 $y^*(A(0), s, \delta, n, g, t)$（因为随时间增长，后者是时间的函数）。则

$$\frac{\partial k^*(A(0), s, \delta, n, g)}{\partial A(0)} = 0, \quad \frac{\partial k^*(A(0), s, \delta, n, g)}{\partial s} > 0$$

$$\frac{\partial k^*(A(0), s, \delta, n, g)}{\partial n} < 0, \quad \text{和} \quad \frac{\partial k^*(A(0), s, \delta, n, g)}{\partial \delta} < 0$$

并且对于任意时间 t，有

$$\frac{\partial y^*(A(0), s, \delta, n, g, t)}{\partial A(0)} > 0, \quad \frac{\partial y^*(A(0), s, \delta, n, g, t)}{\partial s} > 0$$

$$\frac{\partial y^*(A(0), s, \delta, n, g, t)}{\partial n} < 0, \quad \text{和} \quad \frac{\partial y^*(A(0), s, \delta, n, g, t)}{\partial \delta} < 0$$

证明 见习题 2.25。

最后，有技术进步的经济的转移动态（transitional dynamics）与没有技术进步的经济体的转移动态是相似的。

命题 2.13 假定假设 1 和假设 2 成立，则具有哈罗德中性技术进步和人口增长的连续时间索洛增长模型有一个渐近稳定的平衡增长路径，即从任意 $k(0) > 0$ 出发，有效资本劳动比收敛到平衡增长路径的值 k^*（$k(t) \to k^*$）。

证明 见习题 2.26。

因此，伴随着哈罗德中性技术变化，均衡路径的动态以及比较静态分析与没有技术进步的模型非常相似，主要差别在于现在的模型能够产生人均产出增长，因此可以更成功地匹配数据。然而，该模型的缺点是增长完全是外生驱动的。经济增长率完全等同于技术存量的外生增长率。模型既没有说明技术存量来自何处，也没有说明其增长速度。

2.8 比较动态学

本节进行一些简单的比较动态学练习。比较动态学关注经济受到冲击或参数变化之后的整个调整路径，因此其结果不同于命题 2.3、命题 2.8 或命题 2.12 的比较静态结论。基本的索洛模型因为简单，所以尤其适合这种分析。这些练习也是有益的，因为基本的索洛模型及其新古典"近亲"经常用于政策变化、中期冲击和商业周期动态学的分析，故而理解基本模型如何对各种冲击做出反应，在许多应用方面都会有帮助。

回顾表达式（2.51）给出的连续时间索洛模型中有效资本劳动比的运动法则，即 $\dot{k}(t)/k(t) = sf(k(t))/k(t) - (\delta + g + n)$。方程右边如图 2.13 所示，与横轴的交点表明存在唯一的平衡增长路径，其有效资本劳动比为 k^*。图 2.13 足以用来做比较动态分析。譬如，假设储蓄率出乎意料地从 s 一次性永久提升到 s'，这将导致曲线右移（如虚线所示），并与横轴相交于点 k^{**}，横轴下方的虚线箭头表示有效资本劳动比如何逐步调整到新平衡增长路径下的相应值，即 k^{**}。储蓄率提高的瞬间，资本存量和资本劳动比因为是状态变量而保持不变。接着，k 沿着虚线箭头单调收敛于 k^{**}。如果 δ 或 n 出乎意料地一次性永久下降，则可以得到其比较动态分析。

同样的图形分析也可用于研究意料之外的临时参数变化的效应。举例来说，假设在 $t = t'$ 时，s 发生意料之外的变化，但这个变化是可复原的，在未来某个已

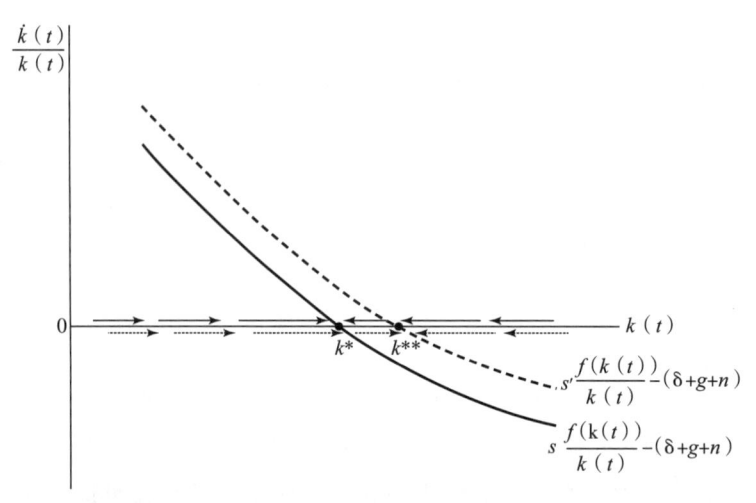

图 2.13　储蓄率从 s 提升到 s′ 之后的动态学。实线箭头表示初始稳态的动态情形，虚线箭头表示新稳态的动态情形。

知时期 $t''>t'$，储蓄率将回复到其初始值。在此情形下，自 t' 开始，经济一直沿虚线箭头运行到 t''。紧接着，微分方程的初始稳态发挥作用，经济开始按照横轴上方的实线箭头运行。因此，在 t'' 之后，经济将逐渐回到原来的平衡增长均衡值 k^*，我们将会看到，类似的比较动态也可在新古典增长模型中加以运用，但是经济对某些参数变化的反应将更为复杂。

2.9　小结

我们从索洛模型中学到了什么？就某一层次而言，获益匪浅。现在，我们有了一个简单易处理的框架可以用来研究资本积累和技术进步。在后续章节将会看到，这个框架在帮助我们考虑数据方面大有用处。

然而，从另一层次来看，我们学到的甚少。第 1 章提出了这样的问题：为什么有些国家富裕，有些国家贫穷？为什么有些国家经济发展，有些国家陷入停滞？为什么世界经济在过去几个世纪中开始了稳定增长的进程？索洛模型揭示，如果没有技术进步，只要我们不是处于假设 2 排除的 AK 世界里，经济就不会可持续增长。在此情形下，我们可以讨论产出的国别差异，但无法讨论各国经济和世界经济的增长。

只有引入外生技术进步，索洛模型才能得出人均产出的增长。但此时，一切都由技术进步驱动，而技术进步本身却是外生的，犹如一个黑匣子，外生于模型和经济激励的影响。如果技术进步是问题的核心所在，那么我们必须研究并理解什么因素引致了技术进步，什么因素能促使企业和社会发明更好的技术，以及什么因素诱导企业和社会采用这些先进技术。

即使就资本积累而言，索洛模型也不能完全令人满意。资本积累的速率取决于储蓄率、折旧率和人口增长率，而所有这些变量都被视为外生的。

就此而言，索洛模型最大的用处在于作为一个框架，展现了一般的争议点和问题。索洛模型强调，要理解经济增长，我们必须首先理解物质资本的积累（以及人力资本的积累，这一点将在第 3 章中论及）和技术进步，而后者可能是最为重要的。在索洛模型中，这些因素都是黑匣子。因此，本书其余部分将用很大篇幅进行深入探讨，试图揭示黑匣子里面有些什么。第 8 章将首先引入消费者最优化问题，以期对资本积累有更加系统的研究，接着转向内生的人力资本积累和技术进步的模型。这类模型为我们提出并解答与经济增长根本原因有关的问题提供了一个框架。

总之，索洛模型尽管形式简单，但是能帮助我们思考现实世界，尤其是在思考经济增长的最根本原因之中形成有益观点。这将是第 3 章的主题。

2.10　参考文献

本章分析的模型最早由索洛（1956）和斯旺（1956）提出。索洛（1970）利用历史参考资料，对模型做了漂亮而又容易理解的处理；巴罗和萨拉－伊－马丁（Barro and Sala－i－Martin，2004）教科书的第 1 章则介绍了近年来对适合研究生水平的基本索洛模型的最新探讨；而琼斯（Jones，1998）在第 2 章提供了适合本科生水平的出色讨论。

本章频繁引用了消费者和一般均衡的基础理论，这些内容是充分理解经济增长理论的必备知识。动态一般均衡理论的一些重要结论将在本书第 5 章涉及。马斯－科莱尔等人（Mas－Colell、Whinston and Green，1995）的微观经济学研究生教科书涵盖了绝大多数必备知识，并对此做了极好的阐述，包括生产者理论以及对一般均衡理论基本概念易于理解的阐释，也包括对阿罗证券的讨论和阿罗—德布鲁商品的定义。

齐次函数的性质和欧拉定理可参见西蒙和布鲁姆（Simon and Blume，1994）的第 20 章。读者应该熟悉隐函数定理以及凹、凸函数的性质，这些知识在全书中都会用到。附录 A 回顾了相关内容。

附录 B 概述了有关微分方程、差分方程的解法和稳定性的讨论。定理 2.2、定理 2.3、定理 2.4 和定理 2.5 来源于附录 B 中的结果。此外，有关差分方程、微分方程的各种结论可参考博伊斯和迪普利马（Boyce and DiPrima, 1977）、龙伯格（Luenberger, 1979）或者西蒙和布鲁姆（1994）。本书正文假设读者已经具备附录 B 中关于简单微分方程求解和微分、差分方程稳定性质的知识。尤其是龙伯格（1979）对差分方程和微分方程做了一致化的处理，对读者尤有帮助。加勒（Galor, 2005）介绍了差分方程以及经济学家常用的离散时间动态系统。

"黄金律储蓄率"由埃德蒙德·菲尔普斯（Edmund Phelps, 1966）引入。这个称谓参照了圣经里的黄金律"己所不欲，勿施于人"，并应用于代际情形之中，即假定在每个不同日期生活和消费的人群形成不同的代际。尽管"黄金律储蓄率"具有历史学意义并有助于动态效率的探讨，但它不是由明确定义的偏好推断而来的，因此不具备内在的最优化性质。第 8 章将更详细地讨论最优储蓄率。

卡尔多（Kaldor, 1963）最早关注了平衡增长事实。图 2.11 使用了皮凯蒂和赛斯（Piketty and Saez, 2003）中的数据。霍默和西拉（Homer and Sylla, 1991）探讨了不同社会成百上千年来的利率史，表明利率不存在显著的上升或下降趋势。然而，不是经济增长过程的每一方面都是平衡的，增长的非平衡性质将在本书第七篇加以详细讨论，该篇也包含了增长过程中关于总产出的部门构成变化的文献。

定理 2.6 更简单的版本首先由宇泽弘文（1961）证明。文献中可见各种各样的证明，然而很多并非完全严谨。本书中的证明改编自施利希特（Schlicht, 2006），这在琼斯和斯克里格尔（Jones and Scrimgeour, 2006）中也有论及，其他学者（Wan, 1971）也给出了类似的证明。巴罗和萨拉-伊-马丁（2004）的第 1 章还给出了一个证明。但是，他们的论证是不完全的。这些论证假定技术变化必须是哈罗德中性和索洛中性的组合，而这一点有相当大的限制性，并不构成证明的要件。因此，本书中的证明更具有一般性和完全性。文献中对定理 2.6 的含义也有种种误解。许多教科书声称这个定理排除了渐进的资本扩张型技术进步（除非生产函数是柯布-道格拉斯函数）。习题 2.17 证明这个论断是不正确的，在非柯布-道格拉斯型生产函数和渐近的资本扩张型技术进步之下，平衡增长依然有可能存在。在有限时间 T 之后实现平衡增长，或是在习题 2.14 中提及的附加条件之下，定理 2.6 得以成立。另外，正如我在正文中强调的，定理 2.6 只不过是表现了资本和劳动力演化的一条特定路径。因此，如习题 2.19 证明，这种表现并非总是适用于均衡分析或者资本和劳动的定价。定理 2.7 旨在解决这一困难。我尚未见到文献中有其他类似于定理 2.7 的结论。

如文中注释，固定替代弹性生产函数最早见于阿罗等人（1961）。这种生产函数在许多应用宏观经济学模型和经济增长模型中发挥着重要作用。假设 2 中引入的稻田条件来自稻田献一（Inada，1963）。

最后，有兴趣的读者可参阅论文（Hakenes and Irmen，2006），以了解为什么稻田条件即使在 $f(0) = 0$ 时，在连续时间下 $k = 0$ 处，也能引致一条额外的均衡路径（而不是无经济活动的均衡）。这里，我们有充分理由断定，稳态是否存在的问题实质上是个施加限制条件的顺序问题。如文中注释，在任何情况下，$k = 0$ 时候的稳态不具有经济含义，因而在全书中予以忽略。

2.11 习题

2.1 证明：在假设 1 和竞争性劳动力市场之下，工资率必定严格为正；进而由（2.4）式推导出（2.3）式。

2.2 证明：在假设 1 之下，$F(A, K, L)$ 是 K 和 L 的凹函数，但不是严格凹函数。

2.3 证明：当 F 呈现规模报酬不变时，在竞争性要素市场中，（2.5）式中的最优化问题或者无解（企业获得无穷利润），或者有唯一解 $K = L = 0$，或者有连续统解（即，任何满足 $K/L = \kappa$ 的 K 和 L 都是解，这里 $\kappa > 0$）。

2.4 考察下面的连续时间索洛模型，人均生产函数为

$$f(k) = k^4 - 6k^3 + 11k^2 - 6k$$

(a) 与之对应的生产函数 $F(K, L)$，违背了假设 1 和假设 2 中的哪些内容？

(b) 证明该生产函数使模型存在三个稳态均衡。

(c) 证明其中的两个稳态均衡为局部稳定，第三个稳态均衡为局部不稳定。是否存在全局稳定的稳态均衡？

2.5 证明命题 2.7。

2.6 证明命题 2.8。

2.7 在基本索洛模型中引入政府支出。考虑没有技术变化的基本模型，（2.9）式变为：

$$Y(t) = C(t) + I(t) + G(t)$$

其中，$G(t)$ 表示 t 期的政府支出。假定政府支出 $G(t) = \sigma Y(t)$。

(a) 讨论收入和消费之间的关系如何变化。假设 $C(t) = sY(t)$，这一假设是否合理？

(b) 假定政府支出部分来自私人消费，$C(t) = (s - \lambda \sigma)Y(t)$，$\lambda \in [0,1]$。提高政府支出水平（表现为更高的 σ）对索洛模型的均衡会产生什么影响？

(c) 假定用 $G(t)$ 中的 ϕ 比例投资于资本存货，则 t 期的社会总投资为：

$$I(t) = (1 - s - (1 - \lambda)\sigma + \phi\sigma)Y(t)$$

证明：如果 ϕ 足够大，人均资本的稳态水平将随政府支出的提高（σ 提高）而增加，这个结论是否合理？另外，如何在这个模型中引入公共投资？

2.8 假定 $F(K, L, A)$ 是 K 和 L 的凹函数（但并不一定是严格的凹函数），且满足假设 2。证明命题 2.2 和命题 2.5。命题 2.6 需如何修正？

2.9 证明命题 2.6。

2.10 证明推论 2.2。

2.11 考虑修改过的连续时间索洛增长模型，总生产函数为：

$$F(K, L, Z) = L^\beta K^\alpha Z^{1-\alpha-\beta}$$

Z 表示无供给弹性的土地。假定 $\alpha + \beta < 1$，资本折旧率为 δ，外生储蓄率为 s。

(a) 首先假定不存在人口增长，求解稳态产出水平下的人均资本，并证明该稳态是唯一的、全局稳定的。

(b) 现在假定人口增长率为 n，即 $\dot{L}/L = n$。$t \to \infty$ 时，人均资本和产出水平会发生什么变化？土地收益和工资率会发生什么变化？

(c) 在此经济体中，人口增长率 n 和储蓄率 s 是否会随时间变化？如果是，如何变化？

2.12 考虑连续时间索洛模型，不存在技术进步，人口增长率为常数 n。假定生产函数满足假设 1 和假设 2，资本为资本家所有，劳动力则由一群不同质的工人提供。遵循卡尔多（1957）的建议，假定资本家将收

入的 s_K 比例用来储蓄，而工人则消费掉全部收入。

(a) 定义此经济体的稳态均衡，描述其特征并研究其稳定性。

(b) 稳态下的人均资本 k^* 和第 2.2.3 节定义的"黄金律"下资本存货水平 k^*_{gold} 之间有何关系？

2.13 与习题 2.12 相反，假定劳动收入有固定的储蓄率 $s \in (0,1)$，而资本收入没有任何储蓄，总生产函数满足假设 1 和假设 2。证明在此情形下可能存在多重稳态均衡。

*2.14 本习题将对定理 2.6 做一般化拓展。这里，

$$\dot{Y}(t)/Y(t) = g_Y > 0, \dot{K}(t)/K(t) = g_K > 0, \text{和 } \dot{C}(t)/C(t) = g_C > 0$$

不成立。但是，对任何 $t \geq T$，$T < \infty$，以下式子成立：

$$\dot{Y}(t)/Y(t) \to g_Y > 0, \dot{K}(t)/K(t) \to g_K > 0, \text{和 } \dot{C}(t)/C(t) \to g_C > 0$$

(a) 请构建反例证明，如果没有附加条件，定理 2.6 第一部分将不再成立〔提示：考虑 $g_c < g_k = g_y$〕。需要施加什么条件，才能确保这些限制性的增长率彼此相等？

(b) 现在假定定理 2.6 第一部分成立（特别是 $g_Y = g_K$ 的情况），证明：该定理等价的证明步骤意味着对任何 T 和 $t \geq T$，

$$\exp\left(-\int_T^t g_Y(s)ds\right) Y(t)$$
$$= \tilde{F}\left[\exp\left(-\int_T^t g_K(s)ds\right) K(t), \exp(-n(t-T)) L(t), \tilde{A}(T)\right]$$

这里 $g_Y(t) \equiv \dot{Y}(t)/Y(t)$，且 $g_K(t)$ 和 $g_C(t)$ 定义类似。请证明：

$$Y(t) = \tilde{F}\left[\exp\left(\int_T^t (g_Y(s) - g_K(s)) ds\right) K(t), \exp\left(\int_T^t (g_Y(s) - n) ds\right) L(t), \tilde{A}(T)\right]$$

然后，我们注意到对任何 $\varepsilon_T > 0$，存在 $T < \infty$ 满足 $|g_Y(t) - g_Y| < \varepsilon_T/2$ 以及 $|g_K(t) - g_Y| < \varepsilon_T/2$（这一点来自 $\dot{Y}(t)/Y(t) \to g_Y > 0$ 和 $\dot{K}(t)/K(t) \to g_K > 0$ 的假设）。考察上述定义的序列（或见附录 A）$\{\varepsilon_T\} \to 0$，随着 $T \to \infty$ 相应变化。对某个 $\xi > 1$ 取 $t = \xi T$，请证明：如果 $\varepsilon_T T \to 0$（当 $T \to \infty$ 时），定理 2.6 的第二部分成立。利用这个论证，请证明：如果 $g_Y(t)$ 和 $g_K(t)$ 均以严格大于 $1/t$

的速率收敛，渐近生产函数具有 $F(K(t),A(t)L(t))$ 的形式；但当 $g_Y(t)$ 或 $g_K(t)$ 以较慢的速率收敛时，该结论不再成立。

［提示：具有渐进函数形式意味着 $\lim_{t\to\infty}\tilde{F}/F=1$。］

2.15 回顾（2.37）式中替代弹性 σ 的定义，假设竞争性劳动力市场中，工资率为 w。证明：如果总生产函数 $F(K,L,A)$ 对 K 和 L 呈规模收益不变，则

$$\varepsilon_{y,w} \equiv \frac{\partial y/\partial w}{y/w} = \sigma$$

其中 $y \equiv F(K,L,A)/L$

*2.16 本习题将遵循阿罗等人（1961）的原创性论文中的方法，推导出固定替代弹性生产函数（2.38）式。他们注意到，根据经验，人均收入和工资率之间的关系几乎可以表示为以下函数形式：

$$y = \alpha w^\sigma$$

这里，$y = f(k)$ 是人均产出，w 是工资率。回顾竞争性市场中的工资率 $w = f(k) - kf'(k)$。因此，上述方程可以写成：

$$y = \alpha(y - ky')^\sigma$$

其中，$y = y(k) \equiv f(k)$，y' 表示 $f'(k)$。这是一个非线性的一阶微分方程。

(a) 使用分离变量法（见附录 B），证明该方程的解满足：

$$y(k) = \left(\alpha^{-1/\sigma} + c_0 k^{\frac{\sigma-1}{\sigma}}\right)^{\frac{\sigma}{\sigma-1}}$$

其中，c_0 是积分常数。

(b) 说明：对 α 和 c_0 施加什么条件，可以导出与（2.38）式形式完全一样的固定替代弹性生产函数。

2.17 考虑不变储蓄率为 s、资本折旧率为 δ 的索洛模型。假定总人口为常数，总生产函数为规模收益不变，形式为

$$F(A_K(t)K(t), A_L(t)L(t))$$

其中 $\dot{A}_L(t)/A_L(t) = g_L > 0$，且 $\dot{A}_K(t)/A_K(t) = g_K > 0$。

(a) 假定 F 为柯布-道格拉斯类型，请确定平衡增长路径的增长率，以及经济体向稳态调整的过程。

(b) 假定 F 既不是柯布-道格拉斯类型,甚至也不是渐近柯布-道格拉斯类型。请证明并解释原因:不存在 $T < \infty$,对于任何 $t \geq T$,经济处于平衡增长路径。

*2.18 考虑习题 2.17 中的情形,假定 F 为 (2.38) 式中的固定替代弹性形式,资本与劳动力之间的替代弹性 $\sigma < 1$,$g_K > g_L$,储蓄率 s 为常数。证明:当 $t \to \infty$ 时,经济收敛于平衡增长路径,劳动在国民收入中的份额等于 1,资本、产出和消费的增长率均为 g_L。根据这个结果,请讨论文献中"资本扩张型技术进步与平衡增长相互矛盾"的论断。为什么文献中的这个论断是不正确的?请将你的答案与习题 2.14 相联系。

*2.19 在定理 2.6 的情形中,考虑生产函数

$$\tilde{F}(K(t), L(t), \tilde{A}(t)) = K(t)^{\tilde{A}(t)} L(t)^{1-\tilde{A}(t)}$$

其中,$\tilde{A}(t): \mathbb{R}_+ \to (0,1)$ 是时间的任意函数,用来代表技术。

(a) 证明:当 $K(t) = \exp(nt)$ 和 $L(t) = \exp(nt)$ ($n \geq 0$) 时,定理 2.6 的条件得到满足,$\tilde{F}$ 可以表示成 $F(K(t), A(t)L(t))$ 的形式。请确定能表示成这种形式的函数族。

(b) 证明 $\tilde{F}$ 和 F 的导数并不相等。

(c) 假定要素市场是竞争性的。证明:虽然资本、产出和消费以固定速率增长,但资本在国民收入中的份额可以是任意值。[提示:譬如,可以考虑 $\tilde{A}(t) = (2 + \sin(t))/4$ 的情形。]

2.20 考虑非竞争性劳动力市场的索洛模型。特别是假定不存在人口增长和技术进步,产出由 $F(K, L)$ 给出,储蓄率为 s,资本折旧率为 δ。

(a) 首先,假定存在最低工资率 $\bar{w}$,工人报酬不允许低于该水平。如果劳动力需求小于 L,则劳动力就业量等于企业对劳动力的需求量 L^d(失业劳动力对产出没有贡献,报酬为 0)。假定 $\bar{w} > f(k^*) - k^* f'(k^*)$,$k^*$ 是基本索洛模型中的稳态人均资本,由 $f(k^*)/k^* = \delta/s$ 决定。请描述自某个数量的实物资本 $k(0) > 0$ 开始,经济动态均衡路径的特征。

(b) 接下来,考察另一种形式的劳动力市场不完全,工人从雇主手里得到 $\lambda > 0$ 比例的产出作为工资。请描述本情形的动态均衡路

径的特征。[提示：储蓄率仍然为 s。]

2.21 考虑离散时间索洛模型，人口不变增长率为 n，没有技术进步，完全折旧（即 $\delta=1$）。假定储蓄率是人均资本的函数 $s(k)$：

(a) 假定 $f(k)=Ak$ 以及 $s(k)=s_0k^{-1}-1$。请证明：如果 $A+\delta-n=2$，则对任何 $k(0)\in(0,As_0/(1+n))$，经济立即陷入某个渐近周期并持续在 $k(0)$ 和 $As_0/(1+n)-k(0)$ 之间波动。（假定对 $k=k(0)$ 和 $k=As_0/(1+n)-k(0)$，均有 $s(k)\in(0,1)$。）

(b) 现在考虑更一般的连续生产函数 $f(k)$ 和储蓄函数 $s(k)$，使存在 $k_1,k_2\in\mathbb{R}_+$，$k_1\neq k_2$，且

$$k_2=\frac{s(k_1)f(k_1)+(1-\delta)k_1}{1+n}$$

$$k_1=\frac{s(k_2)f(k_2)+(1-\delta)k_2}{1+n}$$

请证明：如果这样的 (k_1,k_2) 存在，则可能存在稳定的稳态均衡。

(c) 请证明：对任何连续的生产函数 $f(k)$ 和连续函数 $s(k)$（可能是非古典情形），上述周期在连续时间索洛模型中是不可能存在的。[提示：考察图 2.9 的等价情形。]

(d) 对 2.4 节提及的连续时间模型的近似离散模型而言，(a)—(c) 的结论有何含义？

(e) 根据 (d) 的答案，你对 (a) 和 (b) 中的周期有什么结论?

(f) 请证明：如果 $f(k)$ 是 k 的非减函数，$s(k)=k$，则 (a) 和 (b) 中的周期不可能在离散时间模型中出现。

2.22 考虑第 2.6 节中提及的改进后的索洛/AK 模型，储蓄率 s 固定，资本折旧率为 δ，没有人口增长，总生产函数形式为：

$$F(K(t),L(t))=A_KK(t)+A_LL(t)$$

请描述该模型的渐近均衡特征。

2.23 考虑基本的索洛模型，储蓄率 s 固定不变，人口增长率为常数 n，没有技术进步，假定总生产函数为 (2.38) 式中的固定替代弹性形式。

(a) 假定 $\sigma>1$，证明此情形下的均衡与习题 2.22 中实现长期可持续增长的均衡相类似，并解释该结论。

(b) 现在假定 $\sigma \to 0$，生产函数变为里昂惕夫形式：

$$Y(t) = \min\{\gamma A_K(t)K(t); (1-\gamma)A_L(t)L(t)\}$$

此时模型与哈罗德（1939）和多马（1946）构建的哈罗德 – 多马模型完全一致。证明：在此情形下，不存在劳动力完全就业、资本完全利用的稳态均衡。生产要素价格如何变化？请解释为什么此情形是一个病态经济，并请至少给出两个理由说明为什么存在闲置资本或闲置劳动力的均衡不大可能成为现实？

2.24 证明（2.38）式中的固定替代弹性生产函数违背了假设2，除非 $\sigma = 1$。

2.25 证明命题 2.12。

2.26 证明命题 2.13。

2.27 完成本习题，我们将对技术概念有新的认识，这有助于第 3 章的学习。考虑连续时间索洛模型，假定 $A(t) = A$，因此不存在通常类型的技术进步。然而，假定投资和资本积累之间的关系更改为：

$$\dot{K}(t) = q(t)I(t) - \delta K(t)$$

这里，$[q(t)]_{t=0}^{\infty}$ 是外生给定的时间变化路径（函数）。直观上看，如果 $q(t)$ 较高，则同样的投资支出将转化为更多的资本存量，因此 $q(t)$ 可以看成机器设备对产出的相对价格的倒数。$q(t)$ 高，则机器设备相对便宜。戈登（Gordon，1990）的记录表明，自二战以来，耐用性机器设备相对于产出的价格一直呈下降趋势。这个趋势貌似合理，特别是我们近年来经历了计算机软硬件相对价格的不断下降。因此，我们可以设定 $\dot{q}(t) > 0$。本习题要求你完成具备这个特征的模型，该模型以格林伍德、赫尔维茨和克鲁塞尔（Greenwood、Hercowitz and Krusell，1997）为基础。

(a) 假定 $\dot{q}(t)/q(t) = \gamma_K > 0$。请证明：对一般生产函数 $F(K,L)$，不存在平衡增长路径。

(b) 现在假定生产函数是柯布 – 道格拉斯类型，$F(K,L) = K^{\alpha}L^{1-\alpha}$。请描述唯一的平衡增长路径的特征。

(c) 证明这个稳态均衡不满足卡尔多关于"K/Y 保持固定不变"的典型事实。这个矛盾是否构成大问题？［提示：实践中 K 是如何测算的？本模型中又是如何测算的？］

第 3 章　索洛模型及数据

本章将探讨如何应用索洛模型或其简单的扩展模型解释跨期经济增长和跨国产出差异。重点是探讨经济增长的直接原因，即基本索洛模型中强调的投资或资本积累，同时还包括技术和人力资本差异。这些直接原因背后的因素是第 4 章的研究主题。

用索洛模型分析数据的方法有多种。我将从增长核算框架开始讨论，该框架通常用来分解跨期增长的源泉。在简要论述增长核算理论及其某些应用之后，我将分析索洛模型在跨国产出和增长差异中的应用。以此为背景，我还介绍了包含人力资本的扩展的索洛模型，同时说明这个框架可以引导出多种不同的基于回归的分析方法。最后我将讨论如何把增长核算框架修改为一个发展核算框架，以便在索洛模型和数据之间搭建起另外一座桥梁。在这类方法中，有一个不变的主题，即跨期和跨国的生产率差距。本章的最后部分简要探讨了其他几种估计跨国生产率差距的方法。

3.1　增长核算

像第 2 章探讨的一样，索洛模型的中心是总生产函数（2.1）式，下面我把该函数的一般形式重写如下：

$$Y(t) = F(K(t), L(t), A(t)) \tag{3.1}$$

罗伯特·索洛对经济增长研究的另一个主要贡献是，将该生产函数和竞争要素市场结合在一起，为我们提供了一个用以计算经济增长来源的框架。特别是索洛（1957）建立了增长核算框架，它后来成为宏观经济学中最常用的工具之一。

对我们的研究目标而言，应用这一框架的最简单形式就足够了。考虑一个连续时间的经济体，并假设生产函数（3.1）式满足第 2 章的假设 1 和假设 2。将该函数对时间求微分，并用 F_A、F_K 和 F_L 分别代表 F 对其变量的偏导数，可得：

$$\frac{\dot{Y}}{Y} = \frac{F_A A}{Y}\frac{\dot{A}}{A} + \frac{F_K K}{Y}\frac{\dot{K}}{K} + \frac{F_L L}{Y}\frac{\dot{L}}{L} \tag{3.2}$$

接着，分别用 $g \equiv \dot{Y}/Y$、$g_K \equiv \dot{K}/K$ 和 $g_L \equiv \dot{L}/L$ 代表产出、资本存量和劳动的增长率，并令

$$x \equiv \frac{F_A A}{Y}\frac{\dot{A}}{A}$$

为技术对经济增长的贡献。将 $\varepsilon_k \equiv F_K K/Y$ 和 $\varepsilon_l \equiv F_L L/Y$ 分别定义为产出对资本和劳动的弹性 [同见 (3.9) 式]，(3.2) 式意味着

$$x = g - \varepsilon_k g_K - \varepsilon_l g_L$$

这仅仅是一个恒等式。然而，在竞争要素市场的情况下，该等式可用于估计技术进步和经济增长的作用。特别是，当我们将竞争市场中的要素价格用 $w = F_L$ 和 $R = F_K$（见前一章方程 (2.6) 式和 (2.7) 式）表示时，弹性 ε_k 和 ε_l 对应着要素份额 $\alpha_K \equiv RK/Y$ 和 $\alpha_L \equiv wL/Y$。将这些全部代入，可得

$$x = g - \alpha_K g_K - \alpha_L g_L \tag{3.3}$$

(3.3) 式是基本的增长核算方程，它可以使用要素份额、产出增长、劳动力增长和资本存量增长的相关数据估计技术进步对经济增长的贡献。技术进步的贡献 x，通常被称为"全要素生产率"（TFP），有时也被称为"多种要素生产率"。

特别是，我们用符号"^"表示估计量，因此，全要素生产率在 t 期的增长估计值可以表示为

$$\hat{x}(t) = g(t) - \alpha_K(t) g_K(t) - \alpha_L(t) g_L(t) \tag{3.4}$$

此处只有 x 上面出现了这个帽子符号，但是你可能还想考虑一种情况：等式右边各项都是通过一系列对国民账户和其他数据来源的假设而获得的估计值。

在连续时间的情况下，(3.4) 式是准确的，因为它被定义为瞬时变化（导数）。在实践中，我们观察到的是离散时间中的变化，例如，以年度为单位（有时候或者用更合适的季度或月度数据）。在离散时间段里，运用 (3.4) 式有一个潜在的问题，在考察的时间范围内，要素的产出份额可能会发生变化，此时我们是用初期的还是终期的 α_K 和 α_L 值？不论是用初期的还是终期的数值，都有可能导致全要素生产率对产出增长的贡献 $\hat{x}$ 出现估值偏差。当两个时期间隔比较长

的时候，这种偏差特别容易出现（见习题 3.1）。避免此类偏差的最佳办法是尽可能使用频率最高的数据。

现在将可获得的数据视为给定的，让我们看看如何在离散时间的情况下应用增长核算框架进行数据分析。处理以上问题最常用的方法是取初期和中期要素份额的平均数。因此，在离散时间的情况下，对于从 t 期到 $t+1$ 期的变化，(3.4) 式可类似地表示为

$$\hat{x}_{t+1,t} = g_{t+1,t} - \bar{\alpha}_{K,t+1,t} g_{K,t+1,t} - \bar{\alpha}_{L,t+1,t} g_{L,t+1,t} \tag{3.5}$$

其中，$g_{t,t+1}$ 是 t 期到 $t+1$ 期的产出增长率，其他增长率也可类似地进行定义，同时

$$\bar{\alpha}_{K,t+1,t} \equiv \frac{\alpha_K(t) + \alpha_K(t+1)}{2} \quad \text{和} \quad \bar{\alpha}_{L,t+1,t} \equiv \frac{\alpha_L(t) + \alpha_L(t+1)}{2}$$

为 t 期到 $t+1$ 期的平均要素份额。当 t 期到 $t+1$ 期的间隔较小并且资本劳动比在此期间没有太大变化时，(3.5) 式是 (3.4) 式的一个很好的近似表达。

索洛（1957）不仅构建了增长核算框架，还将之用于美国数据，以初步分析美国 20 世纪初期经济增长的源泉。他提出的问题是：美国经济的增长有多少可以归因于劳动力和资本投入的增长，多少可以归因于残差，即技术进步？索洛的结论是令人震惊的：大部分增长都应归功于技术进步。这是一个里程碑式的发现，它强调了技术进步作为经济增长引擎的重要性不仅仅是理论上的，更具有实践意义。这一发现使经济学家开始集中关注跨期、跨国、跨产业以及跨企业技术差异的原因。

然而在早期，人们认为这种估算技术进步对经济增长所做贡献的方式存在一些缺陷。莫西斯·阿布拉莫维奇（Moses Abramovitz, 1957）曾为 $\hat{x}$ 起过一个著名的称号"对我们忽略因素的度量"——毕竟它就是我们未曾解释的残差，并决定称之为"技术"的东西。在极端形式中，这种批评是不公正的，因为根据 (3.4) 式，$\hat{x}$ 确实对应着技术，因此，增长核算框架是使用理论进行测算的一个例子。然而，从另一层面看，这种评价也有些道理。当我们低估了劳动和资本投入的增长率 g_L 和 g_K 时，我们将会高估 $\hat{x}$。实际上，我们有充分的理由怀疑索洛的估计值和后来出现的质量更高的估计值可能错误地测算了要素投入的增长率。导致这种误差产生的最显而易见的原因是，起重要作用的不是劳动时间，而是有效劳动时间，因此有必要（虽然比较困难）根据工人人力资本的变化进行调整。我将在第 3.3 节讨论有关人力资本的问题，在第 10 章还会进行更详细的探讨。

类似地，测算资本要素投入量也不是那么简单。在理论模型中，资本指的是那些为了生产更多产品而作为投入品使用的最终产品。然而在实际中，资本主要由设备（机器）和建筑（房屋）构成。要测算用于生产的资本数量，我们必须假设各种类型的设备在不同时期相对价格的变化。常用的方法是使用资本支出进行测算，该方法早就被应用于国民账户以及增长核算框架。然而，如果相同的机器今天比过去更便宜（比如电脑就是如此），那么这种方法将会低估 g_K（回顾第 2 章的习题 2.27）。因此，当运用（3.4）式的时候，对 g_L 和 g_K 的低估就会自然而然地高估技术对经济增长的重要性。最后，产品相对价格和质量的变化也可能导致对产出增长率 g 的错误测算。如果 g 被低估，那么对 $\hat{x}$ 的低估将得到缓解。

怎样对劳动力和资本投入的质量进行调整以对技术做出最好的估计，关于这一问题仍然存在着激烈争论。例如，乔根森等人（参见 Jorgensen、Gollop and Fraumeni，1987；Jorgensen，2005）的研究表明，如果对劳动力和资本的质量变化进行调整，估计的技术残差会显著下降（也许会近似于零）。当我们试图分解跨国产出差异的原因时，这些也成为相关问题。在此之前，让我们先用回归分析将索洛模型运用于数据分析。

3.2 索洛模型和回归分析

另一种将索洛模型应用于数据分析的方法是使用增长回归法，这种回归模型将国家增长率作为因变量进行估计。继巴罗（Barro，1991）的研究之后，这些增长回归得到广泛应用。为了说明这些回归是如何被推导出来的，以及有哪些缺点，让我们回到基本的索洛模型，即在连续时间的情况下不存在人口增长，同时技术是劳动扩张型的。回忆一下，在该模型中，可以用下述等式来刻画均衡：

$$y(t) = A(t)f(k(t)) \tag{3.6}$$

且

$$\frac{\dot{k}(t)}{k(t)} = \frac{sf(k(t))}{k(t)} - (\delta + g + n) \tag{3.7}$$

其中 $A(t)$ 是劳动扩张型（哈罗德中性）技术，$k(t) \equiv K(t)/(A(t)L(t))$ 是有效资本劳动比，$f(\cdot)$ 是人均产出函数。（3.7）式重复了第 2 章的（2.51）式。将（3.6）式对时间求导，两边同除以 $y(t)$ 可得

$$\frac{\dot{y}(t)}{y(t)} = g + \varepsilon_k(k(t))\frac{\dot{k}(t)}{k(t)} \tag{3.8}$$

其中，

$$\varepsilon_k(k(t)) \equiv \frac{f'(k(t))k(t)}{f(k(t))} \in (0, 1) \tag{3.9}$$

是函数 $f(\cdot)$ 的弹性。从假设 1 可知该值介于 0 到 1 之间。例如，使用第 2 章例 2.1 中的柯布－道格拉斯技术，有 $\varepsilon_k(k(t)) = \alpha$ ［例如，它是一个独立于 $k(t)$ 的常数，见例 3.1］然而，通常来说，这一弹性是 $k(t)$ 的函数。

现在让我们考虑（3.7）式关于 $\log k(t)$ 在稳态值 k^* 附近的一阶泰勒展开式（使用附录 A 中的定理 A.22 和 $\partial y / \partial \log x \equiv (\partial y / \partial x) \cdot x$）。这个展开式表明，对于 k^* 邻域中的 $k(t)$，有

$$\frac{\dot{k}(t)}{k(t)} \approx \left(\frac{sf(k^*)}{k^*} - \delta - g - n\right) + \left(\frac{f'(k^*)k^*}{f(k^*)} - 1\right)s\frac{f(k^*)}{k^*}(\log k(t) - \log k^*)$$

$$\approx (\varepsilon_k(k^*) - 1)(\delta + g + n)(\log k(t) - \log k^*)$$

这里使用 $\approx$ 符号是为了强调这是一个忽略二阶项的近似值。特别是，第一行是简单地将 $\dot{k}(t)/k(t)$ 对 $\log k(t)$ 求导，并在 k^* 处取值得到的（忽略二阶项）。第二行来源于以下事实，根据稳态 k^* 的定义，第一行第一项等于零［回顾第 2 章的 (2.52) 式，$sf(k^*)/k^* = \delta + g + n$］和函数 f 弹性的定义，$\varepsilon_k(k(t))$。现在将该近似值代入（3.8）式，可得

$$\frac{\dot{y}(t)}{y(t)} \approx g - \varepsilon_k(k^*)(1 - \varepsilon_k(k^*))(\delta + g + n)(\log k(t) - \log k^*)$$

让我们将 $y^*(t) \equiv A(t)f(k^*)$ 定义为人均产出的稳态水平，即当有效资本劳动比处于稳态水平且技术处于 t 期的水平时，所对应的人均产出水平。将 $\log y(t)$ 关于 $\log k(t)$ 在 $\log k^*(t)$ 处进行一阶泰勒展开，可得

$$\log y(t) - \log y^*(t) \approx \varepsilon_k(k^*)(\log k(t) - \log k^*)$$

将这个表达式与之前的方程结合起来可得下列收敛方程：

$$\frac{\dot{y}(t)}{y(t)} \approx g - (1 - \varepsilon_k(k^*))(\delta + g + n)(\log y(t) - \log y^*(t)) \tag{3.10}$$

(3.10) 式清楚地表明，在索洛模型中，人均产出的增长源于两个方面：第一个是技术进步率 g，第二个是收敛。后者是当前人均产出水平和稳态人均产出水平之间存在差距作用于资本积累速率的结果（回忆之前的 $0 < \varepsilon_k(k^*) < 1$）。直观地看，一国的资本劳动比越是低于其稳态水平，该国就增长得越快。第 2 章的图 2.7 体现了这种情况。

另一个值得注意的特点是，(3.10) 式给出的收敛速度，用 $(1 - \varepsilon_k(k^*))(\delta + g + n)$ 乘以 $\log y(t)$ 和 $\log y^*(t)$ 之间的差距来测算，这取决于 $\delta + g + n$ 和生产函数的弹性 $\varepsilon_k(k^*)$。这两项都体现了直观效应。像第 2 章讨论的一样，$\delta + g + n$ 项决定了需要以何种速率补充有效资本劳动比。补充的速率越高，经济中的投资数量就越大（见第 2 章的图 2.7），快速调整的范围也会更大。另外，当 $\varepsilon_k(k^*)$ 很高时，我们将接近一个线性 AK 生产函数。如第 2 章证明的那样，在这种情况下，收敛速度会比较低。在 $\varepsilon_k(k^*)$ 等于 1 的极端情况下，经济体将适用 AK 式技术，没有任何收敛发生。

例 3.1（柯布 – 道格拉斯生产函数和收敛）

简要考虑例 2.1 的柯布 – 道格拉斯生产函数，其中 $Y(t) = A(t)K(t)^\alpha L(t)^{1-\alpha}$。该式意味着 $y(t) = A(t)k(t)^\alpha$。因此，像上文中提到的，$\varepsilon_k(k(t)) = \alpha$。于是 (3.10) 式变为

$$\frac{\dot{y}(t)}{y(t)} \approx g - (1-\alpha)(\delta + g + n)(\log y(t) - \log y^*(t)) \qquad (3.11)$$

上述约等式还能帮助我们校准收敛的速度，也就是说，使用大致合理的参数值，获得一个关于收敛速度的粗略估计。让我们关注相对发达的经济体。在这种情况下，这些参数的合理数值可以用 $g \approx 0.02$ 表示，即每年人均产出增长约 2%，用 $n \approx 0.01$ 表示人口增长率约 1%，以及用 $\delta \approx 0.05$ 表示每年大约 5% 的折旧率。根据第 2 章的内容，国民收入中资本所占的份额大约为 1/3，用于柯布 – 道格拉斯生产函数中，就是 $\alpha \approx 1/3$。给定这些数值，由 (3.11) 式可得出 $\log y(t) - \log y^*(t)$ 前面的收敛相关系数大约为 0.054（$\approx 0.67 \times 0.08$）。这个数值表示非常快速的收敛速度，并意味着两个拥有相同生产技术、相同折旧率和相同人口增长率的国家，其收入差距将会很快缩小。例如，可以用这些数值计算出两个相似国家的收入差距将在不到 10 年的时间里减半（见习题 3.4）。这种快速收敛和我们在第 1 章中看到的情况显然不同。

取离散时间下的近似，由 (3.10) 式可以得出下列回归方程：

$$g_{i,t,t-1} = b^0 + b^1 \log y_{i,t-1} + \varepsilon_{i,t} \tag{3.12}$$

其中 $g_{i,t,t-1}$ 指的是国家 i 在 $t-1$ 期和 t 期之间的增长率，$\log y_{i,t-1}$ 是该国初始（$t-1$ 期）人均产出的对数值，$\varepsilon_{i,t}$ 是包括所有被忽略的影响的随机项。鲍莫尔等人（Baumol, 1986; Barro, 1991; Barro and Sala–i–Martin, 1992）估算了这种形式的回归。当使用（3.12）式对核心经合组织成员国进行估计时，b^1 的估计值确实为负，诸如爱尔兰、希腊、西班牙和葡萄牙这些二战末期相对贫穷的国家确实比其他国家要增长得更快，正如第 1 章的图 1.14 所示。

然而第 1 章的图 1.13 表明，当我们观察全世界的情况时，不存在 b^1 为负数的证据。相反，该图清晰地表示 b^1 是正数。换句话说，不存在全球范围发生收敛的证据。然而，正如第 1 章所述，无条件收敛的要求太苛刻了。它要求任何两个国家之间的收入差距都存在一个下降趋势，而不考虑这些国家的技术机会、投资行为、政策和制度情况。如果这些国家在此类因素上确实存在差异，索洛模型将预测它们的收入水平不会收敛。尤其是，在这种情况下，（3.10）式中的 $y^*(t)$ 项将具备国别特征，且该模型将预测每个国家都会收敛到它自身的稳态（平衡增长路径，BGP）人均收入水平。因此，在各国都具备其自身特征的情况下，一个更加合适的回归方程可以表示为：

$$g_{i,t,t-1} = b_i^0 + b^1 \log y_{i,t-1} + \varepsilon_{i,t} \tag{3.13}$$

其中的关键区别是常数 b_i^0 具有国别特征（理论上，斜率项，也即表示收敛速度的 b^1，同样应该具有国别特征，但是在实证研究中这个系数一般被视为常数，这里我也做此假设以简化讨论）。有人或许因此将 b_i^0 视为国家特征的函数。

如果（3.13）式是正确的，就意味着索洛模型是适用的，但是经济增长中还有一些特定的决定因素具有跨国差异，因此（3.12）式可能与数据不那么匹配。在这种情况下，即使如索洛模型所示，收敛是存在的，也不能保证从该式中得出的 b^1 的估计值是负的。特别地，预期 $\text{Cov}(b_i^0, \log y_{i,t-1}) > 0$（其中 Cov 指的是总体协方差）是合情合理的，因为那些具有降低增长速度特征的经济体往往有着更低的稳态产出水平和更低的初始水平。因此，如果数据是出自（3.13）式，而我们使用（3.12）式进行估计，对 b^1 的估计会产生一个向上的偏误，使我们更难以获得负的 b^1 值。

基于上述考虑，巴罗（1991）、巴罗和萨拉-伊-马丁（1992, 2004）支持有条件收敛的概念，这意味着一旦允许 b_i^0 在各国之间有所不同，那么索洛模型强调的收敛效应应该能够导出负的 b^1。为了从实证上完善这个有条件收敛的概念，他们在模型中假定 b_i^0 为其他变量的函数，这些变量包括：男性受教育率、女性受教育率、生育率、投资率、政府购买率、通货膨胀率、贸易条件变化、开放程度以及有关法律和民主的制度性变量。相应的回归方程式表达为

$$g_{i,t,t-1} = \mathbf{X}_{i,t}^T \boldsymbol{\beta} + b^1 \log y_{i,t-1} + \varepsilon_{i,t} \tag{3.14}$$

其中，$\mathbf{X}_{i,t}$ 表示包含上述各种变量的一个（列）向量（以及一个常数项），该向量的系数向量为 $\boldsymbol{\beta}$（回忆 $\mathbf{X}^T$ 代表 $\mathbf{X}$ 的转置）。换句话说，这种设定假定了（3.13）式中 b_i^0 可以近似地用 $\mathbf{X}_{i,t}^T \boldsymbol{\beta}$ 表示。与强调有条件收敛一致的是，对（3.14）式的回归可以得到一个负的 b^1 估计值，但是该估计值要比例 3.1 中计算得出的数值小得多。

类似于（3.14）式的回归不仅被用于支持有条件收敛的观点，还可以用于估计经济增长的决定因素。尤其是，我们自然而然可以做出如下假设：系数向量 $\boldsymbol{\beta}$ 的估计值包含各种变量与经济增长之间因果关系的信息。例如，受教育变量在（3.14）式中的系数为正，这被视为教育引起增长的证据。（3.14）式的简洁性及其为理论和数据之间建立的联系，正是它们在过去二十多年得到广泛运用的原因。

尽管如此，这种形式的回归模型仍存在几个问题。包括：

1. 从计量经济学的角度来说，$\mathbf{X}_{i,t}$ 和 $y_{i,t-1}$ 中的大部分变量（即使不是全部的话）都是内生变量，因为这些变量和 $t-1$ 期至 t 期的经济增长率是同时被决定的。例如，那些使一国 1950 年相对贫穷的相同因素（因此使 $\log y_{i,t-1}$ 变小），也同样会影响该国 1950 年以后的增长率。或者，那些阻碍一国物质资本和人力资本投资的因素会直接影响该国的增长率（通过其他渠道，比如通过技术或者生产要素的使用效率）。在对系数进行回归估计时，这个趋势会引起明显的偏误（并且缺乏计量分析的一致性）。这种偏误使得由系数向量 $\boldsymbol{\beta}$ 刻画的效应难以对应于影响潜在经济增长的这些特征的因果效应。有些人或许会认为，即使 $\boldsymbol{\beta}$ 中并不包含因果解释，收敛系数 b^1 也有研究意义。然而，计量经济学的一个基本结论是，如果 $\mathbf{X}_{i,t}$ 具有计量内生性，那么对参数向量 $\boldsymbol{\beta}$ 的估计就是不一致的；如果 $\mathbf{X}_{i,t}$ 与 $\log y_{i,t-1}$ 相关，对参数 b^1 的估计也会不一致。① 这将使我们难以解释收敛系数 b^1 的估计值。此外，人均收入的短暂变化（例如，由经济周期引起的）或测量误差也会导致

---

① 第 3.4 节介绍了关于这些变量的潜在内生性的一个例子。

(3.14) 式右侧的变量产生计量内生性，并导致 b^1 的估计值偏低。举例来说，假定我们只观测到人均产出 $\tilde{y}_{i,t} = y_{i,t}\exp(u_{i,t})$ 的估计值，其中 $y_{i,t}$ 是人均实际产出，$u_{i,t}$ 是一个不存在序列相关的随机误差项。当变量 $\log \tilde{y}$ 被用于该回归分析时，误差项 $u_{i,t-1}$ 会同时在 (3.14) 式的左边和右边出现。尤其是，注意：

$$\log \tilde{y}_{i,t} - \log \tilde{y}_{i,t-1} = \log y_{i,t} - \log y_{i,t-1} + u_{i,t} - u_{i,t-1}$$

由于测算的增长率为

$$\tilde{g}_{i,t,t-1} \approx \log \tilde{y}_{i,t} - \log \tilde{y}_{i,t-1} = \log y_{i,t} - \log y_{i,t-1} + u_{i,t} - u_{i,t-1}$$

测算误差 $u_{i,t-1}$ 是下列回归方程式中误差项 $\varepsilon_{i,t}$ 和 $\log \tilde{y}_{i,t-1} = \log y_{i,t-1} + u_{i,t-1}$ 右侧变量的一部分

$$\tilde{g}_{i,t,t-1} = \mathbf{X}_{i,t}^T \boldsymbol{\beta} + b^1 \log \tilde{y}_{i,t-1} + \varepsilon_{i,t}$$

这自然会引起 b^1 估计值的负向偏误。因此，即使不存在有条件收敛，我们最后也会得到一个负的 b^1 估计值。

2. 对类似于 (3.14) 式这样的回归方程进行经济解释，有时候并不是一件容易的事。许多文献中的回归分析将投资率包含在向量 $\mathbf{X}_{i,t}$ 中（而且全部文献的回归分析都包含了受教育率）。然而，在索洛模型中，投资率的差异（在扩展的索洛模型中，则是受教育率的差异）是向量 $\mathbf{X}_{i,t}$ 包含的潜在决定因素（例如，制度、开放性）能够影响经济增长的主要渠道。因此，一旦我们对投资率和受教育率设定分析条件，向量 $\mathbf{X}_{i,t}$ 中的其他变量的系数就不再能够衡量它们对经济增长的（全部）影响。因此，把投资之类的变量放到方程右侧，进而对 (3.14) 式进行估计，这很难与理论联系起来。

3. 最后，增长回归方程 (3.10) 式是从封闭的索洛经济体中得出的。当我们考察跨国收入差距和增长历程的时候，使用该方程也就意味着要假定每个国家都是孤岛。换句话说，世界被看作互不相关的封闭经济体的集合。而在现实中国家之间会交易产品、交流思想，也会在国际金融市场中借贷。这些相互影响意味着不同国家的行为不能用 (3.10) 式来表达，而要通过一个能够刻画全世界均衡的方程组来表示。在经济体相互作用的世界中，用 (3.10) 式解释跨国增长常常会导致错误的结论（见第 18 章和第 19 章的讨论）。

以上讨论并不意味着增长回归方程没有用武之地。从某种基本层面上说，这些回归（至少先不考虑与估计 b^1 相关的困难）可以视为提供了有关数据显著相

关性的信息。了解这些相关关系对于构建实证上可信的理论十分重要。

基于以上背景，可以用如下补充性的或许更合理的回归框架来研究数据之间的（条件）相关关系：

$$\log y_{i,t} = \alpha \log y_{i,t-1} + \mathbf{X}_{i,t}^T \beta + \delta_i + \mu_t + \varepsilon_{i,t} \tag{3.15}$$

其中，δ_i 表示全部国家固定效应，μ_t 表示全部年份效应。该回归框架从几个方面不同于增长回归。第一，该回归方程的左侧是根据水平值而非增长率来设定的。但是这种差别主要是对（3.14）式的改写，因为 $g_{i,t,t-1} \approx \log y_{i,t} - \log y_{i,t-1}$。更重要的是，通过纳入国家固定效应，该回归方程可能剔除了同时影响经济增长率（或人均收入水平）和右侧相关变量的固定国家特征。因此，对（3.15）式进行面板数据回归可能会得出更多有关一系列因素与人均收入之间统计相关性的信息。然而，有必要强调的是，考虑国家固定效应并不是解决遗漏变量偏误问题以及计量内生性问题的万灵药。联立性偏差（simultaneity bias）常常源于随时间变化的影响因素，纳入固定效应并不能消除这一偏差。此外，向量 $\mathbf{X}_{i,t}$ 中的一些变量从某种程度上说本身变化很慢，将国家固定效应纳入回归方程只会使这些变量和人均收入之间的统计相关性变得难以识别，并且可能会提高由于右侧变量的测算误差而导致潜在偏误。

我将在本章剩余部分讨论该如何进一步将索洛模型的这一框架应用于数据分析。但首先我要介绍一个扩展的索洛模型，其中纳入了人力资本因素，这在经验研究中十分有用。

3.3 包含人力资本的索洛模型

人力资本是一个专业术语，用来表示劳动力中包含的技术、教育、能力，以及其他有助于提高生产率的各种特征的存量。换句话说，人力资本指的是蕴含于原始劳动时间中的有效劳动单位。

"人力资本"这个词源于以下观察，即个人会对自身进行技术、技能以及赚钱能力的投资，就像企业通过物质资本投资以提高生产率一样。西奥多·舒尔茨（Theodore Schultz）、雅各布·明赛尔（Jacob Mincer）和加里·贝克尔（Gary Becker）的开创性研究将人力资本这个概念推至经济学研究的前沿。现在，我们需要了解的是，由不同个人提供的劳动时间包含的有效单位是不同的。一个受过高级训练的木工可以在几小时内生产出一把椅子，而业余水平的木工做同样的事情要花费更多的时间。经济学家认为熟练木工拥有更多的人力资本，借此来理解人力资本的概念。也就是说，在他劳动的时间里包含更多的有效劳动单位。人力资本理论涉及广泛的内容，其中一些重要概念将会在第 10 章中讨论。现在我们的目标比较简单：研究为什么在索洛模型中引入人力资本后，会使它与数据更加匹配。纳入人力资本使我们可以考虑引起收入差别的三个主要直接原因：物质资本、人力资本和技术。

本节的主要目标是重点考虑连续时间模型，假定经济体的总生产函数由 (2.1) 式的一个变体给出：

$$Y = F(K, H, AL) \tag{3.16}$$

其中 H 表示人力资本。注意，该生产函数有些特别，它将人力资本 H 作为潜在生产要素从劳动力 L 中分离出来。我之所以从这个形式的表达式开始分析，是因为它在增长文献中很常见。第 10 章中更具微观基础的模型假定人力资本内嵌于工人身上。如何用数据衡量人力资本将在下文讨论。让我们先对假设 1 和假设 2 做如下修改：

假设 1′ (3.16) 式中的生产函数 $F: \mathbb{R}_+^3 \to \mathbb{R}_+$ 对 K、H 和 L 的二次偏导数满足

$$\frac{\partial F(K,H,AL)}{\partial K} > 0, \quad \frac{\partial F(K,H,AL)}{\partial H} > 0, \quad \frac{\partial F(K,H,AL)}{\partial L} > 0$$

$$\frac{\partial^2 F(K,H,AL)}{\partial K^2} < 0, \quad \frac{\partial^2 F(K,H,AL)}{\partial H^2} < 0, \quad \frac{\partial^2 F(K,H,AL)}{\partial L^2} < 0$$

此外，F 对三个变量具有规模报酬不变的特点。

假设 2′ F 满足稻田条件：

$$\lim_{K \to 0} \frac{\partial F(K,H,AL)}{\partial K} = \infty \text{ 且 } \lim_{K \to \infty} \frac{\partial F(K,H,AL)}{\partial K} = 0 \text{ 对所有 } H > 0 \text{ 和 } AL > 0$$

$$\lim_{H \to 0} \frac{\partial F(K,H,AL)}{\partial H} = \infty \text{ 且 } \lim_{H \to \infty} \frac{\partial F(K,H,AL)}{\partial H} = 0 \text{ 对所有 } K > 0 \text{ 和 } AL > 0$$

$$\lim_{L \to 0} \frac{\partial F(K,H,AL)}{\partial L} = \infty \text{ 且 } \lim_{L \to \infty} \frac{\partial F(K,H,AL)}{\partial L} = 0 \text{ 对所有 } K, H, A > 0$$

此外，让我们假设对人力资本的投资和对物质资本的投资采用类似的形式：居民将收入的 s_k 部分用于物质资本投资，s_h 部分用于人力资本投资。人力资本也会像物质资本一样折旧，我们将物质资本和人力资本的折旧率分别用 δ_k 和 δ_h 表示。

再次假定人口增长率为常数，同时劳动扩张型技术进步率也是常数，即

$\dot{L}(t)/L(t) = n$ 和 $\dot{A}(t)/A(t) = g$。有效人力资本和有效物质资本之比为

$$k(t) \equiv \frac{K(t)}{A(t)L(t)} \text{ 且 } h(t) \equiv \frac{H(t)}{A(t)L(t)}$$

根据假设 1′关于规模报酬不变的设定，单位有效劳动的产出可以被表示为

$$\hat{y}(t) \equiv \frac{Y(t)}{A(t)L(t)}$$
$$= F\left(\frac{K(t)}{A(t)L(t)}, \frac{H(t)}{A(t)L(t)}, 1\right)$$
$$\equiv f(k(t), h(t))$$

运用与第 2 章相同的步骤，$k(t)$ 和 $h(t)$ 的运动法则为

$$\dot{k}(t) = s_k f(k(t), h(t)) - (\delta_k + g + n)k(t)$$
$$\dot{h}(t) = s_h f(k(t), h(t)) - (\delta_h + g + n)h(t)$$

现在可以用有效人力资本和物质资本之比来定义稳态均衡 (k^*, h^*)，并满足下面两个方程：

$$s_k f(k^*, h^*) - (\delta_k + g + n)k^* = 0 \tag{3.17}$$

以及

$$s_h f(k^*, h^*) - (\delta_h + g + n)h^* = 0 \tag{3.18}$$

像基本的索洛模型一样，我们关注的焦点是 $k^* > 0$ 和 $h^* > 0$ 时的稳态均衡〔如果 $f(0,0) = 0$，则存在一个 $k = h = 0$ 的无意义稳态，如同第 2 章的原因一样，我们忽略这种情况〕。

让我们首先证明这是唯一的稳态均衡。作为尝试，我们先考虑画在 (k,h) 二维空间上的图 3.1。图中的两条曲线分别代表（3.17）式和（3.18）式（对应着 $\dot{k} = 0$ 和 $\dot{h} = 0$）。两条曲线都是向上倾斜的，因此较高的人力资本对应着均衡中较高的物质资本。此外，对下一个命题的证明说明，在 (k,h) 二维空间，（3.18）式一直在趋于平缓，因此两条向上倾斜的曲线只会相交一次。

命题 3.1 假定假设 1′和假设 2′都是满足的。在包含人力资本的扩展索洛模型中存在一个唯一的稳态均衡 (k^*, h^*)。

证明 首先考虑（3.17）式的斜率，对应着二维空间 (k,h) 中 $\dot{k} = 0$ 的轨迹。使用隐函数定理（定理 A.25），可得

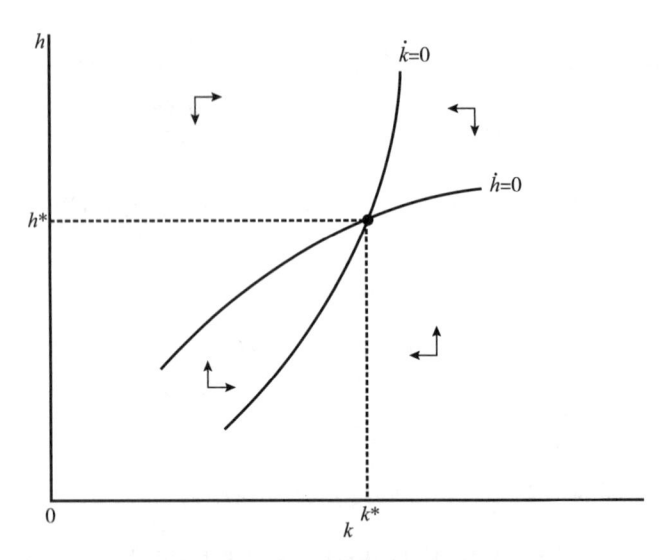

图3.1 包含人力资本的索洛模型中的物质资本劳动比和人力资本劳动比的动态图

$$\left.\frac{dh}{dk}\right|_{\dot{k}=0} = \frac{(\delta_k + g + n) - s_k f_k(k^*, h^*)}{s_k f_h(k^*, h^*)} \quad (3.19)$$

其中 $f_k \equiv \partial f/\partial k$。重写（3.17）式，我们得到 $s_k f(k^*, h^*)/k^* - (\delta_k + g + n) = 0$。根据假设1′和 $f(0, h^*) \geq 0$，可知 f 关于 k 是严格凹的，则有

$$f(k^*, h^*) > f_k(k^*, h^*)k^* + f(0, h^*)$$
$$> f_k(k^*, h^*)k^*$$

因此有 $(\delta_k + g + n) - s_k f_k(k^*, h^*) > 0$，（3.19）式是严格为正的。

类似地，定义 $f_h \equiv \partial f/\partial h$，对 $\dot{h} = 0$ 的轨迹（3.18）式运用隐函数定理可得

$$\left.\frac{dh}{dk}\right|_{\dot{h}=0} = \frac{s_h f_k(k^*, h^*)}{(\delta_h + g + n) - s_h f_h(k^*, h^*)} \quad (3.20)$$

和对（3.19）式的讨论一样，这个表达式也严格为正。

下面，我们来证明当（3.17）式和（3.18）式成立时，（3.19）式比（3.20）式的图形要更为陡峭，于是二者最多只能相交一次。首先，我们可以观察到

$$\left.\frac{dh}{dk}\right|_{\dot{h}=0} < \left.\frac{dh}{dk}\right|_{\dot{k}=0}$$

⇕

$$\frac{s_h f_k\left(k^*, h^*\right)}{\left(\delta_h + g + n\right) - s_h f_h\left(k^*, h^*\right)} < \frac{\left(\delta_k + g + n\right) - s_k f_k\left(k^*, h^*\right)}{s_k f_h\left(k^*, h^*\right)}$$

$$\Updownarrow$$

$$s_k s_h f_k f_h < s_k s_h f_k f_h + \left(\delta_h + g + n\right)\left(\delta_k + g + n\right)$$
$$- \left(\delta_h + g + n\right) s_k f_k - \left(\delta_k + g + n\right) s_h f_h$$

现在应用（3.17）式和（3.18）式，并将 $(\delta_k + g + n) = s_k f(k^*, h^*)/k^*$ 和 $(\delta_h + g + n) = s_h f(k^*, h^*)/h^*$ 代入，则上式等价于

$$f(k^*, h^*) > f_k(k^*, h^*)k^* + f_h(k^*, h^*)h^*$$

根据 $f(k^*, h^*)$ 严格凹的事实，上式成立。

最后，为了证明存在性，请注意假设 2′ 意味着

$$\lim_{h \to 0} f(k, h)/h = \infty, \quad \lim_{k \to 0} f(k, h)/k = \infty,$$
$$\lim_{h \to \infty} f(k, h)/h = 0 \text{ 且 } \lim_{k \to \infty} f(k, h)/k = 0$$

因此两条曲线呈现图 3.1 中的形状，即随着 $k \to 0$ 且 $h \to 0$，（3.17）式的曲线在（3.18）式的曲线之下，而随着 $k \to \infty$ 且 $h \to \infty$，（3.17）式的曲线在（3.18）式的曲线之上。这意味着两条曲线至少要相交一次。证毕。

这个命题说明包含人力资本的扩展式的索洛模型存在一个唯一的稳态均衡。该比较静态类似于基本的索洛模型（见习题 3.7）。最重要的是，更大的 s_k 和 s_h 都将提高标准化的人均产出 $\hat{y}^*$ 的水平。

现在开始研究跨国行为，考虑一系列有着相同劳动扩张型技术进步速率 g 的国家。那些更加乐于进行物质资本和人力资本投资的国家将会更加富裕。这是一个能够进行经验研究的预测，以考察扩展式索洛模型（各国有着相似的技术机会）是否能够为理解跨国收入差距提供有用的方法。在此之前，我们先证明唯一的稳态是全局稳定的。

命题 3.2 假定假设 1′ 和假设 2′ 成立，则包含人力资本的扩展的索洛模型有全局稳定的唯一稳态均衡 (k^*, h^*)，即从任何 $k(0) > 0$ 和 $h(0) > 0$ 出发，我们都有 $(k(t), h(t)) \to (k^*, h^*)$。

证明 见习题 3.6。

图 3.1 为该结论给出了直观的认识，图中显示 k 与 h 的运动轨迹取决于该经济体是高于还是低于两条曲线的位置，分别用（3.17）式的 $\dot{k} = 0$ 和（3.18）式

的 $\dot{h}=0$ 轨迹来表示。在（3.17）式表示的曲线的右侧，物质资本相对于人力资本较多，因此有 $\dot{k}<0$。其左侧相反，有 $\dot{k}>0$。类似地，在（3.18）式表示的曲线的下方，人力资本相对于劳动力和物质资本来说太少了，因此 $\dot{h}>0$。该曲线的上方，则有 $\dot{h}<0$。给定这些曲线方向，全局稳定的动态由此成立。

例 3.2（以柯布－道格拉斯生产函数为基础的扩展索洛模型） 现在让我们将柯布—道格拉斯生产函数运用于以上模型来研究一个特殊例子。特别地，假设总生产函数为

$$Y(t) = K(t)^{\alpha} H(t)^{\beta} (A(t)L(t))^{1-\alpha-\beta} \tag{3.21}$$

其中 $0<\alpha<1$，$0<\beta<1$，且 $\alpha+\beta<1$。单位有效劳动产出可以表示为 $\hat{y}(t) = k^{\alpha}(t)h^{\beta}(t)$，关于 $\hat{y}(t)$、$k(t)$ 和 $h(t)$ 的定义如前所述。应用方程（3.21）式、（3.17）式和（3.18）式可以计算出唯一的稳态均衡

$$k^* = \left(\left(\frac{s_k}{n+g+\delta_k}\right)^{1-\beta}\left(\frac{s_h}{n+g+\delta_h}\right)^{\beta}\right)^{\frac{1}{1-\alpha-\beta}}$$

$$h^* = \left(\left(\frac{s_k}{n+g+\delta_k}\right)^{\alpha}\left(\frac{s_h}{n+g+\delta_h}\right)^{1-\alpha}\right)^{\frac{1}{1-\alpha-\beta}} \tag{3.22}$$

该均衡表明，较高的物质资本储蓄率不仅能够使 k^* 增长，也能使 h^* 变大。同样的道理也适用于人力资本储蓄率。这反映了一个事实，更高的物质资本储蓄率通过提高 k^* 的水平，进而提高了整体产出，同时还提高了对教育的投资（因为 s_h 是恒定的）。给定（3.22）式，稳态时单位有效劳动的产出为

$$\hat{y}^* = \left(\frac{s_k}{n+g+\delta_k}\right)^{\frac{\alpha}{1-\alpha-\beta}} \left(\frac{s_h}{n+g+\delta_h}\right)^{\frac{\beta}{1-\alpha-\beta}} \tag{3.23}$$

（3.23）式表明物质资本和人力资本储蓄率对人均产出的相对贡献取决于物质资本和人力资本的份额，即 α 越大则 s_k 越重要，β 越大则 s_h 越重要。

3.4 索洛模型和跨国收入差距：回归分析

3.4.1 扩展的索洛经济

相比第 3.2 节讨论的增长回归，另一个选择是探讨索洛模型稳态的含义。这

方面的研究以曼昆、罗默和威尔（Mankiw、Romer and Weil，1992）的一篇重要论文为代表。三位作者（MRW）采用了例3.2中使用的柯布—道格拉斯模型，并设想一个由$j=1,\cdots,J$国组成的世界，每个国家都与其他国家处于隔离状态，从而符合索洛模型中蕴含的运动法则。这样，我们再次使用了每个国家都是一个孤岛的假设。尽管该假设因为之前讨论的各种原因而不够完美，但是很多有关增长的经验研究都是从这一假设开始讨论的。因此，对我们的研究来说，探讨标准索洛模型是否能够很好地解释跨国收入（人均）是一个有用的起点。

根据例3.2，让我们假设国家$j=1,\cdots,J$的总生产函数为：

$$Y_j(t) = K_j(t)^\alpha H_j(t)^\beta (A_j(t)L_j(t))^{1-\alpha-\beta}$$

当$\beta=0$时，该生产函数就是没有考虑人力资本的基本索洛模型。首先，假设各国在储蓄率$s_{k,j}$和$s_{h,j}$、人口增长率n_j与技术进步率$\dot{A}_j(t)/A_j(t)=g_j$三方面都不相同。跟往常一样，定义$k_j\equiv K_j/A_jL_j$和$h_j\equiv H_j/A_jL_j$。由于在此我们的主要兴趣是研究跨国收入差距，而不是研究某个特定国家随时间推移的动态发展轨迹，因此我们重点研究当各国处于稳定状态时（因此忽略收敛动态，这是上一节的研究重点）的世界就可以了。假定各国偏离其稳态不是太远，这不会让我们的洞见受损，但这种方式并不适用于那些正在经历快速增长或者经济崩溃的国家，比如第1章中给出的某些例子。

基于稳态假设，与（3.22）式类似的方程此时成立，意味着国家j在稳态下的物质资本和人力资本与单位有效劳动之比为(k_j^*,h_j^*)，由（3.22）给出，因此应用（3.23）式，国家j的稳态人均收入为

$$y_j^*(t) \equiv \frac{Y(t)}{L(t)} = A_j(t)\left(\frac{s_{k,j}}{n_j+g_j+\delta_k}\right)^{\frac{\alpha}{1-\alpha-\beta}}\left(\frac{s_{h,j}}{n_j+g_j+\delta_h}\right)^{\frac{\beta}{1-\alpha-\beta}} \quad (3.24)$$

此处，$y_j^*(t)$表示国家j沿着平衡增长路径的人均产出。（3.24）式的一个直接含义是，如果g_j在各国之间不相同，人均收入将会分化，因为不同国家$A_j(t)$的增长率不同。就像第1章讨论的，存在着一些这类分化行为的证据，但是世界（人均）收入分布仍然可以用一个相对稳定的分布来近似。这是当前研究的一个重要领域，关于二战后世界经济是应该按扩大的还是按稳定的人均收入分布来构建模型，仍存在较大争议。前者适用于各国g_j不相同的情形，而后者适用于所有国家都有相同的技术进步率g（回忆第1章讨论的内容）的情形。曼昆、罗默和威

尔采用了后一种视角，并假设各国的技术知识有相同的增长率 g。

相同的技术进步：$Aj(t) = \bar{A}_j \exp(gt)$

换句话说，各国技术水平各不相同，尤其是就它们的初始技术水平 $\bar{A}_j$ 而言。但是，他们拥有相同的技术增长率 g。基于这个假设和（3.24）式，并取对数，我们得到了以下关于国家 $j = 1, \cdots, J$ 在平衡增长路径上的收入的对数线性方程：

$$\log y_j^*(t) = \log \bar{A}_j + gt + \frac{\alpha}{1-\alpha-\beta} \log\left(\frac{s_{k,j}}{n_j+g+\delta_k}\right) \\ + \frac{\beta}{1-\alpha-\beta} \log\left(\frac{s_{h,j}}{n_j+g+\delta_h}\right) \quad (3.25)$$

（3.25）式简洁明了，且能够很方便地用跨国数据对其进行估计。我们可以用可获得的数据计算出 $s_{k,j}$、$s_{h,j}$ 和 n_j 的估计值，与常量 δ_k、δ_h 和 g 的数值一起可以用于推导方程右侧的两个关键变量。给定这些测算值，（3.25）式可以用最小二乘法进行估计（将人均收入对这些变量进行回归），进而得出 α 和 β 的值。

曼昆、罗默和威尔假定 $\delta_k = \delta_h = \delta$，并将 $\delta + g = 0.05$ 作为物质资本和人力资本折旧率和世界经济增长率的近似值。这些数字的设定有些随意，但是它们的确切数值对估计来说并不重要。研究文献中一般使用平均投资比率（投资/GDP）作为 $s_{k,j}$ 的近似值。投资率、平均人口增长率 n_j 和对数人均产出的数据都来源于第 1 章中提到的萨默斯—海斯顿的数据库。此外，曼昆、罗默和威尔三人还使用中学学龄人口比重的估计值来测算人力资本的投资率 $s_{h,j}$。我将在下文中讨论这个变量。

这些假设对于一致估计（3.25）式还不够充分，因为 $\log \bar{A}_j$ 项是无法观察到的（至少对于计量经济学家而言），这将体现在误差项中。多数合理的经济增长模型通常会认为技术差距，即 $\log \bar{A}_j$，应该与物质资本及人力资本投资率相关。因此，对（3.25）式的估计难免会出现最标准形式的遗漏变量偏差和非一致估计问题。只有做出比之前介绍的相同技术进步速率假设更强的假设，才能得到一致性估计。因此，曼昆、罗默和威尔隐含地做出了另一个关键假设。

正交技术：$\bar{A}_j = \varepsilon_j A$，其中 ε_j 与其他所有变量都是正交的。

基于正交技术的假设，作为误差项的一部分，$\log \bar{A}_j$ 与右侧的所有关键变量都是正交的，且（3.25）式可以被一致估计。

3.4.2 曼昆、罗默和威尔的估计结果

曼昆、罗默和威尔先使用非石油生产国截面数据对不含人力资本项（例如，令 $\beta=0$）的（3.25）式进行了估计。具体地，他们的估计方程为：

$$\log y_j^* = \text{constant} + \frac{\alpha}{1-\alpha}\log(s_{k,j}) - \frac{\alpha}{1-\alpha}\log(n_j + g + \delta_k) + \varepsilon_j$$

这个等式是通过设定 $\beta=0$ 并且只有一个部门推导而来的。同时，$\log(s_{k,j})$ 项和 $\log(n_j + g + \delta_k)$ 项被分离开来，以检验二者的系数是否绝对值相同但符号相反。最后，这一方程也包含了一个误差项 ε_j 和所有的遗漏因素以及人均收入的影响因素。

表3.1 的第一列复制了他们从该估计研究中得出的结果，使用的是曼昆、罗默和威尔的原始数据（括号内表示的是标准差）。他们的估计认为，系数 $\alpha/(1-\alpha)$ 约为1.4，也就是 α 的值约为2/3。由于 α 也是国民收入中资本所占的份额，它应该约为1/3（回忆图2.11）。于是，这个没考虑人力资本的回归估计似乎过高地估计了 α。第二列和第三列用最新数据进行了同样的计算。相比应用曼昆、罗默和威尔的数据，模型对新数据的适用性较差，但是总体情况相似。得出的 α 值也比曼昆等人原来的估计值要小一些，但是仍旧比原来的基本模型预测的1/3要高出许多。

表3.1 基本索洛模型的估计结果

	MRW 1985	更新数据 1985	2000
$\log(s_k)$	1.42	1.01	1.22
	(0.14)	(0.11)	(0.13)
$\log(n+g+\delta)$	-1.97	-1.12	-1.31
	(0.56)	(0.55)	(0.36)
调整 R^2 值	0.59	0.49	0.49
α 估计值	0.59	0.50	0.55
样本数	98	98	107

注：标准差用括号表示。MRW 指曼昆、罗默和威尔。

对表3.1 中参数 α 的估计值偏高，最直接的原因是 ε_j 与 $\log(s_{k,j})$ 相关，这

可能是因为正交技术的假设脱离现实，也可能是因为人力资本差异与 $\log(s_{k,j})$ 相关。曼昆、罗默和威尔倾向于第二种解释，并且估计了如下扩展模型：

$$\log y_j^* = \text{constant} + \frac{\alpha}{1-\alpha-\beta}\log(s_{k,j}) - \frac{\alpha}{1-\alpha-\beta}\log(n_j+g+\delta_k) \\ + \frac{\beta}{1-\alpha-\beta}\log(s_{h,j}) - \frac{\beta}{1-\alpha-\beta}\log(n_j+g+\delta_h) + \varepsilon_j \quad (3.26)$$

曼昆、罗默和威尔的原始估计值在表 3.2 中的第一列给出。现在这个估计更为成功。不仅调整后的 R^2 值变得更大了（78%），对 α 的估计值也接近 1/3。基于这个估计结果，曼昆、罗默和威尔及其他人认为，扩展的索洛模型与数据的匹配性是很好的：在相同技术的假定下，人力和物质资本投资能够解释跨国人均收入差距的 3/4，而且得到了可信的参数估计值。表中的第二列和第三列用更新的数据进行了估计。α 的估计值类似，不过调整后的 R^2 值出现了下降。

表 3.2　扩展的索洛模型的估计结果

	MRW 1985	更新数据 1985	更新数据 2000
$\log(s_k)$	0.69	0.65	0.96
	(0.13)	(0.11)	(0.13)
$\log(n+g+\delta)$	−1.73	−1.02	−1.06
	(0.41)	(0.45)	(0.33)
$\log(s_h)$	0.66	0.47	0.70
	(0.07)	(0.07)	(0.13)
调整 R^2 值	0.78	0.65	0.60
α 估计值	0.30	0.31	0.36
β 估计值	0.28	0.22	0.26
样本数	98	98	107

注：标准差用括号表示。MRW 指曼昆、罗默和威尔。

这些回归结果比较可靠，因此极大地肯定了扩展的索洛模型。尤其是，调整后的 R^2 的估计值说明跨国人均收入差距的一大部分都可以解释为各国物质资本和人力资本投资行为的差异。这也表示技术（全要素生产率）差异只能起到有限的作用。如果这个结论是正确的，那就意味着，只要我们关注的是导致经济繁荣的直接原因，就可以把注意力集中在物质资本和人力资本上，并假设各国能够拥有基本相同的世界技术水平。当然，如何构建经济增长模型也十分重要。

3.4.3 增长模型回归分析面临的挑战

上述回归分析及技术差距重要性有限的结论存在两个主要（并且相关）问题。

第一个是关于跨国技术差异与其他所有变量都正交的假设。虽然技术进步相同的假设可能得以维持，但正交性假设过于严格，几乎站不住脚。当各国有不同的 $\bar{A}_j$，它与 s_j^h 和 s_j^k 的测算值应该是相关的：生产率越高的国家也常常会进行更多的物质资本和人力资本投资。这种相关性源于两个方面的原因。第一是遗漏变量偏误问题：技术差异也是投资决策的结果。因此拥有更高 $\bar{A}_j$ 水平的国家往往出于各种原因对技术的投资更多。因此，我们出于同样的原因，很自然地预期这些国家会进行更多的物质和人力资本投资。第二，即使我们不考虑遗漏变量偏误问题，还存在一种反向因果关系：技术和物质及人力资本之间的互补意味着拥有更高 $\bar{A}_j$ 的国家发现提高其人力资本和物质资本存量将会带来更大的收益。对于回归方程（3.26）式来说，遗漏变量偏误和反向因果关系意味着该式右侧的关键变量都与误差项 ε_j 相关。因此，对（3.26）式进行普通最小二乘法回归将导致 α 和 β 的估计值偏高。此外，R^2 的估计值也将偏高，该值用来衡量跨国人均收入差异中有多少可以用物质资本和人力资本解释。

回归分析的第二个问题与（3.26）式中 α 和 β 的估计值大小有关。上述回归框架具有吸引力的部分原因在于我们可以评估 α 的估计值是否合理。我们同样也应该探讨 β 的估计值是否合理。然而，当我们这样做时，却发现人力资本投资率 s_j^h 的系数相对于微观经济计量证据来说太大了。

首先回想曼昆、罗默和威尔使用的具有中学学历的工作年龄人口比例。在回归所使用的国家样本中，该变量的值介于 0.4% 至超过 12% 之间。他们的估计结果表明，给定其他变量不变，拥有大约 12% 入学率的国家，其人均收入大约 9 倍于 $s_j^h = 0.4$ 的国家的人均收入。更明确地说，这两个国家的对数收入差距预测值为

$$\frac{\beta}{1-\alpha-\beta}(\log 12 - \log(0.4)) = 0.70 \times (\log 12 - \log(0.4)) \approx 2.38$$

于是，如果其他生产要素相同，入学率超过 12% 的国家应该比教育投资水平约 0.4 的国家富裕约 $\exp(2.38) \approx 10.8$ 倍。

实际上，在曼昆、罗默和威尔的样本中，任何两国之间的平均教育年限之差

小于12年。第10章将指出，有充分的经济学理由说明更多的教育能够按一定比例地提高收入，例如，明赛尔采用的回归方程为

$$\log w_i = \mathbf{X}_i^T \gamma + \phi S_i + u_i \qquad (3.27)$$

其中w_i表示个体i的工资收入，$\mathbf{X}_i$是一系列人口控制因素，S_i表示受教育年限，u_i是误差项。系数ϕ的估计值表示教育的回报率，用来表示教育每增加一年带来的收入增长比例。微观经济计量学的文献指出，（3.27）式对数据的拟合较好，并且对ϕ的估计值介于0.06至0.10之间，表明受教育年限多一年的工人比受教育年限相对少一年的工人的收入将高出6%～10%。如果劳动力市场是竞争性的，或者至少平均来说工资与生产率是成比例的，（3.27）式也意味着每多一年的教育能够将工人的生产率提高大约6%～10%。

我们能就此推论出当一国的平均受教育年限为12年之上时，该国的富裕程度会提高多少吗？答案是肯定的，但是有两个附加说明。第一，我们要假设（3.27）式中提及的微观层面的关系能够适用于所有国家。现在让我们忽略工资的其他潜在决定因素，并将个体i的收入写为$w_i = \tilde{\phi}(S_i)$，其中S_i表示个人的受教育程度。第一个关键假设是函数$\tilde{\phi}$在各国之间相同，且能够被近似地表示为指数函数$\tilde{\phi}(S_i) \approx \exp(\phi S_i)$，以得出（3.27）式。至于为什么这个假设是合理的，我们将在第10章进一步讨论。

第二，我们需要假设不存在人力资本外部性，也就是说，一个工人的人力资本不能直接提高其他工人的生产率。有几个原因可以说明人力资本外部性可能是存在的，而且一些经济学家认为这十分重要。然而，第10章将要讨论的证据表明，人力资本的外部性（那些通过创新发挥作用的除外）不可能太大。因此，我们在一开始就假设不存在这种外部性是有一定道理的。这个重要结果使我们能够从微观计量经济学的工资回归分析问题转移到跨国收入差距问题，即在规模报酬不变、完全竞争市场和不存在人力资本外部性的前提下，工人生产率的差异可以直接转化为人均收入的差异。为了说明这一点，假设国家j的每个企业f有如下生产函数

$$y_{fj} = K_f^\alpha (A_j H_f)^{1-\alpha}$$

其中A_j是国家所有企业的生产率，K_f是资本存量，H_f代表企业f雇用的人力资本的有效单位（因此这个生产函数使用了更为常见的形式，其中人力资本是嵌入

工人身上的，而不是像（3.16）式那样）。此处我们选择柯布－道格拉斯生产函数是出于简化目的，而不会影响相关讨论。假设这个国家的所有企业都面临着大小为 R_j 的资本成本。在完全竞争要素市场的条件下，利润最大化要求资本成本要等于资本的边际产品，

$$R_j = \alpha \left(\frac{K_f}{A_j H_f}\right)^{-(1-\alpha)} \tag{3.28}$$

因此，所有企业都应该有相同的物质资本/人力资本比率，所以所有工人不论其受教育程度如何，都应该按照相同的物质/人力资本比率进行工作。竞争性劳动市场的另一个直接推论是，国家 j 的单位人力资本工资等于

$$w_j = (1-\alpha) \alpha^{\alpha/(1-\alpha)} A_j R_j^{-\alpha/(1-\alpha)}$$

因此，人力资本为 h_i 的工人能够获得 $w_j h_i$ 单位的工资收入。再一次，这是一个更一般的结论：在生产技术的总规模报酬不变的前提下，工资收入与工人的有效人力资本呈线性关系，因此，一个有效人力资本数量是别人 2 倍的工人，他所获取的收入也应该是别人的 2 倍（见习题 3.9）。用（3.28）式替换资本，国家 j 的总收入为

$$Y_j = (1-\alpha) \alpha^{\alpha/(1-\alpha)} R_j^{-\alpha/(1-\alpha)} A_j H_j$$

其中 H_j 是国家 j 的总有效单位劳动。该等式表示，当 R_j 和 A_j 不变时，人力资本倍增也能引起总收入的倍增。曼昆、罗默和威尔的回归方程中对投资率的控制可以看作控制 R_j 为常数（见习题 3.10，当资本产出比不变时，R_j 是如何保持不变的）。因此，人力资本倍增（比如有效单位劳动变为原来的 2 倍）对个人收入的影响应该类似于总人力资本倍增对总收入的影响。

上述分析说明，我们可以用教育收益率的估计值计算人力资本存量的跨国差异。当不存在人力资本外部性时，一个平均受教育年限超过 12 年的国家拥有的人力资本存量大约是受教育年限相对较少国家的 $\exp(0.10 \times 12) \approx 3.3$ 至 $\exp(0.06 \times 12) \approx 2.05$ 倍。因此当其他生产要素不变时，该国的富裕程度应该是平均受教育年限为零的国家的 2~3 倍。这一数值要大大小于曼昆、罗默和威尔在其分析预测的 11 倍。

以上讨论说明曼昆、罗默和威尔的回归分析对 β 的估计值相对于微观经济计量证据来说太高了，且有可能存在向上的偏误。引起这种过高估计的原因，极有可能是误差项 ε_j 与（3.26）式右侧的关键回归元之间存在相关性。因此，基于

(3.26) 式的回归分析看来难以帮助我们准确了解跨国生产率差异的程度和收入差距的直接原因。

3.5 对生产率差异进行校准

我们能否用其他方法来评估物质资本、人力资本和技术差异的重要性？一个办法就是对全要素生产率的跨国差异进行校准，而不是用回归框架估计它们。进而，这些全要素生产率估计值可以度量技术对跨国收入差距的贡献。这种校准方法由克雷诺和罗德里格斯（Klenow and Rodriguez, 1997）以及霍尔和琼斯（Hall and Jones, 1999）提出并加以应用。这里为了简便，我将介绍霍尔和琼斯的方法。这种校准方法的优势在于，曼昆、罗默和威尔的估计值中隐含的遗漏变量偏误问题将不再那么重要（因为可以用微观证据测算人力资本对经济增长的贡献）。这种方法的劣势是我们必须更为谨慎地对函数形式进行假设，而且必须明确假定不存在人力资本外部性。

3.5.1 基本原理

假设每个国家 j 的总生产函数为柯布 – 道格拉斯形式

$$Y_j = K_j^\alpha (A_j H_j)^{1-\alpha} \qquad (3.29)$$

其中 H_j 是国家 j 的人力资本存量，它表明了该国可获得的有效劳动数量，K_j 是物质资本存量，A_j 是劳动扩张型技术。由于我们的重点是跨国比较，因此忽略了时间变量。

假设国家 j 的每个工人都受过 S_j 年教育。那么，使用前一节的明赛尔方程式 (3.27)，忽略其他协变量，并采用指数形式，H_j 可以被估计为 $H_j = \exp(\phi S_j) L_j$，其中 L_j 是国家 j 的就业人数，ϕ 是从 (3.27) 式估计出的教育回报率。可是，这种方法也许不能得出对一国人力资本存量的精确估计。首先，它没有考虑其他"人力资本"因素中存在的差异，比如培训和工作经验（我们将在第 10 章仔细讨论这些问题）。第二，各国也许不仅在它们的劳动力受教育年限方面有差异，而且在教育质量和继续教育人力资本方面都存在差距。第三，教育回报率也许存在着系统性跨国差异（例如，在拥有更多人力资本的国家该回报率可能比较低）。从某种程度上说，通过构建更好的人力资本存量估计，也许能够解决这些问题。

根据霍尔和琼斯的方法，让我们对最后一个因素做局部校正。假设教育回报率不存在跨国差异，但是不同年限教育的回报率存在着潜在的差别。例如，一年的小学教育可能比一年的本科教育更有价值（比如学习如何阅读可能比深刻地理解增长理论更有助于提高生产率）。我们特地把获取第 S 年教育带来的回报率设定为 $\phi(S)$。对于所有 S 有 $\phi(S) = \phi$ 而言，(3.27) 式是特例。根据这个假设，对人力资本存量的估计可以表示为

$$H_j = \sum_S \exp\{\phi(S)S\}L_j(S)$$

其中 $L_j(S)$ 表示国家 j 中受教育年限为 S 的总就业人数。

使用投资数据和永续盘存法可以从萨默斯—海斯顿的数据库中构建 $K_j(t)$ 序列。尤其是，回忆一下，在指数化折旧的情况下，物质资本存量的变化可以表示为

$$K_j(t+1) = (1-\delta)K_j(t) + I_j(t)$$

其中 $I_j(t)$ 是国家 j 在时间 t 的投资水平。永续盘存法是指使用折旧率 δ 和投资量 $I_j(t)$ 的信息估计 $K_j(t)$。让我们根据霍尔和琼斯的假设，令 $\delta = 0.06$。使用 $I_j(t)$ 的完整序列，可以用此方程计算任何时点的物质资本存量。然而，萨默斯—海斯顿的数据库缺少 20 世纪 60 年代以前的投资数据。通过假设每个国家的投资在样本期之前都按相同比率增长，这个方程同样可以用来计算各国的初始资本存量。根据这个假设，霍尔和琼斯计算了各国 1985 年的物质资本存量。我则计算了 1980 年和 2000 年的物质资本存量。最后，如同前文中的论述一样，我将 α 值设定为 1/3。

给定 H_j 序列、K_j 序列和 α 的值，我们可以对每个国家 j 使用下式来构建某个时点的"预测"收入

$$\hat{Y}_j = K_j^{1/3}(A_{US}H_j)^{2/3}$$

此处的 A_{US} 是指美国的劳动扩张型技术水平，这样该方程能够完美地匹配美国的情况：$Y_{US} = K_{US}^{1/3}(A_{US}H_{US})^{2/3}$。时间指数始终被忽略。只要构建出 $\hat{Y}_j$ 序列，就能将它与实际的产出数据进行比较。两个序列之间的差距代表技术贡献。也就是说，我们可以明确地将具有国别特征的技术项（相对于美国的技术来说）表示为

$$\frac{A_j}{A_{US}} = \left(\frac{Y_j}{Y_{US}}\right)^{3/2} \left(\frac{K_{US}}{K_j}\right)^{1/2} \left(\frac{H_{US}}{H_j}\right)$$

图 3.2 和图 3.3 分别显示了 1980 年和 2000 年这些计算的结果。有以下几个值得注意的特征：

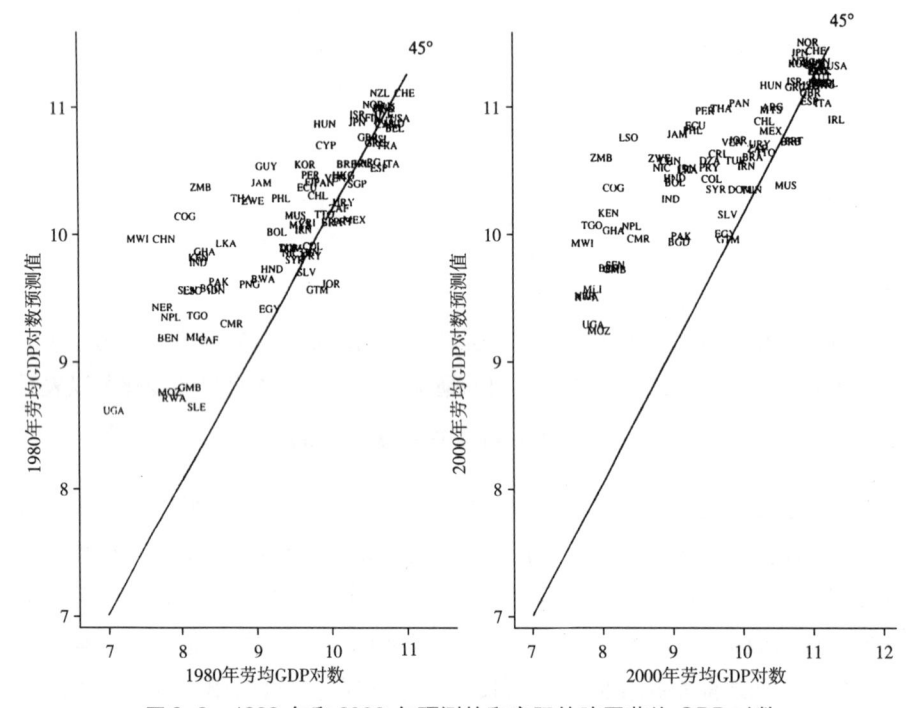

图 3.2　1980 年和 2000 年预测的和实际的跨国劳均 GDP 对数

1. 物质资本差异和人力资本差异依旧十分重要：预测收入和实际收入是高度相关的。因此该回归分析在强调物质资本和人力资本的重要性方面并不完全是误导性的。

2. 然而，相比该回归分析，这个计算表明存在着显著的技术（生产率）差异。预测收入和实际收入之间常常存在很大的差别，这表明跨国技术差异的重要性。从图 3.2 中可以很容易地观察到这种差别，其中几乎所有的观测值都在 45°线的上方，这说明索洛模型过高地预测了那些比美国贫穷的国家的收入水平。

3. 从图 3.3 中可以得出同样的结论，该图描绘了技术差异的估计值 A_j/A_{US} 和人均 GDP 的对数值。结果显示这种差异通常比较大。

4. 同样有趣的是，图形显示索洛模型的实证拟合效果似乎随着时间推移而逐渐变差。在图 3.2 中，2000 年的观测值要比 1980 年的观测值高出 45°线更多。为什么简单的索洛增长模型在 1980 年比 2000 年的拟合度要好是一个十分有趣并在很大程度上还没有得到回答的问题。

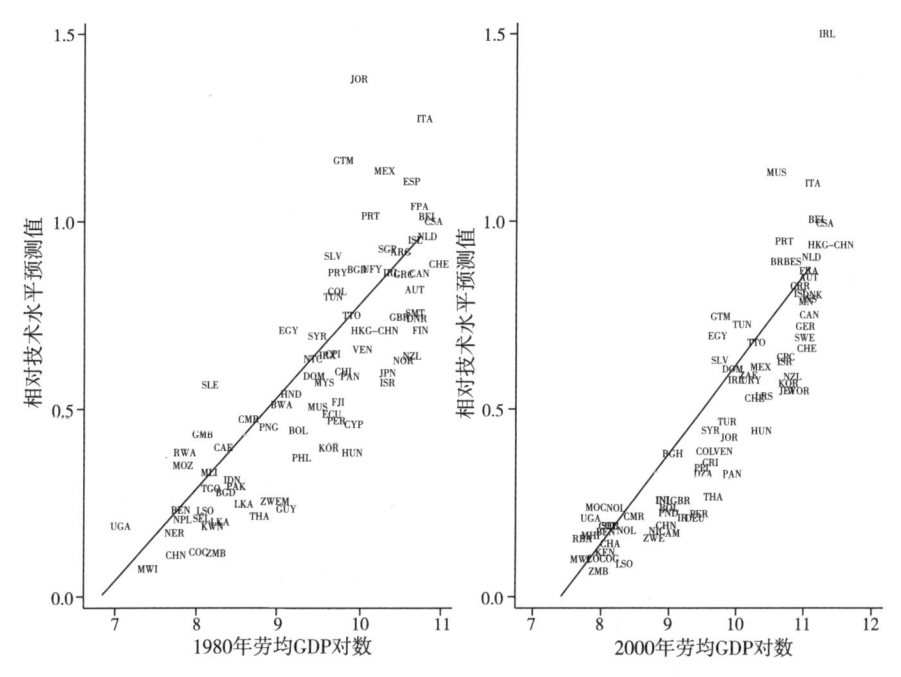

图 3.3　1980 年和 2000 年用美国技术校准后的技术水平与劳均 GDP 对数

3.5.2　挑战

和基于一些严格假设（尤其是，关于跨国技术差异与其他因素正交的假设）所做的回归分析一样，校准方法也依赖于一些重要的假设。上面的阐述强调了其中的几个假设。除了关于要素市场是完全竞争的这种标准假设以外，校准方法还必须假定不存在人力资本的外部性，使用柯布—道格拉斯生产函数，并且对物质资本和人力资本存量的跨国差异进行一系列的近似计算。

下面我们将集中探讨有关函数形式的假设。我们能否放松生产函数为柯布—道格拉斯形式的假设呢？答案是有可能。这里的运算类似于增长核算，它并不需要就函数形式做很强的假设（与增长核算相类似，这种运算有时候被称为"发展核算"或是"收入水平核算"）。尤其是，回忆（3.5）式，该式表明应用平均要素份额，如何从一个一般的规模报酬不变的总生产函数（基于完全竞争的劳动力市场）中得到全要素生产率的估计值。现在假定所有国家的生产函数为 $F(K_j, H_j, A_j)$，而且各国在物质资本和人力资本以及技术方面存在差异，但是具有相同的生产函数 F。还假设我们有 K_j、H_j 以及各国资本在国民收入中所占份额的数据。于是，（3.5）式自然可以运用于跨国分析而非跨期分析。具体地，让我们按各国的物质资本/人力资本之比 K_j/H_j 的降序对国家进行排序（通过习题 3.1 可以看出为什么将国家做如此排序而非随机排序才是正确的）。于是我们得到

$$\hat{x}_{j,j+1} = g_{j,j+1} - \bar{\alpha}_{K,j,j+1} g_{K,j,j+1} - \bar{\alpha}_{L,j,j+1} g_{H,j,j+1} \quad (3.30)$$

其中 $g_{j,j+1}$ 是 j 和 $j+1$ 两国产出的比例差异（proportional difference），$g_{K,j,j+1}$ 是两国资本存量的比例差异，$g_{H,j,j+1}$ 是两国人力资本存量的比例差异。另外，$\bar{\alpha}_{K,j,j+1}$ 和 $\bar{\alpha}_{L,j,j+1}$ 分别是两国资本和劳动力收入占国民收入份额的均值；（3.30）式中的 $\hat{x}_{j,j+1}$ 则是两国全要素生产率比例差异的估计值。

应用这种方法并选定一个国家（如美国）作为基准国，我们可以计算出跨国相对技术差距。然而，这种收入水平计算法面临两个问题：一是关于数据的问题，二是理论上的问题。首先，大多数国家都不存在资本和劳动力收入在国民收入中所占份额的数据。这种数据的匮乏使我们难以简单应用（3.30）式。因此，几乎所有用来估计技术（生产率）差异的校准方法或收入水平核算都采用上一节中的柯布—道格拉斯方法（也即假定 α_K 等于常数 1/3）。

第二，即使我们能够获得资本和劳动力收入份额的数据，要素比例的跨国差异（比如 K_j/H_j 的差异）也相当大。类似（3.30）式这样的方程对于较小的变化是一个很好的近似。但是如习题 3.1 所示，当观测值之间的要素比例差距太大时，可能会出现显著的偏误。

总之，对跨国生产率进行校准的方法相比跨国回归分析是一个有用的替代，但是该方法必须依赖于对生产函数形式的一些严格假设，而且有可能导致对技术差异的有偏估计。这种估计偏差之所以出现，一方面是因为这些函数形式的假设也许并不是对数据的一个良好近似，另一方面则是因为我们错误地测算了物质资本和人力资本在质量和数量上的跨国差距。

3.6 估计生产率差异

在前一节，生产率（技术）差异是通过校准方法计算残差得出的，因此我们必须相信在该方法中对函数形式的假设。但是，如果我们乐于相信这些函数形式，我们也可以通过计量方法计算这些技术差异，而不需要用校准的方法。计量方法相对于校准方法的最大优势不仅在于可以获得我们感兴趣的目标的估计值，而且还能得到标准差，它可以显示这些估计值有多大的可信度。在这一节我将简要地介绍两种不同的估计生产率差异的方法。

3.6.1 一个简单的方法

第一种方法是假定存在一个（3.29）式一样的生产函数，使用跨国数据对它进行估计。具体地，取对数

$$\log Y_j = \alpha \log K_j + (1-\alpha) \log H_j + \alpha \log A_j \tag{3.31}$$

给定序列 Y_j、K_j 和 H_j，约束条件是 $\log K_j$ 和 $\log H_j$ 的系数之和等于1，（3.31）式可以用普通最小二乘法估计，残差被视为技术差异的估计值。遗憾的是，这种方法并不是特别理想，因为 $\log A_j$ 与 $\log K_j$ 或者 $\log H_j$ 之间的潜在相关性意味着即使在规模报酬不变的情况下，α 的估计值也难免出现估计偏误。再者，一旦放松对规模报酬不变的假设，系数之和等于1的约束条件也就无法成立。因此，这个回归方法和第3.4节讨论的曼昆、罗默和威尔的方法陷入相同的困境。

因此，即使我们愿意假设我们知道总生产函数的具体形式，还是难以直接估计生产率差异。那么该怎样做才能获得一个比这种简单方法更好的办法呢？答案是我们需要更多地应用经济学理论。对（3.31）式进行估计并没有利用如下事实，即我们此时考虑的是经济系统的均衡。一个更复杂的方法需要利用均衡行为施加的更多约束条件（并引入一些额外的相关数据）。下面我将介绍这种方法，它是基于国际贸易理论的一种特定尝试。不熟悉国际贸易理论的读者可以跳过这一节。

3.6.2 从国际贸易学到的知识*

在第19章，我们将研究增长和国际贸易模型。即使不详细探讨国际贸易理论，我们也能利用国际贸易流量数据和国际贸易理论的一些简单原理寻找一种估计跨国生产率差异的办法。

让我们先来看一篇特雷夫勒（Trefler, 1993）的重要论文，文中对赫克歇尔－俄林（Heckscher－Ohlin）的标准国际贸易方法进行了扩展。标准的赫克歇尔－俄林方法假设各国的要素比例不同（例如，相比其他国家，有些国家的物质资本相对于其劳动力供给来说更加丰富）。对于一个封闭经济体，这种差异将导致相对要素成本的不同，同时导致以不同的要素密集度生产的产品在相对价格上有差异。国际贸易能够帮助各国从这种相对价格差异中获益。这种理论的最典型模式通常假设不存在运输成本和阻碍贸易的政策，以保证国际贸易可以低成本地在国家之间进行。

特雷夫勒从标准的赫克歇尔－俄林国际贸易模型开始讨论，但是他的模型中允许特定要素存在生产率差异，于是国家 j 的资本的生产率为 A_j^k；一国的资本存量为 K_j 等价于有效资本供给 $A_j^k K_j$。劳动力（人力资本）的情况与之类似，国家 j 的劳动生产率为 A_j^h。此外，特雷夫勒假设所有国家都有相同的位似偏好（homothetic preferences），并且不同商品的要素密集度之间有足够大的差异，这样才能保证在国际贸易中各国从相对要素成本差异中获益（或者用国际贸易术语来说，各国都处于"多样化的锥体"之中）。后一个假设十分重要，如果各国都有相同的物质资本生产率和人力资本生产率，这将导致著名的要素价格均等化，即由于世界经济实现了高度一体化，各种要素价格在所有国家都相等。当各国生产率不同时，这个假设则会导致有条件的要素价格均等化，意思是只有考虑各国具有不同的有效生产率，要素价格才能实现均等化。

通过以上这些假设，标准国际贸易方程就将每个国家的净要素出口量和该国相对世界整体而言的要素丰裕程度联系起来了。我们需要解释一下"净要素出口"这个专业术语。它指的不是直接进行要素贸易（比如，移民、资本流动等）。相反，商品贸易是要素贸易的一个渠道，因为每个商品都蕴含各种要素。例如，一个国家出口蕴含资本要素的汽车，进口蕴含劳动力要素的谷物，这实际上就是出口资本，进口劳动力。具体而言，国家 j 的资本净出口 X_j^K 是通过计算该国的全部出口中蕴含的资本量减去该国全部进口中蕴含的资本量得来的。就我们的目的而言，如何计算要素含量并不重要（可以肯定地说这些都是实证问题，而困难存在于各种细节之中，而且这些计算远非看起来那般容易，需要进行一系列假设）。因此，不考虑贸易摩擦，并假定相同的位似偏好，我们可以得到下式

$$X_j^K = A_j^k K_j - \gamma_j^C \sum_{i=1}^{J} A_i^k K_i \text{ 且 } X_j^H = A_j^h H_j - \gamma_j^C \sum_{i=1}^{J} A_i^h H_i \qquad (3.32)$$

其中 γ_j^C 是国家 j 在世界消费中所占份额（该国的消费量除以总的世界消费量），J 是全世界国家总数。上式只是简单重申了前一段的结论：如果一国的有效资本供给 $A_j^k K_j$ 超过世界有效资本供给 $\sum_{i=1}^{J} A_i^k K_i$ 的一定比例，这里是 γ_j^C，则该国会成为一个资本的净出口国。

消费占比是很容易计算的。于是，给定 X_j^K 和 X_j^H 的估计值，以上 $2 \times J$ 的方程组可以解出相同数量的未知数，即 J 个国家的 A_i^k 和 A_i^h 的值。这种计算方法可以求出特定要素生产率跨国差异的估计值，与之前的情况相比，该差异是由完全

不同的变化来源引起的。实际上，这种方法使我们可以分离出每个国家的劳动扩张型（或者人力资本扩张型）生产率项和资本扩张型生产率项。

我们如何知道这些数字能否为跨国要素生产率差距提供较好的近似值？这个问题和我们在前一节遇到的判断校准生产率（技术）差异是否可靠是一样的。幸运的是，国际贸易理论为我们提供了另一套方程式用以检验这些数据是否可靠。如前所述，根据世界经济高度一体化的假设，存在着有条件的要素均等化。因此，对于任何两个国家 j 和 j'，有

$$\frac{R_j}{A_j^k} = \frac{R_{j'}}{A_{j'}^k} \text{ 且 } \frac{w_j}{A_j^h} = \frac{w_{j'}}{A_{j'}^h} \tag{3.33}$$

这里 R_j 表示国家 j 的资本租金率，w_j 表示国家 j 工资水平的观测值（它包含对人力资本的补偿）。举例而言，（3.33）式中的第二个方程表明，如果一个特定国家工人的有效单位（劳动）只相当于美国的一半，他们的收入也应该大约相当于美国工人收入的一半。

使用要素价格的相关数据，我们可以构建另一个 A_j^k 和 A_j^h 序列。结果显示，由（3.32）式和（3.33）式得到的 A_j^k 和 A_j^h 序列十分相似，因此看起来这种方法似乎可行。这种可行性使我们相信，特雷夫勒的研究得出的数值包含了重要信息。

图 3.4 显示了特雷夫勒的原始估计值。图中的数字表明各国的劳动生产率之间存在着很大差异，资本生产率的差异虽然相对较小，但也很可观。例如，巴基斯坦的劳动生产率只有美国的 1/25。相反，资本生产率的差异相对于劳动生产率的差异来说要小得多；巴基斯坦的资本生产率只有美国的一半。这些发现不仅本身非常有趣，而且与第 15 章中的定向技术变化模型具有高度一致性，这也许说明了技术变化从长期来看是劳动扩张型的。

将特雷夫勒研究方法中对生产率差异的估计结果与上一节得出的差异结果进行比较，也可以带给我们很多信息。图 3.5 和图 3.6 就做了这种比较。第一个图画出了用特雷夫勒方法估计的劳动生产率差异和前一节用柯布－道格拉斯生产函数得出的校准的总生产率差异。这两种方法得到的结果相似度很高，说明这两种方法都抓住了一些现实特征，而且事实上的确存在跨国生产率（技术）的显著差异。然而有趣的是，图 3.6 表明，校准后的生产率差异和资本生产率差异之间的关系要比和劳动生产率之间的关系弱得多。

尽管特雷夫勒的方法比较有效，在此还是有必要强调一下该方法依赖的一些

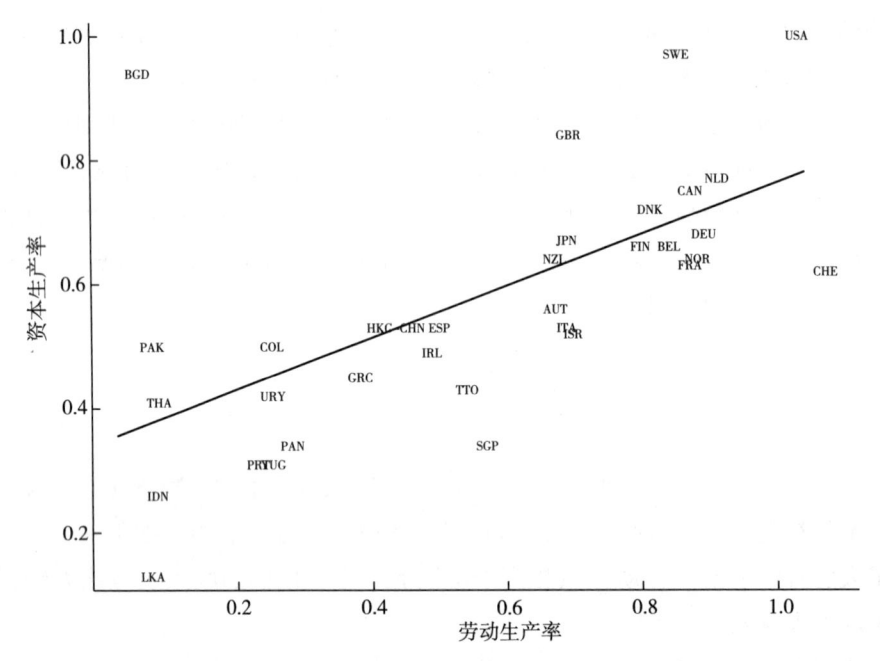

图3.4 劳动生产率和资本生产率的跨国（或地区）差异比较

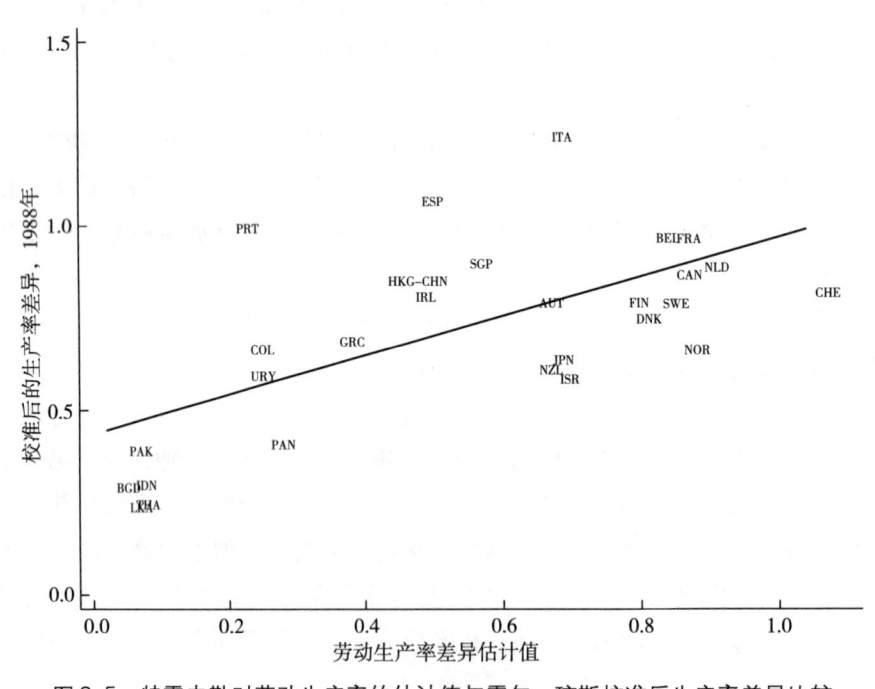

图3.5 特雷夫勒对劳动生产率的估计值与霍尔－琼斯校准后生产率差异比较

严格的假设条件。包括四个关键假设：

1. 不存在国际贸易成本；
2. 各国除了存在要素扩张型的技术差异以外，具有相同的生产函数；
3. 各国具有相同的位似偏好；
4. 世界经济高度一体化，从而导致有条件的要素价格均等化。

四个假设都在这样或那样的情形中不符合经验数据。显然，国际贸易成本包括运费、关税费用和其他贸易限制成本。现实中的生产率差异也比特雷夫勒假设的单一要素扩张型模型要复杂得多。另外，有确凿证据表明，消费行为中存在着本土偏好现象，这不符合模型中相同位似偏好的假设。最后，大部分贸易经济学家都认为，条件要素价格均等并不能很好地描述跨国要素价格差异。考虑到这些问题，我们需要更谨慎地看待特雷夫勒的研究结果。虽然如此，这种方法依然十分重要，一方面它显示了从不同渠道获取的数据和其他理论是如何用于估计跨国技术差异的，另一方面可以用来对第3.5节讨论的校准结果和估计结果进行交叉验证。

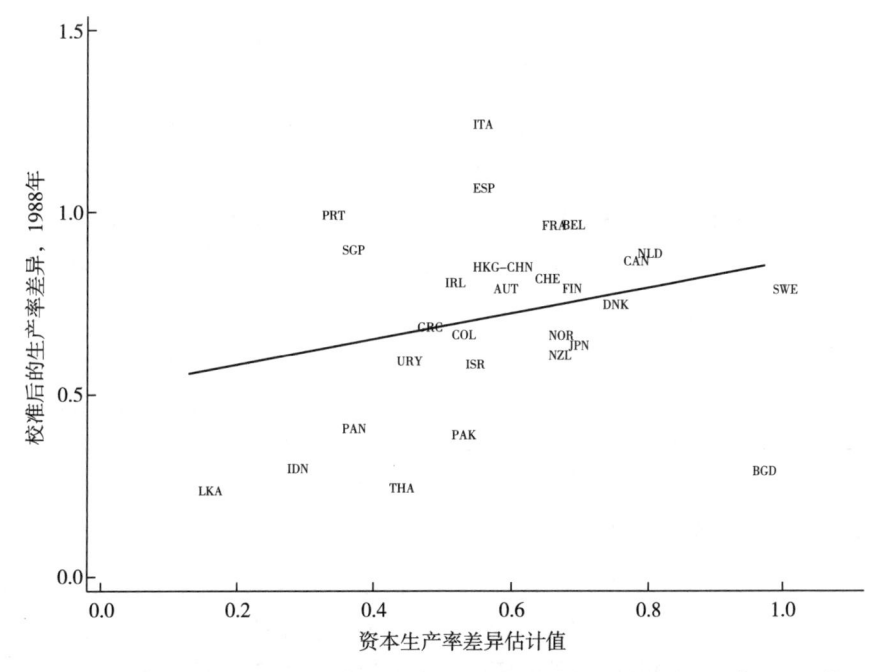

图 3.6 特雷夫勒对资本生产率的估计值与霍尔－琼斯校准后的生产率差异比较

3.7 小结

在本章中我们学到了哪些内容？本章的主要意义并不是发展新的理论。相反，本章主要研究我们能否使用索洛模型更好地解释跨国差异，并使用数据探讨索洛增长模型的优缺点。

简单的讨论行将结束，然而结论依然有些模糊。从积极的一面看，虽然模型比较简单，但索洛模型依然能够提供充足内容让我们用各种不同的模型分析数据，包括全要素生产率核算、回归分析和校准分析。另外，每种方法都使我们对长期经济增长和跨国收入差异的原因有了一些了解。

然而，从消极的一面看，没有哪种研究方法具有完全的说服力。每一种方法都依赖于一系列严格的辅助假设。因此，我们无法得出确定的结论。对索洛增长核算框架的最简单应用表明，技术是长期经济增长的主要来源。然而，有些人提出异议，认为如果调整物质资本和人力资本的质量，就会大大减少甚至消除增长残差。同样的争论也出现在对跨国收入差距的解释中。一些人认为将之主要归因于物质资本和人力资本的跨国差异就可以了，没有必要再去考虑技术差距，而另一些人则用合理的模型证明，绝大多数的跨国收入差异都源于技术因素。

既然不能达成一致意见，我们只能说目前的文献基本上都认为不能仅仅根据物质资本差异和人力资本差异，来理解跨国人均收入差距。换言之，跨国技术差异确实存在，而且这些技术差异是引起跨国收入和增长差异的核心因素。

因此，从这种数据研究中我们可以得到一个潜在的重要结论：技术进步不仅是基本索洛模型中导致经济增长的重要因素，而且是引起跨国收入差异的主要因素。因此，作为经济增长研究的一部分，我们有必要仔细考察技术进步过程以及家庭和企业的技术应用决策。这一论断促使我们在本书后面的内容中更深入地分析技术进步和技术应用问题。有必要再次强调，全要素生产率的差异并不一定源自狭义上的技术因素。如果两个国家都能掌握相同的技术，但是应用这种技术的方式不同、效率不同，或者当两国存在着不同程度的市场失灵或组织失灵，这些差异都会在全要素生产率差异中得到体现。由市场失灵或组织失灵引起的全要素生产率差异非常重要，这一观察主要来自严重的危机时期。当各国收入因为内战、政治不稳定、金融危机或其他原因剧烈下降时，几乎总是伴随着全要素生产率的下降（与此同时，资本存量几乎没有变化，劳动投入的变化也相对小很多）。自然，这种全要素生产率的下降并不是由技术倒退引起的，而是源于市场的破坏或破坏效率的其他因素。因此，应该从更广泛的角度理解技术差异，并且我们应该特别关注跨国生产率的差异问题。由此可见，要理解跨国全要素生产率差异，我们必须一方面研究它们使用的技术有何差异，另一方面也要研究它们是如何组织市场和企业的，以及它们如何激励经济中的各种行为主体。这种观点影响了本书剩余部分的内容安排，尤其为研究第四篇的内生技术变化以及第六篇和第七篇的技术和生产率的跨国差异做好了铺垫。

另外一点是，我们在本章中学到的内容似乎很有限。索洛模型要求我们将重点放在物质资本、人力资本和技术上，这些是引起跨国经济增长差异的直接原因。这些直接原因中的哪几个更重要以及它们如何影响经济表现，了解这两者都非常重要，不仅有助于我们更好地理解经济增长机制，也有助于我们知道应该关注哪种类型的模型。但是，从某种层面看（有些夸张），说一个国家之所以贫穷是因为缺乏足够的物质资本、人力资本以及技术，就相当于说一个人之所以贫穷是因为他或她没有钱。因此，说一些国家由于某些原因拥有更丰富的物质资本、人力资本和技术，就相当于说一个人由于某些因素比别人拥有更多的钱。在第1章，我把这些导致经济繁荣差距的因素称为根本原因，将它们与直接原因进行比较。要正确地理解经济增长和跨国收入差异，既需要分析直接原因，也需要分析经济增长的根本原因。前者是研究经济增长机制以及建立包含这些见解的合适的正式模型必需的。后者对于理解如下问题十分重要：为什么一些社会选择较低水平的物质资本、人力资本和技术，进而导致相对贫困。这个问题我将在第4章讨论。

3.8　参考文献

增长核算框架是由索洛（1957）首次提出并加以运用的。乔根森、戈洛普和弗洛米尼（Jorgensen、Gollop and Fraumeni，1987）全面发展了该框架，强调完全竞争市场对该研究是充要条件。他们还强调了测算的困难，同时强调了对物质资本和人力资本质量的低估会导致高估技术对经济增长的贡献。乔根森（2005）对此进行了更新的研究。

对索洛模型的回归分析有较长的历史。比较新的研究包括鲍莫尔（1986）、巴罗（1991）以及巴罗和萨拉－伊－马丁（1992）。巴罗（1991）对增长回归的推广无人能及，使该方法在近20年来十分普及。德尔罗夫等人（Durlauf，1996；Durlauf、Johnsen and Temple，2005；Quah，1993）对增长回归做了各种批评，尤其是针对收敛问题。伍德里奇（Wooldridge，2002）的著作出色地分析了遗漏变量的偏误问题，并给出了几种解决办法（参见其著作的第 4 章、第 5 章和第 8—11 章）。读者在进行自己的实证分析之前，应该了解更多有关增长回归分析的经济学局限及其面临的计量经济学问题。

包含人力资本因素的扩展的索洛模型是对曼昆、罗默和威尔（1992）模型的一般化。如文中所述，把人力资本当成生产中的一个单独要素有些特殊，且不太符合微观事实。我们将在第 10 章讨论将人力资本纳入基本模型的其他方法。

曼昆、罗默和威尔（1992）还首次估计了索洛模型以及扩展的索洛模型。克雷诺和罗德里格斯（Klenow and Rodriguez，1997）详细批判了曼昆、罗默和威尔的研究。霍尔和琼斯（1999）以及克雷诺和罗德里格斯（1997）最早对跨国生产率差异进行了校准估计。卡塞利（Caselli，2005）对这些文献进行了精彩的综述，并详细讨论了应该如何修正物质资本和人力资本质量的跨国差异。他得出的结论是，这些修正不会改变克雷诺和罗德里格斯以及霍尔和琼斯有关跨国技术差异十分重要的基本结论。

第 3.6.2 小节引用了特雷夫勒（1993）的研究成果。特雷夫勒并没有强调该方法对生产率的估计，而是着重介绍了该方法可以用来验证赫克歇尔—俄林模型。虽然如此，这些生产率的估计结果仍是增长经济学家的重要研究资料。特雷夫勒的方法因为各种原因而受到批评，但对于我们的研究重点而言，这是次要的。感兴趣的读者可以参考加贝克斯（Gabaix，2000）以及戴维斯和维恩斯坦（Davis and Weinstein，2001）的相关论述。

3.9 习题

3.1 假设产出由新古典生产函数 $Y(t) = F(K(t), L(t), A(t))$ 给出，满足假设 1 和假设 2，并有 t 期和 $t+T$ 期的产出、资本和劳动力的观测值。假定我们用如下方程来估计全要素生产率在这两期之间的增长

$$\hat{x}(t, t+T) = g(t, t+T) - \alpha_K(t) g_K(t, t+T) - \alpha_L(t) g_L(t, t+T)$$

其中 $g(t, t+T)$ 代表 t 期至 $t+T$ 期的产出增长，对其他的增长项都做类似的定义，$\alpha_K(t)$ 和 $\alpha_L(t)$ 表示初期的要素份额。令 $x(t, t+T)$ 为两期的实际全要素生产率增长。证明存在函数 F 使 $\hat{x}(t, t+T)/x(t, t+T)$ 可为任意大小。再证明用终期的要素份额估计全要素生产率时，

得到的结果相同：

$$\hat{x}(t, t+T) = g(t, t+T) - \alpha_K(t+T)g_K(t, t+T) - \alpha_L(t+T)g_L(t, t+T)$$

请问，初期和终期的要素比例（资本劳动比）差异在这些结果中的重要性如何？

3.2 像第 2 章的习题 2.20 的第二部分一样，考虑一个劳动市场不完全竞争的经济体，其中工人获得的收入占产出的比例为 $\lambda > 0$。证明在该经济体中应用基本的增长核算方程将导致对全要素生产率的有偏估计。

3.3 对于例 3.1 中的柯布 – 道格拉斯生产函数 $Y(t) = A(t)K(t)^{\alpha}L(t)^{1-\alpha}$，推导出类似于（3.10）式的结果，并证明收敛速率，即 $(\log y(t) - \log y^*(t))$ 前面的系数是 $\log y(t)$ 的函数。

3.4 再次考虑例 3.1 中的生产函数。假设国家 1 和国家 2 有完全相同的技术，完全相同的参数 α、n、δ 和 g，因此有相同的 $y^*(t)$。假设两国在 $t=0$ 时的初始状态为 $y_1(0) = 2y_2(0)$。使用例 3.1 中的参数值，计算两国之间的收入差异降至 10% 需要多长时间。

3.5 考虑一个索洛经济体的集合，每个经济体都有不同的 δ、s 和 n 值。证明可以从（3.10）式的一个类似表达式中推导出一个等价于有条件收敛回归方程（3.13）的表达式。

3.6 证明命题 3.2。

3.7 在扩展的索洛模型（见命题 3.1 和命题 3.2）中，计算 s_k、s_h 和 n 的增长对 h^* 和 k^* 的影响。

3.8 设想有一个世界经济，它包含很多个由扩展的索洛增长模型表示的国家，这些国家有形如（3.16）式的生产函数。试推导该例中的基本增长核算方程的表达式，并解释如何使用该方程式和可得数据估计全要素生产率增长。

3.9 考虑没有人口增长和技术进步的基本索洛模型，其生产函数表示为 $F(K,H)$，其中 H 表示有效单位劳动（人力资本），且 $H = \sum_{i \in \mathcal{N}} h_i$，式中 $\mathcal{N}$ 表示所有人口的集合，h_i 是指个体 i 的人力资本。假设 H 是固定不变的，不存在人力资本外部性，且要素市场是完全竞争的。

(a) 计算该经济体的稳态均衡。

(b) 证明：如果 h 升高 10% 伴随着个体收入增加 $a\%$，那么国家的人

力资本存量 H 增加 10% 将导致该国的稳态产出增加 10%。将该结果与预料之外的 H 增加 10% 产生的影响进行比较（比如，考虑 H 增长了 10% 而资本存量没有改变）。

3.10 考虑国家 j 有一个规模报酬不变的生产函数，$Y_j = F(K_j, A_j H_j)$，其中 K_j 表示物质资本，H_j 表示有效单位劳动，A_j 表示劳动扩张型技术。证明：对于国家 j 和 j'，若 $K_j/Y_j = K_{j'}/Y_{j'}$，则两国的资本租金率 R_j 和 $R_{j'}$ 也相等。

3.11 假设有国家 $j = 1, \cdots, J$ 的横截面数据，对于每个国家的每个时点，可以观测到劳动 L_j、资本 K_j、总产出 Y_j 以及国民收入中的资本份额 α_j^K。假定所有国家都有以下形式的生产技术函数：

$$F(K_j, L_j, A_j)$$

其中 A 表示技术。假设 F 对 K 和 L 的规模报酬不变，且所有市场都是完全竞争的。

(a) 解释如何仅用这些假设估计由 A 引起的（生产率）相对跨国技术差异。明确写出用于估计 A 对跨国收入差异影响的方程式。

(b) 假定从 (a) 中得出了 A 能够显著影响跨国生产率差异的结论。那么，该如何解释？该结论是否意味着各国可能拥有不同的生产可能性集合？

(c) 现在假设真正的生产函数是 $F(K, H, A)$，其中 H 表示有效单位劳动。估计技术（生产率）对跨国产出差异的影响还需要什么数据？

(d) 证明：若按照第 3.5 节计算 H，但是教育质量存在显著差异，A 不存在差异，则这种方法将导致对 A 的估计产生显著差异。

第4章 经济表现差异的根本原因

4.1 直接原因与根本原因

> 我们列出的因素（创新、规模经济、教育、资本积累等等）不是增长的原因，这些是增长本身。
>
> 诺思和托马斯（North and Thomas，1973，第2页）

第3章阐述了索洛增长模型如何用来理解跨国收入差异和经济增长过程。在索洛增长模型的框架下，经济增长的过程由技术进步推动。另一方面，跨国收入差异缘于技术差异、每个工人的人均物质资本和人力资本差异的组合。虽然这种方法为我们提供了一个很好的起点，描绘了经济增长和跨国收入差距的潜在来源，然而这些只是经济增长和经济成功的直接原因。以跨国收入差异为例，只要我们试图解释这些技术差异、物质资本和人力资本差异，一个显而易见的问题便自动呈现：如果技术、物质资本和人力资本对理解国民财富的差异如此重要，而且如果它们能解释不同国家人均资本收入5倍、10倍、20倍甚至30倍的差异，那么，为什么一些社会不改善他们的技术，投资于物质资本和积累尽可能多的人力资本呢？

因此，任何仅仅依赖于国家之间技术、物质资本和人力资本差异的解释在一定程度上都是不完整的。必定有其他更深层次的原因，我们称之为经济增长的"根本原因"。正是这些原因阻碍了许多国家充分投资于技术、物质资本和人力资本。

考察经济增长的根本原因非常重要，理由至少有两个：第一，任何只关注中间变量（直接原因）而不了解深层驱动力的理论都是不完整的。因此，除非掌握这些根本原因，否则经济增长理论就难以达到其全部目标。第二，如果我们研究经济增长的部分原因是出于改善增长绩效以及提高其居民生活水平的动机，那么了解根本原因是实现这一目标的核心，因为仅仅通过关注直接原因来提高增长就好比想处理病症却不理解疾病本身。虽然单纯治疗症状有时也有用，但是断然无法替代对根本病因的更全面了解，只有更全面了解才能产生更满意的疗效。同样，我们也许希望掌握经济增长的根本原因，有朝一日能够为社会科学的一个重大问题提供更令人满意的答案，这个问题就是为什么有些国家富裕而有些国家贫穷，我们如何能够确保更多的国家增长得更快。

这些根本原因到底是什么？我们可以进一步了解它们吗？同时，与本书最相关的也许是，致力于研究这样的增长理论有用吗？

在本章中，我试图就这些问题给出答案。让我们从最后两个问题开始。本书认为，透彻理解经济增长的机制，从而建立具体的经济增长模型是成功理解经济增长根本原因的关键。这至少基于如下两个原因：第一，只有首先理解什么是直接原因，以及这些直接原因如何影响经济结果，我们才能就经济增长的根本原因提出有用的问题。第二，模型只有提供了对现实的良好近似，并从定性和定量两个维度成功匹配增长过程的主要特征，才可以告知我们潜在的根本原因是否的确在产生巨大的跨国人均收入差异方面发挥着重要作用。我们对经济增长机制的分析常常会促使我们抛弃或改进某个之前提出的根本原因。至于我们是否能取得进展，大量的经济增长文献就是取得进展以及更多进展也能实现的证据。从某种意义上说，本书的部分目标就是说服你，让你相信这个问题的答案是肯定的。

回到第一个问题，历年来，众多经济学家、历史学家和社会科学家就经济增长提出了无数根本原因。显然，对这些原因列举和归类既不能传达信息也没有任何用处。相反，我把经济增长主要的备选根本原因分为四类假说。毫无疑问，这样的分类忽略了前人文献提出的部分细微差异，然而，对于突出跨国收入差异和经济增长的主要影响因素，这样的分类是比较理想的。它们是：

（1）运气假说，
（2）地理假说，
（3）文化假说，
（4）制度假说。

"运气"，我指的是能够解释其他条件相同的国家之间经济路径分叉的一组根本原因，或者因为一些小的不确定性，或者因为它们之间的异质性导致了影响深远的不同选择，或者是因为在多重均衡之间做出了不同选择。多重均衡对应于基本经济环境相同时产生的不同均衡配置。当模型存在多重均衡时，我们往往无法具体预测不同国家将会选择哪些均衡？有可能其他条件相同的两个国家收敛到不同的均衡，而不同的均衡对于经济增长和生活水平具有截然不同的影响。运气和多重均衡可以通过迄今为止讨论过的任何直接原因（和本书后面将会讨论的一些附加机制）表现出来。例如，多重均衡可以存在于技术采用模型或者注重人力资本和物质资本投资的模型中。因此，基于运气或多重均衡的解释往往具备良好的理论基础。它们经验上是否合理则是另一回事。

"地理"，我指的是个人无法选择的、作为其生长环境的所有物质、地理和生态环境因素。地理可以通过多种直接原因影响经济增长。影响增长过程的地理因素包括土壤质量，它可能会影响农业生产率；自然资源，它直接导致一个国家的财富多寡，并且可以在关键时期提供某些关键资源，如煤炭和铁矿石对工业化的促进；气候，可能会直接影响生产率和工作态度；地形地貌，可能会影响交通和通信成本；疾病环境，这会影响个人健康、生产率以及积累物质和人力资本的激励。例如，在索洛模型的加总生产函数中，土质差、自然资源匮乏或者荒凉的气候对应于一个较低的技术水平 A，即一种低效的技术类型。许多哲学家和社会科学家都认为，气候也从根本上影响偏好，因此，或许在某些气候环境下个人偏好提前消费而不是延后消费，从而减少物质和人力资本的储蓄率。最后，不同地区疾病负担的差异可能会影响个人的生产率和个人积累人力资本的意愿。因此，基于地理的解释既可以很容易地被嵌入我们学过的简单的索洛模型中，也可以囊括进本书后面将要讨论的更复杂的模型。

我们使用"文化"表示影响个人经济行为的信仰、价值观和偏好。不同社会的宗教信仰差异是文化差异影响经济行为的最明显的例子。偏好差异，例如财富与决定社会地位的其他活动的相对重要性、个人对其财富状况的耐心，在影响经济表现方面，其重要性不亚于甚至高于运气、地理和制度。从广义上讲，文化主要通过两个渠道影响经济表现：第一，它可以影响个人参与不同的活动，或者在当前和未来消费之间进行权衡。由此，文化影响社会的职业选择、市场结构、储蓄率以及个人积累物质资本和人力资本的意愿。第二，文化也可能影响个体之间合作与信任的程度，而这为提高生产率的活动提供了重要基础。

我们说的"制度"指的是规则、规章、法律和经济政策，它们能影响经济激励，从而影响投资于技术、物质资本和人力资本的激励。这是一个老生常谈的经济分析，个人只从事有报酬的活动。因此，影响这些报酬的经济制度在影响其他三个经济增长的直接原因方面必定非常重要。制度与地理、运气和文化的差别在于，前者是社会的选择。尽管法律和法规不直接由个体选择，而且某些制度安排具有历史传承性，但最终，一个社会赖以存续的法律、法规及政策是这个社会成员的选择。如果社会成员集体决定改变制度，他们就可以这样做。这种可能性意味着，如果制度是经济增长和经济表现跨国差异的一个主要根本原因，一个社会就可以通过改革制度而获得更好的结果。但这样的改革并不容易，可能会遭遇强烈反对，通常我们可能无法确切地知道哪种改革会起作用。但改革仍然是有可能的，进一步的研究可以帮助我们理解这些改革将如何影响经济激励，以及改革如何实现。

制度和文化之间存在着明确的联系。两者都影响个人的行为，都是激励的重要决定因素。然而，鉴于有关制度和文化的理论之间存在着显著差别，因此将制度和文化区分开来是合理的。通过改变资源配置、宪法、法律和政策，个人可以共同影响其生活的制度环境。就此而言，制度在社会成员的直接控制之下。与此相反，文化是指个体直接控制之外的随时间演变的一组信念。[1] 尽管制度在实践中可能难以改变，文化则更难被影响，给一个社会提出改变文化的建议几乎是徒劳的。

尽管制度是经济增长和跨国收入差异的一个根本原因，但强调制度本身的内生性也很重要。制度要么是社会全体，要么是其中的强势集团做出的均衡选择。你可能会认为，运气、地理或者文化也许更加重要，因为它们从一定意义上说也许更具外生性，与制度不同的是它们不是均衡选择，而且制度在不同社会存在差异的主要原因是地理、文化或者随机因素。虽然在一些哲学层面，这种说法是正确的，但它并不是一个特别有用的观点。它既不能省却我们对运气、地理、文化和制度的直接影响进行了解（这些直接影响一直是这个领域争论的焦点），也不意味着我们无须了解制度和经济发展的具体作用。毕竟，如果我们能够理解制度的影响以及哪种特定类型的制度真正有效，制度改革就会导致经济行为的重大变化，即使制度的部分原有差异确实源于地理、运气或文化。

在本章的其余部分，我将解释导致这些不同假设的原因，并概述与经济增长的各种根本原因相关的经验证据。制度论的理论支撑和含义将在第八篇加以拓展。此时此刻，要提醒读者的是，在这些争论中我不是一个客观的旁观者，而是制度假说的大力提倡者。因此，本章将制度差异作为我列出的重要直接原因的根源也就不足为奇了。然而，相同的证据可以用不同的方式加以解释，读者应该自由得出自己的结论。

在深入讨论根本原因之前，另外一个话题值得简要讨论一下。这是我们下一节的内容。

---

[1] 这种控制无效的一个重要反例是教育对个人信仰和价值观的影响。

4.2 规模经济、人口、技术和全球增长

正如第 1 章强调的，跨国收入差异来源于这些国家在过去两个世纪中的不同增长经历。这使我们理解经济增长的过程非常重要。同样引人注目的事实是，世界经济增长充其量是过去 200 年左右才有的现象。因此，关于增长的另一个主要问题是为什么经济增长最近才开始启动而之前几乎没有发生？增长文献为这些问题提供了各种有趣的答案。其中许多文献侧重于经济规模和人口的作用。这个论点如下：在有规模经济（或规模报酬递增）的环境中，人口需要达到一定的临界水平才能使科技进步加速。另外，这种环境下一直存在的某些自然的技术进步过程需要达到一定临界水平，增长过程才会启动。这些论述很有道理。在过去 100 万年，世界人口确实已经大大增加，当今世界的居民有机会接触到我们的祖先无法想象的一些科学技术。世界经济的这些长期发展能否解释跨国差异？世界人口的增加是否能够很好地解释世界经济的起飞？

我们先关注人口的作用以初步回答上述问题。考虑人口和技术变化之间关系有一种最简单的思考方式，这就是西蒙—克雷默模型，以人口统计学家朱利安·西蒙（Julian Simon）和经济学家迈克尔·克雷默（Michael Kremer）而得名。因为不考虑跨国差异，所以这种模型实质上是关于整个世界经济的模型。试想每个人都能以较小概率发现一个新想法，新想法将有助于增加社会的知识储备。最重要的是，这些随机发现在不同个体之间是独立分布的。所以，更大的人口数量意味着有可能获得更多的新想法，从而提高总生产率。让产出仅仅由技术决定（该条件可以进行推广，使技术和资本共同决定产出，正如在索洛模型一样，但是这并不影响我在这里提出的观点）：

$$Y(t) = L(t)^{\alpha}(A(t)Z)^{1-\alpha}$$

其中，$\alpha \in (0,1)$，$Y(t)$ 是世界总产出，$A(t)$ 代表世界技术存量，$L(t)$ 表示世界总人口，Z 代表某些其他固定生产要素（例如土地）。我们不失一般性地把 Z 标准化为 1。假设时间是连续的，新的创意以概率 λ 出现，从而社会的知识储量按照以下微分方程演化

$$\dot{A}(t) = \lambda L(t) \tag{4.1}$$

初始的世界知识水平为给定的 $A(0) > 0$。相应地，正如后面第 21 章将要提出的马尔萨斯传播机制所示，人口成为产出的函数。我们可以假定人口随产出线性

增加：
$$L(t) = \phi Y(t) \tag{4.2}$$

结合这三个等式可以得到（见习题4.1）：
$$\dot{A}(t) = \lambda \phi^{\frac{1}{1-\alpha}} A(t) \tag{4.3}$$

上述微分方程的解为
$$A(t) = \exp(\lambda \phi^{1/(1-\alpha)} t) A(0) \tag{4.4}$$

方程（4.4）表明人口规模经济（收益递增）模型如何产生稳定的技术增长。很容易证明下式：
$$Y(t) = \phi^{\frac{\alpha}{1-\alpha}} A(t)$$

从而总收入也以固定速率 $\lambda \phi^{\frac{1}{1-\alpha}}$ 增长。这个模型可以产生稳定而非加速的增长。相反，西蒙和克雷默假定模型具有比（4.1）式更强的外部性。他们假定想法的积累由如下公式决定：
$$\frac{\dot{A}(t)}{A(t)} = \lambda L(t)$$

该公式意味着技术运动方程可表示为（见习题4.2）：
$$A(t) = \frac{1}{A(0)^{-1} - \lambda \phi^{1/(1-\alpha)} t} \tag{4.5}$$

与（4.4）式相比，这个等式意味着加速的产出水平。从低水平的 $A(0)$（或 $L(0)$）开始，该模型会有相当长一段时间的低产出，接着是加速或起飞，正如第1章曾经讨论过的当代经济增长历程所示。因此，从数据中，我们可以观察到具有显著规模经济的起飞模式。

虽然这个被许多经济学家提出的说法对世界经济增长可能有一定的解释力，但是必须强调的是：它几乎没有提及跨国收入差异或现代经济增长为什么在一些国家出现（西欧），而在其他国家则没有发生（亚洲、南美洲、非洲）。事实上，如果我们把西欧和亚洲看作相关的经济单位，在过去的2000年内，欧洲人口一直少于亚洲人口（如图21.1所示），因此西方经济的腾飞以及亚洲经济的停滞不可能简单归因于人口的规模经济。

因此，上述讨论表明，基于各种规模经济的模型没有为我们揭示跨国收入差异的根本原因。它们充其量是整个世界经济的增长理论。而且，一旦我们认识到现代经济增长的过程一直是不均衡的，就意味着增长发生在世界的有些地区而另一些地区则没有，那么这种理论的吸引力就会进一步减弱。如果将现代经济增长归因于规模经济，这种现象也应该能够解释经济增长何时何地开始。但是，基于规模经济的现有模型却做不到这一点。在这个意义上说，它们不可能提供现代经济增长的根本原因。这是否意味着这些类型的规模经济和人口规模报酬递增不重要？当然不是。它们很可能是增长过程的部分直接原因（例如，处于技术黑匣子的部分）。但是，我们这里的讨论也表明这些模型需要其他的根本原因更有力地解释经济起飞发生的原因、时间和地点。这进一步刺激了人们探究经济增长的根本原因。

4.3 四大根本原因

4.3.1 运气和多重均衡

第 21 章将介绍一些模型，其中多重均衡或多个稳态的出现是因为产品市场协调失灵或者信贷市场不完善。这些模型表明，一旦参数给定，一个经济体可能展现差异很大的均衡行为——有的均衡对应于较高收入或者可持续增长，而有的均衡对应于贫穷和停滞。为了进一步探讨这些复杂模型，考虑如下由社会中的大量参与者进行投资的简单投资博弈：

		其他人	
		高投资	低投资
个人	高投资	y^H, y^H	$y^L - \varepsilon, y^L$
	低投资	$y^L, y^L - \varepsilon'$	y^L, y^L

让我们集中观察对称均衡。第一列表示所有行为人（除讨论的个人）已经选择了高投资，而第二列对应于所有行为人的低投资（选择）。另外，第一行对应于个人高投资，第二行是低投资。在每个单元中，第一个数字是指个人的收入，而第二个数字是该经济体中其他行为人的回报。假设 $y^H > y^L$，并且 ε 和 ε' 都大于 0。收益矩阵表明当别人也选择高投资的时候，高投资变得更有利可图。其中可能的原因包括技术互补或者总需求的外部性等（见第 21 章）。

显而易见，在这个博弈中有两个（纯策略）对称均衡。其中一个均衡是个人预期其他所有行为人会选择高投资，他也选择高投资。由于同样的算法适用于每个行为人，因此，每个个体会预期其他人进行高投资因此自己也选择高投资。这就证实了所有人选择高投资是一个均衡。类似地，当个人预期其他人都选择低投资，对他来说低投资就是一个最好的选择，所以，还存在一个低投资均衡。因此，这个简单的博弈出现了两个对称的（纯策略）均衡。

有两个特点值得注意。首先，取决于互补性及其他经济互动的程度，y^H 可以比 y^L 大很多，所以有可能两个不同的均衡配置存在显著的收入差异。因此，如果我们认为这样一个博弈是对经济现实的很好模拟，而且不同国家可能最终达到不同的均衡，这里的经济互动可能有助于解释巨大的人均收入差异。其次，在这个博弈中两个均衡都是帕累托排序的——如果每个人都选择高投资，均衡时所有个体的境况都会得到改善（帕累托标准参见第 5 章）。这两个特征在第 21 章将讨论的"大推进"模型中也会讨论。

除了多重均衡模型，在这种环境下也可能会用到随机模型。在随机模型中，某些随机变量的实现值决定了一个特定经济体何时从低生产率技术转变到高生产率技术并开始经济起飞过程（见第 17.6 节）。

多重均衡模型以及长期经济增长的性质由随机变量决定的那些模型，其吸引力在于描述了经济发展过程的某些方面。它们也能在一组有趣的模型中让我们了解经济发展的机制。但是，这些模型是否告知了我们经济增长的根本原因？我们是否可以说，美国今日富足而尼日利亚贫穷的原因是前者在均衡选择方面一直非常幸运，而后者一直不走运？我们能否把它们不同的发展路径归咎于 200 年、300 年或 400 年前一些小的随机事件？答案似乎是否定的。

美国经济增长是多个过程的累积结果。这些过程从创新和自由的企业家行为到重要的人力资本投资以及迅速的资本积累。很难把这些过程降格为一个简单的幸运符或正确的均衡选择。即使在 400 年前，美国和尼日利亚的条件也显著不同，这导致了不同的机会、制度路径和激励。正是国家的历史经验和不同的经济激励共同奠定了不同经济增长过程的基础。

同样重要的是，基于运气或多重均衡的模型可以解释为什么两个其他条件相同的国家间有可能存在 20 年甚至 50 年的差距。但是，我们该怎么解释 500 年的差距呢？显然，假设尼日利亚能够突然转换均衡状态并迅速获得当今美国的人均收入水平是不合理的。[①] 换言之，大多数多重均衡模型也不能令人满意。正如前

---

① 自然，读者也许会提出增长轨迹的变化或重要改变总是从一个均衡向另一个均衡转变的结果。但是这种解释缺乏实证内容，除非它是基于良好构建的均衡选择模型并能够预测我们何时希望这种转变。

面讨论过的简单例子,大多数多重均衡模型涉及帕累托排序均衡。这表明一个均衡比另一个均衡为所有行为人提供了更高的效用或福利。虽然帕累托排序均衡是简洁模型的特性,但这些模型并没有说明许多相关维度的异质性,而这些异质性在实践中是很重要的。因此,尚不清楚这些简洁模型是否有助于我们思考"为什么有的国家富裕而有的国家贫穷"这个问题。如果尼日利亚人确实有可能改变行为模式以使每一个国民都过得更好(譬如,就上述博弈而言,从"低投资"转向"高投资"),那么 200 年来他们都未能协调一致地采取更好的行动就太匪夷所思了。大部分读者都清楚尼日利亚的历史充斥着宗教冲突、种族冲突以及蹂躏国民的内战,该国直到现在仍然遭受鱼肉百姓、中饱私囊、极端腐败的政客、官僚和军人的危害。因此至少可以这样说,在这样的历史和社会背景之下,简单的帕累托改进似乎也是不大可能的。

客观地说,不是所有的多重均衡模型都允许从一个较差的帕累托均衡简单转向较好的帕累托均衡。在文献中,可以对多重均衡模型与具有历史依赖性的多重稳态模型做有益的区分。在前一类模型中,当个体同时改变他们的信念和行为时可以达到不同的均衡,而在后一类模型中,一旦开始了一种均衡路径,过渡到另一个稳态均衡十分困难,也许是不可能的(见第 21 章)。与多重均衡模型相比,多重稳态模型在解释各国经济表现的固有差异方面更具吸引力。然而,除非考虑到某种其他重大利益冲突或扭曲的来源,我们似乎不大可能用这种模型解释为什么美国和尼日利亚这两个国家具有相同的经济参数,却做出不同的选择并且坚持了它们的选择。如何维持这种特殊稳态均衡的机制应该是这种理论最重要的因素,而其他经济增长的根本原因,包括制度、政策,也许还有文化也一定在解释这种类型的持久性方面发挥着作用。换句话说,当今的世界充斥着免费的信息、技术和资本流动,如果尼日利亚具有与美国相同的经济参数、机会和制度,那么一定存在着某种(制度)安排,例如新技术可以进口,每个人都可以过得更好。

多重稳态模型的另一个挑战是无处不在的增长奇迹,如在第 1 章中已讨论过的韩国和新加坡。如果跨国收入差异由不同的稳定状态决定,几乎没有例外,那么如何解释那些经历了超长迅速增长的国家?中国的例子可能更有说服力。虽然在共产主义制度建立到毛泽东逝世期间,中国经济停滞,但随后经济体制和政策的变化使后来的经济快速增长。如果中国在毛泽东逝世前一直保持着低增长的状态,那么我们就需要解释它在 1978 年后是如何脱离这种稳态的,为何在此前无法脱离低增长的状态。这就不可避免地需要考虑其他根本原因,如制度、政策和文化。

可以用另一种也许更有说服力的强调运气重要性的论点加以解释，即强调领导人的作用。一国领导人的个性或许可以视作影响经济表现的随机概率事件。这种观点可能有很多优势。琼斯和奥尔肯（Jones and Olken，2005）的实证研究显示，领导人似乎影响着国家的经济表现。选择能促进发展或阻碍发展的领导人取决于运气，因此，运气在跨国收入和经济增长中能够发挥主要作用。然而，这样的解释更接近制度方法而非纯粹的运气范畴。首先，领导人往往会通过他们制定的政策和建立的制度影响其社会的经济表现。其二，领导人的选择、行为及其奉行的政策是制度解释的一部分。第三，琼斯和奥尔肯的研究指出了领导人的影响和社会制度之间存在重要的相互作用。似乎只有在不民主或者民主弱化（缺乏对政治家或精英的约束）的国家中，领导人对经济增长才至关重要。而在民主国家和制度能够约束政治人物及领导人的社会中，领导人的个性几乎不会影响经济表现。

鉴于这些考虑，我初步得出以下结论：强调运气和多重均衡的模型对经济发展机制的研究是有用的，但这些模型不能给出世界经济为何在200年前才开始增长，以及如今为何有些国家富裕而有些国家贫穷的根本原因。

4.3.2 地理

虽然在上一小节我们的方法是强调运气以及多重均衡在相似社会中的重要性，我们在这一节重点研究各个社会深层次的异质性。地理因素假说中最重要的一点是世界各地区并不都是"生而平等"的。"自然条件"，指各国的物理、生态及地理环境，在经济发展过程中起到了十分重要的作用。如上所述，地理因素决定了不同社会中个体经济人的偏好以及机会。地理因素假说至少有三个主要版本，对于地理因素如何影响发展的机制，它们的侧重点各不相同。

第一个和最早版本的地理假说可以追溯到孟德斯鸠（Montesquieu [1748]，1989）。孟德斯鸠是法国杰出的哲学家和狂热的共和政府支持者。他相信气候是决定国家命运的主要因素之一。他认为气候，特别是气温，决定了人们的态度和努力，并由此影响了经济和社会后果。他在《论法的精神》这一经典著作（1989）中写道：

> 炎热的气候可以使人们毫无力气。这种萎靡的状态甚至会影响人们的精神面貌；缺乏好奇心、没有高尚的企业和慷慨的情操；消极的情绪将弥漫开

来，懒惰将成为主流情绪。

　　在寒冷的地方，人们将会变得更有活力。温暖国度的人们表现得像老年人一样怯懦，而寒冷国度的人们则表现得更像年轻人一样勇敢。

今天看来，这些段落中的一些言论似乎有点幼稚而且可能带有"政治错误"，但仍然有很多支持者。即使孟德斯鸠的口才使他从持有类似观点的人中脱颖而出，但他既不是第一个，也不是最后一个强调地理因素影响经济的人。在经济学家中更受尊敬的人物是经济学的创始人之一，阿尔弗雷德·马歇尔。在孟德斯鸠逝世近一个半世纪以后，马歇尔（1890）写道：

　　活力在一定程度上取决于种族素质；但是，似乎气候才是种族素质的主要决定因素。

虽然地理假说的第一个版本对我们许多人来说既幼稚又陌生，但第二个版本更加合理并且拥有更多的支持者。第二个版本重点强调了地理因素对技术的影响，特别是在农业领域。这个观点被早期的诺贝尔经济学奖得主，冈纳·缪尔达尔（Karl Gunnar Myrdal，1968，第3卷）进一步发扬，他写道：

　　对不发达问题的严谨研究……应考虑气候对土壤、植被、动物、人类和物质资产等的影响。总之，要考虑到经济发展中的生活条件。

更晚一些时候，贾雷德·戴蒙德（Jared Diamond）在其广受欢迎的《枪炮、病菌与钢铁》一书中阐述了他的观点。他认为，美洲和欧洲之间（欧亚大陆之间更是如此）的地域差异决定了定居农业的作业时机和性质，并由此决定了社会是否能够发展成复杂的组织结构以及发展出先进的民用和军事技术（例如，第358页，1997）。经济学家杰弗里·萨克斯（Jeffrey Sachs，2001）作为地理因素决定农业生产率观点的有力支持者，指出：

　　到现代经济增长时代开始之前，温带地区的技术比热带地区的技术有着更高的生产效率。更早之前除外。

当然也有理由质疑广受信奉的地理决定论第二个版本的观点。这些作者强调的技术差异主要体现在农业上。但是，正如第1章强调，各国之间经济增长差异的根源应该追溯到工业化时代。现代经济发展伴随着工业化进程，那些未能实现工业化的国家至今仍然很贫困。总之，较低的农业生产率应该能带来工业方面的比较优势，并激励那些地理条件不优越的国家先于其他国家投资工业。有人可能认为，农业生产率达到一定程度是开展工业化的必要前提。这种观点看起来似乎有道理（至少是有可能的），然而那些未完成工业化的国家，有很多当时已经达到一定程度的农业生产率，而且事实上往往领先于那些后来工业化迅速发展的国家（见第4.4节）。因此，农业条件不理想和经济起飞失败之间似乎不存在简单联系。①

地理因素假说的第三种版本，在近10年来尤为流行，它将世界上很多地区的贫困与疾病负担联系起来，强调热带地区较温带地区更容易感染疾病（Sachs，2000，第32页）。萨克斯等人（Bloom and Sachs，1998；Gallup and Sachs，2001，第91页）声称，仅疟疾流行就使撒哈拉以南非洲国家的经济增长率每年下降2.6%。这样的降幅意味着，如果在1950年根除疟疾，撒哈拉以南非洲地区的人均收入会是今天的两倍。如果再考虑其他疾病负担的影响，那么疾病对其人均收入的影响会更大。

第三种版本的地理因素假说看上去似乎要比前两种版本更加合理，尤其是微观经济学文献表明，身体不健康的人生产效率更低而且学习起来更加困难，因此很难积累起人力资本。在接下来的两节中，我将更详细地讨论一般性的地理因素假说和这个具体版本的假说。但是有一点值得注意，当今贫困国家疾病负担变得更重，这既是贫困的结果，同时也是贫困的原因。欧洲国家在18世纪甚至19世纪，饱受多种疾病的困扰，但随后的经济发展使它们逐步消除了这些疾病，并创造出更健康的生活环境。很多贫困国家不健康的环境，至少有一部分原因可以归结为没能成功地发展经济。

4.3.3 制度

造成经济增长和人均收入差异的另一个根本原因是制度。制度假说的一个问题在于很难定义什么是"制度"。"制度"一词在日常使用中代指许多不同的东西，学术文献有时对制度的定义也不甚清晰。

经济史学家道格拉斯·诺思被授予诺贝尔经济学奖，在很大程度上是由于他强调历史发展过程中制度的重要性。诺思（1990，第3页）提供了以下定义：

> 制度是一个社会的游戏规则，或者更正式地说，是人为设计的、用以塑

---

① 事实上，从各国过往的发展情形可以发现与此相反的经历：也许现在的贫困国家曾经拥有优良的农业土地，并且创造了相对于工业的比较优势。这也不是一个让人完全信服的解释，因为正如第20章讨论的那样，与相对发达国家相比，当今大多数欠发达经济体不仅农业生产率更低，而且工业生产率也更低。

造人们互动的一系列约束。

他接着强调制度的主要影响：

> 因此，（制度）影响人们的交易动机，无论是政治的、社会的，还是经济的。

这个定义包含了制度构成的三个重要元素。首先，它是人为设计的，也就是说，它和人为控制以外的地理因素相反。制度是社会上的人基于自身利益而选择的结果。其次，制度约束个人行为。这些限制并非不容置疑：任何法律均可能被打破，任何法规均可以被忽视。然而，惩治某些类型的行为而奖励其他行为的政策、法规和法律，自然也会影响行为。这就涉及制度定义中的第三个要素。制度施加于个人的约束，塑造了人类互动，影响了行为动机。在某一深层次的意义上说，制度远远比其他候选的根本原因更强调了激励的重要性。

读者可能已经注意到，上述对制度概念的定义涵盖相当广泛的内容。事实上，这恰恰是贯穿本书的概念：制度是指影响人与人之间各种经济活动的众多安排。这些安排涉及家庭、个人和企业之间的经济、政治和社会关系。政治体制决定了社会集体决策的过程，其重要性怎么说都不为过，我们将在本书第八篇分析这个主题。

研究国与国之间收入差距根本原因的一个更自然的起点是经济制度，包括产权结构、市场的存在以及运行（无论好坏）、个人和企业之间的签约机会等等。经济制度是重要的，因为它们影响着社会的经济激励结构。没有财产权，个人就不会有动力在物质或人力资本上投资，或者采用更高效的技术。经济制度很重要，还因为它们能够确保资源被配置到最有效的用途当中，并决定谁将获得利润、收入和剩余控制权。当市场缺失或被忽视时（例如，许多原社会主义社会的情况），交易产生的收益得不到利用，资源配置扭曲。因此经济学理论提出，一个社会如果拥有促进和鼓励要素积累、创新及有效资源配置的经济制度，相对于没有这种制度的社会，将更加繁荣。

经济制度是影响不同经济增长模式的关键因素，这一假说与我在本书中提到的模型紧密相关。所有的经济模型都始于经济制度的设定，例如，市场结构、可行合同及可行交易的集合、禀赋分配和个人所有权。此外，在所有这些模型中，激励机制影响着个人行为。个人组成一个社会的方式基本上决定了经济制度，而正是经济制度塑造了上述激励机制。有些社会的组织方式鼓励人们创新，承担风险，为将来储蓄，找到更好的方法做事，学习和教育自己，解决集体行动的问题，并提供公共物品。有些则不是。我们的理论模型要确定在阻碍或促进经济增长的具体政策和制度变量中哪些是重要的。

本书的第八篇为分析"好的经济制度"的构成因素提供了理论方法。一项好的经济制度应该能够促进物质资本和人力资本的积累，开发并采用更好的科技（尽管好的经济制度无疑会随着环境和时间的变化而变化）。读者应该从直觉上能够理解，对有助于提高效率的经济活动增税并不会促进经济增长，抑制创新的经济制度也不会带来技术进步。因此，实施一些基本产权（政策），保证企业的自主经营是不可或缺的。但是，经济制度的其他方面也很重要。例如，人力资本对生产率提高和技术利用来说都很重要。然而，对于一个具有很多部门且能够广泛积累人力资本的社会来说，某种程度的机会均等是必要的。仅仅保护富人精英阶层或特权阶层的经济制度，会造成机会均等的缺失和其他扭曲，因而可能阻碍经济增长。第14章强调了熊彼特的创造性破坏过程，其中新企业大力发展并战胜在位企业，这种创造性破坏是经济增长的基本要素。熊彼特的创造性破坏需要一个公平的竞争环境，这样一来，在位企业就无法阻止技术进步。因此，基于创造性破坏的经济增长，也需要经济制度保证一个社会中有一定程度的机会均等。

读者可能想到另一个问题：为什么任何社会都存在阻碍经济增长的经济和政治制度？社会各方都最大限度地做大国家馅饼（GDP水平、消费水平，或者经济增长水平）岂不是更好？这个问题有两种可能的答案。第一个答案把我们带回多重均衡，这可能是因为社会成员无法就"正确"的（例如，促进经济增长的）制度达成一致。这个答案与对多重均衡的其他解释同样不能令人满意：如果存在一个均衡制度，它将使所有社会成员变得更加富有并且境况得以改善，那么在一段时间内社会成员都将非常愿意就制度带来的这种改进达成一致。

第二种答案认为存在着一些社会内部固有的利益冲突，能让所有人都过得更好的改革、变化或进步并不存在。在熊彼特阐述的创造性破坏中，每一次改革、变化或进步，都在创造着赢家和输家。本书第八篇说明，对制度的解释与社会中的利益冲突紧密相连。简单而言，资源分配不能脱离经济的总体表现，或者用更常用的语言来说，效率和分配不能脱钩。那些没能最大限度地提高经济潜力的制度可能为社会的某部分人创造利益，因而这部分人是这类制度的忠实拥护者。因此，要理解制度变迁的根源，我们就要研究不同制度变迁下的赢家和输家，以及为什么即使制度变迁能增加国民财富的规模，赢家也不能笼络收买或补偿输家，为什么赢家没有强大到足以击败潜在的输家。这样的研究不仅有助于解释为什么某些社会选择或废止了抑制增长的经济制度，也有助于我们对制度变迁做出预测。毕竟，制度事实上能够并且确实发生变迁，这是制度假说与地理和文化假说之间的重要差别。均衡制度和内生的制度变迁是制度假说的核心部分，但必须推迟到本书第八篇再进行研究。在这里，请注意制度内生性的另一个重要含义：制度的内生性使评估制度作用的实证研究更具挑战性，因为它意味着我们考察制度对经济表现的作用时，将存在计量经济学中的标准联立偏误。①

在本章中，我把重点放在赞成和反对各种假设的经验证据上。我认为这方面的证据大体上表明，社会对不同经济制度的选择是决定经济命运的主要因素。在下面的讨论中，我对最近的实证研究给出了一个综述，以支持我的观点。尽管如此，需要强调的是运气、地理和文化也很重要，而且这四个根本原因相互补充。有证据表明，制度是这四个原因中最重要的一个，但并不否认其他因素（如文化影响）的潜在作用。

4.3.4 文化

最后一种解释经济增长的观点认为，不同的社会（或者不同的种族或族裔群体）有不同的文化经历或不同的宗教。一些社会科学家将文化视为个人和社会价值观、偏好及信仰的关键决定因素；文化差异则在影响经济表现中发挥重要作用（争议还在继续）。

在一定程度上，人们认为文化在一套给定制度下会对均衡结果产生影响。回想一下，当存在多重均衡时，均衡的选择就成为核心问题。例如，在第4.3.1节简单博弈的讨论中，文化可能成为个体协调高投资或低投资均衡的决定因素之一，"好"的文化可以被视为协调更优（帕累托最优）均衡的方式。当然，前文所述的论点，即整个社会不太可能陷入一个所有人的境况相对于其他均衡情形都恶化的均衡之中，使文化协调均衡的作用不那么重要。另外，不同的文化产生不同的信念，影响着人们的行为方式。在给定的制度框架之下，这些差异可以改变原有的均衡集合（例如，一些信念允许使用惩罚策略，而其他信念则不允许）。

---

① 同样需要注意的是，除一些明显的例外（如气候变化，全球变暖）之外，地理受经济决策的影响不大，因此说地理是"外生的"，但是这并不意味着从经济计量学的角度看地理也是外生的。地理特征也许（实际上确有可能）与其他因素相互关联，并影响经济增长。

马克斯·韦伯（Weber，1930）对文化与经济发展之间关系的论述最为著名。他认为，西欧工业化的起源可以追溯到文化因素，即新教改革，特别是加尔文教的兴起。有趣的是，韦伯在评论孟德斯鸠的观点时，清晰地概述了他自己的观点：

> 孟德斯鸠在谈到英国人时说，他们已经"在三件重要的事情上取得了全世界最大的进步：虔诚、商业和自由"。有没有一种可能，他们对商业的重视、对自由政治制度的采纳与孟德斯鸠赋予他们的"虔诚"之间存在某种形式的关联？

韦伯认为，英国式的虔诚，尤其是新教，是资本主义发展的重要推动力量。新教产生了一套强调勤奋、节俭和储蓄的信仰。新教认为经济上的成功就是被神选中的信号。韦伯把新教的这些特点与其他宗教如天主教进行比较，他认为，天主教并没有促进资本主义的发展。最近，类似思想已经被应用于强调其他宗教的不同含义。许多历史学家和学者都认为，资本主义的兴起、经济增长过程、工业化是与文化和宗教信仰密切相关的。在解释为什么拉美国家（因为他们的伊比利亚文化）相对较为贫穷而其北美邻居却很富裕时（因为他们的盎格鲁-撒克逊文化），也提出了类似的观点。

一个起源于人类学的说法认为，社会有可能因其文化价值观和信仰体系不鼓励合作而"功能失调"。该观点最早和最有见地的版本是班菲尔德（Banfield，1958）在分析意大利南部的贫困问题之后得出的。他的思想后来被帕特南（Putnam，1993）推广，后者提出了社会资本的概念，用来表述导致合作和其他"好的结果"的文化态度。这些思想的许多版本都以这样或那样的形式出现在经济学文献中。

经济增长理论面临的两个挑战也是建立在文化的基础之上。第一个是文化测量的难度。然而，在社会调查中，通过自我披露的信仰和态度，在测度某种文化特征方面已经取得一些进展。简单地说，意大利北部的富裕源于良好的社会资本，而南部之所以贫困是由于恶劣的社会资本使其陷入恶性循环的风险之中。文化在解释经济增长时面临的第二个困难是增长奇迹，例如韩国和新加坡。如上所述，如果亚洲的文化会引导这些国家走向富裕，那么为什么此前没有带来增长？为什么这些文化不能促进朝鲜的经济增长？如果亚洲的价值观念对今天中国的增长十分重要，那么为什么在毛泽东时代没有产生更好的经济表现？这些挑战，大体上都是可以克服的。我们或许可以采用更好的数据绘图，结合特定条件下文化如何迅速变化的有关理论，构建出文化模型。虽然理论上可行，但尚未出现相关理论。此外，下一节将揭示，过去几个世纪许多国家经历的巨大经济增长差异背后，文化因素并不是主导力量。有鉴于此，文化或许最好被看成对制度因素的补充，例如，作为促进制度惯性的力量之一。

4.4 制度对经济增长的影响

我认为，有令人信服的实证研究支持以下预测：经济制度的差异，比运气、地理或文化，更会导致人均收入的差异。我们先来考察经济制度的一个衡量指标与人均收入之间最简单的关系。

图 4.1 显示了各国 1995 年人均 GDP 对数与产权制度之间的相关性，其中产权制度以 1985—1995 年保护公民免遭征收风险的平均值衡量。测算经济制度的数据来自政治风险服务集团（Political Risk Services），这是一家评估外商投资在不同国家面临没收风险的私人企业。这些数据并不完美，反映的是一些分析师对产权安全性的主观评估，然而对我们的研究目的还是有帮助的。第一，它们强调产权保障，这是经济制度的本质方面，尤其是考虑到产权对经济激励的影响时。第二，那些打算在被评估国家进行投资的商人购买了这些测算数据，因此反映了产权保护的市场评估。

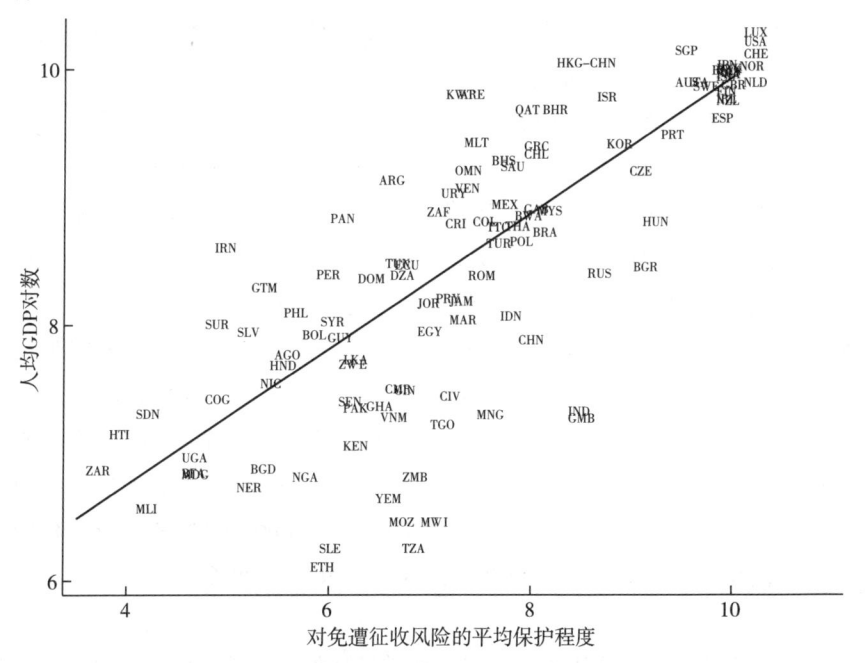

图 4.1　经济制度（以 1985—1995 年平均被征收风险衡量）与人均 GDP 之间的关系

图4.1显示，产权有更多保障的国家（也就是更好的经济制度）有着更高的人均收入。读者不应该把图表中的相关关系解释为因果关系，即不能说产权保护导致了经济繁荣。第一，相关性也可能反映了逆向因果关系，也就是说，或许足够富裕的国家才能执行产权保护。第二，更为重要的是，可能存在遗漏变量偏差，比如地理或文化等其他因素，解释了为什么国家贫穷、为什么缺乏产权保护。因此，如果遗漏决定了制度和收入的因素，我们就会错误地推断出经济制度和收入之间存在因果关系，而事实上这种关系是不存在的。这是计量经济学中标准的、由联立偏误或遗漏变量偏误造成的识别问题。最后，产权保护或经济制度的其他代理变量，本身就是基本政治制度和政治冲突的均衡结果。虽然最后一点很重要，但是要对制度均衡做出令人满意的探讨，就必须对政治与经济的相互作用建模，这要等到第八篇才进行叙述。

为进一步说明这些潜在的识别问题，我们可以假设气候或地理学影响经济表现。事实上，简单的散点图显示出纬度（与赤道之间距离的绝对值）和人均收入之间的正相关关系，这一结论与孟德斯鸠和其他地理假说支持者的观点相一致。有趣的是，孟德斯鸠不仅声称温暖的气候使人们懒惰，从而降低生产率，他还断言，温暖的气候使他们不适合接受民主统治。因此根据孟德斯鸠的观点，专制是在温暖的气候条件下的"均衡"政治制度。故而，对图4.1中模型的一个可能解释就是，存在被遗漏的变量，即地理因素，能同时解释经济制度和经济表现。而忽略潜在的这第三个因素将会导致错误的结论。

即使孟德斯鸠的论断有不切实际和牵强附会之嫌，但是如下一般观点需要认真对待：图4.1所示的相关性，以及对图4.2中的相关性有影响的因素，并不一定是因果关系。正如在上文分析宗教或社会资本对经济表现的影响时指出的一样，此类散点图、相关性或者多变量普通最小二乘法回归，并不能确立因果关系。即使谨慎的回归分析，遗漏变量的影响也将始终存在。

那么，如何才能克服在经济制度和经济表现之间建立因果关系的困难呢？这个问题的答案是，在合理地确定限制条件的基础上设定计量经济方法。这可以基于工具变量方法，通过估计结构化的计量经济学模型或使用更多的简化形式来完成。目前，我们对经济制度的演化及其对经济表现的影响仍然缺乏足够认识，因此难以设定并估计完全结构化的计量经济学模型。因此，作为第一步，我们可以观察更多的简化证据，它们或许仍然可以为制度和经济增长之间的因果关系提供很多信息。

这样做的方法之一是从历史中学习，特别是从作为自然实验的异常历史事件中

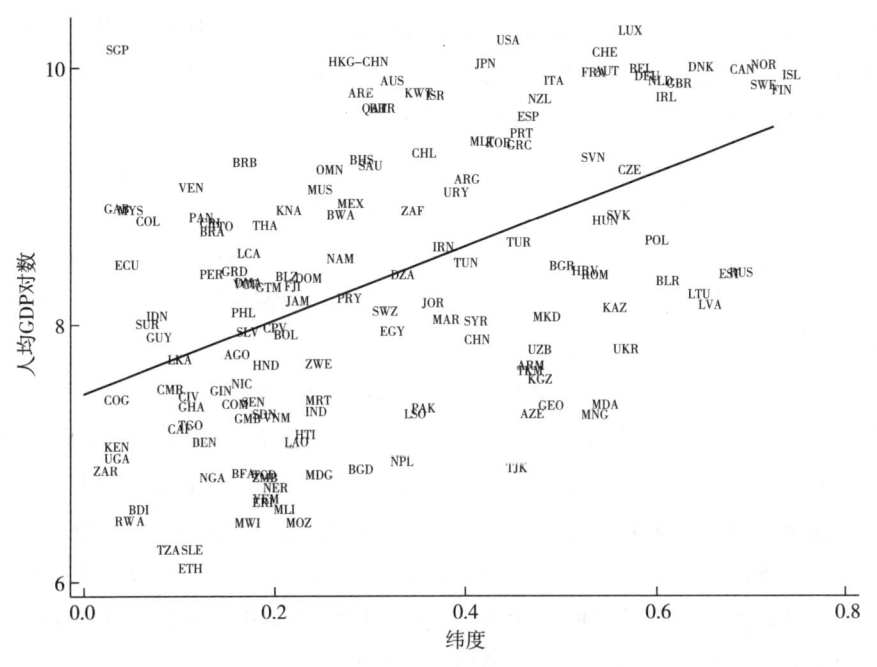

图 4.2 1995 年纬度（与赤道之间的距离）和人均收入的关系

学习，这些历史事件发生在经济增长的其他基本动因保持不变而制度由于潜在的外生原因发生变化的时候。现在我们讨论从以下两个自然实验中得到的教训。

4.4.1 朝鲜实验

直到二战结束，朝鲜半岛一直处在日本的占领之下，战争结束后不久，朝鲜宣布独立。当时，美国主要担心的是整个朝鲜半岛要么被苏联接管，要么被前游击队领袖金日成控制下的共产主义军队占领。因此，美国当局扶持了有影响力的民族主义领袖李承晚，他赞成国家分裂，而不是一个统一的共产主义朝鲜。1948 年 5 月在南朝鲜举行的选举，引起了反对分裂的朝鲜人民的广泛抵制。新当选的代表着手起草新宪法，并在三八线以南成立了大韩民国。朝鲜则成为金日成控制之下的民主主义人民共和国。

这两个独立的国家以完全不同的方式组织起来，采取了两套完全不同的经济、政治制度。北朝鲜跟随苏联共产主义与中国革命的模式，废除土地和资本的私人产权。经济决策不是由市场调节，而是由国家决定。相反，南朝鲜依然保持了私人产权和资本主义经济制度。

在这些制度变化之前，朝鲜和韩国有着相同的历史和文化根源。事实上，朝鲜半岛在种族、语言、文化、地理和经济方面表现出无与伦比的同质性。南北朝鲜之间几乎没有地理上的区别，而且有着相同的疾病环境。此外，在分裂之前，南北朝鲜的发展处于同一水平。如果说有区别，就是北朝鲜的工业化程度略高。麦迪森（2001）估计，在分裂之时朝鲜和韩国的人均收入大致相同。

因此，我们可以把 60 年前的朝鲜半岛分裂作为一个"自然实验"，用于识别制度对经济繁荣的因果影响。朝鲜被分裂为两个国家，用完全不同的方式管理，而地理、文化和经济繁荣的许多其他潜在决定因素均保持不变。因此，任何经济表现方面的差异几乎可以全部归因于制度的不同。

在分裂 60 年后，朝韩双方在经济发展方面经历了显著分化。20 世纪 60 年代后期，韩国经济被创造成亚洲经济"奇迹"，经历了有史以来最迅速的经济增长。与此同时，朝鲜经济却停滞不前。到 2000 年，韩国人均收入水平为 16 100 美元，而朝鲜只有 1 000 美元。对于 1950 年后朝韩双方截然不同的经济经历，只存在一个合理的解释：不同的经济制度导致不同的经济表现。在这方面值得注意的是，朝韩双方不仅有着相同的地理，也有着同样的文化，所以，两国的地理或文化差异都不能对两国的经济路径差异产生多大影响。当然人们可以说，韩国是幸运的，而北朝鲜是不幸的（尽管这种差异不是由于任何一种多重均衡，而是由于实施不同制度引起的）。然而，运气的观点在这里不大可能讲得通，因为朝鲜经济机制的持续失调是显著的事实。尽管有令人信服的证据表明朝鲜体制产生了贫困和饥荒，朝鲜共产主义政党的领导人却选择以各种可得手段维持统治。

虽然这个自然实验很有说服力，但是其中的证据还不足以证明经济制度作为基本因素，在导致各国经济发展差异中的重要性。首先，这是单一案例，在自然科学的受控实验中，相对较大的样本是至关重要的。其次，我们这里举的是个极端例子，说明的是市场经济和极端共产主义经济之间的区别。今天的社会科学家极少有人会否认长期实行中央规划的极权统治会产生高昂的经济成本。但许多人可能会争辩说，在资本主义经济或民主国家之间，经济制度的差异并不是导致不同经济发展轨迹的主要因素。为了证明经济制度对国家贫富的主要决定作用，我们需要在制度差异中考察一个更大规模的"自然实验"。

4.4.2　殖民地实验：命运逆转

欧洲人在世界范围内的殖民化提供了一个大规模的自然实验。从 15 世纪初期开始，特别是在 1492 年之后，欧洲人征服了许多国家。殖民化过程把制度带到了许多由欧洲人征服或控制的土地上。最重要的是，欧洲人将不同的制度强加给其全球化统治帝国的不同地区,极其显著的一个例子就是:在美国东北部发展起来的制度结构,建立在小农私有财产和民主的基础之上;相反,加勒比种植园的经济制度,则建立在压迫和奴役的基础之上。因此,在地理因素保持不变的情况下,欧洲人在不同社会推动了经济制度的重大变化。

有一个事实也许最显著反映了欧洲殖民主义对经济制度的影响:历史证据表明,原欧洲殖民地在经济繁荣方面经历了一次异乎寻常的命运逆转。许多社会,如印度的莫卧儿人、美洲的阿兹特克人和印加人,在公元1500年时处于世界最发达文明之列。现在位于它们疆界之内的民族国家,却成为世界上比较贫困的国家。相比之下,历史上文明欠发达的北美、新西兰、澳大利亚地区,现在却远比莫卧儿人、阿兹特克人和印加人生活的区域富裕。

命运逆转并不局限于这些比较。为了更一般地证明这一逆转,我们需要一个500年前经济繁荣的代理变量。幸运的是,城市化率和人口密度可以充当这类代理变量。只有具备一定水平的农业生产率以及比较发达的运输和商业体系的社会,才可以支撑庞大的城市中心和密集人口。图4.3显示了1995年的人均收入和城市化水平(市中心居民人数5 000人以上的城市人口数占总人口数的比例)之间的关系。该图表明,即使在早已完成工业化的今天,城市化和经济繁荣之间

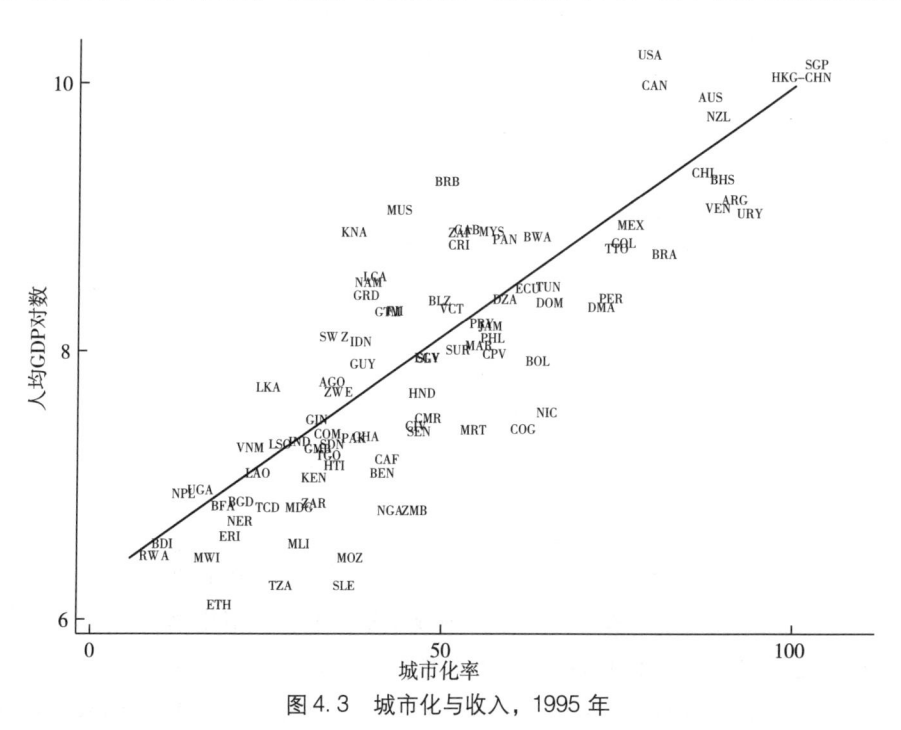

图4.3 城市化与收入,1995年

依然存在显著的关系。

当然，高城市化率并不意味着大部分人生活富裕。事实上，在 20 世纪之前，市区往往是贫困和疾病的中心。然而，城市化率是衡量平均富裕程度的很好的代理变量，密切对应于我们今天用来测算经济富裕程度的人均 GDP。另一个有助于测算前工业社会富裕程度的变量是人口密度，它与城市化率密切相关。

图 4.4 和图 4.5 显示了原欧洲殖民地样本中，1995 年的人均收入和 1500 年的城市化率及人口密度（对数）之间的关系。我只关注 1500 年，是因为它在欧洲殖民运动之前，此时殖民运动尚未对这些国家中的任何一个产生影响。在这两个图中存在着清晰、强烈的负相关关系，表明自 1500 年至今，在经济繁荣方面发生了排序的逆转。事实上这些图显示，在 1500 年，温带地区总体上比热带地区落后，但在 20 世纪排序已发生变化。

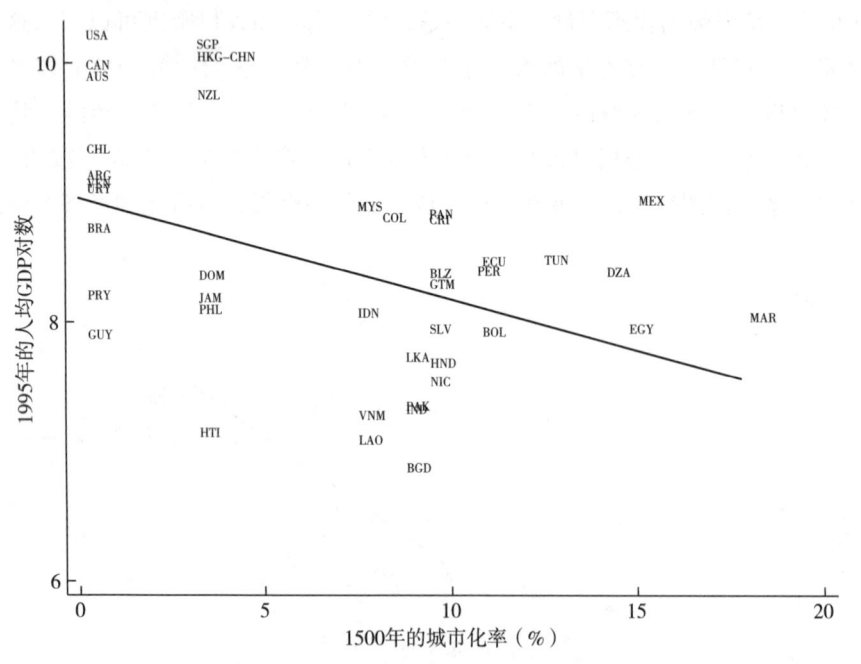

图 4.4 命运逆转：原欧洲殖民地各国（地区）1500 年的城市化率与 1995 年的人均收入

这个逆转有一些不同寻常之处。大量证据说明，在农业开始广泛传播之后，各国（包括后来被欧洲殖民的国家）都经历了持续的城市化和人口集中。较早时期的城市化数据显示，在原欧洲殖民地或非殖民地，城市化率和繁荣都持续了 500 年或更长时间。虽然有帝国衰亡的典型例子，如古埃及、雅典、罗马、迦太基和威尼斯，但整体模式是持久的。逆转也不是 1500 年之后世界的基本模式。

如果我们考察整个欧洲，或是包括原欧洲殖民地在内的整个世界，没有证据表明，1500 年到 1995 年之间发生了类似的逆转。

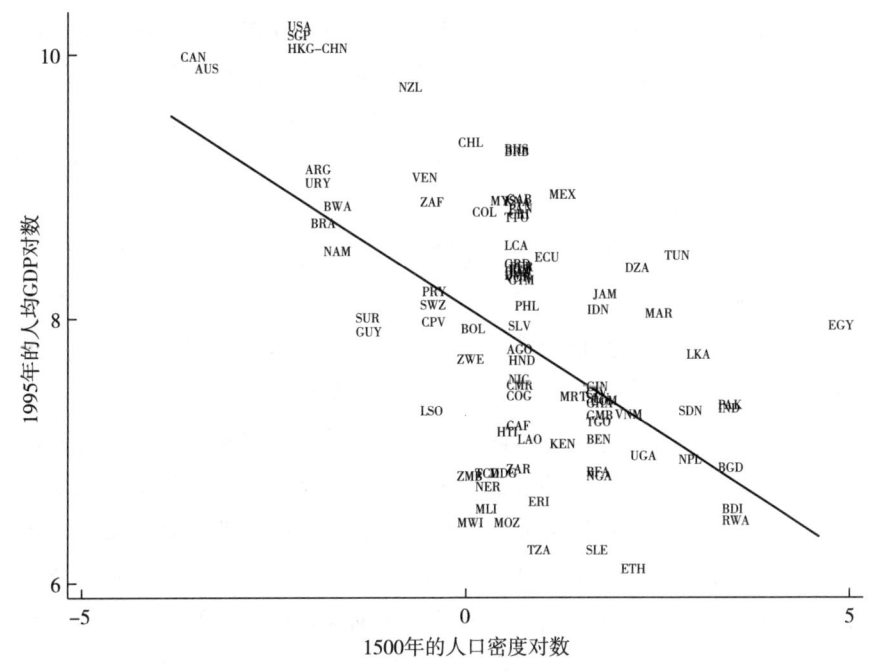

图 4.5　命运逆转：原欧洲殖民地各国（地区）1500 年的人口密度与 1995 年的人均收入

因此，没有理由认为在图 4.4 和图 4.5 中的模式是某种自然的"回归均值"。相反，原欧洲殖民地的命运逆转反映了这些国家一些不寻常的因素，以及与这些国家实施的干预相关的因素。当然，主要的干预与制度变迁有关。欧洲人不仅在他们征服的几乎所有国家强加了一种不同的秩序，而且在不同殖民地强加的制度类型有很大差异。① 这些原殖民地的制度差异很有可能是其经济命运逆转的根源。当我们观察逆转的时机和性质时，这个结论得到了进一步的支持。阿西莫格鲁、约翰逊和罗宾逊（2002）表明，逆转主要发生在 19 世纪，并与工业化紧密联系在一起。

这些模式和最简单的、常见地理假说版本明显不一致。在 1500 年，处于热带地区的国家相对比较繁荣，而现在恰恰相反。因此，基于热带固有的贫穷、气

---

① 在有些地方，包括美国中部和印度，殖民制度是建立在原殖民地的制度基础之上的。在这种情况下，早期殖民制度的主要决定因素在于欧洲人是否坚持和进一步巩固已有的等级制度（如阿兹特克人、印加人或莫卧儿人的王国），或者他们是否引入或强制推行鼓励海外扩张的政治经济制度。

候、疾病环境或其他固有因素的相对繁荣理论并不可信。

然而，根据戴蒙德（1997）的观点，我们可以将阿西莫格鲁、约翰逊和罗宾逊（2002）提出的观点称为"复杂地理假说"，即地理因素确实很重要，但它会随着时间发生变化。例如，欧洲人创造了某些地理维度特有的技术，如笨重的金属犁只能在温带地区使用，不适合热带的土壤。因此，当1492年之后，欧洲征服了世界上大多数国家时，他们引进了在某些地方（美国、阿根廷、澳大利亚）能起作用但对其他地方（秘鲁、墨西哥、西非）没有作用的特定技术。然而，发生在18世纪晚期和19世纪的命运逆转和大多数合理的"复杂地理假说"并不一致。欧洲人确实带来了新的技术，但是命运逆转的时间表明，关键的技术是工业技术而不是农业技术，而且很难理解为什么工业技术在热带地区不起作用（事实上，它们在热带的新加坡和中国香港应用得非常成功）。

可以用类似的思考审视文化假说。虽然文化的变化很慢，但是因为初期的殖民地实验足够激进，因此在欧洲统治下很多国家在文化方面发生了重大变化。此外，土著人口的大量毁灭和来自欧洲的移民，很有可能创造出新的文化，或者至少在很多重要方面改变原有的文化。然而，文化假说并不能合理地解释命运逆转，也无法解释命运逆转的时间。此外，如下面讨论的，尽管经济计量模型表明制度会对收入产生影响，却未能说明宗教或文化对经济繁荣产生了重大影响。

运气的重要性也很有限。欧洲人实行不同的制度不是随机的，他们做出改变和在殖民地遇到的条件有很大关系。换言之，在原殖民地施加并发展的制度类型是我们需要研究的内生（均衡）结果。

4.4.3 命运逆转和制度假说

命运逆转与经济制度对发展的主导作用一致吗？答案是肯定的。事实上，一旦我们认识到殖民化带来的经济制度变化，就可以看到命运逆转正是制度假说预测的结果。

阿西莫格鲁、约翰逊和罗宾逊（2002）的研究证据表明，在初始人口密度、城市化、良好经济制度的创造之间有着紧密的联系。特别是，在其他条件都相同的情况下，初始的人口密度越高或者初始城市化水平越高，后续的制度就越差。这些后续的制度包括独立之后的制度和当前的制度。图4.6和图4.7说明了这些关系，与图4.1一样使用保护公民免遭财产征收风险衡量当今的经济制度。它们证明了，高密度的人口和高度城市化的殖民地均以糟糕的制度结束，而低人口密度和非城市化地区随着欧洲移民的涌入，建立起保护社会各个阶层财产权利的制度。因此，欧洲的殖民主义带来了制度逆转，从某种意义上说，以前的富裕和密集居住区的地方结束于"坏的"制度。制度逆转并不意味着以前更密集居住区的制度就更好。它仅仅意味着一种趋势，相对贫困和定居人口密度较低的地区比以前人口密度高的富裕地区建立起了更有利于促进经济增长的制度。

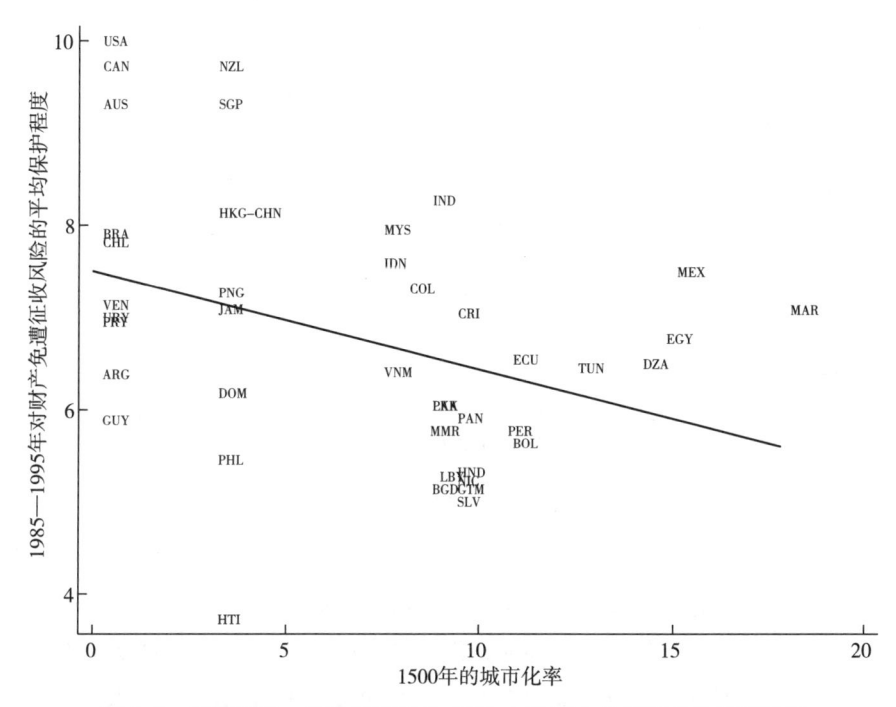

图 4.6 制度逆转：原欧洲殖民地 1500 年的城市化与当前的经济制度

如前面脚注讨论的，欧洲人可能并没有积极引入不利于这些地方经济进步的制度，只是继承了本土文明的制度。莫卧儿、阿兹特克、印加帝国的社会结构已经是等级森严、少数精英统治下的中央集权。这些帝国的统治，就是压榨大多数人的资源以满足少数精英的利益。欧洲人通常只是简单接管这些现存的制度。在任何情况下都很重要的一点是，在高密度居住区和相对发达的地区，欧洲人出于自身的利益，建立起有利于榨取当地资源的制度，而没有尊重大多数民众的财产权利。相反，在低人口密度的地区，符合他们利益的做法则是建立保护财产权利的制度。这些激励导致了制度逆转。

制度逆转与制度假说相结合，预示了命运的逆转：相对富裕的地区终结于相对糟糕的经济制度。如果这些经济制度很重要，我们就会看到这些国家随着时间的流逝而变得相对贫穷。

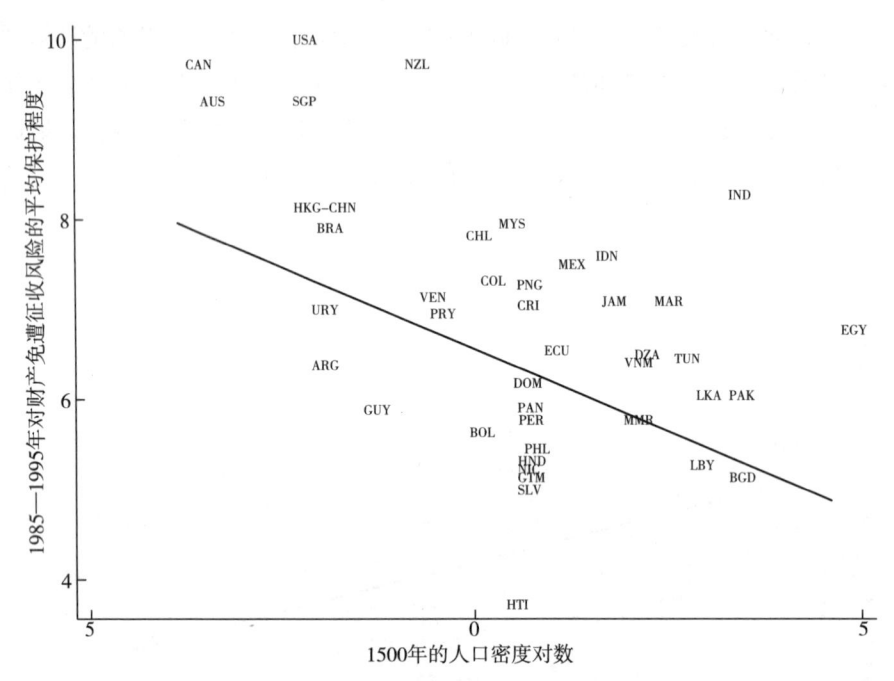

图 4.7 制度逆转：原欧洲殖民地 1500 年的人口密度与当前的经济制度

另外，制度假说和命运逆转的发生时间是一致的。回想一下，制度假说把投资于物质资本、人力资本和技术的激励同经济制度联系在一起，并认为经济繁荣源于这些投资。因此，我们可以预期经济制度在决定经济表现方面能发挥更为重要的作用，从而创造出对新企业家和创造性破坏过程的需求。工业化是 19 世纪的重大投资机会。如第 1 章记录的，原欧洲殖民地国家和其他国家中的富裕国家都是那些在这一关键时期成功实现了工业化的国家。在 18 世纪末和 19 世纪发生逆转的时间，与制度假说是一致的。

在迄今为止的讨论中，对命运逆转的解释是，欧洲人在各殖民地建立的经济制度都被用来服务于自己的经济利益。此外，由于环境和禀赋在殖民地之间各有不同，欧洲人创造了不同的经济体制，并且这些制度在许多情况下，仍然存在并继续决定着经济表现。为什么欧洲人将更好的经济制度引进到之前贫穷和未开发的地区而不是富裕、高密度居住地区？本书提及这个研究领域中已有的一些文献，但未做详细介绍。

欧洲人更喜欢引入或维持那些有利于攫取殖民地资源的经济制度，并从中获益。这通常意味着，由一小部分欧洲人控制的区域，也就是提供资源以供攫取的区域。这些资源包括黄金和白银；有价值的农产品，比如糖；而最重要、可能最有价值的商品是劳动力。在拥有大量本地人口的地方，欧洲人可以通过不同的方式剥削劳动力，比如税收、进贡品，或强迫他们在矿山或种植园工作。这种类型的殖民统治，与对大多数人提供经济权利和公民权利的制度是不相容的。因此，对于越是发达的文明和越是密集的人口结构，欧洲人引进较差的经济制度将会更加有利可图。

相反，在没有什么东西可以榨取的地方，在人烟稀少、欧洲人自己成为最主要人口的地方，为了他们自己的利益，则引入了保护自身财产权利的经济制度。

4.4.4 殖民地、死亡率和发展

到目前为止强调的殖民地初始条件，即本地人口密度和城市化，并不是影响欧洲人殖民政策的唯一因素。此外，疾病环境在各个殖民地之间相差巨大，这会显著影响欧洲人的定居意愿。如上所述，欧洲人定居之后会建立起他们自己赖以生活的各种制度，因而欧洲人是否定居，对后来制度变迁的路径有重要影响。换言之，200 年或更多年前的疾病环境，特别是疟疾和黄热病的流行（对欧洲死亡率造成关键影响），可能影响了原欧洲殖民地制度变迁和经济发展的道路。另外，如果殖民地时期的疾病环境对今天经济表现的影响，只是通过影响制度来实现，那么这种历史上的疾病环境可被视为当代制度差异的外生来源。从计量经济学的角度看，在估计经济制度对经济繁荣的因果关系时，疾病环境可以充当有效的工具变量。虽然，欧洲潜在殖民者的死亡率可能与土著死亡率有关（这可能影响了今天的收入水平），但实际上，当地居民已经对疟疾和黄热病有更强的免疫力。阿西莫格鲁、约翰逊和罗宾逊（2001）提出了各种各样的证据表明，欧洲殖民者的死亡率主要是通过制度产生影响的。

具体地，阿西莫格鲁、约翰逊和罗宾逊的观点可以概括如下：

（潜在）殖民者的死亡率⇒殖民定居⇒早期制度⇒当前制度⇒当前经济表现

也就是说，欧洲殖民策略受到了定居可行性的影响。欧洲人在那些他们自己愿意定居并成为主体民族的地方，更可能建立起为绝大多数人提供产权保护和基本政治权利的制度；在面临很高死亡率的地方，他们不可能定居。因为殖民地政权和制度有某种程度的持续性，所以疾病环境对欧洲人更有利的原殖民地在今天也更有可能拥有更好的制度。

基于这一推理，阿西莫格鲁、约翰逊和罗宾逊（2001）在原欧洲殖民地样本中，采用第一批欧洲殖民定居者的预期死亡率作为当期制度的工具变量。他们对工

具变量的估计表明，制度对经济增长和人均收入有着重大而且强烈的影响。图4.8和图4.9概述了相关论据。图4.8显示了人均收入和经济制度衡量指标（如图4.1所示，即免遭财产征收的保护）之间的横截面关系。该图表明，在历史上欧洲人面对的死亡率风险与当前执行产权的力度之间存在很强的关联。双变量回归得到的 R^2 为 0.26。同时，从图中也可以看出，各殖民地的欧洲人死亡率相差很大。澳大利亚、新西兰和美国之类的国家健康程度非常高，现有证据显示澳大利亚和新西兰的居民预期寿命事实上已经超过英国。相反，欧洲人在非洲以及中美洲和东南亚的某些地区，则面临着极高的死亡率。死亡率差异很大程度上归因于疟疾和黄热病之类的热带疾病，在当时，人们还不知道这些疾病如何产生、预防和治疗。

图4.8和图4.9说明，如果"排他约束"是有效的，即潜在欧洲殖民者的死亡率只通过制度渠道对当期经济表现产生影响，则经济制度对经济表现有重要作用。阿西莫格鲁、约翰逊和罗宾逊（2001）详细论证了这种效应，他们也提出了一系列可靠的检验以支持这一结果。他们的估计结果显示，今天富国和穷国之间的差距绝大部分源自经济制度的差异。例如，证据表明，在相对富裕和相对贫穷的国家之间超过75%的收入差距可以用经济制度的不同来解释（以产权保障作

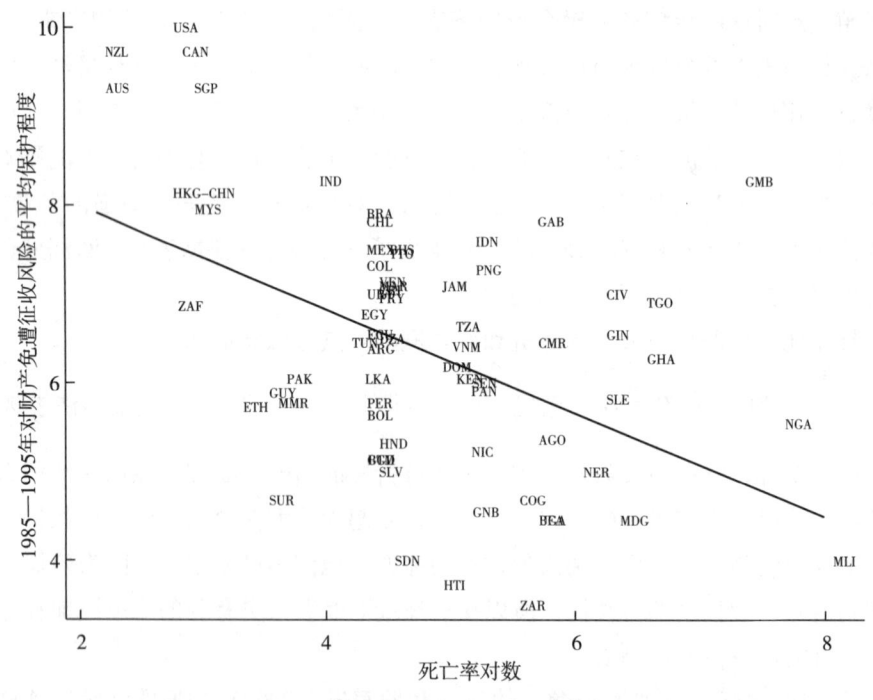

图4.8 潜在欧洲殖民者的死亡率与当前经济制度的关系

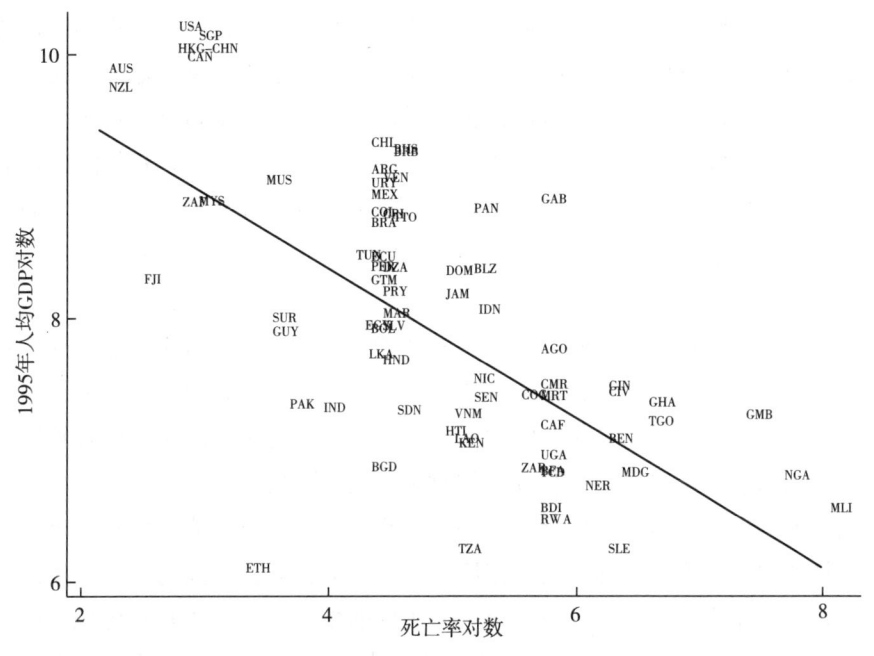

图4.9 欧洲殖民者的潜在死亡率与1995年人均收入的关系

为代理变量)。同样重要的是,证据表明如果运用这种方法估计制度的作用,则地理因素变量,如纬度、是否内陆国以及流行的疾病环境,对今天的经济表现几乎没有影响。这一证据再次表明国家之间的制度差异是经济发展的主要决定因素,而地域差异则次要得多。

这些结论还为如下问题提供了一个解释,即为什么图4.2显示在纬度和人均收入之间存在明显的相关性。纬度和欧洲殖民策略的决定因素之间的关联可以解释这一相关性。在殖民地时期,欧洲人对热带疾病没有抵抗力,因而在其他条件相同的情况下,定居点倾向于建在温带地区。因此,历史上经济制度的创立和纬度相关。如果不考虑经济制度的作用,人们就可能错误地认为纬度和人均收入之间存在相关关系。然而一旦考虑到经济制度的影响,这一关系即消失,地理因素对今天的经济繁荣似乎没有因果作用。[①]

4.4.5 文化、殖民地身份与经济发展

有人可能会认为,文化在殖民地发展过程中发挥了重要作用,因为欧洲人不

---

① 然而,这一结论并不意味着在公元1500年之前的经济发展过程中,地理因素没有发挥重要作用。

仅带来了新的制度，而且带来他们自己的文化。欧洲文化通过三种不同渠道对原欧洲殖民地的经济发展产生影响。首先，如前所述，原欧洲殖民地的文化很可能受欧洲殖民列强的身份影响。例如，相对于拉丁美洲的伊比利亚文化传承，英国人可能在澳大利亚和美国等殖民地植入了一种"优越"于拉丁美洲伊比利亚文化传承的盎格鲁－撒克逊文化。其次，欧洲殖民者可能带来了一种文化、职业道德或一套信念，这有利于殖民地的繁荣。最后，欧洲人带来了不同的宗教，也会对经济繁荣产生潜在的不同影响。

然而，阿西莫格鲁、约翰逊和罗宾逊（2001）的计量经济学证据和这些观点并不一致。与地理因素变量相类似，前面论及的计量方法表明，一旦考虑到经济制度的作用，殖民列强的身份、欧洲后裔在人口中的比例，以及信仰各种宗教的人口比例均未表现出对经济增长和人均收入有直接影响。

历史上的例子支持了这些计量结果。虽然在西班牙殖民地中没有哪个国家像美国一样取得经济成功，即便是许多原英国殖民地，如在非洲的英国殖民地、印度和孟加拉，至今依然贫穷。有一点可以明确的是，英国人在其殖民地也绝不是简单复制英国制度。例如，1619年北美的弗吉尼亚殖民地召开具有男性普选权的代表议会，这在英国本土直到1919年才得以确立。另一个生动的例子是加勒比地区的普罗维登斯岛。虽然美国东北部民主和机会均等的产生往往被归因于清教徒的价值观念，但普罗维登斯岛的清教徒殖民地尽管继承了这种观念，却迅速建立了与加勒比其他殖民地一样的奴隶制度。

类似地，尽管17世纪的荷兰有着几乎当时世界上最好的经济制度，它们最终在东南亚的殖民地却建立了掠夺资源、不给当地居民提供经济和公民权利的制度。相对其他国家而言，这些殖民地因此经历了缓慢的增长。

总之，这些证据并不能支持如下观点：地理、宗教以及殖民者身份或欧洲人占领带来的文化，在决定不同国家之间人均收入差异中发挥重要作用。相反，经济制度的差异似乎是决定不同国家之间人均收入差异的可靠原因。因此，制度似乎是影响收入差异和长期经济增长的最重要的基本因素。

4.5 什么类型的制度？

如前指出，在本章和其他很多文献中使用的制度概念相当广泛。它包括不同类型的社会安排、法律、法规、产权执行等等。有人可能会立刻抱怨，我们如此强调这个广泛的制度群的重要性，对它们的了解却太少。因此我们需要努力弄清楚，对于我们的目的而言，什么类型的制度是最重要的。这样的研究不仅对基本原因的实证分析有帮助，而且有助于我们更清楚地认识到：构建什么类型的模型，以便将基本原因、增长机制和最终的经济表现联系起来。

相对而言，只有极少的文献将内容广泛的制度群进行分类，以帮助我们理解哪些具体类型的制度对经济表现是重要的。此类工作远未完成，在这里简单提及最近的一些研究对我们是有益的，这些研究试图区别合同制度（contracting institutions）的作用与产权制度的影响。制度的一个重要作用是，便利借方与贷方之间或者不同企业之间签订合同。只有法律、法庭、法规以适当方式支持合同时，这种合同才有可能达成。我们将这种支持私人合同的制度安排称为"合同制度"。上面强调的另一类制度是关于限制政府和精英剥夺的制度，我们称之为"产权制度"（因为这些制度潜在地保护社会各阶层的产权）。尽管在许多情形中，合同制度和产权制度紧密相关，但它们在概念上是不同的。合同制度规范的是普通公民之间横向层面的关系，而产权制度则规范社会纵向层面之间的关系，防范精英、政客、特权阶层利用其权力侵害公民。这两类制度有潜在的区别，因此也有不同的作用。

阿西莫格鲁和约翰逊（2005）研究了这两类制度的相对作用。他们的方法是再次利用殖民地历史上的自然实验。在原欧洲殖民地样本中，殖民列强强制推行的司法体制对合同制度有很强的影响，但是对产权制度几乎没有影响，这一点有助于分离不同制度的作用。同时，潜在欧洲殖民者的死亡率和公元1500年的人口密度对当代产权制度均有显著影响，但对合同制度没有影响。采用原欧洲殖民地样本差异的这些不同来源，有可能分别估计出合同制度和产权制度的作用。

上述对殖民历史差异的不同来源进行估计的经验证据表明，相比合同制度而言，产权制度对当代经济表现的作用更为重要。对政客和精英施加更大约束、更好地保护公民免遭强势群体剥夺的国家，有显著更高的长期经济增长率和当前收入水平，也有显著更高的投资水平，并给予私人部门更多的信贷支持。相反，合同制度的影响是很有限的。一旦控制了产权制度的作用，合同制度似乎对人均收入、投资占GDP的比例、私人信贷占GDP的比例不产生影响。不过，合同制度似乎对股票市场的发展有一些作用。

这些结论说明，合同制度影响金融中介的形式，但对经济增长和投资的影响甚微。经济似乎可以在薄弱的合同制度之下运行，而不会造成灾难性的后果。但如果面临遭受政府或强势群体剥夺的重大风险，则不可能正常运行。对此的一个可能解释是，私人合同或其他基于声誉的机制，至少能够部分缓解薄弱的合同制度带来的问题。举例来说，如果债权人难以回收贷款，那么利率就会上升，有效实施监督功能的银行将会发挥更重要的作用，或者可能出现基于私人声誉的借贷关系。相反，产权制度关系到政府和公民之间的关系。如果不存在对政府、政客和精英的制约，私人部门就缺乏投资必需的产权保护。

但是，在解释阿西莫格鲁和约翰逊（2005）的证据时，读者需要牢记的是，人均收入和投资率的变动原因与第1章中讨论的巨大差异有关，而这些变动原因则显示了合同制度和产权制度的不同作用。当国家之间存在30倍的人均收入差异时，合同制度有可能产生一定的影响但难以检测。因此，该证据应该理解为：与产权制度相比，在产生经济发展的巨大差异方面，合同制度是次要的，但这并不一定意味着它对经济表现没有影响。

4.6 疾病与发展

第4.4节呈现的证据否定了地理因素在经济发展中的主导作用。然而，有一个版本的地理因素假说需要做进一步的分析。各种证据指出，不健康的个人生产率低下且常常不能成功获得人力资本。国别间的疾病环境差异能否对经济发展产生重要影响？在解释各国之间巨大收入差异的时候，疾病负担是主要原因吗？例如，戴维·威尔（David Weil, 2007）的一篇论文认为，在前面章节中运用的包括物质资本、人力资本和技术的框架应得到扩充，将健康资本考虑进来。换句话说，总量生产函数可以采取 $F(K, H, Q, A)$ 的形式，其中 H 表示有效劳动力（作为人力资本的常规测度），Q 代表健康资本。威尔提出了一个用微观计量测算健康资本对生产率贡献的方法，并认为健康资本是解释国别间收入差异的重要原因。

将欠发达国家的低生产率部分归因于劳动力非健康状态的观点，显然是有一定说服力的。现有计量经济学证据表明，该观点得到了一些经验研究的证实。这是否意味着地理因素是经济增长的基本要因？并非一定如此。正如已经提到的，疾病负担是内生的。当今健康状况较差的国家之所以这样，恰恰是因为国弱民穷，无力投资于医疗保健、清洁用水和其他提高健康水平的技术。毕竟，仅仅200年前，欧洲许多地方的居民也是不够健康的，预期寿命很短。随着经济增长，一切才得以改变。从这个意义上说，即使健康资本是一个有用的概念，而且确实有助于解释各国之间的收入差异，它本身可能也是受其他因素影响的直接原因。

阿西莫格鲁和约翰逊（2007）的一篇论文直接讨论了疾病负担的改变对经济

发展的影响。他们利用了自 20 世纪 40 年代开始的预期寿命大幅提高的事实（尤其是在相对贫穷的国家）。健康的这些改善直接来源于有力的国际健康干预、更有效的公共健康对策以及新的化学品和药品的问世。就理解疾病对经济增长的作用而言，更为重要的是，这些健康改善措施大体上外生于单个国家。此外，这些措施对具体国家的作用各有不同，取决于该国是否遭受某种疾病，而此病的治疗方法和药物是否可以从国际上获得。这些提高健康水准的措施作用巨大，鉴于它们导致了一大批国家人均寿命空前提高，堪称"国际流行病学的转型"。图 4.10 显示了预期寿命史无前例的收敛，图中分别画出了最初的（1940 年左右）贫穷国家、中等收入国家和富裕国家的预期寿命。该图表明，在 20 世纪 30 年代，许多贫穷和中等收入国家的预期寿命较低，"转型"使它们的预期寿命提高到接近发达国家的平均水平。作为这些发展的结果，在当今世界许多欠发达地方的健康状况，虽然仍急需改善，但是已经明显优于西方国家处在相同发展阶段时候的健康状况。

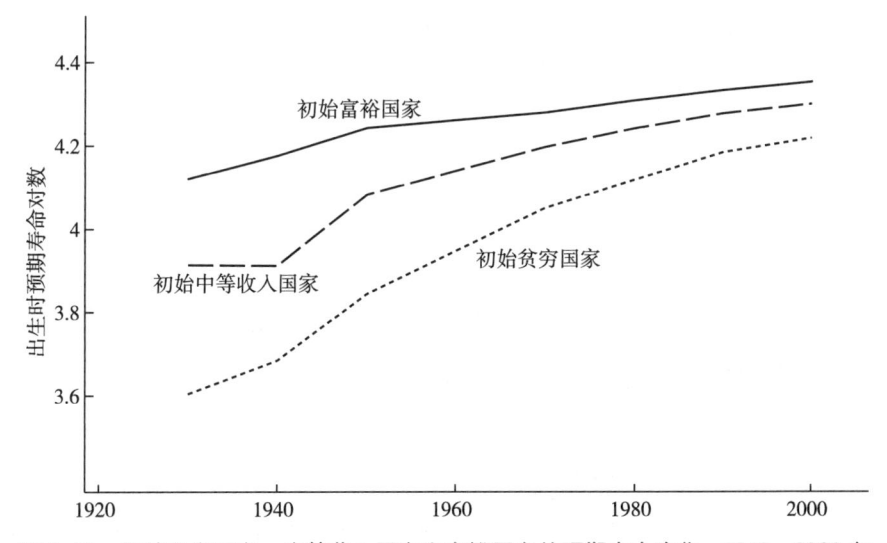

图 4.10 初始贫穷国家、中等收入国家和富裕国家的预期寿命演化，1940—2000 年

国际流行病学的转型，使实证研究有望分离出健康条件潜在的外生变化。转型对一国预期寿命的作用，与以下因素相关：该国人口最初在 1940 年左右受各种具体疾病如肺结核、疟疾、肺炎影响的程度，以及各种健康干预措施的发生时点。这一推理提出，利用死亡率的预测值可以测算一国卫生条件的潜在外生变化，而死亡率的预测值由主要的跨国疾病大流行与全球干预日期的交互项决定。阿西莫格鲁和约翰逊（2007）证明，死亡率的预测值对始于 1940 年的预期寿命

变化有稳健的重大影响，但对此前（也就是，在重要干预之前）预期寿命的变化没有影响。这个结论认为，1940年之后很多国家经历的预期寿命大幅增加，事实上与全球健康干预措施有关。

这并不奇怪，阿西莫格鲁和约翰逊（2007）发现，死亡率预测值和它引起的预期寿命变化，对人口数量有相当重大的影响：预期寿命增加1%，带来大约1.3%~1.8%的人口增长。但有些令人吃惊的是，他们没有发现对人均GDP有积极影响的证据。图4.11概述了这一证据，它表明在最初的贫穷国家、中等收入国家和富裕国家之间，人均收入没有收敛的趋势。

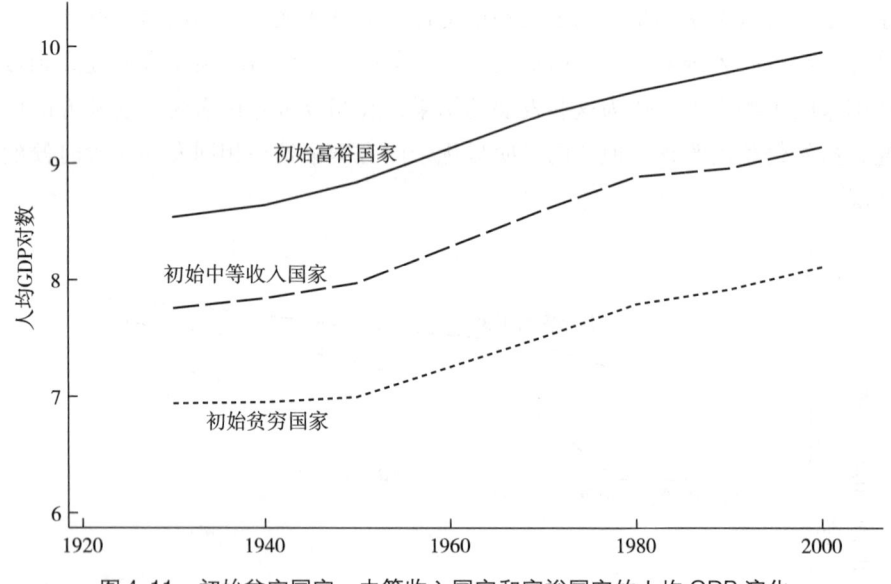

图4.11 初始贫穷国家、中等收入国家和富裕国家的人均GDP演化：1940—2000年

为什么预期寿命和健康的显著提高没有引起人均GDP的增加？对这个问题最自然的回答来自新古典增长理论（本书前两章和第8章）。预期寿命增加的重要影响是人口的增加，这减少了人均资本和人均占地，进而降低了人均收入。随着更多人口进入劳动力队伍，更高的产出补偿了人均收入的初始下跌。然而，人均收入显著大幅提高是不可能的，特别是在许多严重依赖农业，并因人口增长而遭遇土地劳动比下降的国家，更是如此。因而，在过去50多年中，健康对生产率的正效应较小，可能并不足以抵消或逆转人口增长对人均收入的负效应。

4.7 制度的政治经济学：初步思考

本章呈现的证据表明，制度是经济增长主要的甚至是最显著的根本原因。因此，要理解为什么有些国家贫穷而有些国家富裕，我们必须思考各国的制度和政策为何迥然不同。我在后记中也提到，理解了制度变迁，就为探讨"世界经济的增长过程为何开始于大约 200 年前"提供了线索。

然而，用制度差异解释各国之间、各个时期之间的收入差异也是不全面的。正如本章论证的那样，如果某些制度利于经济快速增长，而某些制度致使经济停滞不前，为什么有的国家会集体选择那些导致发展陷入停滞的制度？对这个问题的回答涉及社会集体选择的本质。制度和政策的设立，跟其他集体选择一样，并非出于社会整体的利益，而是政治均衡的结果。为理解这种政治均衡，我们需要理解社会中不同个体和群体之间的利益冲突，并分析这些冲突如何用不同的政治制度加以协调。因此，正确理解制度如何作用于经济表现，以及各国之间的制度为何差异巨大（以及为何制度发生变化，进而为增长奇迹铺平道路），需要构建政治经济学模型，明确研究怎样把不同个体之间相互冲突的各种利益加总到集体选择之中。政治经济学模型同时详细说明了，为什么特定的个体或群体可能反对经济增长，而偏好于规避增长机会的制度。

因而，本章的讨论说明，将政治经济学的研究包含进来，以作为详细探讨经济增长的一部分，是合理的。经济增长的很多研究，必须关注模型的结构，以便帮助我们理解经济增长和收入差异各个直接原因之间的影响机制。但是，这一内容宽泛的研究，还必须直面经济增长的根本原因，这些原因关系到政策、制度，同时也须关注导致不同的投资、积累和创新决策的其他因素。

4.8 小结

本章强调了经济增长的直接原因和根本原因之间的区别。前者涉及物质资本积累、人力资本和技术，而根本原因则影响投资于这些生产要素的激励。我一直认为，激励我们研究经济增长的许多问题必然引导我们探究根本原因。但是，理解根本原因最为有用的，就是我们能将根本原因与完善的经济增长模型相联系，用于观察这些原因如何影响经济增长机制，从中能得出什么类型的预测。

本章呈现的证据看起来支持制度假说，不过，对于这一假说还需要细致的理论研究。只有当一个社会中的某些团体支持那些不一定能提高经济增长潜力的制度时，这种制度观点才有意义。这些团体之所以这样做，是因为他们没有直接或间接地从经济增长的过程中受益。因此，更好地理解经济增长对收入分配的影响至关重要（例如，经济增长如何影响相对价格和相对收入，如何破坏在位者的"租金"）。然而，从理论上阐释增长过程的影响，需要结合集体决策的政治经济学模型，这些模型用于研究在什么条件下，反对经济增长的群体强大到足以维护对经济增长不利的制度。

在本章中，我的目标较为有限（因为本书后面将展开许多更为有趣的经济增长模型），我关注的是大致勾勒出经济增长的许多不同的根本原因，并初步考察与这些假设相关的长期经验证据。我认为，强调社会之间制度差异（以及政策、法律和监管差异）的方法，最有希望帮助我们正确理解各国当今的经济增长历程和历史进程。我还强调了对制度开展政治经济学研究的重要性，这样的研究是理解社会之间为何存在制度差异进而导致不同经济发展路径的一种方法。

4.9 参考文献

本章最初部分基于阿西莫格鲁、约翰逊和罗宾逊（2005a）的研究。他们区别了经济增长的直接原因和根本原因，讨论了研究根本原因的各种方法。诺思和托马斯（1973）似乎最早含蓄地批评了增长理论只关注经济增长的直接原因而忽略了基本原因。戴蒙德（1997）也对直接原因和基本原因的解释做了区分。

第4.2节中提出的模型来自西蒙（Simon, 1977）和迈克尔·克雷默（Kremer, 1993）更近一些的研究。克雷默（1993）根据世界人口增长率加速，主张规模经济和人口回报率递增的重要性。关于人口与技术变化的另一个重要观点是由爱思特·博斯拉普（Ester Boserup, 1965）提出的，该观点是基于这样一种想法，即人口增加创造出稀缺性，促使社会提高生产率。建立人口的规模经济以及讨论世界经济从很小或没有增长转型到快速增长的模型，参见盖勒和韦尔等人（Galor and Weil, 2000; Galor and Moav, 2002; Hanson and Prescott, 2002）。其中一些研究试图调和人口在技术进步中发挥的作用与后来的人口转型之间的矛盾。盖勒（2005）出色地综述了这类文献及延伸讨论。麦克尤维迪和琼斯（McEvedy and Jones, 1978）提供了追溯到公元前10000年的世界人口简史和相对可靠的信息。他们的数据表明，如文中所述，在这一时期，亚洲的总人口一直大于西欧的总人口。

地理假说有许多支持者。除孟德斯鸠之外,马基雅维利也是气候和地理特征重要性的一位早期支持者。在最清晰地阐述各种地理假说的经济学家中,有马歇尔(1890)和缪尔达尔(1968)。近来,杰弗里·萨克斯等人(Sachs, 2001; Bloom and Sachs, 1998)也推崇地理假说。戴蒙德(Diamond, 1997)提供了一个更为复杂的地理假说:与大陆内的交通网络一样,各种农作物和动物的可获得性,影响了固定农业的作业时间并进而影响发展成复杂社会的可能性。可以说,戴蒙德的论文基于地理差异,也有赖于作为干预变量的制度因素。

很多学者强调各种类型的制度在经济发展中的重要性,包括约翰·洛克、亚当·斯密、约翰·斯图亚特·穆勒、阿瑟·刘易斯、道格拉斯·诺思和罗伯特·托马斯。最近的经济学文献中则包括了许多强调产权重要性的模型(例如,Skaperdas, 1992; Tornell and Velasco, 1992; Acemoglu, 1995; Hirshleifer, 2001; Grossman and Kim, 1995; Dixit, 2004)。其他模型强调在给定制度框架下政策的重要性,这种方法的著名例子包括圣保罗和维迪尔(1993)、阿莱西纳和罗德里克(Alesina and Rodrik, 1994)、佩尔松和塔贝里尼(Persson and Tabellini, 1994)、克鲁塞尔和里奥斯-鲁尔(Krusell and Ríos-Rull, 1999)、布吉尼翁和文迪尔(Bourguignon and Vendier, 2000)。关于内生制度及其对经济表现影响的文献就少得多,有关综述可参见阿西莫格鲁(2007b)以及阿西莫格鲁和罗宾逊(2006A)。阿西莫格鲁、约翰逊和罗宾逊(2005)详细综述和讨论了经济制度影响经济增长的文献,也为有关主题的实证分析提供了一个概览。在第八篇中,我将回过头来讨论其中的许多问题。

马克斯·韦伯的著作(1930, 1958)有力地论证了宗教对经济发展的重要性。从那时起,许多学者纷纷拾起这个思想,就宗教的重要性展开争论。突出的例子包括哈里森和亨廷顿(2000)、兰德斯(1998)的各种论文。例如,兰德斯试图基于文化和宗教变量解释西方的兴起,但是其论据受到阿西莫格鲁、约翰逊和罗宾逊(2005a)的批评。巴罗和麦克利里(Barro and McCleary, 2003)提出的证据认为,宗教信仰的普及和经济增长之间呈正相关。因为宗教信仰对经济表现和收入差异的其他根本原因都是内生的,人们在证明宗教对经济增长的因果关系之时,必须谨慎解释这一论据。

对文化因素或社会资本重要性的强调可以追溯到班菲尔德(1958),近年来被帕特南(1993)普及。这些解释的本质似乎与文化或社会资本在确保选择更好的均衡点中的作用相关。格雷夫(Grief, 1994)也提出类似思想。包括诺思等人(Véliz, 1994; North、Summerhill and Weingast, 2000; Wiarda, 2001)在内的许多学者，在解释拉丁美洲国家的经济衰退时，强调了文化因素的重要性。纳克和基弗等人（Knack and Keefer，1997；Durlauf and Fafchamps，2005）论证了社会资本指标和各种经济结果之间的正相关关系。因为社会资本和文化的潜在内生性，这些研究都没有证实社会资本与经济结果之间的因果关系。最近的很多论文，例如圭索、萨皮恩扎和津加莱斯（Guiso、Sapienza and Zingales，2004）以及塔贝里尼（2007）试图克服这些困难。对普罗维登斯岛清教徒殖民地的讨论则基于库珀曼（Kupperman，1993）。

大量文献探讨了经济制度和经济政策对经济增长的作用。大多数增长回归模型包括了制度和政策的控制变量，并发现它们是显著的（例如，Barro and Sala–i–Martin，2004）。纳克和基弗（1995）的文章最早考查了产权指标和经济增长之间的跨国相关性。因为较多的联立性和内生性问题，这些文献都没有证实制度对经济表现的因果关系。莫罗（1995）、霍尔和琼斯（1999）首先用工具变量估计了制度（或腐败）对长期经济发展的影响。

本书提到的证据，即利用殖民经历的差异创建一个工具变量的方法，基于阿西莫格鲁、约翰逊和罗宾逊（2001，2002）。这里用到的城市化和人口密度的数据来自阿西莫格鲁、约翰逊和罗宾逊（2002），他们汇编这些数据的资料来源有：麦克尤维迪和琼斯（1978）、钱德勒（1987）、贝罗奇等人（Bairoch、Batou and Chèvre，1988）以及埃吉曼（Eggimann，1999）。进一步的细节与计量结果由阿西莫格鲁、约翰逊和罗宾逊（2002）给出。潜在殖民者的死亡率数据来自阿西莫格鲁、约翰逊和罗宾逊（2001），其中的数据汇编基于古特雷斯（Guiterrez，1986）和柯廷（Curtin，1989，1998）的研究。论文还提供了大量的稳健性检验，论证了经济制度对经济增长的影响，并证明，一旦控制了制度的作用，包括宗教和地理在内的其他因素几乎对长期经济发展不产生影响。

关于领导者对经济增长作用的讨论来自琼斯和奥尔肯（Jones and Olken，2005）。韩国经济增长实验的具体细节和历史参考资料来自阿西莫格鲁（2003C）以及阿西莫格鲁、约翰逊和罗宾逊（2005a）。关于区分不同类型制度对经济增长影响的讨论来自阿西莫格鲁和约翰逊（2005）。

疾病影响发展的探讨基于威尔（2007），尤其是基于阿西莫格鲁和约翰逊（2007），他们在论文中应用了本章提到的经济计量方法。图4.10和图4.11来自阿西莫格鲁和约翰逊（2007）。在这些图中，初始贫穷国家指的是那些比1940年的西班牙还穷的国家，包括孟加拉国、巴西、中国、厄瓜多尔、萨尔瓦多、洪都拉斯、印度、印度尼西亚、韩国、马来西亚、缅甸、尼加拉瓜、巴基斯坦、菲律宾、斯里兰卡和泰国。初始富裕的国家是指那些比 1940 年的阿根廷还富裕的国家，包括比利时、荷兰、瑞典、丹麦、加拿大、德国、澳大利亚、新西兰、瑞士、英国和美国。扬格（Young，2005）研究了南非艾滋病疫情的影响，得出的结论类似于这里给出的结果，但他的分析依赖于校准的索洛增长模型，而不是计量经济学估计。

4.10 习题

4.1 推导（4.3）式和（4.4）式。

4.2 推导（4.5）式。解释这个等式隐含的技术变化与（4.4）式如何不同，以及为什么不同。你是否能找到引致（4.4）式或者（4.5）式的更加合理的假设？

4.3 （a）证明：同时导出（4.4）式和（4.5）式的模型意味着长期内人均收入是固定不变的。

（b）对 $\beta \in (0,1)$，把（4.2）式修改成

$$L(t) = \phi Y(t)^\beta$$

说明上式的合理性，并在第 4.2 节考虑的两种情形下推导技术和人均收入的运动方程。这个模型的含义是否比本章中其他模型的含义更合理？

第二篇　迈向新古典增长

　　本篇是本书后续部分的预备。某种程度上，可以将本篇视为本书剩余部分的引子。我们的最终目的是，通过引入明确定义的家庭偏好和最优化，丰富基本索洛模型，并在此过程中，厘清增长理论和一般均衡理论之间的关系。这将使我们能够打开储蓄和资本积累之间的黑匣子，并预测投资决策。同样，这也会让我们能够从福利最大化（帕累托最优）的视角，得出有关某个社会的增长率是过慢、过快还是正好的福利结论。技术是公司、研究人员和个人的另一项前瞻性投入。本部分引入的分析工具，对于我们研究技术问题同样非常重要。然而，很多相关内容要等到本书的第三篇和第四篇才会述及。

　　本篇的三章为理解本书后续章节提供了必备的材料。接下来的第5章更清晰地说明了经济增长模型和一般均衡理论之间的关系。这一章也强调了增长模型隐含的某些假设。随后的两章运用了离散和连续时间的动态最优化的数学工具。为了避免这些章节全部充斥着数学，我采用了多个与增长理论有一定关系的经济模型作为例子，同样也提供了均衡和最优增长的一些结果。尽管如此，与本书其他各篇相比（本书末尾的附录除外），本篇三章的数理特征更为明显。因此，读者也许希望首先翻阅附录，并且/或者在初读本部分内容时略过其中的一些证明。

第 5 章 新古典增长的基础

索洛增长模型是基于储蓄率不变的前提。在标准的一般均衡理论中推导各个家庭或个人的偏好，明确他们的偏好排序将带给我们更多的启发。这样设定有助于我们更好地理解影响储蓄决策的因素，并讨论最优均衡，换句话说，提出并回答增长模型的（竞争性）均衡能否进一步改善的相关问题。"改善"一词在此是基于帕累托最优的标准概念，它关注的是一些家庭能否在其他家庭福利不会恶化的前提下进一步提高其福利水平。自然，只有当我们十分明晰偏好排序，才好谈家庭的"福利改善"问题。

5.1 引子

为了进行接下来的分析，让我们先假定一个经济体是由无限存续的单位家庭构成的。这里的"单位家庭"是指家庭数量是不可数的，其总和标准化为 1；比如，一组家庭 $\mathcal{H}$ 可以用区间 [0, 1] 表示。这种抽象化表示是为了更加简便，它重在强调每个家庭都无限小，不会对总量产生影响。本书中的其他任何内容都不受限于这一假设。相反，如果读者觉得假定家庭的数量是一个可数的数字集 $\mathcal{H}$，且令 $\mathcal{H} = \mathbb{N}$，这种做法也不会对研究的一般性产生任何不利影响。用单位衡量家庭的好处是其平均数与总和数都是一样的，便于我们简化标记。将 $\mathcal{H}$ 看作一个有限集合 $\{1, 2, \cdots, M\}$ 会更加简单。但是这种表达方式在很多情况下并不适用，如第 9 章的叠代模型就要求假设家庭的集合是无限的。

该经济体中的家庭或者是真的"无限存续"，或者是它们由时间交叠的一代代组成，各代之间的家庭由完全（或部分）利他主义联系在一起。我始终假定家庭等同于个体而且忽略引起家庭内部冲突或不同偏好的可能因素。换句话说，我假定所有的家庭都有清晰的偏好排序。

正如在基本的一般均衡理论中一样，我们假定能用效用函数表述偏好排序。例如，假设只有一种唯一的消费品，每个家庭 h 的瞬时效用函数表示为：

$$u^h(c^h(t))$$

其中 $c^h(t)$ 表示家庭 h 的消费。$u^h: \mathbb{R}_+ \to \mathbb{R}$ 是递增且凹的。我用 $\mathbb{R}_+$ 而不是 $\mathbb{R}$ 表示效用函数的定义域，这样排除了消费水平为负的情况。尽管一些很著名的经济学模型允许出现负消费，但在一般均衡或增长理论中这很难解释。因此在大多数模型中，这种限制还是较为合理的。

瞬时效用函数表示的效用是一个个体（或家庭）从 t 期的消费中获得的效用。因此，它不同于那种描述所有商品（这里的"所有商品"意指所有时期的消费水平）的完整偏好序列的效用函数。为此，瞬时效用函数有时候也被称为"幸福函数"（felicity function）。

在设计一个瞬时效用函数时要先做两个主要假设：第一，假设每个家庭的效用不受其他家庭消费的影响，即不考虑消费的外部性。第二，在设计瞬时效用函数的时候，我已经假定了总效用是时间可分的和时间稳定的，也就是说，t 期的瞬时效用与以往和未来的消费水平不相关，且所有时期的效用函数都可以用相同的 u^h 表示。第二个假设对于我们建立动态优化的简易模型很有帮助。

最后，让我们介绍第三个假设：假定家庭将未来进行指数化（或按比例）贴现。在非连续时间的情况下，不考虑不确定性问题，这个假设意味着家庭的偏好或效用（从时间 $t=0$ 开始）可以被表示为

$$U^h(c^h(1), c^h(2), \ldots, c^h(T)) \equiv \sum_{t=0}^{T}(\beta^h)^t u^h(c^h(t)) \tag{5.1}$$

其中 $\beta^h \in (0,1)$ 表示不可数的家庭 h，上限 T 可以是有限的也可以是无限的（即允许 $T = \infty$）。此处，U^h 表示家庭 h 在全部消费流之间的效用函数，而 u^h 仍然表示瞬时效用函数。这两个概念的区别要牢记。效用函数 U^h 的形式体现了指数化贴现和时间可分。它表示明天效用 u^h 的权重是今天效用的 β^h 比例，而后天效用的权重是今天效用的 $(\beta^h)^2$ 比例，依此类推。指数化贴现和时间可分性非常便利，因为这两个假设自然确保了行为的时间一致性。

如果下列描述成立：从时间 $t=0$ 期开始的解是 $\{x(t)\}_{t=0}^T$，从 $t=t'>0$ 期开始的连续动态优化问题的解是 $\{x(t)\}_{t=t'}^T$，那么动态优化问题的解 $\{x(t)\}_{t=0}^T$（$T=\infty$）是时间一致的。如果一个问题不是时间一致的，则称为时间不一致。时间一致下的问题处理起来比较直观，而且能够满足所有理性决策的标准公理。尽管时间不一致的偏好可用于为特定行为建模，如成瘾问题或自我控制问题，但是

就本书的重点而言，连续一致假设更为理想，因为它更好把握、相对灵活而且在整体模型中更贴近现实。还有一点值得注意，许多不符合指数化和时间可分贴现要求的偏好类别，都会导致时间一致的行为。习题 5.1 进一步讨论时间一致问题，并且说明非指数化贴现是如何导致时间不一致行为的，而习题 5.2 则介绍了一些常见的能够导出时间一致行为的非时间可分偏好。

对于连续时间而言，自然也有类似于（5.1）式的表达式，也体现了指数化贴现，这会在第 7 章进一步介绍和讨论。

（5.1）式忽视了不确定性，这意味着假设家庭 h 的消费水平序列 $\{c^h(t)\}_{t=0}^T$ 是确定的。如果这个消费水平是不确定的，我们还要考虑期望效用最大化问题。大多数的增长模型并不一定考虑不确定性下的行为，但是第 17 章将要介绍的一个新古典增长模型的随机版本已成为大部分现代宏观经济学的主力。现在，只要我们说面临不确定性，效用函数 $u^h(\cdot)$ 就应该被解释为定义在风险行为上的伯努利效用函数。于是，家庭 h 在 $t=0$ 期的偏好可以被表达为下列（冯·诺依曼－摩根斯特恩，von Neumann-Morgenstern）期望效用函数 U^h：

$$U^h \equiv \mathbb{E}_0^h \sum_{t=0}^T (\beta^h)^t u^h(c^h(t))$$

其中，$\mathbb{E}_0^h$ 是基于家庭 h 在 $t=0$ 期的可得信息的期望算子。在这个表达式中，我没有明确写出期望效用函数 U^h 的变量，因为该变量现在涉及更多条件，它不再简单对应于给定的消费水平序列，而是对应于消费序列的概率分布。在此，还没有必要介绍这些分布的符号（详见第 16 章）。

到目前为止，表达式的个人效用函数 $u^h(\cdot)$ 以及贴现因子 β^h 中都是用"h"强调这些偏好参数不同的家庭之间存在潜在差异。家庭之间的差异也可能源于不同的收入路径。例如，每个家庭的有效劳动禀赋为 $\{e^h(t)\}_{t=0}^T$，劳动收入序列为 $\{e^h(t)w(t)\}_{t=0}^T$，其中 $w(t)$ 是每单位有效劳动的均衡工资率。

不幸的是，在这种一般化的层面上，上述问题不易处理。即使我们能够根据某种正则条件构建均衡的存在性，也很难跨越这一障碍。在这种类型的模型中证明均衡的存在的确有趣，但我们还是更侧重于建立一个可行的经济增长模型，以洞悉经济跨期增长的过程以及跨国收入差距问题。因此，下面我将沿用宏观经济学的标准方法，并假定存在一个代表性家庭。

5.2 代表性家庭

当一个经济体的偏好（需求）可以像单个家庭那样，根据总预算约束做出总消费和储蓄决策（以及劳动力供给决策，前提是三者都是内生形成的），那么，该经济体就可以适用一个代表性家庭的假设。相比根据许多异质家庭的互动均衡构建经济体的偏好模型，代表性家庭假设的主要好处是可以用单一问题最大化求解来构建模型。注意，这一描述是纯粹实证意义上的，它提出的问题是，总体行为能否表述为单个家庭的决策问题。"规范的代表性家庭"是更为严苛的概念，它也允许我们用代表性家庭的效用函数进行福利比较研究，对此我们将在本节后面的部分予以介绍。

让我们从最简单的案例开始，从中可以推出代表性家庭的存在。为了更具体一些，假设所有家庭都是无限延续和同质的，因此，每个家庭都有相同的贴现因子 β、相同的有效劳动禀赋 $\{e(t)\}_{t=0}^{\infty}$ 以及相同的瞬时效用函数

$$u(c^h(t))$$

其中，效用函数 $u: \mathbb{R}_+ \to \mathbb{R}$ 是递增且凹的，$c^h(t)$ 是家庭 h 的消费函数。于是，此案例中确实存在一个代表性家庭。我们再次忽略不确定性，从而该经济体的需求可以被表示为从时间 $t=0$ 开始的下列最优化问题的解：

$$\max \sum_{t=0}^{\infty} \beta^t u(c(t)) \tag{5.2}$$

其中 $\beta \in (0,1)$ 是所有家庭的通用贴现因子，$c(t)$ 表示代表性家庭的消费水平。

目前为止描述的经济体很自然地适用代表性家庭的假设，且所有家庭都是同质的。在这个例子里，代表性家庭的偏好（5.2）式，不仅可以用来做实证分析（例如确定最优储蓄率），而且可以用来做规范分析，比如评价均衡的最优性。

经济体是由一组同质家庭组成的假设并不是那么吸引人。相反，我们想知道的是，什么时候才能对具有异质性的经济体进行建模分析，就如该经济体的总消费水平可以通过代表性家庭的决策优化来决定。为了阐明这个视角可能面临的潜在困难，让我们考虑一个商品数量有限的简单交换经济体，并阐述一个来自一般均衡理论的重要定理。回想一下，在一个交换经济体中，均衡可以用不同商品的超额需求函数表示（或者更一般地，用超额需求对应表示，见附录 A）。当价格向量为 p 时，将经济体的均衡表示为总的超额需求函数 $\mathbf{x}(p)$。如果能够获得作为单个家庭最大化问题的一个解 $\mathbf{x}(p)$，该经济体的需求即可按代表性家庭来计

算。下面的定理5.1表明，一般来说这是不可能的。

定理5.1（德布鲁－曼特尔－索南夏因定理） 令 $\varepsilon > 0$ 且 $N \in \mathbb{N}$。考虑一个价格集合 $\mathbf{P}_\varepsilon = \{p \in \mathbb{R}_+^N : p_j/p_{j'} \geq \varepsilon$ 对于所有 j 和 $j'\}$，以及任意一个连续函数 $\mathbf{x} : \mathbf{P}_\varepsilon \to \mathbb{R}_+^N$ 满足瓦尔拉斯定律，并且满足零次齐次。那么，一定存在这样一个交换经济体：它由 N 种商品，$H < \infty$ 个家庭构成，其总超额需求在定义域 $\mathbf{P}_\varepsilon$ 可以用函数 $\mathbf{x}(p)$ 表示。

证明 见德布鲁（Debreu，1974）或马斯－克莱尔、温斯顿和格林（Mas-Colell、Whinston and Green，1995，命题17，等式3）。

因此，超额需求源自所有家庭最优行为的总和这一事实并没有限制这些需求的形式。尤其是，回想一下基本微观经济学的内容，个人（超额）需求满足显示偏好弱公理，并且有对称且半负定的斯拉茨基矩阵。总超额需求函数 $\mathbf{x}(p)$ 不一定具备这些特性。如果我们不施加进一步的结构限制，是不可能从单一家庭的最大化行为推出 $\mathbf{x}(p)$ 的。由此可见，定理5.1对使用代表性家庭这一假设提出了严重警告。

然而，该结果是强收入效应带来的，即使在基本消费理论中，它都可以带来违反直觉的结果（回想一下吉芬商品）。贴近现实的特殊偏好函数以及限制跨家庭收入分配有助于我们排除总超额需求函数设计的主观随意性。为了证明代表性家庭这一假设并不像定理5.1所说的那样令人绝望，我现在介绍一个特殊但有意义的例子，其中个人偏好加总是有可能的，并且能够用它为该经济体建模，这就好像用一个代表性家庭可以推导出总需求一样。

为了讨论该定理，我们先假设一个经济体的商品数量是有限的，记为 N，家庭 h 的间接效用函数为 $v^h(p, w^h)$，该函数设定家庭的（序数）效用表示为价格向量函数 $p = (p_1, \cdots, p_N)$ 以及家庭收入 w^h 的函数。自然地，任意间接效用函数 $v^h(p, w^h)$ 对于 p 和 w 必须是零次齐次的。

定理5.2（高曼加总理论） 考虑一个经济体有 $N < \infty$ 种商品，家庭数量为集合 $\mathcal{H}$。假设每个家庭 $h \in \mathcal{H}$ 的偏好可以用以下间接效用函数表示：

$$v^h(p, w^h) = a^h(p) + b(p)w^h \tag{5.3}$$

每个家庭 $h \in \mathcal{H}$ 对于每种商品都有一个正的需求。于是这些偏好可以被加总起来用一个代表性家庭的偏好表示，其间接效用表示为

$$v(p, w) = a(p) + b(p)w$$

其中 $a(p) \equiv \int_{h \in \mathcal{H}} a^h(p) dh$，且用 $w \equiv \int_{h \in \mathcal{H}} w^h dh$ 表示总收入。

证明 见习题 5.3。

这个定理说明，当偏好可以用特殊的线性间接效用函数（5.3）式表示时，的确可以将家庭的总体行为表示出来，这就像对单一家庭求最大值一样。这类偏好被称为"高曼偏好"，是根据高曼（W. M. Terence Gorma）命名的。高曼是最早研究加总问题的经济学家之一，还提出了在定理 5.2 中使用的特殊类型的偏好。这类偏好的便利之处是它们引出了线性恩格尔曲线（Engel Curves），恩格尔曲线用来表示特定商品的支出和收入（在给定价格下）之间关系。高曼偏好隐含着每个家庭（对每种商品）的恩格尔曲线都是线性的，并且对于相同的商品有着和其他家庭的恩格尔曲线相同的斜率。尤其是，假设 $a^h(p)$ 和 $b(p)$ 是可微的，根据罗伊恒等式，家庭 h 对商品 j 的需求可以表示为

$$x_j^h(p, w^h) = -\frac{1}{b(p)}\frac{\partial a^h(p)}{\partial p_j} - \frac{1}{b(p)}\frac{\partial b(p)}{\partial p_j}w^h$$

因而，每个家庭的需求和收入之间（或支出与收入之间）存在线性关系，二者的斜率与具体家庭是不相关的。如果我们不对收入分配加以限制，这一性质对于论证代表性家庭的确存在以及定理 5.2 很有必要。尤其是，只要收入再分配和跨家庭禀赋不影响需求，我们便可以说经济体中存在一个强代表性家庭。当偏好呈现为定理 5.2 所示的高曼形式时，就可以使用这一严格的代表性家庭的假设。进一步直观地看，由于不满足高曼形式，有些家庭的恩格尔曲线斜率不同，存在一种影响不同商品总需求的特殊跨家庭收入分配机制。以上理由得出了下列与定理 5.2 相反的推论：一个经济体只有满足了高曼偏好（即所有家庭都有相同的 $b(p)$），才能用严格的代表性家庭表示。①

注意，定理 5.2 并不是求和的意思，而是用一个 $\mathcal{H}$ 集合的积分表述家庭集合可以是一个连续统。这个积分应该被理解为勒贝格积分，因此当 $\mathcal{H}$ 是一个有限或者可列集时，$\int_{h\in\mathcal{H}} w^h dh$ 的确与表达式 $\sum_{h\in\mathcal{H}} w^h$ 的值是相等的。② 尽管定理 5.2 使

---

① 自然，只要我们把注意力集中在特定的跨家庭收入分配时，我们就可以获得一个更广泛的偏好类别，其中总体行为可以用类似于单个代表性家庭的最大化问题表示出来。最极端的做法是假设所有家庭都有相同的效用函数和自然禀赋，从而假定代表性家庭是存在的。

② 即使可以使用测量理论，我在本书中也始终避免使用，而在很多时候我使用了勒贝格积分。它是对标准黎曼积分的一般化。为数极少的勒贝格积分的参考资料只是简单地提示我们，应该在一个更一般的前提下考虑集合问题，因此积分甚至可以用离散随机变量和离散分布（或连续与离散混合分布）来表示预期或平均数。有关测量理论和勒贝格积分的参考文献将在第 16 章的末尾介绍。

用有限数量的商品描述一个经济体，但是这种限制仅仅是为了简化，其结果同样适应于经济体拥有无限数量的商品或商品连续统的情形。

最后，注意定理 5.2 并不要求间接效用函数必须采用（5.3）式的形式。相反，它们要求必须有一个高曼形式的代表性家庭。回顾一下，如果不考虑不确定性问题，直接或间接效用函数的单调变换对行为没有任何影响，于是在没有不确定性的前提下，模型所有的要求仅仅是间接效用函数的单调变换采用（5.3）式的形式。

许多在宏观经济学中常常使用的偏好都是高曼偏好的特殊例子，正如下一个例子讨论的。

例 5.1（固定替代弹性偏好） 固定替代弹性偏好是常被用于产业组织和宏观经济中的一类十分普通的偏好，也称为"迪克西特－斯蒂格利茨偏好"，是根据两位最早使用这些偏好的经济学家的名字命名的。假设每个家庭 $h \in \mathcal{H}$ 有总收入 w^h，并且有定义在商品 $j=1,\cdots,N$ 的偏好，可表示为

$$U^h(x_1^h,\ldots,x_N^h) = \left[\sum_{j=1}^N \left(x_j^h - \xi_j^h\right)^{\frac{\sigma-1}{\sigma}}\right]^{\frac{\sigma}{\sigma-1}} \tag{5.4}$$

其中 $\sigma \in (0,\infty)$，$\xi_j^h \in [-\bar{\xi},\bar{\xi}]$ 是一个特定家庭项，它是确定某个特定商品是不是该家庭必需品的参数。例如，$\xi_j^h > 0$ 可能表示家庭 h 至少需要消费一定量的商品 j 才能生存。效用函数（5.4）式被称作固定替代弹性函数源于下列原因：如果我们将每种商品的消费定义为 $\hat{x}_j^h = x_j^h - \xi_j^h$，则任何两个 $\hat{x}_j^h$ 和 $\hat{x}_{j'}^h$（当 $j \neq j'$）之间的替代弹性等于 σ。

每个消费者都面临一个价格向量 $p = (p_1,\cdots,p_N)$，并且我们假设对于所有的 h，有

$$\sum_{j=1}^N p_j \bar{\xi} < w^h$$

因此，每个家庭 $h \in \mathcal{H}$ 对于所有商品 j 可以承担一个诸如 $\hat{x}_j^h \geq 0$ 的消费束。习题 5.6 要求你推导出每个家庭的最优消费水平，并将它们的间接效用函数表示为

$$v^h(p,w^h) = \frac{\left[-\sum_{j=1}^N p_j \xi_j^h + w^h\right]}{\left[\sum_{j=1}^N p_j^{1-\sigma}\right]^{\frac{1}{1-\sigma}}} \tag{5.5}$$

该函数满足高曼形式（也是 p 和 w 的零次齐次函数）。因而，该经济体适应于代表性家庭，且其间接效用函数由下式给出：

$$v(p,w) = \frac{[-\sum_{j=1}^{N} p_j \xi_j + w]}{[\sum_{j=1}^{N} p_j^{1-\sigma}]^{\frac{1}{1-\sigma}}}$$

其中 $w \equiv \int_{h \in \mathcal{H}} w^h dh$ 是经济体的总收入水平，且 $\xi_j \equiv \int_{h \in \mathcal{H}} \xi_j^h dh$。可以确定的是，引出上述间接效用函数的直接效用函数是

$$U(x_1, \ldots, x_N) = \left[\sum_{j=1}^{N} (x_j - \xi_j)^{\frac{\sigma-1}{\sigma}}\right]^{\frac{\sigma}{\sigma-1}} \tag{5.6}$$

我们将在第 8 章看到，此处呈现的与固定替代弹性偏好密切相关的偏好不仅在加总中，而且还在确保平衡增长中都起着特殊作用。

大多数（注意不是全部）宏观模型所做的假设，远远不止存在一个代表性家庭那么简单。第一，许多模型完全假设严格的代表性家庭是存在的，并从家庭的收入和财富分配及其对总体行为的影响中将该代表性家庭概括出来。第二，大多数研究方法假定存在规范的代表性家庭（normative representative household）：不仅存在着一个代表性家庭，其最大化行为产生了相关的总需求，而且该家庭的效用函数还可以用于福利分析。① 更具体地说，回想一下，在其他家庭福利没有恶化的前提下，如果任何家庭的福利从严格意义上说都不能得到改善，我们说这种配置是帕累托最优的（见下文定义 5.2）。同样，帕累托最优配置是一个经济体根据其资源和技术约束条件按不同家庭加权平均效用最大化的结果（典型的是，不同权重对应着不同的帕累托最优配置）。

如果承认经济体存在着规范的代表性家庭，那么我们可以用简单的方式构建需求模型，并使用该模型来确定一个具体的经济配置是不是帕累托最优配置以及应该如何改善该配置。规范的代表性家庭的存在比（实证的）代表性家庭存在的假设要严格得多。然而，定理 5.2 中的高曼偏好不仅认为严格的规范的代表性家庭是存在的（不考虑收入具体分配情况的个人需求集合也是存在的），而且这些偏好基本也认同规范的代表性家庭的存在性。下一个定理将会把这个结论用简单的形式表述出来。

定理 5.3（规范的代表性家庭的存在性） 考虑一个经济体是由有限数量 $N < \infty$ 的商品和家庭集 $\mathcal{H}$ 组成的，它有一个凸的总生产可能性集 Y。假定每个家庭 $h \in \mathcal{H}$ 的

---

① 如果不能确保经济体存在规范的代表性家庭，设置这样的限制是有风险的。为了强调这一点，我直接引用迪顿和米尔鲍尔（Deaton and Muellbauer, 1980, 第 163 页）的话："用基于宏观经济的观察推断微观经济行为是极其危险的，尤其是当这种推断被用来判断经济福利水平时。"直接用他们的话要比用我自己的话，更能表明这一点。

偏好可以用高曼形式表示为 $v^h(p,w^h) = a^h(p) + b(p)w^h$，其中 $p = (p_1,\cdots,p_N)$ 是价格向量，且每个家庭 $h \in \mathcal{H}$ 对每个商品的需求为正。

1. 任何能够最大化该代表性家庭效用 $v(p,w) = \sum_{h \in \mathcal{H}} a^h(p) + b(p)w$ 的可行配置都是帕累托最优的，其中 $w \equiv \sum_{h \in \mathcal{H}} w^h$。

2. 如果对于所有 p 和所有 $h \in \mathcal{H}$ 都有 $a^h(p) = a^h$，则任何帕累托最优配置都将最大化该代表性家庭的效用。

证明 令 Y 表示包含禀赋的总生产可能性集合，$Y_j(p)$ 表示当价格向量为 p 时，商品 j 利润最大化的净供给水平。由于 Y 是凸的，规划制订者可以选择 p，并从每个商品 j 的 $Y_j(p)$ 中选择一个水平，而不用直接选择总的生产量 $y \in Y$（见下列定理 5.4 和 5.7）。于是，帕累托最优配置可以表示为：

$$\max_{\{y_j\}_{j=1}^N, p, \{w^h\}_{h \in \mathcal{H}}} \sum_{h \in \mathcal{H}} \alpha^h v^h(p, w^h) = \max_{\{y_j\}_{j=1}^N, p, \{w^h\}_{h \in \mathcal{H}}} \sum_{h \in \mathcal{H}} \alpha^h \left(a^h(p) + b(p)w^h\right) \quad (5.7)$$

约束条件为：对于 $j = 1, \cdots N$，

$$-\frac{1}{b(p)} \left(\sum_{h \in \mathcal{H}} \frac{\partial a^h(p)}{\partial p_j} + \frac{\partial b(p)}{\partial p_j} w \right) = y_j \in Y_j(p)$$

$$\sum_{h \in \mathcal{H}} w^h = w \equiv \sum_{j=1}^N p_j y_j$$

$$\sum_{j=1}^N p_j \omega_j = w$$

而且对于所有 j，有 $p_j \geq 0$，其中 $\{\alpha^h\}_{h \in \mathcal{H}}$ 为非负的帕累托权重，且有 $\sum_{h \in \mathcal{H}} \alpha^h = 1$。第一个约束集合用罗伊恒等式表示对商品 j 的总需求，使其等于通过 $Y_j(p)$ 中的 y_j 确定的商品 j 的供给量。约束条件的第二个方程式将总收入定义为净供给的价值。第三个方程式则明确了该经济体的总收入等于禀赋的价值。第四个约束集合要求所有价格都是非负的。

现在根据相同的约束集合将（5.7）式的最大化问题和下列问题进行比较：

$$\max_{\{y_j\}_{j=1}^N, p, \{w^h\}_{h \in \mathcal{H}}} \sum_{h \in \mathcal{H}} a^h(p) + b(p)w \quad (5.8)$$

两个问题的唯一区别是，在后者中，每个家庭被赋予相同的权重。令 $\mathbf{w} \in \mathbb{R}^{|\mathcal{H}|}$（注意，在这里 w 是一个数，而 $\mathbf{w} = (w^1,\cdots,w^{|\mathcal{H}|})$ 是一个向量）。

令 (5.8) 式的解为 $(p^*, \mathbf{w}^*)$，且对所有的 $h \in \mathcal{H}$ 都有 $w^h = w^*/|\mathcal{H}|$，因此所有家庭都有相同的收入（同时，净供给的相关向量为 $\{y_j\}_{j=1}^N$）。按照定义，它是可行解，也是 (5.7) 式的解（当 $\alpha^h = \alpha$ 时），因此它也是帕累托最优解，这证明了本定理的第一部分。

为了证明该定理的第二部分，假设对于所有 p 和所有 $h \in \mathcal{H}$，都有 $\alpha^h(p) = \alpha^h$。用反证法，假设某个可行解 $(p_\alpha^{**}, \mathbf{w}_\alpha^{**})$ 及其相关的净供给量 $\{y_j\}_{j=1}^N$ 构成权重为 $\{\alpha^h\}_{h \in \mathcal{H}}$ 时 (5.7) 式的解，同时假设该可行解不是 (5.8) 式的解。令

$$\alpha^M = \max_{h \in \mathcal{H}} \alpha^h$$

且 $\mathcal{H}^M = \{h \in \mathcal{H} \mid \alpha^h = \alpha^M\}$

是给定最大帕累托权重时的家庭集。令 $(p^*, \mathbf{w}^*)$ 为 (5.8) 式的解，则对于所有 $h \notin \mathcal{H}^M$，有

$$w^{h*} = 0 \tag{5.9}$$

以及 $w^* = \sum_{h \in \mathcal{H}^M} w^{h*}$。注意，之所以存在这个解，是因为第二个问题中的目标函数和约束条件仅通过表达式 $w = \sum_{h \in \mathcal{H}} w^h$ 由向量 $(w^1, \cdots, w^{|\mathcal{H}|})$ 决定。

根据定义，$(p_\alpha^{**}, \mathbf{w}_\alpha^{**})$ 属于 (5.8) 式的约束集，它并不是一个解，所以

$$\sum_{h \in \mathcal{H}} a^h + b(p^*)w^* > \sum_{h \in \mathcal{H}} a^h + b(p_\alpha^{**})w_\alpha^{**}$$

$$b(p^*)w^* > b(p_\alpha^{**})w_\alpha^{**} \tag{5.10}$$

假设 $(p_\alpha^{**}, \mathbf{w}_\alpha^{**})$ 是 (5.7) 式的解，意味着

$$\sum_{h \in \mathcal{H}} \alpha^h a^h + \sum_{h \in \mathcal{H}} \alpha^h b(p_\alpha^{**}) w_\alpha^{h**} \geq \sum_{h \in \mathcal{H}} \alpha^h a^h + \sum_{h \in \mathcal{H}} \alpha^h b(p^*) w^{h*}$$

$$\sum_{h \in \mathcal{H}} \alpha^h b(p_\alpha^{**}) w_\alpha^{h**} \geq \sum_{h \in \mathcal{H}} \alpha^h b(p^*) w^{h*} \tag{5.11}$$

其中 w^{h*} 和 w_α^{h**} 表示向量 $\mathbf{w}^*$ 和 $\mathbf{w}_\alpha^{**}$ 的第 h 个分量。

还要注意，对于所有 $h \notin \mathcal{H}^M$，(5.7) 式的任意解 $(p^{**}, \mathbf{w}^{**})$ 都满足 $w^{h**} = 0$。基于这一点，并选择 (5.9) 式的 $(p^*, \mathbf{w}^*)$，(5.11) 式隐含着

$$\alpha^M b(p_\alpha^{**}) \sum_{h \in \mathcal{H}} w_\alpha^{h**} \geq \alpha^M b(p^*) \sum_{h \in \mathcal{H}} w^{h*}$$

$$b(p_\alpha^{**}) w_\alpha^{**} \geq b(p^*) w^*$$

它与（5.10）式互相矛盾，从而说明在之前给出的假设条件下，任何帕累托最优配置都能够最大化代表性家庭的效用。证毕。

5.3 无限规划期界

增长理论和宏观经济学中使用的标准偏好涉及另一个重要内容：个体的规划期界。尽管一些增长模型的构建使用有限期界家庭（如，见第9章），但大多数增长模型和宏观模型都假设家庭都拥有如（5.2）式或下文（5.16）式的无限规划期界。对此，我们自然会提出疑问，这种假设是否符合现实呢？毕竟，我们所知的大多数人都不可能永远活着。

该假设有两个合理的微观基础。第一个基础来自"泊松死亡模型"（Poisson death model）或"永葆青春模型"，我们将在第9章详细讨论。其大致想法是，尽管所有个体生存期有限，但是他们并不知道自己何时死亡。即便某个人已经100岁了，他也不会消耗完自己所有的资产，因为他很有可能还会活5~10年。最简单地，我们可以考虑一个离散时间模型，假设每个人都面临恒定的死亡概率 $v > 0$。这是一个高度简化的假设，因为人活到下一年的可能性不可能总是保持不变，而是与人的年龄有很大关系（这是从精算人寿统计表中发现的一个特征，它对保险业至关重要）。然而，这一假设是一个很好的研究起点，它相对来说便于处理，而且这一假设也意味着个人的预期寿命为 $1/v < \infty$ 时期，这有助于我们理解 v 值的含义。

假设每个人都有一个标准瞬时效用函数 $u: \mathbb{R}_+ \to \mathbb{R}$ 和一个真实且纯粹的贴现因子 $\hat{\beta}$，这意味着，只要他确信自己的生命能够存续两期，那么他用于今天与明天的消费之间的贴现因子为 $\hat{\beta}$。再者，让我们用 $u(0) = 0$ 表示死后的效用。现在考虑某个人，他有一个消费序列为 $\{c(t)\}_{t=0}^{\infty}$（基于生存需要的条件）。显然，我们不需要考虑此人死后的消费安排。标准的讨论结果是，此人在 $t = 0$ 期的预期效用可以表示为

$$\begin{aligned} U_0(c(0), c(1), \ldots) &= u(c(0)) + \hat{\beta}(1-v)u(c(1)) + \hat{\beta}vu(0) \\ &\quad + \hat{\beta}^2(1-v)^2 u(c(2)) + \hat{\beta}^2(1-v)vu(0) + \ldots \\ &= \sum_{t=0}^{\infty} (\hat{\beta}(1-v))^t u(c(t)) \\ &\equiv \sum_{t=0}^{\infty} \beta^t u(c(t)) \end{aligned}$$

(5.12)

其中，第二行是求和项，用到了 $u(0) = 0$，且最后一行将 $\beta \equiv \hat{\beta}(1-v)$ 定义为此人的有效贴现因子。根据这一表述，有限生命和随机死亡假设下的这个模型与无限生命家庭模型（尽管此时 β 的合理值有所不同；见习题5.7对连续时间下的情形做相似推导）得出的个人最大化问题的结论是一样的。尽管至今为止，行为人没有面对不确定性，但是死亡的可能性意味着个人的生命中确实存在显著的（事实上相当重要的）不确定性。于是，我们必须舍弃标准序数效用理论，转而使用冯·诺依曼和摩根斯特恩拓展的预期效用理论。特别是，（5.12）式就已经是个人的预期效用函数了，因为概率问题已被考虑进来，而且无须考虑显性预期（explicit expectations）。①

无限规划期界的第二个合理性来自代际利他主义或"遗赠动机"。考虑最简单的情形，假设一个人可以存活一期，他（她）有一个子女（该子女也会存活一期，并且也有一个子女，依此类推）。假定这个人不仅从自己的消费中获得效用，而且从他对子女的遗赠中也能获得效用。例如，我们可以假设

$$U(c(t), b(t)) = u(c(t)) + U^b(b(t))$$

其中 $c(t)$ 是他的消费，$b(t)$ 代表此人留给后代的遗赠。假设此人的总收入为 $y(t)$，于是他的预算约束可以表示为

$$c(t) + b(t) \leq y(t)$$

函数 $U^b(\cdot)$ 包含了有关此人将价值多少的遗赠留给其子女的信息。总体来说，个人会因为多种原因留有遗赠（包括在之前段落讨论的例子，人们面临的随机死亡概率会使其留下意外遗赠）。然而，如果说很多人是出于纯粹的利他动机而遗赠也很自然，因为他们还是会关心自己后代的效用（伴随着某个贴现因子）。② 此处令代际贴现率为 β。另外，假设获得遗赠以前，子女的收入为 w，则此人的效用可以表达为

$$u(c(t)) + \beta V(b(t) + w)$$

其中 $V(\cdot)$ 被解释为延拓值（continuation value），它等于此人的子女从获取遗赠 $b(t)$（连同此人自身的收入 w）的行为中得到的效用。自然，此人在时间 t 的价值可以被表达为

---

① 除了在第16章和第17章，我都始终直接设定家庭的预期效用函数而不是直接引入预期。
② 对纯利他偏好的替代选择可以是父母从特定类型的遗赠中获得效用或者从子女的一部分效用中获得效用。这种不完全的利他主义模型有的时候十分便利，我们将会在第9章和第21章中讨论。

$$V(y(t)) = \max_{c(t)+b(t)\leq y(t)} \{u(c(t)) + \beta V(b(t)+w)\}$$

该表达式描述了此人拥有收入 $y(t)$ 的初始现值，并且考虑了该收入的延拓值。第 6 章会证明，上式是无限期界最大化问题最规范的动态规划表达式。特别是在某种中性技术的前提下，该动态规划表达式就等同于在 t 期对

$$\sum_{s=0}^{\infty} \beta^s u(c_{t+s})$$

求最大化。直观地看，即使某个人只能存活一期，他也关心自己子女的效用，并且认为他的子女也同样会关心自己的后代，依此类推。这样，每个人都将直系家族成员的全部未来效用内化于自身效用。由这个论断可得，家族内部的完全利他行为也会使其决策者犹如在无限规划期界中那样采取行动。

5.4 代表性企业

上一节讨论了一个经济体只有在特定环境下才适用一个代表性家庭的假设。另一个在增长模型中常用的假设是第 2 章介绍过的代表性企业假设。特别是，第 2 章用一个总生产可能性集表示经济体的总产出，它可以看作一个代表性企业的生产可能性集或生产函数。有人可能会考虑到，代表性企业的设定也需要严格的有关该经济体生产结构的假设条件。然而事实并非如此。尽管并非所有的经济体都适用代表性家庭的假设，但是，在一般均衡理论或动态一般均衡分析中采用的标准假设（如假设不存在生产外部性，市场是完全竞争的）足以保证用代表性企业构建理论不会丧失一般性。

这个结果将用下一个定理表述。为了说明这一结果，让我们先介绍下面的表示符号：给定两组相同维度的向量 p 和 y，$p \cdot y$ 表示他们的内积（如 $p = (p_1, \cdots, p_N)$ 和 $y = (y_1, \cdots, y_N)$，则 $p \cdot y = \sum_{j=1}^{N} p_j y_j$）。此外，令 $\mathcal{F}$ 为经济体的一组企业，且

$$Y \equiv \left\{ \sum_{f \in \mathcal{F}} y^f : y^f \in Y^f \text{ 对每个 } f \in \mathcal{F} \right\} \tag{5.13}$$

表示经济体的总生产可能性集。

定理 5.4（代表性企业理论） 考虑一个竞争性的生产经济体，有 $N \in \mathbb{N} \cup \{+\infty\}$ 种商品和记为 $\mathcal{F}$ 的可数的企业数量集合，每个企业的生产可能性集表示为 $Y^f \subset$

$\mathbb{R}^N$。令 $p \in \mathbb{R}_+^N$ 为此经济体的价格向量,用 $\hat{Y}^f(p) \subset Y^f$ 表示企业 $f \in \mathcal{F}$ 利润最大化的供给集(因此,对于任何 $\hat{y}^f \in \hat{Y}^f(p)$ 且 $y^f \in Y^f$,都有 $p \cdot \hat{y}^f \geq p \cdot y^f$)。当且仅当对于任意 $f \in \mathcal{F}$ 以及某个 $\hat{y}^f \in \hat{Y}^f(p)$,有 $\hat{y} = \sum_{f \in \mathcal{F}} \hat{y}^f$ 时,存在一个代表性企业,其生产可能性集为 $Y \subset \mathbb{R}^N$,利润最大化的净供给量集为 $\hat{Y}(p)$,而且对于任何 $p \in \mathbb{R}_+^N$ 都有 $\hat{y} \in \hat{Y}(p)$。

证明 令 Y 为 (5.13) 式中定义的总生产可能性集。为了证明定理中"当且仅当"中的"当"这一部分(即充分性),令 $p \in \mathbb{R}_+^N$,并且对某个 $\hat{y}^f \in \hat{Y}^f(p)$ 和每个 $f \in \mathcal{F}$ 构建 $\hat{y} = \sum_{f \in \mathcal{F}} \hat{y}^f$。为了构建其逆命题,假定 $\hat{y} \notin \hat{Y}(p)$,则存在 y' 使得 $p \cdot y' > p \cdot \hat{y}$。根据 Y 集合的定义,这意味着存在 $\{y^f\}_{f \in \mathcal{F}}$(当 $y^f \in Y^f$)可使

$$p \cdot \left(\sum_{f \in \mathcal{F}} y^f \right) > p \cdot \left(\sum_{f \in \mathcal{F}} \hat{y}^f \right)$$

$$\sum_{f \in \mathcal{F}} p \cdot y^f > \sum_{f \in \mathcal{F}} p \cdot \hat{y}^f$$

于是存在至少一个 $f' \in \mathcal{F}$ 使

$$p \cdot y^{f'} > p \cdot \hat{y}^{f'}$$

这与对每个 $f \in \mathcal{F}$ 都有 $\hat{y}^f \in \hat{Y}^f(p)$ 的假设相矛盾,从而完成了充分性的证明。

为了证明定理中的"仅当"(即必要性)部分,令 $\hat{y} \in \hat{Y}(p)$ 为代表性企业的利润最大化选择。那么,由 $\hat{Y}(p) \subset Y$,对于某个 $y^f \in Y^f$ 和每个 $f \in \mathcal{F}$ 可得

$$\hat{y} = \sum_{f \in \mathcal{F}} y^f$$

令 $\hat{y}^f \in \hat{Y}^f(p)$,有

$$\sum_{f \in \mathcal{F}} p \cdot y^f \leq \sum_{f \in \mathcal{F}} p \cdot \hat{y}^f$$

这也意味着

$$p \cdot \hat{y} \leq p \cdot \sum_{f \in \mathcal{F}} \hat{y}^f \tag{5.14}$$

根据假设,我们有 $\sum_{f \in \mathcal{F}} \hat{y}^f \in Y$ 和 $\hat{y} \in \hat{Y}(p)$,可得

$$p \cdot \hat{y} \geq p \cdot \sum_{f \in \mathcal{F}} \hat{y}^f$$

因此，不等式（5.14）必须以等式形式成立，这也意味着对于每个 $f \in \mathcal{F}$ 都有 $y^f \in \hat{Y}^f(p)$。至此完成了对该定理的证明。

定理 5.4 说明，当不存在外部性且所有要素都按竞争定价时，集中研究该经济体的总生产可能性集，或者研究代表性企业，并不会丧失一般性（自然地，假设代表性企业作为价格接受者采取行动）。为什么代表性家庭和代表性企业这两种假设会存在这样的区别呢？答案与收入效应相关。代表性家庭假设之所以比较严格，是因为价格变化会产生收入效应，这对不同的家庭会产生不同的影响。只有在收入效应可以被忽略的时候，才能说代表性家庭是存在的，这一点是由高曼偏好保证的。由于在生产理论中并不存在收入效应，所以代表性企业的假设并不会导致模型丧失一般性。

自然，尽管可以用代表性企业从生产方面为经济体建模，但是这并不意味着企业之间的异质性是没有意义或不重要的。相反，企业之间的生产效率差异和各企业争相提高生产效率的现象是经济增长研究中的重点问题。定理 5.4 简要地提出，当存在价格接受行为时，经济体的生产行为可以用单一的代表性企业或总生产可能性集来表示。我将在第四部分再回过头来研究垄断竞争格局中的企业异质性问题。

5.5 问题的公式化表述

现在考虑一个离散时间的无限期界经济体，且假定该经济体可以由一个代表性家庭刻画。尤其是，一旦再次忽略不确定性，代表性家庭的效用（从时间 $t=0$ 开始）可以表达为

$$\sum_{t=0}^{\infty} \beta^t u(c(t)) \tag{5.15}$$

其中 $\beta \in (0,1)$ 还是贴现因子。

在连续时间的情形中，代表性家庭的效用函数（5.15）式写为

$$\int_0^{\infty} \exp(-\rho t) u(c(t)) dt \tag{5.16}$$

其中 $\rho > 0$ 是家庭的贴现率。

（5.16）式的贴现部分为什么会用指数形式表示？在离散时间的例子中，贴现被称作"指数化"，因此其联系应该是显而易见的。更清晰的例子是，让我们计算 T 期以后的 1 美元价值。将时间区间 $[0, T]$ 通过 $T/\Delta t$ 分割为同样大小的

子区间。令每个子区间的利率为 $r\Delta t$。重要的是 r 要乘以 Δt，否则当我们改变 Δt 的时候，也不得不改变每单位时间的利率。使用标准复利公式，T 期后 1 美元在此利率下的价值为

$$v(T\mid \Delta t) = (1+r\Delta t)^{T/\Delta t}$$

下面，让我们用 $\Delta t \to 0$ 来表示连续时间的极限，可得

$$v(T) = \lim_{\Delta t \to 0} v(T\mid \Delta t) = \lim_{\Delta t \to 0}(1+r\Delta t)^{T/\Delta t} = \lim_{\Delta t \to 0}\left[\exp\left(\log(1+r\Delta t)^{T/\Delta t}\right)\right]$$

其中，最后一个等式用到了 $\exp(\log x) = x$（对任何 $x > 0$）。于是

$$v(T) = \exp\left[\lim_{\Delta t \to 0} \log(1+r\Delta t)^{T/\Delta t}\right]$$

$$= \exp\left[\lim_{\Delta t \to 0} \frac{T}{\Delta t}\log(1+r\Delta t)\right]$$

方括号中最后一项的极限形式为 0/0（或称作 $\infty \times 0$ 形式）。为了计算该极限，将其写为

$$\lim_{\Delta t \to 0}\frac{\log(1+r\Delta t)}{\Delta t/T} = \lim_{\Delta t \to 0}\frac{r/(1+r\Delta t)}{1/T} = rT$$

将其中第一个等式按照洛必达法则处理（见附录 A 的定理 A.21），即有

$$v(T) = \exp(rT)$$

相反，从现在起到 T 期后 1 美元的价值相当于今天的 $\exp(-rT)$。相同的道理也适用于效用贴现，于是 t 期的消费效用换算至 $t=0$ 期的价值是 $\exp(-\rho t)u(c(t))$，其中 ρ 表示（主观的）贴现率。同样，可以对连续时间与非连续时间的指数化贴现进行转化。具体来说，给定贴现率 $\rho > 0$，对时间区间 Δt 使用的贴现因子是 $\beta_{\Delta t} = \exp(-\rho \Delta t)$。

5.6 福利理论

我们最终感兴趣的是均衡增长。但是，帕累托最优均衡和竞争均衡密切相关。由于缺乏对家庭偏好的描述，这种关系在前面的章节没有过多涉及。我现在要介绍的是第一福利理论和第二福利理论，并讨论经济增长理论与动态一般均衡模型之间的相关联系。

让我们从一些拥有有限家庭的模型开始,所以就第 5.1 节和第 5.2 节的符号而言,$\mathcal{H}$ 集合是有限的。由于增长模型几乎总是具有无限期界以及无限数量商品的特征,因此我始终假定商品的数量是无限的。本节给出的结果与具有商品连续统的经济体(与连续时间的动态经济体相对应)有一些类似之处,但是为了简洁起见和减少技术细节,我关注有限商品数量的经济体。

商品用数列 $j \in \mathbb{N}$ 表示,$x^h \equiv \{x_j^h\}_{j=0}^{\infty}$ 表示家庭 h 的消费束,且 $\omega^h \equiv \{\omega_j^h\}_{j=0}^{\infty}$ 是该家庭的禀赋束。此外,让我们假设可变 x^h 值属于某个消费集 $X^h \subset \mathbb{R}_+^{\infty}$。对我们来说,最重要的解释是存在无限期界,用 t 表示,且在每一期 $t = 0, 1, \cdots$,每个家庭消费有限维度向量的产品,则对于某 $N \in \mathbb{N}$,有 $\tilde{x}_t^h = \{\tilde{x}_{1,t}^h, \cdots, \tilde{x}_{N,t}^h\} \in \tilde{X}_t^h \subset \mathbb{R}_+^N$,且 $x^h = \{\tilde{x}_t^h\}_{t=0}^{\infty}$。有关消费集的假设是为了确保家庭的消费水平不为负,且是 $\mathbb{R}_+^{\infty}$ 的子集(这一限制在某种情况下可以放宽,比如允许向量的某些元素为负,如表示不同类型劳动供给的向量为负。这种扩展非常直观,但为了保留各种符号假设,在此我不做扩展)。

令 $\mathbf{X} \equiv \prod_{h \in \mathcal{H}} X^h$ 为这些消费集的笛卡尔乘积,它可以被看作该经济体的总消费集。我也用符号 $\mathbf{x} \equiv \{x^h\}_{h \in \mathcal{H}}$ 和 $\boldsymbol{\omega} \equiv \{\omega^h\}_{h \in \mathcal{H}}$ 描述该经济体全部消费集的配置和禀赋。可行的消费配置要求 $\mathbf{x} \in \mathbf{X}$。

集合 $\mathcal{H}$ 中的每个家庭对消费束有定义清晰的偏好序。仍然假设,对每个家庭 $h \in \mathcal{H}$,都能用实值效用函数 $U^h: X^h \rightarrow \mathbb{R}$ 表示家庭偏好。该函数的定义域是 $X^h \subset \mathbb{R}_+^{\infty}$。我还假设 U^h 是对于每个 $h \in \mathcal{H}$ 的非递减函数。令 $\mathbf{U} \equiv \{U^h\}_{h \in \mathcal{H}}$ 为效用函数集。

接下来,让我们开始描述生产方。用集合 $\mathcal{F}$ 表示有无数个企业,每个企业 $f \in \mathcal{F}$ 由生产集 Y^f 刻画,它表示企业 f 在特定的投入水平下对应的产出水平。换句话说,当 $y^f \in Y^f$ 时,$y^f \equiv \{y_j^f\}_{j=0}^{\infty}$ 是企业 f 的可行生产规划。举例来看,假设只存在两个商品:劳动力和一个制成品,则 Y^f 对应着 $(-l, z)$,意思是当劳动投入为 l(因此用负号表示)时,该企业最多能生产 z。正如在一般均衡理论中常见的一样,我们假设每个 Y^f 是一个锥体,因此如果 $y^f \in Y^f$,那么对于任何 $\lambda \in \mathbb{R}_+$,都有 $\lambda y^f \in Y^f$。这表明两个重要的特征:第一,对于每个 $f \in \mathcal{F}$,$\underline{0} \in Y^f$(其中 $\underline{0}$ 表示包含 $\underline{0}$ 要素的无限序列);第二,每个 Y^f 都是规模收益不变的。如果因为存在某些稀缺要素(如企业家才能要素)而导致规模收益递减的话,这将被看作额外加入生产的要素,并且仍然把 Y^f 当成一个锥体。令 $\mathbf{Y} \equiv \prod_{f \in \mathcal{H}} Y^f$ 表示该经济体的总生产集，且令 $\boldsymbol{y} \equiv \{y^f\}_{f \in \mathcal{F}}$，从而对于所有 f 都有 $y^f \in Y^f$，或等价于 $\boldsymbol{y} \in \mathbf{Y}$。①

最后需要描述的是企业的产权结构。具体而言，如果企业创造了利润，这些利润应该被分配给经济体中的一些行为人。为了理解该分配过程，我们可以假设存在一个利润分配序列，用 $\boldsymbol{\theta} \equiv \{\theta_f^h\}_{f \in \mathcal{F}, h \in \mathcal{H}}$ 表示，则有对于所有的 f 和 h，都有 $\theta_f^h \geq 0$，且对于所有的 $f \in \mathcal{F}$，都有 $\sum_{h \in \mathcal{H}} \theta_f^h = 1$。数字 θ_f^h 是企业 f 的利润中分配给家庭 h 的份额。

我们对一个经济体 $\mathcal{E}$ 用偏好、禀赋、生产集、消费集以及分配份额进行描述，表示为 $\mathcal{E} \equiv (\mathcal{H}, \mathcal{F}, \mathbf{U}, \boldsymbol{\omega}, \mathbf{Y}, \mathbf{X}, \boldsymbol{\theta})$。令该经济体的配置是 $(\mathbf{x}, \mathbf{y})$ 从而 $\mathbf{x}$ 和 $\mathbf{y}$ 都是可行的：$\mathbf{x} \in \mathbf{X}, \mathbf{y} \in \mathbf{Y}$，且对于所有 $j \in \mathbb{N}$，有

$$\sum_{h \in \mathcal{H}} x_j^h \leq \sum_{h \in \mathcal{H}} \omega_j^h + \sum_{f \in \mathcal{F}} y_j^f$$

最后一个要求表明，每个商品的总消费不能超过其总禀赋和净产出之和。只要将一个经济体 $\mathcal{E}$ 设定好，我们就可以讨论其资源是如何（或应该）配置的。例如，我们可以考虑独裁式分配，该模式下由单独一人（根据他或她的偏好）做出决策。另外，我们还可以考虑当一个社会规划者希望最大化其经济体的家庭效用（按一定权重计算）时做出的选择（该选择和之前提及的一样，与帕累托最优配置密切相关）。然而，我们的主要兴趣还是与竞争均衡有关，它对应于和家庭最大化行为有关的一套特定制度决定的配置。这些制度属于竞争性市场，因为这类市场中有大量的参与者，家庭和企业是价格的接受者，所有价格都是在市场出清下决定的。还有一个隐性的附加假设，即完全市场假设，意指每种商品都有一个独立的市场。特别是，该假设含蓄地将外部性排除在外，因为外部性是一个行为人的行为对其他行为人的效用或生产效率的非市场化影响。虽然竞争均衡显然只是对现实的抽象，但在很多情况下它依然是对市场行为的良好近似，以至于在很多经济分析中被当作基准参照系。

竞争均衡的关键因素是价格体系。价格体系是一个序列 $p \equiv \{p_j\}_{j=0}^{\infty}$，使得对于所有 j，都有 $p_j \geq 0$，取其中一个商品作为计价单位，并且它的价格标准化为 1。回想一下 $p \cdot z$ 仍是序列 p 和 z 的内积（在此，如 $z = x^h$ 或 y^f），可得 $p \cdot z \equiv \sum_{j=0}^{\infty} p_j z_j$。②于是一个竞争均衡——其中不存在外部性，所有商品都进行竞争交易，所有企

---

① 在某些动态模型中，明确提出总生产可能性集 $\mathbf{Y}$ 应该允许 t 期的商品到 $t+1$ 期转化成资本是很有用的。然而，该设定在本书研究的模型中并不是很有必要。

② 你也许注意到这样一个内积在无限维度空间可能并不存在。在论证定理 5.6 和定理 5.7 时，我会详细处理这个问题。

业都最大化其利润，所有家庭在预算约束下最大化其效用，并且所有市场都是出清的——可以被定义如下。

定义 5.1 经济体 $\mathcal{E} \equiv (\mathcal{H}, \mathcal{F}, \mathbf{U}, \boldsymbol{\omega}, \mathbf{Y}, \mathbf{X}, \boldsymbol{\theta})$ 的一个竞争均衡可以由配置 $(\mathbf{x}^* = \{x^{h*}\}_{h \in \mathcal{H}}, \mathbf{y}^* = \{y^{f*}\}_{f \in \mathcal{F}})$ 和价格体系 p^* 决定，从而

1. 配置 $(\mathbf{x}^*, \mathbf{y}^*)$ 是可行的，即对于所有 $h \in \mathcal{H}$，有 $x^h \in X^h$，对于所有 $f \in \mathcal{F}$，有 $y^{f*} \in Y^f$，并且对于所有 $j \in \mathbb{N}$，有

$$\sum_{h \in \mathcal{H}} x_j^{h*} \leq \sum_{h \in \mathcal{H}} \omega_j^h + \sum_{f \in \mathcal{F}} y_j^{f*}$$

2. 对于每个企业 $f \in \mathcal{F}$，y^{f*} 表示最大化利润，对于所有 $y^f \in Y^f$ 有

$$p^* \cdot y^{f*} \geq p^* \cdot y^f$$

3. 对于所有家庭，$h \in \mathcal{H}$，x^{h*} 表示最大化效用：对于所有 x，有 $U^h(x^{h*}) \geq U^h(x^h)$，从而 $x^h \in X^h$ 且

$$p^* \cdot x^h \leq p^* \cdot \left(\omega^h + \sum_{f \in \mathcal{F}} \theta_f^h y^f \right)$$

一般均衡理论的一个主要重点是，在合理假设下证明竞争均衡的存在性。当存在有限数量的商品且假设偏好和产品集符合标准的凸性，证明竞争均衡存在是很简单的（具体来说，这个存在性的证明需要运用附录中的定理 A.16、定理 A.17 和定理 A.18）。当存在着无限数量的商品，就像无限周期增长模型中一样，证明竞争均衡的存在要更加困难一些，而且需要更为复杂的讨论。这里我将列出第一福利定理和第二福利定理，这两个定理关注竞争均衡下的效率特性，如果竞争均衡存在，则分散化的有效（帕累托最优）配置就是竞争均衡。对于本书的重点而言，这些结论比竞争均衡的存在性更重要：一是因为在大多数增长模型中，我们希望能够清晰地描述竞争均衡，二是因为第二福利定理间接证明了竞争均衡的存在性。让我们先来回忆帕累托最优的标准定义。

定义 5.2 如果不存在其他可行配置 $(\hat{\mathbf{x}}, \hat{\mathbf{y}})$，使得对于所有 $h \in \mathcal{H}$，有 $\hat{x}^h \in X^h$，对于所有 $f \in \mathcal{F}$，有 $\hat{y}^f \in Y^f$，对于所有 $j \in \mathbb{N}$，有

$$\sum_{h \in \mathcal{H}} \hat{x}_j^h \leq \sum_{h \in \mathcal{H}} \omega_j^h + \sum_{f \in \mathcal{F}} \hat{y}_j^f$$

同时，对于所有 $h \in \mathcal{H}$，有

$$U^h(\hat{x}^h) \geq U^h(x^h)$$

并且，在上述两个不等式中至少有一个是严格不等式，那么，经济体 $\mathcal{E} \equiv (\mathcal{H}, \mathcal{F}, \mathbf{U}, \boldsymbol{\omega}, \mathbf{Y}, \mathbf{X}, \boldsymbol{\theta})$ 的一个可行配置 $(\mathbf{x}, \mathbf{y})$ 是帕累托最优的。

我们的下一个结论是著名的竞争经济第一福利定理。在介绍该结论之前，我们需要下列定义。

定义 5.3 如果对于每个 $x^h \in X^h$ 而言，$U^h(x^h)$ 至少对其中一个自变量（argument）是严格递增的，且 $U^h(x^h) < \infty$，则说明家庭 $h \in \mathcal{H}$ 是局部非餍足的。

定义中的后一个条件已经通过事实 $U^h: X^h \to \mathbb{R}$ 得以明确，但是在定义中特意列出来是为了再次强调，它对于证明过程非常重要，而且如果实际上 $U^h(x^h) = \infty$，很难说 $U^h(x^h)$ 是严格递增的。还要注意，价格向量 p 上的局部非餍足说明 $p \cdot x^h < \infty$（见习题 5.5）。

定理 5.5（第一福利定理 I） 假定 $(\mathbf{x}^*, \mathbf{y}^*, p^*)$ 是经济体 $\mathcal{E} \equiv (\mathcal{H}, \mathcal{F}, \mathbf{U}, \boldsymbol{\omega}, \mathbf{Y}, \mathbf{X}, \boldsymbol{\theta})$ 在有限 $\mathcal{H}$ 下的竞争均衡。假设所有家庭都是局部非餍足的，则 $(\mathbf{x}^*, \mathbf{y}^*)$ 是帕累托最优的。

证明 假设 $(\mathbf{x}^*, \mathbf{y}^*, p^*)$ 是竞争均衡。使用反证法，假设存在一个可行配置 $(\hat{\mathbf{x}}, \hat{\mathbf{y}})$，从而对于所有 $h \in \mathcal{H}$，都有 $U^h(\hat{x}^h) \geqslant U^h(x^{h*})$，且对于所有 $h \in \mathcal{H}'$，都有 $U^h(\tilde{x}^h) > U^h(x^{h*})$，其中 $\mathcal{H}'$ 是 $\mathcal{H}$ 的非空子集。

由于 $(\mathbf{x}^*, \mathbf{y}^*, p^*)$ 是一个竞争均衡，对于所有的 $h \in \mathcal{H}$，一定有如下不等式成立，

$$p^* \cdot \hat{x}^h \geqslant p^* \cdot x^{h*} \tag{5.17}$$
$$= p^* \cdot \left(\omega^h + \sum_{f \in \mathcal{F}} \theta_f^h y^{f*} \right)$$

且对于所有 $h \in \mathcal{H}'$，有

$$p^* \cdot \hat{x}^h > p^* \cdot \left(\omega^h + \sum_{f \in \mathcal{F}} \theta_f^h y^{f*} \right) \tag{5.18}$$

不等式（5.18）可以直接得到，这是因为 x^{h*} 是家庭 h 的效用最大化选择，因此，如果 $\hat{x}^h$ 是严格更优的，它就不可能属于该约束集。不等式（5.17）的推导也有类似的理由。假设该理由不成立，则通过假设局部非餍足，U^h 必须对至少其中一个自变量严格递增，或者说是第 j' 个 x 的元素。然后构建 $\hat{x}^h(\varepsilon)$，从而对于所有 $\varepsilon > 0$，有 $\hat{x}_j^h(\varepsilon) = \hat{x}_j^h$ 且 $\hat{x}_{j'}^h(\varepsilon) = \hat{x}_{j'}^h + \varepsilon$。足够小的 ε，$\hat{x}^h(\varepsilon)$ 属于家庭 h 的预算集，且它产生的效用严格大于初始消费束 $\hat{x}^h$，这与家庭 h 最大化效用的假设相矛盾。还要注意，局部非餍足还表示 $U^h(x^h) < \infty$，因此（5.17）式和

(5.18) 式的右侧是有限的（特别是，对于所有 $h \in \mathcal{H}$，有 $p^* \cdot x^{h*} < \infty$）。

现在将 (5.17) 式对集合 $\mathcal{H} \setminus \mathcal{H}'$ 求和，将 (5.18) 式对集合 $\mathcal{H}'$ 求和，再将二者相加，可得

$$p^* \cdot \sum_{h \in \mathcal{H}} \hat{x}^h > p^* \cdot \sum_{h \in \mathcal{H}} \left(\omega^h + \sum_{f \in \mathcal{F}} \theta_f^h y^{f*} \right) \tag{5.19}$$

$$= p^* \cdot \left(\sum_{h \in \mathcal{H}} \omega^h + \sum_{f \in \mathcal{F}} y^{f*} \right)$$

上式第二行用到了求和结果是有限的这一事实，这样就可以交换求和的顺序，且根据收入分配份额的定义，对所有 $f \in \mathcal{F}$，有 $\sum_{h \in \mathcal{H}} \theta_f^h = 1$。最后，因为 $\mathbf{y}^*$ 是价格为 p^* 时的利润最大化的解，可得如果对于所有 $f \in \mathcal{F}$，有 $y^f \in Y^f$，则对于所有 $\{y^f\}_{f \in \mathcal{F}}$，有

$$p^* \cdot \sum_{f \in \mathcal{F}} y^{f*} \geq p^* \cdot \sum_{f \in \mathcal{F}} y^f \tag{5.20}$$

然而，根据 $\hat{x}^h$ 的可行性（定义 5.1 的条件 1），对于所有 j，有

$$\sum_{h \in \mathcal{H}} \hat{x}_j^h \leq \sum_{h \in \mathcal{H}} \omega_j^h + \sum_{f \in \mathcal{F}} \hat{y}_j^f$$

因此，通过用 p^* 对不等式两边求内积，并利用 (5.20) 式和 $p^* \geq 0$ 的事实，我们可以得出

$$p^* \cdot \sum_{h \in \mathcal{H}} \hat{x}_j^h \leq p^* \cdot \left(\sum_{h \in \mathcal{H}} \omega_j^h + \sum_{f \in \mathcal{F}} \hat{y}_j^f \right)$$

$$\leq p^* \cdot \left(\sum_{h \in \mathcal{H}} \omega_j^h + \sum_{f \in \mathcal{F}} y_j^{f*} \right)$$

这一结论与 (5.19) 式相矛盾，于是可以证明所有竞争均衡配置（$\mathbf{x}^*$, $\mathbf{y}^*$）都是帕累托最优的。证毕。

对第一福利定理的证明既直观又简单。该证明基于两个简单想法：第一，如果另一个配置帕累托优于该竞争均衡价格，那么至少有一个竞争均衡中的家庭是承担不起该价格的。第二，利润最大化意味着竞争均衡已经最大化了可行配置集。其证明也很简单，因为只需用到给定价格向量下的商品价值之和。尤其是，证明不需要做凸性假设。然而，该证明还强调了相关的求和是存在而且有限的这

一重要特征。否则，最后一步将会得出"$\infty < \infty$"的结论，很显然这是一个悖论。反过来，这些求和值存在的事实来自两个假设：个人数量有限以及非餍足性。然而，如前所示，仅考虑只拥有有限数量家庭的经济体（即使存在无限数量的商品）对于我们的研究目的而言并非总是足够的。为此，下一个定理给出了第一福利定理在无限数量家庭下的版本。为了简化，这里我用 $\mathcal{H}$ 为可列有限集（如，$\mathcal{H} = \mathbb{N}$）。下一个定理将会把第一福利定理推广到这一情形。它通过额外的假设考虑无限求和的情况。

定理 5.6（第一福利定理 II） 假定用 $(\mathbf{x}^*, \mathbf{y}^*, p^*)$ 表示经济体 $\mathcal{E} \equiv (\mathcal{H}, \mathcal{F}, \mathbf{U}, \boldsymbol{\omega}, \mathbf{Y}, \mathbf{X}, \boldsymbol{\theta})$ 的竞争均衡，其家庭 $\mathcal{H}$ 是可数的无限集。假设所有家庭都是局部非餍足的，且

$$p^* \cdot \omega^* \equiv \sum_{h \in \mathcal{H}} \sum_{j=0}^{\infty} p_j^* \omega_j^h < \infty$$

则 $(\mathbf{x}^*, \mathbf{y}^*, p^*)$ 是帕累托最优的。

证明 该证明和对定理 5.5 的证明基本相似，但有一个主要区别。局部非餍足并不能保证 (5.19) 式的求和结果是有限的，因为这里要对无限数量的家庭进行求和。特别地，通过证明定理 5.5 得出的 (5.17) 式和 (5.18) 式仍然适用，且对于每个 $h \in \mathcal{H}$，都有 $p^* \cdot x^{h*} < \infty$。此外，通过利润最大化，可得 $p^* \cdot \sum_{f \in \mathcal{F}} y^{f*} < \infty$。现在将 (5.17) 式对域 $\mathcal{H} \setminus \mathcal{H}'$ 求和，(5.18) 式对域 $\mathcal{H}'$ 求和，得到 (5.19) 式，前提是

$$p^* \cdot \omega^* \equiv \sum_{h \in \mathcal{H}} \sum_{j=0}^{\infty} p_j^* \omega_j^h < \infty$$

然后，在证明定理 5.5 时的其余关系仍然成立，并得出一个矛盾的结果，进而得出我们想要的结论。证毕。

定理 5.6 在分析第 9 章的叠代模型时特别有用。其假设 $\sum_{h \in \mathcal{H}} \sum_{j=0}^{\infty} p_j^* \omega_j^h < \infty$ 并不十分严格。例如，在动态模型里，贴现可以保证此条件基本满足。读者也许还注意到，当我们将定理 5.5 应用于行为人寿命无限的无限期界经济体时，该条件可以自动满足（因为，如果不是这样的话，就会破坏局部餍足性）。然而，也有一些合理且重要的经济学模型，比如叠代模型，在 $\sum_{h \in \mathcal{H}} \sum_{j=0}^{\infty} p_j^* \omega_j^h = \infty$ 时也能推导出均衡结果。

让我们接下来看第二福利定理，它是第一福利定理的逆命题。它回答了一个帕累托最优配置是否可以分散化为一个竞争均衡的问题。第二福利定理要求就偏好和技术做一些额外的假设，如假设消费、生产集以及偏好集都是凸性的。当商品集是无限的时候，该定理还需要做几个技术性的假设（如果商品数量是有限的，这些相应的假设也须基本满足）。凸性假设之所以必要，是因为第二福利定理隐含了均衡存在性的一个论证，如果不存在凸性假设，就会影响均衡的存在性。在陈述这一定理之前，回忆每个家庭 $h \in \mathcal{H}$ 的消费集是 $X^h \subset \mathbb{R}_+^\infty$，于是 X^h 的一个典型向量是 $x^h = (x_0^h, x_1^h, x_2^h, \cdots)$，其中 x_t^h 表示（无限维度）个人 h 在 t 期的消费向量，即 $x_t^h = (x_{1,t}^h, x_{2,t}^h, \cdots, x_{N,t}^n)$。同样，企业 $f \in \mathcal{F}$ 的生产集的一个典型要素是 Y^f，其表达形式为 $y^f = (y_0^f, y_1^f, y_2^f, \cdots)$。

让我们接着定义 $x^h[T] = (x_0^h, x_1^h, x_2^h, \cdots, x_T^h, 0, 0, \cdots)$ 和 $y^f[T] = (y_0^f, y_1^f, y_2^f, \cdots, y_T^f, 0, 0, \cdots)$。换句话说，这些截尾数列包括 T 期后的零消费或零产出。在乘积拓扑里，可以证明 $\lim_{T \to \infty} x^h[T] = x^h$ 以及 $\lim_{T \to \infty} y^f[T] = y^f$（见附录 A 的 A.4 节）。最后，因为在此例中每个 x^h（或 y^f）都是一个 N 维向量，稍微拓宽一点符号的使用范围，在此我使用 $p \cdot x^h$ 作为内积的近似定义，例如，

$$p \cdot x^h = \sum_{t=0}^{\infty} \sum_{j=1}^{N} p_{j,t} x_{j,t}^h$$

定义 5.7（第二福利定理） 考虑在一个禀赋向量为 ω 的经济体中存在一个帕累托最优配置 $(\mathbf{x}^*, \mathbf{y}^*)$，生产集为 $\{Y^f\}_{f \in \mathcal{F}}$，消费集为 $\{X^h\}_{h \in \mathcal{H}}$，且效用函数是 $\{U^h(\cdot)\}_{h \in \mathcal{H}}$。假定所有产出和消费集都是凸性的，所有生产集都是锥体，且所有效用函数都是连续的和拟凹的，并满足局部非餍足性。此外，还假定（i）存在 $\chi < \infty$ 使对于所有的 j 和 t 都有 $\sum_{h \in \mathcal{H}} x_{j,t}^h < \chi$；（ii）对于每个 h 都有 $\underline{0} \in X^h$；（iii）对任意 h 和 x^h，$\overline{x}^h \in X^h$ 可令 $U^h(x^h) > U^h(\overline{x}^h)$，且对于所有 $T \geq \overline{T}$ 存在 $\overline{T}$（也许是 h、x^h 和 $\overline{x}^h$ 的函数）令 $U^h(x^h[T]) > U^h(\overline{x}^h)$；以及（iv）对于任何 f 和 $y^f \in Y^f$，存在 $\widetilde{T}$ 对于所有 $T \geq \widetilde{T}$ 都能得到 $y^f[T] \in Y^f$。于是存在一个价格向量 p^*、禀赋和收入份额的配置 $(\boldsymbol{\omega}^*, \boldsymbol{\theta}^*)$ 使得在经济体 $\mathcal{E} \equiv (\mathcal{H}, \mathcal{F}, \mathbf{U}, \boldsymbol{\omega}^*, \mathbf{Y}, \mathbf{X}, \boldsymbol{\theta}^*)$ 中：

1. 禀赋配置 ω^* 满足 $\omega = \sum_{h \in \mathcal{H}} \omega^{h*}$；
2. 对于所有 $f \in \mathcal{F}$ 和所有 $Y^f \in Y^f$，都有 $p^* \cdot y^{f*} \geq p^* \cdot y^f$；且

3. 对于所有 $h \in \mathcal{H}$，当对于某个 $x^h \in X^h$，有 $U^h(x^h) > U^h(x^{h*})$ 时，则可推出 $p^* \cdot x^h \geq p^* \cdot w^{h*}$，其中

$$w^{h*} \equiv \omega^{h*} + \sum_{f \in \mathcal{F}} \theta_f^{h*} y^{f*}$$

此外，如果对于每个 $h \in \mathcal{H}$，都有 $p^* \cdot w^{h*} > 0$，则经济体 $\mathcal{E}$ 有一个竞争均衡 $(\mathbf{x}^*, \mathbf{y}^*, p^*)$。

对该定理的证明要用到几何学中的哈恩—巴拿赫定理（Hahn-Banach Theorem，即定理 A.27）。证明过程冗长而复杂。因此，我们在下一节（带星号的）再进行证明。现在注意，如果我们不选择一个无限维度的经济体，而是选择一个有限商品数量的经济体，如 N 个商品的经济体，只要令 $\bar{T} = \tilde{T} = N$，则定理的假设 ii 至假设 iv 将会自动满足。实际上，如果是有限数量商品的经济体，第二福利定理的表述并没有这个条件。此条件在动态经济中的作用是，保证在遥远的将来，配置的变化不会对效用产生很大的影响。这个条件自然满足效用贴现和生产结构可分的无限期界经济体。直观上看，如果一个消费水平序列 x^h 严格优于序列 $\bar{x}^h$，那么，令 x^h 和 $\bar{x}^h$ 序列的元素在遥远的未来（被严重贴现）等于零不会改变这个结论（由于贴现意味着 x^h 不会严格优于 $\bar{x}^h$，因为在任意遥远的未来对 x^h 的消费都要更高）。类似地，如果某个生产向量 y^f 是可行的，那么可分离的生产结构意味着在 T 期后会出现零生产的 $y^f[T]$ 也是可行的。习题 5.13 更加正式地阐述了这些命题。运用该定理的一个难点是，当向量 x^h 包括零的时候（例如，当瞬时效用消费表示为 $\log c$），不好定义 U^h。习题 5.14 证明了该理论可以运用于分析下列例子：当存在一个十分小的正数 $\varepsilon > 0$ 和每个元素都等于 ε 的序列 $\underline{\varepsilon}$，于是 X^h（对于所有 $h \in \mathcal{H}$）受限于 $x^h \geq \underline{\varepsilon}$。

第二福利定理对凸性有要求，其条件要比第一福利定理严格得多。从很多方面看，它在两个定理中更为重要。尽管第一福利定理被看作亚当·斯密"看不见的手"这一理论的产物，第二福利定理得出了更强的结论，即任何帕累托最优配置可以分散化为竞争均衡。该性质的直接推论是一个存在性结论。由于帕累托最优配置可以分散化为竞争均衡，因此一定存在着一个竞争均衡（至少对产生帕累托最优配置的禀赋而言）。

第二福利定理促使很多宏观经济学家寻找帕累托最优配置集，而不再直接描述竞争均衡。前一方法在动态模型中特别适用，在这类模型中竞争均衡有时候变得很难描述或设定，而对帕累托最优的描述往往更为简单。

在动态宏观模型中，第二福利定理真正起作用的时候是与规范的代表性家庭结合的时候。回忆定理5.3，该定理证明了帕累托最优配置和代表性家庭最优配置是等价的。在某些模型中，包括本书中研究的很多（但不是全部）增长模型，它们将规范的代表性家庭假设纳入第二福利定理，这一做法有助于我们描述最大化代表性家庭效用的最优增长路径，并且得出该路径与竞争均衡是相符的论断。

5.7 第二福利定理的证明（定理5.7）*

这一节证明第二福利定理。定理的最重要部分是用几何学的哈恩–巴拿赫定理证明的（定理A.27）。

定理5.7的证明 首先，我证明存在一个价格向量 p^* 和一个禀赋以及收入份额配置 (ω^*, θ^*) 满足定理5.7的条件1—3。该证明过程分为两部分。

（第一部分） 这部分是根据几何学的哈恩–巴拿赫定理（定理A.27）证明的。对于每个 $h \in \mathcal{H}$，将"占优偏好"集定义为

$$P^h = \left\{ x^h \in X^h : U^h(x^h) > U^h(x^{h*}) \right\}$$

很明显，每个 P^h 都是凸的。令 $P = \sum_{h \in \mathcal{H}} P^h$ 且 $Y' = \sum_{f \in \mathcal{F}} Y^f + \{\omega\}$，在此回顾 $\omega = \sum_{h \in \mathcal{H}} \omega^{h*}$，于是 Y' 是随着禀赋向量变化的生产集的总和。P 和 Y' 都是凸的（因为每个 P^h 和 Y^f 都是凸的）。令每个企业的生产规划序列都是向量 ℓ_∞^N 的元向量。该序列包括无限的向量序列，其形式为 $y^f = (y_0^f, y_1^f, \cdots)$，每个 $y_j^f \in \mathbb{R}_+^N$。由于每个生产集都是一个锥体，$Y' = \sum_{f \in \mathcal{F}} Y^f + \{\omega\}$ 有一个内点（论证与附录A的习题A.31相同）。此外，令 $x^* = \sum_{h \in \mathcal{H}} x^{h*}$（且类似地，有 $x = \sum_{h \in \mathcal{H}} x^h$）。根据可行性和局部非餍足性，有 $x^* = \sum_{f \in \mathcal{F}} y^{f*} + \omega$。于是 $x^* \in Y'$ 且 $x^* \in \overline{P}$（前面提到 $\overline{P}$ 是 P 的闭包）。

下面观察 $P \cap Y' = \emptyset$。否则，存在 $\tilde{y} \in Y'$，也属于 P。这个 $\tilde{y}$ 的存在性表明，如果在家庭之间进行合理分配，$\tilde{y}$ 可以令所有家庭都同等富裕并且令至少其中一个家庭严格得到改善（例如，根据集合 P 的定义，存在 $\{\tilde{x}^h\}_{h \in \mathcal{H}}$ 使 $\sum_{h \in \mathcal{H}} \tilde{x}^h = \tilde{y}$，$\tilde{x}^h \in X^h$ 且 $U^h(\tilde{x}^h) \geq U^h(x^{h*})$，对于所有 $h \in \mathcal{H}$，至少该严格不等式成立）。这

个结果与（$\mathbf{x}^*$，$\mathbf{y}^*$）为帕累托最优的假设相矛盾。

因为 Y' 有一个内积点，P 和 Y' 都是凸的，且 $P \cap Y' = \emptyset$，定理 A.27 说明存在一个非零的连续线性函数 ϕ，使得对于所有 $y \in Y'$ 以及所有 $x \in P$，都有

$$\phi(y) \leq \phi(x^*) \leq \phi(x) \tag{5.21}$$

（第二部分） 下面我将证明线性函数 ϕ 可以被看作价格向量，尤其是，它有一个内积表达式。考虑函数

$$\bar{\phi}(x) = \lim_{T \to \infty} \phi(x[T]) \tag{5.22}$$

前面提到对于 $x^h = (x_0^h, x_1^h, x_2^h, \cdots)$，有 $x^h[T] = (x_0^h, x_1^h, x_2^h, \cdots, x_T^h, 0, 0, \cdots)$。证明该定理这一部分的主要步骤包括证明 $\bar{\phi}$ 是一个定义明确的连续线性函数，同时像在（5.21）式一样分离 Y' 和 P。接下来，令 $\|x\|$ 为 x 的上确界范数（缩写为 $\|\cdot\|_\infty$），并且令 $\|\phi\|$ 为线性算子 ϕ 的范数（见附录 A）。

首先，让我们定义 $\underline{x}_t^h \equiv (0, 0, \cdots, x_t^h, 0, \cdots,)$。也就是说，$\underline{x}_t^h$ 和序列 x^h 一样，除了第 t 个元向量，其他元向量都为零。接下来请注意，对 ϕ 线性化展开得到，

$$\phi(x[T]) = \sum_{t=0}^{T} \phi(\underline{x}_t)$$

显然，如果 $\lim_{T \to \infty} \sum_{t=0}^{T} |\phi(\underline{x}_t)|$ 存在且被明确定义，则 $\sum_{t=0}^{T} \phi(\underline{x}_t)$ 是绝对收敛的，且存在 $\lim_{T \to \infty} \phi(x[T])$（见事实 A.7）。为了证明这一点，让我们定义 $\underline{z}^\phi \equiv (\underline{z}_0^\phi, \underline{z}_1^\phi, \cdots)$，其中

$$\underline{z}_t^\phi \equiv \begin{cases} \underline{x}_t & \text{如果 } \phi(\underline{x}_t) \geq 0 \\ -\underline{x}_t & \text{如果 } \phi(\underline{x}_t) < 0 \end{cases}$$

接着根据定义，

$$\sum_{t=0}^{T} |\phi(\underline{x}_t)| = \phi(\underline{z}^\phi[T])$$
$$\leq \|\phi\| \, \|\underline{z}^\phi[T]\|$$
$$= \|\phi\| \, \|x[T]\|$$
$$\leq \|\phi\| \, \|x\|$$

其中第一行用到了 $\underline{z}^\phi$ 的定义，第二行使用了 ϕ 是线性函数的事实，第三行利用

了范数 $\|\cdot\|$ 并不依赖于元素符号是正或负的事实，最后一行用了 $\|x\| \geqslant \|x[T]\|$。这一系列的关系表明，序列 $\{\sum_{t=0}^{T}|\phi(\underline{x}_t)|\}_{T=1}^{\infty}$（该序列自然是序列 $\{\phi(x[T])\}_{T=1}^{\infty}$ 的集合）是有界的（$\|\phi\|\|x\| < \|\phi\|\chi < \infty$，因为根据假设有 $\|x\|<\chi$）。这就证明了 $\{\phi(x[T])\}_{T=1}^{\infty}$ 是收敛的，且 (5.22) 式的 $\bar{\phi}(x)$ 是明确定义的。上面最后一个不等式还表明 $\bar{\phi}(x) \leqslant \|\phi\|\|x\|$，于是 $\bar{\phi}$ 也是有界的连续线性方程（见定理 A.26）。

下面，对于 $t \in \mathbb{N}$，定义 $\bar{\phi}_t : X_t \to \mathbb{R}$。当 $\bar{\phi}_t : x_t \mapsto \phi(\underline{x}_t)$（前面提到 $x = (x_0, x_1, \cdots, x_t, \cdots)$，$\underline{x}_t = (0, 0, \cdots, x_t, 0, \cdots)$，并且有 $X_t \subset \mathbb{R}_+^N$，其中 $x_t \in X_t$）。显然，$\bar{\phi}_t$ 是一个线性泛函（因为 ϕ 是线性的），此外，由于 $\bar{\phi}_t$ 的定义域是欧几里得空间的一个子集，它有内积表达式，尤其是，存在 $p_t^* \in \mathbb{R}^N$ 使得对于所有 $x_t \in \mathbb{R}^N$，有

$$\bar{\phi}_t(x_t) = p_t^* \cdot x_t$$

这一表达式也表明

$$\bar{\phi}(x) = \lim_{T \to \infty} \phi(x[T]) = \lim_{T \to \infty} \sum_{t=0}^{T} \bar{\phi}_t(x_t) = \lim_{T \to \infty} \sum_{t=0}^{T} p_t^* \cdot x_t$$

因此，$\bar{\phi}$ 是一个有内积表达式的连续线性泛函。

为了完成这一部分的证明，我们需要说明 $\bar{\phi}(x) = \sum_{j=0}^{\infty} \bar{\phi}(x_j)$ 可代替 ϕ 用作 (5.21) 式中的连续线性函数。我们需要先建立下列四个步骤：

(a) 对于所有 $x \in P, \phi(x^*) \leqslant \bar{\phi}(x)$，

(b) 对于所有 $y' \in Y', \phi(x^*) \geqslant \bar{\phi}(y')$，

(c) $\bar{\phi}(x^*) \leqslant \phi(x^*)$，

(d) $\phi(x^*) \leqslant \bar{\phi}(x^*)$。

联合这四个步骤可以得出令人满意的结果。为了证明每个步骤，我们可以利用假设：对于每个 $h \in \mathcal{H}$，有 $\underline{0} \in X^h$，此外（i）对于任何 $h \in \mathcal{H}$ 和 $x^h, \bar{x}^h \in X^h$ 以及 $U^h(x^h) > U^h(\bar{x}^h)$，存在 $\tilde{T}^h$ 使得对于所有 $T \geqslant \tilde{T}$，有 $U^h(x^h[T]) > U^h(\bar{x}^h)$；（ii）对于任意 $f \in \mathcal{F}$ 和 $y^f \in Y^f$，存在 $\tilde{T}$ 使得对于 $T \geqslant \tilde{T}$，有 $y^f[T] \in Y^f$。

尤其是，令 $x \in P$，且回想一下对于 $x^h \in P^h$，有 $x = \sum_{h \in \mathcal{H}} x^h$。令 $T^h(T) \equiv \max\{\bar{T}^h, \tilde{T}, T\}$，从而降低对 T 的依赖以简化符号。每个 x^h 有如下性质：对于每

个 $h \in \mathcal{H}$，都有 $U^h(x^h) > U^h(x^{h*})$，因此可得到对于每个 $h \in \mathcal{H}$，有 $U^h(x^h[T^h]) > U^h(x^{h*})$。此外，由于 $\sum_{h \in \mathcal{H}} x^h[T^h]$ 属于 P，我们可以得到

$$\phi(x^*) \leq \phi\left(\sum_{h \in \mathcal{H}} x^h[T^h]\right)$$

（在这里，再回想一下 $x^* = \sum_{h \in \mathcal{H}} x^{h*}$）。由于 ϕ 是线性的，我们也可得出

$$\phi\left(\sum_{h \in \mathcal{H}} x^h[T^h]\right) = \sum_{h \in \mathcal{H}} \phi(x^h[T^h])$$

根据定义有 $\lim_{T \to \infty} \phi(x^h[T^h]) = \bar{\phi}(x^h)$（在这里，回忆一下 $T^h = T^h(T)$）。因为每个 $\bar{\phi}(x^h)$ 是明确定义的，并且 ϕ 是线性的，这说明当 $T \to \infty$ 时，有 $\phi(\sum_{h \in \mathcal{H}} x^h[T^h]) \to \bar{\phi}(x)$，这样就证明了步骤（a）。

接下来，令 $y' \in Y'$。根据假设，当 T 足够大的时候，有 $y'[T] \in Y'$。则当 T 足够大的时候，也有

$$\phi(x^*) \geq \phi(y'[T]) = \bar{\phi}(y'[T])$$

取极限 $T \to \infty$，完成了步骤（b）的证明。

现在，取 $y' \in \text{Int } Y'$ 并构建序列 $\{y'_n\}$，其中 $y'_n = (1 - 1/n)x^* + y'/n$。显然，对于每个 n，有 $y'_n \in Y'$，且再次根据假设，当 T 足够大的时候，有 $y'_n[T] \in Y'$。因此，根据上一段的相同论证，对于每个 n，也有 $\phi(x^*) \geq \bar{\phi}(y'_n[T])$（当 T 足够大的时候）。先取极限 $T \to \infty$，后取极限 $n \to \infty$，我们可得步骤（c）。

最后，令 $x_n^* = (1 + 1/n)x^*$。根据局部非餍足性，对于每个 n，有 $x_n^* \in P$。这表示当 T 足够大的时候，有 $x_n^*[T] \in P$，因此，当 T 足够大的时候，对于每个 n，有

$$\phi(x_n^*[T]) = \bar{\phi}(x_n^*[T]) \geq \phi(x^*)$$

先取极限 $T \to \infty$，后取极限 $n \to \infty$，我们得到步骤（d）。

联合步骤（a）至步骤（d）可得，$\bar{\phi}(x)$ 可被用作分离 P 和 Y' 的连续线性泛函。如上所示，$\bar{\phi}(x)$ 有一个内积表达式 $\bar{\phi}(x) = \sum_{t=0}^{\infty} \phi_t(x_t) = p^* \cdot x$。此外，由于每个 U^h 对于其自变量都是非递减的，我们可知 $p^* \geq \underline{0}$。于是，p^* 可被看作价格向量（函数形式的）。

因此，第一部分和第二部分证明了存在一个价格向量 p^* 满足定理的条件 1 至

条件 3。于是，根据可行性，定义 5.1 的条件 1 也是符合的。定理中的条件 2 足以证明所有企业在价格向量 p^* 利润最大化（定义 5.1 的条件 2）。为了说明所有家庭都是在价格向量 p^*（定义 5.1 的条件 3）最大化其效用，需要用到假设 $p^* \cdot w^{h*} > 0$ 对于每个 $h \in \mathcal{H}$ 都成立。我们从定理的条件 3 可知，如果 $x^h \in X^h$ 隐含 $U^h(x^h) > U^h(x^{h*})$，则有 $p^* \cdot x^h \geq p^* \cdot w^{h*}$。直观地看，不可能存在一个严格优于 x^{h*} 的 x^h 满足 $p^* \cdot x^h \leq p^* \cdot w^{h*}$。尤其是，令 $\varepsilon = (0,0,\cdots,,\varepsilon,0,\cdots)$，其中 ε 对应于 $x_{j,t}^h > 0$（之所以说存在严格为正的 $x_{j,t}^h$，是因为 $p^* \cdot x^h \geq p^* \cdot w^{h*} > 0$）。于是当 $\varepsilon > 0$ 且足够小时，有

$$x^h - \varepsilon \in X^h, \quad U^h(x^h - \varepsilon) > U^h(x^{h*}), \quad 并且 \ p^* \cdot (x^h - \varepsilon) < p^* \cdot w^{h*}$$

这违反了定理的条件 3。这就证明，对于所有 $x^h \in X^h$ 和 $p^* \cdot x^h \leq p^* \cdot w^{h*}$，有 $U^h(x^h) \leq U^h(x^{h*})$，且符合定义 5.1 的条件 3，所有家庭都在价格向量 p^* 最大化其效用。因此，$(\mathbf{x}^*, \mathbf{y}^*, p^*)$ 是一个竞争均衡。

5.8 序贯交易

最后一个值得讨论的问题是关于序贯交易的。标准一般均衡模型，尤其是阿罗-德布鲁均衡概念假定，所有商品都是在一个给定的时点进行交易的，并且只交易一次。在动态模型中，这一假设表明交易全部在初始时期发生，接下来不再发生任何交易。这一假设不太符合现实，就像我们已经在第 2 章的索洛增长模型中看到的一样，增长模型通常假设企业在每个时期 t 都持有资本和劳动力要素，家庭在 t 期做出该期的消费决策。那么，序贯交易是否会对一般均衡分析产生特别的影响呢？如果是这样，将一般均衡理论得出的经验结论运用到动态宏观经济模型中是否存在局限性？幸运的是，在完全竞争市场中，序贯交易与一个时间段唯一时点交易的结果是一样的。

更清楚的是，动态一般均衡模型在 $t=0$ 期的阿罗-德布鲁均衡中，家庭认可未来的所有交易（包括尚未生产的商品的交易）。从另一方面来看，序贯交易是指每个在 t 期开放的独立市场，家庭会在每个时期的每个独立市场进行劳动力、资本和消费品的交易。显然，不论是为了数学便利还是为了让描述更贴近现实，我们都愿意将序贯交易纳入宏观经济模型，该模型包含每个时期的分离市场。

通过比较单独时点的交易模型和包含序贯交易的模型得出的这个关键结论归功于肯尼斯·阿罗（1964）。阿罗关注的是不同自然状态下的交易行为。然而，他的

结论也表明，在完全竞争市场中，一个单独时点的交易和序贯交易是等价的。理解这种等价的最简单办法是考虑在第 2 章提到的阿罗证券。（基本）阿罗证券为资源跨不同时期和不同自然状态的转移提供了一种经济手段。与在单独时点（如时间 $t=0$）完成所有交易不同，家庭也可以交易阿罗证券，并且用这些证券购买不同时期或已经发现的不同自然状态下的商品。尽管在有不确定性和时间维度的前提下，阿罗证券最为适用，但是就我们的研究目的而言，关注资源的跨期转移就足够了。

使用阿罗证券的序贯交易能够得出与单一时点交易相同的结论，其原因很简单：根据竞争均衡的定义，家庭正确地预测了它在未来不同时期面临的所有价格，并且购买了足够的阿罗证券以弥补交易时间到来时他们将要遭受的损失。换句话说，与假设家庭在时间 $t=0$ 按照时间 $t'>0$ 时的价格 $(p_{1,t'},\cdots,p_{N,t'})$ 购买 $x_{j,t'}^h$ 单位商品 $j=1,\cdots,N$ 不同，这里假定家庭有足够的收入 $\sum_{j=1}^{N} p_{j,t'} x_{j,t'}^h$，并且认为自己可以在时间 t' 以价格向量 $(p_{1,t'},\cdots,p_{N,t'})$ 购买任意多的每一种商品。

该结论可以表述得更为正式一些。让我们考虑一个跨时期 $t=0,1,\cdots,T$ 的动态交换经济，此处 $T=\infty$（此处约定，当 $T=\infty$，所有的求和结果被假定为有限的）。在这里，我们并不需要分析交换经济时所做的假设，但是省略掉生产能够简化（模型中的）符号。想象在每个时期有 N 种商品，用 $(x_{1,t},\cdots,x_{N,T})$ 表示，令家庭 h 在 t 期对商品 j 的消费量为 $x_{j,t}^h$。假定这些商品都是易耗品，因此它们的确是在 t 期被消费掉。令家庭集合为 $\mathcal{H}$，对每个家庭 $h \in \mathcal{H}$ 在 t 期的禀赋向量为 $(\omega_{1,t}^h,\cdots,\omega_{N,t}^h)$，偏好由一个离散时间函数表达为

$$\sum_{t=0}^{T}(\beta^h)^t u^h(x_{1,t}^h,\ldots,x_{N,t}^h)$$

其中有 $\beta^h \in (0,1)$。这些偏好表明不存在外部性且偏好是时间连续的。我还要假设所有市场都是开放和竞争的。

用 $(\mathbf{p}^*, \mathbf{x}^*)$ 表示一个阿罗－德布鲁均衡点，其中 $\mathbf{x}^*$ 是每个家庭 $h \in \mathcal{H}$ 的完整消费向量，表示为，

$$\mathbf{x}^* = (x_{1,0},\ldots x_{N,0},\ldots,x_{1,T},\ldots x_{N,T})$$

对于每个 j 和 t，有 $x_{j,t} = \{x_{j,t}^h\}_{h \in \mathcal{H}}$，且 $\mathbf{p}^*$ 是全部价格的向量

$$\mathbf{p}^* = (p_{1,0}^*,\ldots,p_{N,0}^*,\ldots,p_{1,T}^*,\ldots,p_{N,T}^*)$$

将其中一个价格，如 $p_{1,0}^*$ 作为基本单位，令 $p_{1,0}^*=1$。在阿罗－德布鲁均衡中，每

个家庭 $h \in \mathcal{H}$ 只在 $t=0$ 时购买或出售每一种商品，因此可以简单地选择一个满足预算约束的配置

$$\sum_{t=0}^{T}\sum_{j=1}^{N} p_{j,t}^* x_{j,t}^h \leq \sum_{t=0}^{T}\sum_{j=1}^{N} p_{j,t}^* \omega_{j,t}^h$$

市场出清要求对于每个 $j=1, \cdots, N$ 和 $t=0, 1, \cdots, T$，有

$$\sum_{h \in \mathcal{H}} x_{j,t}^h \leq \sum_{h \in \mathcal{H}} \omega_{j,t}^h$$

在序贯交易的均衡中，t 期的商品市场在 t 期开放。此外，有 T 证券，即阿罗证券，其净供应量为零且各家庭可以在时间 $t=0$ 进行交易。① 这个用 t 来编号的证券用来支付 1 单位某种商品，如在时间 t 时的商品 $j=1$。于是，一个家庭可以在时间 0 支付 q_t 单位的商品 1 来购买 1 单位的证券 t，或是相反，它可以在时间 t 收到 1 单位的商品 1（或者相反，可以卖掉 1 单位的这种证券）。家庭 h 购买的证券 t 表示为 $b_t^h \in \mathbb{R}$，并且由于每种证券的净供应都为零，市场出清要求对于每个 $t=0, 1, \cdots, T$，有

$$\sum_{h \in \mathcal{H}} b_t^h = 0$$

注意，模型的这个设定假设只有 T 种证券（阿罗证券）。更一般地，我们本可以引入一些其他种类的证券，例如，用于在 $t>0$ 期和 $t'>t$ 期交易商品 1 的证券。将证券种类限制为 T 并不会影响一般性（见习题 5.10）。

序贯交易对应于每个人使用其禀赋加上（或减去）每个时期 t 相应的证券收益。由于每个 t 期都存在一个商品市场，因此为每个时期 t 选定一个基本单位比较方便。让我们再将该基本单位假定为商品 1，于是对于所有 t，有 $p_{1,t}^{**}=1$。因此，当已知商品和证券的均衡价格向量为（$\mathbf{p}^{**}$，$\mathbf{q}^{**}$）时，家庭 $h \in \mathcal{H}$ 在 t 期的预算约束可以写为

$$\sum_{j=1}^{N} p_{j,t}^{**} x_{j,t}^h \leq \sum_{j=1}^{N} p_{j,t}^{**} \omega_{j,t}^h + b_t^h \tag{5.23}$$

当 $t=0,1,\cdots,T$，$\sum_{t=0}^{T} q_t^{**} b_t^h \leq 0$ 且标准化 $q_0^{**}=1$。序贯交易经济体的一个均衡

---

① 注意，阿罗证券并不包含能够将商品在 t 期和 $t'>t$ 期之间转换的技术手段。相反，这些证券只是简单的账户单位，用于表示不同家庭在不同时期的收入水平。

用（$\mathbf{p}^{**}$, $\mathbf{q}^{**}$, $\mathbf{x}^{**}$, $\mathbf{b}^{**}$）表示，这里的 $\mathbf{p}^{**}$ 和 $\mathbf{x}^{**}$ 仍然表示每个家庭消费的整体价格和数量列表，$\mathbf{q}^{**}$ 和 $\mathbf{b}^{**}$ 表示每个家庭购买证券的价格和数量的向量。根据这些设定，我们就可以证明以下定理。

定理 5.8（序贯交易） 对于以上描述的经济体，当（$\mathbf{p}^*$, $\mathbf{x}^*$）是一个阿罗－德布鲁均衡，则存在一个序贯交易均衡（$\mathbf{p}^{**}$, $\mathbf{q}^{**}$, $\mathbf{x}^{**}$, $\mathbf{b}^{**}$），使 $\mathbf{x}^* = \mathbf{x}^{**}$，$p_{j,t}^{**} = p_{j,t}^*/p_{1,t}^*$（对于所有的 j 和 t），同时对于所有 $t>0$ 有 $q_t^{**} = p_{1,t}^*$。反之，如果（$\mathbf{p}^{**}$, $\mathbf{q}^{**}$, $\mathbf{x}^{**}$, $\mathbf{b}^{**}$）是一个序贯交易均衡，那么存在一个阿罗－德布鲁均衡（$\mathbf{p}^*$, $\mathbf{x}^*$），使 $\mathbf{x}^* = \mathbf{x}^{**}$，$p_{j,t}^{**} = p_{j,t}^* p_{1,t}^*$（对于所有的 j 和 t），并且对于所有 $t>0$，有 $p_{1,t}^* = q_t^{**}$。

证明 见习题 5.9。

该定理表明所有关于阿罗－德布鲁均衡的结论都适用于序贯交易经济体。本书研究的大多数模型都侧重于序贯交易经济体，同时（除了明确说明是金融市场或者存在着信贷市场不完全的可能性）我们通常都假设用阿罗证券实现资源的跨期转移。这些证券也许是净供给量为零的无风险债券，而在不考虑不确定性问题的模型中，通常由股本充当这种证券。我们根据推导出定理 5.8 的方法，将每个时期的一种消费品的价格标准化为 1。于是在只有单一消费品的经济体中，如索洛模型或新古典增长模型中的经济体，每个时期的消费品价格被标准化为 1，并且利率直接给出了跨期相对价格。这是将利率看作宏观经济（经济增长）模型中的关键相对价格的理由。还要强调的是，通过阿罗证券实现资源跨期转移的假设还表示资本（金融）市场是完全的，特别是，不存在信贷约束。当存在信贷约束时，我们需要更明确地说明每个家庭是否以及怎样进行资源跨期转移（见第 21 章）。

我们需要强调论证定理 5.8 时隐含的最后一点。阿罗－德布鲁均衡和序贯交易均衡之间的等价性有一个要求，那就是，家庭面临的预算约束在两个公式中是完全相同的。尽管这个设定是显而易见的，但它对于确保所有家庭在序贯交易均衡和阿罗－德布鲁均衡中都面临完全相同的预算约束并非毫无用处。这个问题我们在第 8 章的开篇还会有更为深入的讨论，届时将引入新古典增长模型。

5.9 最优增长

基于第 5.6 节最后部分的讨论，我们首先要研究的是以加总生产函数和规范的代表性家庭（回想定理 5.3）为特征的经济体。这里的最优增长问题是指资源配置实现了代表性家庭的效用最大化。比如，当该经济体是由一系列相同家庭组成时，该问题就相当于对所有家庭赋予相同（帕累托）权重的帕累托最优配置（回想定义 5.2）。① 因此，在非连续时间、不考虑不确定性、不考虑人口增长且不考虑技术进步的前提下，最优增长问题可以表述为如下形式：

$$\max_{\{c(t),k(t)\}_{t=0}^{\infty}} \sum_{t=0}^{\infty} \beta^t u(c(t)) \tag{5.24}$$

约束条件为

$$k(t+1) = f(k(t)) + (1-\delta)k(t) - c(t) \tag{5.25}$$

其中 $k(t) \geqslant 0$ 且已知 $k(0) > 0$。此处 $u: \mathbb{R}_+ \to \mathbb{R}$ 是代表性家庭的瞬时效用函数。目标函数表示瞬时效用的贴现值。约束条件（5.25）式也很容易理解：总的人均产出是资本劳动比率 $k(t)$ 的函数，表示为 $f(k(t))$，它和未折旧的一部分资本（用 $1-\delta$ 表示）构成了该经济体在 t 期的总资源。在这些资源中，$c(t)$ 是作为人均消费消耗的部分，剩余的则形成下一期的资本劳动比 $k(t+1)$。

研究最优增长问题要求社会规划者决定整体消费水平和资本存量的序列，约束条件仅仅是（5.25）式的资源约束。这里没有额外的均衡约束条件。资本存量的初始水平是 $k(0) > 0$，作为一个边界条件被确定下来。但是，与基本索洛模型相反，求解这个问题需要两个而不是一个动态（差分或微分）方程，因此需要两个边界条件。另一个边界条件的确采取了初始条件的形式，并且来自横截性条件下动态规划的最优性。对于这类问题的相关横截性条件将会在下面两章讨论。

最大化问题可以用很多办法求解，比如创建一个无限维度的拉格朗日函数。但是最方便和最常见的方法是通过下一章将要讨论的动态规划法求解。

对我们来说，一个重要问题是，最优增长问题的解是否可以被分散化为一个竞争均衡问题，也就是说，第二福利定理（定理 5.7）是否适用于这种情形。该问题的答案是肯定的。实际上，本章深入探讨定理 5.7 的一个主要动机就是将它用于贴现增长模型，比如在本节介绍的基线新古典增长模型。我们将在习题 5.12 至习题 5.14 中讨论该如何将这一定理应用于求解最优增长问题。

注意到如下事实是有益的：即使我们希望绕过第二福利定理直接求解竞争均

---

① 我们也可以考虑配置中初始状态相同的家庭被赋予不同的权重和效用水平。任何时候只要该经济体适用规范的代表性家庭，我就沿用标准的做法，即给予相同的帕累托权重研究最优问题。

衡，我们也必须解决与如下问题相似的一个问题，即在（5.25）式约束下的（5.24）式的最大化问题。特别是，为了刻画这种均衡，我们需要从家庭的最大化行为开始。由于该经济体适用代表性家庭，我们只需要观察该家庭的最大化问题就可以了。假设该代表性家庭有 1 单位无弹性供给的劳动力，并且用 $a(t)$ 表示该家庭在 t 期的资产，该问题可表达为

$$\max_{\{c(t),a(t)\}_{t=0}^{\infty}} \sum_{t=0}^{\infty} \beta^t u(c(t))$$

约束条件为 $a(0) > 0$ 和

$$a(t+1) = (1+r(t))a(t) - c(t) + w(t) \tag{5.26}$$

其中，$r(t)$ 是资产的净收益率（因此 $1+r(t)$ 是毛收益率），且 $w(t)$ 是均衡工资率（也就是代表性家庭的工资收入）。市场出清要求 $a(t) = k(t)$。约束条件（5.26）式是流量预算约束（flow budget constraint），它将明天和今天的资产联系起来。这里我们需要一个额外条件保证流量预算约束最终会收敛（于是 $a(t)$ 不会趋向负无穷）。这个条件可以通过施加终生预算约束来满足。由于形如（5.26）式的流量预算约束既直观又便于运用，我们准备用有限期限的流量预算约束替代终生预算约束，具体内容将在接下来的三章进行介绍和讨论。

连续时间的最优增长问题的公式化表述与前面所述的极为相似，其形式如下

$$\max_{[c(t),k(t)]_{t=0}^{\infty}} \int_0^{\infty} \exp(-\rho t)u(c(t))dt \tag{5.27}$$

约束条件为

$$\dot{k}(t) = f(k(t)) - c(t) - \delta k(t) \tag{5.28}$$

其中，$k(t) \geqslant 0$ 且给定 $k(0) > 0$。连续时间形式下的目标函数（5.27）式是直接参照（5.24）式得出的，（5.28）式给出了该经济体的资源约束，类似于离散时间的（5.25）式。与之前类似，这个问题还缺乏一个边界条件，它由横截性条件给出。求解这个问题最方便的办法是使用最优控制理论，这将在第 7 章进一步讨论。

5.10 小结

本章介绍了深入研究均衡和最优增长理论所需的初步条件。从某种意义上

说，本章可以看作"零碎"的章节，将诸如代表性家庭、动态优化、福利定理和最优增长等概念介绍给读者。然而，这一章绝不仅仅是零碎的内容，因为在学习第三篇以及后续内容之前，深入理解经济增长和福利定理的一般均衡基础是很有必要的。

本章涉及的最重要内容包括以下几点。第一，本书的模型是从更一般的动态一般均衡模型中提炼的。因此，需要了解哪些增长模型的特征是一般性的（是指那些不需要依赖于某个具体的简化假设之上的特征），而哪些结论依赖于更简化的假设条件。就此而言，第一福利定理和第二福利定理至关重要。两者表明，如果所有产品和要素市场都是完全竞争的，并且不存在生产和消费外部性（并且有相对中性的技术假设），那么动态竞争均衡是帕累托最优的，且所有的帕累托最优配置都可以分散为动态竞争均衡。这些结论与本书的第三篇密切相关，该篇侧重于研究完全竞争经济。值得一提的是，这些结论并不会直接用来分析垄断竞争产品市场的技术变化，也不会用来研究不完全市场发挥重要作用时的经济发展。

第二，对我们而言，动态一般均衡模型最常见的类型不足以推导出有关经济增长过程的明确结果。为此，我们经常要采用一系列简化假设。其中最重要的就是代表性家庭假设，该假设帮助我们建立了经济体的需求模型，就好像它是由单一家庭的最优化行为推导出来的一样。我们不仅要看到这种假设通常不能得到满足，更要看到这种特定类型的偏好（高曼偏好）是如何帮助我们构建出经济模型，就好像经济体可以由代表性家庭刻画，尽管收入和财富分配是任意的。

此外，本章还引入对离散时间和连续时间的最优增长问题做初步的公式化表述。随后的两章将用这些问题作为例子。

5.11 参考文献

本章涵盖了很多基础知识，并且为了简化分析，忽略了很多细节。很多读者对本章的一些内容感到很熟悉。迪顿和米尔鲍尔（Deaton and Muellbauer，1980），希尔登布兰德和科尔曼（Hildenbrand and Kirman，1988）与马斯-克莱尔、温斯顿和格林（Mas-Colell, Whinston and Green，1995）对有关加总和代表性家庭假设的问题做了精彩的论述。高曼（Gorman，1953，1959，1976，1980）和波拉克（Pollak，1971）就这个主题做出了早期贡献。高曼的著作中包含了这些内容以及有关可分性和加总的很多其他结论。迪顿和米尔鲍尔（1980）对高曼的著作及高曼式偏好的含义进行了精彩的探讨。卡塞利和文图拉（Caselli and Ventura，2000）在具有异质性行为人的资本累积模型中使用了高曼偏好。马斯-克莱尔、温斯顿和格林也讨论了实证和规范的代表性家庭的概念。定理5.3中规范的代表性家庭来源于动态宏观经济模型（它关注的代表性家庭效用最大化既具有帕累托最优配置的特点又具有竞争均衡的特点）中使用的代表性家庭假设。这个概念比马斯-克莱尔、温斯顿和格林提出的概念更严格，他们在一个给定的社会福利函数中定义了一个规范的代表性家庭。

德布鲁-曼特尔-索南夏因定理（定理5.1）最初是由索南夏恩（1972）证明的，接着由德布鲁（1974）和曼特尔（1976）予以扩展。马斯-克莱尔、温斯顿和格林（1995）以及希尔登布兰德和科尔曼（1988）的著作都提出了该定理，并给出了简要证明。迪顿和米尔鲍尔（1980）以及希尔登布兰德和科尔曼（1988）还证明了在更弱的效用函数假设和收入分配（或禀赋）受到特定限制的条件下，这种加总的可能性。

本章使用了来自微观经济理论中的一些基本概念，读者可以在马斯-克莱尔、温斯顿和格林（1995）的著作中找到详细的论述。这些概念包括了在定理5.2和定理5.3中使用的罗伊恒等式、瓦尔拉斯定律、等价物的概念以及贯穿于整个分析过程中的冯·诺依曼和摩根斯特恩的预期效用理论。读者还可以参考马斯-克莱尔、温斯顿和格林的第16章以及比利（Bewley，2007）以了解帕累托最优的不同表达方法（包括每个帕累托最优配置都是经济体中的家庭加权平均效用最大化的解）。

代表性企业定理（定理5.4）在本章的阐述非常直观，但是我并没看到任何探讨该定理的有关文献（或至少在宏观经济文献中没有）。区分该定理的主题和在早期增长理论中的剑桥之争是很有必要的。剑桥之争围绕着不同类型的资本品是否能够加总为一个单一资本指标（可参见Wan，1971）展开。代表性企业定理并没有涉及这个问题。

在家庭和商品数量有限条件下，分析竞争均衡的存在性以及福利定理的最佳参考文献仍然是德布鲁（1959）的《价值理论》。这本篇幅不长的书介绍了一般均衡理论所需的所有数学工具，并给出了十分清晰的讲解。同样清晰而更加现代的是马斯-克莱尔、温斯顿和格林（1995）与比利（2007）就该问题给出的阐述。至于有限数量商品下的第二福利定理的证明问题，读者可以参考马斯-克莱尔、温斯顿和格林（在他们书的第16章）（本章的定理5.7是一个更一般的定理，因为它涵盖了无限数量商品的情形）。两本书都精彩地论述了对偏好实施必要的限制从而允许用效用函数表示偏好。马斯-克莱尔、温斯顿和格林（在其著作的第19

章）还清晰地阐述了阿罗证券的作用以及单一时点交易与序贯交易之间的联系。关于阿罗证券的经典文献则来自阿罗（1964）。

无论是德布鲁（1959）还是马斯-克莱尔、温斯顿和格林（1995）都没有讨论无限维经济。无限维经济的福利理论最早来自德布鲁（1954）。比利（2007）涵盖了无限维经济的大量结论。斯托基、卢卡斯和普雷斯科特（Stokey，Lucas and Prescott，1989，其中的第 15 章，）讨论了家庭数量无限以及商品数量可列无限的条件下，一般均衡的存在性和福利定理。他们的处理用到的数学要求比前面假设的更高深，但是只要读者掌握了必要的数学技巧，就会发现他们的证明既全面又直观。证明无限维度空间中的定理 5.7 用到了哈恩-巴拿赫定理，关于该定理最容易的文献可参见龙伯格（Luenberger，1969）、柯尔莫戈洛夫和福明（Kolmogorov and Fomin，1970），以及克利齐格（Kreyszig，1978）。如要了解斯托基、卢卡斯和普雷斯科特（1989）使用的数学技巧，可参见龙伯格（1969）的优秀文献，其中包含了用于连续时间优化问题的很多资料。

习题 5.2 中讨论的相对风险厌恶系数和跨期替代弹性之间的区别，可参见克雷普斯（Kreps，1988）、爱泼斯坦和津（Epstein and Zin，1989）以及贝克尔和博伊德（Becker and Boyd，1997）的文章。

5.12 习题

5.1 回想一下，如果 $\{x(t)\}_{t=0}^{T}$ 是从 $t=0$ 期开始的解，则 $\{x(t)\}_{t=t'}^{T}$ 是从 $t=t'>0$ 期开始的连续动态最优化问题的解，如果这一条件成立，那么动态最优化问题的一个解 $\{x(t)\}_{t=0}^{T}$ 是时间一致的。

(a) 考虑下列最优化问题

$$\max_{\{x(t)\}_{t=0}^{T}} \sum_{t=0}^{T} \beta^t u(x(t))$$

约束条件为 $x(t) \in [0, \bar{x}]$ 且 $G(x(0), \cdots, x(T)) \leq 0$。

虽然不一定如此，但我们可以假设 G 是连续且凸的，且 u 是连续且凹的。证明：该问题的任意解 $\{x^*(t)\}_{t=0}^{T}$ 都是时间一致的。

(b) 考虑最优化问题

$$\max_{\{x(t)\}_{t=0}^{T}} u(x(0)) + \delta \sum_{t=1}^{T} \beta^t u(x(t))$$

约束条件为
$$x(t) \in [0, \bar{x}]$$
$$G(x(0), \ldots, x(T)) \leq 0$$

假设在 $t=1$ 期的目标函数变成 $u(x(1)) + \delta \sum_{t=2}^{T} \beta^{t-1} u(x(t))$。解释这个目标函数（有时候称为"双曲线贴现"）。

(c) 令 $\{x^*(t)\}_{t=0}^{T}$ 为（b）小题的最大化问题的解。假设个人在 $t=0$ 期选择 $x^*(0)$，接着允许他在 $t=1$ 期的时候重新最优化，也就是说，他现在可以解决下列最大化问题

$$\max_{\{x(t)\}_{t=1}^{T}} u(x(1)) + \delta \sum_{t=2}^{T} \beta^{t-1} u(x(t))$$

约束条件：$x(t) \in [0, \bar{x}]$，并且 $G(x^*(0), \cdots, x(T)) \leq 0$。

证明：从 $t=1$ 期开始的往后各期的解 $\{x^{**}(t)\}_{t=1}^{T}$，不一定与 $\{x^*(t)\}_{t=1}^{T}$ 完全相同。

(d) 解释本题的（b）小题和（c）小题的偏好违背了哪一条有关基本的一般均衡理论偏好的标准公理。

5.2 本习题要求读者通过一个例子说明相对风险厌恶系数和跨期替代弹性之间的区别。考虑一个家庭在两期消费水平上有下列非时间可分偏好：

$$V(c_1, c_2) = \mathbb{E}\left[\left(\frac{c_1^{1-\theta}-1}{1-\theta}\right)^{\frac{\alpha-1}{\alpha}} + \beta \left(\frac{c_2^{1-\theta}-1}{1-\theta}\right)^{\frac{\alpha-1}{\alpha}}\right]^{\frac{\alpha}{\alpha-1}}$$

其中，$\mathbb{E}$ 是期望算子。该家庭的预算约束为

$$c_1 + \frac{1}{1+r} c_2 \leq W$$

其中 r 是利率，W 是总财富，它可以是随机的。

(a) 首先假设 W 是非随机的，其值等于 $W_0 > 0$。刻画效用最大化选择 c_1 和 c_2。

(b) 现在假定 W 分布于区间 $[\underline{W}, \overline{W}]$，其分布函数为 $G(W)$，其中 $0 < \underline{W} < \overline{W} < \infty$。其效用最大选择为 c_1（在确定 W 之前就得出了）。计算此例中的相对风险厌恶系数和跨期替代弹性。解释为

什么这两个数值不一定相等。

5.3 证明定理5.2。

*5.4 将定理5.3一般化为商品是一个连续统的经济体。

5.5 证明：如果一个家庭以价格向量p选择了一个消费束x^h，并且是局部非餍足的，则有$p \cdot x^h < \infty$。

5.6 (a) 推导例5.1中使家庭效用最大化的需求，并证明每个家庭的间接效用函数都表示为（5.5）式。

(b) 证明：对（5.6）式最大化能够得到代表性家庭的间接效用函数。

(c) 现在假设$U^h(x_1^h, \cdots, x_N^h) = \sum_{j=1}^{N}(x_j^h - \xi_j^h)^{\frac{\sigma-1}{\sigma}}$。重复（a）小题和（b）小题的计算并且验证得到的间接效用函数是p和y的零次齐次函数，且不满足高曼形式。证明：对间接效用函数进行单调变换可以满足高曼形式。这是否足以确保经济体可以用代表性家庭刻画呢？

5.7 构建一个连续时间下的具备有限生命和随机死亡特征的模型（回忆本章的（5.12）式）。尤其是假设个人面临一个固定的死亡概率（满足泊松分布），用$v > 0$表示，并且其实际贴现因子为ρ。证明：此人犹如在无限生命以及有效贴现因子为$\rho + v$的条件下行动。

5.8 (a) 当未来各代的瞬时效用函数各不相同时（每一代的$u_t(\cdot)$都有潜在差异），类似于第5.2节讨论的代际偏好能否得出无限期界最大化？

(b) 如果个人很在意其下一代的连续效用，此效用贴现因子是β，同时，此人也在意下一代的后代的连续效用，其贴现因子是一个更小的δ，结果会有什么不同？

5.9 证明定理5.8。

5.10 考虑第5.8节讨论的序贯交易模型，现在假设家庭可以在t期交易证券，该证券用来在t'期领取1单位的商品t。将这种证券标价为$q_{t,t'}$。

(a) 将这些证券考虑进来，请重新表示家庭h在时间t的预算约束（5.23）式。

(b) 证明在增添了这类证券的环境下，定理5.8有等价形式。

5.11 考虑一个两期经济体，它由两类家庭构成。N_A家庭的效用函数是

$$u(c_1^h) + \beta_A u(c_2^h)$$

其中 c_1^h 和 c_2^h 表示家庭 h 在两期的消费。剩下的 N_A 家庭的效用函数是

$$u(c_1^h) + \beta_B u(c_2^h)$$

有 $\beta_B < \beta_A$。两组在时期 1 的收入分别表示为 w_A 和 w_B，且可以将这些收入储蓄至第二期，毛利率是外生的，为 $R > 0$。证明：对于一般的 $u(\cdot)$，该经济体并不适用严格的代表性家庭，即不限制收入分配的代表性家庭。[提示：证明不同的收入分配情况会导致不同的需求。]

5.12 考虑一个由 H 个家庭组成的经济体，每个家庭在 $t = 0$ 期都有一个效用函数

$$\sum_{t=0}^{\infty} \beta^t u(c^h(t))$$

其中，$\beta \in (0,1)$，用 $c^h(t)$ 表示家庭 h 在 t 期的消费。假设 $u(0) = 0$。该经济体的禀赋为 $y > 0$ 单位制成品，且无法获得生产技术。这些禀赋可以储备下来，不同时期之间既没有折旧也没有利率收益。

(a) 该经济体中的阿罗-德布鲁商品是什么？
(b) 刻画该经济体的帕累托最优配置集。
(c) 证明第二福利定理（定理 5.7）适用于该经济体。
(d) 考虑给家庭配置 y 单位的消费品 $\{y^h\}_{h=1}^{H}$，使得 $\sum_{h=1}^{H} y^h = y$。已知该配置，求解唯一的竞争均衡价格向量及相应的消费配置。
(e) 所有的竞争均衡是否都是帕累托最优？
(f) 推导一个分散化整个帕累托最优配置集的再分配规划。

5.13 (a) 假定家庭 h 的效用为

$$U(x^h(0), x^h(1), \ldots) = \sum_{t=0}^{\infty} \beta^t v^h(x^h(t))$$

其中 $x^h(t) \in X \subset \mathbb{R}_+^N$，$v^h : X \to \mathbb{R}$ 是连续的，X 是紧的，且 $\beta < 1$。证明：假设对于任何 $x^h, \bar{x}^h \in X^h$ 且 $U^h(x^h) > U^h(\bar{x}^h)$，存在 $\bar{T}$ 使得 $U^h(x^h[T]) > U^h(\bar{x}^h)$ 对于定理 5.7 中的所有 $T \geq \bar{T}$（假设 iii）都成立。

(b) 假设生产结构用新古典生产函数表示，其中 t 期的生产向量仅仅是 t 期的投入以及 $t-1$ 期的资本存量函数，更高的资本存量

会带来更高的产出，并且可以自由处理。证明定理 5.7 的第二个假说，即对于每个 $y^f \in Y^f$，都存在 $\tilde{T}$ 使得对于所有 $T \geq \tilde{T}$，$y^f[T] \in Y^f$ 成立。

*5.14 （a）证明：定理 5.7 不适用于单一产品的新古典增长模型，且该模型中的瞬时偏好表达为 $u(c) = (c^{1-\theta} - 1)/(1 - \theta)$，$\theta \geq 1$。

（b）对于 $\varepsilon > 0$，构建每个元素都是 ε 的序列 $\underline{\varepsilon}$。重新公式化表述并证明定理 5.7 的另一个版本，使 X^h（对所有 $h \in \mathcal{H}$）被限制为对于足够小的 $\varepsilon > 0$，有元素 $x^h \geq \underline{\varepsilon}$。[提示：重新定义 $x^h[T]$，它的第 T 个元素后面不是 0 而是 ε，并相应地重新公式化表述该定理的假设。]

（c）证明：定理 5.7 的修订版可以适用于本习题（a）小题中的经济体。

第6章 无限期界最优化及动态规划

本章简要介绍确定性条件下离散时间的无限期界最优化问题。本章的目的是向读者介绍无限期界最优化技术以及动态规划。本书的其余部分会用到这些技术。因为动态规划已经成为经济学领域尤其是宏观经济学领域的一个重要工具,因此,动态规划方法值得反复强调。

本章内容分为四部分。第一部分(第6.1节至第6.3节)引入待求解的问题并给出了大量结论。在无限维度的优化问题中,这些结论对于运用稳定的动态规划技术非常必要。因为理解这些结论的推导过程在各种应用中很有用,因此第二部分,尤其是第6.4节和第6.5节提供了详细分析动态规划以及证明主要结论的必要辅助工具。对于本书的其余部分,这两小节的内容不是必需的,那些仅仅想了解动态规划技术工作原理的读者可以略过。接下来第三部分给出了稳态优化问题的几个结论(第6.7节)。最后本章第四部分(第6.6节、第6.8节和第6.9节)更加详细地讨论了动态规划技术如何运用于实际问题,并给出了使用该技术得到的一系列最优增长结果。

本章始终关注确定性条件下的考虑贴现的最大化问题,这与第5章引入的最大化问题相似。不确定性条件下的动态最优化问题将在第16章探讨。

6.1 离散时间的无限期界最优化问题

标准的离散时间无限期最优规划问题可以写成:

$$\sup_{\{x(t),y(t)\}_{t=0}^{\infty}} \sum_{t=0}^{\infty} \beta^t \tilde{U}(t, x(t), y(t))$$

约束条件为:

$y(t) \in \tilde{G}(t, x(t))$,对所有 $t \geq 0$

$x(t+1) = \tilde{f}(t, x(t), y(t))$,对所有 $t \geq 0$

$x(0)$ 给定。

这里 $\beta \in [0, 1)$ 是贴现因子，$t = 0, 1, \cdots$ 代表时间；对某个 $K_x, K_y \geq 1$，有 $x(t) \in X \subset \mathbb{R}^{K_x}$ 和 $y(t) \in Y \subset \mathbb{R}^{K_y}$。我们可以把 $x(t)$ 看成此规划问题的状态变量（状态向量），$y(t)$ 则代表 t 期的控制变量（控制向量）。实值函数 $\tilde{U}$：$\mathbb{Z}_+ \times X \times Y \to \mathbb{R}$ 则是即时收益函数（$\mathbb{Z}_+$ 代表非负整数集合），$\sum_{t=0}^{\infty} \beta^t \tilde{U}(t, x(t), y(t))$ 则是总目标函数。问题构建之时已经施加了如下条件，即目标函数是各期即时收益贴现之后的求和。$\tilde{G}(t,x)$ 是一个集值映射或称为对应（见附录 A），可以写成

$$\tilde{G}: \mathbb{Z}_+ \times X \rightrightarrows Y$$

因此，第一个约束条件指定了在 t 期给定 $x(t)$ 时，控制向量 $y(t)$ 的取值范围。另外，$\tilde{f}: \mathbb{Z}_+ \times X \times Y \to X$ 则限定了状态变量作为上期各种控制向量和状态向量的函数时的演化路径。以上规划问题的形式虽然有利于凸显状态变量和控制变量的区别，但为了方便，通常将 $y(t)$ 消除，从而把问题形式转化为

问题 6.1

$$V^*(0, x(0)) = \sup_{\{x(t)\}_{t=0}^{\infty}} \sum_{t=0}^{\infty} \beta^t U(t, x(t), x(t+1))$$

约束条件为：对于所有 $t \geq 0$，有

$$x(t+1) \in G(t, x(t)), x(0) \text{ 给定}$$

这里 $x(t) \in X \subset \mathbb{R}^K$（$K$ 为上述记号中的 K_x），$x(t)$ 对应状态向量，而 $x(t+1)$ 则充当 t 期的控制向量。$U: \mathbb{Z}_+ \times X \times X \to \mathbb{R}$ 是以 t、$x(t)$ 和 $x(t+1)$（而不是 $x(t)$ 和 $y(t)$）为自变量的即时收益函数，$G: \mathbb{Z}_+ \times X \rightrightarrows X$ 则指定了约束对应。最后，定义值函数 $V^*: \mathbb{Z}_+ \times X \to \mathbb{R}$，限定目标函数自 t 期某个 $x(t)$ 开始能达到或接近的上确界。

鉴于任何可行规划未必能实现最大值，在规划问题的构建中，本书用"sup"表示上确界（而不是用"max"表示最大值）。然而，本书研究的所有情形都是能够达到最大值的，因此读者可以用"max"代替"sup"。如果某一序列 $\{x^*(t+1)\}_{t=0}^{\infty} \in$

X^∞ 能实现最大值，则该序列被称为"问题的解"，或是"最优规划"。[①] 这里，X^∞ 是集合 X 可数的无限外积，因此 X^∞ 中的元素是每个分量都来自 X 的一个序列（注意：$X^\infty \subset \ell^\infty$，$\ell^\infty$ 是无限序列的向量空间，以上确界范数 $\|\cdot\|_\infty$ 为限，作者在全书中将其简记为 $\|\cdot\|$，见附录 A）。本章尤为重要的是函数 $V^*(t,x)$，可被看成值函数，即最优策略（规划）自 t 期初始状态 x 开始的值。本章目的之一就是描述最优规划 $\{x^*(t+1)\}_{t=0}^\infty$ 和值函数 $V^*(0,x(0))$ 的特征。

规划问题更一般的构建形式是引入未贴现的目标函数，可写成

$$\sup_{\{x(t)\}_{t=0}^\infty} U(x(0), x(1), \ldots)$$

在经济增长领域的大多数问题中，该一般性并非特别有用，如前述章节讨论（请特别回顾习题 5.1）的，时间可分割的贴现目标函数保证了最优规划的时间一致性。

问题 6.1 有点抽象，然而，该形式具有容易处理的优势和足够的一般性，能适用于许多有趣的经济学问题。下面的例子将说明，如何将标准的最优经济增长问题表示成这种形式。

例 6.1 回顾第 5.9 节中介绍的最优增长问题（5.24）式和（5.25）式：

$$\max_{\{k(t),c(t)\}_{t=0}^\infty} \sum_{t=0}^\infty \beta^t u(c(t))$$

约束条件为：

$$k(t+1) = f(k(t)) + (1-\delta)k(t) - c(t)$$

其中，$k(t) \geq 0$，给定 $k(0) > 0$ 以及 $u: \mathbb{R}_+ \to \mathbb{R}$。此问题对应于一维状态变量和控制变量的一般形式。特别地，令 $x(t) = k(t)$，$x(t+1) = k(k+1)$。则根据约束条件可以得到

$$c(t) = f(k(t)) - k(t+1) + (1-\delta)k(t)$$

代入目标函数得到

$$\max_{\{k(t)\}_{t=0}^\infty} \sum_{t=0}^\infty \beta^t u(f(k(t)) - k(t+1) + (1-\delta)k(t))$$

[①] 有时我使用术语"解"指代问题 6.1 或问题 6.2 中的函数 V^*（或问题 6.3 中的 V）；但是上下文能清楚说明"解"指代的是"最优规划"，还是值函数 V^* 或 V。

约束条件为 $k(t) \geq 0$。现在可以证明，此问题就是问题6.1的特殊形式，当 $U(t, k(t), k(t+1)) = u(f(k(t)) - k(t+1) + (1-\delta)k(t))$ 时，约束对应 $G(t, k(t))$ 由 $k(t+1) \in [0, f(k(t)) + (1-\delta)k(t)]$ 决定（因为 $c(t) \geq 0$）。

例6.1要强调的一个显著特性是：一旦最优增长问题用问题6.1的形式加以表示，U 和 G 并不明确地依赖于时间。这个特性相当普遍。经济学中的许多有趣问题都可以表示成这种静态形式。静态问题包括贴现求和的目标函数，以及不明显随时间变化的 U 函数和 G 函数。下一节我将从稳定的动态最优化问题开始研究，而在第6.7节中将回过头来讨论问题6.1的更一般形式。

6.2 稳态动态规划

让我们考虑问题6.1的稳定形式，即

问题 6.2

$$V^*(x(0)) = \sup_{\{x(t)\}_{t=0}^{\infty}} \sum_{t=0}^{\infty} \beta^t U(x(t), x(t+1))$$

约束条件：对于任何 $t \geq 0$，有

$$x(t+1) \in G(x(t)),$$

其中 $x(0)$ 给定。

这里再次令 $\beta \in [0,1)$，约束对应和即时收益函数分别采取 $G: X \rightrightarrows X$ 和 $U: X \times X \to \mathbb{R}$ 的形式。既然该问题是稳定的，值函数可以忽略时间变量而写成 $V^*(x(0))$ 的形式。

与问题6.1一样，问题6.2是一个序列问题，也即涉及如何选择一个无限期界序列 $\{x(t)\}_{t=0}^{\infty} \in X^{\infty}$。序列问题有时会有很好的特性，但其解的解析特征和数值特征通常很难描述。

动态规划的基本思想是将序列问题转化为一个泛函方程，也即将问题转化为寻找一个函数而不是一个序列。相关的泛函方程如下所示：

问题 6.3

$$V(x) = \sup_{y \in G(x)} \{U(x, y) + \beta V(y)\}, \text{ 对所有 } x \in X \text{ 成立} \tag{6.1}$$

其中 $V: X \to \mathbb{R}$。本书始终用 V 指代问题6.3中定义的函数，用 V^* 表示问题6.2中定义的函数。

直观上，问题6.3需要我们选择一个策略以决定：对于给定的状态向量值 $x(t)$，控制向量 $x(t+1)$ 应该是什么，而不是如问题6.1那样，需要我们明确地选择一个序列 $\{x(t)\}_{t=0}^{\infty}$。因为即时收益函数 $U(\cdot,\cdot)$ 并不依赖于时间，这个策略也应该是独立于时间的，因而控制向量可用 y 表示，状态向量可用 x 表示。问题6.3等价于对某个给定的 $x \in X$，选择一个 $y \in G(x) \subset X$。在数学上，则对应于对于任意 $x \in X$，求最大化 $V(x)$。（6.1）式唯一的微妙之处在于 $V(\cdot)$ 出现在等号右边，下文将对此做出解释。这也是（6.1）式为何被称作"递归公式"的原因，函数 A 同时出现在（6.1）式等号的左右两边，因而是以递归形式定义的。问题6.3也被称作"贝尔曼方程"，是以理查德·贝尔曼（Richard Bellman）命名的。他最早介绍了动态规划问题的公式化构建。

初看起来，递归形式并不显得比序列形式优越，毕竟相对于序列而言，函数的处理需要更多技巧。然而事实上，在许多例子中，动态规范的泛函方程都是易于操作的，在应用数学和工程学领域因其计算上的便利而受到青睐。在经济学中，递归形式的主要优点在于它往往能够提供更好的经济学见解，逻辑上类似于将今天与明天进行比较。具体来说，$U(x,y)$ 是今天的收益，$\beta V(y)$ 是自下一日期开始至永远的后续回报，等价于明天的收益。因此，在许多应用中，我们可以利用来自两阶段最大化问题的直觉。最后，在一些特殊而又重要的情形中，从分析的角度看，问题6.3的解比序列问题（问题6.2）相应的解更易于描述。

事实上，问题6.3本身就表明其形式很自然地源自问题6.2的构架。假定问题6.2存在最大值，并由序列 $\{x^*(t)\}_{t=0}^{\infty}$ 实现，其中 $x^*(0) = x(0)$；那么，在一些相对较弱的技术性条件之下，我们可以得到

$$V^*(x(0)) = \sum_{t=0}^{\infty} \beta^t U(x^*(t), x^*(t+1))$$
$$= U(x(0), x^*(1)) + \beta \sum_{s=0}^{\infty} \beta^s U(x^*(s+1), x^*(s+2))$$
$$= U(x(0), x^*(1)) + \beta V^*(x^*(1))$$

上式蕴含了动态规划的基本思想，即最优化原则，这在定理6.2中有更加正式的阐述。最优规划可以分为两个部分：其一是最优化当前，其二是最优化后续路径。动态规划利用了这条原则。

稳定的动态规划架构有一个特别显著的优点，解可以被表示成一个时间不变的策略函数（或策略映射），$\pi: X \to X$，以决定对于给定的状态变量值 $x(t)$，$x(t+1)$ 应选择何值。通常而言，动态规划存在两个顾虑：第一，达到最优值的控制变量

（向量）可能并不存在，这也即本书起初用"sup"标记的原因。第二，由于对给定的状态变量，可能不止一个控制变量可以实现最大值，问题 6.3 的解就可能不是一个策略函数，而是一个策略对应，$\Pi: X \rightrightarrows X$。这两个问题将在第 6.3 节和第 6.5 节中详加探讨，这里暂时搁置一边，只对动态规划进行启发式的阐述。

一旦确定值函数 V，我们就可以直接表述策略函数的特征。特别是最优策略由策略函数 $\pi(x)$ 表示时，则根据定义必然满足

$$V(x) = U(x, \pi(x)) + \beta V(\pi(x)), \text{对所有} x \in X \text{成立,}$$

以上就是确定策略函数的一种方式。上式仅仅遵循了如下事实，因为 $\pi(x)$ 是最优策略，故当 $y = \pi(x)$ 时，（6.1）式的右边取到最大值 $V(x)$。

问题 6.3 的递归形式用处很大，原因在于有很多强大的工具不仅可以证明解的存在性，也可以证实解的一些性质。这些手段也被直接应用于经济增长、宏观经济学以及经济动态学等其他领域的各种问题。

在下一节里，我将介绍有关序列问题（问题 6.2）的解与递归形式（问题 6.3）之间关系的一些结论；同时证明关于值函数 $V(\cdot)$（问题 6.2 中为 $V^*(\cdot)$）的凹性、单调性和可微性的许多结论。

6.3 稳态动态规划的一些定理

本节从问题 6.2 的一系列假设开始，这些假设单独编号，以便与全书中用到的有关技术和偏好的假设区分开来。首先假定某序列 $\{x^*(t)\}_{t=0}^{\infty} \in X^{\infty}$ 能够实现问题 6.2 的上确界。我们的主要目的在于确保该序列能满足动态规划的递归方程，将序列 $\{x^*(t)\}_{t=0}^{\infty}$ 代入方程（而不是"max"算子）之后，列式如下：对所有 $t = 0, 1, \cdots$ 有

$$V(x^*(t)) = U(x^*(t), x^*(t+1)) + \beta V(x^*(t+1)) \tag{6.2}$$

就能够达到上确界而言，（6.2）式的任何一个解，也必然是问题 6.2 的解。换言之，我们的兴趣在于证明问题 6.2 与问题 6.3 之间解的等价关系。

作为准备，我们首先定义始于初始值 $x(t)$ 的可行序列或"规划"集：

$$\Phi(x(t)) = \{\{x(s)\}_{s=t}^{\infty} : x(s+1) \in G(x(s)) \text{对于} s = t, t+1, \ldots\}$$

直观上看，$\Phi(x(t))$ 是始自 $x(t)$ 的向量的可行选择集；我们用 $\mathbf{x} = (x(0), x(1), \cdots) \in \Phi(x(0))$ 表示集合 $\Phi(x(0))$ 中的一个典型元素。第一个假设表述

如下：

假设 6.1 对所有 $x \in X$，$G(x)$ 是非空的；对所有 $x(0) \in X$ 和 $\mathbf{x} \in \Phi(x(0))$，$\lim_{n \to \infty} \sum_{t=0}^{n} \beta^t U(x(t), x(t+1))$ 存在且有限。

这个假设比确立下述结果所需的假设更强。尤其在动态规划理论中，许多内容都可以充分证明假设 6.1 中的极限是存在的。然而，在经济学应用中，我们并不关心家庭或企业获得无限收益的最优化问题。存在着两个显而易见的理由：第一，如果一些微观经济主体能获得无限收益，数学问题通常将不能良好地定义；[1] 第二，无限收益情形将失掉经济学的精髓，即面临稀缺性时的权衡。

假设 6.2 X 是 $\mathbb{R}^K$ 的紧子集，G 是非空的、紧的、连续的。并且，$U: \mathbf{X}_G \to \mathbb{R}$ 是连续的，其中 $\mathbf{X}_G = \{(x,y) \in X \times X : y \in G(x)\}$。

这是很自然的假设。考虑到非紧集里的选择会使最优化问题性状不良，因而有必要施加 $G(x)$ 紧值的假设。另外，假设 U 是连续的，对绝大多数经济学应用而言，并不失去多少一般性。在本书的所有模型中，U 都是连续的。这里最具有约束力的假设是，状态变量在一个紧集之中，即 X 是紧的。本章中的大多数结论都可归结为 X 非紧时的情形，但是需要额外的符号以及难度更大的分析。在经济增长的分析中，X 为非紧是重要的，因为大多数有趣的增长模型都包含了状态变量（例如资本存货）的稳定增长。尽管如此，在许多情况下，利用简便的标准化，数学问题可以转化成状态变量来自紧集的情形。如果不放松 X 的紧集假设，有一类重要问题就无法展开分析，这就是内生增长模型。然而，鉴于第 7 章阐述的方法不需要这类紧集假设，以及研究者经常使用连续时间方法研究内生增长模型，这里我们假设 X 是紧集，以简化讨论。

请注意，因为 X 是紧的，$G(X)$ 是连续、紧的，所以 $\mathbf{X}_G$ 也是紧的。由于定义在紧集上的连续函数是有界的（附录 A 推论 A.1），假设 6.2 意味着 U 是有界的，这一点对以下的一些结论相当重要。

许多（但并非全部）经济问题对偏好和技术施加额外的结构约束，譬如，假定即时收益函数 U 是凹和单调的、约束条件是凸的，这些性质使我们可以证明额外的结构性结论。下面将正式引入这些假设。

---

[1] 家庭或企业能获取无限收益的确定的无限期最优化问题的数学分析，可以用"超越准则"（overtaking criterion）或"弱最优化"（weak optimality）之类的概念展开（譬如，参见 Puterman, 1994）。但本书中所有模型均不需要这些更具有一般性的最优化概念。

假设 6.3 U 是凹的。即对任何 $\alpha \in (0,1)$ 和 $(x,y),(x',y') \in \mathbf{X}_G$，有

$$U(\alpha x + (1-\alpha)x', \alpha y + (1-\alpha)y') \geqslant \alpha U(x,y) + (1-\alpha)U(x',y')$$

此外，如果 $x \neq x'$，则

$$U(\alpha x + (1-\alpha)x', \alpha y + (1-\alpha)y') > \alpha U(x,y) + (1-\alpha)U(x',y')$$

另外，G 是凸的。也就是说，对任何 $\alpha \in [0,1]$ 以及满足 $y \in G(x)$ 和 $y' \in G(x')$ 的 $x,x',y,y' \in X$，有

$$\alpha y + (1-\alpha)y' \in G(\alpha x + (1-\alpha)x')$$

该假设施加了在许多经济学应用中采用的类似条件：约束集设定为凸，而（即时）收益函数则是凹的。该假设施加的条件与严格凹性类似，但弱于后者。

下一条假设对收益函数施加了更多结构约束，特别是，它保证了收益函数是状态变量（前 K 个自变量）的增函数，以及从放松约束的角度看（更大的 x 值意味着更多的选择），更大的状态变量值也是受人欢迎的。

假设 6.4 对任意 $y \in X$，$U(\cdot, y)$ 对其前 K 个自变量严格递增；G 是单调的，$x \leqslant x'$ 意味着 $G(x) \subset G(x')$。

最后一个是可微性假设，也常见于大多数经济学模型之中。该假设使我们可以利用一阶必要条件。

假设 6.5 U 在定义域 $\mathbf{X}_G$ 的内部连续可微。

给定上述假设，下面的一系列结论将得以证明，第 6.5 节将给出相应的证明。

定理 6.1（值的等价性） 在假设 6.1 成立的条件下，对于任意 $x \in X$，问题 6.2 的任意解 $V^*(x)$ 也是问题 6.3 的解。此外，问题 6.3 的任意解 $V(x)$ 同时也是问题 6.2 的解，即对于所有的 $x \in X$，均有 $V^*(x) = V(x)$。

因此，在假设 6.1 之下，序列形式和递归形式都得到相同的值。下一条定理将得出更为重要的结论，即问题 6.2 和问题 6.3 的解是相同的。

定理 6.2（最优性原理） 假设 6.1 成立，令 $\mathbf{x}^* \in \Phi(x(0))$ 表示得到问题 6.2 的值 $V^*(x(0))$ 的可行规划，则对 $t = 0, 1, \cdots$

$$V^*(x^*(t)) = U(x^*(t), x^*(t+1)) + \beta V^*(x^*(t+1)) \tag{6.3}$$

成立，且 $x^*(0) = x(0)$。

进而，如果任意 $\mathbf{x}^* \in \Phi(x(0))$ 满足（6.3）式，则该可行规划一定会得到问

题 6.2 中的最优值。

这一定理是动态规划理论中最主要的概念性结论。它指出最优规划（序列）$\mathbf{x}^* \in \Phi(x(0))$ 的收益可以分成两部分：当期收益 $U(x^*(t), x^*(t+1))$，以及后续收益 $\beta V^*(x^*(t+1))$，其中后续收益是自明天的状态变量 $x^*(t+1)$ 开始的动态规划问题的贴现值。考虑到问题 6.2 中的 V^* 和问题 6.3 中的 V 是一致的（见定理 6.1），从 (6.3) 式也能推出 (6.2) 式。

定理的第二部分同样重要。它说明，如果自 $x(0)$ 开始的任一可行规划 $\mathbf{x}^*$（即 $\mathbf{x}^* \in \Phi(x(0))$）满足 (6.3) 式，则 $\mathbf{x}^*$ 可得 $V^*(x(0))$。因此，根据这条定理，我们可以从递归问题的求解中得到原始问题的解，反之亦然。其结果是，只要假设 6.1 成立，将动态规划问题构建成递归形式不存在遗漏解的风险。

接下来的结论将总结问题 6.3 中值函数 V 的一些相当重要的特性。在不能求得显式解的动态最优化问题中，这些结论在描述最优规划的定性特征时很有用。

定理 6.3（解的存在性） 假设 6.1 和假设 6.2 成立，则存在唯一的连续有界函数 $V: X \to \mathbb{R}$，它满足 (6.1) 式。进而，对任意 $x(0) \in X$，存在一个最优规划 $\mathbf{x}^* \in \Phi(x(0))$。

该定理证明了两个主要结论：一是动态规划问题的值函数（也是贝尔曼方程）的唯一性，二是最优规划的存在性。结合定理 6.1，本定理进一步表明，达到问题 6.2 的上确界的最优策略函数（或对应）是存在的，并且正如 V 那样，V^* 是连续且有界的。然而，即使值函数是唯一的，问题 6.2（或问题 6.3）中的最优规划也可能不是唯一的。有可能存在这样的情形，两个不同的可行序列达到同一个最大值。正如静态最优化问题那样，解的非唯一性源自目标函数严格凹性的缺失。通过假设 6.3 施加更强的约束条件，就能保证最优规划的唯一性。下面首先证明，假设 3 意味着值函数 V 是严格凹的。

定理 6.4（值函数的凹性） 在假设 6.1、假设 6.2 和假设 6.3 成立的情况下，满足 (6.1) 式的唯一值函数 $V: X \to \mathbb{R}$ 是严格凹的。

此外，很容易证明，如果放松假设 6.3，使 U 是凹的（去掉假设里额外的附加条件 $x \neq x'$），那么定理 6.4 的较弱版本也成立，而且意味着 V 是凹的。联合前面两个定理可以得到如下推论：

推论 6.1 在假设 6.1、假设 6.2 和假设 6.3 成立的条件下，对任一 $x(0) \in X$，存在一个唯一的最优规划 $\mathbf{x}^* \in \Phi(x(0))$。进而，最优规划可以表示成 $x^*(t+1) = \pi(x^*(t))$，这里 $\pi: X \to X$ 是一个连续策略函数。

本推论的重要结论是，"策略函数" π 确实是函数，而不是一个对应。该结论是 x^* 被唯一确定的结果，它也意味着策略映射 π 对状态向量是连续的。另外，如果存在参数向量 **z** 连续作用于约束对应 Φ 或者即时收益函数 U，则同样的自变量确定了 π 也对该参数向量连续。这个特征使动态宏观经济学模型能够在各种情境下进行定性分析。

接下来的结论表明，在假设 6.4 之下，值函数 V 是严格递增的。

定理 6.5（值函数的单调性） 在假设 6.1、假设 6.2、假设 6.3 和假设 6.4 成立的条件下，令 $V: X \to \mathbb{R}$ 为（6.1）式的唯一解，则 V 对于其所有自变量都是严格递增的。

我们构建递归形式的目的，就是描述动态最优化问题的解的特征。与静态最优化问题一样，使用微积分常常使事情变得容易。对（6.1）式使用微积分的难点在于表达式右边包含内生决定的值函数 V。只有从更基本的自变量中确定值函数是可微的，我们才能使用微积分。下一个定理保证了值函数是可微的，并利用包络定理（附录 A 中的定理 A.31）的一种常见形式，表述了值函数的梯度。回忆一下，Int X 表示集合 X 的内点，$D_x f$ 表示函数 f 对向量 x 的梯度，Df 则表示 f 对于其所有自变量的梯度（见附录 A）。

定理 6.6（值函数的可微性） 在假设 6.1、假设 6.2、假设 6.3 和假设 6.5 成立的条件下，令 $\pi(\cdot)$ 表示推论 6.1 中定义的策略函数，并假定 $x \in$ Int X 且 $\pi(x) \in$ Int $G(x)$，则 $V(\cdot)$ 对于 x 可微，其梯度由下式决定：

$$DV(x) = D_x U(x, \pi(x)) \tag{6.4}$$

以上结论使我们可以运用动态规划技术处理更广泛的动态问题。在具体应用之前，我先论述这些结论是如何证明的。下一节将介绍来自泛函分析基础的大量数学工具，这些工具对证明其中的一些定理必不可少。第 6.5 节将证明本节讨论过的全部结论。

6.4　压缩映射定理及其应用*

本节将给出几个数学结论，这几个结论对于动态规划的发展非常重要。从这个意义上说，这节偏离了主要内容。因此，如果略过本节和下一节也不会影响本书其余部分的学习。然而，这两小节的内容对于清晰理解动态规划的基本原理非常有用，并且能够使读者更好地掌握这些方法。阅读本节之前，读者也可以查阅附录 A。

参照附录 A，如果 S 是空间，d 是定义该空间上具备通常特征的度量（尤其是三角不等式，参照定义 A.1），我们称 (S,d) 是一个度量空间（metric space）。度量被记为"d"，因为它大致对应于 S 中两个元素之间的距离。度量空间是比有限维度的欧几里得空间（如 $\mathbb{R}^K$ 的子集）更广泛的概念。至于欧几里得空间，我们最感兴趣的是定义从度量空间到其自身的映射。这些映射被称为"算子"，以区别实值函数，通常被记为字母 T（因此 $T:S\to S$）。标准的符号通常用 Tz 表示算子 T 下一个点 $z\in S$ 的像（而不使用我们更熟悉的符号 $T(z)$）。相反，符号 $T(Z)$ 表示运算 T 下 S 的一个子集合 Z 的像。也即，$T(Z)=\{x\in S:\exists z\in Z \text{ 且 } Tz=x\}$，此处我使用这个标准符号。

定义 6.1 令 (S,d) 是一个度量空间，$T:S\to S$ 是一个把 S 映射到其自身的算子。如果对于某些 $\beta\in(0,1)$，

$$d(Tz_1,Tz_2)\leq \beta d(z_1,z_2) \text{ 对所有 } z_1,z_2\in S \text{ 成立}，$$

则 T 是一个压缩映射（模为 β）。换言之，一个压缩映射使度量空间中的各个元素一致性地相互靠近。

例 6.2 取实线上的一个简单区间 $S=[a,b]$ 作为我们的度量空间，通常，这个空间的度量为：$d(z_1,z_2)=|z_1-z_2|$，则 $T:S\to S$ 是一个压缩映射。对于某些 $\beta\in(0,1)$，有

$$\frac{|Tz_1-Tz_2|}{|z_1-z_2|}\leq \beta <1 \text{ 对所有 } z_1,z_2\in S,\text{且 }z_1\neq z_2 \text{ 成立}。$$

定义 6.2 T 的一个不动点是 S 中任何满足 $Tz=z$ 的元素。

回忆一下，如果 S 中每个柯西序列（元素相互之间越来越接近的一个序列）都收敛到 S 中的一个元素（见附录 A 中的 A.1 与 A.2），则度量空间 (S,d) 是完备的。下面的定理尽管简洁，却是泛函分析中最有力的结论之一。

定理 6.7（压缩映射定理） 令 (S,d) 是一个完备的度量空间，并假定 $T:S\to S$ 是一个压缩映射，则 T 有一个唯一的不动点 $\hat{z}$，亦即存在一个唯一的 $\hat{z}\in S$，使得

$$T\hat{z}=\hat{z}$$

证明 （存在性）注意到对任何 $n=1,2,\cdots$，有 $T^n z=T(T^{n-1}z)$（$T^0 z=z$）。选择 $z_0\in S$，构建一个序列 $\{z_n\}_{n=1}^{\infty}$，S 中每个元素满足 $z_{n+1}=Tz_n$，使得

$$z_n=T^n z_0$$

既然 T 是一个压缩映射，我们有

$$d(z_2, z_1) = d(Tz_1, Tz_0) \leq \beta d(z_1, z_0)$$

反复压缩得到

$$d(z_{n+1}, z_n) \leq \beta^n d(z_1, z_0), \quad n = 1, 2, \ldots \tag{6.5}$$

因此，对任何 $m > n$，有

$$d(z_m, z_n) \leq d(z_m, z_{m-1}) + \cdots + d(z_{n+2}, z_{n+1}) + d(z_{n+1}, z_n) \tag{6.6}$$

$$\leq \left(\beta^{m-1} + \cdots + \beta^{n+1} + \beta^n\right) d(z_1, z_0)$$

$$\leq \frac{\beta^n}{1-\beta} d(z_1, z_0)$$

其中第一个不等式运用了三角不等式（见附录 A）。第二个不等式使用了（6.5）式。最后一个不等式利用了如下事实：

$$1/(1-\beta) = 1 + \beta + \beta^2 + \cdots > 1 + \beta + \cdots + \beta^{m-n-1}$$

（6.6）式中的一连串不等式意味着对于足够大的 m 和 n，z_m 和 z_n 将会互相靠近，结果 $\{z_n\}_{n=1}^{\infty}$ 是一个柯西序列。由于 S 是完备的，S 中的每个柯西序列有一个极限点在 S 内，因此 $z_n \to \hat{z} \in S$。

下一步是证明 $\hat{z}$ 是不动点。注意对任意 $z_0 \in S$ 以及 $n \in \mathbb{N}$，我们有

$$d(T\hat{z}, \hat{z}) \leq d(T\hat{z}, T^n z_0) + d(T^n z_0, \hat{z})$$

$$\leq \beta d(\hat{z}, T^{n-1} z_0) + d(T^n z_0, \hat{z})$$

其中第一个不等式再次利用了三角不等式，第二个不等式利用了 T 是压缩映射的事实。因为 $z_n \to \hat{z}$，当 $n \to \infty$ 时右边两项趋近于零，这意味着 $d(T\hat{z}, \hat{z}) = 0$，因此 $T\hat{z} = \hat{z}$，这就证明了 $\hat{z}$ 是一个不动点。

（唯一性）假定为了获得一个压缩映射，存在 $\hat{z}, z \in S$ 使 $Tz = z$ 以及 $T\hat{z} = \hat{z}$ 都成立，且 $\hat{z} \neq z$。这意味着

$$0 < d(\hat{z}, z) = d(T\hat{z}, Tz) \leq \beta d(\hat{z}, z)$$

因为 $\beta < 1$，这显然是矛盾的，因此唯一性成立。

压缩映射定理可以用来证明许多有名的结论。下一个例子和习题 6.4 说明了压缩映射定理如何证明微分方程解的存在性和唯一性。习题 6.5 则展示了压缩映射定理如何用来证明隐函数定理（见附录 A 的定理 A.25）。

例 6.3 考虑如下的一维微分方程：

$$\dot{x}(t) = f(x(t)) \tag{6.7}$$

边界条件为 $x(0) = c \in \mathbb{R}$。假定 $f:[0,\bar{x}] \to \mathbb{R}$ 是李普希兹（Lipschitz）连续的，这表明函数是连续的，而且对某个 $M < \infty$，函数满足如下的有界性条件：对所有 $x', x'' \in [0,\bar{x}]$，$|f(x'') - f(x')| \leq M|x'' - x'|$ 成立。压缩映射定理（定理6.7）可以用来证明连续函数 $x^*(t)$ 的存在性，该函数是这个微分方程在任何紧区间上的唯一解，尤其是在某个 $s \in [0,\bar{x}]$ 的区间 $[0,s]$。为了证明这个结论，考虑连续函数在 $[0,s]$ 上的空间 $\mathbf{C}[0,s]$，定义算子 T，使得对于任何 $g \in \mathbf{C}[0,s]$，

$$Tg(z) = c + \int_0^z f(g(x))dx \text{ 对于所有} z \in [0,s] \text{成立。}$$

注意 T 是一个从连续函数在 $[0,s]$ 的空间映射到自身的映射，即 $T: \mathbf{C}[0,s] \to \mathbf{C}[0,s]$。而且也可以证明对于某个 s，T 是一个压缩映射。这一论断成立是因为对于任意 $z \in [0,s]$，我们可得

$$\left| \int_0^z f(g(x))dx - \int_0^z f(\tilde{g}(x))dx \right| \leq \int_0^z M|g(x) - \tilde{g}(x)|dx \tag{6.8}$$

根据 $f(\cdot)$ 的李普希兹连续性，等式（6.8）意味着

$$\|Tg(z) - T\tilde{g}(z)\| \leq M \times s \times \|g - \tilde{g}\|$$

回顾 $\|\cdot\|$ 表示根据函数空间定义的上确界范数。选择 $s < 1/M$ 确保对于足够小的 s，T 的确是个压缩映射。则根据定理6.7，在 $\mathbf{C}[0,s]$ 上一定存在 T 的一个唯一不动点。这个不动点是微分方程的唯一解，也是连续的。习题6.4要求你证明一些步骤并说明这个结果如何扩展以适用于 $\mathbf{C}[0,\bar{x}]$ 的情形。

对我们来说，压缩映射定理的主要用处在于保证了问题（6.3）中唯一值函数的存在性，这极大地便利了动态规划问题的分析。在此之前，让我们考虑另一个有用的结论。回顾一下，如果 (S,d) 是一个完备的度量空间，而且 S' 是 S 的一个闭子集，则 (S',d) 也是一个完备的度量空间。

定理6.8（压缩映射的应用） 令 (S,d) 是一个完备的度量空间，$T: S \to S$ 是一个压缩映射 $T\hat{z} = \hat{z}$。

1. 如果 S' 是 S 的一个闭子集，而且 $T(S') \subset S'$，则 $\hat{z} \in S'$。
2. 此外，如果 $T(S') \subset S'' \subset S'$，则 $\hat{z} \in S''$。

证明 取 $z_0 \in S'$，构建序列 $\{T^n z_0\}_{n=1}^{\infty}$。因为 $T(S') \subset S'$ 因此序列的每一个元素都在 S' 内。定理6.7说明 $T^n z_0 \to \hat{z}$。因为 S' 是闭的，$\hat{z} \in S'$，这就证明了定理

的第一部分。

已知 $\hat{z} \in S'$。则 $T(S') \subset S'' \subset S'$ 意味着 $\hat{z} = T\hat{z} \in T(S') \subset S''$，证明了第二部分。证毕。

定理的第二部分对于证明一些结论非常重要，例如函数的严格凹性或者严格单调性。这是因为严格凹函数的集合（空间）或者严格递增函数的集合不是闭合（完备）的。因此，压缩映射定理不能直接运用于这样的函数空间。定理的第二部分使我们能绕开这个问题。

前两个定理表明压缩映射特征既简洁又有力。然而，除了几个简单的情形，例如例 6.2，很难检验一个算子是不是一个压缩映射。当空间中的元素对应动态规划环境里的相关函数时，这个问题变得尤为困难。下一个定理为我们提供了算子成为压缩映射的直观的充分条件。对于这个定理，我们使用如下符号：对于一个实值函数 $f(\cdot)$ 和一些常数 $c \in \mathbb{R}$，我们定义 $(f+c)(x) = f(x) + c$，则如下定理成立。

定理 6.9（压缩映射的布莱克韦尔充分条件） 令 $X \subseteq \mathbb{R}^K$，令 $\mathbf{B}(X)$ 是定义在 X 上且具备上确界范数 $\|\cdot\|$ 的有界函数 $f: X \to \mathbb{R}$ 的空间。假定 $\mathbf{B}'(X) \subset \mathbf{B}(X)$，令 $T: \mathbf{B}'(X) \to \mathbf{B}'(X)$ 是满足如下两个条件的一个算子：

1. 单调性：对任意 $f, g \in \mathbf{B}'(X), f(x) \le g(x)$ 对所有 $x \in X$ 成立暗含着 $(Tf)(x) \le (Tg)(x)$ 对所有 $x \in X$ 成立；
2. 贴现：存在一个 $\beta \in (0,1)$ 使得对于所有 $f \in B(x), c \ge 0$ 和 $x \in X$，都有
$$[T(f+c)](x) \le (Tf)(x) + \beta c$$

则 T 是 $\mathbf{B}'(X)$ 上的模为 β 的压缩。

证明 根据上确界范数的定义，$\|f - g\| = max_{x \in X} |f(x) - g(x)|$，则对于任意 f，有 $g \in \mathbf{B}'(X) \subset \mathbf{B}(X)$，对于任意 $x \in X$，有
$$f(x) \le g(x) + \|f - g\|$$
$$(Tf)(x) \le T[g + \|f - g\|](x)$$
$$(Tf)(x) \le (Tg)(x) + \beta \|f - g\| \tag{6.9}$$

其中第二行对两边都应用了算子 T 并利用了单调性，第三行利用了贴现（结合 $\|f - g\|$ 仅仅是个数字的事实）。反过来，对于任意 $x \in X$，有
$$g(x) \le f(x) + \|g - f\|$$
$$(Tg)(x) \le T[f + \|g - f\|](x) \tag{6.10}$$
$$(Tg)(x) \le (Tf)(x) + \beta \|g - f\|$$

结合不等式（6.9）与（6.10）得到

$$\|Tf - Tg\| \leq \beta \|f - g\|$$

这就证明了 T 是 $\mathbf{B}'(X)$ 上的一个压缩映射。

在检验包含最优增长或均衡增长模型等许多经济学应用时，我们将很直观地看到布莱克韦尔充分条件。

6.5 主要动态规划定理的证明

现在我将给出定理 6.1 至定理 6.6 的证明。第一步是一个在证明中有用的直观引理。对于一个从 $x(0)$ 起始的可行无限序列 $\mathbf{x} = (x(0), x(1), \cdots) \in \Phi(x(0))$，令

$$\bar{\mathbf{U}}(\mathbf{x}) \equiv \sum_{t=0}^{\infty} \beta^t U(x(t), x(t+1))$$

为选择这个潜在非最优无限可行序列的值。考虑到假设 6.1，$\bar{\mathbf{U}}(\mathbf{x})$ 存在，而且是有限的。下面的引理将证明 $\bar{\mathbf{U}}(\mathbf{x})$ 可以被分割为两部分，当期收益以及后续收益。

推论 6.1 若假设 6.1 成立，则对任意 $x(0) \in X$ 和任意 $\mathbf{x} \in \Phi(x(0))$ 有，

$$\bar{\mathbf{U}}(\mathbf{x}) = U(x(0), x(1)) + \beta \bar{\mathbf{U}}(\mathbf{x}')$$

其中，$\mathbf{x}' = (x(1), x(2), \cdots)$。

证明 既然有假设 6.1，$\bar{\mathbf{U}}(\mathbf{x})$ 存在且有限，因此可以写成如下引理中定义的形式：

$$\begin{aligned}\bar{\mathbf{U}}(\mathbf{x}) &= \sum_{t=0}^{\infty} \beta^t U(x(t), x(t+1)) \\ &= U(x(0), x(1)) + \beta \sum_{s=0}^{\infty} \beta^s U(x(s+1), x(s+2)) \\ &= U(x(0), x(1)) + \beta \bar{\mathbf{U}}(\mathbf{x}')\end{aligned}$$

证明定理 6.1 之前，有必要弄清楚 V 和 V^* 是问题 6.2 和问题 6.3 的解有什么含义。让我们从问题 6.2 着手，使用本节引入的符号，对任意 $x(0) \in X$，有

$$V^*(x(0)) = \sup_{\mathbf{x} \in \Phi(x(0))} \bar{\mathbf{U}}(\mathbf{x}) \tag{6.11}$$

考虑到保证所有值都是有界的假设 6.1，(6.11) 式暗含着对所有 $\mathbf{x} \in \Phi(x(0))$，有

$$V^*(x(0)) \geqslant \bar{\mathbf{U}}(\mathbf{x}) \tag{6.12}$$

因为没有其他可选择的可行序列能够给出比上确界 $V^*(x(0))$ 更高的值。然而，如果某函数 $\tilde{V}(\cdot)$ 满足条件 (6.12) 式，对任意 $\alpha > 0$，$\tilde{V}(\cdot) + \alpha$ 也会满足，因此该条件并不充分。此外，我们也要求对于任意 $\varepsilon > 0$，存在 $\mathbf{x}' \in \Phi(x(0))$ 使得如下结果成立

$$V^*(x(0)) \leqslant \bar{\mathbf{U}}(\mathbf{x}') + \varepsilon \tag{6.13}$$

$V(\cdot)$ 成为问题 6.3 的解的条件与此类似。对于任意 $x(0) \in X$，有

$$V(x(0)) \geqslant U(x(0), y) + \beta V(y') \tag{6.14}$$

对所有 $y \in G(x(0))$ 成立。此外，对于任意 $\varepsilon > 0$，存在 $y' \in G(x(0))$ 使得

$$V(x(0)) \leqslant U(x(0), y') + \beta V(y') + \varepsilon \tag{6.15}$$

定理 6.1 的证明 如果 $\beta = 0$，问题 6.2 和问题 6.3 等价，因此马上就可以推导出这个结果。假定 $\beta > 0$ 并任取 $x(0) \in X$ 和 $x(1) \in G(x(0))$。由 (6.13) 式可得，对于任意 $\varepsilon > 0$，存在 $\mathbf{x}'_\varepsilon \in \Phi(x(1))$ 使得 $\bar{\mathbf{U}}(\mathbf{x}'_\varepsilon) \geqslant V^*(x(1)) - \varepsilon$。此外，由 (6.12) 式，对于任意 $\mathbf{x} = (x(0), x(1), \cdots) \in \Phi(x(0))$，尤其是 $\mathbf{x}_\varepsilon = (x(0), \mathbf{x}'_\varepsilon)$，$\bar{\mathbf{U}}(\mathbf{x}'_\varepsilon) \leqslant V^*(x(0))$。于是，引理 6.1 隐含着

$$V^*(x(0)) \geqslant U(x(0), x(1)) + \beta \bar{\mathbf{U}}(\mathbf{x}'_\varepsilon)$$
$$\geqslant U(x(0), x(1)) + \beta V^*(x(1)) - \beta \varepsilon$$

由于 $\varepsilon > 0$ 是任取的，这个不等式意味着

$$V^*(x(0)) \geqslant U(x(0), x(1)) + \beta V^*(x(1))$$

因此 $V^*(\cdot)$ 满足 (6.14) 式。

下一步，任取 $\varepsilon > 0$。由 (6.13) 式，存在一个可行的无限序列 $\mathbf{x}'_\varepsilon = (x(0), x'_\varepsilon(1), x'_\varepsilon(2), \cdots) \in \Phi(x(0))$，使得

$$\bar{\mathbf{U}}(\mathbf{x}'_\varepsilon) \geqslant V^*(x(0)) - \varepsilon$$

由于 $\mathbf{x}''_\varepsilon = (x'_\varepsilon(1), x'_\varepsilon(2), \cdots) \in \Phi(x'_\varepsilon(1))$，而且 $V^*(x'_\varepsilon(1))$ 是从任意 $x'_\varepsilon(1)$ 出发的问题 6.2 的上确界，引理 6.1 隐含着

$$V^*(x(0)) - \varepsilon \leq U(x(0), x'_\varepsilon(1)) + \beta \bar{U}(\mathbf{x}''_\varepsilon)$$
$$\leq U(x(0), x'_\varepsilon(1)) + \beta V^*(x'_\varepsilon(1))$$

因为对任意 $\varepsilon > 0$ 有 $x'_\varepsilon(1) \in G(x(0))$，最后一个不等式隐含着 $V^*(\cdot)$ 满足（6.15）式，因此也是问题6.3的解。

要证明反过来也成立，请注意（6.14）式隐含着对任意 $x(1) \in G(x(0))$ 有，

$$V(x(0)) \geq U(x(0), x(1)) + \beta V(x(1))$$

现在递归替代 $V(x(1))$，$V(x(2))$，如此等等，并定义 $\mathbf{x} = (x(0), x(1), \cdots)$，我们得到

$$V(x(0)) \geq \sum_{t=0}^{n} U(x(t), x(t+1)) + \beta^{n+1} V(x(n+1))$$

以及

$$\lim_{n \to \infty} \sum_{t=0}^{n} \beta^t U(x(t), x(t+1)) = \bar{U}(\mathbf{x})$$

和

$$\lim_{n \to \infty} \beta^{n+1} V(x(n+1)) = \lim_{n \to \infty} \left[\beta^{n+1} \lim_{m \to \infty} \sum_{t=n}^{m} \beta^t U(x(t), x(t+1)) \right] = 0$$

（因为假设6.1保证了 $\lim_{m \to \infty} \sum_{t=n}^{m} \beta^t U(x(t), x(t+1))$ 是有限的），因此

$$V(x(0)) \geq \bar{U}(\mathbf{x})$$

对任意 $\mathbf{x} \in \Phi(x(0))$ 成立。因此，$V(\cdot)$ 满足（6.12）式。

接下来令 $\varepsilon > 0$ 是正数。从（6.15）式可知，对任意 $\varepsilon' = \varepsilon(1-\beta) > 0$，存在 $x_\varepsilon(1) \in G(x(0))$，使得

$$V(x(0)) \leq U(x(0), x_\varepsilon(1)) + \beta V(x_\varepsilon(1)) + \varepsilon'$$

下一步选择 $x_\varepsilon(t) \in G(x(t-1))$，其中 $x_\varepsilon(0) = x(0)$。定义 $\mathbf{x}_\varepsilon \equiv (x(0), x_\varepsilon(1), x_\varepsilon(2), \cdots)$，再次递归替代 $V(x_\varepsilon(1))$、$V_\varepsilon(x(2))$，得到

$$V(x(0)) \leq \sum_{t=0}^{n} U(x_\varepsilon(t), x_\varepsilon(t+1)) + \beta^{n+1} V(x(n+1)) + \varepsilon' + \varepsilon'\beta + \cdots + \varepsilon'\beta^n$$
$$\leq \bar{U}(\mathbf{x}_\varepsilon) + \varepsilon$$

其中最后一步用到了 ε 的定义（具体为 $\varepsilon = \varepsilon' \sum_{t=0}^{\infty} \beta^t$），而且因为 $\lim_{n \to \infty} \sum_{t=0}^{n}$，所以 $U(x_\varepsilon(t), x_\varepsilon(t+1)) = \bar{U}(\mathbf{x}_\varepsilon)$。上述不等式确保了 $V(\cdot)$ 也满足（6.13）式，证毕。

在各类经济学问题中，通常我们感兴趣的不是规划的最大值，而是能够获得最大值的最优规划。回顾一下，关于问题 6.2 和问题 6.3 的最优路径是否等价的问题被定理 6.2 解决了。现在我将给出这个定理的证明。

定理 6.2 的证明 通过假设 $\mathbf{x}^* \equiv (x(0), x^*(1), x^*(2), \cdots)$ 是问题 6.2 的解，即达到了从 $x(0)$ 出发的上确界 $V^*(x(0))$。我们定义 $\mathbf{x}_t^* \equiv (x^*(t), x^*(t+1), \cdots)$。

第一步是证明对任意 $t \geq 0$，$\mathbf{x}_t^*$ 达到了从 $x^*(t)$ 出发的上确界，结果有

$$\bar{U}(\mathbf{x}_t^*) = V^*(x^*(t)) \tag{6.16}$$

证明采用归纳法。归纳法的第一步非常直观（$t = 0$），因为根据定义 $\mathbf{x}_0^* = \mathbf{x}^*$ 实现了 $V^*(x(0))$。

下一步假定这个陈述对 t 成立（也即（6.16）式对 t 成立），我们证明它对于 $t + 1$ 也成立。（6.16）式意味着

$$V^*(x^*(t)) = \bar{U}(\mathbf{x}_t^*) \tag{6.17}$$
$$= U(x^*(t), x^*(t+1)) + \beta \bar{U}(\mathbf{x}_{t+1}^*)$$

令 $\mathbf{x}_{t+1} = (x^*(t+1), x^*(t+2), \cdots) \in \Phi(x^*(t+1))$ 是从 $x^*(t+1)$ 出发的任意可行规划。根据定义，$\mathbf{x}_t = (x^*(t), \mathbf{x}_{t+1}, \cdots) \in \Phi(x^*(t))$。既然 $V^*(x^*(t))$ 是从 $x^*(t)$ 出发的上确界，则

$$V^*(x^*(t)) \geq \bar{U}(\mathbf{x}_t)$$
$$= U(x^*(t), x^*(t+1)) + \beta \bar{U}(\mathbf{x}_{t+1})$$

这个不等式结合（6.17）式得到

$$\bar{U}(\mathbf{x}_{t+1}^*) \geq \bar{U}(\mathbf{x}_{t+1})$$

对任意 $\mathbf{x}_{t+1} \in \Phi(x^*(t+1))$ 成立。因此 $\mathbf{x}_{t+1}^*$ 达到了从 $x^*(t+1)$ 出发的上确界，从而归纳步骤是完整的，这就证明（6.16）式对所有 $t \geq 0$ 成立。

等式（6.16）式暗含着

$$V^*(x^*(t)) = \bar{U}(\mathbf{x}_t^*)$$
$$= U(x^*(t), x^*(t+1)) + \beta\bar{U}(\mathbf{x}_{t+1}^*)$$
$$= U(x^*(t), x^*(t+1)) + \beta V^*(x^*(t+1))$$

这就保证了（6.3）式成立，从而完成了定理第一部分的证明。

现在假设（6.3）式对所有 $\mathbf{x}^* \in \Phi(x(0))$ 成立，则反复替代 $\mathbf{x}^*$ 得到

$$V^*(x(0)) = \sum_{t=0}^{n} \beta^t U(x^*(t), x^*(t+1)) + \beta^{n+1} V^*(x(n+1))$$

考虑到 $V^*(\cdot)$ 有界的事实（见假设 6.1），我们有

$$\bar{U}(\mathbf{x}^*) = \lim_{n\to\infty} \sum_{t=0}^{n} \beta^t U(x^*(t), x^*(t+1))$$
$$= V^*(x(0))$$

因此，$\mathbf{x}^*$ 达到了问题 6.2 的最优值，这就完成了定理第二部分的证明。

这两个定理保证了在假设 6.1 下，我们可以随意交换问题 6.2 和问题 6.3。接下来的任务是证明获得这条最优路径的政策是存在的。我提供了两个替代性的证明来展示如何通过检验问题 6.2 或者问题 6.3，然后利用它们的等价关系得到这个结论。第一个证明更加抽象、可直接用于序列问题（问题 6.2）。这种证明方法对于非静态问题更有效。

定理 6.3 的证明（方法 1） 考虑问题 6.2。由于假设 6.1 和假设 6.2，连续问题 6.2 的目标函数在乘积拓扑里是连续的（见附录 A 的定理 A.12）。此外，约束集合 $\Phi(x(0))$ 是 X^∞ 的闭子集（X 的无限乘积）。既然 X 是紧的（假设 6.2），吉洪诺夫定理（定理 A.13）暗含着 X^∞ 在乘积拓扑内是紧的。一个紧集合的闭子集仍然是紧的（附录 A 的引理 A.2），这意味着 $\Phi(x(0))$ 是紧的。将威尔斯特拉斯定理（定理 A.9）运用到问题 6.2，一定存在 $\mathbf{x} \in \Phi(x(0))$ 达到 $V^*(x(0))$。此外，约束集合是一个连续对应（再次在乘积拓扑内），所以伯奇（Berge）最大值定理（定理 A.16）意味着 $V^*(x(0))$ 是连续的。既然 $x(0) \in X$ 且 X 是紧的，这表示 $V^*(x(0))$ 有界（附录 A 中的推论 A.1）。证毕。

定理 6.3 的证明（方法 2） 令 $\mathbf{C}(X)$ 为定义在 X 上的连续函数集，其上确界范数为 $\|f\| = \sup_{x \in X} |f(x)|$。根据假设 6.2，相关集合 X 是紧的，因此 $\mathbf{C}(X)$ 内的所有函数都是有界的，因为它们是连续的（附录 A 中的推论 A.1）。对于 $V \in \mathbf{C}(X)$，定义算子 T 为

$$TV(x) = \max_{y \in G(x)} \{U(x, y) + \beta V(y)\} \qquad (6.18)$$

这个算子的一个不动点 $V = TV$，将会是问题 6.3 的一个解。我们首先证明这样一个不动点（解）存在。(6.18) 式右边的最大化问题是一个最大化紧集上的连续函数问题，根据威尔斯特拉斯定理（定理 A.9），该问题有解。因此，T 定义良好。此外，根据假设 6.1，$G(x)$ 是一个值为非空的连续对应，并且根据假设 $U(x,y)$ 和 $V(y)$ 是连续的，伯奇最大值定理（定理 A.16）隐含着

$$\max_{y \in G(x)} \{U(x, y) + \beta V(y)\}$$

是 x 的连续函数。因而 $TV(x) \in \mathbf{C}(X)$，T 把 $\mathbf{C}(X)$ 映射到自身。

确定 T 满足定理 6.9 压缩映射的布莱克韦尔充分条件也非常直观（见习题 6.6）。因此，运用定理 6.7，(6.18) 式唯一的不动点 $V \in \mathbf{C}(X)$ 存在而且也是问题 6.3 的唯一解。

现在考虑问题 6.3 的最大化。既然 U 和 V 都是连续的，并且 $G(x)$ 是紧的，再次运用威尔斯特拉斯定理，可知存在 $y \in G(x)$ 能达到最大值。这就为问题 6.3 定义了一个最大值 $\Pi(x)$ 的集合：

$$\Pi(x) = \arg\max_{y \in G(x)} \{U(x, y) + \beta V(y)\} \qquad (6.19)$$

令 $\mathbf{x}^* = (x(0), x^*(1), \cdots)$，且对于所有 $t \geq 0, x^*(t+1) \in \Pi(x^*(t))$ 成立。则根据定理 6.1 和定理 6.2，$\mathbf{x}^*$ 也是问题 6.2 的一个最优规划。

从方法 2 的证明中可以得到一个额外的结论（也可以从方法 1 中得到，但需要的工作量更大），这个结论关注 (6.19) 式定义的最大值集合 $\Pi(x)$（或者等价于对应 $\Pi : X \rightrightarrows X$）的特征。直接应用伯奇最大值定理（定理 A.16）意味着 Π 是一个上半连续的紧对应。这个观察也被用来证明引理 6.1。讨论这个引理之前，我将证明定理 6.4。这个证明也展示了压缩映射定理（定理 6.8）通常如何应用于研究动态最优化问题。

定理 6.4 的证明　请回忆，$\mathbf{C}(X)$ 是紧集 X 上的连续（有界）函数。令 $\mathbf{C}'(X) \subset \mathbf{C}(X)$ 为 X 上的有界连续（弱）凹函数集合，并且令 $\mathbf{C}''(X) \subset \mathbf{C}'(X)$ 为严格凹函数的集合。显然，$\mathbf{C}'(X)$ 是完备度量空间 $\mathbf{C}(X)$ 的闭子集，但是 $\mathbf{C}''(X)$ 并非闭子集。令 T 如 (6.18) 式的定义。既然 T 是一个压缩，它在 $\mathbf{C}(X)$ 有一个唯一的不动点。根据定理 6.8，只要证明 $T[\mathbf{C}'(X)] \subset \mathbf{C}''(X) \subset \mathbf{C}'(X)$ 成立，就足以保证这个唯一的不动点在 $\mathbf{C}''(X)$ 内，从而值函数严格为凹。令 $V \in \mathbf{C}'(X)$，且对于 $x' \neq x''$ 以及 $\alpha \in (0,1)$，有

$$x_\alpha \equiv \alpha x' + (1-\alpha)x''$$

令 $y' \in G(x')$ 以及 $y'' \in G(x'')$ 为问题 6.3 的解，且其状态向量分别为 x' 和 x''，则

$$\begin{aligned} TV(x') &= U(x',y') + \beta V(y') \\ TV(x'') &= U(x'',y'') + \beta V(y'') \end{aligned} \qquad (6.20)$$

根据假设 6.3（G 是凸的），有 $y_\alpha \equiv \alpha y' + (1-\alpha)y'' \in G(x_\alpha)$，于是

$$\begin{aligned} TV(x_\alpha) &\geq U(x_\alpha, y_\alpha) + \beta V(y_\alpha) \\ &> \alpha[U(x',y') + \beta V(y')] + (1-\alpha)[U(x'',y'') + \beta V(y'')] \\ &= \alpha TV(x') + (1-\alpha)TV(x'') \end{aligned}$$

其中第一行源于 $y_\alpha \in G(x_\alpha)$ 不一定是从状态 x_α 出发的最大值这一事实。第二行利用假设 6.3（U 的严格凹性以及 V 的凹性），第三行仅仅是（6.20）式中引入的定义。这个逻辑隐含着，对于任何 $V \in \mathbf{C}'(X)$，TV 严格凹，因而 $T[\mathbf{C}'(X)] \subset \mathbf{C}''(X)$。于是定理 6.8 隐含着唯一的不动点 V^*，且在 $\mathbf{C}''(X)$ 内，因此也是严格凹的。

推论 6.1 的证明 假定 6.3 暗含着 $U(x,y)$ 对 y 是凹的，而且在此假设之下，定理 6.4 保证了 $V(y)$ 是 y 的严格凹函数。一个凹函数和一个严格凹函数之和是严格凹的，从而问题 6.3 的右边对 y 是严格凹的。因此，结合 $G(x)$ 对每个 $x \in X$ 是凸的事实（再次利用假设 6.3），对于每个 $x \in X$，一定存在一个唯一的最大值 $y \in G(x)$。于是政策对应 $\Pi(x)$ 是单值的，是一个能够表示为 $\pi(x)$ 的函数。既然 $\Pi(x)$ 是上半连续的，那么 $\pi(x)$ 也是如此。既然一个单值上半连续的对应是一个连续函数，所以推论 6.1 成立。

定理 6.5 的证明 证明还是源于定理 6.8。令 $\mathbf{C}'(X) \subset \mathbf{C}(X)$ 为 X 上的有界连续非减函数集合，并令 $\mathbf{C}''(X) \subset \mathbf{C}'(X)$ 为严格增函数的集合。既然 $\mathbf{C}'(X)$ 是完备度量空间 $\mathbf{C}(X)$ 的闭子集。定理 6.8 暗含着如果 $T[\mathbf{C}'(X)] \subset \mathbf{C}''(X)$ 成立，则（6.18）式的不动点在 $\mathbf{C}''(X)$ 内，从而是严格增函数。为看清楚这种情形，考虑任意的 $V \in \mathbf{C}'(X)$，也即任意非减函数。根据假设 6.4，$\max_{y \in G(x)}\{U(x,y) + \beta V(y)\}$ 是严格递增的。这个事实确保了 $TV \in \mathbf{C}''(X)$，证毕。

对于定理 6.6，我也提供两个证明。第一个更简洁，只能保证 $V(x)$ 有一个定义良好的偏导数向量（雅可比向量）$DV(x)$。第二个证明借助于凸分析的有力结论，得出了 $V(x)$ 是可微的（寻找可能具备良好定义的雅可比矩阵但也许不可微的函数，见附录 A 的第 A.9 节）。此外，第二个证明更加广为人知，而且在文

献中得到广泛使用。对于第一个证明,谨记 $\varepsilon\downarrow 0$ 是一个逐渐趋近于零的正递减序列,而 $\varepsilon\uparrow 0$ 是一个趋近于零的负递增序列。

定理 6.6 的证明(方法 1) 根据推论 6.1,$\Pi(x)$ 是单值的,因此是一个能够表示为 $\pi(x)$ 的函数。假设 $\pi(x) = x' \in \text{Int } G(x)$。现在考虑初始值 $x + \tilde{\varepsilon}_K$,其中 $\tilde{\varepsilon}_K$ 是一个 K 维向量,它的第一个元素等于足够小的数 $\varepsilon > 0$,其余元素等于 0。根据定义,

$$V^*(x) = V(x)$$
$$= \bar{U}(\mathbf{x}^*)$$

其中 $\mathbf{x}^* = (x, x', \cdots) \in \Phi(x^*(0))$ 是最优规划。现在考虑另一个始于初始值 $x + \tilde{\varepsilon}_K$ 的规划 $\mathbf{x}_\varepsilon = (x + \tilde{\varepsilon}_K, x', \cdots)$。对于足够小的 ε,这个规划是可行的,也即 $\mathbf{x}_\varepsilon \in \Phi(x + \tilde{\varepsilon}_K)$。为看清楚这点,观察 $x' \in \text{Int } G(x)$,并根据假设 6.2,G 是连续的,因此 $x' \in \text{Int } G(x + \tilde{\varepsilon}_K)$。利用推论 6.1 以及对所有 x,$V^*(x) = V(x)$ 的事实,这个规划的值可以表示为

$$V(x + \tilde{\varepsilon}_K) \geqslant U(x + \tilde{\varepsilon}_K, x') + \beta V(x')$$

因此,

$$V(x + \tilde{\varepsilon}_K) - V(x) \geqslant U(x + \tilde{\varepsilon}_K, x') - U(x, x')$$

根据假设 6.5,U 是可微的,我们有

$$V_1^+(x) \equiv \lim_{\varepsilon \downarrow 0} \frac{V(x + \tilde{\varepsilon}_K) - V(x)}{\varepsilon} \geqslant U_1(x, x') \tag{6.21}$$

其中 U_1 表示函数 U 对其向量 x 的第一个元素的偏导数。下一步考虑初始值 $x - \tilde{\varepsilon}_K$。再次,既然 $x' \in \text{Int } G(x)$,而且 G 是连续的,那么 $(x - \tilde{\varepsilon}_K, x', \cdots) \in \Phi(x - \tilde{\varepsilon}_K)$。于是,由同样的道理可知

$$V(x - \tilde{\varepsilon}_K) - V(x) \geqslant U(x - \tilde{\varepsilon}_K, x') - U(x, x')$$

接下来除以 $-\varepsilon$,得到

$$V_1^-(x) \equiv \lim_{\varepsilon \uparrow 0} \frac{V(x + \tilde{\varepsilon}_K) - V(x)}{\varepsilon} \leqslant U_1(x, x') \tag{6.22}$$

显然,同样的道理适用于任何偏导数,结果是

$$V_k^-(x) \leqslant U_k(x, x') \leqslant V_k^+(x)$$

对任何 $k = 1,2,\cdots,K$ 都成立。既然根据定理 6.4，V 是凹的，对任何 k，$V_k^-(x) \geqslant V_k^+(x)$ 成立。这就保证了 $V_k^+(x) = V_k^-(x) = U_k(x,x')$，因此 $DV(x) = D_x U(x, \pi(x))$，证毕。

定理 6.6 的证明（方法 2） 根据推论 6.1，$\Pi(x)$ 是单值的，因此是一个能够表示为 $\pi(x)$ 的函数。假设 $\pi(x) \in \text{Int } G(x)$。根据假设 6.2，$G$ 是连续的，因此存在 x 的一个邻域 $\mathcal{N}(x)$ 使得对于所有 $x \in \mathcal{N}(x)$，有 $\pi(x) \in \text{Int } G(x)$。在 $\mathcal{N}(x)$ 上定义 $W(\cdot)$ 使得对于所有 $x' \in \mathcal{N}(x)$，有

$$W(x') = U(x', \pi(x)) + \beta V(\pi(x))$$

考虑到假设 6.3 和假设 6.5，$V(\pi(x))$ 是一个数（独立于 x'），而且 U 是可微的凹函数的事实暗含着 $W(\cdot)$ 也是可微的凹函数。此外，既然 $\pi(x) \in G(x')$ 对所有的 $x' \in \mathcal{N}(x)$ 成立，自然有如下结果：对于所有 $x' \in \mathcal{N}(x)$，有

$$W(x') \leqslant \max_{y \in G(x')} \{U(x', y) + \beta V(y)\} = V(x') \tag{6.23}$$

在 $x' = x$ 处，等号成立。

既然 $V(\cdot)$ 是凹的，$-V(\cdot)$ 是凸的，根据凸分析的一个标准结果，它有次梯度。而且，$-V$ 在 x 处的任意次梯度 $-p$ 必须满足对于所有 $x' \in \mathcal{N}(x)$，有

$$p \cdot (x' - x) \geqslant V(x') - V(x) \geqslant W(x') - W(x)$$

其中第一个不等式利用了次梯度的定义，第二个利用了一个事实：如（6.23）式证明的一样，$W(x') \leqslant V(x')$，在 x 处二者相等。因而，$-V$ 的每个次梯度 p 也是 $-W$ 的次梯度。既然 W 在 x 处可微，其次梯度 p 必然是唯一的。凸分析的另一个标准结论表明任何在内点 x 处有唯一次梯度的函数在 x 处可微。这个推理表明 $-V(\cdot)$ 以及 $V(\cdot)$ 是可微的，正如我们希望的那样。于是梯度（6.4）的表达式由包络定理直接得到（定理 A.31）。

6.6 稳态动态规划的应用

本小节，我们回到稳态动态规划的基本原理，展示这些原理如何运用于一系列问题。本小节的主要结论是定理 6.10，该定理证明了动态一阶条件，也即欧拉方程与横截性条件（transversality condition）相结合，足以求得动态规划问题的解。可以说，这个定理比上文给出的动态规划定理在实践中更

有用。

6.6.1 基本方程

考虑对应于问题 6.3 的泛函方程，对于所有 $x \in X$，有

$$V(x) = \max_{y \in G(x)} \{U(x, y) + \beta V(y)\} \qquad (6.24)$$

我们始终假定，假设 6.1 至假设 6.5 成立。于是根据定理 6.4，（6.24）式的最大化问题是严格凹的，根据定理 6.6，最大值也是可微的。因此，对于任何内点解 $y \in \text{Int}G(x)$，一阶条件是最优值的充分必要条件（把 $V(\cdot)$ 当作给定）。特别地，最优解可以由如下便捷的欧拉方程刻画：

$$D_y U(x, y^*) + \beta DV(y^*) = 0 \qquad (6.25)$$

其中，我使用星号表示最优值，再次令 D 表示梯度。（回顾一下，一般情形下，x 是个向量，而不是实数，因此 $D_x U$ 是一个偏导数向量。我把值函数 V 的偏导数向量在 y 处的值记为 $DV(y)$）。本章其余部分，我遵循传统用符号 $D_y U$（或者 $D_y U(x(t), x(t+1))$）表示 U 对其后 K 个变量的梯度向量，而 $D_x U$ 表示对其前 K 个变量的梯度。

（6.25）式中一阶导数的集合足以求解最优策略 y^*，如果我们知道值函数 $V(\cdot)$ 的形式。既然这个函数作为优化问题的一部分以递归形式决定，在我们得到可用来求解最优策略的方程组之前仍有一些工作要做。

幸运的是，我们可以使用包络定理（定理 A.31）的等价形式处理动态规划，并把（6.24）式对状态向量 x 求微分得到

$$DV(x) = D_x U(x, y^*) \qquad (6.26)$$

（6.26）式是包络定理的等价形式，其原因是 $[D_y U(x, y^*) + \beta DV(y^*)] dy/dx$（即，$y$ 变化的影响乘以 x 变化而引致的 y 变化）这一项未出现在表达式中。显然，这是因为根据（6.25）式，有 $D_y U(x, y^*) + \beta DV(y^*) = 0$。

现在利用符号 $y^* = \pi(x)$ 表示最优策略函数（根据假设 6.3 以及推论 6.1，该策略函数是单值的）以及 $DV(y) = D_x V(\pi(x), \pi(\pi(x)))$ 的事实，仅仅使用收益函数，我们就可以结合这两个方程写出更加简便的欧拉方程：

$$D_y U(x, \pi(x)) + \beta D_x U(\pi(x), \pi(\pi(x))) = 0 \qquad (6.27)$$

其中 $D_x U$ 表示对其前 K 个变量的梯度向量，$D_y U$ 代表 U 对其后第二个 K 个变量集的梯度向量。注意（6.27）式是未知函数 $\pi(\cdot)$ 的泛函方程，刻画了最优策略函数。

在 x 和 y 都是实数的情况下，这些方程变得更加简洁清晰。此时（6.25）式变成

$$\frac{\partial U(x, y^*)}{\partial y} + \beta V'(y^*) = 0 \tag{6.28}$$

其中 V' 表示函数 V 对其单个变量的导数。

这个等式非常直观：它要求 y 增加带来的当期边际收益与 y 增加带来的未来收益的贴现值之和等于零。例如，正如例 6.1 所示，我们可以认为 U 随 y 递减但随 x 递增，于是（6.28）式要求 y 增加的当前成本能够被未来更高价值补偿。在增长的情形中，这个条件对应于用明天更高的消费补偿当前降低消费的成本。对于（6.25）式，（6.28）式中更高消费的值用值函数的导数 $V'(y^*)$ 表示。这也是未知数之一。现在我们使用（6.26）式的一维变体找出这个导数的表达式

$$V'(x) = \frac{\partial U(x, y^*)}{\partial x} \tag{6.29}$$

结合（6.28）式与（6.29）式得到下面的简单条件

$$\frac{\partial U(x, \pi(x))}{\partial y} + \beta \frac{\partial U(\pi(x), \pi(\pi(x)))}{\partial x} = 0$$

其中，与梯度的符号一致，$\partial U/\partial x$ 表示 U 对其第一个自变量的导数，而 $\partial U/\partial y$ 表示 U 对其第二个自变量的导数。

或者也可以清楚地包括时间变量，欧拉方程可以表示为

$$\frac{\partial U(x(t), x^*(t+1))}{\partial y} + \beta \frac{\partial U(x^*(t+1), x^*(t+2))}{\partial x} = 0 \tag{6.30}$$

然而，欧拉方程并非最优性的充分条件。除此之外，我们还需要横截性条件。在无限维问题中，横截性条件异常关键，因为横截性条件保证了在无限数目的选择变量中，没有有利的同时变化。相比之下，有限维问题不需要这个条件，因为当我们同时改变许多控制变量或者所有控制变量时，一阶条件就足以排除所有可能的收益。结束定理 6.10 的证明以及第 6.6.2 节的讨论之后，无限维最优化问题中横截性条件的作用会变得更加清晰。

一般情形下，横截性条件采取如下形式：

$$\lim_{t \to \infty} \beta^t D_x U(x^*(t), x^*(t+1)) \cdot x^*(t) = 0 \tag{6.31}$$

其中"·"表示内积算子。一维情况下，我们可以得出更加简洁的横截性条件

$$\lim_{t \to \infty} \beta^t \frac{\partial U(x^*(t), x^*(t+1))}{\partial x} \cdot x^*(t) = 0 \tag{6.32}$$

这个条件要求状态变量 x 的边际收益乘以状态变量值的积不会以大于等于 $1/\beta$ 的速率渐进上升。

下一个定理证明了横截性条件以及（6.27）式中的欧拉方程是刻画问题 6.2 以及问题 6.3 之解的充分必要条件。

定理 6.10（欧拉方程及横截性条件） 令 $X \subset \mathbb{R}_+^K$，并假定假设 6.1 至假设 6.5 成立。那么，当且仅当它满足（6.27）式和（6.31）式时，使得对于 $t = 0$, 1, …时，$x^*(t+1) \in \text{Int} G(x^*(t))$ 成立的一个序列 $\{x^*(t)\}_{t=0}^{\infty}$ 对于给定 $x(0)$ 下的问题 6.2 是最优的。

证明（充分性） 考虑一个任意的 $x(0)$，令 $\mathbf{x}^* \equiv (x(0), x^*(1), \cdots) \in \Phi(x(0))$ 是一个满足（6.27）式和（6.31）式的可行（非负）序列。我将首先证明 $\mathbf{x}^*$ 比其他任何 $\mathbf{x} \equiv (x(0), x(1), \cdots) \in \Phi(x(0))$ 能够得到更大的值。对于任意 $\mathbf{x} \in \Phi(x(0))$，定义

$$\Delta_{\mathbf{x}} \equiv \lim_{T \to \infty} \inf \sum_{t=0}^{T} \beta^t [U(x^*(t), x^*(t+1)) - U(x(t), x(t+1))]$$

为随着时间期界趋于无穷，在可行序列 $\mathbf{x}^*$ 和 $\mathbf{x}$ 处的目标函数值之差的下确界的极限。此处用下确界的极限代替下确界，是因为无法保证对于任意 $\mathbf{x} \in \Phi(x(0))$ 极限都是存在的。

根据假设 6.2 和假设 6.5，U 连续、凹、可微。既然 U 是凹的，定理 A.23 以及附录 A 中的推论 A.4 的等价式意味着

$$\Delta_{\mathbf{x}} \geq \lim_{T \to \infty} \inf \sum_{t=0}^{T} \beta^t [D_x U(x^*(t), x^*(t+1)) \cdot (x^*(t) - x(t))$$
$$+ D_y U(x^*(t), x^*(t+1)) \cdot (x^*(t+1) - x(t+1))]$$

对于任意 $\mathbf{x} \in \Phi(x(0))$ 成立。由于 $x^*(0) = x(0)$，$D_x U(x^*(0), x^*(1)) \cdot (x^*(0) - x(0)) = 0$。利用事实 A.5(5)，调整表达式内各项得到

$$\Delta_{\mathbf{x}} \geq \lim_{T \to \infty} \inf \sum_{t=0}^{T} \beta^t \left[D_y U(x^*(t), x^*(t+1)) + \beta D_x U(x^*(t+1), x^*(t+2)) \right]$$
$$\cdot (x^*(t+1) - x(t+1))$$
$$- \lim_{T \to \infty} \sup \beta^T D_x U(x^*(T+1), x^*(T+2)) \cdot x^*(T+1)$$
$$+ \lim_{T \to \infty} \inf \beta^T D_x U(x^*(T+1), x^*(T+2)) \cdot x(T+1)$$

因为 $\mathbf{x}^*$ 满足（6.27）式，第一行中的各项全部等于零。而且，因为 $\mathbf{x}^*$ 也满足（6.31）式，第二行也等于零。最后，根据假设 6.4，U 对于 x 递增，也即 $D_x U \geq 0$，而且此外据假设 $x \geq 0$，所以最后一项非负，这保证了 $\Delta_{\mathbf{x}} \geq 0$ 对于任意 $\mathbf{x} \in \Phi(x(0))$ 成立。$\mathbf{x}^*$ 得到比其他任何可行的 $\mathbf{x} \in \Phi(x(0))$ 更大的值，因此是最优的。

（**必要性**）现在定义

$$\Delta'_{\mathbf{x}} \equiv \lim_{T \to \infty} \sup \sum_{t=0}^{T} \beta^t [U(x^*(t), x^*(t+1)) - U(x(t), x(t+1))]$$

假定序列 $\{x^*(t+1)\}_{t=0}^{\infty}$，$x^*(t+1) \in \text{Int}\, G(x^*(t))$ 对所有的 t 成立，从而构成一个最优规划，这说明 $\Delta'_{\mathbf{x}}$ 对任何 $\mathbf{x} \in \Phi(x(0))$ 是非负的。令 $\mathbf{x} \in \Phi(x(0))$ 使得 $x(t) = x^*(t) - \varepsilon z(t)$，其中对所有的 $t, z(t) \in \mathbb{R}^K$，ε 是一个正的实数。根据 $x^*(t+1) \in \text{Int}\, G(x^*(t))$ 对所有 t 成立的事实，对于足够小的 ε，可以找到 $\Phi(x(0))$ 之内的一个 $\mathbf{x}$。则根据定理 A.23 和事实 A.5（5），我们有

$$\Delta'_{\mathbf{x}} \leq \lim_{T \to \infty} \sup \sum_{t=0}^{T} \beta^t [D_x U(x^*(t), x^*(t+1)) \cdot \varepsilon z(t)$$
$$+ D_y U(x^*(t), x^*(t+1)) \cdot \varepsilon z(t+1)]$$
$$+ \lim_{T \to \infty} \sup \sum_{t=0}^{T} \beta^t o(\varepsilon, t)$$

其中 $o(\varepsilon, t)$ 是对应于 t 期的泰勒展开式的余项，并且对任意 t，满足 $\lim_{\varepsilon \to 0} o(\varepsilon, t)/\varepsilon = 0$。现在如果（6.27）式在 t' 期被违反，对所有 $t \neq t'$，取 $y(t) = 0$，并选择 ε 和 $z(t')$ 使得 $D_x U(x^*(t'), x^*(t'+1)) \cdot z(t') < 0$ 以及 $\varepsilon \to 0$。这个选择保证了 $\Delta'_{\mathbf{x}} < 0$，与假说（6.27）式未被满足相矛盾。

下一步，假设（6.27）式成立但违反了（6.31）式。选择 $x(t) = (1 - \varepsilon) x^*(t)$，

并重复如上同样的步骤，我们得到

$$\Delta'_{\mathbf{x}} \leq -\varepsilon \lim_{T \to \infty} \inf \beta^T D_x U(x^*(T), x^*(T+1)) \cdot x^*(T+1) \quad (6.33)$$
$$+ \lim_{T \to \infty} \sup \sum_{t=0}^{T} \beta^t o(\varepsilon, t)$$

其中利用（6.27）式消掉了剩余项。下一步证明

$$\lim_{\varepsilon \to 0} \lim_{T \to \infty} \sup \sum_{t=0}^{T} \beta^t \frac{o(\varepsilon, t)}{\varepsilon} = 0 \quad (6.34)$$

既然对任意的 t，$\lim_{\varepsilon \to 0} o(\varepsilon, t)/\varepsilon = 0$ 成立，必定存在 $M < \infty$，使对于足够小的 ε 和任意 t，$|o(\varepsilon,t)/\varepsilon| < M$ 成立。对任意的 $\delta > 0$，选择 $\overline{T}$ 使得 $M\beta^{T+1}/(1-\beta) \leq \delta/2$ 对所有 $T > \overline{T}$ 成立，则

$$\lim_{T \to \infty} \sup \sum_{t=0}^{T} \beta^t \left| \frac{o(\varepsilon, t)}{\varepsilon} \right| \leq \sum_{t=0}^{\overline{T}} \beta^t \left| \frac{o(\varepsilon, t)}{\varepsilon} \right| + \frac{\delta}{2} \quad (6.35)$$

对于足够小的 ε 成立。此外，由于 $\sum_{t=0}^{\overline{T}} \beta^t |o(\varepsilon,t)/\varepsilon|$ 是有限加总的，必定存在 $\overline{\varepsilon}$ 使得对于任意 $\varepsilon \leq \overline{\varepsilon}$，$\sum_{t=0}^{\overline{T}} \beta^t |o(\varepsilon,t)/\varepsilon| \leq \delta/2$ 成立。这说明（6.35）式的左边小于 δ。既然 δ 是任意的，（6.34）式成立。接下来请注意，如果违反了（6.31）式，（6.33）式的第一项可能严格为负（通过选择正或负的 ε）。结合（6.34）式，这说明 $\Delta'_{\mathbf{x}} < 0$，与假设（6.31）式不成立相矛盾，证毕。

定理 6.10 证明了只要欧拉方程（6.27）式也得到满足，简单的横截性条件（6.31）式是内部优化规划的充要条件。欧拉方程对于内点解也是必要的。因此定理 6.10 通常就是我们刻画动态最优化问题的解需要的全部知识。

现在我举例说明迄今为止开发的一些工具如何被用于求解最优增长问题，我们将在 6.8 节进一步讨论该问题。

例 6.4 考虑如下增长问题，其中有对数偏好、柯布－道格拉斯技术、资本存量完全折旧：

$$\max_{\{k(t),c(t)\}_{t=0}^{\infty}} \sum_{t=0}^{\infty} \beta^t \log c(t)$$

约束条件：

$$k(t+1) = k(t)^\alpha - c(t)$$
$$k(0) > 0$$

和平时一样，$\beta \in (0,1)$，k 代表资本劳动比（资本存量），资源约束来自生产函数 $K^\alpha L^{1-\alpha}$，以人均数量的形式表示。

该问题是一个可以用清晰的形式刻画的标准问题，为推导出其特征，我们紧随例 6.1 建立递归形式的最大化问题

$$V(x) = \max_{y \geq 0}\{\log(x^\alpha - y) + \beta V(y)\}$$

x 对应于当前的资本存量，y 代表未来的资本存量。主要目标是找到策略函数 $y = \pi(x)$，它决定了未来资本存量是当前资本存量的函数。一旦策略函数被找到，我们便可以根据资源约束轻易地确定作为当前资本存量函数的消费水平。

可以验证该问题满足假设 6.1 至假设 6.5。尤其是利用和后面第 6.8 节同样的论证，x 和 y 能够被限制在紧集之内。因此，定理 6.1 至定理 6.6 全部适用。特别地，既然 $V(\cdot)$ 可微，一维情形（6.28）式的欧拉方程隐含着

$$\frac{1}{x^\alpha - y} = \beta V'(y)$$

包络条件（6.29）式决定了

$$V'(x) = \frac{\alpha x^{\alpha-1}}{x^\alpha - y}$$

然后利用符号 $y = \pi(x)$ 并结合这两个方程，我们得到对于所有 x，如下方程成立

$$\frac{1}{x^\alpha - \pi(x)} = \beta \frac{\alpha \pi(x)^{\alpha-1}}{\pi(x)^\alpha - \pi(\pi(x))}$$

这是一个单一函数 $\pi(x)$ 的泛函方程。求解泛函方程没有直接方法，但是在多数情形下，"设想并验证"的方法卓有成效。例如在此情形中，我们设想

$$\pi(x) = ax^\alpha \tag{6.36}$$

将（6.36）式代入之前的表达式得到

$$\frac{1}{x^\alpha - ax^\alpha} = \beta \frac{\alpha a^{\alpha-1} x^{\alpha(\alpha-1)}}{a^\alpha x^{\alpha^2} - a^{1+\alpha} x^{\alpha^2}}$$
$$= \frac{\beta}{a} \frac{\alpha}{x^\alpha - ax^\alpha}$$

这说明 $a=\beta\alpha$ 满足这个方程。策略函数 $\pi(x)=\beta\alpha x^\alpha$ 也意味着资本存量的运动法则是

$$k(t+1)=\beta\alpha k(t)^\alpha \tag{6.37}$$

以及最优消费水平

$$c(t)=(1-\beta a)k(t)^\alpha$$

可以验证资本劳动比 $k(t)$ 收敛到稳定水平 k^*，这足以保证横截性条件（6.32）式成立。于是推论 6.1 和定理 6.10 隐含着 $\pi(x)=\beta\alpha x^\alpha$ 一定是该问题唯一的策略函数。习题 6.7 继续讨论该问题的一些细节，同时也证明了最优增长路径包含一个收敛到唯一稳定状态的资本劳动比序列。

最后，我们简单看一个消费者面临确定收入序列时的跨期最优化问题。

例 6.5 考虑无限生命期界的消费者问题。瞬时效用函数 $u(c)$ 定义在消费水平上，其中 $u:\mathbb{R}_+\to\mathbb{R}$ 是严格递增、连续可微以及严格凹的。消费者以固定的贴现因子 $\beta\in(0,1)$ 对未来进行指数化贴现。他也面临一个确定的（非负）劳动收入流 $\{w(t)\}_{t=0}^\infty$，始于一个给定数量的资产 $a(0)\in\mathbb{R}$。消费者因为持有资产得到一个固定的净利率 $r>0$（所以总利率回报 $1+r$）。一开始，假定工资固定，也即 $w(t)=w\in\mathbb{R}_+$，则消费者的效用最大化问题可以写成

$$\max_{\{c(t),a(t)\}_{t=0}^\infty}\sum_{t=0}^\infty \beta^t u(c(t))$$

约束条件为流量预算约束：

$$a(t+1)=(1+r)a(t)+w-c(t)$$

$a(0)$ 为给定的初始财产。如果不施加额外的限制，这个最大化问题不太好定义，事实上也无法刻画消费者的效用最大化问题。具体地，习题 6.11 将证明这个问题允许消费者无限制地积累债务（因此 $\lim_{t\to\infty}a(t)=-\infty$）。这种情形有时被称为"庞氏骗局"，涉及消费者不停地借债并展期。如果允许，消费者虽然将偏好于允许这种情形的消费路径，因为这能够让他们在所有时期提高消费水平。然而，从经济学观点看，这个解毫无意义，在市场经济中也根本不可行，因为与消费者做交易的金融机构（贷款者）将招致巨大损失。这种结果会出现，是因为我们没有对消费者施加合适的预算约束。正如第 8 章将要详细讨论的，流量预算约束不足以涵盖消费者一生的预算约束（正如消费者将沿着 $\lim_{t\to\infty}a(t)=-\infty$ 的路径消费这一事实证明的）。需要施加一个额外的约束使消费者不能经营庞氏骗局。

该问题有三个解决方案。第一个方案将在第 8 章详细讨论，是施加一个排除这种骗局的非庞氏条件。第二是假定消费者不能借贷，所以对所有的 t，有 $a(t+1) \geq 0$。尽管这个假设排除了无限借贷问题，但是多少有些过于严格。比如说，我们也许希望消费者能够像许多金融机构那样进行跨期借贷，但是不允许它的资产趋近于负无穷。第三个方案是施加一个自然的债务限制。这个约束本质上需要计算消费者能够偿还的最大债务数量，并要求债务水平不超过这个数量。显然，由于消费是非负的，消费者能够偿还的数量永远不能超过他的工资总收入。给定一个固定的工资率 w 和一个固定的利率 r，消费者工资收入的净现贴现值是 w/r。这个数是有限的，因为 $w \in \mathbb{R}_+$，而且 $r>0$。因此，如果消费者持有的资产 $a(t+1)$，降到 $-w/r$ 以下，他将永远还不上债。因此，自然可以预期即使金融机构能够没收消费者的所有收入，它在任何时期 t 也不会借出让消费者持有 $a(t+1) < -w/r$ 数量的债务。有鉴于此，自然的债务限制要求 $a(t+1) \geq \underline{a} \equiv -\dfrac{w}{r}$ 对于所有 t 成立。下一个挑战是，即使有自然债务的约束，消费者的资产 a 对应于最大化问题的状态变量，不一定属于紧集合。因此，我们迄今为止详细阐述的定理不能直接适用于这个问题。一种处理办法是加强这些定理使它们能够覆盖可行集合（上述术语中的 X）可能无界的情况。尽管这种加强是有可能的，但还是需要额外的数学细节。一个可选的办法是利用模型的经济结构。具体而言，下面的方法较为通用（但并不总是适用，见习题 6.12）。我们选择某个 $\overline{a}$ 并把 a 限制在区间 $[\underline{a}, \overline{a}]$ 的内部。求解这个问题然后验证 a 位于这个集合内部。在这个例子中，再次利用了如下事实：消费者未来劳动收入的净现贴现值是 w/r，一个显而易见的选择是 $\overline{a} \equiv a(0) + w/r < \infty$（既然 $a(0) \in \mathbb{R}$ 并且 $w/r < \infty$）。习题 6.12 证明了 $a(t)$ 总是位于区间 $[\underline{a}, \overline{a}]$ 内部的条件。找到状态变量的上界从而确保状态变量属于紧集合的策略在应用中常常使用。

最后，在刻画该问题的解之前，注意预算约束可以被表示成 $a(t+1) = (1+r)(a(t) + w - c(t))$。这两个不同预算约束的差别与利息支付的时间有关。上面使用的那个假设 $a(t)$ 是 t 期开始时的资产持有，本期赚取利息。而另一个假设消费者在本期开始时持有资产 $a(t)$，然后在 t 期得到劳动收入 w，而后消费 $c(t)$。剩下来的作为下一期的储蓄并赚取 $(1+r)$ 的利息。这两种构建的选择对结果没有影响。

有了这些假设，消费者最大化问题的递归形式可以表示成更简洁的形式。状态变量是 $a(t)$，消费水平 $c(t)$ 可以被表示为

$$c(t) = (1+r)a(t) + w - a(t+1)$$

运用标准的论述并把状态变量的当前值表示为 a，未来值表示为 a'，动态最优化问题的递归形式可以表达为

$$V(a) = \max_{a' \in [\underline{a}, \bar{a}]} \{u((1+r)a + w - a') + \beta V(a')\}$$

显然，$u(\cdot)$ 是 a 的严格递增函数，在 a 和 a' 上连续可微并且在 a 内严格凹。此外，既然 $u(\cdot)$ 对于 $a \in (\underline{a}, \bar{a})$ 连续可微并且个体财富有限，$V(a(0))$ 也是有限的。因此所有来自上面分析的结论，尤其是定理 6.1 至定理 6.6 都适用，并隐含着 $V(a)$ 可微而且存在一个连续解 $a' = \pi(a)$。此外，我们可以利用欧拉方程（6.25）式，或者它在一维问题中更具体的等价形式刻画最优消费规划。具体地，我们得到

$$u'((1+r)a + w - a') = u'(c) = \beta V'(a') \tag{6.38}$$

这个重要的方程通常被称为"消费欧拉"方程。它表明当前消费的边际效用必须等于延拓值的边际增长乘以贴现因子 β。这个方程反映了动态规划方法的经济学直觉，动态规划方法把复杂的无限维最优化问题简化为未来和当期的比较问题。与平常一样，此处唯一的困难在于未来本身也涉及一个复杂的最大化问题，因此未来的值函数及其导数都是内生的。但是，此处包络条件（6.29）式再次帮助了我们，可以得出

$$V'(a') = (1+r)u'(c')$$

其中 c' 代表下一期的消费。利用这个关系，消费欧拉方程（6.38）式变为

$$u'(c) = \beta(1+r)u'(c') \tag{6.39}$$

这种形式的消费欧拉方程更为熟悉，它要求今天消费的边际效用等于明天消费的边际效用乘以贴现因子和总回报率的乘积。既然我们已经假定 β 和 $(1+r)$ 是常数，今天和明天的消费关系将不会变化。特别地，既然 $u(\cdot)$ 被假定为连续可微并且严格为凹，$u'(\cdot)$ 总存在并且严格递减。因此，跨期消费最大化问题隐含着如下的简单规则：

$$\begin{aligned} &\text{如果 } r = \beta^{-1} - 1, \quad c = c', \text{消费不随时间变化,} \\ &\text{如果 } r > \beta^{-1} - 1, \quad c < c', \text{消费随时间递增,} \\ &\text{如果 } r < \beta^{-1} - 1, \quad c > c', \text{消费随时间递减.} \end{aligned} \tag{6.40}$$

该规则的显著特征在于得出这些结论前没有参考任何资产持有的初始水平 $a(0)$ 以及工资率 w。结果证明这些只决定了初始消费水平。最优消费路径的斜率与个体财富水平无关。习题 6.13 要求你使用横截性条件和跨期预算约束确定初始消费水平,而习题 6.12 要求你验证当 $r \leqslant \beta - 1$ 时, $a(t+1) \in (\underline{a}, \overline{a})$ 对所有的 t 成立(所以我对资产持有施加的人为限制对结果毫无影响)。

例 6.5 多少有些局限性,因为工资被假定为随时间不变。如果相反,有一个随时间变化的工资序列 $\{w(t)\}_{t=0}^{\infty}$ 或者是一个随时间变化的利率序列 $\{r(t)\}_{t=0}^{\infty}$,那么会发生什么情况?不幸的是,对一个工资或者利率的时变序列,问题变成非稳定的,因而我们为问题 6.2 和问题 6.3 证明的定理不再适用。然而,因为个体面临随时间变化的市场价格,许多均衡结果都有随时间变化的特征。这驱使我在第 6.7 节讨论非稳定的问题。

6.6.2 动态规划与序列问题

在转向非稳定问题之前,我们对比一下动态规划公式与序列问题,并使用序列问题找出横截性条件。同样假定 x 是一维的,存在一个有限期界 T。于是问题变成如下形式:

$$\max_{\{x(t)\}_{t=0}^{T}} \sum_{t=0}^{T} \beta^t U(x(t), x(t+1))$$

其中约束条件为 $x(t+1) \geqslant 0$,$x(0)$ 是给定的。此外,令 $U(x(T), x(T+1))$ 是最后一期的效用,$x(T+1)$ 是最后一期之后留下的状态变量(这个效用可以被理解为"残差")。

在此情形下,我们面临一个有限维度的最优化问题,我们可以简单审视一下一阶条件。此外,我们再次假定解位于约束集合的内部,即 $x^*(t) > 0$,所以一阶条件无须表示为互补松弛条件。尤其是,在此种情形下,如下的简单形式等价于欧拉方程 (6.30):

$$\frac{\partial U(x^*(t), x^*(t+1))}{\partial y} + \beta \frac{\partial U(x^*(t+1), x^*(t+2))}{\partial x} = 0$$

对任意 $0 \leqslant t \leqslant T-1$ 成立,它也等价于无限维情形的欧拉方程(记住 $\partial U/\partial x$ 表示 U 对第一个变量的导数,而 $\partial U/\partial y$ 表示 U 对第二个变量的导数)。此外,对于 $x(T+1)$,下面的边界条件也是必需的:

$$x^*(T+1) \geq 0, \text{且} \beta^T \frac{\partial U(x^*(T), x^*(T+1))}{\partial y} x^*(T+1) = 0 \qquad (6.41)$$

直觉上讲，该边界条件要求：如果最大化残差最终在内点解达到，则 $x^*(T+1)$ 应该是正数。为了获得这个表达式的更多直观含义，我们回到例 6.1 对最优增长问题的公式化表达。

例 6.6 回顾最优增长问题，

$$U(x(t), x(t+1)) = u(f(x(t)) + (1-\delta)x(t) - x(t+1))$$

其中 $x(t) = k(t)$，并且 $x(t+1) = k(t+1)$。假定与无限期界模型相反，世界在 T 期走向终结，则在最后的 T 期，有

$$\frac{\partial U(x^*(T), x^*(T+1))}{\partial y} = -u'(c^*(T+1)) < 0$$

根据（6.41）式和 U 对其第一个变量递增的事实（假设 6.4），最优路径一定有 $k^*(T+1) = x^*(T+1) = 0$。直观地说，世界末日之后不应该有资本剩下。如果世界末日之后有任何资源剩下，通过在最后一期消费掉或者在之前的时期消费掉，效用水平都会提高。

把条件（6.41）式扩展到 $T = \infty$ 的情形也启发我们推导出横截性条件。对条件（6.41）式取极限得到

$$\lim_{T \to \infty} \beta^T \frac{\partial U(x^*(T), x^*(T+1))}{\partial y} x^*(T+1) = 0$$

此外，欧拉方程意味着

$$\frac{\partial U(x^*(T), x^*(T+1))}{\partial y} + \beta \frac{\partial U(x^*(T+1), x^*(T+2))}{\partial x} = 0$$

把这个关系代入上一个方程得到

$$-\lim_{T \to \infty} \beta^{T+1} \frac{\partial U(x^*(T+1), x^*(T+2))}{\partial x} x^*(T+1) = 0$$

方便起见，把负号消掉并改变时间变量，我们得到

$$\lim_{T \to \infty} \beta^T \frac{\partial U(x^*(T), x^*(T+1))}{\partial x} x^*(T) = 0$$

这就是准确的横截性条件（6.32）式。这个推导也强调横截性条件可以等价地表述为

$$\lim_{T \to \infty} \beta^T \frac{\partial U(x^*(T), x^*(T+1))}{\partial y} x^*(T+1) = 0$$

因此，横截性条件不存在唯一的表达式，相反，存在许多不同的等价形式。它们都对应于"无限期界的边界条件"，这个条件排除了同时改变无限个控制变量带来变化的情形。

6.7 非稳定无限期界的最优化问题

6.7.1 主要结论

我们回到问题6.1。与问题6.2和问题6.3中的分析相比，在非稳定情况下进行分析将更加困难。然而，许多重要的经济学应用，例如动态竞争均衡中家庭的效用最大化问题，就对应于这样一个非稳定问题。取得进展的一种方式是引入关于 U 和 G 的额外假设来得到定理6.1至定理6.6的等价形式（例如见习题6.14）。一个更简洁的办法是确立解的存在性以及定理6.10的等价形式，该等价形式证明了欧拉方程以及横截性条件的充分性和必要性，这也是我在本节使用的方法。具体地，我们再将 t 期从初始值 $x(t)$ 开始的可行序列或规划的集合定义为

$$\Phi(t, x(t)) = \{\{x(s)\}_{s=t}^{\infty} : x(s+1) \in G(t, x(s)) \text{ 对于 } s = t, t+1, \ldots\}$$

同时定义集合的元素为 $\mathbf{x}[t] = (x(t), x(t+1), \cdots) \in \Phi(t, x(t))$，关键假设紧随其后。

假设6.1N $G(t,x)$ 对于所有 $x \in X$ 以及 $t \in \mathbb{Z}_+$ 是非空的，$U(t,x,y)$ 是一致有界（有上界）的；即存在 $M < \infty$，使对所有 $t \in \mathbb{Z}_+$、$x \in X$ 以及 $y \in G(t,x)$，都有 $U(t,x,y) \leq M$ 成立。

假设6.2N X 是 $\mathbb{R}^K$ 的紧子集，G 是连续的非空值、紧值。并且，$U: \mathbf{X}_G \to \mathbb{R}$ 对于 x 和 y 是连续的，其中 $\mathbf{X}_G = \{(t,x,y) \in X \times X : y \in G(t,x)\}$。

假设6.3N U 是凹的，也就是说，对于任意 $\alpha \in (0,1)$ 和 $(t,x,y), (t,x', y') \in \mathbf{X}_G$，有

$$U(t, \alpha x + (1-\alpha)x', \alpha y + (1-\alpha)y') \geq \alpha U(t, x, y) + (1-\alpha) U(t, x', y')$$

此外，如果 $x \neq x'$，则

$$U(t, \alpha x + (1-\alpha)x', \alpha y + (1-\alpha)y') > \alpha U(t, x, y) + (1-\alpha) U(t, x', y')$$

另外，G 是凸的，也就是说对于任意 $\alpha \in [0,1]$，以及 $x, x', y, y' \in X$ 使得 $y \in G(t,x)$ 和 $y' \in G(t,x')$，有

$$\alpha y + (1-\alpha)y' \in G(t, \alpha x + (1-\alpha)x')$$

假设 6.4N 对于任意 $t \in \mathbb{Z}_+$ 以及 $y \in X$，$U(t,x,y)$ 对其每个自变量严格递增；G 对 x 是单调的，$x \leqslant x'$ 意味着对于任意 $t \in \mathbb{Z}_+$，有 $G(t,x) \subset G(t,x')$。

假设 6.5N U 对 $\text{Int}\mathbf{X}_G$ 内部的 x 和 y 连续可微（其中 $\text{Int}\mathbf{X}_G$ 指的是集合 $\mathbf{X}_G$ 分别对 x 和 y 的内点）。

两个关键结论如下所述。两个定理的证明在第 6.7.2 节给出。

定理 6.11（解的存在性） 令假设 6.1N 和假设 6.2N 成立，存在唯一的函数 $V^*: \mathbb{Z}_+ \times X \to \mathbb{R}$，它是问题 6.1 的一个解。$V^*$ 对 x 是连续有界的。此外，对于任意 $x(0) \in X$，存在一个最优规划 $\mathbf{x}^*[0] \in \Phi(0, x(0))$。

定理 6.12（欧拉方程及横截性条件） 令 $X \subset \mathbb{R}_+^K$，并令假设 6.1N 至假设 6.5N 成立。则一个序列 $\{x^*(t+1)\}_{t=0}^{\infty}$，$x^*(t+1) \in \text{Int}\,G(t, x^*(t))$（其中 $t = 0$, 1, $\cdots$）对于给定 $x(0)$ 的问题 6.1 是最优的，当且仅当满足欧拉方程

$$D_y U(t, x^*(t), x^*(t+1)) + \beta D_x U(t+1, x^*(t+1), x^*(t+2)) = 0 \quad (6.42)$$

和横截性条件

$$\lim_{t \to \infty} \beta^t D_x U(t, x^*(t), x^*(t+1)) \cdot x^*(t) = 0 \quad (6.43)$$

在 (6.42) 式中，和稳定问题一样，$D_y U$ 代表 U 对其控制变量（后 K 个变量）的偏导数向量，而 $D_x U$ 表示对状态变量的偏导数向量。在 (6.43) 式中，"·" 再次表示两个向量的内积。

这两个定理为我们提供了分析非稳定离散时间的无限期界最优化问题的必要工具。特别是定理 6.11 保证了解的存在性，定理 6.12 证明了，与稳定的情形一样，我们可以仅仅利用欧拉方程和横截性条件就刻画出问题的解（只要是内点解）。

6.7.2 证明定理 6.11 和定理 6.12*

定理 6.11 的证明 既然 U 是一致有界（假设 6.1N）且连续的（假设 6.2N），附录 A 的定理 A.12 隐含着问题 6.1 的目标函数在乘积拓扑里的 $\mathbf{x}[0]$ 是连续的。此外，约束集合 $\Phi(0, x(0))$ 是 X^{∞} 的闭子集（X 的无限乘积）。既然 X 是紧的（假设 6.2N），吉洪诺夫定理（定理 A.13）说明 X^{∞} 在乘积拓扑内是紧

的。一个紧集合的闭子集仍然是紧的（附录 A 的引理 A.2），这意味着 $\Phi(0, x(0))$ 是紧的。将威尔斯特拉斯定理（定理 A.9）运用到问题 6.1，一定存在 $\mathbf{x}^*[0] \in \Phi(0,x(0))$ 可以达到 $V^*(0,x(0))$。此外，约束集合是一个连续对应（也在乘积拓扑内），所以伯奇最大值定理（定理 A.16）意味着 $V^*(0,x(0))$ 是连续的。既然 $x(0) \in X$ 且 X 是紧的，这表示 $V^*(0,x(0))$ 有界（附录 A 中的推论 A.1）。

定理 6.12 的证明 该证明类似于定理 6.10 的证明。

（充分性） 考虑任意的 $x(0)$，令 $\mathbf{x}^*[0] \equiv (x(0), x^*(1), \cdots) \in \Phi(0, x(0))$ 是一个满足（6.42）式和（6.43）式的可行（非负）序列。对于任意 $\mathbf{x}[0] \equiv (x(0), x(1), \cdots) \in \Phi(0, x(0))$，定义

$$\Delta_{\mathbf{x}} \equiv \lim_{T \to \infty} \inf \sum_{t=0}^{T} \beta^t [U(t, x^*(t), x^*(t+1)) - U(t, x(t), x(t+1))]$$

为目标函数值在可行序列 $\mathbf{x}^*$ 和 $\mathbf{x}$ 处之差。

根据假设 6.2N 和假设 6.5N，U 连续、凹、可微。根据凹函数的定义，我们有

$$\Delta_{\mathbf{x}} \geq \lim_{T \to \infty} \inf \sum_{t=0}^{T} \beta^t [D_x U(t, x^*(t), x^*(t+1)) \cdot (x^*(t) - x(t))$$
$$+ D_y U(t, x^*(t), x^*(t+1)) \cdot (x^*(t+1) - x(t+1))]$$

对于任意 $\mathbf{x}[0] \in \Phi(0, x(0))$ 成立。利用事实 $x^*(0) = x(0)$，重新调整表达式内各项得到

$$\Delta_{\mathbf{x}} \geq \lim_{T \to \infty} \inf \sum_{t=0}^{T} \beta^t \left[D_y U(t, x^*(t), x^*(t+1)) + \beta D_x U(t+1, x^*(t+1), x^*(t+2)) \right]$$
$$\cdot (x^*(t+1) - x(t+1))$$
$$- \lim_{T \to \infty} \sup \beta^T D_x U(T+1, x^*(T+1), x^*(T+2)) \cdot x^*(T+1)$$
$$+ \lim_{T \to \infty} \inf \beta^T D_x U(T+1, x^*(T+1), x^*(T+2)) \cdot x(T+1))$$

既然 $\mathbf{x}^*[0]$ 满足（6.42）式，第一行中的各项全部等于零。而且，因为 $\mathbf{x}^*[0]$ 也满足（6.43）式，第二行也等于零。最后，根据假设 6.4N，U 对于 x 递增，即 $D_x U \geq 0$，而且根据假设 $x \geq 0$，可得到最后一项非负，从而保证了 $\Delta_{\mathbf{x}} \geq 0$ 对于任意 $\mathbf{x}[0] \in \Phi(0, x(0))$ 成立。$\mathbf{x}^*[0]$ 得到比其他任何可行的 $\mathbf{x}[0] \in \Phi(0, x(0))$ 更大的值，因此是最优的。

（必要性） 现在定义

$$\Delta'_{\mathbf{x}} \equiv \lim_{T \to \infty} \sup \sum_{t=0}^{T} \beta^t [U(t, x^*(t), x^*(t+1)) - U(t, x(t), x(t+1))]$$

假定当 $x^*(t+1) \in \text{Int } G(t, x^*(t))$ 时,对于所有 t,序列 $\{x^*(t+1)\}_{t=0}^{\infty}$ 构成一个最优规划,则 $\Delta'_{\mathbf{x}}$ 对任何 $\mathbf{x}[0] \in \Phi(0, x(0))$ 是非负的。令 $\mathbf{x}[0] \in \Phi(x(0))$,使得 $x(t) = x^*(t) - \varepsilon z(t)$,其中 $z(t) \in \mathbb{R}^K$,ε 是一个实数。对于足够小的 ε,根据 $x^*(t+1) \in \text{Int } G(t, x^*(t))$ 对所有 t 成立的事实,可以找到 $\Phi(0, x(0))$ 之内的一个 $\mathbf{x}[0]$。于是如定理 6.10 的证明一样,我们有

$$\begin{aligned}\Delta'_{\mathbf{x}} \leq &\lim_{T \to \infty} \inf \sum_{t=0}^{T} \beta^t [D_x U(t, x^*(t), x^*(t+1)) \cdot \varepsilon z(t) \\&+ D_x U(t, x^*(t), x^*(t+1)) \cdot \varepsilon z(t+1)] \\&+ \lim_{T \to \infty} \sup \sum_{t=0}^{T} \beta^t o(\varepsilon, t)\end{aligned}$$

其中 $\lim_{\varepsilon \to 0} o(\varepsilon, t)/\varepsilon = 0$ 成立。如果 (6.42) 式在 t' 期被违反,对所有 $t \neq t'$,取 $z(t) = 0$,并选择 ε 和 $z(t')$ 使得 $D_x U(t, x^*(t'), x^*(t'+1)) \cdot z(t') < 0$ 以及 $\varepsilon \to 0$。于是 $\Delta'_{\mathbf{x}} < 0$,这与假说 (6.42) 式未被满足相矛盾。

下一步,假设 (6.42) 式成立但 (6.43) 式被违反。选择 $x(t) = (1-\varepsilon)x^*(t)$,并重复类似定理 6.10 的证明中同样的步骤,我们得到

$$\Delta'_{\mathbf{x}} \leq -\varepsilon \lim_{T \to \infty} \inf \beta^T D_x U(T, x^*(T), x^*(T+1)) \cdot x^*(T+1)$$

如果违反了 (6.43) 式,通过选择正或负的 ε,这个不等式意味着 $\Delta'_{\mathbf{x}} < 0$,与假设矛盾,从而 (6.43) 式不成立。

6.7.3 应用

作为非稳定无限期界最优化问题的一个应用,我们考虑工资和利率可能随时间变化的市场环境中的消费问题。

例 6.5(续前节) 再次假定消费者具有无限生命,瞬时效用函数 $u(c)$ 定义在消费水平上,其中 $u: \mathbb{R}_+ \to \mathbb{R}$ 是严格递增、连续可微以及严格凹的。贴现因子 $\beta \in (0,1)$。现在,劳动收入序列 $\{w(t)\}_{t=0}^{\infty}$ 和利率序列 $\{r(t)\}_{t=0}^{\infty}$ 可能是时变的,尽管并不完全确定。消费者从一个给定数量的资产 $a(0)$ 开始。于是他的效用最大化问题可以写成

$$\max_{\{c(t),a(t)\}_{t=0}^{\infty}} \sum_{t=0}^{\infty} \beta^t u(c(t))$$

受制于流量预算约束

$$a(t+1) = (1+r(t))a(t) + w(t) - c(t)$$

其中初始资产 $a(0)$ 给定。与固定工资和利率的情形一样，我们需要引入一个额外的约束来补充流量预算约束。再次施加自然债务的限制。习题 6.13 显示 t 期的自然债务限制采取如下形式

$$a(t) \geqslant -\sum_{s=0}^{\infty}\left\{\left(\prod_{j=0}^{s}\frac{1}{1+r(t+j)}\right)w(t+s)\right\} \quad (6.44)$$

此外，我们假定（6.44）式的右边在所有时期 t 有上界，其上界为某一 $\underline{W} < \infty$。于是，一个自然的假设便是 $a(t)$ 应该一直在形如 $[-\overline{W}, a(0) + \overline{W}]$ 的集合之内（见习题 6.13）。重复与例 6.5 中第一部分相同的论证，消费者的最大化问题可以表达为

$$\max_{\{a(t)\}_{t=0}^{\infty}} \sum_{t=0}^{\infty} \beta^t u((1+r(t))a(t) + w(t) - a(t+1))$$

其中初始资产 $a(0)$ 是给定的。此时的欧拉方程为

$$u'(c(t)) = \beta(1+r(t+1))u'(c(t+1)) \quad (6.45)$$

对所有 t 都成立。因此，替代（6.40）式的是如下更加一般化的消费规则：

如果 $r(t+1) = \beta^{-1} - 1$，$c(t) = c(t+1)$，消费从 t 期到 $t+1$ 期不变，

如果 $r(t+1) > \beta^{-1} - 1$，$c(t) = c(t+1)$，消费从 t 期到 $t+1$ 期上升，

如果 $r(t+1) < \beta^{-1} - 1$，$c(t) = c(t+1)$，消费从 t 期到 $t+1$ 期下降。

在某些方面，这个结论比（6.40）式更加显著，因为最优消费路径的斜率不仅独立于 $a(0)$，而且独立于当前收入，事实上也独立于整个收入序列 $\{w(t)\}_{t=0}^{\infty}$。

6.8 离散时间的最优增长

首先，我们回顾第 5.9 节中讨论过的最优增长问题。我们将运用稳态动态规

划中的主要结论来描述新古典经济中的最优增长路径。例 6.4 已经说明如何用对数形式的效用函数、柯布－道格拉斯生产函数和完全折旧，求解在特殊情况下的最优增长路径。本节中给出的结论更为一般化，而且用于说明第 5 章中介绍的标准最优增长模型。

请回忆有一个代表性家庭的单部门经济体的最优增长问题，其瞬时效用函数为 u，贴现因子为 $\beta \in (0,1)$，这一问题可以表述如下：

$$\max_{\{k(t),c(t)\}_{t=0}^{\infty}} \sum_{t=0}^{\infty} \beta^t u(c(t)) \tag{6.46}$$

约束条件为

$$k(t+1) = f(k(t)) + (1-\delta)k(t) - c(t) \text{ 且 } k(t) \geq 0 \tag{6.47}$$

其初始的资本存量为 $k(0) > 0$。生产函数的标准假设，即（第 2 章的）假设 1 和假设 2 依然有效。除此之外，我们还需要施加以下假设：

假设 3′ 对于足够小的 $\varepsilon > 0$，$u:[\varepsilon, \infty) \to \mathbb{R}$ 是一个连续可微的严格凹函数。

这是一个过于严格的假设。事实上，凹性甚至连续性对大多数结论来说都足够了。但是，这个假设可以帮助我们避免许多不重要的技术细节。我们将这一假设表示为"假设 3′"以区别于与之紧密相关的将在第 8 章提出并运用的"假设 3"。

第一步是将最优增长问题写成（稳态的）动态规划问题。这个过程可以参照例 6.1 和例 6.4。具体地，令选择变量为下一期的资本存量，用 s 表示。然后，根据 (6.47) 式的资源约束条件，当期消费是由 $c = f(k) + (1-\delta)k - s$ 给出的，因此，最优增长问题可以被写成如下的递归形式：

$$V(k) = \max_{s \in G(k)} \{u(f(k) + (1-\delta)k - s) + \beta V(s)\} \tag{6.48}$$

其中 $G(k)$ 是约束对应 (constraint correspondence)，由区间 $[0, f(k) + (1-\delta)k]$ 给出。这一约束条件要求消费和资本必须是非负的。

可以验证，满足了假设 1、假设 2 和假设 3′的最优化问题必定满足动态规划问题的假设 6.1 至假设 6.5。唯一不太清晰的特征是消费和资本存量水平是否属于一个紧集合。为了验证这一点，注意整个经济体不可能稳定在资本劳动比超过 $\bar{k}$ 的水平，我们将 $\bar{k}$ 定义为

$$\delta \bar{k} = f(\bar{k})$$

当消费等于0时，该值处于能够使资本劳动比稳定的水平。如果初始资本 $k(0) < \bar{k}$，资本劳动比将永远无法超越 $\bar{k}$。如果 $k(0) > \bar{k}$，资本劳动比将无法超越 $k(0)$。因此，我们可以不失一般性地将消费和资本限制在 $[0, \vec{k}]$，其中

$$\vec{k} \equiv f(\max\{k(0), \bar{k}\}) + (1-\delta)\max\{k(0), \bar{k}\}$$

因此，定理6.1至定理6.6可以直接运用于这个问题。

推论6.1 给定假设1、假设2和假设3′，(6.46)式和(6.47)式设定的最优增长模型会有一个由唯一的值函数 $V(k)$ 和消费函数 $c(k)$ 描述的解，下一时期的资本存量由 $s(k) = f(k) + (1-\delta)k - c(k)$ 给出。此外，$V(k)$ 是严格递增和严格凹的函数，$s(k)$ 对 k 是非递减的。

证明 由定理6.1和定理6.2可知，值函数(6.48)式是(6.46)式和(6.47)式的解。由定理6.3可知 $V(k)$ 是存在的，而 $V(k)$ 严格递增和严格凹的性质及其策略对应是一个策略函数的事实则由定理6.4和推论6.1给出。

因此，我们需要证明的只有 $s(k)$ 是非递减的。这可以运用"显示偏好"理论以反证法证明。为了得到一个矛盾的结论，假设 $s(k)$ 是递减的，也即存在 k 和 $k' > k$，使得 $s(k) > s(k')$。因为 $k' > k$，当资本存量是 k' 时，$s(k)$ 是可行的。而且根据假设，因为 $s(k) > s(k')$，所以在资本存量是 k 的时候，$s(k')$ 也是可行的。根据最优性和可行性，我们得到：

$$V(k) = u(f(k) + (1-\delta)k - s(k)) + \beta V(s(k))$$
$$\geqslant u(f(k) + (1-\delta)k - s(k')) + \beta V(s(k'))$$
$$V(k') = u(f(k') + (1-\delta)k' - s(k')) + \beta V(s(k'))$$
$$\geqslant u(f(k') + (1-\delta)k' - s(k)) + \beta V(s(k))$$

合并以及整理各项得到：

$$u(f(k) + (1-\delta)k - s(k)) - u(f(k) + (1-\delta)k - s(k'))$$
$$\geqslant \beta[V(s(k')) - V(s(k))]$$
$$\geqslant u(f(k') + (1-\delta)k' - s(k)) - u(f(k') + (1-\delta)k' - s(k'))$$

定义 $z \equiv f(k) + (1-\delta)k$ 和 $x \equiv s(k)$，并类似地定义 z' 和 x'，得到

$$u(z - x') - u(z - x) \leqslant u(z' - x') - u(z' - x) \tag{6.49}$$

但显然，

$$(z-x')-(z-x) = (z'-x')-(z'-x)$$

然而，我们之前已经假设了 $z' > z$（因为 $k' > k$），$x > x'$ 以及 u 是严格为凹且递增的，这意味着

$$u(z-x') - u(z-x) > u(z'-x') - u(z'-x)$$

与（6.49）式相矛盾，这就证明了 $s(k)$ 是处处非递减的。

此外，假设 2 暗含着储蓄和消费水平必须是内生的。因此，应用定理 6.6 可以得出如下命题。

命题 6.2 给定假设 1、假设 2 和假设 3′，上面定义的值函数是可微的。

接下来，我们充分利用定理 6.10 研究动态最优化问题的欧拉方程和横截性条件。(6.48) 式的欧拉方程采取如下简易形式：

$$u'(c) = \beta V'(s)$$

这里 s 表示下一期的资本存量，运用包络条件可得

$$V'(k) = [f'(k) + (1-\delta)]u'(c)$$

最终，我们得到了熟悉的形式：

$$u'(c(t)) = \beta[f'(k(t+1)) + (1-\delta)]u'(c(t+1)) \tag{6.50}$$

同（6.32）式描述的一般横截性条件一样，这里的横截性条件也是非常直观的。尤其是，因为这里的即时收益函数 U 对应于当前的状态变量 k 以及明天的状态变量 s 的函数 $u(f(k) + (1-\delta)k - s)$，所以这里的横截性条件采取以下形式：

$$\lim_{t \to \infty}[\beta^t(f'(k(t)) + (1-\delta))u'(c(t))k(t)] = 0 \tag{6.51}$$

和之前一样，（最优增长问题的）稳态是一个资本劳动比和消费水平独立于时间的配置，所以再次用星号表示该配置，稳态的资本劳动比必定满足下式：

$$\beta[f'(k^*) + (1-\delta)] = 1 \tag{6.52}$$

(6.52) 式是一个非常重要的结果，因为它表明，稳态的资本劳动比除了与贴现因子有关之外，与家庭的偏好无关。实际上稳态的资本劳动比可以完全由技术、折旧率与贴现因子刻画。

此外，因为 $f(\cdot)$ 是严格凹的，所以 k^* 是唯一的。因为稳态时 $c(t) = c^*$，

$k(t) = k^*$，$\beta[f'(k^*) + (1-\delta)] = 1$，且 $\beta < 1$，所以横截性条件（6.51）式自动满足。以上分析可以导出以下重要命题：

命题 6.3 在（6.47）式和（6.48）式设定的新古典最优增长模型中，假设 1、假设 2 和假设 3′成立，一定存在一个唯一的稳态资本劳动比 k^*，由（6.52）式给出。从任何初始的 $k(0) > 0$ 出发，经济将单调收敛到这个唯一的稳定状态；也就是说，如果 $k(0) < k^*$，则 $k(t) \uparrow k^*$，如果 $k(0) > k^*$，则 $k(t) \downarrow k^*$。

证明 唯一性和存在性已经在上文证明完毕。要证明其单调收敛性，我们从任意的初始资本存量 $k(0)$ 出发，可以观察到，对所有 $t \geq 0$，都有 $k(t+1) = s(k(t))$，其中命题 6.1 已经证明了 $s(\cdot)$ 可以定义为非递减函数，所以，下面两种情形必然有一种是成立的：$k(1) = s(k(0)) \geq k(0)$ 或 $k(1) = s(k(0)) < k(0)$。

我们考虑第一种情形。因为 $s(\cdot)$ 非递减，而且 $k(2) = s(k(1))$，所以，一定有 $k(2) \geq k(1)$。通过归纳法，我们有 $k(t) = s(k(t-1)) \geq k(t-1) = s(k(t-2))$。进一步地，我们给出定义：$k(t) \in [0, \vec{k}]$。在这种情形下，$\{k(t)\}_{t=0}^{\infty}$ 是一个从 $k(0) > 0$ 开始的紧集合内的非递减序列。因而，它必定收敛到某个极限 $k(\infty) > 0$，根据定义满足 $k(\infty) = s(k(\infty))$。因为 k^* 是唯一的稳态（根据正的资本劳动比），所以，$k(\infty) = k^*$，因而 $k(t) \to k^*$。而且，因为 $\{k(t)\}_{t=0}^{\infty}$ 序列是非减的，所以，一定是 $k(t) \uparrow k^*$ 这种情形。这些论述证明了 $k(0) \leq k^*$ 的情形。

接下来讨论 $k(1) = s(k(0)) < k(0)$ 的情形，反过来运用与上面类似的论证可证明 $\{k(t)\}_{t=0}^{\infty}$ 在紧集合 $[0, \vec{k}]$ 中是一个非增的序列，且趋向于一个单一的极限值 $k(\infty)$。在这个问题中，$k(\infty)$ 有两个可能的值：0 和 k^*。前者是不可能的，因为习题 6.19 已经证明，假设 2 保证了对于足够小的 ε，有 $s(\varepsilon) > \varepsilon$。因此，$k(\infty) = k^*$。因为 $\{k(t)\}_{t=0}^{\infty}$ 是非增的，我们必有 $k(0) > k^*$，所以 $\{k(t)\}_{t=0}^{\infty} \downarrow k^*$。证毕。

结论就是，在最优增长模型中存在一个唯一的稳态，而且经济体通过不断积累资本（如果开始时资本劳动比太低）单调地收敛到该稳态。

此外，在整个经济向着稳态调整的过程中，消费水平也是单调递增的（或递减），正如下面的命题所述。

命题 6.4 给定命题 6.1 定义的 $c(k)$ 为非递减，若 $k(0) < k^*$，则均衡的消费序列满足 $c(t) \uparrow c^*$，若 $k(0) > k^*$，则 $c(t) \downarrow c^*$。其中 c^* 由 $c^* = f(k^*) - \delta k^*$

给出。

证明 见习题6.17。

这些讨论说明最优增长模型非常容易处理，而且和索洛模型具有很多相似之处，比如，一个唯一的稳态和全局单调收敛等。但是，因为这个模型中的储蓄取决于效用函数，而且会随时间不断变化，尽管贴现因子与储蓄率密切相关，但是目前还没有一个储蓄率的直接对照物（counterpart）。

最优增长模型的收敛特点既十分重要又非常简洁明了。我们一开始在有限期界模型中研究的这种收敛结果，有时被称为"大道定理"。为了理解这个概念的含义，我们可以设想一下经济体在 $T>0$ 期突然终止的情形。在这种情形下，整个经济的最优增长和资本积累的路径又会是什么样的呢？早期的最优增长文献证明，当 $T\to\infty$ 时，正如（6.52）式定义的，资本劳动比序列 $\{k(t)\}_{t=0}^{T}$ 会无限趋向稳态 k^*，但是真正到了接近 T 的最后几期，资本将会突然下降至 0 以满足横截性条件（回顾第 6.6 节讨论过的有限期界的横截性条件）。资本劳动比的路径很像驶上高速公路的收费关卡，如图 6.1 所示（见习题 6.18）。

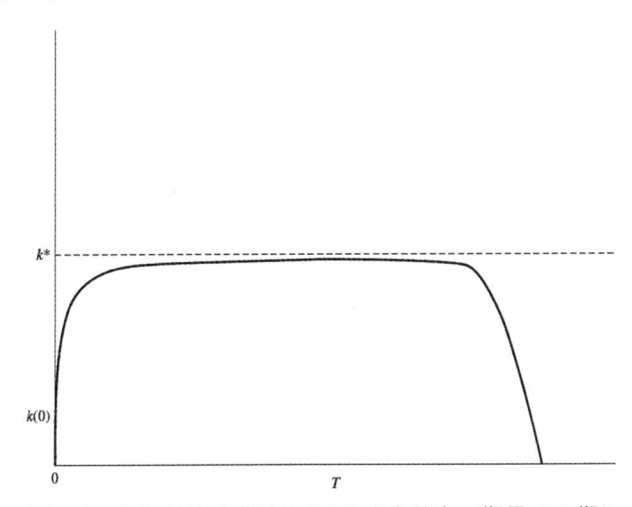

图 6.1 从初始资本劳动比 $k(0)$ 出发的有限期界（T 期）新古典增长模型的动态轮廓

6.9 竞争均衡增长

本书的主要兴趣并不在于最优增长而在于均衡增长。第 8 章将会详细讨论竞争均衡增长。在这里，只要简要讨论如何在最优增长问题中得到竞争均衡增长就足够了。福利经济学第二定理（第5章的定理5.7）表明，第6.8节刻画的最优增长路径也对应于均衡增长路径（从而也可以被分散化为一个竞争均衡）。实际上，我们研究的是有一个代表性家庭的经济体，最直观的均衡配置是对称配置，其中所有家庭都有一个瞬时效用函数 $u(c)$，做相同的决策并得到相同的配置。接下来，我将简单讨论这种对称的（或称为代表性家庭）竞争均衡。

除了运用福利经济学第二定理，还可以运用另一种更直接的方式阐释最优增长问题和竞争增长问题的等价性。假设所有家庭一开始都有相同的初始资本 $K(0)$ 作为初始禀赋，这意味着所有人的初始禀赋是对称的。经济中的另一方由大量的竞争性企业构成，我们使用总生产函数为之建模，这个模型中有标准的竞争均衡的定义。

定义6.3 一个竞争均衡包括消费、资本存量、工资率和资本回报率的路径：$\{C(t),K(t),w(t),R(t)\}_{t=0}^{\infty}$，使代表性家庭在给定的初始资本存量 K_0 和价格水平 $\{w(t),R(t)\}_{t=0}^{\infty}$ 下最大化其效用；给定资本存量和劳动力路径 $\{K(t),L(t)\}_{t=0}^{\infty}$，价格路径 $\{w(t),R(t)\}_{t=0}^{\infty}$ 使所有市场出清。

家庭将自己的资本租赁给企业。正如基本的索洛模型中描述的，家庭获得一个竞争性回报率：

$$R(t) = f'(k(t))$$

并因此面临一个总回报率：

$$1 + r(t+1) = f'(k(t)) + (1-\delta) \tag{6.53}$$

即用 $t+1$ 期的商品表示 t 期租出一单位资本的回报。需要注意的是，资产的总回报率被定义为 $1+r$（这可以让我们在离散时间和连续时间两种情形下都使用 r 作为净资产回报率）。除了资本收入，家庭还会在劳动力市场上出卖自己的劳动力获得工资收入，工资水平由下式给出：$w(t) = f(k(t)) - k(t)f'(k(t))$。

现在讨论代表性家庭的最优化问题：

$$\max_{\{c(t),a(t)\}_{t=0}^{\infty}} \sum_{t=0}^{\infty} \beta^t u(c(t))$$

受制于流量预算约束

$$a(t+1) = (1+r(t))a(t) - c(t) + w(t) \tag{6.54}$$

跟以前一样，$a(t)$ 代表家庭在 t 期持有的资产水平，$a(0) > 0$；同时，$w(t)$ 是家庭的工资收入（劳动力供给被标准化为 1）。（6.54）式描述的流量预算约束表示，家庭在 t 期期初的时候将持有的资本或资产 $a(t)$ 租赁给企业用作 t 期的资本。我们再次施加形如（6.44）式的自然负债限制，市场出清意味着 $a(t) = k(t)$。

运用与例 6.5 相同的论证，消费者最大化问题的欧拉方程可以得出

$$u'(c(t)) = \beta(1 + r(t+1))u'(c(t+1)) \tag{6.55}$$

施加稳态意味着 $c(t) = c(t+1)$。因此，在稳态我们得到

$$\beta(1 + r(t+1)) = 1$$

接着，由市场出清很容易说明 $1 + r(t+1)$ 是由（6.53）式给出，因此竞争均衡的资本劳动比将由下式给出：

$$\beta[f'(k(t+1)) + (1-\delta)] = 1$$

于是，稳态满足

$$\beta[f'(k^*) + (1-\delta)] = 1$$

该式与（6.52）式是一致的，它描述了最优增长模型的解。类似的证明可以发现，完全竞争均衡路径等同于最优增长路径。特别是，将（6.53）式中的 $1 + r(t+1)$ 替换代入（6.55）式得到下式：

$$u'(c(t)) = \beta[f'(k(t+1)) + (1-\delta)]u'(c(t+1)) \tag{6.56}$$

该式和（6.50）式是一致的。这一条件同时也表明，给定相同的初始条件，竞争均衡中的资本劳动比的轨迹和最优增长路径资本劳动比的行为轨迹是一致的（见习题 6.21）。这一结果当然正好是我们从福利经济学第二定理中期望看到的。

6.10 计算

这里呈现的所有结果包括解的存在性、值函数的形式、解的刻画，以及策略函数或曰最优规划的特征。动态规划技术其实也被广泛运用于数值计算中（习题 6.3 给出了这方面非常有用的起点）。事实上，动态最优化问题的递归形式也提供了一种有效的计算方法。正如我们在例 6.4 里介绍过的，这种建模方法尤其有

效，只有某些特定的动态最优化问题可以给出闭式解（closed – form solution）。因此，经济学家和工程师一样，通常需要使用一些计算工具获得关于最优化或者均衡问题解的定性或者定量结论。动态规划问题的建模往往是这些计算方法的起点。

受篇幅限制，我无法讨论各种各样的计算工具，也无法展示动态规划方法在数值分析中的运用。但是，这些缺失不能被理解为计算问题在经济增长研究中不重要，或者动态规划方法在数值计算方面实用性不强。对于经济学中的计算问题以及动态规划的作用，希望读者参阅贾德（Judd, 1998）非常出色且完整的讨论。杨奎斯特和萨金特（Ljungqvist and Sargent, 2005）也简要介绍了计算方法在宏观经济学中的应用。

6.11 小结

本章聚焦离散时间的无限期界动态规划技术。这些技术不仅对于研究经济非常关键，而且广泛运用于宏观经济学和动态经济学的许多不同领域。透彻理解这些技术对深入认识经济增长机制非常重要。此外，这种技术手段可以使我们更好地理解不同经济增长模型的"工作方式"，如何扩展这些模型以及如何与数据匹配和比较。正因为如此，这一章构成了本书的主体部分，而没有被降格到末尾的数学附录中。

同时，本章也给出了动态规划的许多应用，包括对单部门经济最优增长问题的初步分析。读者或许已经注意到本章的模型和第2章讨论过的基本索洛模型之间的异同。这些异同将在第8章进一步拓展。此外，我还简要讨论了动态竞争均衡中，最优增长路径的分散化均衡的效用最大化问题。

值得注意的是，本章的处理忽略了许多困难的技术问题。首先，我们关注的模型中有贴现，这比没有贴现的模型简单多了。在经济学中，没有贴现的目标函数（$\beta = 1$，而不是$\beta \in [0, 1)$）适用的环境很少。无折旧的情况也很少会出现。更加重要的是，我一直假定收益函数是有界的，状态向量 x 属于欧几里得空间 X 的一个紧子集。这些限制排除了很多有趣的问题，比如内生增长，其中状态向量会随着时间增长。本章讨论的几乎所有结果都有相应情形的等价形式，但是要得到这些结果还需要一些更加高级的处理手段。

6.12 参考文献

在某种程度上，动态规划的主要思想——最优化原则，是非常容易理解的。

然而，这种思想也是一个很有力的概念，只有当它的一系列含义被厘清的时候，我们才能充分体会其意义。包括最优化原则在内的动态最优化的基本观点是由理查德·贝尔曼在其著名的专著中介绍的（Bellman，1957）。这部专著包含了大多数有限期界和无限期界的动态规划问题的基本结论。沙普利（Sharpley，1953）对随机博弈的研究同样也包含了许多观点。他分析了零和随机博弈均衡点的各种特征，他对博弈的建模形成了后来被称为马尔科夫（Markov）决策问题，这类问题和动态规划问题密切相关。除此之外，沙普利还运用与最优化原则类似的观点及压缩映射定理证明了这些动态零和博弈存在唯一解。帕特曼（Puterman，1994）对马尔科夫决策问题给出了更为详细的讨论，他还非常仔细地讨论了沙普利（1953）的著作、一般的马尔科夫决策问题和动态规划的关系。

据我所知，卡林（Karlin，1955）第一个为最优化原则提供了简单而正式的证明，这个证明与此处列出的证明相似。德纳多（Denardo，1967）拓展了动态规划理论中压缩映射方法的运用。帕特曼（1994）更加详细地分析了贴现的随机动态规划问题。布莱克威尔（1965）为压缩映射提出了布莱克威尔充分条件，并将其应用于解决随机贴现动态规划问题。本维尼斯特和申克曼（Benveniste and Scheinkman，1979）最早论证了值函数可微性的结论。证明定理 6.6 的第二个版本沿用了他们的方法。第一个版本的论证扩展了早期米尔曼和齐尔查（Mirman and Zilcha，1975）仅仅用于新古典经济增长模型的证明。

斯托基、卢卡斯以及普雷斯科特（Stokey、Lucas and Prescott，1989）对贴现的随机动态规划理论进行了最完整的阐释。他们的著作对我影响颇深，我也从他们那儿借鉴了许多。相对于他们的处理方式，部分证明做了简化，并且我把分析局限在紧集和有界收益函数的情形。斯托基、卢卡斯以及普雷斯科特（1989，第 4 章）概括总结了定理 6.1 至定理 6.6，并运用到包括无限回报（unbounded returns）和选择集的特定问题。与斯托基、卢卡斯以及普雷斯科特不同，我论证了非稳定无限期界最优化问题的必要条件和充分条件。

对定理 6.10 中讨论的横截性条件的必要性和充分性问题，斯托基、卢卡斯以及普雷斯科特（1989）也做了简要讨论，而另一些学者（Ekeland and Scheinkman，1986；Kamihigashi，2001）提供了更详细的论证。卡米戈什（Kamihigashi，2001）提出了一个更为一般化的横截性条件，这个条件要求更低，但这里的版本也足以应对大部分经济学应用。辛答拉姆（Sundaram，1996）为动态规划提出了一个更简单却更深刻的论证，还给出了类似于此处的对命题 6.1 的证明。

压缩映射定理及其应用的有用参考文献包括德纳多（Denardo，1967）、柯尔莫果洛夫和福明（Kolmogorov and Fomin，1970）、克利齐格（Kreyszig，1978），以及可读性很强的布赖恩特（Bryant，1985）的著作。布赖恩特（1985）运用压缩映射定理证明了微分方程的解的存在性和唯一性以及隐函数定理。读者也可参考奥采尔（Aczel，1966）找到描述泛函方程解的各种方法。

6.13 习题

6.1 考察例 6.1 中离散时间最优增长模型的构建。证明该方程加上第 2 章的假设 1、假设 2 之后，这个离散时间最优增长模型必定满足假设 6.1 至假设 6.5。

*6.2 证明：若对某个正整数 $n \in \mathbb{N}$，T^n 是完备度量空间 (S, d) 上的一个压缩，则 T 在 S 内存在一个唯一的不动点。

*6.3 假设 T 是度量空间 (S, d) 的一个模为 $\beta \in (0,1)$ 的压缩。证明对任意 $z, z' \in S$，$n \in \mathbb{N}$，有

$$d(T^n z, z') \leq \beta^n d(z, z')$$

讨论如何将这一结果应用于数值计算。

*6.4 (a) 证明例 6.3 给出的问题，并证明微分方程（6.7）式存在唯一的连续解。

(b) 回顾例 6.3 给出的（6.8）式。对 Tg 和 $T\tilde{g}$ 运用同样的逻辑并证明

$$\|T^2 g - T^2 \tilde{g}\| \leq M^2 \times \frac{s^2}{2} \times \|g - \tilde{g}\|$$

(c) 以递归形式再次运用这个论证过程，证明对任意 $n \in \mathbb{N}$，我们可以得到

$$\|T^n g - T^n \tilde{g}\| \leq M^n \times \frac{s^n}{n!} \times \|g - \tilde{g}\|$$

(d) 利用（c）中给出的不等式、对任意 $B < \infty$，当 $n \to 0$，$B^n/n!$ 这一事实以及习题 6.2 的结论，证明对任意 $s \in \mathbb{R}_+$，微分方程（6.7）在紧区间 $[0, s]$ 上存在唯一的连续解。

*6.5 回顾隐函数定理（附录 A 中的定理 A.25）。这里给出了一个略微简化

的版本：考虑函数 $\phi(y,x)$，满足 $\phi:\mathbb{R}\times[a,b]\to\mathbb{R}$ 连续可微且一阶导数有界。特别地，存在 $0<m<M<\infty$ 满足

$$m\leqslant\frac{\partial\phi(y,x)}{\partial y}\leqslant M$$

对所有 x 和 y，隐函数定理表述的是，存在一个连续可微函数 $y:[a,b]\to\mathbb{R}$，使得对于所有 $x\in[a,b]$，有

$$\phi(y(x),x)=0$$

沿着如下线索，用压缩映射定理证明这个定理：
(a) 令 $\mathbf{C}^1([a,b])$ 是定义在 $[a,b]$ 上的连续可微函数空间，则对于任意 $y\in\mathbf{C}^1([a,b])$，构建一个算子：对于 $x\in[a,b]$，有

$$Ty=y(x)-\frac{\phi(y(x),x)}{M}$$

证明 $T:\mathbf{C}^1([a,b])\to\mathbf{C}^1([a,b])$，并且是一个压缩。
(b) 运用定理 6.7 推导出隐函数定理。

*6.6 证明（6.18）式中定义的 T 是一个压缩。

6.7 首先回到例 6.4。
(a) 证明（6.37）式给出的资本存量的运动方程从任意 $k_0>0$ 出发，单调地趋于唯一的稳态值 k^*。沿着这条运动路径，消费水平会发生怎样的变化？
(b) 现在假设（6.37）式替换成了如下等式：

$$\pi(x)=ax^\alpha+bx+c$$

验证同样的步骤可以得到结论：$b=c=0$，$a=\beta a$。
(c) 现在，我们通过猜测和证明值函数的形式刻画显式解。首先猜测：$V(x)=A\log x$，利用这个形式并使用一阶条件推导出显式解。

6.8 考虑如下完全折旧的离散时间最优增长模型

$$\max_{\{k(t),c(t)\}_{t=0}^\infty}\sum_{t=0}^\infty \beta^t\left(c(t)-\frac{a}{2}c(t)^2\right)$$

约束条件为

$$k(t+1) = Ak(t) - c(t)$$

其中 $k(0) = k_0$。假设 $k(t) \in [0, \bar{k}]$，且 $a < \bar{k}^{-1}$，而且，效用函数总是消费的增函数。

(a) 将这个最大化问题规范表述为一个动态规划问题。

(b) 无须求解证明，存在一个唯一的值函数 $V(k)$ 和一个唯一的策略规则 $c = \pi(k)$ 决定了消费水平是资本存量水平的函数。

(c) 求 $V(k)$ 和 $\pi(k)$ 的显式解。[提示：猜测值函数 $V(k)$ 的形式，利用这个猜测解结合贝尔曼方程和欧拉方程。验证这个猜测解满足这些方程，并证明这个解必定是唯一的。]

6.9 在 $x \in X \subset \mathbb{R}$ 的前提下考察问题 6.2 或者问题 6.3，令假设 6.1 至假设 6.3 以及假设 6.5 成立，并且 $\partial^2 U(x,y)/\partial x \partial y \geq 0$，证明 $y = \pi(x)$ 是非递减的。

6.10 证明如果定理 6.10 的序列 $\{x'(t)\}_{t=0}^{\infty}$ 满足欧拉方程但不满足横截性条件，则会产生一个次优规划。

6.11 考察例 6.5 中的消费者效用最大化问题。如果排除借贷限制（即只有流量预算约束），证明对于任意从某一初始资产 $a(0)$ 出发的消费路径 $\{c(t)\}_{t=0}^{\infty}$，存在另一消费路径 $\{c'(t)\}_{t=0}^{\infty}$，对于任意 $\gamma > 0$，满足 $c'(t) = c(t) + \gamma$。使用这一结果证明消费者可以通过选择某一可能导致 $\lim_{t \to \infty} a(t) = -\infty$ 的消费路径，使效用趋于无穷大。并解释为何这样的路径在市场经济中不可行。

6.12 考察例 6.5，对所有的 t，$w(t) = w$，$r(t) = r$，

(a) 证明如果 $r \leq \beta^{-1} - 1$，$a(t) \in [\underline{a}, \bar{a}]$ 对所有 t 成立，其中 $\bar{a} \equiv a(0) + w/r$ 且 $\underline{a} = -w/r$。

(b) 证明当 $r > \beta^{-1} - 1$ 时，不存在 $\bar{a} < \infty$，使得对于所有 t，有 $a(t) \in [\underline{a}, \bar{a}]$。

6.13 考察例 6.5 中的连续性问题。

(a) 证明 t 期的自然限制满足 (6.44) 式的形式

(b) 假设

$$\bar{W} = \max_{t=0,1,\ldots} \left\{ \sum_{s=0}^{\infty} \left(\prod_{j=0}^{s} \frac{1}{1+r(t+j)} \right) w(t+s) \right\}$$

且 $\overline{W} < \infty$，找出对于任意 t，有 $a(t) \in [-\overline{W}, a(0) + \overline{W}]$ 的条件。

(c) 结合 $a(0)$，$\{w(t)\}_{t=0}^{\infty}$ 和 $\{r(t)\}_{t=0}^{\infty}$，使用横截性条件找出隐含地决定初始消费水平 $c(0)$ 的具体表达式。当 $a(0)$ 上升，消费水平会有什么变化？

(d) 对于所有的 t，都有 $r(t) = r$，考察将收益组合变成 $\{\tilde{w}(t)\}_{t=0}^{\infty}$：当 $T < \infty$ 时，对所有的 $t < T$，有 $w(t) < \tilde{w}(t)$，对所有的 $t \geq T$，有 $w(t) \geq \tilde{w}(t)$，并且

$$\sum_{t=0}^{\infty}(1+r)^{-t}w(t) = \sum_{t=0}^{\infty}(1+r)^{-t}\tilde{w}(t)$$

这种变化对初始消费水平和消费路径的变化会有什么影响？提供一个详细的经济机制解释这个结果。

*6.14 考察第 6.7 节讨论的非静态无限期界最优化问题，找出 G 和 U 的条件，使由下式定义的算子：

$$TV(t, x) = \max_{y \in G(t,x)} \{U(t, x, y) + \beta V(t+1, y)\}$$

对 $V \in \mathbf{C}(\mathbb{Z}_+ \times X)$ 是一个压缩。使用这些条件写出定理 6.2 至定理 6.6 的等价形式并概述定理的证明。

6.15 考察下述离散时间的最优增长模型：

$$\max_{\{k(t),c(t)\}_{t=0}^{\infty}} \sum_{t=0}^{\infty} u(c(t))$$

约束条件为 $k(t+1) = k(t) - c(t)$，$k(0) \in (0, \infty)$。假设 $u(\cdot)$ 是严格递增且严格凹的有界函数。证明这个问题无解并解释之。

6.16 考察如下完全折旧的离散时间的最优增长模型：

$$\max_{\{k(t),c(t)\}_{t=0}^{\infty}} \sum_{t=0}^{\infty} \beta^t u(c(t))$$

约束条件为：

$$k(t+1) = f(k(t)) - c(t)$$

且

$$k(0) = k_0 > 0$$

255

假定 $u(\cdot)$ 是严格凹的，而且在 $c \geq 0$ 上严格递增，并且 $f(\cdot)$ 是递增的凹函数，

(a) 将这个最大化问题写成动态规划问题。

(b) 证明存在唯一的值函数 $V(k)$ 和唯一的策略规则 $c = \pi(k)$，且 $V(k)$ 是连续且严格凹的，$\pi(k)$ 是连续和递增的。

(c) $V(k)$ 在什么条件下可微？

(d) 假设 $V(k)$ 和其他所有函数都是可微的，写出决定了消费和资本存量的最优路径的欧拉方程。

(e) 欧拉方程是否足以决定 c 和 k 的路径？如果不是，我们还需要什么条件？写出这些条件并给出为什么需要这些条件的直观解释。

6.17 证明命题 6.4 宣称的，在基本的离散时间最优增长模型中，$c(k)$ 是非递减的。当经济从 $k_0 < k^*$ 出发时，唯一的均衡意味着 $c(t) \uparrow c^*$。

*6.18 考察在第 6.8 节最后讨论的有限期界最优增长模型。时间期界为 T 的经济体的最优资本劳动比序列表示为 $\{k^T(t)\}_{t=0}^T$，$k^T(0) > 0$。证明，对任意 $\varepsilon > 0$，存在 $T < \infty$ 以及 $t' < T$，使 $|k^T(t') - k^*| < \varepsilon$。并证明 $k^T(T) = 0$。接着，假设 $k^T(0)$ 足够小，证明最优资本劳动比序列将采取图 6.1 的形式。

6.19 证明如命题 6.3 中证明的那样，假设 2 对于足够小的 ε，有 $s(\varepsilon) > \varepsilon$。并给出这一结果的直观解释。

*6.20 如果没有 $u(\cdot)$ 的可微性（假设 3 加入的该假设）假设，给出命题 6.1 的证明。

6.21 证明从 $k(0)$ 出发并满足 (6.50) 式的最优增长路径，等价于从同一水平的资本劳动比出发并满足同样条件（等价于 (6.56) 式）的竞争均衡。

第 7 章   最优控制理论导论

第 6 章介绍了离散时间的动态最优分析使用的基本工具。本章我将介绍一些连续时间内动态最优的基本结论,即所谓的最优控制方法。不论是离散时间还是连续时间的动态最优分析方法都是研究宏观经济和分析其他动态经济的很有用的工具。我们不能说这两个工具中的一个比另一个更优越。毕竟,对于某些特定的问题,使用离散时间分析比较合适,对于另一些问题使用连续时间分析更合适。

连续时间最优化方法涉及几个新的数学问题,这主要是因为即使在有限期界中,也有可能需要计算无限维度目标的最大化问题(实际上可表示为一个整函数:$y:[t_0,t_1]\to\mathbb{R}$)。我们有必要简要回顾产生于变分法和最优控制理论的一些基本观点。本书涉及的主要工具和观点都很直观,并用最简单的方法介绍。如果读者只是想简单地运用这些工具,可以忽略本章的大部分内容,只需关注主要定理,如定理 7.13 和定理 7.14,以及第 7.7 节将这两个定理应用于典型的连续时间最优增长问题。

在本章剩下的部分,我先是回顾了有限期界中连续时间最大化问题,并给出了对该问题的最简单的求解方法(该方法相比最优控制方法更接近于变分方法)。接着,我在庞特里亚金(Pontryagin)及其合著者发展的最优控制论基础上,得出了更有力的定理。

典型的连续时间最优化问题可以表述为

$$\max_{\mathbf{x}(t),\mathbf{y}(t)} W(\mathbf{x}(t),\mathbf{y}(t)) \equiv \int_0^{t_1} f(t,\mathbf{x}(t),\mathbf{y}(t))dt \tag{7.1}$$

约束条件为

$$\dot{\mathbf{x}}(t) = G(t,\mathbf{x}(t),\mathbf{y}(t))$$

和对于所有 t 和 $\mathbf{x}(0)=\mathbf{x}_0$,有

$$\mathbf{x}(t)\in\mathcal{X}(t),\mathbf{y}(t)\in\mathcal{Y}(t)$$

其中,$\mathbf{x}(t)$ 和 $\mathbf{y}(t)$ 是每个 t 的有限维度向量(例如,$\mathcal{X}(t)\subset\mathbb{R}^{K_x}$ 且 $\mathcal{Y}(t)\subset\mathbb{R}^{K_y}$,其中 $K_x,K_y\in\mathbb{N}$)。此外,我们有函数 $f:\mathbb{R}\times\mathbb{R}^{K_x}\times\mathbb{R}^{K_y}\to\mathbb{R}$ 和 $G:\mathbb{R}\times\mathbb{R}^{K_x}\times$

$\mathbb{R}^{K_y} \to \mathbb{R}^{K_x}$。这里向量 **x** 代表状态变量。当已知控制变量之向量 **y** 的行为（或者换一种表述，已知控制函数 **y**(t)），则该向量的行为由一个微分方程系统支配。规划期界 t_1 的可以趋于无穷。当控制函数为 **y**(t) 且各稳定变量的行为结果是 **x**(t) 的时候，函数 $W(\mathbf{x}(t), \mathbf{y}(t))$ 表示目标函数的值。[①]我还令 f 表示（瞬时）收益函数，G 为约束函数（注意这里的 G 是向量值）。这个问题的构建足够一般化，它考虑了贴现和随时间变化的约束条件，因为不论是收益函数 f 还是约束函数都是时间的因变量。我将从有限期界的案例开始分析，然后考虑无限期界的最大化问题，尤其关注满足指数化贴现的案例。

7.1 变分参数

考虑（7.1）式的下列特殊情况，其中时间期界是有限的且状态变量和控制变量都是一维的。该问题可以表述为

$$\max_{x(t), y(t), x_1} W(x(t), y(t)) \equiv \int_0^{t_1} f(t, x(t), y(t)) dt \quad (7.2)$$

约束条件是

$$\dot{x}(t) = g(t, x(t), y(t)) \quad (7.3)$$

且对于所有 t 及 $x(0) = x_0$ 和 $x(t_1) = x_1$，都有

$$x(t) \in \mathcal{X}, y(t) \in \mathcal{Y} \quad (7.4)$$

此处的状态变量 $x(t) \in \mathcal{X} \subset \mathbb{R}$ 是一维的，且其行为表现由微分方程（7.3）式决定。控制变量 $y(t)$ 必须属于集合 $\mathcal{Y} \subset \mathbb{R}$（为了简化，更一般的（7.1）式中的集合 $\mathcal{X}(t)$ 和 $\mathcal{Y}(t)$ 在此被看作与时间无关）。结果，$f: \mathbb{R} \times \mathbb{R} \times \mathbb{R} \to \mathbb{R}$ 且 $g: \mathbb{R} \times \mathbb{R} \times \mathbb{R} \to \mathbb{R}$。我们从头至尾都假设 $\mathcal{X}$ 和 $\mathcal{Y}$ 是非空且凸的。

满足（7.3）式和（7.4）式的一组函数 $(x(t), y(t))$ 被看作可接受配对。[②]

[①] 注意（7.1）式中的 $W(\mathbf{x}(t), \mathbf{y}(t))$ 并不是指最大化的值，而是简单地定义为目标函数 $\int_0^{t_1} f(t, \mathbf{x}(t), \mathbf{y}(t)) dt$ 的值，其中 $\mathbf{x}(t)$ 和 $\mathbf{y}(t)$ 分别为状态函数和控制函数。

[②] 原文更准确地说，一个可接受配对 $(x(t), y(t))$ 中的 $x(t)$ 是绝对连续的，$y(t)$ 是（勒贝格，Lebesgue）可测度的，并且 $(x(t), y(t))$ 几乎在任何时候都满足（7.3）式。在附录 A 中可以查阅绝对连续性的定义，它是强连续性的表现形式。特别是，当 $f(s)$ 在 $[0, X]$ 分段连续时（或者不那么严格地说，如果 $f(s)$ 是可积分的），则对于所有 $x \in [0, X]$ 定义为 $F(x) = \int_0^x f(s) ds$ 的一个函数，它在 $[0, X]$ 是绝对连续的。附录 A 中的事实 A.17 显示，可微性也意味着绝对连续性的存在（而绝对连续性比可微性要弱）。除了在第 7.6 节中，$x(t)$ 被看作可微的，因此不再明确提及绝对连续性。另外，对于 $y(t)$ 可测度性的要求也不是那么严格。不过，既然我不打算很明确地介绍可测度理论的相关概念，我也就不会给出可测度性的正式定义。

和第6章一样，这里也始终假设目标函数值是有限的，即对于任何可接受配对$(x(t),y(t))$，都有$W(x(t),y(t))<\infty$。

首先假设$t_1<\infty$，于是我们得到一个有限期界最优化问题。注意，还有一个终值（terminal value）约束$x(t_1)=x_1$，但是x_1是作为一个额外的选择性变量被包含进来的。于是，状态变量x的终值是没有限制的。在有限期界的经济问题中，构建模型时不把x_1作为一个选择变量也许更加简单（见例7.1），但是从认定终值x_1是自由变量的案例着手研究要显得更为合理。

除此以外，为了简化讨论，我始终假设f和g是x、y和t的连续可微函数，同时，我还简单地把这种性质表述为"f和g是连续可微的"。

对这个问题（最优化）解的描述主要包含两个特点：

1. 我们选择的是一个函数$y:[0,t_1]\to\mathcal{Y}$，而不是一个向量或一个有限维度的目标。

2. 约束条件使用可微方程的表达形式而非使用一组不等式或者等式表示。

这两个特点使我们难以把握到底需要寻找什么类型的最优化政策。比如，y也许是一个极不连续的函数。这可能也会触及可行集的边界，从而形成一个角点解。幸运的是，在大多数经济问题中，都可以有一个合适的结构使解成为连续函数。此外，在大部分宏观经济和增长的应用研究中，稻田条件（如第2章的假设2）保证了相关动态最优问题的解来自可行集之内。以上这些特点显然简化了解的特征。实际上，当y是时间的连续函数，且存在于可行集的内部，它可以使用类似于欧拉、拉格朗日和其他人发展的变分理论的可变参数方法来描述。由于这些工具不仅简单而且比最优控制方法更加直观，我准备从变分参数方法开始。

变分法首先假设存在一个位于集合$\mathcal{Y}$内部任何位置的连续解（函数）$\hat{y}$，从而简化了上述最大化问题（同样，存在位于集合$\mathcal{X}$内部任何位置的状态变量$\hat{x}$）。接着，它描述了这类解的性质（见习题7.3）。[①]

更规范地，让我们假设$(\hat{x}(t),\hat{y}(t))$是一个可接受配对，则$\hat{y}(\cdot)$在$[0,t_1]$是连续的，并且对于所有t，都有$\hat{x}\in\text{Int }\mathcal{X}$和$\hat{y}(t)\in\text{Int }\mathcal{Y}$（或者更简单地说，$(\hat{x}(t),\hat{y}(t))\in\text{Int }\mathcal{X}\times\mathcal{Y}$），于是，对于任何其他可接受配对$(x(t),y(t))$，有
$$W(\hat{x}(t),\hat{y}(t))\geqslant W(x(t),y(t))$$

---

① 此外，变分法比较了这种候补解和其他连续路径。在最优控制方法中，使用下面的定理7.9，对候补路径和其他可接受的路径进行了比较（从上一脚注的意义上说）。

此处一个重要且严格的假设是 $(\hat{x}(t),\hat{y}(t))$ 是一个绝不会触及边界且未考虑不连续性的解。即便这个特征在大多数经济学应用研究的最优化控制中都是真实的，从纯数学意义上说，它依然是一个十分严格的假设。例如，我们可以回想一下第 6 章中并没有这样的假设，而是从一个解的存在性结论着手，然后试图描述该解的性质（例如，价值函数的连续性和可微性）。然而，连续时间的最优化问题很复杂，要证明解的存在性并不是一件很容易的事情。下面我会回过头来讨论这个问题，但现在我将遵循标准范式，假设存在一个内部连续解 $(\hat{x}(t),\hat{y}(t)) \in \text{Int}\, \mathcal{X} \times \mathcal{Y}$。还要注意一点，由于状态变量 x 的行为根据微分方程（7.3）式是已知的，当 $y(t)$ 连续时，$\dot{x}(t)$ 也是连续的，于是 $x(t)$ 实际上是连续可微的。

现在，我要利用这些特征推导内部连续解的必要条件。任意取一个固定的连续函数，并令 $\varepsilon \in \mathbb{R}$ 是一个实数。于是函数 $\hat{y}(t)$ 的变形可定义为

$$y(t,\varepsilon) \equiv \hat{y}(t) + \varepsilon \eta(t)$$

已知 $\eta(t), y(t,\varepsilon)$ 是根据变化的 ε 得来的，变形这一术语由此而得。自然，这些变量的一部分也许是不可行的，即对于某个 t，有 $y(t,\varepsilon) \notin \mathcal{Y}$。然而，由于 $\hat{y}(t) \in \text{Int}\,\mathcal{Y}$，而且一个在紧集 $[0,t_1]$ 上连续的函数是有界且一致连续的（参考附录 A 的定理 A.10），则对于任何固定的 $\eta(\cdot)$ 函数，我们总能找到 $\varepsilon'_\eta > 0$，使得对于所有 $t \in [0,t_1]$ 和 $\varepsilon \in [-\varepsilon'_\eta, \varepsilon'_\eta]$，都有

$$y(t,\varepsilon) = \hat{y}(t) + \varepsilon \eta(t) \in \text{Int}\,\mathcal{Y}$$

于是，$y(t,\varepsilon)$ 构成了一个可行变量。结果，当 ε 的值很小时，可以使用变分参数。我们必须选取较小的 ε 值这一事实并不会影响对最优化必要条件的推导。相较标准微积分而言，此处的必要条件包括不允许存在任何引起目标函数值增长的控制变量的微小变化。

让我们再定义 $x(t,\varepsilon)$ 为状态变量的路径，相应地，控制变量路径为 $y(t,\varepsilon)$，即对于所有 $t \in [0,t_1]$ 和 $x(0,\varepsilon) = x_0$，有

$$\dot{x}(t,\varepsilon) = g(t, x(t,\varepsilon), y(t,\varepsilon)) \tag{7.5}$$

由于对于所有 t，有 $x(t) \in \text{Int}\,\mathcal{X}$，如果 ε 足够小，特别是当 $\varepsilon \in [-\varepsilon_\eta, \varepsilon_\eta] \subset [-\varepsilon'_\eta, \varepsilon'_\eta]$（就某些 $\varepsilon_\eta \leqslant \varepsilon'_\eta$ 而言），我们也可得出 $x(\varepsilon,t) \in \mathcal{X}$（因为微分方程的解是连续的，具体可参见附录 B 的定理 B.13）。鉴于此，对于 $\varepsilon \in [-\varepsilon_\eta, \varepsilon_\eta]$，$(x(t,\varepsilon), y(t,\varepsilon))$ 是一个可接受配对。定义

$$\mathcal{W}(\varepsilon) \equiv W(x(t,\varepsilon), y(t,\varepsilon)) \tag{7.6}$$
$$= \int_0^{t_1} f(t, x(t,\varepsilon), y(t,\varepsilon))dt$$

因为 $\hat{y}(t)$ 是最优的，且对于 $\varepsilon \in [-\varepsilon_\eta, \varepsilon_\eta]$，$y(t,\varepsilon)$ 和 $x(t,\varepsilon)$ 都是可行的，从而可得，对于所有 $\varepsilon \in [-\varepsilon_\eta, \varepsilon_\eta]$，都有 $\mathcal{W}(\varepsilon) \leqslant \mathcal{W}(0)$。

接下来，将 (7.5) 式重新写为：对于所有 $t \in [0, t_1]$，有
$$g(t, x(t,\varepsilon), y(t,\varepsilon)) - \dot{x}(t,\varepsilon) = 0$$

因此，对任何函数 $\lambda : [0, t_1] \to \mathbb{R}$，都有
$$\int_0^{t_1} \lambda(t)[g(t, x(t,\varepsilon), y(t,\varepsilon)) - \dot{x}(t,\varepsilon)]dt = 0 \tag{7.7}$$

方括号中的表达式恒等于零。接下来，假设函数 $\lambda(\cdot)$ 是连续可微的。该函数只要选得合适，就可以是共态变量，与标准（有约束条件的）最优化问题中的拉格朗日乘数有相似的解释。和拉格朗日乘数一样，$\lambda(\cdot)$ 只有被合适选择时，才能起到作为共态变量的作用。

将 (7.7) 式和 (7.6) 式相加可得
$$\mathcal{W}(\varepsilon) = \int_0^{t_1} \{f(t, x(t,\varepsilon), y(t,\varepsilon)) + \lambda(t)[g(t, x(t,\varepsilon), y(t,\varepsilon)) - \dot{x}(t,\varepsilon)]\}dt \tag{7.8}$$

为了求 (7.8) 式的值，让我们首先考虑积分 $\int_0^{t_1} \lambda(t)\dot{x}(t,\varepsilon)dt$。对该表达式进行分部积分运算（见定理 B.3），可得
$$\int_0^{t_1} \lambda(t)\dot{x}(t,\varepsilon)dt = \lambda(t_1)x(t_1,\varepsilon) - \lambda(0)x_0 - \int_0^{t_1} \dot{\lambda}(t)x(t,\varepsilon)dt$$

将该表达式代入 (7.8) 式可得
$$\begin{aligned}\mathcal{W}(\varepsilon) = &\int_0^{t_1} [f(t, x(t,\varepsilon), y(t,\varepsilon)) + \lambda(t)g(t, x(t,\varepsilon), y(t,\varepsilon)) + \dot{\lambda}(t)x(t,\varepsilon)]dt \\ &- \lambda(t_1)x(t_1, \varepsilon) + \lambda(0)x_0\end{aligned} \tag{7.9}$$

回忆 f 和 g 是连续可微的，且 $y(t,\varepsilon)$ 对于 ε 是连续可微的，这也意味着 $x(t,\varepsilon)$ 对 ε 是连续可微的。将 x 和 y 对 ε 的偏导数分别表示为 x_ε 和 y_ε，并且将 f 和 g 的偏导数分别用 f_t、f_x、f_y 表示，依此类推。将 (7.9) 式对 ε 求导（使用莱布尼兹法则 [定理 B.4]）可得

$$\mathcal{W}'(\varepsilon) \equiv \int_0^{t_1} [f_x(t, x(t,\varepsilon), y(t,\varepsilon)) + \lambda(t)g_x(t, x(t,\varepsilon), y(t,\varepsilon)) + \dot{\lambda}(t)]x_\varepsilon(t,\varepsilon)dt$$
$$+ \int_0^{t_1} [f_y(t, x(t,\varepsilon), y(t,\varepsilon)) + \lambda(t)g_y(t, x(t,\varepsilon), y(t,\varepsilon))]\eta(t)dt$$
$$- \lambda(t_1)x_\varepsilon(t_1, \varepsilon)$$

让我们接下来在 $\varepsilon = 0$ 处求导，得到

$$\mathcal{W}'(0) \equiv \int_0^{t_1} [f_x(t, \hat{x}(t), \hat{y}(t)) + \lambda(t)g_x(t, \hat{x}(t), \hat{y}(t)) + \dot{\lambda}(t)]x_\varepsilon(t,0)dt$$
$$+ \int_0^{t_1} [f_y(t, \hat{x}(t), \hat{y}(t)) + \lambda(t)g_y(t, \hat{x}(t), \hat{y}(t))]\eta(t)dt$$
$$- \lambda(t_1)x_\varepsilon(t_1, 0)$$

和上面一样，$\hat{x}(t) = x(t, \varepsilon = 0)$ 表示满足最优规划 $\hat{y}(t)$ 的状态变量路径。和标准有限维度最优化一样，如果存在着某个函数 $\eta(t)$ 其 $\mathcal{W}'(0) \neq 0$，则 $W(x(t), y(t))$ 可以是递增的，且 $(\hat{x}(t), \hat{y}(t))$ 不会是问题解。结果，最优化要求对于所有 $\eta(t)$，都有

$$\mathcal{W}'(0) = 0 \tag{7.10}$$

回忆 $\mathcal{W}'(0)$ 的表达式可适用于任何连续可微的 $\lambda(t)$ 函数。让我们考虑函数 $\lambda(t)$ 是以下微分方程的解：

$$\dot{\lambda}(t) = -[f_x(t, \hat{x}(t), \hat{y}(t)) + \lambda(t)g_x(t, \hat{x}(t), \hat{y}(t))] \tag{7.11}$$

其边界条件是 $\lambda(t_1) = 0$。因为 f_x 和 g_x 是连续函数（根据假设 f 和 g 是连续可微的），于是基于 $t \in [0, t_1]$ 可确定它们的边界。定理 B.8 则意味着该微分方程有一个解（已知 $(\hat{x}(t), \hat{y}(t))$）。由于 $\eta(t)$ 是任意的，$\lambda(t)$ 和 $(\hat{x}(t), \hat{y}(t))$ 需要满足以下条件：对于所有 $t \in [0, t_1]$，有

$$f_y(t, \hat{x}(t), \hat{y}(t)) + \lambda(t)g_y(t, \hat{x}(t), \hat{y}(t)) = 0 \tag{7.12}$$

因此对于所有 $\eta(t)$，有

$$\int_0^{t_1} [f_y(t, \hat{x}(t), \hat{y}(t)) + \lambda(t)g_y(t, \hat{x}(t), \hat{y}(t))]\eta(t)dt = 0$$

相反，如果不能满足（7.12）式，则存在某个变量 $\eta(t)$ 使之前的积分可能为正或为负，并且无法满足必要条件（7.10）式。这个参数构成了保证 $(\hat{x}(t), \hat{y}(t))$ 成为最大化（7.2）式问题（其约束条件为（7.3）式和（7.4）式）的一个内部连续解的必要条件。这些必要条件是：必须存在一个连续可微函数 $\lambda(\cdot)$ 满足

(7.11) 式和 (7.12) 式，且 $\lambda(t_1) = 0$。习题 7.1 给出一个不同的参数，但获得了相同的结论。

条件 $\lambda(t_1) = 0$ 是连续时间最优化问题的横截性条件。此处与之前章节我们遇到的横截性条件相关是很自然的。直观地看，这个条件包含如下事实：在规划期界之后，不存在含有更多（或更少）x 的值。这一求导形成以下定理（还可参见第 7.3 节）。

定理 7.1（必要条件） 考虑 (7.2) 式的最大化问题，约束条件为 (7.3) 式和 (7.4) 式，其中 f 和 g 是连续可微的。假定这个问题有一个内部连续解 $(\hat{x}(t), \hat{y}(t)) \in \text{Int } \mathcal{X} \times \mathcal{Y}$。于是存在一个定义在 $t \in [0, t_1]$ 上的连续可微共态函数 $\lambda(\cdot)$，它可以使 (7.3) 式、(7.11) 式和 (7.12) 式都成立，且 $\lambda(t_1) = 0$。

注意，该定理中的条件对于内部连续解是必要的。非内部解并不需要满足 (7.3) 式、(7.11) 式和 (7.12) 式。我们打算用这些必要条件来确定一条候选最优路径，然后用下面提出的充分条件证明它们确实符合（最优）解的要求。

让我们接下来考虑一个与定理 7.1 略为不同的版本，其中状态变量的终值 x_1 是固定的，于是最优化问题为

$$\max_{x(t), y(t)} W(x(t), y(t)) \equiv \int_0^{t_1} f(t, x(t), y(t)) dt \tag{7.13}$$

约束条件是 (7.3) 式和 (7.4) 式。唯一的区别是，不再需要对状态变量 x_1 的终值进行选择。在这里，我们可以得出以下定理。

定理 7.2（必要条件 II） 考虑基于约束条件 (7.3) 式和 (7.4) 式的 (7.13) 式的最大化问题，其中 f 和 g 是连续可微的。假定这个问题有一个内部连续解 $(\hat{x}(t), \hat{y}(t)) \in \text{Int } \mathcal{X} \times \mathcal{Y}$。于是，存在一个定义在 $t \in [0, t_1]$ 上的连续可微共态函数 $\lambda(\cdot)$，它可以使 (7.3) 式、(7.11) 式和 (7.12) 式都成立。

证明 该证明类似于习题 7.1 中使用的参数，主要的变化在于，这里的 $x(t_1, \varepsilon)$ 必须等于 x_1 以确保可行性，于是有 $x_\varepsilon(t_1, 0) = 0$ 且 $\lambda(t_1)$ 是不受限制的。习题 7.5 要求详细地完成该证明过程。证毕。

该定理的新特征在于其横截性条件 $\lambda(t_1) = 0$ 不再是已知的，而是规定状态变量 x 的终值作为约束条件的一部分。① 让我们把定理 7.2 中的必要条件运用于

---

① 还要注意的是，有关存在一个内部解的假说在此例中比在定理 7.1 中更为严格。这是因为可接受配对的控制变量和状态变量集合 Ω 可能为空或者没有内点，从而无法求出内点解。读者可参考习题 7.23 的例子，并参见第 7.6 节了解集合 Ω 的正式定义。

一个简单的经济问题。更有趣的经济案例将会在本章的后面和习题中介绍。

例 7.1 考虑一个生存两期（用 0 和 1 表示）消费者的效用最大化问题。某个人有瞬时效用函数 $u(c)$ 且采用指数化的贴现率 $\rho > 0$。假设 $u:[0,1] \to \mathbb{R}$ 是严格递增、连续可微且严格凸的函数。个人初始资产水平为 $a(0) > 0$，其所持资产的回报率为 r 且有一个恒定的劳动收入 w。让我们还假设她持有的资产量不会为负，则对于所有的 t，有 $a(t) \geq 0$。因此该效用最大化问题可以表述为

$$\max_{[c(t),a(t)]_{t=0}^1} \int_0^1 \exp(-\rho t) u(c(t)) dt$$

约束条件为

$$\dot{a}(t) = ra(t) + w - c(t)$$

并且 $a(t) \geq 0$，其初始值 $a(0) > 0$。在此问题中，消费是控制变量，而个人的资产持有量是状态变量。

为了运用定理 7.2，我们需要一个 $a(t)$ 的终期条件（terminal condition），也就是说，某个 a_1 值满足 $a(1) = a_1$。该问题的经济学含义清楚地表明了个人偏好在她的规划期界结束时持有的资产数量为零（由于她可以在 $t=1$ 期或更早一点的时候消费完所有资产，且 $u(\cdot)$ 是严格递增的）。因此，我们必须令 $a(1) = 0$。

根据以上观察，定理 7.2 为内部连续解提供了必要条件：存在一个连续可微的共态变量 $\lambda(t)$，使消费和资产持有量的最优路径 $(\hat{c}(t), \hat{a}(t))$ 满足一个类似于第 6 章例 6.5 中 (6.38) 式的消费欧拉方程：

$$\exp(-\rho t) u'(\hat{c}(t)) = \lambda(t) \qquad (7.14)$$

尤其是，我们将在下面看到方程右边的 $\lambda(t)$ 项与例 6.5 中 (6.38) 式的价值函数的导数有关。

下一个决定 $\lambda(t)$ 行为的必要条件是

$$\dot{\lambda}(t) = -r\lambda(t) \qquad (7.15)$$

现在利用这个条件并对 (7.14) 式微分，可得一个消费的微分方程。这个在第 8 章用更一般化环境下推导的微分方程就是很关键的连续时间内的消费欧拉方程。现将该方程的推导过程留到下一章，我们可以简单地对 (7.15) 式进行积分，得到

$$\lambda(t) = \lambda(0) \exp(-rt)$$

将这个方程式与消费的一阶条件结合起来，可以得到 t 期的最优消费水平的表

达式：

$$\hat{c}(t) = u'^{-1}[r\lambda(0)\exp((\rho-r)t)]$$

其中 $u'^{-1}[\cdot]$ 是边际效用 u' 的反函数。该反函数是存在的并且严格递减，因为 u 是严格凹的。该方程表明，当 $\rho = r$ 即贴现因子和资产回报率相等，个人将持有稳定的消费。如果 $\rho > r$，u'^{-1} 的参数是递增时，消费只能是递减的。因此，当个人的未来贴现率高于资产回报率，她将希望增大前期消费。反之，当 $\rho < r$ 基于相反的理由，该消费者将选择增大后期消费。这些结论自然与例 6.5 中尤其是 (6.40) 式中非连续时间跨期消费最优化问题的结论是相同的。

用来完整描述消费结构的剩下的唯一变量是共态变量的初始值（也就是消费的初始值）。它来源于个人在规划期界的末尾往往会耗尽其所有资产的观察结果，即有 $a(1) = 0$。运用消费法则，可得

$$\dot{a}(t) = ra(t) + w - u'^{-1}[r\lambda(0)\exp((\rho-r)t)]$$

共态变量的初始值 $\lambda(0)$ 的选择必须满足 $a(1) = 0$。请在习题 7.6 完成这一步骤。

例 7.1 中运用了定理 7.2 的结论。乍一看似乎定理 7.1 比定理 7.2 更便于使用，因为前者使我们直接在动态优化框架中构建问题，而不是在一开始就不得不猜测状态变量 $a(1)$ 的终值（就像我们在例 7.1 做的那样）。然而，和前面的例子表示的一样，情况未必如此。

例 7.1（接上） 让我们试着将定理 7.1 运用到例 7.1 的经济环境中。一阶必要条件仍为

$$\lambda(t) = \lambda(0)\exp(-rt)$$

然而，由于 $\lambda(1) = 0$，只有在对所有 $t \in [0,1]$，都有 $\lambda(t) = 0$ 的情况下，该方程才成立。但是该必要条件依然显示欧拉方程

$$\exp(-\rho t)u'(\hat{c}(t)) = \lambda(t)$$

由于 $u' > 0$ 而无法满足。于是，当资产的终值 $a(1)$ 是一个选择变量，则无解（至少没有内部连续控制解）。这可能吗？

答案是，定理 7.1 并不能运用到这个问题的分析中，因为还有一个附加约束条件 $a(t) \geq 0$。我们需要使用以不等式表示的约束条件考虑定理 7.1。使用了不等式约束条件的必要条件更难推导。我们用一点经济学推理就可以发现资产的终值必为零，再利用定理 7.2 使分析过程显著简化。

该探讨强调了定理 7.2 的版本也是很有用处的,其中终期条件通过一个不等式 $x(t_1) \geq x_1$(而不是等式 $x(t_1) = x_1$)被确定下来。接下来就开始讨论这一做法。

定理 7.3(必要条件Ⅲ) 以 (7.3) 式、$(x(t), y(t)) \in \mathcal{X} \times \mathcal{Y}$(对于所有 t)、$x(0) = x_0$ 和 $x(t_1) \geq x_1$ 为约束条件,且已知 f 和 g 是连续可微的,考虑 (7.2) 式的最大化问题。假设这个问题有一个内部连续解 $(\hat{x}(t), \hat{y}(t)) \in \text{Int } \mathcal{X} \times \mathcal{Y}$。于是存在一个连续可微的共态函数 $\lambda(\cdot)$,其定义域为 $t \in [0, t_1]$,可使 (7.3) 式、(7.11) 式和 (7.12) 式成立,并且进一步可得 $\lambda(t_1)(x(t_1) - x_1) = 0$。

证明 见习题 7.9。

7.2 最大化原则:初步探讨

7.2.1 汉密尔顿函数和最大化原则

相比拉格朗日函数,表达定理 7.2 的更简明的方式是构建汉密尔顿函数

$$H(t, x(t), y(t), \lambda(t)) \equiv f(t, x(t), y(t)) + \lambda(t) g(t, x(t), y(t)) \tag{7.16}$$

我习惯用 $H(t, x, y, \lambda)$ 表示汉密尔顿函数以简化符号。[①] 由于 f 和 g 都是连续可微的,H 也是如此。用 H_x、H_y 和 H_λ 分别表示该汉密尔顿函数对 $x(t)$、$y(t)$ 和 $\lambda(t)$ 的偏导数。定理 7.2 可以立即得出如下结论。

定理 7.4(简化的最大化原则) 考虑基于约束条件 (7.3) 式和 (7.4) 式求 (7.2) 式的最大化问题,其中 f 和 g 都是连续可微的。假定该问题有一个内部连续解满足 $(\hat{x}(t), \hat{y}(t)) \in \text{Int } \mathcal{X} \times \mathcal{Y}$,则存在一个连续可微的函数 $\lambda(t)$ 可使最优控制变量 $\hat{y}(t)$ 和相应的状态变量 $\hat{x}(t)$ 的路径满足下列必要条件:

$$\text{对于所有 } t \in [0, t_1], \text{ 有 } H_y(t, \hat{x}(t), \hat{y}(t), \lambda(t)) = 0 \tag{7.17}$$

$$\text{对于所有 } t \in [0, t_1], \text{ 有 } \dot{\lambda}(t) = -H_x(t, \hat{x}(t), \hat{y}(t), \lambda(t)) \tag{7.18}$$

$$\text{且对于所有 } t \in [0, t_1], \text{ 有 } \dot{x}(t) = H_\lambda(t, \hat{x}(t), \hat{y}(t), \lambda(t)) \tag{7.19}$$

[①] 更一般地,对于 $\lambda_0 \geq 0$ 而言,汉密尔顿函数应该表示为
$$H(t, x, y, \lambda) \equiv \lambda_0 f(t, x(t), y(t)) + \lambda(t) g(t, x(t), y(t))$$
在某些特殊例子里,λ_0 可能等于 0。然而,在所有经济学应用中并非如此,有 $\lambda_0 > 0$。当 $\lambda_0 > 0$,可以将其设定为 1 而丝毫不会有损其一般性。于是将 (7.16) 式中汉密尔顿函数的定义应用于经济学是恰当的。

当 $x(0)=x_0$ 且 $\lambda(t_1)=0$,其中汉密尔顿函数 $H(t,x,y,\lambda)$ 用(7.16)式的定义。此外,汉密尔顿函数 $H(t,x,y,\lambda)$ 还需满足最大化原理:对于所有 $y\in \mathcal{Y}$ 和所有 $t\in[0,t_1]$,有

$$H(t,\hat{x}(t),\hat{y}(t),\lambda(t))\geqslant H(t,\hat{x}(t),y,\lambda(t))$$

为了简化表述,在(7.19)式中,我用 $\dot{x}(t)$ 代替 $\dot{\hat{x}}(t)(=d\hat{x}(t)/dt)$。后一种表述很啰唆,只要行文中清楚地说明用 $\dot{x}(t)$ 替代这种表述,我就尽量避免使用它。①

定理 7.4 是庞特里亚金提出的最大化原理的简化版。后面将会介绍该最大化原理更一般的版本。现在,我们要注意几个特征:

1. 像通常的约束条件下求最大化问题一样,求解需要用一系列"乘数"来描述,即共态变量 $\lambda(t)$ 以及控制变量和状态变量的最优路径 $\hat{y}(t)$ 和 $\hat{x}(t)$。

2. 同理,和通常的约束条件下求最大化问题中的拉格朗日乘数一样,共态变量 $\lambda(t)$ 给出了(在 t 期)与约束条件放松后的值相关的信息。具体而言,$\lambda(t)$ 表示 $x(t)$ 在 t 期极其微小的增加值(见第 7.3.4 节)。

3. 根据这个解释,$\lambda(t_1)=0$ 构成必要条件的一部分是有一定道理的。规划期界过后,就不存在含有更多(或更少)x 的值。因此,这也就是相当于第 6 章横截性条件的有限期界条件。

就像上面强调的一样,定理 7.4 给出了内部连续解的必要条件。然而,我们并不知道这个解是否存在。此外,这些必要条件可能描述的是一个驻点而非一个最大值,或是一个局部最大值而非全局最大值。因此,相比于有限维度的最优化问题,在这种情况下充分条件更为重要。函数为凹性可以确保充分条件得到满足。以下定理,首先由曼格塞利安(Mangasarian)证明,表明汉密尔顿函数的凹性保证了条件(7.17)至条件(7.19)式对于最优化问题而言不仅是必要的而且是充分的。

定理 7.5(曼格塞利安充分条件) 考虑基于约束条件(7.3)式和(7.4)式对(7.2)式求最大化的问题,其中 f 和 g 是连续可微的。定义 $H(t,x,y,\lambda)$ 为(7.16)式,并假定一个内部连续配对 $(\hat{x}(t),\hat{y}(t))\in \text{Int } \mathcal{X}\times\mathcal{Y}$ 是存在的,且满足(7.17)式至(7.19)式。又假设 $\mathcal{X}\times\mathcal{Y}$ 是一个凸集,而且已知由此得到的共

---

① (7.18)式和(7.19)式还表明了为什么 H 是指"汉密尔顿式的"。已知向量 $\mathbf{x}$ 和 $\mathbf{z}$,一个汉密尔顿式的动态系统是指对某个函数 H 用 $\dot{\mathbf{x}}=D_z H(\mathbf{x},\mathbf{z})$ 和 $\dot{\mathbf{z}}=-D_x H(\mathbf{x},\mathbf{z})$ 形式表示的动态系统(微分方程组)。汉密尔顿函数 H 起到了势能的作用,并且它在这个动态系统之解的轨迹中是恒定的(也可参见 Perko,2001)。如果 H 在定理 7.4 中是独立于时间的,它的确就是这样一个函数,由此产生的动态系统也是汉密尔顿系统。当 H 是时间 t 的因变量时,如需要考虑贴现问题,情况就与前述不同了。

态变量 $\lambda(t)$，则对于所有 $t \in [0, t_1]$ 的 $(x, y) \in \mathcal{X} \times \mathcal{Y}$，$H(t, x, y, \lambda)$ 是联合凹的。于是，连续配对 $(\hat{x}(t), \hat{y}(t))$ 达到了（7.2）式的全局最大化。此外，如果 $H(t, x, y, \lambda)$ 对所有 $t \in [0, t_1]$ 的 (x, y) 都是严格凹的，那么连续配对 $(\hat{x}(t), \hat{y}(t))$ 是（7.2）式的唯一解。

对定理 7.5 的证明放在对下一结论的证明之后。① 定理 7.6，最早由阿罗提出，弱化了 $H(t, x, y, \lambda)$ 对 (x, y) 联合凹的条件。在陈述该结论之前，让我们先将最大化的汉密尔顿函数定义为

$$M(t, x(t), \lambda(t)) \equiv \max_{y \in \mathcal{Y}} H(t, x(t), y, \lambda(t)) \tag{7.20}$$

将 $H(t, x(t), y(t), \lambda(t))$ 本身定义为（7.16）式中的形式。很显然，（7.20）式存在一个内部最大化值的必要条件（7.17）式。因此，当一个内部的状态变量和控制变量对 $(\hat{x}(t), \hat{y}(t))$ 满足条件（7.17）式至（7.19）式时，则有 $M(t, \hat{x}(t), \lambda(t)) \equiv H(t, \hat{x}(t), \hat{y}(t), \lambda(t))$。

定理 7.6（阿罗充分条件） 考虑在约束条件（7.3）式和（7.4）式下求（7.2）式的最大化问题，其中 f 和 g 是连续可微的。将 $H(t, x, y, \lambda)$ 定义为（7.16）式中的形式，并假设存在一个内部连续配对 $(\hat{x}(t), \hat{y}(t)) \in \text{Int } \mathcal{X} \times \mathcal{Y}$ 且满足条件（7.17）式至（7.19）式。已知由此得出的共态变量 $\lambda(t)$，将最大化的汉密尔顿函数 $M(t, x, \lambda)$ 定义为（7.20）式中的形式。如果对于所有 $t \in [0, t_1]$，$\mathcal{X}$ 是凸集且 $M(t, x, \lambda)$ 对于 $x \in \mathcal{X}$ 是凹的，则 $(\hat{x}(t), \hat{y}(t))$ 就达到了（7.2）式的全局最大化。此外，对所有 $t \in [0, t_1]$，当 $M(t, x, \lambda)$ 对 x 严格为凹时，则 $(\hat{x}(t), \hat{y}(t))$ 是（7.2）式的唯一解。

证明 考虑一个可接受配对 $(\hat{x}(t), \hat{y}(t))$ 满足必要条件（7.17）式至（7.19）式以及（7.3）式和（7.4）式。又令任意一个 $(x(t), y(t))$ 满足（7.3）式和（7.4）式，将 $M(t, x, \lambda)$ 定义为（7.20）式中的形式。由于 f 和 g 是连续可微的，$H(t, x(t), y(t), \lambda(t))$ 和 $M(t, x(t), \lambda(t))$ 在 t 期对 x 也是可微的。用 M_x 表示 M 对 x 的导数。由于 M 是凹的，可得（回忆推论 A.4）对于所有 $t \in [0, t_1]$，有

$$M(t, x(t), \lambda(t)) \leq M(t, \hat{x}(t), \lambda(t)) + M_x(t, \hat{x}(t), \lambda(t))(x(t) - \hat{x}(t))$$

---

① 需要讨论一下定理中最后部分关于 $(\hat{x}(t), \hat{y}(t))$ 是唯一的论断。当问题的构建采用最一般的形式时，$\hat{y}(t)$ 须是勒贝格可测的，此时 $(\hat{x}(t), \hat{y}(t))$ 才具有"几乎在所有地方"都是唯一的性质，即便继续定义 $\hat{x}(t)$ 是唯一的。如果 $\hat{y}(t)$ 是连续的或者是分段连续的，就不需要满足这一性质。我将始终忽略这一性质。

对不等式两边在定义域 $[0, t_1]$ 内积分，可得

$$\int_0^{t_1} M(t, x(t), \lambda(t))dt \leqslant \int_0^{t_1} M(t, \hat{x}(t), \lambda(t))dt + \int_0^{t_1} M_x(t, \hat{x}(t), \lambda(t))(x(t) - \hat{x}(t))dt$$
(7.21)

此外，

$$M_x(t, \hat{x}(t), \lambda(t)) = H_x(t, \hat{x}(t), \hat{y}(t), \lambda(t)) \qquad (7.22)$$
$$= -\dot{\lambda}(t)$$

其中，第一行是根据包络定理推导出来的（由于从（7.17）式可知 $H_y = 0$），而第二行是根据（7.18）式推导而来的。下面，利用 $W(x(t), (t))$ 的定义和（7.2）式及（7.20）式中最大化的汉密尔顿函数可得

$$\int_0^{t_1} M(t, x(t), \lambda(t))dt \geqslant W(x(t), y(t)) + \int_0^{t_1} \lambda(t) g(t, x(t), y(t))dt$$

和

$$\int_0^{t_1} M(t, \hat{x}(t), \lambda(t))dt = W(\hat{x}(t), \hat{y}(t)) + \int_0^{t_1} \lambda(t) g(t, \hat{x}(t), \hat{y}(t))dt$$

将这些表达式与（7.21）式和（7.22）式综合起来可得

$$W(x(t), y(t)) \leqslant W(\hat{x}(t), \hat{y}(t)) \qquad (7.23)$$
$$+ \int_0^{t_1} \lambda(t)[g(t, \hat{x}(t), \hat{y}(t)) - g(t, x(t), y(t))]dt$$
$$- \int_0^{t_1} \dot{\lambda}(t)(x(t) - \hat{x}(t))dt$$

对最后一项积分（定理 B.3），利用可行性条件 $x(0) = \hat{x}(0) = x_0$ 以及横截性条件 $\lambda(t_1) = 0$ 可得

$$\int_0^{t_1} \dot{\lambda}(t)(x(t) - \hat{x}(t))dt = -\int_0^{t_1} \lambda(t)(\dot{x}(t) - \dot{\hat{x}}(t))dt$$

将该表达式代入（7.23）式可得

$$W(x(t), y(t)) \leqslant W(\hat{x}(t), \hat{y}(t)) \qquad (7.24)$$
$$+ \int_0^{t_1} \lambda(t)[g(t, \hat{x}(t), \hat{y}(t)) - g(t, x(t), y(t))]dt$$
$$+ \int_0^{t_1} \lambda(t)(\dot{x}(t) - \dot{\hat{x}}(t))dt$$

根据可接受配对 $(x(t),y(t))$ 和 $(\hat{x}(t),\hat{y}(t))$ 的定义，有 $\dot{\hat{x}}(t)=g(t,\hat{x}(t),\hat{y}(t))$ 和 $\dot{x}(t)=g(t,x(t),y(t))$。于是（7.24）式表明，对于任何可接受配对 $(x(t),y(t))$ 都有 $W(x(t),y(t))\leqslant W(\hat{x}(t),\hat{y}(t))$，这构成了该定理的第一部分。

如果 M 对 x 是严格为凹的，则（7.21）式应该是严格不等式。因此，相同的论证可得到 $W(x(t),y(t))<W(\hat{x}(t),\hat{y}(t))$，而且不存在其他可接受配对 $(x(t),y(t))$ 可以使等号成立，这构成了定理的第二部分。证毕。

已知定理 7.6、定理 7.5 的证明可以作为一个直接推论，因为如果一个汉密尔顿函数对 (x,y) 是（严格）联合凹的，则 $M(t,x,\lambda)\equiv\max_y H(t,x,y,\lambda)$ 对 x 也是（严格）凹的（见习题 7.7）。然而在某些应用中，证明 $H(t,x,y,\lambda)$ 对 (x,y) 是联合凹的，比对汉密尔顿函数求最大值要简单。此外，在某些问题中，$M(t,x,\lambda)$ 对 x 可能是凹的，而 $H(t,x,y,\lambda)$ 对 (x,y) 是凹的，同时对 y 是严格凹的，这些条件有助于证明唯一性（见习题 8.11）。然而，为了节省篇幅，我打算根据定理 7.6 重点分析充分性定理。

定理 7.5 和定理 7.6 的充分性条件在最优控制的应用中起到了重要作用。它们保证了满足定理 7.4 的必要条件的一个可接受配对 $(\hat{x}(t),\hat{y}(t))$ 确实是一个问题解。这很重要，因为如果没有这个充分性条件，定理 7.4 就不能告诉我们存在一个内部的连续解。于是一个满足定理 7.4 条件的可接受配对也许不是最优的，或（最优）解可能无法满足这些"必要条件"（因为它不是内点解或者不是连续的）。充分性条件通过构建一个候选可接受配对（满足内部连续解的必要条件）规避了这些问题，从而实现全局最大化或者唯一的全局最大化。

在证明定理 7.5 和定理 7.6 的条件是可以满足的过程中，我们面临的一个困难在于，无论是 $g(\cdot)$ 是凹的或者凸的都无法保证汉密尔顿函数是凹的，除非我们知道一些有关共态变量 $\lambda(t)$ 的情况。然而，在很多经济学的有趣情形中，我们可以确切地知道共态变量 $\lambda(t)$ 无论在何处都是非负的。例如，$f_y(t,\hat{x}(t),\hat{y}(t),\lambda(t))\geqslant 0$ 和 $g_y(t,\hat{x}(t),\hat{y}(t),\lambda(t))\leqslant 0$ 足以确保 $\lambda(t)\geqslant 0$。一旦我们知道 $\lambda(t)$ 为非负，充分条件就很容易证明了，尤其是当 f 和 g 是凹函数时。

7.2.2　一般化运用

上述定理可以推广到以下例子，其状态变量和控制变量是向量，同时此例还包含其他的约束条件。该约束条件下的案例和标准有限维度最优化案例一样要求有约束的限定条件（constraint qualification conditions，见定理 A.29 和定理 A.30）。这些条件可能比文中写出来的要更复杂一些。由于我没有用到约束条件下的最大化问题

（除了在第10章的习题10.7外），我只在习题7.10中讨论约束条件下的问题。

向量值定理是对前述内容的直接一般化，并能适用于含有多种资本品的增长模型。具体而言，令

$$\max_{\mathbf{x}(t),\mathbf{y}(t),\mathbf{x}_1} W(\mathbf{x}(t),\mathbf{y}(t)) \equiv \int_0^{t_1} f(t,\mathbf{x}(t),\mathbf{y}(t))dt \tag{7.25}$$

约束条件为

$$\dot{\mathbf{x}}(t) = G(t,\mathbf{x}(t),\mathbf{y}(t)) \tag{7.26}$$

和对于所有 $t,\mathbf{x}(0) = \mathbf{x}_0$ 以及 $\mathbf{x}(t_1) = \mathbf{x}_1$ 有

$$\mathbf{x}(t) \in \mathcal{X} \text{ 和 } \mathbf{y}(t) \in \mathcal{Y} \tag{7.27}$$

其中 $\mathcal{X} \subset \mathbb{R}^{K_x}$ 且 $\mathcal{Y} \subset \mathbb{R}^{K_y}$（其中 $K_x, K_y \in \mathbb{N}$）。

定理 7.7（多元问题的最大化原理） 假定基于约束条件（7.26）式和（7.27）式，f 和 G 是连续可微的情况下，（7.25）式的最大化问题有一个内部连续解 $(\hat{\mathbf{x}}(t),\hat{\mathbf{y}}(t)) \in \text{Int } \mathcal{X} \times \mathcal{Y}$。令 $H(t,\mathbf{x},\mathbf{y},\lambda)$ 由下式表示：

$$H(t,\mathbf{x},\mathbf{y},\lambda) \equiv f(t,\mathbf{x}(t),\mathbf{y}(t)) + \lambda(t) \cdot G(t,\mathbf{x}(t),\mathbf{y}(t)) \tag{7.28}$$

其中 $\lambda(t) \in \mathbb{R}^{K_x}$（且 $\lambda \cdot G$ 表示向量 λ 和 G 的内积）。则最优控制变量 $\hat{\mathbf{y}}(t)$ 和相应的状态变量 $\mathbf{x}(t)$ 的路径满足下列必要条件：对于所有 $t \in [0,t_1]$，有

$$D_{\mathbf{y}}H(t,\hat{\mathbf{x}}(t),\hat{\mathbf{y}}(t),\lambda(t)) = 0 \tag{7.29}$$

对于所有 $t \in [0,t_1]$，有

$$\dot{\lambda}(t) = -D_{\mathbf{x}}H(t,\hat{\mathbf{x}}(t),\hat{\mathbf{y}}(t),\lambda(t)) \tag{7.30}$$

以及对于所有 $t \in [0,t_1], \mathbf{x}(0) = \mathbf{x}_0$ 和 $\lambda(t_1) = 0$，有

$$\dot{\mathbf{x}}(t) = D_{\lambda}H(t,\hat{\mathbf{x}}(t),\hat{\mathbf{y}}(t),\lambda(t)) \tag{7.31}$$

证明 见习题7.11。

我们还注意到，该定理中的各种条件，或一维定理7.4中的相应条件可以进一步放宽。例如，要求 $(\hat{\mathbf{x}}(t),\hat{\mathbf{y}}(t)) \in \text{Int } \mathcal{X} \times \mathcal{Y}$ 并不是必要的，而且当状态变量或控制变量取边界值时，可能会出现跳跃性控制变量，汉密尔顿函数也许不能在每一处可微（见下文）。这些可能性可以通过只允许 $\hat{\mathbf{y}}(t)$ 分段连续的方法引入。由于在大多数经济学应用中，不论状态变量还是控制变量都是内部变量并且相应

的汉密尔顿函数是处处可微的，在此表述的定理7.7的形式对大多数我们感兴趣的问题都是充分条件。

上面的充分条件也可以进行简单的一般化，这将在后面讨论。

定理7.8（多元问题的充分条件） 基于约束条件（7.26）式和（7.27）式，求（7.25）式的最大化问题，其中 f 和 G 是连续可微的。将 $H(t,\mathbf{x},\mathbf{y},\lambda)$ 定义为（7.28）式中的形式，并假定一个内部连续配对 $(\hat{\mathbf{x}}(t),\hat{\mathbf{y}}(t))\in \text{Int } \mathfrak{X}\times\mathfrak{Y}$ 满足（7.29）式至（7.31）式。当 $\mathfrak{X}$ 是凸的，且 $M(t,\mathbf{x},\lambda)=\max_{\mathbf{y}(t)\in\mathfrak{Y}} H(t,\mathbf{x},\mathbf{y},\lambda)$ 在 $\mathbf{x}\in\mathfrak{X}$ 内对所有 $t\in[0,t_1]$ 都是凹的时候，$(\hat{\mathbf{x}}(t),\hat{\mathbf{y}}(t))$ 能使（7.25）式达到全局最大化。此外，当 $M(t,\mathbf{x},\lambda)$ 对 $\mathbf{x}$ 严格为凹时，则 $(\hat{\mathbf{x}}(t),\hat{\mathbf{y}}(t))$ 是（7.25）式的唯一解。

证明 见习题7.12。

7.2.3 局限性

到目前为止得出的结论都有明显的局限性。第一，最优控制问题的连续内部解的存在性都是假设出来的。第二，同样重要的是，分析集中于有限期界案例，然而对增长模型的研究要求我们解决无限期界的问题。为了解决这两个问题，我们需要了解更现代的最优控制理论。下一节将对此进行介绍。

7.3 无限期界的最优控制

到目前为止的研究对于培养对连续时间里如何实现动态最优化的直观认识很有帮助。尽管某些经济问题要做有限期界的最优控制，但大多数经济问题——包括几乎所有的增长模型——被看作无限期界问题要更为合适。和经济增长领域一样，在重复博弈、政治经济学或者产业组织等领域也会出现如下情况：尽管个人的预期寿命是有限的，但其经济行为的终期或其寿命终期都是不确定的。基于这一道理，经济问题最优化的经典模型是无限期界模型。在本节，我将提出无限期界的最优控制问题的必要和充分条件。由于这些结论常常应用于经济实践，我将尽量简化表述，阐述的过程仅使用一维状态变量和控制变量的例子。更一般化和多元变量的例子我将在第7.6节加以讨论，到时我将讨论解的存在性和价值函数的性质。

7.3.1 基本问题：必要和充分条件

让我们首先集中分析单一控制变量和状态变量下的无限期界控制问题。基于以下将要解释的理由，将状态变量的终值约束进行一般化是很有用的。基于这个目的，我们在整章中都令 $b: \mathbb{R}_+ \to \mathbb{R}_+$，从而 $\lim_{t\to\infty} b(t)$ 是存在的且满足 $\lim_{t\to\infty} b(t) < \infty$。接着状态变量对某个 $x_1 \in \mathbb{R}$ 的终值条件表示为 $\lim_{t\to\infty} b(t)x(t) \geq x_1$。特例 $b(t) = 1$（对于所有 t）得出的终值约束为 $\lim_{t\to\infty} x(t) \geq x_1$，并在很多应用中都是充分条件。但是，对于连续时间中的竞争均衡分析而言，我们需要一个形如 $\lim_{t\to\infty} b(t)x(t) \geq x_1$ 的终值约束。使用与上相同的符号，无限期界的最优控制问题表示为

$$\max_{x(t),y(t)} W(x(t), y(t)) \equiv \int_0^\infty f(t, x(t), y(t))dt \qquad (7.32)$$

约束条件为

$$\dot{x}(t) = g(t, x(t), y(t)) \qquad (7.33)$$

和对于所有 t，已知 $x(0) = x_0$ 和 $\lim_{t\to\infty} b(t)x(t) \geq x_1$，有

$$x(t) \in \mathcal{X} \text{ 和 } y(t) \in \mathcal{Y} \qquad (7.34)$$

且已知 $f: \mathbb{R} \times \mathbb{R} \times \mathbb{R} \to \mathbb{R}$ 和 $g: \mathbb{R} \times \mathbb{R} \times \mathbb{R} \to \mathbb{R}$。

这里的主要区别在于时间变成了无限期界。还要注意的是，这个问题允许做超越终值 x_1 的隐性选择，因为根本就不存在终期。(7.34) 式的最后部分为这个终值设定了一个下限。注意 $\mathcal{X}$ 和 $\mathcal{Y}$ 不需要设定边界，从而这里讨论的结果也可以适用于内生增长模型。

除了 $y(t)$ 现在是一个分段连续函数外，我们将一个可接受配对 $(x(t), y(t))$ 用前面相同的方式定义。由于 $x(t)$ 是由连续可微方程来表达的，当 $y(t)$ 是连续的，$x(t)$ 将是可微的。当 $y(t)$ 是分段连续的，$x(t)$ 将是处处连续且可微的。

当我们处理无限期界案例时还会遇到其他技术难题，这与非连续时间分析中的情况类似。其中，首要的难题是（7.32）式中的函数值可能不是有限的。这些问题将在第 7.6 节讨论。

在阐述与无限期界问题相关的更一般性版本的最大化原理之前，先让我们回忆（7.16）式定义的汉密尔顿函数，现在唯一的区别是把期界设定为无限。此外，让我们定义价值函数，它与第 6 章中离散时间动态规划的价值函数相似：

$$V(t_0, x(t_0)) = \sup_{(x(t),y(t)) \in \mathcal{X} \times \mathcal{Y}} \int_{t_0}^\infty f(t, x(t), y(t))dt \qquad (7.35)$$

约束条件为 $\dot{x}(t) = g(t,x(t),y(t))$ 以及 $\lim\limits_{t\to\infty} b(t)x(t) \geq x_1$。其中，$V(t_0,x(t_0))$ 给出了开始于 t_0，状态变量为 $x(t_0)$ 时的动态最大化问题的最优值。显然，对于任何可接受配对 $(x(t),y(t))$，都有

$$V(t_0,x(t_0)) \geq \int_{t_0}^{\infty} f(t,x(t),y(t))dt \tag{7.36}$$

我们的重点始终都放在那些存在可接受配对 $(\hat{x}(t),\hat{y}(t))$ 使 $V(t_0,x(t_0)) < \infty$ 的问题上（参见定理 7.15 来考虑充分条件）。如果 $(\hat{x}(t),\hat{y}(t))$ 是这样一个配对，那么

$$V(t_0,x(t_0)) = \int_{t_0}^{\infty} f(t,\hat{x}(t),\hat{y}(t))dt \tag{7.37}$$

我们的第一个结论是最优化原理的一个较弱版本，在第 6 章的离散时间动态规划背景下我们曾遇到过。

引理 7.1（最优化原理） 假定配对 $(\hat{x}(t),\hat{y}(t))$ 是基于（7.33）式和（7.34）式约束条件的（7.32）式的一个解，即，它达到了最大值 $V(t_0,x(t_0))$。则对于所有 $t_1 \geq t_0$，有

$$V(t_0,x(t_0)) = \int_{t_0}^{t_1} f(t,\hat{x}(t),\hat{y}(t))dt + V(t_1,\hat{x}(t_1)) \tag{7.38}$$

证明 我们有

$$V(t_0,x(t_0)) = \int_{t_0}^{\infty} f(t,\hat{x}(t),\hat{y}(t))dt$$
$$= \int_{t_0}^{t_1} f(t,\hat{x}(t),\hat{y}(t))dt + \int_{t_1}^{\infty} f(t,\hat{x}(t),\hat{y}(t))dt$$

当 $V(t_1,\hat{x}(t_1)) = \int_{t_1}^{\infty} f(t,\hat{x}(t),\hat{y}(t))dt$ 时，该证明是完备的。根据定义，对于所有可接受配对 $(x(t),y(t))$，有 $V(t_1,\hat{x}(t_1)) \geq \int_{t_1}^{\infty} f(t,x(t),y(t))dt$。于是这个等式只有当

$$V(t_1,\hat{x}(t_1)) > \int_{t_1}^{\infty} f(t,\hat{x}(t),\hat{y}(t))dt$$

时才不成立。用反证法，假定该不等式为真。于是从 t_1 开始，存在一个可接受配对 $(\tilde{x}(t),\tilde{y}(t))$，且已知 $\tilde{x}(t_1) = \hat{x}(t_1)$，从而

$$\int_{t_1}^{\infty} f(t,\tilde{x}(t),\tilde{y}(t))dt > \int_{t_1}^{\infty} f(t,\hat{x}(t),\hat{y}(t))dt$$

接着构建配对 $(\vec{x}(t),\vec{y}(t))$，使它对于所有 $t \in [t_0, t_1]$，都满足 $(\vec{x}(t),\vec{y}(t)) = (\hat{x}(t),\hat{y}(t))$，并且对于所有 $t \geq t_1$，都满足 $(\vec{x}(t),\vec{y}(t)) = (\tilde{x}(t),\tilde{y}(t))$。由于 $(\tilde{x}(t),\tilde{y}(t))$ 是从 t_1 开始的可接受配对，其中 $\tilde{x}(t_1) = \hat{x}(t_1)$，$(\vec{x}(t),\vec{y}(t))$ 是可接受的，且有

$$\begin{aligned}
\int_{t_0}^{\infty} f(t,\vec{x}(t),\vec{y}(t))dt &= \int_{t_0}^{t_1} f(t,\vec{x}(t),\vec{y}(t))dt + \int_{t_1}^{\infty} f(t,\vec{x}(t),\vec{y}(t))dt \\
&= \int_{t_0}^{t_1} f(t,\hat{x}(t),\hat{y}(t))dt + \int_{t_1}^{\infty} f(t,\tilde{x}(t),\tilde{y}(t))dt \\
&> \int_{t_0}^{t_1} f(t,\hat{x}(t),\hat{y}(t))dt + \int_{t_1}^{\infty} f(t,\hat{x}(t),\hat{y}(t))dt \\
&= \int_{t_0}^{\infty} f(t,\hat{x}(t),\hat{y}(t))dt \\
&= V(t_0, x(t_0))
\end{aligned}$$

这与（7.36）式矛盾，从而证明了 $V(t_1,\hat{x}(t_1)) = \int_{t_1}^{\infty} f(t,\hat{x}(t),\hat{y}(t))dt$ 以及（7.38）式。

这个版本的最优化原理有两个特征值得注意。第一，对比第 6 章相似的（6.3）式，也许你会觉得（7.38）式没有考虑贴现问题。这并非事实，因为贴现被内置于瞬时收益函数 f 并隐含在 $V(t_1,\hat{x}(t_1))$ 中。第二，引理 7.1 可能看起来与第 5 章中的时间连续性讨论相矛盾，因为该引理的表述中没有对时间连续性做出假设。此处最重要的一点是，在时间连续性讨论中，决策者在 t_1 期即时更新其 t_1 期之后的后续规划。相反，在引理 7.1 中，决策者在 t_0 期考虑 t_1 期之后的规划最优化问题。有关时间的连续性问题，即个人是否愿意在 t_1 期改变他或她的规划，我们将在习题 7.22 中进一步讨论。

下面，我将阐述与无限期界最优控制问题的必要条件有关的主要结论。在这个定理中，我也会稍微放宽最优控制变量 $\hat{y}(t)$ 是连续的这一假设。

定理 7.9（无限期界的最大化原理） 在约束条件（7.33）式和（7.34）式下最大化（7.32）式，已知 f 和 g 是连续可微的，则该问题有一个分段连续的内点解 $(\hat{x}(t),\hat{y}(t)) \in \text{Int } \mathcal{X} \times \mathcal{Y}$。将 $H(t,x,y,\lambda)$ 定义为（7.16）式中的形式。于是，给定 $(\hat{x}(t),\hat{y}(t))$，对于所有 $y(t)$ 和 $t \in \mathbb{R}$，汉密尔顿函数 $H(t,x,y,\lambda)$ 满足最大化原理

$$H(t,\hat{x}(t),\hat{y}(t),\lambda(t)) \geq H(t,\hat{x}(t),y(t),\lambda(t))$$

此外，对于所有 $t \in \mathbb{R}_+$，$\hat{y}(t)$ 是连续的，且满足以下必要条件：

$$H_y(t, \hat{x}(t), \hat{y}(t), \lambda(t)) = 0 \tag{7.39}$$

$$\dot{\lambda}(t) = -H_x(t, \hat{x}(t), \hat{y}(t), \lambda(t)) \tag{7.40}$$

以及当 $x(0) = x_0$ 且 $\lim_{t \to \infty} b(t)x(t) \geq x_1$，有

$$\dot{x}(t) = H_\lambda(t, \hat{x}(t), \hat{y}(t), \lambda(t)) \tag{7.41}$$

该定理的证明相对较长，会在本节的后面介绍。现在，我们注意到，只要存在具体形式的解，它必将满足最大化原理。于是，定理 7.9 在某些方面可以看作比第 6 章提出的定理还要强，特别是因为它没有利用紧性条件（compactness conditions）。然而，该定理仅仅在最大化问题有一个分段连续解 $\hat{y}(t)$ 时，才能运用。此外，定理 7.9 表示如果最优控制变量 $\hat{y}(t)$ 是时间的连续函数，条件 (7.39) 式至 (7.41) 式就能够在每一时点都得到满足。由于 $\hat{y}(t)$ 是一个分段连续函数，最优控制可能包括非连续情况，但是这种情况比较少见，实际上，"大多数时间"都是连续的。通过考虑非连续性增强一般性，在大部分经济学应用中都是多余的，因为在求解经济问题时，我们通常会使用比较合理的框架，以确保 $\hat{y}(t)$ 是时间 t 的连续函数。结果，在大部分的经济问题中（以及在本书研究的所有模型中），关注必要条件 (7.39) 式至 (7.41) 式就足够了。

定理 7.9 的必要条件也可以用所谓的汉密尔顿 – 雅各比 – 贝尔曼（Hamilton – Jacobi – Bellman，简称 HJB）方程表达，它与第 6 章的动态规划公式类似。

定理 7.10（汉密尔顿 – 雅各比 – 贝尔曼方程） 令 $V(t,x)$ 定义为 (7.35) 式中的形式，并令定理 7.9 中的假设都成立。那么当 $V(t,x)$ 对 (t,x) 可微时，对于所有 $t \in \mathbb{R}$，最优配对 $(\hat{x}(t), \hat{y}(t))$ 满足 HJB 方程：

$$f(t, \hat{x}(t), \hat{y}(t)) + \frac{\partial V(t, \hat{x}(t))}{\partial t} + \frac{\partial V(t, \hat{x}(t))}{\partial x} g(t, \hat{x}(t), \hat{y}(t)) = 0 \tag{7.42}$$

证明 根据引理 7.1，对于最优配对 $(\hat{x}(t), \hat{y}(t))$，以及对于所有 t，我们有

$$V(t_0, x_0) = \int_{t_0}^{t} f(s, \hat{x}(s), \hat{y}(s)) ds + V(t, \hat{x}(t))$$

将该等式对 t 求微分，使用 V 的微分值和莱布尼兹法则（定理 B.4）可得到对于所有 $t \geq t_0$，有

$$f(t, \hat{x}(t), \hat{y}(t)) + \frac{\partial V(t, \hat{x}(t))}{\partial t} + \frac{\partial V(t, \hat{x}(t))}{\partial x}\dot{x}(t) = 0$$

根据 $\dot{x}(t) = g(t,\hat{x}(t),\hat{y}(t))$ 的设定也可将上式表示为（7.42）式。证毕。

HJB 方程有助于对最大化原理提供一个直观的认知。更重要的是，它在很多经济模型中都得到应用，包括第四篇研究的内生技术模型。

HJB 方程有几个重要特征值得一提。第一，如果 f 和 g 是连续可微的，那么有关 $V(t,x)$ 是可微的假设并不十分严格，而且该假设并非总是得到满足。从（7.35）式看，当 $\hat{y}(t)$ 是连续的且 $g(t,x,y)$ 对 t 是可微的，那么 $V(t,x)$ 对 t 也是可微的。此外，一个包络定理式的参数也表明，如果 $\hat{y}(t)$ 是连续的，$V(t,x)$ 对 x 也应该是可微的（也可以直接证明 $V(t,x)$ 对 x 的可微性；见定理 7.7）。第二，（7.42）式是一个偏微分方程，因为它描述了 V 对时间和状态变量 x 的导数。第三，该偏微分方程还有一个类似于从离散时间动态规划中推导出来的欧拉方程。请回忆最简单的欧拉方程，即第 6 章中的（6.28）式，它要求当控制变量增大时，其当期收益等于损失贴现值。HJB 方程有一个相似的解释，它的第一项表示当期收益，最后一项表示潜在的损失贴现值。第二项源于如下事实：最大化值是随时间变化的。

7.3.2 静态 HJB 方程的启发式推导

鉴于启发式推导在动态经济分析中的突出作用，对静态 HJB 方程进行另一种启发式推导是有益的。为此，让我们重点考虑 HJB 方程的简化静态版本。该静态版本可应用于指数化的贴现最大值，其约束条件为时间自治（可参见第 7.7 节）。简单来说，在这些问题中，$f(t,x(t),y(t)) = \exp(-\rho t)f(x(t),y(t))$ 以及状态变量的运动法则都是由自治微分方程决定的，即有 $g(t,x(t),y(t)) = g(x(t), y(t))$。在此例中，我们可以很容易地证实，当可接受配对 $(\hat{x}(t),\hat{y}(t))_{t\geqslant 0}$ 时，其最优化的起始端为 $t=0$ 且初始条件为 $x(0) = x_0$，于是在 $s > 0$ 也是最优起始端，在相同的初始条件下开始，也就是说，$(\hat{x}(t),\hat{y}(t))_{t\geqslant s}$ 是初始条件为 $x(s) = x_0$ 的问题的最优解（见习题 7.16）。据此，让我们定义 $v(x) \equiv V(0,x)$。由于 $(\hat{x}(t),\hat{y}(t))$ 是不考虑起始时期的最优规划，可得对于所有 t，有

$$V(t, x(t)) = \exp(-\rho t)v(x(t)) \tag{7.43}$$

接着，根据定义，

$$\frac{\partial V(t, x(t))}{\partial t} = -\rho \exp(-\rho t)v(x(t))$$

此外，令

$$\dot{v}(x(t)) \equiv dV(t, x(t))/dt = (\partial V(t, x(t))/\partial x)\dot{x}(t)$$

是函数 v 随时间的变化（它仅仅源于状态变量 $x(t)$ 的变化，因为 v 并不直接取决于 t）。将这些表达式代入（7.42）式，并根据 $\dot{x}(t) = g(\hat{x}(t), \hat{y}(t))$，我们可以获得 HJB 方程的静态形式

$$\rho v(\hat{x}(t)) = f(\hat{x}(t), \hat{y}(t)) + \dot{v}(\hat{x}(t)) \tag{7.44}$$

静态 HJB 方程广泛应用于动态经济分析，而且可以解释为"非套利资产价值方程"（见第 7.3.4 节）。以下启发式的论点不仅说明了该方程式是如何推导的，而且进一步给出了直观认识。

静态 HJB 方程（7.44）式的启发式推导 考虑上述贴现后的无限期界问题，并且假定可接受配对 $(\hat{x}(t), \hat{y}(t))$ 是 $t=0$ 且初始条件为 $x(0)$ 的最优值。回忆始于 $x(0)$ 的价值函数被定义为

$$v(x(0)) \equiv \int_0^\infty \exp(-\rho t) f(\hat{x}(t), \hat{y}(t)) dt$$

其 $\hat{x}(0) = x(0)$。现在，对于一个时间段 $\Delta t > 0$，有

$$v(x(0)) = \int_0^{\Delta t} \exp(-\rho t) f(\hat{x}(t), \hat{y}(t)) dt + \int_{\Delta t}^\infty \exp(-\rho t) f(\hat{x}(t), \hat{y}(t)) dt$$

$$= f((\hat{x}(0), \hat{y}(0))) \Delta t + o(\Delta t) + \int_{\Delta t}^\infty \exp(-\rho t) f(\hat{x}(t), \hat{y}(t)) dt$$

其中第二行把 $\int_0^{\Delta t} \exp(-\rho t) f(\hat{x}(t), \hat{y}(t)) dt$ 近似表达为 $f(\hat{x}(0), \hat{y}(0)) \Delta t, o(\Delta t)$ 是该近似表达式的残差（该结论基于两个事实：从 0 到 Δt 期间需要考虑贴现问题以及对于所有 $t \in [0, \Delta t]$，$(\hat{x}(t), \hat{y}(t))$ 并不一定等于 $(\hat{x}(0), \hat{y}(0))$。从 $\lim_{\Delta t \to 0} o(\Delta T)/\Delta t = 0$ 看，$o(\Delta t)$ 项是二阶的。因此，当 $\Delta t \to 0$ 时，该项消减的速度比 Δt 趋近于 0 的速度更快。下面，利用（7.43）式

$$v(x(0)) = f(\hat{x}(0), \hat{y}(0)) \Delta t + o(\Delta t) + \exp(-\rho \Delta t) v(\hat{x}(\Delta t))$$

将上式两边都减去 $v(\hat{x}(\Delta t))$ 并同除以 Δt，可得

$$\frac{v(\hat{x}(0)) - v(\hat{x}(\Delta t))}{\Delta t} = f(\hat{x}(0), \hat{y}(0)) + \frac{o(\Delta t)}{\Delta t} + \frac{\exp(-\rho \Delta t) - 1}{\Delta t} v(\hat{x}(\Delta t))$$

$$\tag{7.45}$$

下面将两边对 $\Delta t \to 0$ 取极限。根据假设，$v(x)$ 在 $x(0)$ 是可微的，等式左边变为 $-\dot{v}(\hat{x}(0))$。右边的第一项与 Δt 无关，所以保持不变。第二项根据定义消减为零。第三项可写为

$$\lim_{\Delta t \to 0} \frac{\exp(-\rho \Delta t) - 1}{\Delta t} \times \lim_{\Delta t \to 0} v(\hat{x}(\Delta t)) = -\rho v(\hat{x}(0))$$

这是因为 $\exp(-\rho \times 0) = 1$，并且当 $\Delta t \to 0$ 时，表达式 $(\exp(-\rho \Delta t) - 1)/\Delta t = (\exp(-\rho \Delta t) - \exp(-\rho \times 0))/\Delta t$ 仅仅是 $\exp(-\rho t)$ 在 $t = 0$ 的导数。将这几项代入（7.45）式可得

$$-\dot{v}(\hat{x}(0)) = f(\hat{x}(0), \hat{y}(0)) - \rho v(\hat{x}(0))$$

经过整理，该方程式与（7.44）式是相等的。

7.3.3 横截性条件和充分性

由于定理 7.9 中没有形如 $x(t_1) = x_1$ 的终值约束条件，我们可以预期存在一个横截性条件类似于定理 7.1 中的条件 $\lambda(t_1) = 0$。例如，我们也许想要设置一个将定理 7.1 的条件 $\lambda(t_1) = 0$ 一般化至无限期界的横截性条件 $\lim_{t \to \infty} \lambda(t) = 0$。但是，我们通常不这样做。一个可选择的横截性条件是

$$\lim_{t \to \infty} H(t, \hat{x}(t), \hat{y}(t), \lambda(t)) = 0 \tag{7.46}$$

但（7.46）式并不总是易于检验。当我们对要研究的问题设置更为复杂的框架时（见第 7.4 节），需要使用更强的横截性条件。在得出这些结论之前，关于将下列充分性定理推广至无限期界案例的阐述是很有帮助的。

定理 7.11（无限期界最优控制的充分条件） 考虑在约束条件（7.33）式和（7.34）式下最大化（7.32）式，其中 f 和 g 是连续可微。将 $H(t,x,y,\lambda)$ 定义为（7.16）式中的形式，并假定一个可接受配对 $(\hat{x}(t),\hat{y}(t))$ 满足（7.39）式至（7.41）式。已知由此得出的共态变量 $\lambda(t)$，按照（7.20）式定义 $M(t,x,\lambda) \equiv \max_{y(t) \in \mathcal{Y}} H(t,x,y,\lambda)$。如果 $\mathcal{X}$ 是一个凸集，则 $M(t,x,\lambda)$ 对所有 t 都为凹，对于由可行控制路径 $\tilde{y}(t)$ 决定的所有 $\tilde{x}(t)$，都有 $\lim_{t \to \infty} \lambda(t)(\hat{x}(t) - \tilde{x}(t)) \leq 0$，于是 $(\hat{x}(t),\hat{y}(t))$ 使得（7.32）式达到全局最大化。此外，如果 $M(t,x,\lambda)$ 对 x 是严格凸的，那么 $(\hat{x}(t),\hat{y}(t))$ 是（7.32）式的唯一解。

证明 见习题 7.13。

这一充分条件包含了一个难以验证的条件，即对所有 $\tilde{x}(t)$，有 $\lim_{t \to \infty} \lambda$

$(t)(x(t)-\tilde{x}(t))\leq 0$（例如，对于可行控制路径 $\tilde{y}(t)$ 决定的所有 $\tilde{x}(t)$）。当我们设定了合适的横截性条件，充分条件将更容易证明。

7.3.4 经济学直觉

最大化原理不仅是很强大的数学工具，而且从经济学的角度看，它是正确的工具，因为该原理蕴含了动态经济学问题中必要的经济学直觉。在这一节中，我提出了两类各不相同且互为补充的最大化原理的经济学直觉。一类是建立在定理7.4或定理7.9陈述的原始形式之上，而另一类是建立在定理7.10提出的动态规划版本之上。

为了获得第一类直觉，考虑以下问题的最大化

$$\int_0^{t_1} H(t,\hat{x}(t),y(t),\lambda(t))dt = \int_0^{t_1}[f(t,\hat{x}(t),y(t))+\lambda(t)g(t,\hat{x}(t),y(t))]dt \tag{7.47}$$

该问题与给定 $\lambda(t)$ 和 $\hat{x}(t)$ 下的整体函数 $y(t)$ 有关，其中 t_1 可以是有限或等于 $+\infty$ 的。于是，条件 $H_y(t,\hat{x}(t),y(t),\lambda(t))=0$ 将是这一最大化问题的必要条件。因此，最大化原理（无疑）包括初始的最大化目标 $\int_0^{t_1} f(t,\hat{x}(t),y(t))dt$ 之和加上一个附加项 $\int_0^{t_1}\lambda(t)g(t,\hat{x}(t),y(t))dt$。理解其原因可以为最大化原理提供许多直觉。

首先，请回忆 $V(t,\hat{x}(t))$ 在 (7.38) 式被定义为始于时间 t 的状态变量 $\hat{x}(t)$ 对应的值，而且从此时开始追求最优化政策。于是，一个包络定理式的参数可表示为

$$\lambda(t)=\frac{\partial V(t,\hat{x}(t))}{\partial x}$$

即，$\lambda(t)$ 衡量的是 x 的微小增长对该规划最优值带来的影响（见下一节的 (7.55) 式）。结果，与约束条件下的最优化理论中的拉格朗日乘数相似，$\lambda(t)$ 通过在时间 t 增加 $x(t)$ 值来放宽约束条件 (7.33) 式后的（影子）值。[①] 此外，请回忆我们有 $\dot{x}(t)=g(t,\hat{x}(t),y(t))$，于是汉密尔顿函数的第二项等于 $\int_0^{t_1}\lambda(t)\dot{x}(t)dt$。该项是 $x(t)$ 在时间 t 的影子值及此时存量 $x(t)$ 的增长量。此外，请回忆 $x(t)$ 是状

[①] 此处我使用"放宽约束条件"这种表达，隐含地假定一个较高的 $x(t)$ 值将提升目标函数的值。这种方式简化了术语，但是它对于任何参数都不是必不可少的，因为 $\lambda(t)$ 可以为负。

态变量，于是我们可以将它理解为"存量"变量，它不同于和"流量"变量相对应的控制变量。

于是，最大化（7.47）式就等于最大化函数 $f(t,\hat{x}(t),y(t))$ 给出的瞬时收益，加上由 $\lambda(t)$ 决定的 $x(t)$ 的存量值，乘以存量的增加额（用 $\dot{x}(t)$ 表示）。于是，最大化原理的本质是最大化流量收益加上状态变量的当前存量值。该存量-流量类型的最大化有很清晰的经济学逻辑。

让我们接下来开始解释共态方程式

$$\dot{\lambda}(t) = -H_x(t, \hat{x}(t), \hat{y}(t), \lambda(t))$$
$$= -f_x(t, \hat{x}(t), \hat{y}(t)) - \lambda(t)g_x(t, \hat{x}(t), \hat{y}(t))$$

该方程式也是直观的。由于 $\lambda(t)$ 是状态变量 $x(t)$ 的存量价值，$\dot{\lambda}(t)$ 是该存量变量的增加值。x 的少量增长对当前流量收益和存量价值的总影响为 H_x，但是它还对存量价值的影响为 $\dot{\lambda}(t)$。最大化原理表示该收益将等于存量价值的折旧 $-\dot{\lambda}(t)$，因为，否则的话，有可能通过改变 $x(t)$ 来增加（7.47）式的值。

最大化原理的第二类补充直观经验源于对定理 7.10 的 HJB 方程（7.42）式的观察。特别是，让我们考虑一个上面讨论过的指数化贴现问题（第 7.5 节可见更详细的介绍）。回忆，在此例中，HJB 方程式的静态形式为

$$\rho v(\hat{x}(t)) = f(\hat{x}(t), \hat{y}(t)) + \dot{v}(\hat{x}(t)) \tag{7.48}$$

其中 v 仅取决于状态变量 x 而非取决于时间。这个广泛运用的方程［或实际上更一般化的 HJB 方程（7.42）式］可以被当作一个无套利资产价值方程。直观地看，我们可以将 v 看作股票市场交易的资产价值且 ρ 为投资者要求的回报率。投资者在什么时候会愿意持有该资产呢？不严格地讲，当资产回报达到对回报率的基本要求时，投资者就会持有该资产。反之，当资产回报超过对回报率的基本要求，投资者会对该资产产生超额需求，直到该资产的价值调整到等于基本回报率为止。因此，我们可以认为均衡时该资产的回报率相等于所需的回报率 ρ。该资产的回报来源于两方面：一是股利，即支付给投资者的当期收益。在当期环境中，该收益等于流量收益 $f(\hat{x}(t), \hat{y}(t))$。如果这些股利是恒定的且等于 d，并且不存在其他收益，那么，无套利条件就意味着 $v = d/\rho$ 或 $\rho v = d$。持有一项资产带来的第二类收益是资本收益或损失（资产的升水或贴水）。在当期，它等于 $\dot{v}$。因此，替代 $\rho v = d$，无套利条件变成了

$$\rho v(x) = d + \dot{v}(x)$$

于是，从直观的层面看，最大化原理（对静态问题而言）意味着要求动态最优规划的最大化值 $v(x)$ 和它的变动率 $\dot{v}(x)$ 必须满足非套利条件。

7.3.5 对定理 7.9 的证明*

在这一节，我为定理 7.9 提出了一个简略的证明办法。对定理 7.9 的完整且缜密的证明既长又复杂，可以在第 7.10 节提及的一些资料中找到相关证明内容。这一节提供的证明版本包括了基本思想，但在阐述时，假设 $V(t,x)$ 在 t 和 x 处是二次可微的。有关 $V(t,x)$ 在 t 和 x 处是二次可微的假设并不是特别严格，定理 7.17 为了使该假设成立还提出了充分条件。不过，二次可微的特别假设毕竟是更严格了。

该证明的主要思想由庞特里亚金及其合作者提出。这种证明方法用针形变化替代了来自最优化对 $(\hat{x}(t),\hat{y}(t))$ 的平滑变化，并认为控制变量路径是分段连续的，可以偏离最优化控制路径一个小的任意数量的时间间隔。

对定理 7.9 的简略证明 假定当 $\hat{y}(t) \in \text{Int } \mathcal{Y}$ 且 $\hat{x}(t) \in \text{Int } \mathcal{X}$ 时，可接受配对 $(\hat{x}(t),\hat{y}(t))$ 是一个解并且能够实现最大值 $V(0,x_0)$。令任意 $t_0 \in \mathbb{R}_+$。构建以下扰动：对于所有 $t \in [0,t_0)$ 和 $\delta \in \mathbb{R}$，有 $y_\delta(t) = \hat{y}(t)$，且对于某个足够小的 Δt，$y_\delta(t) = \delta$ 对所有 $t \in [t_0, t_0 + \Delta t]$ 成立。此外，令 $y_\delta(t)$ 对域 $t \geq t_0 + \Delta t$ 而言是 $V(t_0 + \Delta t, X_\delta(t_0 + \Delta t))$ 的最优控制变量，其中 $x_\delta(t)$ 是由摄动控制变量 y_δ 决定的状态变量值，$x_\delta(t_0 + \Delta t)$ 表示 $t_0 + \Delta t$ 期的状态变量值。注意，可以令 $x_\delta(t_0) = \hat{x}(t_0)$ [因为对于所有 $t \in [0,t_0]$，都有 $y_\delta(t) = \hat{y}(t)$]。

由于 $(\hat{x}(t),\hat{y}(t))$ 是最优的，接下来有

$$V(t_0,\hat{x}(t_0)) = \int_{t_0}^{\infty} f(t,\hat{x}(t),\hat{y}(t))dt$$

$$\geq \int_{t_0}^{\infty} f(t,x_\delta(t),y_\delta(t))dt$$

$$= \int_{t_0}^{t_0+\Delta t} f(t,x_\delta(t),y_\delta(t))dt + V(t_0+\Delta t, x_\delta(t_0+\Delta t))$$

其中最后的等式用到了可接受配对 $(x_\delta(t),y_\delta(t))$ 在 $t_0 + \Delta t$ 期以状态变量 $x_\delta(t_0 + \Delta t)$ 开始达到最优这一事实。重新整理这一等式并且两边同时除以 Δt 可得，对所有 $\Delta t > 0$，都有

$$\frac{V(t_0 + \Delta t, x_\delta(t_0 + \Delta t)) - V(t_0, \hat{x}(t_0))}{\Delta t} \leqslant -\frac{\int_{t_0}^{t_0+\Delta t} f(t, x_\delta(t), y_\delta(t))dt}{\Delta t} \quad (7.49)$$

现在将等式两边对 $\Delta t \to 0$ 取极限，同时注意 $x_\delta(t_0) = \hat{x}(t_0)$，可得

$$\lim_{\Delta t \to 0} \frac{\int_{t_0}^{t_0+\Delta t} f(t, x_\delta(t), y_\delta(t))dt}{\Delta t} = f(t_0, x_\delta(t_0), y_\delta(t_0)) \quad (7.50)$$

此外，令 $\mathcal{T} \subset \mathbb{R}_+$ 是点的集合，其最优控制变量 $\hat{y}(t)$ 是时间的连续函数。注意 $\mathcal{T}$ 是 $\mathbb{R}_+$ 的一个稠密子集（dense subset），因为 $\hat{y}(t)$ 是一个分段连续函数。让我们现在将 V 当作一个时间的可微函数（对所有 $t \in \mathcal{T}$），则有

$$\begin{aligned}
\lim_{\Delta t \to 0} &\frac{V(t_0 + \Delta t, x_\delta(t_0 + \Delta t)) - V(t_0, \hat{x}(t_0))}{\Delta t} \\
&= \frac{\partial V(t_0, x_\delta(t_0))}{\partial t} + \frac{\partial V(t_0, x_\delta(t_0))}{\partial x} \dot{x}_\delta(t_0) \\
&= \frac{\partial V(t_0, x_\delta(t_0))}{\partial t} + \frac{\partial V(t_0, x_\delta(t_0))}{\partial x} g(t_0, x_\delta(t_0), y_\delta(t_0))
\end{aligned} \quad (7.51)$$

其中第二行用到了这样一个事实：来自（7.33）式的 $\dot{x}_\delta(t) = g(t, x_\delta(t), y_\delta(t))$ 决定了控制变量 y_δ。将（7.49）式至（7.51）式进行综合运算，可得对于所有 $t_0 \in \mathcal{T}$（它与 $\hat{y}(t)$ 的连续点对应）以及对于所有可行摄动对 $(x_\delta(t), y_\delta(t))$，有

$$f(t_0, x_\delta(t_0), y_\delta(t_0)) + \frac{\partial V(t_0, x_\delta(t_0))}{\partial t} + \frac{\partial V(t_0, x_\delta(t_0))}{\partial x} g(t_0, x_\delta(t_0), y_\delta(t_0)) \leqslant 0 \quad (7.52)$$

此外，利用引理 7.1（或者在证明定理 7.10 时所用的参数），对于所有 $t_0 \in \mathcal{T}$，可得

$$f(t_0, \hat{x}(t_0), \hat{y}(t_0)) + \frac{\partial V(t_0, \hat{x}(t_0))}{\partial t} + \frac{\partial V(t_0, \hat{x}(t_0))}{\partial x} g(t_0, \hat{x}(t_0), \hat{y}(t_0)) = 0 \quad (7.53)$$

综合（7.52）式和（7.53）式，并利用事实 $x_\delta(t_0) = \hat{x}(t_0)$，可得对于所有 $t_0 \in \mathcal{T}$ 和所有可行摄动对 $(x_\delta(t), y_\delta(t))$，有

$$\begin{aligned}
&f(t_0, \hat{x}(t_0), \hat{y}(t_0)) + \frac{\partial V(t_0, \hat{x}(t_0))}{\partial x} g(t_0, \hat{x}(t_0), \hat{y}(t_0)) \geqslant \\
&f(t_0, x_\delta(t_0), y_\delta(t_0)) + \frac{\partial V(t_0, \hat{x}(t_0))}{\partial x} g(t_0, x_\delta(t_0), y_\delta(t_0))
\end{aligned} \quad (7.54)$$

现在定义

$$\lambda(t_0) \equiv \frac{\partial V(t_0, \hat{x}(t_0))}{\partial x} \tag{7.55}$$

不等式（7.54）可以表达为

$$f(t_0, \hat{x}(t_0), \hat{y}(t_0)) + \lambda(t_0)g(t_0, \hat{x}(t_0), \hat{y}(t_0)) \geqslant f(t_0, x_\delta(t_0), y_\delta(t_0)) + \lambda(t_0)g(t_0, x_\delta(t_0), y_\delta(t_0))$$

或者等价于：对于所有可行的 $y_\delta(t_0)$，有

$$H(t_0, \hat{x}(t_0), \hat{y}(t_0)) \geqslant H(t_0, \hat{x}(t_0), y_\delta(t_0))$$

由于 t_0 是任意的，可得对于所有 t，有

$$H(t, \hat{x}(t), \hat{y}(t)) \geqslant \max_y H(t, \hat{x}(t), y)$$

这就证明了最大化原理。

必要条件（7.39）式直接来自最大化原理和 H 对 x 和 y 可微的事实（因为 f 和 g 是对 x 和 y 可微的）。条件（7.41）式因为 $(\hat{x}(t),\hat{y}(t))$ 是可接受配对而得以成立。最后，将（7.53）式对 x 在 $\hat{y}(t)$ 的所有连续点求微分，可得对所有 $t \in \mathcal{T}$，有

$$\frac{\partial f(t, \hat{x}(t), \hat{y}(t))}{\partial x} + \frac{\partial^2 V(t, \hat{x}(t))}{\partial t \partial x}$$

$$+ \frac{\partial^2 V(t, \hat{x}(t))}{\partial x^2} g(t, \hat{x}(t), \hat{y}(t)) + \frac{\partial V(t, \hat{x}(t))}{\partial x} \frac{\partial g(t, \hat{x}(t), \hat{y}(t))}{\partial x} = 0$$

使用汉密尔顿函数的定义，该表达式意味着（7.40）式成立，证毕。

7.4　关于横截性条件的更多讨论

让我们接下来更详细地讨论无限期界最大化问题的无限边界条件。和离散时间最大化问题一样，这些受限的边界条件也被称为"横截性条件"。根据第 7.3.3 节提到的，一个自然的推测可能是，和有限期界案例一样，横截性条件应该类似于定理 7.1 中的条件，其中 t_1 可以用极限 $t \to \infty$ 替换，即 $\lim_{t \to \infty} \lambda(t) = 0$ 替换。下面的例子很接近弗兰克·拉姆齐（Frank Ramsey, 1928）研究的原始模型，该例子表明，这个推测是不正确的。尤其是，当没有更多的假设时，有效的横截性条件会由更弱的条件（7.46）式表示。

例 7.2 考虑以下无贴现的问题：

$$\max \int_0^\infty [\log(c(t)) - \log c^*] dt$$

约束条件为

$$\dot{k}(t) = k(t)^\alpha - c(t) - \delta k(t)$$

$$k(0) = 1$$

并且

$$\lim_{t \to \infty} k(t) \geq 0$$

其中 $c^* \equiv (k^*)^\alpha - \delta k^*$，且 $k^* \equiv (\alpha/\delta)^{1/(1-\alpha)}$。换句话说，$c^*$ 是该模型处于稳定状态时，消费可以达到的最高水平，且 k^* 是相应的稳态资本水平。目标函数的表达方式保证了该积分是收敛的，并且能取有限值（因为，对于任意 $\varepsilon > 0$，$c(t)$ 永远都不可能超过 $c^* + \varepsilon$）。

汉密尔顿函数是很容易构建的，它没有明确地取决于时间，可采用以下形式

$$H(k, c, \lambda) = \log c(t) - \log c^* + \lambda(t)[k(t)^\alpha - c(t) - \delta k(t)]$$

并且包含下列必要条件：

$$H_c(k, c, \lambda) = \frac{1}{c(t)} - \lambda(t) = 0$$

和

$$H_k(k, c, \lambda) = \lambda(t)[\alpha k(t)^{\alpha-1} - \delta] = -\dot{\lambda}(t)$$

可以确认的是任何最优路径都需要满足当 $t \to \infty$ 时有 $c(t) \to c^*$ 的特征。然而该条件意味着

$$\lim_{t \to \infty} \lambda(t) = \frac{1}{c^*} > 0, \quad 且 \lim_{t \to \infty} k(t) = k^*$$

现在从定理 7.3 开始回忆，此例中的有限期界横截性条件本应该是 $\lambda(t_1)k(t_1) = 0$，而这里有 $\lim_{t \to \infty} \lambda(t)k(t) = k^*/c^* > 0$。因此无法使用有限期界横截性条件类推无限期界的横截性条件。然而，可以确定的是，沿着最优化路径，下面的条件是可以成立的：

$$\lim_{t \to \infty} H(k(t), c(t), \lambda(t)) = 0$$

下一条定理表明该方程式的确是无限期界最优化问题的横截性条件。

定理 7.12（无限期界问题的横截性条件） 在约束条件（7.33）式和（7.34）式下对（7.32）式求最大化，其中 f 和 g 是连续可微的，该最大化问题有一个分段连续最优控制变量 $\hat{y}(t) \in \text{Int}\,\mathcal{Y}(t)$，一个相应的状态变量路径 $\hat{x}(t) \in \text{Int}\,\mathcal{X}(t)$。令 $V(t, x(t))$ 为（7.35）式描述的价值函数。假定当 t 足够大且 $\lim_{t \to \infty} \partial V(t, \hat{x}(t))/\partial t = 0$ 时，$V(t, \hat{x}(t))$ 对 x 和 t 是可微的。令 $H(t, x, y, \lambda)$ 表达为（7.16）式。则 $(\hat{x}(t), \hat{y}(t))$ 满足必要条件（7.39）式至（7.41）式，且横截性条件为

$$\lim_{t \to \infty} H(t, \hat{x}(t), \hat{y}(t), \lambda(t)) = 0 \tag{7.56}$$

证明 当 t 足够大时，$V(t, x)$ 对 t 和 x 是可微的，$\partial V(t, \hat{x}(t))/\partial x = \lambda(t)$（见（7.55）式）。于是，HJB 方程（7.42）式成立，并表明

$$\begin{aligned}
&\text{当 } t \text{ 较大时，有 } \frac{\partial V(t, \hat{x}(t))}{\partial t} + f(t, \hat{x}(t), \hat{y}(t)) + \lambda(t) g(t, \hat{x}(t), \hat{y}(t)) = 0 \\
&\text{当 } t \text{ 较大时，有 } \frac{\partial V(t, \hat{x}(t))}{\partial t} + H(t, \hat{x}(t), \hat{y}(t), \lambda(t)) = 0
\end{aligned} \tag{7.57}$$

现在对 $t \to \infty$ 取极限。因为根据假设有 $\lim_{t \to \infty} \partial V(t, \hat{x}(t))/\partial t = 0$，所以（7.57）式就等同于（7.56）式。

根据第 6 章的讨论，条件 $\lim_{t \to \infty} V(t, \hat{x}(t))$ 自然是有限的，因为这与那些代理变量取无限值的经济问题无关（此外，当该极限为有限值时，通常并不存在 $(x(t), y(t))$ 能够满足此值）。这里的假设 $\lim_{t \to \infty} \partial V(t, \hat{x}(t))/\partial t = 0$ 只是比假设 $\lim_{t \to \infty} V(t, \hat{x}(t))$ 存在且有限要稍微强一点。同样，在绝大多数经济问题中，该假设都是可以满足的，在本书研究的所有模型中也是能够满足的。然而，横截性条件（7.56）式并不是那么好用。在下一节，我会提出一个更强且更有用的横截性条件，可应用于有贴现的无限期界问题。

例 7.3 有限期界最优化问题的重要案例之一是消费不可再生资源的最优时间路径问题。具体而言，想象一个永续存活的个体，他（或她）可以获得不可再生或易耗资源的数量为 1。消费一种流动资源 y 的瞬时效用表示为 $u(y)$，其中 $u:[0, 1] \to \mathbb{R}$ 是严格递增、连续可微且严格凹的函数。此人按照贴现率 $\rho > 0$ 对未来效用进行指数化贴现，于是他（或她）的目标函数在 $t = 0$ 期达到最大化

$$\int_0^\infty \exp(-\rho t) u(y(t)) dt$$

约束条件是在 t 期剩下的资源数量,$x(t)$,它的变化可以表达为

$$\dot{x}(t) = -y(t)$$

该式体现了资源是不可再生的特点,并且随着消费量的增加趋于耗竭。自然地,我们还需要 $x(t) \geqslant 0$。汉密尔顿函数可表达为如下形式:

$$H(x(t), y(t), \lambda(t)) = \exp(-\rho t)u(y(t)) - \lambda(t)y(t)$$

定理7.9给出了该问题的内部连续可微解 $(\hat{x}(t), \hat{y}(t))$ 必须满足的下列必要条件。存在一个连续可微函数 $\lambda(t)$,可使

$$u'(\hat{y}(t)) = \exp(\rho t)\lambda(t) \tag{7.58}$$

且

$$\dot{\lambda}(t) = 0 \tag{7.59}$$

需要第二个条件是因为无论是约束条件或者收益函数都不是 $x(t)$ 的因变量。现在预先考虑下一节的结论,让我们定义 $\mu(t) \equiv \exp(\rho t)\lambda(t)$。(7.58)式表示 $\mu(t)$ 为 t 期易耗竭资源的边际价值。将该定义对 $\mu(t)$ 进行微分并根据(7.59)式,我们可得出著名的易耗竭资源利用的豪泰林规则:

$$\frac{\dot{\mu}(t)}{\mu(t)} = \rho$$

这个规则说明,易耗竭资源的最优利用条件是其影子价值的增长率与折旧率相同。从(7.58)式,我们也得到了对消费 $y(t)$ 时间路径更明确的描述:

$$\hat{y}(t) = u'^{-1}[\exp(\rho t)\lambda(0)]$$

这里的 $u'^{-1}[\cdot]$ 是 u' 的反函数,它是存在的而且依据 u 严格为凹的事实,它是严格递减的[且自然有 $\lambda(0) = \mu(0)$]。由该式直接可知消费的资源量是随时间单调递减的。这在经济学里很好理解:考虑到贴现问题,消费者更倾向于早期消费,但不会马上消费完全部资源,因为他们也比较强调消费路径的平滑性(因为 $u(\cdot)$ 是严格为凹的)。

综合前面的方程以及资源约束表达式可得

$$\dot{x}(t) = -u'^{-1}[\exp(\rho t)\lambda(0)]$$

对该式求积分并使用终值约束条件 $x(0) = 1$,可得

$$\hat{x}(t) = 1 - \int_0^t u'^{-1}[\exp(\rho s)\lambda(0)]ds$$

由于沿着任意最优路径，有 $\lim_{t\to\infty} \hat{x}(t) = 0$，我们可知

$$\int_0^\infty u'^{-1}[\exp(\rho s)\lambda(0)]ds = 1$$

因此，共态变量 $\lambda(0)$ 的初始值必须满足该式。请读者通过习题 7.20 证明在此例中横截性条件（7.56）式是满足的。

7.5 有贴现的无限期界最优化控制

在这里，我们的主要兴趣是效用能够指数化贴现的增长模型。因此，那些经济学上有意义的问题常常可以表示为以下具体形式：

$$当 \rho > 0, \max_{x(t),y(t)} W(x(t), y(t)) \equiv \int_0^\infty \exp(-\rho t) f(x(t), y(t)) dt \qquad (7.60)$$

约束条件为

$$\dot{x}(t) = g(t, x(t), y(t)) \qquad (7.61)$$

和对于所有 t，有

$$x(t) \in \text{Int } \mathcal{X}(t) \text{ 和 } y(t) \in \text{Int } \mathcal{Y}(t), x(0) = x_0, 以及 \lim_{t\to\infty} b(t)x(t) \geq x_1 \qquad (7.62)$$

这里请再次回顾 $b: \mathbb{R}_+ \to \mathbb{R}_+$ 且 $\lim_{t\to\infty} b(t) < \infty$。我们隐含地假设存在一个 $\rho > 0$ 的贴现率。

这个问题的特点在于其收益函数 f 仅仅通过指数化贴现受到时间的影响。此例中的汉密尔顿函数为

$$H(t, x(t), y(t), \lambda(t)) = \exp(-\rho t) f(x(t), y(t)) + \lambda(t) g(t, x(t), y(t))$$
$$= \exp(-\rho t) [f(x(t), y(t)) + \mu(t) g(t, x(t), y(t))]$$

第二行用到了定义

$$\mu(t) \equiv \exp(\rho t)\lambda(t) \qquad (7.63)$$

事实上，在这个例子中，如果不用标准汉密尔顿函数，我们也可以用现值汉

密尔顿函数，定义为

$$\hat{H}(t, x(t), y(t), \mu(t)) \equiv f(x(t), y(t)) + \mu(t)g(t, x(t), y(t)) \tag{7.64}$$

当 $g(t,x(t),y(t))$ 也是一个形如 $g(x(t),y(t))$ 的自治微分方程时，我可以用 $\hat{H}(x(t),y(t),\mu(t))$ 替代 $\hat{H}(t,x(t),y(t),\mu(t))$ 来简化表达。

下一个结论说明了在某些额外假设中选用更强横截性条件的必要性。尽管在这些假设下结论更容易理解并得到证明，这些假设可以放宽，而且在经济应用中常常能满足这些假设。对于所有可接受配对 $(x(t),y(t))$，f 和 g 始终都是连续可微的（其导数表示为 f_x、f_y、g_x 和 g_y）。

假设 7.1 在约束条件（7.61）式和（7.62）式下最大化（7.60）式，在此最大化问题中，

1. f 对 x 和 y 弱单调。g 对 (t,x,y) 弱单调（如，f 对 x 非递减且对 y 非递增，依此类推）；
2. 存在 $m>0$，使得 $|g_y(t,x(t),y(t))| \geq m$ 对于所有 t 和所有可接受配对 $(x(t),y(t))$ 成立；
3. 存在 $M<\infty$，可使 $|f_y(x,y)| \leq M$ 对所有 x 和 y 成立。

定理 7.13（有贴现的无限期界问题的最大化原则）假定在约束条件（7.61）式和（7.62）式下最大化（7.60）式，其中 f 和 g 是连续可微的，该最大化问题有一个内部的分段连续最优控制变量 $\hat{y}(t) \in \text{Int } \mathcal{Y}(t)$ 和相应的状态变量 $\hat{x}(t) \in \text{Int } \mathcal{X}(t)$。令 $V(t,x(t))$ 为价值函数，由（7.35）式定义。假定当 t 足够大时，$V(t,\hat{x}(t))$ 对 x 和 t 是可微的，$V(t,\hat{x}(t))$ 存在且对所有 t 而言是有限的，于是 $\lim_{t\to\infty} \partial V(t,\hat{x}(t))/\partial t = 0$。令 $\hat{H}(t,x,y,\mu)$ 为现值汉密尔顿函数，表达为（7.64）式。于是，除了 $\hat{y}(t)$ 的不连续点之外，最优控制配对 $(\hat{x}(t),\hat{y}(t))$ 满足以下必要条件：

$$\text{对于所有 } t \in \mathbb{R}_+, \text{ 有 } \hat{H}_y(t, \hat{x}(t), \hat{y}(t), \mu(t)) = 0 \tag{7.65}$$

$$\text{对于所有 } t \in \mathbb{R}_+, \text{ 有 } \rho\mu(t) - \dot{\mu}(t) = \hat{H}_x(t, \hat{x}(t), \hat{y}(t), \mu(t)) \tag{7.66}$$

$$\text{对于所有 } t \in \mathbb{R}_+, \text{ 有 } \dot{x}(t) = \hat{H}_\mu(t, \hat{x}(t), \hat{y}(t), \mu(t)), x(0) = x_0, \text{ 和 } \lim_{t\to\infty} b(t)x(t) \geq x_1 \tag{7.67}$$

以及横截性条件

$$\lim_{t\to\infty} [\exp(-\rho t)\hat{H}(t, \hat{x}(t), \hat{y}(t), \mu(t))] = 0 \tag{7.68}$$

此外，若假设 7.1 成立且有 $\lim_{t\to\infty}\hat{x}(t)=x^*\in\mathbb{R}$ 或者 $\lim_{t\to\infty}\dot{x}(t)/\hat{x}(t)=\chi\in\mathbb{R}$，则横截性条件可以强化为

$$\lim_{t\to\infty}\left[\exp(-\rho t)\mu(t)\hat{x}(t)\right]=0 \tag{7.69}$$

证明 必要条件（7.65）式至（7.67）式和横截性条件（7.68）式是利用现值汉密尔顿函数的定义和定理 7.12 得来的。其证明留到习题（见习题 7.14）。

我只论证强化的横截性条件（7.69）式。弱横截性条件（7.68）式可以表达为

$$\lim_{t\to\infty}\left[\exp(-\rho t)f(\hat{x}(t),\hat{y}(t))+\exp(-\rho t)\mu(t)g(t,\hat{x}(t),\hat{y}(t))\right]=0 \tag{7.70}$$

回忆（7.37）式可知

$$V(t,\hat{x}(t))=\int_t^\infty \exp(-\rho s)f(\hat{x}(s),\hat{y}(s))ds$$

由于 $\lim_{t\to\infty}V(t,\hat{x}(t))$ 存在且是有限的，所以（7.70）式的第一项必须为零，从而

$$\lim_{t\to\infty}\left[\exp(-\rho t)\mu(t)g(t,\hat{x}(t),\hat{y}(t))\right]=\lim_{t\to\infty}\left[\exp(-\rho t)\mu(t)\dot{x}(t)\right]=0 \tag{7.71}$$

在余下的证明中，我们都令 lim 表示 $\lim_{t\to\infty}$。

下面，我提出一个结论以便在余下的证明中使用。参见定义 A.7 中有关网的定义。在该定义中，函数 $[\mu(t)]_{t=0}^\infty$ 可以被看作网函数并表示为 $\{\mu(t)\}_{t\in\mathbb{R}_+}$ 或简略表达为 $\{\mu(t)\}$。于是，对于域 $\mathcal{T}\subset\mathbb{R}_+$ 而言，$\{\mu(t)\}_{t\in\mathcal{T}}$ 是 $\{\mu(t)\}$ 的一个子集。

论断 7.1 定义为（7.71）式的（网）函数 $[\mu(t)]_{t=0}^\infty$ 是有界的，因为存在 $B<\infty$ 可使 $|\mu(t)|<B$ 对于所有 t 成立。

证明 我们可以采用反证法，假设 $\{\mu(t)\}$ 是无界的。于是存在一个子集 $\{\mu(t)\}_{t\in\mathcal{T}}$，极限为 $+\infty$ 或者 $-\infty$（对于 $\mathcal{T}\subset\mathbb{R}_+$）。由于 $g_y\geq m>0$ 或 $g_y\leq -m<0$（见假设 7.1 的第一部分和第二部分），$\lim_{t\in\mathcal{T}}\mu(t)g_y(t,\hat{x}(t),\hat{y}(t))=\pm\infty$。但是在此例中，（7.65）式意味着 $\lim_{t\in\mathcal{T}}f_y(\hat{x}(t),\hat{y}(t))=\mp\infty$，这与假设 7.1 的第三部分相矛盾。这就证明了 $\{\mu(t)\}$ 是有界的。证毕。

现在让我们考虑三个例子，它们共同组成了对该结论的证明。

第一，假定 $\lim\hat{x}(t)=\hat{x}^*\in\mathbb{R}$。对（7.65）式取极限，可得

$$\lim\left[f_y(\hat{x}(t),\hat{y}(t))+\mu(t)g_y(t,\hat{x}(t),\hat{y}(t))\right]=0 \tag{7.72}$$

由于 $\lim \hat{x}(t) = \hat{x}^*$ [则有 $\lim |\hat{x}(t)| = |\hat{x}^*|$]，$\lim \exp(-\rho t) = 0$ 且 $|\mu(t)| < B$，可得

$$\lim \left[\exp(-\rho t)\mu(t)|\hat{x}(t)|\right] \leqslant B \lim \left[\exp(-\rho t)|\hat{x}(t)|\right] = B|\hat{x}^*| \lim \exp(-\rho t) = 0$$

但是，另外可得

$$\lim \left[\exp(-\rho t)\mu(t)|\hat{x}(t)|\right] \geqslant -B \lim \left[\exp(-\rho t)|\hat{x}(t)|\right] = -B|\hat{x}^*| \lim \exp(-\rho t) = 0$$

因此

$$\lim \left[\exp(-\rho t)\mu(t)|\hat{x}(t)|\right] = \lim \left[\exp(-\rho t)\mu(t)\hat{x}(t)\right] = 0$$

即（7.69）式成立。

第二，假定 $\lim_{t \to \infty} \dot{\hat{x}}(t)/\hat{x}(t) = \chi \neq 0$。于是，对于每个 $\varepsilon \in (0, \chi)$，存在 $T < \infty$，可令所有 $t \geqslant T$ 有

$$|\dot{\hat{x}}(t)| \geqslant |\chi - \varepsilon||\hat{x}(t)|$$

两边同乘以 $|\exp(-\rho t)\mu(t)|$ 并取极限，可得

$$\lim |\exp(-\rho t)\mu(t)||\dot{\hat{x}}(t)| \geqslant \lim |\exp(-\rho t)\mu(t)||\chi - \varepsilon||\hat{x}(t)| \geqslant 0 \quad (7.73)$$

根据（7.71）式［见事实 A.5（4）］和 $|\chi - \varepsilon| > 0$，有 $\lim |\exp(-\rho t)\mu(t)||\dot{\hat{x}}(t)| = 0$，（7.73）式的两个不等式变成等式，这就要求 $[\exp(-\rho t)\mu(t)\hat{x}(t)] = 0$。

第三，考虑最后一个例子，其中 $\lim \hat{x}(t)$ 不存在（可能为无限）并有 $\lim_{t \to \infty} \dot{\hat{x}}(t)/\hat{x}(t) = 0$。于是，对于任意 $\gamma > 0$ 存在 $T < \infty$，可使 $|\dot{\hat{x}}(t)/\hat{x}(t)| < \gamma$ 对于所有 $t \geqslant T < \infty$ 成立。由于 $\rho > 0$，这意味着 $\lim |\exp(-\rho t)||\hat{x}(t)| = 0$。论断 7.1 还意味着

$$0 = -B \lim \left[\exp(-\rho t)\mu(t)|\hat{x}(t)|\right] \leqslant \lim \left[\exp(-\rho t)\mu(t)|\hat{x}(t)|\right]$$
$$\leqslant B \lim \left[\exp(-\rho t)|\hat{x}(t)|\right] = 0$$

并有 $\lim [\exp(-\rho t)\mu(t)\hat{x}(t)] = 0$，证毕。

关于定理 7.13 的证明表明了贴现的重要性。例如，无论是关键的（7.72）式还是证明中第二个例子中的参数都用到了贴现。习题 7.17 讨论了在无贴现的强假设下是如何得出相似结论的。习题 7.18 说明了为什么假设 7.1 的第三部分是必要的。

注意，相较有限期界案例中的横截性条件（如定理 7.1），在（7.69）式存

在附加项 $\exp(-\rho t)$。这是因为横截性条件运用到初始共态变量 $\lambda(t)$（例如，$\lim_{t\to\infty}[\lambda(t)x(t)] = 0$），并且如前所示，现值共态变量 $\mu(t)$ 表示为 $\mu(t) = \exp(\rho t)\lambda(t)$。还要注意的是，更强的横截性条件可表示为

$$\lim_{t\to\infty}[\exp(-\rho t)\mu(t)\hat{x}(t)] = 0$$

而不是简单的 $\lim_{t\to\infty}[\exp(-\rho t)\mu(t)] = 0$。习题7.19说明了其中的原因。

值得强调的是定理7.13只是为内部连续解提供了必要条件［当 $\lim_{t\to\infty}\hat{x}(t) = x^*$ 或者 $\lim_{t\to\infty}\dot{\hat{x}}(t)/\hat{x}(t) = \chi$］。从这一点看，（7.69）式应该被解释为这种解的必要横截性条件。但是，（7.69）式对于一个一般解而言既非必要条件也非充分条件。这进一步说明，对于这种凹性问题而言，假设7.1或者定理7.13中的限制条件都不再是必须的。因此，下一个定理是本章最重要的结论，并在具体应用中会反复用到。

定理7.14（有贴现的无限期界问题的充分条件） 在约束条件（7.61）式和（7.62）式下求（7.60）式的最大化问题，其中 f 和 g 是连续可微的。定义 $\hat{H}(t, x, y, \mu)$ 为（7.64）式中显示的现值汉密尔顿函数，并假定某个 $\hat{y}(t)$ 和状态变量 $\hat{x}(t)$ 的相应路径满足（7.65）式至（7.68）式。已知由此得到的现值共态变量 $\mu(t)$，定义 $M(t, x, \mu) \equiv \max_{y(t)\in\mathcal{Y}(t)}\hat{H}(t, x, y, \mu)$。假定 $V(t, \hat{x}(t))$ 存在且对所有 t 是有限的（这里的 $V(t, x(t))$ 定义为（7.38）式），对于任意可接受配对 $(x(t), y(t))$，有 $\lim_{t\to\infty}[\exp(-\rho t)\mu(t)x(t)] \geq 0$，并且对于所有 t，$\mathcal{X}(t)$ 对 $x \in \mathcal{X}(t)$ 是凸的，而 $M(t, x, \mu)$ 对 $x \in \mathcal{X}(t)$ 是凹的。于是可行配对 $(\hat{x}(t), \hat{y}(t))$ 可令函数（7.60）式达到全局最大化。此外，如果 $M(t, x, \mu)$ 对 x 是严格凹的，$(\hat{x}(t), \hat{y}(t))$ 就是函数（7.60）式的唯一解。

证明 考虑 $(\hat{x}(t), \hat{y}(t))$ 满足（7.65）式至（7.68）式和一个任意可接受配对 $(x(t), y(t))$。利用定理7.6证明中的论证过程，可知对于所有 $t \geq 0$，

$$M(t, x(t), \mu(t)) \leq M(t, \hat{x}(t), \mu(t)) + M_x(t, \hat{x}(t), \mu(t))(x(t) - \hat{x}(t))$$

成立。两边乘以 $\exp(-\rho t)$ 并对域 $[0, \infty)$ 求积分可得

$$\int_0^\infty \exp(-\rho t)M(t, x(t), \mu(t))dt \leq \int_0^\infty \exp(-\rho t)M(t, \hat{x}(t), \mu(t))dt$$
$$+ \int_0^\infty \exp(-\rho t)M_x(t, \hat{x}(t), \mu(t))(x(t) - \hat{x}(t))dt$$

以及

$$M_x(t, \hat{x}(t), \mu(t)) = \hat{H}_x(t, \hat{x}(t), \hat{y}(t), \mu(t)) = -\dot{\mu}(t)$$

接下来，利用最大化的汉密尔顿函数的定义，我们可得

$$\int_0^\infty \exp(-\rho t) M(t, x(t), \mu(t)) dt \geqslant W(x(t), y(t)) + \int_0^\infty \lambda(t) g(t, x(t), y(t)) dt$$

和

$$\int_0^\infty \exp(-\rho t) M(t, \hat{x}(t), \mu(t)) dt = W(\hat{x}(t), \hat{y}(t)) + \int_0^\infty \lambda(t) g(t, \hat{x}(t), \hat{y}(t)) dt$$

这里，请回忆 $\lambda(t) \equiv \exp(-\rho t)\mu(t)$。综合这些方程式，我们可得

$$W(x(t), y(t)) \leqslant W(\hat{x}(t), \hat{y}(t)) \tag{7.74}$$
$$+ \int_0^\infty \lambda(t)[g(t, \hat{x}(t), \hat{y}(t)) - g(t, x(t), y(t))] dt$$
$$- \int_0^\infty \dot{\lambda}(t)(x(t) - \hat{x}(t)) dt$$

对（7.74）式的最后一项进行分部积分，并回忆 $x(0) = \hat{x}(0) = x_0$，我们可得

$$\int_0^\infty \dot{\lambda}(t)(x(t) - \hat{x}(t)) dt = \lim_{t \to \infty} [\lambda(t)(x(t) - \hat{x}(t))] - \int_0^\infty \lambda(t)(\dot{x}(t) - \dot{\hat{x}}(t)) dt$$

此外，根据（7.68）式，可得

$$\lim_{t \to \infty} [\exp(-\rho t)\mu(t)\hat{x}(t)] = \lim_{t \to \infty} [\lambda(t)\hat{x}(t)] = 0$$

而且，根据假设，$\lim_{t \to \infty} \lambda(t) x(t) \geqslant 0$，有

$$\int_0^\infty \dot{\lambda}(t)(x(t) - \hat{x}(t)) dt \geqslant - \int_0^\infty \lambda(t)(\dot{x}(t) - \dot{\hat{x}}(t)) dt$$

综合这些表达式与（7.74）式，可得

$$W(x(t), y(t)) \leqslant W(\hat{x}(t), \hat{y}(t)) \tag{7.75}$$
$$+ \int_0^\infty \lambda(t)[g(t, \hat{x}(t), \hat{y}(t)) - g(t, x(t), y(t))] dt$$
$$+ \int_0^\infty \lambda(t)[\dot{x}(t) - \dot{\hat{x}}(t)] dt$$

根据可接受配对 $(x(t),y(t))$ 和 $(\hat{x}(t),\hat{y}(t))$ 的定义,可知 $\dot{\hat{x}}(t) = g(t,\hat{x}(t),\hat{y}(t))$ 和 $\dot{x}(t) = g(t,x(t),y(t))$。于是(7.75)式意味着对于任何可接受配对 $(x(t),y(t))$ 都有 $W(x(t),y(t)) \leq W(\hat{x}(t),\hat{y}(t))$,这就完成了对定理第一部分的证明。

当 M 对 x 严格为凹时,(7.75)式就是严格不等式,于是,利用同样的论证过程也可以证明 $W(x(t),y(t)) < W(\hat{x}(t),\hat{y}(t))$,且不存在其他 $(\hat{x}(t),\hat{y}(t))$ 能够使目标函数达到相同的值,这就证明了第二部分。

定理7.14很有用,也很强大。它表明,对于一个凹函数问题,能够满足(7.65)式至(7.67)式以及横截性条件(7.68)式的可接受配对 $(\hat{x}(t),\hat{y}(t))$ 必然优于任何其他可接受配对 $(x(t),y(t))$,且有 $\lim_{t\to\infty}[\exp(-\rho t)\mu(t)x(t)] \geq 0$(其中 $\mu(t)$ 是与候补解 $(\hat{x}(t),\hat{y}(t))$ 相关的共态变量)。对于该充分性结果,我们无须检验假设7.1。根据这个结论,对大多数问题我们都可以使用以下策略:

1. 用定理7.13的条件可以确定一个能够满足(7.65)式至(7.68)式的候补内点解 $(\hat{x}(t),\hat{y}(t))$。
2. 接着,证明定理7.14中的凹性条件并且简单地检验其他可接受配对是否满足 $\lim_{t\to\infty}[\exp(-\rho t)\mu(t)x(t)] \geq 0$(当 $\mu(t)$ 与候补解 $(\hat{x}(t),\hat{y}(t))$ 相关时)。如果这些条件都能够得到满足,我们就描述了一个全局最大化解。

此定理的一个重要特征和由此得出的策略使它们可以应用于无限期界问题(如运用于内生增长模型)。因此,只要定理7.14的条件得到满足,就不需要做出有关 x 或 y 的边界假设,以求出家庭的最大化效用或最优效用的特征解。然而,请回忆我们始终假设 $V(t,\hat{x}(t))$ 存在并且是有限的(对于所有 t)。当存在可接受配对 $(x(t),y(t))$ 可以达到无限值,那么从经济学意义看该问题就不再重要了,其横截性条件也不再有意义(而且也不再是一个解的必要或充分条件)。

定理7.14对凹性问题的最优控制提供了充分条件。这里并不要求最优控制 $\hat{y}(t)$ 是连续的(请回忆定义7.13假定 $\hat{y}(t)$ 是分段连续的)。然而,很容易证明,当最优控制问题严格为凹时,$\hat{y}(t)$ 一定是连续的。这个结论将在下面的推论中阐述和证明。

推论7.1 假定能够满足定理7.14中的假设,在所有 t,$M(t,x,\mu)$ 对 x 严格为凹,y 是紧的,则 $\hat{y}(t)$ 在域 $\mathbb{R}_+$ 是 t 的一个连续函数。

证明 已知 $M(t,x,\mu)$ 严格为凹,定理7.14证实了 $(\hat{x}(t),\hat{y}(t))$ 的唯一性。现在取某个 $\hat{t}\in\mathbb{R}_+$ 和域 $\mathbb{R}_+$ 中的任意序列 $\{t_n\}$,该序列朝 $\hat{t}$ 收敛。由于 y 是紧的,

其对应的序列 $\{\hat{y}(t_n)\}$ 将收敛于某个 $\hat{y}^*$（定理 A.7）。根据（7.66）式和（7.67）式中已知的微分方程，我们可知 $\hat{x}(t)$ 和 $\mu(t)$ 是连续的，并且 $\{\hat{x}(t_n)\}$ 和 $\{\mu(t_n)\}$ 收敛于 $\hat{x}(\hat{t})$ 和 $\mu(\hat{t})$。此外，根据最大化原理，对于所有 $y \in \mathcal{Y}$，有 $\hat{H}(t_n, \hat{x}(t_n), \hat{y}(t_n), \mu(t_n)) \geqslant \hat{H}(t_n, \hat{x}(t_n), y, \mu(t_n))$。利用 $\hat{H}$ 也是连续的事实并取极限，我们得到对于所有 $y \in \mathcal{Y}$，

$$\hat{H}(\hat{t}, \hat{x}(\hat{t}), \hat{y}^*, \mu(\hat{t})) \geqslant \hat{H}(\hat{t}, \hat{x}(\hat{t}), y, \mu(\hat{t}))$$

成立。由于 $(\hat{x}(t), \hat{y}(t))$ 是唯一的，这意味着 $\hat{y}(\hat{t}) = \hat{y}^*$，因此 $\hat{y}(t)$ 在 $\hat{t}$ 是连续的。因为对于任何 $\hat{t} \in \mathbb{R}_+$ 该论断都是成立的，所以 $\hat{y}(t)$ 在域 $\mathbb{R}_+$ 也是连续的。

尽管推论 7.1 很有用，我们还是要注意到它并没有给出连续最优控制存在的初始条件。该推论是建立在假设存在一个配对 $(\hat{x}(t), \hat{y}(t))$ 能够满足（7.65）式至（7.68）式的基础上进行阐述和证明的。我们将在下一节讨论确保目标函数和约束条件函数有解的相关条件。

7.6 解的存在性、凹性和可微性*

到目前为止介绍的定理主要描述了连续时间下最大化问题的解的性质。但是，有关解何时存在这一题中应有之意并没有提出或得到解答。这一疏忽显得有些奇怪，因为不论是在之前章节研究的有限维度还是离散时间下的无限期界最大化问题中，分析都是从已有的定理开始的。不过，对这一疏忽有一个较好的解释。在连续时间最大化问题中，证明解的存在性比描述解要难得多。现在，我针对连续时间最大化问题提出其解存在性的一般化定理以及另外两个结果，以保证在（7.35）式和引理 7.1 中定义的价值函数 $V(t,x)$ 是凹的和可微的。

读者可能已经开始疑惑，到目前为止使用这些必要条件的方法在实践中是否有效，毕竟这些方法并没有证明解的存在性。这些疑虑很有必要，一般来讲，这种方法可能会打开潘多拉盒，引起叠加的一系列错误。不过，有一个应对方法，我们可以利用充分性定理，如无限期界问题的定理 7.11 或定理 7.14。当已知一个连续时间最大化问题，我们找到一个可接受配对 $(\hat{x}(t), \hat{y}(t))$ 满足必要条件（如定理 7.9 中的条件），然后我们可以证明最优化问题满足定理 7.11 和定理 7.14 中的条件，那么，我们一定可以得出一个解且无须解的存在性定理。因此，这些定理中包含的充分条件使我们不必检验解的存在性（根据构造，这相当于证明了解的存在性）。不过，这种方法当且仅当我们研究的问题足够凹，能满足定

理 7.11 或定理 7.14 的条件才有效。对于那些不满足这类要求的问题，使用必要条件做出论断的效力就要弱许多。因此，为了对连续时间最优化问题提供更全面的分析方法，我将在本节针对最优控制问题提出一个解的存在性定理。然而，不幸的是，这类问题的存在性定理陈述起来比较复杂且难以证明。特别是，它们需要测度理论的思想和更先进的工具（其中一些内容在附录 A.5 中介绍）。这里，我只用测度理论的一些简单方法来论证最实用且最有说服力的一个存在性定理。

为了得到这个存在性定理，我将利用本书目前为止研究过的一个最具一般性的问题，其表达式为

$$\max_{\mathbf{x}(t),\mathbf{y}(t)} W(\mathbf{x}(t),\mathbf{y}(t)) \equiv \int_0^\infty f(t,\mathbf{x}(t),\mathbf{y}(t))dt \tag{7.76}$$

约束条件为

$$\dot{\mathbf{x}}(t) = G(t,\mathbf{x}(t),\mathbf{y}(t)) \tag{7.77}$$

以及对于所有 t，有

$$\mathbf{x}(t) \in \mathcal{X}(t) \text{ 和 } \mathbf{y}(t) \in \mathcal{Y}(t), \mathbf{x}(0) = \mathbf{x}_0, \text{ 以及 } \lim_{t\to\infty}\mathbf{x}(t) \geq \mathbf{x}_1 \tag{7.78}$$

其中，当 $K_x, K_y \in \mathbb{N}$, $f:\mathbb{R} \times \mathbb{R}^{K_x} \times \mathbb{R}^{K_y} \to \mathbb{R}$ 且 $G:\mathbb{R} \times \mathbb{R}^{K_x} \times \mathbb{R}^{K_y} \to \mathbb{R}^{K_x}$ 时，$\mathcal{X}(t) \subset \mathbb{R}^{K_x}$ 且 $\mathcal{Y}(t) \subset \mathbb{R}^{K_y}$，和往常一样，$f$ 和 G 对于其所有参数而言都是连续可微的。

显然，有限期界问题是这个一般性问题的特例，可通过假定对所有 $t \geq t_1$（且令某个 $t_1 > 0$）有 $f(t,\mathbf{x},\mathbf{y}) \equiv 0$ 来获得。同样，约束条件的终值也通过特定形式 $\lim_{t\to\infty}\mathbf{x}(t) \geq \mathbf{x}_1$ 具体化。终值约束条件的其他不同表达式可能包含某个完全自由的状态变量以及必须满足恒等式的其他约束条件，它们可以使用与定理 7.15 中的证明完全相同的策略来处理。

为了阐述解的存在性，让我们定义

$$M \equiv \{(t,\mathbf{x},\mathbf{y}):\mathbf{x} \in \mathcal{X}(t), \mathbf{y} \in \mathcal{Y}(t) \text{ 和 } t \in \mathbb{R}_+\}$$

和

$$M' \equiv \{(t,\mathbf{x}):\mathbf{x}(t) \in \mathcal{X}(t) \text{ 和 } t \in \mathbb{R}_+\}$$

还请回忆 $(\mathbf{x}(t),\mathbf{y}(t))$ 是可接受配对，当 $\mathbf{x}(t) \in \mathcal{X}(t)$ 是绝对连续的且 $\mathbf{y}(t) \in \mathcal{Y}(t)$ 对所有 t 是（勒贝格）可测的，则 $\mathbf{x}(t)$ 和 $\mathbf{y}(t)$ 满足 (7.77) 式，且 $\mathbf{x}(t)$ 满足初始约束条件和终值约束条件 $\mathbf{x}(0) = \mathbf{x}_0$ 和 $\lim_{t\to\infty}\mathbf{x}(t) \geq \mathbf{x}_1$（观察定义 A.26）。根据已知初始条件 $\mathbf{x}(0) = \mathbf{x}_0$，我将可接受配对集表示为

$$\Omega(0, \mathbf{x}_0) \equiv \{[\mathbf{x}(t), \mathbf{y}(t)]_{t=0}^{\infty} : \text{可接受配对}(\mathbf{x}(t), \mathbf{y}(t))\}$$

和一个用（$\mathbf{x}(t), \mathbf{y}(t)$）表示的通用要素 $\Omega(0, \mathbf{x}_0)$。集合 $\Omega(0, \mathbf{x}_0)$ 可以进一步明确表示为

$$\Omega(0, \mathbf{x}_0) \equiv \{[\mathbf{x}(t), \mathbf{y}(t)]_{t=0}^{\infty} : \mathbf{y}(t) \in \mathcal{Y}(t),$$

$$\mathbf{x}(t) = \int_0^t G(s, \mathbf{x}(s), \mathbf{y}(s))ds + \mathbf{x}_0 \in \mathcal{X}(t) \text{ 对所有} t \in \mathbb{R}_+, \text{ 和} \lim_{t \to \infty} \mathbf{x}(t) \geq \mathbf{x}_1\}$$

定理 7.15（解的存在性） 考虑在约束条件（7.77）式和（7.78）式下对（7.76）式求最大化的问题。假定以下条件成立：

1. 映射 $\mathcal{X}(t): \mathbb{R}_+ \rightrightarrows \mathbb{R}^{K_x}$ 和 $\mathcal{Y}(t): \mathbb{R}_+ \rightrightarrows \mathbb{R}^{K_y}$ 是有非空值、紧值、闭值且上半连续的映射。

2. 函数 f 和 G 在 M 是连续的。

3. 对于 $\mathbf{x}_0 \in \mathcal{X}(t)$ 和所有 $(t, \mathbf{x}) \in M'$，集合 $\Omega(0, \mathbf{x}_0)$ 和 $Q(t, \mathbf{x}) \equiv \{\text{对某些 } \mathbf{y} \in \mathcal{Y}(t), (p, \mathbf{z}) \in \mathbb{R} \times \mathbb{R}^{K_x} : p \leq f(t, \mathbf{x}, \mathbf{y}) \text{ 和 } \mathbf{z} = G(t, \mathbf{x}, \mathbf{y})\}$ 是非空的。此外，对于 $(t, \mathbf{x}) \in M'$，对应的 $Q(t, \mathbf{x})$ 有闭值、凸值且是上半连续的。

4. 对任意区间 $[t_1, t_1 + \delta]$ 和任意实数 $\varepsilon > 0$，存在一个连续函数 $\Phi_{t_1 \delta \varepsilon}(t)$ 可令 $\int_0^T \Phi_{t_1 \delta \varepsilon}(t) dt$ 对任意 $T \in [0, \infty]$ 存在，且小于或等于 $\Phi < \infty$，从而

$$\varepsilon f(t, \mathbf{x}, \mathbf{y}) \leq \Phi_{t_1 \delta \varepsilon}(t) - \|G(t, \mathbf{x}, \mathbf{y})\|$$

对所有 $t \in [t_1, t_1 + \delta]$ 和所有 $(t, \mathbf{x}, \mathbf{y}) \in M$ 都成立。

5. 存在一个正的函数 $\phi(t)$（例如，对于所有 t，有 $\phi(t) \geq 0$），可令 $\int_0^\infty \phi(t) dt$ 存在且小于或等于 $\phi < \infty$，从而 $f(t, \mathbf{x}, \mathbf{y}) \leq \phi(t)$ 对于所有 $(t, \mathbf{x}, \mathbf{y}) \in M$ 存在。

基于假设 1 至假设 5，存在一个可接受配对 $(\hat{\mathbf{x}}(t), \hat{\mathbf{y}}(t)) \in \Omega(0, \mathbf{x}_0)$ 是以（7.77）式和（7.78）式为约束条件的最大化问题（7.76）式的一个解。即对于任意 $(\mathbf{x}'(t), \mathbf{y}'(t)) \in \Omega(0, \mathbf{x}_0)$，都有 $W(\hat{\mathbf{x}}(t), \hat{\mathbf{y}}(t)) = \overline{W} \geq W(\mathbf{x}'(t), \mathbf{y}'(t))$。

证明 根据假设 5，

$$\int_0^\infty f(t, \mathbf{x}(t), \mathbf{y}(t)) dt \leq \int_0^\infty \phi(t) dt \leq \phi < \infty$$

对所有 $(t, \mathbf{x}(t), \mathbf{y}(t)) \in M$ 成立。由于 $\Omega(0, \mathbf{x}_0)$ 是非空的，

$$\bar{W} = \sup_{(\mathbf{x}(t),\mathbf{y}(t))\in\Omega(0,\mathbf{x}_0)} \int_0^\infty f(t, \mathbf{x}(t), \mathbf{y}(t))dt \leq \phi < \infty$$

对于一个可接受配对序列 $\{(\mathbf{x}^n(t),\mathbf{y}^n(t))\}_{n=1}^\infty$，定义

$$w^n(t) \equiv \int_0^t f(s, \mathbf{x}^n(s), \mathbf{y}^n(s))ds$$

$$w_+(t) \equiv \int_0^t \phi(s)ds \in [0, \phi]$$

$$w_-^n(t) \equiv -\int_0^t [\phi(s) - f(s, \mathbf{x}^n(s), \mathbf{y}^n(s))]ds$$

其中不等式 $0 \leq w_+(t) \leq \phi$ 来源于假设5。此外，再次根据假设5可知，$\phi(t) - f(t, \mathbf{x}^n(t),\mathbf{y}^n(t)) \geq 0$，于是 $w_-^n(t)$ 是负的，且对 t 是非递增的。同样，显然有，

$$w_-^n(t) + w_+(t) = w^n(t)$$

因为 $w_-^n(t)$ 是非递增的，它收敛于延长线（extended real line），于是有

$$\lim_{t\to\infty} w_-^n(t) = -W_-^n$$

其中 W_-^n 是有上界的（即 $\bar{W} < +\infty$，因为 $\phi(t) - f(t,\mathbf{x}^n(t),\mathbf{y}^n(t)) \geq 0$ 且 $\int_0^t \phi(t)dt \leq \phi < \infty$）同时也是非正的，因为对于所有 t 都有 $w_-^n(t) \leq 0$。于是我们可以得到

$$\lim_{t\to\infty} w_-^n(t) = \lim_{t\to\infty}[w_-^n(t) + w_+(t) - w_+(t)]$$
$$= \lim_{t\to\infty}[w^n(t) - w_+(t)]$$
$$= -W_-^n$$

最后一个等式确保了 $\lim_{t\to\infty} w^n(t)$ 收敛（在延长线上）于 W^n，它小于 $\phi - W_-^n < \infty$。因此，根据上确界的定义，可以选择 Ω 中的序列 $\{(\mathbf{x}^n(t),\mathbf{y}^n(t))\}_{n=1}^\infty$，从而对于某个实数 $K > 0$，满足

$$\bar{W} - \frac{K}{n} \leq \bar{W}^n \leq \bar{W}$$

相应地，$\lim_{n\to\infty} \bar{W}^n$ 一定存在且等于 $\bar{W}$。

为了完成该证明，我们必须说明 $\{(\mathbf{x}^n(t),\mathbf{y}^n(t))\}_{n=1}^\infty$ 收敛于一个可接受配对。这一步分为四个部分。我们必须说明：（i）$\mathbf{x}^n(t) \to \hat{\mathbf{x}}(t)$ 可令 $\hat{\mathbf{x}}(t) \in \mathcal{X}(t)$；

(ⅱ) $\hat{\mathbf{x}}(t)$ 是绝对连续的;(ⅲ) 当 (ⅰ) 和 (ⅱ) 存在时,$\dot{\mathbf{x}}(t)$ 满足 (7.77) 式以及 (ⅳ) $\mathbf{y}^n(t) \to \hat{\mathbf{y}}(t) \in \mathcal{Y}(t)$,其中 $\hat{\mathbf{y}}(t)$ 是 (勒贝格) 可测的。

由于 $\mathcal{Y}(t)$ 和 $\mathcal{X}(t)$ 是闭值(假设1),因此 M 是闭集。这也意味着 M' 是闭集。因为任意区间 $[t_1, t_1 + \delta]$ 是闭且紧的,而且 $\mathcal{X}(t)$ 对所有 t 都是紧的,$M_{t_1\delta} \equiv M' \cap ([t_1, t_1 + \delta] \times \mathbb{R}^{K_x})$ 也是紧的(推论 A.2),所以任意(向量)函数 $\mathbf{x}^n(t) \in M_{t_1\delta}$ 的序列都是一致有界的。我们接下来要证明连续函数 $\{\mathbf{x}^n(t)\}_{n=1}^{\infty}$ 在 $M_{t_1\delta}$ 中的序列是同等连续的(定义 A.30)。令 $\varepsilon > 0$。因为 $\int_0^T \Phi_{t_1\delta\varepsilon}(t)dt$ 对于任意 T 都有 $\Phi_{t_1\delta\varepsilon}(t)$ 且是连续的(假设4),所以存在 $\chi > 0$ 可使

$$\int_{t_1}^{t_1+\delta} \Phi_{t_1\delta\varepsilon}(t)dt < \frac{\chi}{2}$$

再次使用假设4,并令

$$\varepsilon \equiv \frac{\chi}{2(\Phi - \bar{W})} > 0$$

对于每个 $n = 1, 2, \cdots$ 成立,我们可得

$$\int_{t_1}^{t_1+\delta} \|\dot{\mathbf{x}}^n(t)\| dt = \int_{t_1}^{t_1+\delta} \|G(t, \mathbf{x}^n(t), \mathbf{y}^n(t))\| dt$$

$$\leq \int_{t_1}^{t_1+\delta} [\Phi_{t_1\delta\varepsilon}(t) - \varepsilon f(t, \mathbf{x}^n(t), \mathbf{y}^n(t))]dt$$

$$\leq \int_{t_1}^{t_1+\delta} \Phi_{t_1\delta\varepsilon}(t)d + \varepsilon \int_0^{\infty} [\phi(t) - f(t, \mathbf{x}^n(t), \mathbf{y}^n(t))]dt$$

$$\leq \frac{\chi}{2} + \varepsilon(\Phi - \bar{W})$$

$$\leq \chi$$

由于这种关系对于每个 $n = 1, 2, \cdots$ 和每个区间 $[t_1, t_1 + \delta]$ 都是真实的,向量函数 $\mathbf{x}^n(t)$ 在每个 $[t_1, t_1 + \delta]$ 都是同等连续的。现在,阿泽拉 - 阿斯科利 (Arzela - Ascoli) 定理的推论(推论 A.2)说明存在一个 $\{\mathbf{x}^n(t)\}$ 的子序列 $\{\mathbf{x}^{n_k}(t)\}$ 可令 $\mathbf{x}^{n_k}(t) \to \hat{\mathbf{x}}(t)$ 且 $\hat{\mathbf{x}}(t)$ 在 $[t_1, t_1 + \delta]$ 是绝对连续的。由于 $[0, \infty)$ 是形如 $[t_1, t_1 + \delta]$ 的区间的可数并集 (union),多次(可数地)重复应用前面的论点意味着存在一个 $\{\mathbf{x}^n(t)\}$ 的子序列 $\{\mathbf{x}^{n_k}(t)\}$ 可使 $\mathbf{x}^{n_k} \to \hat{\mathbf{x}}(t)$ 对区间 $[0, \infty)$ 成立。定义 A.26 则意味着 $\hat{\mathbf{x}}(t)$ 在 $[0, \infty)$ 是绝对连续的,至此完成了以上第一部分和第二部分的证明。

对于第三部分，我们需要说明，当 $\dot{\mathbf{x}}(t)$ 存在，则有 $a(t)$ 可使 $(a(t),\dot{\mathbf{x}}(t)) \in Q(t,\hat{\mathbf{x}}(t))$ 对所有 t 成立。对任意实数 $\varepsilon > 0$，可令 $Q_\varepsilon(t,\mathbf{x})$ 是集合 $Q(t,\hat{\mathbf{x}})$ 的 ε 邻域，即

$$Q_\varepsilon(t,\hat{\mathbf{x}}) = \{(p,\mathbf{z}) : d((p,\mathbf{z}), Q(t,\hat{\mathbf{x}})) < \varepsilon\}$$

其中 d 是欧几里得度量。由于 $Q(t,\hat{\mathbf{x}})$ 是凸值的（根据假设3），$Q_\varepsilon(t,\hat{\mathbf{x}})$ 也是凸值的。根据可接受的定义，对于前面考虑的序列 $\{(\mathbf{x}^n(t),\mathbf{y}^n(t))\}_{n=1}^\infty$，$(p^n(t), \dot{\mathbf{x}}^n(t)) \in Q(t,\mathbf{x}^n(t))$ 对所有 t 成立 [其中 $p^n(t) = f(t,\mathbf{x}^n(t),\mathbf{y}^n(t))$]。并且，由于 $Q(t,\mathbf{x}^n(t)) \subset Q_\varepsilon(t,\mathbf{x}^n(t))$ 对于每个 t 成立，有 $(p^n(t),\dot{\mathbf{x}}^n(t)) \in Q_\varepsilon(t,\mathbf{x}^n(t))$。此外，由于 $\varepsilon > 0$，存在 $h > 0$ 可使

$$(p^n(t+\eta),\dot{\mathbf{x}}^n(t+\eta)) \in Q_\varepsilon(t,\mathbf{x}^n(t))$$

对于所有 $\eta \leq h$ 和每个 $n = 1, 2, \cdots$ 都成立。对（7.77）式在 t 和 $t+h$ 区间对一个可接受配对 $(\mathbf{x}^n(t),\mathbf{y}^n(t))$ 进行积分，得到

$$\mathbf{x}^n(t+h) = \int_t^{t+h} G(s,\mathbf{x}^n(s),\mathbf{y}^n(s))ds + \mathbf{x}^n(t)$$

且因此有

$$\frac{\mathbf{x}^n(t+h) - \mathbf{x}^n(t)}{h} = \frac{\int_t^{t+h} \dot{\mathbf{x}}^n(s)ds}{h}$$

对于每个 $n = 1, 2, \cdots$ 成立。由于 $Q_\varepsilon(t,\mathbf{x}^n(t))$ 是凸值，且 $\dot{\mathbf{x}}^n(s) \in Q_\varepsilon(t,\mathbf{x}^n(t))$ 对于所有 $s \in [t, t+h]$，有

$$\left(\int_t^{t+h} \dot{\mathbf{x}}^n(s)ds\right)/h \in \overline{Q_\varepsilon(t,\mathbf{x}^n(t))}$$

（请回忆 $\overline{Q_\varepsilon(t,\mathbf{x}^n(t))}$ 是 $Q_\varepsilon(t,\mathbf{x}^n(t))$ 的闭包。）根据假设3，$Q_\varepsilon(t,\mathbf{x}^n(t))$ 是闭值、凸值且上半连续的，于是 $\overline{Q_\varepsilon(t,\mathbf{x}^n(t))}$ 也是闭值、凸值且上半连续的。据此，在 $n \to \infty$ 取极限可得

$$\frac{\hat{\mathbf{x}}(t+h) - \hat{\mathbf{x}}(t)}{h} \in \overline{Q_\varepsilon(t,\mathbf{x}(t))}$$

现在对 $h \to 0$ 取极限并使用 $\dot{\mathbf{x}}(t)$ 存在的假设，可得

$$\dot{\mathbf{x}}(t) \in \overline{Q_\varepsilon(t,\hat{\mathbf{x}}(t))}$$

由于 $\varepsilon > 0$ 且 t 是任意的，我们得到

$$\dot{\mathbf{x}}(t) \in \overline{Q(t, \hat{\mathbf{x}}(t))} = Q(t, \hat{\mathbf{x}}(t))$$

对于所有 t 成立，至此完成了第三部分的证明。

对于第四部分，请注意对于每个 $n = 1, 2, \cdots, (\mathbf{x}^n(t), \mathbf{y}^n(t))$ 是可接受的，于是 $\mathbf{y}^n(t)$ 在 t 一定是可测度的。此外，由于 $\mathcal{Y}(t)$ 是紧的，根据海利（Helly）选择定理［如 Kolmogorov and Fomin（1970）提出的定理 5，[①] 第 372 页］，存在一个 $\{\mathbf{y}^n(t)\}$ 的子序列，表示为 $\{\mathbf{y}^{n_k}(t)\}$，且有 $\mathbf{y}^{n_k}(t) \to \hat{\mathbf{y}}(t)$。由于 $\hat{\mathbf{x}}(t)$ 是绝对连续的，它几乎在任何地方都是可微的（事实 A.17）。因此 $\dot{\hat{\mathbf{x}}}(t)$ 几乎在每一处都存在且可测度。此外 $\dot{\hat{\mathbf{x}}}(t)$ 也是绝对连续且可测度的。下面令 $D = \{(t, \hat{\mathbf{y}}(t)) \in \mathbb{R}_+ \times \mathcal{Y}(t) : \dot{\hat{\mathbf{x}}}(t) = G(t, \hat{\mathbf{x}}(t), \hat{\mathbf{y}}(t))\}$。由于 $\mathbb{R}_+$ 是一个紧区间的可数并集且 $\mathcal{Y}(t)$ 是封闭的，D 可以表示为一个紧集的可数并集。由于 G 在所有关于 D 的论证中都是连续的（假设 2），并且 $\dot{\hat{\mathbf{x}}}(t) = G(t, \hat{\mathbf{x}}(t), \hat{\mathbf{y}}(t))$ 对所有 $t \in \mathbb{R}_+$ 都是可测度的，因此 $\hat{\mathbf{y}}(t)$ 对所有 $t \in \mathbb{R}_+$ 也是可测度的。

定理 7.15 证明了在相对温和的假设下（至少从经济学的角度说），连续时间最大化问题的解的连续性。假设 1 和假设 2 满足一般紧性和连续性，这在有限维度和离散时间的最优化问题中是必要的（参见定理 A.9）。假设 4 和假设 5 对边界假设相对更强一些，它们在有限维度和离散时间的最优化问题中也是必要的（这些假设有时候被称为"增长条件"，因为它们限制了收益函数的增长率）。假设 3 很不寻常，这种凸性假设在有限维度和离散时间的最优化问题中不是必要的。然而，在连续时间问题中，这种假设必不可少（见习题 7.24）。

尽管定理 7.15 证实了解的存在性，但是要给出这些解（控制变量 $\mathbf{y}(t)$）的连续性的充分条件并非易事。如果不能证实解的连续性，定理 7.9 和/或定理 7.13 的必要条件就显得不完整。不过，这个观点是有些道理的，请回忆不论是定理 7.9 还是定理 7.13 提出的必要条件，都只适用将 $\mathbf{y}(t)$ 非连续的时间点排除后的所有 t。此外，推论 7.1 提供了连续性条件（凹性问题）。然而，除了用这些条件证明连续解的存在性，上文概述的间接方法也很有用。特别是，在大多数经济问题中，我们都可以采用以下方法：（ⅰ）描述一个候补解（当这个解存在时），这个解能满足定理 7.9 或定理 7.13 的必要条件；（ⅱ）证明定理 7.11 或定

[①] 在数学里，该定理表明一个函数序列的总变分是局部有界的并且其界限统一于一个点，即有一个收敛的子序列。该定理以奥地利数学家爱德华·海利（Edward Helly）命名。——译者注

理 7.14 的充分条件。当这种方法，有效时，能够确保解的存在性和控制变量的连续性（以及状态变量的平滑性）。由于本书所有问题都满足这些条件，所以这是我随后要采用的方法之一。

接下来，让我们讨论如何在最优增长的例子中，证明定理 7.15 中的条件，下一节还将更加深入地探讨这一问题。

例 7.4 考虑下列问题

$$\max_{[k(t),c(t)]_{t=0}^{\infty}} \int_0^{\infty} \exp(-\rho t)u(c(t))dt$$

约束条件为

$$\dot{k}(t) = f(k(t)) - \delta k(t) - c(t)$$

对于所有 t，有 $k(t) \geq 0$，且 $k(0) > 0$。回忆 $u: \mathbb{R}_+ \to \mathbb{R}$ 是严格递增、连续可微且严格凹的，当 $f(\cdot)$ 满足我们的基本假设［假设 1 和假设 2 来自第 2 章；这也意味着对所有 t，有 $c(t) \geq 0$］。让我们现在开始检验定理 7.15 中的假设 1 至假设 5 是否满足。第一，请注意根据假设 2 的稻田条件，存在 $\bar{k} > 0$ 可令 $f(\bar{k}) = \delta \bar{k}$，于是对于任意 $k > \bar{k}, \dot{k}$ 必须是严格为负的（即使当 $c = 0$）。于是我们可以重点关注 $k(t) \in [0, \vec{k}]$，其中 $\vec{k} \equiv \max\{\bar{k}, k(0)\}$。因此当 $\mathfrak{X}(t)$ 是紧的且有闭值，并在 t 也连续时，有 $k(t) \in \mathfrak{X}(t) \equiv [0, \vec{k}]$。类似地，$c(t) \in [0, f(\vec{k})]$；于是 $c(t) \in \mathcal{Y}(t) \equiv [0, f(\vec{k})]$，可知 $\mathcal{Y}(t)$ 是闭值的，且在 t 是连续的。因此假设 1 得以证实。由于 u 和 f 都是连续的，所以假设 2 也得以证实。对应的 $Q(t, \mathbf{x})$ 可采用下列形式：

$$Q(t, k) = \left\{(p, z) \in \mathbb{R} \times \mathbb{R}: p \leq \exp(-\rho t)u(c), z = f(k) - \delta k - c \text{ 和 } c \in [0, f(\vec{k})]\right\}$$

它显然是闭合的、凸值的和连续的，且无论是 $Q(t, \mathbf{x})$ 还是 $\Omega(\mathbf{x}_0)$ 都是非空值的，于是假设 3 也得以证实。

根据事实 $(c)t \in [0, f(\vec{k})]$，我们可知

$$\exp(-\rho t)u(t) \leq \exp(-\rho t) \max\{0, u(f(\vec{k}))\}$$

于是假设 5 也得以满足。最后，令

$$\Phi(t) \equiv \exp(-\rho t)\left[u(\vec{k}) + \max\{\vec{k}, [f(\vec{k}) - \delta \vec{k}]\}\right]$$

接下来，再次利用事实 $c(t) \in [0, f(\vec{k})]$ 和 $k(t) \in [0, \vec{k}]$，我们可知对任意区间

$[t_1, t_1+\delta]$ 和任意 $\varepsilon>0$,

$$\varepsilon u(c)+|f(k)-\delta k-c| \leqslant \Phi(t)$$

对任意 $t\in[t_1, t_1+\delta]$ 成立,且

$$\int_0^\infty \exp(-\rho t)\Phi(t) \leqslant \frac{u(\vec{k})+\max\{\vec{k},[f(\vec{k})-\delta\vec{k}]\}}{\rho} < \infty$$

这就证明了假设 4。定理 7.15 则保证了该问题解的存在性。下一节我们将看到定理 7.14 实际上确保了该问题连续解的存在性。

下面,我将简单地给出价值函数 $V(t,x)$ 为凹且可微的条件。回忆 (7.35) 式中 $V(t,x)$ 的定义,该定义是针对一维状态变量的例子给出的。让我们考虑更一般化的基于约束条件 (7.77) 式和 (7.78) 式的最大化问题 (7.76) 式。假设问题的解存在,价值函数被定义为

$$V(t_0, \mathbf{x}_0) = \max_{[\mathbf{x}(t),\mathbf{y}(t)]_{t=t_0}^\infty \in \Omega(t_0,\mathbf{x}_0)} \int_{t_0}^\infty f(t, \mathbf{x}(t), \mathbf{y}(t))dt$$

请注意,所有约束条件都已经包含在集合 $\Omega(t_0,\mathbf{x}_0)$ 中。

下一个定理给出了价值函数 $V(t,\mathbf{x})$ 对 $\mathbf{x}$ 为凹的充分条件。该定理是简单的,尽管在很多问题中确保约束条件集 $\Omega(t,\mathbf{x})$ 的凸性会十分困难。具体而言,当 $[\mathbf{x}(t),\mathbf{y}(t)]_{t=t_0}^\infty \in \Omega(t_0,\mathbf{x})$,且 $[\mathbf{x}'(t),\mathbf{y}'(t)]_{t=t_0}^\infty \in \Omega(t_0,\mathbf{x}')$ 时,对任意 $\alpha \in [0,1]$,有 $[\mathbf{x}_\alpha(t),\mathbf{y}_\alpha(t)]_{t=t_0}^\infty \in \Omega(t_0,\mathbf{x}_\alpha)$,因此 $\Omega(t_0,\mathbf{x})$ 是凸的,其中

$$\mathbf{x}_\alpha(t) \equiv \alpha\mathbf{x}(t)+(1-\alpha)\mathbf{x}'(t)$$

$$\mathbf{y}_\alpha(t) \equiv \alpha\mathbf{y}(t)+(1-\alpha)\mathbf{y}'(t)$$

且

$$\mathbf{x}_\alpha \equiv \alpha\mathbf{x}+(1-\alpha)\mathbf{x}'$$

例如,形如 $\dot{\mathbf{x}}(t) = A(t)+B(t)\mathbf{x}(t)+C(t)\mathbf{y}(t)$ 的线性微分方程系统满足这个凸性条件。

定理 7.16(价值函数的凹性) 考虑基于约束条件 (7.77) 式和 (7.78) 式的最大化问题 (7.76) 式,并设定理 7.15 的假设能够满足,则该最大化问题的解是存在的。令该价值函数在时间 t_0 起始于初始值 $\mathbf{x}_0$,表示为 $V(t_0,\mathbf{x}_0)$。另外假设 $f(t,\mathbf{x}(t),\mathbf{y}(t))$ 在所有 $t\in[t_0,\infty)$ 对 $\mathbf{x}(t)$ 和 $\mathbf{y}(t)$ 是联合凹的,并且 $\Omega(t_0,\mathbf{x})$ 对所有 $\mathbf{x}\in \mathfrak{X}(t_0)$ 是凸的。因此,$V(t_0,\mathbf{x})$ 对 $\mathbf{x}$ 是凹的。

证明 假设 $[\mathbf{x}(t),\mathbf{y}(t)]_{t=t_0}^{\infty} \in \Omega(t_0,\mathbf{x})$ 和 $[\mathbf{x}'(t),\mathbf{y}'(t)]_{t=t_0}^{\infty} \in \Omega(t_0,\mathbf{x}')$ 是问题的解。于是

$$V(t_0,\mathbf{x}) = \int_{t_0}^{\infty} f(t,\mathbf{x}(t),\mathbf{y}(t))dt, \text{ 和 } V(t_0,\mathbf{x}') = \int_{t_0}^{\infty} f(t,\mathbf{x}'(t),\mathbf{y}'(t))dt \quad (7.79)$$

现在按照以上定义的 $\mathbf{x}_\alpha$，考虑 $V(t_0,\mathbf{x}_\alpha)$。根据 $\Omega(t_0,\mathbf{x})$ 为凸的假设，当 $\mathbf{x}_\alpha(t)$ 和 $\mathbf{y}_\alpha(t)$ 按以上定义，则有 $[\mathbf{x}_\alpha(t),\mathbf{y}_\alpha(t)]_{t=t_0}^{\infty} \in \Omega(t_0,\mathbf{x}_\alpha)$。因此

$$V(t_0,\mathbf{x}_\alpha) \geq \int_{t_0}^{\infty} f(t,\mathbf{x}_\alpha(t),\mathbf{y}_\alpha(t))dt$$
$$= \int_{t_0}^{\infty} f(t,\alpha\mathbf{x}(t)+(1-\alpha)\mathbf{x}'(t),\alpha\mathbf{y}(t)+(1-\alpha)\mathbf{y}'(t))dt$$
$$\geq \alpha\int_{t_0}^{\infty} f(t,\mathbf{x}(t),\mathbf{y}(t))dt + (1-\alpha)\int_{t_0}^{\infty} f(t,\mathbf{x}'(t),\mathbf{y}'(t))dt$$
$$= \alpha V(t_0,\mathbf{x}) + (1-\alpha)V(t_0,\mathbf{x}')$$

其中，第一行用到了 $[\mathbf{x}_\alpha(t),\mathbf{y}_\alpha(t)]_{t=t_0}^{\infty}$ 是可行的事实，于是 $V(t_0,\mathbf{x}_\alpha)$ 必须至少和 $[\mathbf{x}_\alpha(t),\mathbf{y}_\alpha(t)]_{t=t_0}^{\infty}$ 的收益一样大。第二行明确地写出了 $\mathbf{x}_\alpha(t)$ 和 $\mathbf{y}_\alpha(t)$，第三行用到了 f 的联合凹性，第四行用到了 (7.79) 式。这就证明了 $V(t_0,\mathbf{x})$ 的凹性。

定理 7.17（价值函数的可微性） 考虑基于约束条件 (7.77) 式和 (7.78) 式的最大化问题 (7.76) 式，并设定理 7.15 和定理 7.16 的假设都能够满足，于是问题的解存在，且 $V(t_0,\mathbf{x})$ 为凹。另外假设 f 和 G 在所有 t 都对 $(\mathbf{x},\mathbf{y})$ 是可微的，并且最优配对 $(\hat{\mathbf{x}}(t),\hat{\mathbf{y}}(t))$ 可令 $\Delta t > 0$ 存在，且对于 $t \in [t_0, t_0+\Delta t]$，有 $\hat{\mathbf{x}}(t) \in \text{Int } \mathcal{X}(t)$ 和 $\hat{\mathbf{y}}(t) \in \text{Int } \mathcal{Y}(t)$。此时，$V(t_0,\mathbf{x})$ 在 $\hat{\mathbf{x}}(t)$ 对 $\mathbf{x}$ 可微。

证明 利用多变量问题的引理 7.1 中的恒等式，可得到

$$V(t_0,\hat{\mathbf{x}}(t_0)) = \int_{t_0}^{t_0+\Delta t} f(t,\hat{\mathbf{x}}(t),\hat{\mathbf{y}}(t))dt + V(t_0+\Delta t,\hat{\mathbf{x}}(t_0+\Delta t))$$

由于对于 $t \in [t_0,t_0+\Delta t]$，有 $\hat{\mathbf{x}}(t) \in \text{Int } \mathcal{X}(t)$ 和 $\hat{\mathbf{y}}(t) \in \text{text Int } \mathcal{Y}(t)$，当 $\varepsilon > 0$ 且足够小时，存在一个 $\hat{\mathbf{x}}(t_0)$ 的邻域 $\mathcal{N}_\varepsilon(\hat{\mathbf{x}}(t_0))$，可以使得对于所有 $\mathbf{x} \in \mathcal{N}_\varepsilon(\hat{\mathbf{x}}(t_0))$，当 $\mathbf{x}'(t+\Delta t) = \hat{\mathbf{x}}(t+\Delta t)$ 且 $[\mathbf{x}'(t),\mathbf{y}'(t)]_{t=t_0+\Delta t}^{\infty} = [\hat{\mathbf{x}}(t),\hat{\mathbf{y}}(t)]_{t=t_0+\Delta t}^{\infty}$ 时，存在 $[\mathbf{x}'(t),\mathbf{y}'(t)]_{t=t_0}^{\infty} \in \Omega(t_0,\mathbf{x})$。将该指数化次优可接受配对的值表示为

$$\tilde{V}(t_0,\mathbf{x}) = \int_{t_0}^{t_0+\Delta t} f(t,\mathbf{x}'(t),\mathbf{y}'(t))dt + V(t_0,\hat{\mathbf{x}}(t_0+\Delta t))$$

根据定义，$\bar{V}(t_0,\mathbf{x})$ 存在且对所有 $\mathbf{x} \in \mathcal{N}_\varepsilon(\hat{\mathbf{x}}(t_0))$ 满足 $\bar{V}(t_0,\mathbf{x}) \leqslant V(t_0,\mathbf{x})$。另外，$\bar{V}(t_0,\mathbf{x})$ 对 $\mathbf{x}$ 是可微的，因为 f 是可微的，并且根据定理 B.13，$[\mathbf{x}'(t), \mathbf{y}'(t)]_{t=t_0}^{t_0+\Delta t}$ 是一条可微的轨迹。此外，根据定理 7.16，$V(t_0,\mathbf{x})$ 是凹的，并且其凸性分析的结果和前一章对定理 6.6 的证明一样，凸函数 $-V(t_0,\mathbf{x})$ 是二次可微的并且有一个非空且凸的次梯度闭集，可令对于任意次梯度 $\mathbf{p}$ 和所有 $\mathbf{x} \in \mathcal{N}_\varepsilon(\hat{\mathbf{x}}(t_0))$，有

$$\mathbf{p} \cdot (\mathbf{x} - \hat{\mathbf{x}}(t_0)) \geqslant V(t_0, \mathbf{x}) - V(t_0, \hat{\mathbf{x}}(t_0))$$

此外，由于 $\bar{V}(t_0,\mathbf{x}) \leqslant V(t_0,\mathbf{x})$ 且 $\bar{V}(t_0,\hat{\mathbf{x}}(t_0)) = V(t_0,\hat{\mathbf{x}}(t_0))$，我们可知

$$\mathbf{p} \cdot (\mathbf{x} - \hat{\mathbf{x}}(t_0)) \geqslant V(t_0, \mathbf{x}) - V(t_0, \hat{\mathbf{x}}(t_0)) \geqslant \bar{V}(t_0, \mathbf{x}) - \bar{V}(t_0, \hat{\mathbf{x}}(t_0))$$

对所有 $\mathbf{x} \in \mathcal{N}_\varepsilon(\hat{\mathbf{x}}(t_0))$ 成立。由于 $\bar{V}(t_0,\mathbf{x})$ 对所有 $\mathbf{x} \in \mathcal{N}_\varepsilon(\hat{\mathbf{x}}(t_0))$ 是可微的，$\mathbf{p}$ 必须是唯一定义的，这意味着 $V(t_0,\mathbf{x})$ 在 $\hat{\mathbf{x}}(t_0)$ 也是可微的。

7.7 初探连续时间的最优增长问题

在这一节，我将简要介绍截至目前的主要结论，即定理 7.13 和定理 7.14 可应用于最优增长问题。请记住，最优增长问题涉及代表性家庭的效用最大化问题。在此我不会完整地求解这个模型，因为这是第 8 章的主要议题。我的目标是说明，利用这个经典问题，如何将定理 7.13 和定理 7.14 运用于分析经济增长问题。我发现检验定理 7.13 的条件需要做一些工作，而证实定理 7.14 的条件要简单得多。

考虑无人口增长和技术进步的一个新古典经济体。在此例中，连续时间的最优增长问题可以表达为

$$\max_{[k(t),c(t)]_{t=0}^{\infty}} \int_0^\infty \exp(-\rho t) u(c(t)) dt$$

约束条件是

$$\dot{k}(t) = f(k(t)) - \delta k(t) - c(t)$$

对于所有 t，有 $k(t) \geqslant 0$，且 $k(0) > 0$。让我们假定效用函数 $u(c)$ 可定义为 $u: \mathbb{R}_+ \setminus \{0\} \to \mathbb{R}$ 或者 $u: \mathbb{R}_+ \to \mathbb{R}$，同时严格递增，连续可微且严格为凹（如，当 $u(c) = \log c$，其域为 $\mathbb{R}_+ \setminus \{0\}$）。还假定 $f(\cdot)$ 满足第 2 章的假设 1 和假设 2，并且 $\lim_{c \to 0} u'(c) = \infty$。

让我们先建立现值汉密尔顿函数，在此例中，该函数并非直接取决于时间，可表示为

$$\hat{H}(k,c,\mu) = u(c(t)) + \mu(t)[f(k(t)) - \delta k(t) - c(t)] \tag{7.80}$$

其中状态变量为 k，控制变量为 c，现值共态变量为 μ。

根据定理7.13，让我们找到一条资本存量和人均消费的路径满足必要条件

$$\hat{H}_c(k,c,\mu) = u'(c(t)) - \mu(t) = 0 \tag{7.81}$$

和

$$\hat{H}_k(k,c,\mu) = \mu(t)[f'(k(t)) - \delta] = \rho\mu(t) - \dot{\mu}(t) \tag{7.82}$$

此外，我们将利用更强的横截性条件（7.69）式，该条件采用如下形式

$$\lim_{t\to\infty}\left[\exp(-\rho t)\mu(t)k(t)\right] = 0 \tag{7.83}$$

如果我们要证明这个横截性条件（对于一个内点解）是必要的，就要证明假设7.1是可以满足的。第一，瞬时效用函数 $u(c)$ 对 c 是递增的且独立于 k，因此它是弱单调的。约束函数 $f(k) - \delta k - c$ 对 c 是递增的，但是可能对 k 是非单调的。然而，我们即使只考虑 $k(t) \in [0,\bar{k}]$，其中 $\bar{k}$ 被定义为满足 $f'(\bar{k}) = \delta$，也丝毫不会影响问题的一般性。由于把资本存量增加至超过这个水平将同时减少当前和将来的产出和消费，因此对于任意 $t > 0$ 的最优控制变量都不可能包括 $k(t) \notin [0,\bar{k}]$。当 $k(t) \in [0,\bar{k}]$，约束函数对 k 也是弱单调的。这保证了假设7.1的第一部分能够满足。假设7.1的第二部分也显而易见，因为 $f(k) - \delta k - c$ 对 c 的导数等于 -1，从而一致偏离0。不过，假设7.1的第三部分并不一定要满足 [如，当 $u(c) = \log c$，有 $\lim_{c\to 0} u'(c) = \infty$]。然而，我们可以通过选择效用函数 $u:[\varepsilon + \infty) \to \mathbb{R}$（当 $\varepsilon > 0$ 足够小）来修正这个问题。在此例中，假设7.1的第三部分也能满足。于是，我们可以证明对所有 t 而言，包含 $c(t) > \varepsilon$ 的这一经修正后的问题之任意解也是效用函数域为 $\mathbb{R}_+ \setminus \{0\}$（见习题7.25）的原始问题之解。此外，还可以证明，对于任何最优增长问题，存在 $\varepsilon > 0$ 可以令 $c(t) > \varepsilon$ 对所有 t 成立（再次见习题7.25）。于是，将效用函数的域确定为 $[\varepsilon, +\infty)$ 并不会损失一般性。这构成了定理7.13的必要条件，包括横截性条件的强化版（7.69）式，可以用于该最优增长问题。该问题的这些条件可表达为（7.81）式至（7.83）式的形式。

然而，使用定理7.14还会带来更为直接的批评。请回忆，这个定理并不需要假设7.1。因此，没有必要根据$c(t)\in[\varepsilon,+\infty)$寻找一个修正的问题。我们只需要简单地寻找一个能够满足（7.81）式和（7.82）式以及横截性条件（7.83）式的候补路径。首先，我们可以观察到（7.81）式意味着沿着这条候补路径有$\mu(t)>0$（因为对于每一处都有$u'>0$）。结果，用（7.80）式表示的汉密尔顿函数现值包含了两个严格凹函数之和且自身也是严格凹的[同时，由于$\hat{H}(k,c,\mu)$也是严格凹的，所以$M(k,\mu)\equiv\max_c\hat{H}(k,c,\mu)$也是严格凹的]。其次，由于$\mu(t)>0$且$k(t)>0$（根据可行性），任何可选择路径都必须满足条件$\lim_{t\to\infty}[\exp(-\rho t)\mu(t)k(t)]\geq 0$。因此定理7.14中的条件也满足。我们由此可得出结论，满足（7.81）式至（7.83）式的候补解是一个全局最大值。请注意，在运用定理7.14时，我们名义上使用的是（7.69）式的等价表达式（7.83）式，并将之作为凹性前提下的充分横截性条件（因此，我们不需要检验假设7.1）。

由于在新古典模型中的最优增长分析与第8章的情况更相关，在此我不再进一步探讨此问题。

7.8 投资的q理论和鞍轨稳定

作为本章讨论方法的另一种运用，我现在从调整成本的角度考虑投资的规范模型，或称之为"投资的q理论"。这个问题不仅对最优控制技巧的运用很有用，而且是标准宏观经济理论的基本模型之一。此外，我用这个模型阐述了鞍轨稳定的概念，它在分析最优增长和均衡增长中起到重要作用。

这里要探讨的问题是，一个价格接受型企业试图最大化其当前的贴现利润。截至目前，需要对我们研究的问题进行的唯一修正是，该企业在改变其资本存量的同时可以调整成本。具体而言，令该企业的资本存量为$K(t)\geq 0$，假定其生产函数$f(K)$满足第2章的假设1和假设2。为了简化，让我们将该企业的产品价格按照所有时期的制成品价格标准化为1。该企业受到调整成本的影响，表示为函数$\phi(I)$，该函数是严格递增、连续可微和严格凸的，并且满足$\phi(0)=\phi'(0)=0$。因此，除了购买投资品的成本（已知标准化的价格，一定量投资I的成本也等于I），该企业还面临调整其生产结构产生的成本，表示为凸函数$\phi(I)$。在某些模型中，该调整成本被看作投资相对于资本的函数——$\phi(I/K)$而非$\phi(I)$——但是这一修正对我们的主题而言并没有什么区别。我还假设固定资本按照指数率δ折旧，并且该企业按照等于利率r（该比率被看作常数）的折旧率最大化其贴现收益的净现值。

该企业的问题可以表示为

$$\max_{[K(t),I(t)]_{t=0}^{\infty}} \int_0^{\infty} \exp(-rt)[f(K(t)) - I(t) - \phi(I(t))]dt$$

约束条件为

$$\dot{K}(t) = I(t) - \delta K(t) \tag{7.84}$$

且 $K(t) \geq 0$,已知 $K(0) > 0$。注意,$\phi(I)$ 并不会促进资本积累,它仅仅是一项成本罢了。此外,由于 ϕ 是严格凸的,这意味着该企业倾向于避免"较大的"调整。因此 ϕ 起到了平滑投资时间路径的作用。

为了得出该企业的最优投资规划,让我们使用与前一节相同的策略。具体地,将现值汉密尔顿函数表示为

$$\hat{H}(K, I, q) \equiv [f(K(t)) - I(t) - \phi(I(t))] + q(t)[I(t) - \delta K(t)]$$

其中我用 $q(t)$ 代替大家熟悉的 $\mu(t)$ 作为共态变量,这样做的理由很快就会在下文给出。

该问题存在内点解的必要条件,以及横截性条件可以表示为

$$\hat{H}_I(K, I, q) = -1 - \phi'(I(t)) + q(t) = 0$$
$$\hat{H}_K(K, I, q) = f'(K(t)) - \delta q(t) = rq(t) - \dot{q}(t) \tag{7.85}$$
$$\lim_{t \to \infty} \exp(-rt)q(t)K(t) = 0$$

第一个必要条件意味着对于所有 t,有

$$q(t) = 1 + \phi'(I(t)) \tag{7.86}$$

下面,让我们检验充分性。由于对所有 t 都有 $q(t) > 0$,所以 $\hat{H}$ 是严格凹的。此外,由于可行性要求 $K(t) \geq 0$,对于任意可行投资和资本存量路径我们还需要 $\lim_{t \to \infty} \exp(-rt)q(t)K(t) \geq 0$。结果,定理 7.14 得以应用,并证明 (7.85) 式的一个解描述了唯一的利润最大化投资和资本存量路径。这再次说明,使用定理 7.14 既简单又有效。特别是,与 (7.69) 式对应的横截性条件已经被当作充分条件,因此没有必要再检验假设 7.1。

下面,将 (7.86) 式对时间求微分,可得

$$\dot{q}(t) = \phi''(I(t))\dot{I}(t) \qquad (7.87)$$

将（7.87）式代入第二个必要条件（7.85）式，我们可以得到投资的以下运动法则：

$$\dot{I}(t) = \frac{1}{\phi''(I(t))}[(r+\delta)(1+\phi'(I(t))) - f'(K(t))] \qquad (7.88)$$

该式有几个有趣的经济特征。第一，当 $\phi''(I)$ 趋于零时，可以确定 $\dot{I}(t)$ 一定是收敛的，这意味着投资会趋于一个特定值。换句话说，该值就是资本存量很快达到的稳态值（见习题7.28）。这个结果是很直观的。当 $\phi''(I)$ 趋于零时，$\phi(I)$ 变成线性。在这个例子中，调整成本只是以线性方式增加了投资成本，并且不需要平滑。反之，当 $\phi''(I(t)) > 0$ 时，就有平滑的动机，$\dot{I}(t)$ 取一个有限值，从而投资调整得比较缓慢。因此，和上面说的一样，调整成本将导致投资路径更加平滑。

投资行为和资本存量可以利用微分方程（7.84）式和（7.88）式来分析。首先，很容易证明当 $K > 0$ 时存在一个稳态解。这个解包含了该企业一定水平的资本存量 K^* 和刚好足以补充折旧资本的投资量 $I^* = \delta K^*$。这个稳态水平的资本可以满足一阶条件（即（7.88）式的右边等于零）：

$$f'(K^*) = (r+\delta)(1+\phi'(\delta K^*))$$

该一阶条件不同于标准的"修正黄金律"，它要求资本的边际产品等于利率加上折旧率，因为持有更多资本存量的额外成本是必须有更多投资来补充折旧的资本。表达式 $\phi'(\delta K^*)$ 包含了这层意思。由于 ϕ 是严格凸的，f 是严格凹的并且满足稻田条件（根据假设2），存在一个唯一的 K^* 值满足该条件。

此例中的动态分析需要用到略微不同于基本索洛模型的思想（比较定理2.4和定理2.5）。具体而言，不同于 $K-I$ 空间的全局稳定（global stability），这里采用的概念具有鞍轨稳定的性质。这样做的原因是与初始值约束条件不同，$I(0)$ 在无限期界是有无限边界约束的，即必须满足以下横截性条件，

$$\lim_{t \to \infty}[\exp(-rt)q(t)K(t)] = 0$$

于是，在当前理论背景下，只有一个状态变量和一个控制变量，我们应该得到一个一维流形（一条曲线），沿着该图形分布着趋于稳态的资本和投资配对。该流形也被称为稳定臂。投资的初始值 $I(0)$ 将被设定为使该经济体沿着这条曲线开

始增长的水平。事实上，如果有任何资本和投资配对（不仅仅是沿着该曲线的配对）引致稳态，我们也不知道如何决定 $I(0)$；换句话说，均衡存在着不确定性。从数学角度看，不同于要求所有线性系统的特征值为负，现在我们需要的是鞍轨稳定，它要求（严格）为负的特征值数量等于状态变量的数量。

鞍轨稳定的概念是大多数增长模型的核心。现在，让我们通过考虑定理 2.4 和定理 2.5（见附录 B）的下列一般形式，以进一步明晰这些概念。

定理 7.18（线性系统中的鞍轨稳定） 考虑下列线性微分方程系统：

$$\dot{\mathbf{x}}(t) = \mathbf{A}\mathbf{x}(t) + \mathbf{b} \tag{7.89}$$

初始值为 $\mathbf{x}(0)$，其中对于所有 t，有 $\mathbf{x}(t) \in \mathbb{R}^n$ 并且 $\mathbf{A}$ 是一个 $n \times n$ 矩阵。当 $\mathbf{A}\mathbf{x}^* + \mathbf{b} = 0$ 时，令 $\mathbf{x}^*$ 为该系统的稳态水平。假定 $\mathbf{A}$ 的特征值中有 $m \leq n$ 个负的实部。于是存在一个属于 $\mathbb{R}^n$ 的 m 维子空间，M 开始于任意 $\mathbf{x}(0) \in M$。当 $\mathbf{x}(t) \to \mathbf{x}^*$ 时，微分方程（7.89）式有一个唯一解。

定理 7.19（非线性系统中的鞍轨稳定） 考虑以下非线性自治微分方程：

$$\dot{\mathbf{x}}(t) = \mathbf{G}(\mathbf{x}(t)) \tag{7.90}$$

其中 $\mathbf{G}: \mathbb{R}^n \to \mathbb{R}^n$，并且假定 $\mathbf{G}$ 是连续可微的，初始值为 $\mathbf{x}(0)$。令 $\mathbf{x}^*$ 为该系统的稳态值，由 $\mathbf{G}(\mathbf{x}^*) = 0$ 确定。定义

$$\mathbf{A} = D\mathbf{G}(\mathbf{x}^*)$$

其中 $D\mathbf{G}(\mathbf{x}^*)$ 是 $\mathbf{G}$ 在 $\mathbf{x}$ 的雅可比行列式。假定 $\mathbf{A}$ 的特征值中有 $m \leq n$ 个严格为负的实部并有其余的严格为正的实部。则存在一个 $\mathbf{x}^*$ 的开放邻域 $B(\mathbf{x}^*) \subset \mathbb{R}^n$ 和一个 m 维流形 $M \subset B(\mathbf{x}^*)$ 起始于任意 $\mathbf{x}(0) \in M$，当 $\mathbf{x}(t) \to \mathbf{x}^*$ 时，微分方程（7.90）式有一个唯一解。

换句话说，这两个定理表明，当只有一个特征值的子集有负实部时，一个较初始空间更低维度的子集能够得出更稳定的解。幸运的是，在此处，这恰好是我们需要的，因为 $I(0)$ 可以调整到能够使我们置于初始空间下的一个较低维度的子空间。

有了这些定理，我们现在可以调查投资 q 理论中的转移动态问题。为了观察均衡趋于该资本存量稳态水平的过程，让我们在 $K-I$ 空间观察（7.84）式和（7.88）式（见图 7.1）。该曲线对应于 $\dot{K}=0$，（7.84）式是向上倾斜的，因为更高水平的资本存量需要更多投资来抵补折旧后的资本。在该曲线上方，表示投资超出了必要的补给需求，于是有 $\dot{K} > 0$。在该曲线的下方，有 $\dot{K} < 0$。另一方面，

该曲线对应于 $\dot{I}=0$，(7.88) 式表示的曲线是单调的。然而，很容易证明，在稳态的邻域，该曲线是向下倾斜的（见习题 7.28）。该曲线的右侧，$f'(K)$ 较低，因此有 $\dot{I}>0$。曲线的左侧，有 $\dot{I}<0$。最终的相图和一维稳态曲线（流形）通常被称为稳态臂，如图 7.1 所示。

接下来，我们务必以一个任意水平的资本存量为起点，有 $K(0)>0$，唯一解意味着初始的投资水平 $I(0)>0$，随后，沿着稳态臂收敛于稳态投资水平 δK^*。具体而言，很容易证明当 $K(0)<K^*$ 时，$I(0)>I^*$ 且朝着 I^* 单调递增（见习题 7.28）。这个结论很直观。调整成本不鼓励大量的投资，因此企业无法立刻将其资本存量调整至稳态水平。然而，因为收益递减，提高资本存量的收益在资本存量较低的时候通常更为明显。因此，企业在初期通常愿意付出更高的调整成本增加其资本存量，即 $I(0)$ 较高。随着资本的积累和 $K(t)>K(0)$，提高资本存量的收益逐渐递减，该企业会朝着稳态投资水平逐步减少投资。

有两种方法可用来考虑为什么图 7.1 中的稳态臂对应的解——该解开始于 $(K(0), I(0))$ 并且收敛于 (K^*, I^*) ——是唯一解。第一种方法比较严谨和直观，需要用到定理 7.14。和前面一样，该定理的条件在此处也成立。于是我们知道满足这些必要条件的一条资本和投资路径 $[$ 如，开始于 $(K(0), I(0))$ 并收敛

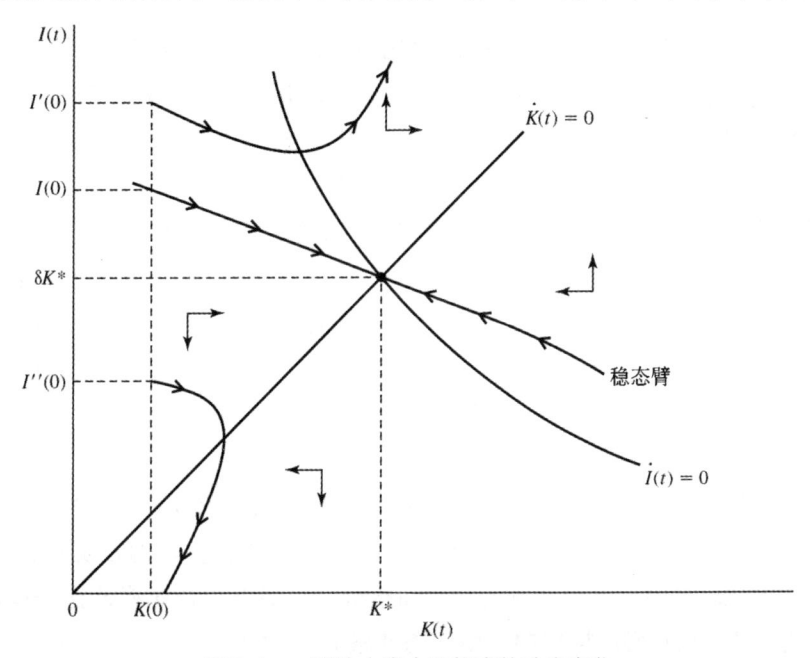

图 7.1 q 理论中资本和投资的动态变化

于 (K^*, I^*) 的一条路径] 是唯一最优路径。为了简化起见,其他路径,如那些在图 7.1 中开始于 $I'(0)$ 或者 $I''(0)$ 的路径,都不是最优的。

第二种方法在文献中很常见,尽管该方法相对于运用定理 7.14 显得不够全面和严谨。该方法表明,除 $I(0)$ 以外的初始投资水平既无法满足横截性条件也不能满足一阶必要条件。让我们考虑 $I'(0) > I(0)$ 为初始投资水平的情况。图 7.1 的相图清晰地表明从这一投资水平开始,必要条件意味着 $I(t)$ 和 $K(t)$ 都趋于无穷。在此例中,可以证明 $q(t)K(t)$ 将以一个比 r 还要快的速率趋向无穷,破坏了横截性条件 $\lim_{t\to\infty} \exp(-rt)q(t)K(t) = 0$。为了更清晰地表述这个问题,注意沿着开始于 $I'(0)$ 的轨迹,有 $\dot{K}(t)/K(t) > 0$,于是

$$\frac{d(q(t)K(t))/dt}{q(t)K(t)} \geq \frac{\dot{q}(t)}{q(t)} = \frac{\dot{I}(t)\phi''(I(t))}{1+\phi'(I(t))} = r + \delta - f'(K(t))/(1+\phi'(I(t)))$$

其中第二个关系式用到了(7.86)式和(7.87)式,而第三个关系式则从(7.88)式替换而来。当 $K(t)\to\infty$, $f'(K(t))\to 0$ 时,则有

$$\lim_{t\to\infty} \exp(-rt)q(t)K(t) \geq \lim_{t\to\infty} \exp(-rt)\exp((r+\delta)t) = \lim_{t\to\infty} \exp(\delta t) > 0$$

这破坏了横截性条件。

相反,如果我们以 $I''(0) < I(0)$ 作为初始水平,$I(t)$ 在有限时间内将趋于零(如同图中轨迹与横轴相交所示)。令 $I(t) = 0$ 之后,我们还有 $q(t) = 1$ 以及 $\dot{q}(t) = 0$(根据(7.86)式)。此外,根据稻田条件,当 $K(t)\to 0$ 时,有 $f'(K(t))\to\infty$。结果 $I(t)$ 达到 0 之后,必要条件 $\dot{q}(t) = (r+\delta)q(t) - f'(K(t))$ 无法满足,这就排除了开始于 $I''(0) < I(0)$ 的路径。该方法不完全正确的理由是,它利用了内部连续解满足的必要条件。然而,当 $I(0) = 0$,我们不再位于控制变量可行集的内部(这里是 $\mathbb{R}_+$)。除了该潜在问题,这种方法还常常运用于不同的背景(包括新古典增长模型的分析)。不过,我们可以更严格地推导上面的结论,即该方法得出的结论是有效的(见本章习题 7.29 和第 8 章习题 8.14 中的新古典增长模型)。

接下来让我们考虑 q 理论问题。詹姆士·托宾(James Tobin)认为,对企业而言每一单位额外资本的价值除以重置成本可以测度该企业的投资价值。特别是,当该比例较高时,该企业倾向于增加投资。在稳态,企业将该比例设定为 1 或者接近于 1。在我们的构想中,用共态变量 $q(t)$ 衡量托宾 q 值。进一步来看,让我们用 $V(K(t))$ 表示初始资本存量为 $K(t)$ 时企业的当前(最大化)价值。根

据上面的相同方法，我们可知

$$V'(K(t)) = q(t) \tag{7.91}$$

从而可以通过增加 1 美元资本会使企业的价值增加多少来精确地衡量 $q(t)$。

在稳定状态中，有 $\dot{q}(t) = 0$，于是 $q^* = f'(K^*)/(r+\delta)$，该值在 $\phi'(\delta K^*)$ 很小的时候约等于 1。然而，一旦偏离稳定状态，$q(t)$ 可以显著偏离该值。当该值变大时，说明需要更多投资。因此，在这个模型中，当投资需求较高时，托宾 q 值或者共态变量 $q(t)$ 都能给出增加投资的信号。

投资 q 理论是宏观经济学和金融学的主力模型之一，因为我们可以通过使用股票市场价格和企业账面价值构建托宾 q 值的代理变量。当股票市场价格大于账面价值时，说明企业在这一时期的托宾 q 值较大，存量资本价值高于账面重置成本。然而，关于这种方法是否在实践中有效的问题引起了极大争论，部分原因是当投资不可逆或者存在固定成本时，托宾 q 值没有包含相关信息，而且，或许更为重要的是，理论中（和实践中）通常使用 q 的边际值，该值等于企业价值的边际增长（如（7.91）式所示）。然而，数据中大部分评估都是测算 q 的平均值。这两个概念之间有很大差异。

7.9 小结

本章回顾了连续时间下的动态优化分析的基本工具。从性质看，本章主要是关于技术方面的。这里涉及的内容相较第 6 章中的离散时间最优化方法而言或许很多读者都感觉不怎么熟悉。部分困难来自有关连续时间的最优化函数，即便时间期界是有限的（而非离散时间例子中的向量或无限序列），困难也存在。这引起了一系列连锁反应，也带来了一些技术难题，而在经济应用中通常无须考虑这些。因此，本章对主要结论进行了概括，重点放在那些最实用的经济应用以及某些证明上。证明过程的介绍是为了让读者了解这些结论是如何得来的，并对这些结论形成更强的直观认识。

扼要重述本章的主要方法是很有用的。经济增长和宏观经济中的大多数问题都需要用到可贴现的无限期界最优控制方法。定理 7.13 为这种问题的内点连续解提供了必要条件。定理 7.14 给出了有关最大化汉密尔顿函数凹性的充分条件，以保证其解是全局最大化值或唯一的全局最大化值（这些条件要求存在一个候补解，因为它们用到了有关该解的共态变量的信息）。更为重要的是，定理 7.14 中的条件比定理 7.13 中的更容易证明（尤其是，比证明假设 7.1 要更容易）。于是，本书其余的篇章将用到以下策略：

1. 根据定理 7.13 的必要条件着手构建一个候补解，即便假设 7.1 无法满足也可以这么做。
2. 一旦确定了一条候补路径，我们可以证明定理 7.14 中的凹性条件是满足的。如果满足，我们就确定了一条最优路径。如果除此以外，最大化汉密尔顿函数也是严格为凹的，则该解是唯一的。

还要注意的是，尽管最优控制的基本观点相较离散时间动态规划中的观点而言，令读者感到不那么熟悉，但这些方法还是可以用于很多增长理论和宏观经济学的其他领域。此外，尽管有些问题天然地要求在离散时间框架中分析，但还有很多问题更适合在连续时间框架中分析。有些人认为这的确符合增长理论的情况。不管我们是否赞同这种观点，都有必要很好地掌握离散时间和连续时间下的宏观经济模型，因为具体的背景和经济问题而不是习惯决定我们到底应该采用哪种类型的模型。基于这种考虑，我介绍两类建模技巧。

我们研究最优化控制还有另外一个理由。最优控制中最重要的定理是庞特里亚金的最大化原理，它既是一个经济学结论也是一个数学结论。如本章中讨论的，最大化原理不论是对最大化流动收益加存量价值，还是对最大化问题值的资产价值方程都有着很自然的解释。这些经济直觉不仅有助于阐述这一数学技巧的本质，而且为有关宏观经济学、劳动经济学、金融学和其他领域的动态最优技巧提供了有益的观点。

本章还总结了我们关于增长理论基础的论述，包括对总量模型的一般均衡基础和动态经济分析的必要数学工具的介绍。下一步，我将开始关注经济意义上更为实质的问题。

7.10 参考文献

本章包括的主要内容是很多优秀的应用数学教科书中的主题。其目的是回顾与经济学家相关的结论，并简单地介绍最重要的证明过程。本章的第一部分比较接近变分法理论，因为这里用到了连续性质的变参数。然而，大部分经济学家并不需要太过详细地研究变分法，因为此方法已经被最优控制理论取代，而且变分法主要适用于物理和其他自然科学领域。有兴趣的读者可以查阅盖尔芬德和福明（Gelfand and Fomin, 2000）的文献。蒋中一（Chiang, 1992）用经济学例子对变分法做了可读性较强的简化介绍。

最优控制理论最早由庞特里亚金等人（Pontryagin et al，1962）提出。因此，该理论的主要必要条件也被称为庞特里亚金（最大化）原理。我们可将这里考虑的问题类型视为最优控制论的"拉格朗日问题"，将最大化原则视为比较简单的迈耶问题（Meyer problem）或者更一般的博尔扎问题（Bolza problem），尽管所有这些问题本质上都一样，但是，当我们以向量形式构建该问题的时候，通过简单的换算，很容易对不同问题做相互推导。洛克菲勒（Rockerfeller, 1971）提出了一种强调无限期界问题必要条件的更先进的方法。

有几本不同难度的书都是关于最优控制问题的。这些书大都比较难以读懂，其证明过程也不是完全严谨的。弗莱明和里歇尔（Fleming and Rishel, 1975）为读者提供了一个很好的渠道，以了解更为先进和完备的论证。该书的第一部分完整（但相当困难）地证明了庞特里亚金的最大化原理及其各种应用。该书还对最优控制的存在性和连续性提出了一系列定理，尽管针对的问题比定理7.15中涉及的（或者经济应用所需的）更为具体。证明第7.6节中解的存在性需要用到鲍姆（Baum, 1976）证明中的某些观点，这些观点反过来又扩展了西塞利（Cesari, 1966）对无限期界问题中解的存在性所做的经典证明，其中部分证明是由弗莱明和里歇尔（1975，第3章）给出的。特别是，运用弗莱明和里歇尔［包括拉辛定理（Lusin's Theorm）的运用］的论证思路可以更具体地证明定理7.15的最后部分，而这部分内容又证明了控制变量$\hat{y}(t)$的可测度性。在经济学文献中，存在性定理是由马吉尔（Magill, 1981）和罗默（1986b）提出的，不过是在更严格的条件下使用了不同的证明方法。

要进一步理解存在解的充分条件和必要条件，读者可以参考龙伯格（Luenberger, 1969）的优秀著作（但抽象难懂）。该书的结论一般化到足以囊括离散时间和连续时间的动态优化。龙伯格还出色地论证了为什么函数空间最大化不同于有限维度最大化问题，以及这种无限维度最大化问题何时会出现无解的情况。

无限期界例子中的主要定理（定理7.9、定理7.13、定理7.11和定理7.14）是基于终值约束条件$\lim_{t\to\infty} b(t)x(t) \geq x_1$提出的。这一点很重要，因为新古典增长模型的竞争均衡中的家庭资产约束条件（非庞氏条件）就是采用这种形式。我们无法直接应用形如$\lim_{t\to\infty} x(t) \geq x_1$的终值约束条件的标准结论。许多作者采用了如下做法：忽略终值约束条件，运用最大化原理，如有必要，最后才使用终值约束条件。尽管这些程序通常都能得出"正确"答案，但是从数学角度来讲是不正确的。缺少终值约束是无法将最大化原理运用于经济学问题的，因为在这样的情形中常常会无解（参见第8章的习题8.2）。因此，将最大化原理运用于这些问题的做法是愚蠢的。对最大化问题的终值约束稍加强化可以避免这个问题。

还要注意，与经济增长和宏观经济学的标准做法不同，本文强调的主要是有关凹性问题的充分解，尤其是就定理7.14而言。之所以采用这个方法，是因为最大化原理的标准形式为内部连续解给出了必要条件。但是，要证明这个解的存在性却不容易。因为大部分经济问题都是凹性的，定理7.14或其他充分解（如，定理7.5、定理7.6、定理7.8或定理7.11）比较容易应用，从而使我们可以证明满足最大化原理的候补解的确是问题的一个解，并能达到全局最优。还需要注意的是，在这里，我们对所有充分解的陈述和证明都是基于控制函数 $y(t)$ ［或者 $\mathbf{y}(t)$］是连续的假设。该证明的逻辑与分段连续函数的情形很相似，希尔斯泰德和西德瑟埃塔（Seierstad and Sydsaeter, 1977）沿着这个思路给出了更规范的证明。

从经济应用的角度发展最优控制论的著作可能更容易被经济学家接受。其中最佳的参考文献是希尔斯泰德和西德瑟埃塔（1987）的著作。这本书不像弗莱明和里歇尔（1975）的书那样枯燥，它实际上几乎没有详细的证明过程。但是，该书提供了许多有用的结论，而且对经济学家来说可读性更强。此书还说明了这些结论该如何应用于经济学问题。其他经济学文献包括卡闵恩和施瓦茨（Kamien and Schwartz, 1981）、莱昂纳多和万隆（Leonard and Van Long, 1992）。另一本是阿罗和科尔兹（Arrow and Kurz, 1970）的经典著作，该书包括了同样的内容，对增长理论及其相关问题提出了丰富的经济学见解。它还陈述了阿罗的充分性定理，该定理最早出现在阿罗（1968）的文献中。这个定理强化了曼格塞利安的充分性定理，表述为定理7.5，最早由曼格塞利安（1966）提出。

韦茨曼（Weitzman 2003）和卡普托（Caputo 2005）有两本著作论述最优控制理论的经济学运用，这两本书可读性较强。我在文中有关充分解的论述比较接近卡普托（2005）的观点。韦茨曼（2003）生动地探讨了最大化原理的应用问题，尤其是在环境经济学和自然资源消耗方面。

有关横截性条件的作用问题，文献研究依然没有给出明确的结论。第7.4节给出的例子表明，虽然在许多应用中较强的横截性条件都很有用，但并不总是成立。霍尔金（Halkin, 1974）是第一个对此提出质疑的。较弱形式的横截性条件，即（7.56）式，是由米歇尔（Michel, 1982）提出的。其解类似于定理7.12

中的解,尽管对定理 7.12 的证明是基于较强的假设条件。米歇尔考虑了静态问题,假设收益函数非负,并提出了另一个很难论证的技术假设。米歇尔(1982)还提出了另一套较强横截性条件的充分条件,即(7.69)式。更一般性的(更弱的)横截性条件更适合本维尼斯特和施克曼(Benveniste and Scheinkman,1982)、阿劳霍和施克曼(Araujo and Scheinkman,1983)的模型。定理 7.14 的证明建立在有些易于验证的不同假设之上。

对最大化原理的经济学解释最早出现在多尔夫曼(Dorfman,1969)的文献中。本文的解释建立在多尔夫曼的论证基础之上,但在汉密尔顿-雅各比-贝尔曼方程中无套利的资产价值基础上进行了拓展。对汉密尔顿-雅各比-贝尔曼方程的这一解释在宏观经济学和劳动力经济学的很多领域都很有影响力。韦茨曼(2003)也从经济学角度解释了汉密尔顿-雅各比-贝尔曼方程的最大化原理。

有关不可再生资源开采的经典文献是豪泰林(Hotelling,1931)提出的,韦茨曼(2003)做了详细论述和深入探讨。达斯古普塔和希尔(Dasgupta and Heal,1979)以及康拉德(Conrad,1999)也将类似观点应用于可持续发展和环境经济学,为我们提供了有用的文献。有调整成本的投资行为和投资 q 理论方面的经典文献,可以参考托宾(1969)和林文夫(Hayashi,1982)。关于投资 q 理论的详细介绍,可以参考研究生宏观经济学教科书,如布兰查德和费希尔(Blanchard and Fischer,1989)或者罗默(Romer,2006),以及迪克西特和平迪克(Dixit and Pindyck,1994)关于不确定性投资的著作可以在卡瓦列罗(Caballero,1999)的综述文章中找到。卡瓦列罗(1999)还批评了 q 理论。

7.11 习题

7.1 如 7.1 节所示,考虑以(7.3)式和(7.4)式为约束条件的最大化问题(7.2)式。假定将 $\lambda(t)$ 定义为(7.12)式。同时假设已知配对 $(\hat{x}(t),\hat{y}(t))$,存在一个时间区间 (t',t''),且 $t' < t''$,对所有 $t \in (t',t'')$,有

$$\dot{\lambda}(t) \neq -[f_x(t,\hat{x}(t),\hat{y}(t)) + \lambda(t)g_x(t,\hat{x}(t),\hat{y}(t))]$$

证明:配对 $(\hat{x}(t),\hat{y}(t))$ 不是令(7.2)式达到最优的内部连续解。据此,证明(7.12)式、(7.11)式和 $\lambda(t_1) = 0$ 是 $(\hat{x}(t),\hat{y}(t))$ 成为内点解的必要条件。[提示:你可能需要假设 $g_y \neq 0$ 以简化证明过程。]

*7.2　令 $(\hat{x}(t), \hat{y}(t))$ 是 (7.2) 式的一个解。证明：定义为 (7.20) 式且估值为 $\hat{x}(t)$ 的最大化汉密尔顿函数 $M(t, \hat{x}(t), \lambda(t))$，在 x 处是可微的，并且对于所有 $t \in [0, t_1]$，满足 $\dot{\lambda}(t) = -M_x(t, \hat{x}(t), \lambda(t))$。
[提示：请回忆该解被假设为连续。]

7.3　变分法的关键方程式为欧拉－拉格朗日方程，该方程描述了以下问题（在类似于定理 7.2 的正则条件下）的解：

$$\max_{x(t)} \int_0^{t_1} F(t, x(t), \dot{x}(t)) dx$$

约束条件为 $x(t) = 0$。假定 F 在所有区间都是可微的，并存在一个内部的可微解。于是，给出必要条件的所谓欧拉－拉格朗日方程可表示为

$$\frac{\partial F(t, x(t), \dot{x}(t))}{\partial x(t)} - \frac{\partial^2 F(t, x(t), \dot{x}(t))}{\partial \dot{x}(t) \partial t} = 0$$

请根据定理 7.2 推导该方程式。[提示：考虑先设定 $y(t) \equiv \dot{x}(t)$。]

7.4　这个习题要求读者使用习题 7.3 中推导的欧拉－拉格朗日方程求解欧拉和拉格朗日提出的经典问题：找出一个平面中两点的最短距离。具体而言，考虑一个二维平面和其中坐标为 (z_0, u_0) 和 (z_1, u_1) 的两点。我们要找到连接两点的最短曲线。这条线可以表示为函数 $x: \mathbb{R} \to \mathbb{R}$，则 $u = x(z)$，初始条件和终期条件分别为 $u_0 = x(z_0)$ 和 $u_1 = x(z_1)$。自然，我们要求该曲线 $u = x(z)$ 是光滑的，这相当于要求其解是连续可微的，于是 $x'(z)$ 存在。为了解决这个问题，注意，可将曲线 x 的弧长表示为

$$A[x(z)] \equiv \int_{z_1}^{z_2} \sqrt{1 + [x'(z)]^2} \, dz$$

剩下的问题是通过选择 $x(z)$ 最小化该目标。

为了不丧失问题的一般性，让我们令 $(z_0, u_0) = (0, 0)$ 和 $t = z$，将该问题转化为更熟悉的形式，即最大化

$$-\int_0^{t_1} \sqrt{1 + [x'(t)]^2} \, dt$$

证明问题的解必须满足

$$\frac{d\left[x'(t)(1 + (x'(t))^2)\right]}{dt} = 0$$

证明只有当 $x''(t) = 0$ 时，上述条件才能成立，因此两点间的最短路径为一条直线。

7.5 证明定理 7.2，尤其注意构建可行变量以确保对于 0 的某邻域中的所有 $x(t_1, \varepsilon) = x_1$ 成立。如果这样的可行变量不存在，结果又将如何？

7.6 （a）试推导例 7.1 中的初始消费水平 $c(0)$ 与 $a(0), w 、 r$ 和 β 之间的函数关系式。

（b）$a(0)$ 变大会对初始消费水平 $c(0)$ 产生什么影响？它对消费路径又会有什么影响？

（c）如果个人面对的不是恒定的劳动收入水平 w，而是随时间变化的劳动收入，表示为 $[w(t)]_{t=0}^{1}$，这将如何影响消费路径？请详细解释你的回答。

7.7 证明：当函数 $\phi(x,y)$ 在 (x,y) 是联合（严格）为凹时，$\Phi = \max_y \phi(x, y)$ 在 x（严格）为凹。

*7.8 证明定理 7.6 的一个版本就相当于定理 7.2。[提示：证明应该用到 $x(1) = \hat{x}(1) = x_1$ 而非 $\lambda(t_1) = 0$。]

7.9 证明定理 7.3。[提示：证明当解表明 $x(t_1) > x_1$ 时，则 $\lambda(t_1)$ 必须等于 0，但是当 $x(t_1) = x_1$ 时，则不要求 $\lambda(t_1) = 0$。]

7.10 考虑以（7.3）式和（7.4）式为约束条件的最大化问题（7.2）式，附加约束条件是 $y(t) \geq 0$（而不是 $y(t) \in \text{Int } \mathcal{Y}(t)$）对所有 t 都成立。像通常一样，假定 f 和 g 是连续可微的。证明最优化的必要条件包括：$x(0) = x_0$，

$H_y(t, \hat{x}(t), \hat{y}(t), \lambda(t)) \leq 0$ 对于所有 $t \in [0, t_1]$ 成立，

$\dot{\lambda}(t) = -H_x(t, \hat{x}(t), \hat{y}(t), \lambda(t))$ 对于所有 $t \in [0, t_1]$ 成立，

$\dot{x}(t) = H_\lambda(t, \hat{x}(t), \hat{y}(t), \lambda(t))$ 对于所有 $t \in [0, t_1]$ 成立，

并且，当汉密尔顿函数 $H(t, x, y, \lambda)$ 表达为（7.16）式时，有 $\lambda(t_1) = 0$。此外，汉密尔顿函数 $H(t, x, y, \lambda)$ 还满足最大化原理，因此对所有 $t \in [0, t_1]$，有 $H(t, \hat{x}(t), \hat{y}(t), \lambda(t)) \geq H(t, \hat{x}(t), y, \lambda(t))$ 对所有 y 都成立，从而 $y(t) \geq 0$ 对所有 t 成立。

7.11 证明定理 7.7。

7.12 证明定理 7.8。

7.13 证明定理 7.11。[提示：运用定理 7.6 的证明，除了含有 $\dot{\lambda}$ 的表达式

采用分部积分以外，还有一个额外项，你要证明这个项使（7.24）式的右边项增加。]

7.14 证明：在定理 7.13 考虑的可贴现无限期界最优控制问题中，条件 (7.65) 式至 (7.67) 式都是必要的。[提示：利用定理 7.9。]

7.15 考虑一个有限期界连续时间的最大化问题，其目标函数为

$$W(x(t),y(t)) = \int_0^{t_1} f(t,x(t),y(t))dt$$

已知 $x(0) = x_0$ 且 $t_1 < \infty$，且约束条件为

$$\dot{x}(t) = g(t,x(t),y(t))$$

假设 t_1 也是一个选择变量。

(a) 证明 $W(x(t),y(t))$ 可以表示为

$$W(x(t),y(t)) = \int_0^{t_1} [H(t,x(t),y(t)) + \dot{\lambda}(t)x(t)]dt - \lambda(t_1)x(t_1) + \lambda(0)x_0$$

其中 $H(t,x,y) \equiv f(t,x(t),y(t)) + \lambda(t)g(t,x(t),y(t))$ 是汉密尔顿函数，$\lambda(t)$ 是共态变量。

(b) 现在假定配对 $(\hat{x}(t),\hat{y}(t))$ 和终期 $\hat{t}_1$ 构成了本问题的一个解。

考虑以下类型的变分：对于所有 $t \in [0,\hat{t}_1]$，有

$$y(t,\varepsilon) = \hat{y}(t) + \varepsilon\eta(t)$$

而且当 $t \in [\hat{t}_1, \hat{t}_1 + \varepsilon\Delta t]$，$\hat{t}_1 = \hat{t}_1 + \varepsilon\Delta t$ 时，有

$$y(t,\varepsilon) = \hat{y}(\hat{t}_1) + \varepsilon\eta(t)$$

用 $x(t,\varepsilon)$ 表示相应的状态变量路径。对此变分求 $W(x(t,\varepsilon),y(t,\varepsilon))$ 的值。解释为什么在 ε 足够小的时候，此变分是可行的。

(c) 证明：对于一个可行变分，下式成立：

$$\left.\frac{dW(x(t,\varepsilon),y(t,\varepsilon))}{d\varepsilon}\right|_{\varepsilon=0} = \int_0^{\hat{t}_1}[H_x(t,\hat{x}(t),\hat{y}(t)) + \dot{\lambda}(t)]\frac{\partial x(t,\varepsilon)}{\partial \varepsilon}dt$$
$$+ \int_0^{\hat{t}_1} H_y(t,\hat{x}(t),\hat{y}(t))\eta(t)dt$$
$$+ H(\hat{t}_1,\hat{x}(\hat{t}_1),\hat{y}(\hat{t}_1))\Delta t - \lambda(\hat{t}_1)\frac{\partial x(\hat{t}_1,\varepsilon)}{\partial \varepsilon} + \lambda(\hat{t}_1)\dot{x}(\hat{t}_1)\Delta t$$

(d) 解释为什么 c 部分的表达式必须为零。

(e) 如果将 c 部分对 $\hat{t}_1 \to \infty$ 取极限会如何？

7.16 已知 $f(t,x(t),y(t)) = \exp(-\rho t)f(x(t),y(t))$ 和 $g(t,x(t),y(t)) = g(x(t),y(t))$，考虑有贴现的无限期界问题。证明：如果可接受配对 $(\hat{x}(t),\hat{y}(t))_{t \geq 0}$ 是开始于 $t=0$ 期且初始条件为 $x(0)=x_0$ 的最优值，那么 $(\hat{x}(t),\hat{y}(t))_{t \geq s}$ 也是可接受配对的，也是开始于 $t=s$ 期且初始条件为 $x(s)=x_0$ 问题的最优解。

*7.17 考虑一般无限期界最优控制问题，其收益函数为 $f(t,x,y)$。通过强化假设 7.1，令存在 $M < \infty$，使表达式 $|f_y(t,x,y)| \leq M\exp(-\kappa t)$ 对某个 $\kappa > 0$ 成立，将定理 7.13 中的横截性条件（7.69）式一般化，使之适用于这个例子。

7.18 考虑一个修正版的豪泰林资源开采问题

$$\max \int_0^\infty \exp(-\rho t)\log y(t)dt$$

约束条件为：当 $\rho > 0$ 且 $y \in (0, +\infty)$ 时，有
$$\dot{x}(t) = -y(t)$$
$$x(0) = x_0 > 0, \text{ 和 } \lim_{t \to \infty} x(t) \geq x_1 \in (0, x_0)$$

(a) 证明该问题不满足假设 7.1。

(b) 用共态变量 $\mu(t)$ 构建现值汉密尔顿函数 $\hat{H}(x,y,\mu)$ 并证明由最大化原理可得
$$\mu(t) = \mu(0)\exp(\rho t)$$
并且对某个 $\mu(0) > 0$，有
$$y(t) = \mu(0)^{-1}\exp(-\rho t)$$

(c) 证明较弱的横截性条件（7.68）式是成立的。
[提示：$\lim_{t \to \infty}[\exp(-\rho t)\hat{H}(x,y,\mu)] = \lim_{t \to \infty}[\exp(-\rho t)(-\log\mu(0) - \rho t - 1)] = 0$。]

(d) 证明较强的横截性条件（7.69）式不成立。
[提示：$\lim_{t \to \infty}[\exp(-\rho t)\mu(t)x(t)] = \mu(0)x_1 > 0$。]

(e) 请解释为什么较强的横截性条件无法成立，以及该如何修正它。
[提示：尝试 $\lim_{t \to \infty}[\exp(-\rho t)\mu(t)(x(t)-x_1)] = 0$。]

*7.19 考虑下列贴现的无限期界最大化问题：

$$\max \int_0^\infty \exp(-\rho t)[2y(t)^{1/2} + \log(x(t))]\,dt$$

约束条件为 $x(0) = \rho^{-1}$ 和

$$\dot{x}(t) = -\rho x(t) y(t)$$

(a) 证明该问题满足定理 7.14 的所有假设。
(b) 构建现值汉密尔顿函数，并使用共态变量 $\mu(t)$ 推导必要条件。
(c) 证明以下解：$y(t) = 1, x(t) = \exp(-\rho t)/\rho$ 和 $\mu(t) = \exp(\rho t)$ 对所有 t 成立。
(d) 证明 c 部分的解违反了"单纯的横截性条件"：$\lim_{t\to\infty} \exp(-\rho t)\mu(t) = 0$。请问：在此例中什么样的横截性条件比较合适呢？

7.20 考虑例 7.3 中不可再生资源的消费问题。证明：该例得到的解满足横截性条件（7.56）式。

7.21 本题需要将例 7.2 一般化。考虑下列无贴现的最优增长模型：

$$\max \int_0^\infty [u(c(t)) - u(c^*)]\,dt$$

约束条件为

$$\dot{k}(t) = f(k(t)) - c(t) - \delta k(t)$$

当初始条件 $k(0) > 0$，且 c^* 定义为黄金律的消费水平

$$c^* = f(k^*) - \delta k^*$$

其中 k^* 是黄金律下由 $f'(k^*) = \delta$ 确立的资本劳动比率，
(a) 用共态变量 $\lambda(t)$ 为此问题构建汉密尔顿函数。
(b) 描述该最优增长问题的解。
(c) 证明：该解不满足横截性条件 $\lim_{t\to\infty} \lambda(t)k(t) = 0$。解释其原因。

7.22 考虑基于约束条件（7.33）式和（7.34）式对（7.32）式最大化的无限期界最优控制问题。假定该问题有一个似稳定结构，于是

$$f(t, x, y) \equiv \beta(t) f(x, y)$$

且

$$g(t, x, y) \equiv g(x, y)$$

其中 $\beta(t)$ 是从目前开始的时间间隔 t 的贴现因子。

(a) 构建汉密尔顿函数，并且给出本问题的必要条件。

(b) 证明当且仅当对某个 $\rho \geq 0$ 有 $\beta(t) = \exp(-\rho t)$ 时，本问题的解是时间连续的（也就是说，在将来的某个时期 s' 之后，即使连续规划改变，时期 s 的解也不可能改进）。

(c) 阐述 b 问题的解，并且解释该结论为何不同于推论 7.1。

7.23 考虑以下最大化问题：

$$\max_{x(t), y(t)} \int_0^1 f(x(t), y(t)) dt$$

约束条件是

$$\dot{x}(t) = y(t)^2$$

$x(0) = 0$ 和 $x(1) = 0$，其中 $y(t) \in \mathbb{R}$ 并且 f 是一个任意连续可微函数。证明：该最大化问题的唯一解不满足定理 7.2 中的必要条件。解释其原因，并将你的回答与习题 7.5 联系起来。

*7.24 考虑下列无限期界效用最大化问题

$$\max \int_0^\infty \exp(-\rho t) u(c(t)) dt$$

约束条件是初始资本 $k(0)$ 和表达为下式的资本运动法则

$$\dot{k}(t) = \begin{cases} f(k(t)) - \delta k(t) - c(t), & \text{如果 } f(k(t)) - c(t) \geq \underline{k} \\ 0, & \text{如果 } f(k(t)) - c(t) < \underline{k} \end{cases}$$

其中，当 $k^* = f^{-1}(\rho + \delta)$ 是最小投资规模需求时，有 $\underline{k} > \delta k^*$。假定 $k(0) = k^*$。证明该最优控制问题的解不存在。解释其原因并将你的答案与定理 7.15 相联系。[提示：证明对于所有 t 都有 $k(t) = k^*$，虽然这是不考虑最小投资规模要求时的最优政策，但不可行。接下来请证明，可以通过在 $f(k(t)) - c(t) = 0$（间隔长度为 $\Delta_1 > 0$）和（间隔长度为 $\Delta_2 > 0$）$f(k(t)) - c(t) = \underline{k}$ 之间选择一个政策来贴近由 $k(t) = k^*$ 得来的价值函数，从而保持 $k(t)$ 的平均水平接近于 k^*。然后，请论证任意可接受配对 $(k(t), c(t))$ 总是可以通过此类政策得到改善。]

7.25 (a) 考虑第 7.7 节的最优增长问题。证明当 $u(c) = \log c$ 时，无法满足假设7.1的第三部分。

(b) 接着假定 $u:\mathbb{R}_+\setminus\{0\}\to\mathbb{R}$ 是连续的、严格递增且凹的，并且对于某个足够小的 $\varepsilon>0$，u 在区间 $[\varepsilon,+\infty)$ 是连续可微的。证明：当我们将问题修正为 $c(t)$ 严格局限于区间 $[\varepsilon,+\infty)$ 时，则该问题有一个最优控制解，其中对于所有 t，有 $c(t)>\varepsilon$，而且该最优控制解也是原问题的一个解，其中 $u:\mathbb{R}_+\setminus\{0\}\to\mathbb{R}$。[提示：利用定理7.14。]

(c) 证明对于第7.7节描述的任意最优增长问题而言，存在 $\varepsilon>0$ 可令最优控制解对所有 t 都可得 $c(t)>\varepsilon$。

7.26 考虑下列连续时间下贴现的无限期界问题

$$\max \int_0^\infty \exp(-\rho t)u(c(t))dt$$

约束条件为 $x(0)>0$ 以及 $\dot{x}(t)=g(x(t))-c(t)$。

假定当 $\lim_{c\to\infty}u'(c)=0$ 且 $\lim_{c\to 0}u'(c)=\infty$ 时，$u(\cdot)$ 是严格递增且严格为凹的；当 $\lim_{x\to\infty}g'(x)=0$ 且 $\lim_{x\to 0}g'(x)=\infty$ 时，$g(\cdot)$ 是递增且严格为凹的。

(a) 构建现值汉密尔顿函数并为最优路径推导欧拉方程。

(b) 证明标准横截性条件和欧拉方程是必须的和有效的。

(c) 描绘解的最优路径和它们的极限行为（limiting behavior）。

7.27 考虑第7.8节的 q 理论模型：

(a) 证明：当 $k\in[\varepsilon,\bar{k}]$ 时，假设7.1是成立的。

(b) 考虑基于 $k\in[\varepsilon,\bar{k}]$ 进行修正的问题。证明：当 $k(t)>\varepsilon$ 对所有 t 都成立时，该修正问题都有解，我们也可以找到原问题之解，其中 $k\in\mathbb{R}_+$。[提示：使用类似于习题7.25中的论点。]

(c) 证明：总是存在一个足够小的 $\varepsilon>0$，可令该修正问题的解对所有 t 都有 $k(t)>\varepsilon$。

7.28 (a) 在第7.8节讨论的投资 q 理论中，证明：当 $\phi''(I)=0$（对于所有 I）时，投资会下降以至于资本存量立刻达到其稳态价值 K^*。

(b) 证明：如图7.1所示，(7.88)式的曲线在稳态的邻域是向下倾斜的。

(c) 作为对图7.1进行图解分析的一个办法，将 (7.84) 式和 (7.88)

式线性化，并证明，在此稳态的邻域，系统有一个正的和一个负的特征值。请解释为什么这一结果意味着最优投资规划趋于（稳态）稳态解（stationary solution）。

(d) 在 $K(0) < K^*, I(0) > I^*$ 和 $I(t) \downarrow I^*$ 的情况下，证明上述结论。

(e) 当调整成本用 $\phi(I/K)$ 表示时，推导投资 q 理论的方程式。这种形式是如何影响稳态资本边际产品的？

(f) 当投资不可为负时，即存在一个附加约束条件 $I \geq 0$ 时，最优路径是怎样的？

7.29 考虑在某个有限时间 t' 可以达到 $I = 0$ 的候补最优路径。构建以下偏差（deviation）：当 $\Delta > 0$ 较小并且 $T > t'$ 较大时，令 $I(t) = \Delta$ 对于所有 $t \geq T$ 成立。使用该偏差，证明该候补路径不是最优的。[提示：令候补最优路径的资本存量为 $K(t)$，则该偏差引起的利润变化可以近似地表示为

$$\Delta \Pi = \Delta \times \int_T^\infty \exp(-rt)[f'(K(t)) - 1]dt$$

并且证明，当 T 足够大时，$f'(K(t)) > 1$ 对于所有 $t \geq T$ 成立，且有 $\Delta \Pi > 0$。]

第三篇　新古典增长

　　本书的这部分内容涵盖经济增长的基本主力模型。我将从无限期界新古典增长模型开始。该模型已经在前面的三章中做了论述。一个密切相关的模型是萨缪尔森和戴蒙德的基准叠代模型。该模型是第9章的主题。尽管上述两个模型有很多相似之处，但是它们具有明显不同的规范和实证含义，而且每个模型可能只适用于某些不同的问题。因此，有必要对两者均做详细讨论。

　　此部分也介绍了人力资本投资内生化模型。在经济增长和宏观经济分析中，人力资本发挥越来越重要的作用。这些模型有助于我们研究人力资本和增长的相互作用，也有助于我们将宏观经济增长方式与有关教育的微观数据和教育回报联系起来。

　　最后，在第11章介绍了经济持续增长的几个最简单的模型。这些模型只出现在本篇中，而在后续篇章中未再出现。因为，它们是没有考虑技术变化的持续增长模型。这些模型尽管简单，但是为人们带来很多重要的经济洞见，并且为本书第四篇讨论的问题提供了很好的先导。

第 8 章　新古典增长模型

我们现在开始分析标准的新古典增长模型（也可以称为拉姆齐或者卡塞—库普曼模型）。该模型与索洛模型仅在一个关键点上有所不同：新古典增长模型明确地将消费者行为放到模型中并将储蓄内生化。换句话说，该模型引入了家庭最优化行为。作为一个基本的增长模型，该模型已经成为许多宏观经济学领域中的基础分析工具，包括对财政政策的分析、对税收的分析、对经济周期的分析以及对货币政策的分析。

作为对动态规划的应用，第 6 章已经讨论了离散时间下的基本均衡和最优增长模型，因此本章的大部分内容将集中讨论连续时间下的新古典增长模型。第 8.6 节刻画了离散时间下的竞争均衡。

8.1　偏好、技术和人口

8.1.1　基本框架

考虑一个连续时间下的无限期界经济，并假定经济体中存在一个规范化的代表性家庭（在定理 5.3 中定义的），其瞬时效用函数为

$$u(c(t)) \tag{8.1}$$

下面有关效用函数的标准假设在全书中通用，除非另有说明。

假设 3（新古典偏好）　瞬时效用函数 $u(c)$ 定义在 $\mathbb{R}_+$ 或者 $\mathbb{R}_+ \setminus \{0\}$ 上。该效用函数是严格递增的、凹的、并且二阶可微，对于定义域中的所有 c 有 $u'(c) > 0$ 且 $u''(c) < 0$。

更明确地讲，读者希望假设经济体中包含了一个同质的家庭集合（标准化为 1）。集合中的每个家庭都有 (8.1) 式给出的瞬时效用函数。每个家庭人口的增长率为 n，初始值为 $L(0) = 1$，因此经济体中的总人口为

$$L(t) = \exp(nt) \tag{8.2}$$

所有家庭成员以零弹性供给 1 单位的劳动力。

我们的一个基准假设是，对未来所有的家庭成员，家庭都是完全利他的，同时家庭总是能够（在家庭成员之间）协调有关消费的配置。这样每个家庭在 $t = 0$ 期的效用（目标）函数就可以写为

$$\int_0^\infty \exp(-(\rho - n)t)u(c(t))dt \tag{8.3}$$

其中，$c(t)$ 为 t 期的人均消费；ρ 为主观贴现率；有效贴现率为 $\rho - n$，其原因是家庭从其未来成员的人均消费中也可以获得效用。更具体地说，可以按照下面的步骤得出目标函数（8.3）式的形式。首先，给定 $u(\cdot)$ 是严格凹的以及家庭内部的配置决策是协调一致的假设，每个家庭成员的消费水平就是相同的（习题 8.1）。因此，在 t 期每个家庭成员的消费为 $c(t) \equiv C(t)/L(t)$，$C(t)$ 为总消费，$L(t)$ 为代表性家庭的规模（也就是总人口，因为所有家庭已经被标准化为 1）。这表明在 t 期，每个家庭成员得到的效用水平为 $u(c(t))$，或者总效用水平为 $L(t)u(c(t)) = \exp(nt)u(c(t))$。因为将效用从 t 期贴现到 0 期的贴现率为 $\exp(-\rho t)$，进而我们得到了（8.3）式中的表达式。

让我们进一步做如下假设。

假设 4′（贴现） $\rho > n$。

这个假设确保了存在对未来效用流的贴现，否则（8.3）式的值会成为无限值，这与关于家庭选择的经济学模型不一致（比如，这将违反第 5.6 节中局部非餍足性假设，这时就不能完全使用标准技术刻画最优规划）。假设 4′ 确保了在无增长的模型中贴现后的效用大小是有限的。如果扩展到存在持续增长的模型，该假设将被更强的假设 4 代替（参见第 8.7 节）。

让我们先从不存在技术进步的经济开始讨论。要素和产品市场都是竞争性的，经济中的生产可能性集合由下面的总量生产函数表示

$$Y(t) = F(K(t), L(t))$$

这是第 2 章索洛模型中使用的生产函数（2.1）式的简化版本。特别是，这个生产函数中没有引入技术（下面的内容将引入劳动扩张型技术变化）。和索洛模型一样，假设 1 和假设 2（参见第 2 章）贯穿本章的讨论。规模报酬不变的性质使我们可以

使用人均生产函数 $f(\cdot)$ 进行讨论，这样人均产出就可以写为

$$y(t) \equiv \frac{Y(t)}{L(t)}$$

$$= F\left(\frac{K(t)}{L(t)}, 1\right)$$

$$\equiv f(k(t))$$

如同前面章节，其中

$$k(t) \equiv \frac{K(t)}{L(t)} \tag{8.4}$$

竞争要素市场意味着 t 期的资本租金率和工资水平分别为

$$R(t) = F_K(K(t), L(t)) = f'(k(t)) \tag{8.5}$$

以及

$$w(t) = F_L(K(t), L(t)) = f(k(t)) - k(t)f'(k(t)) \tag{8.6}$$

需求部分则略微有点复杂，因为每个家庭都要在连续时间的情况下处理最优化问题，即在一段时间内决定如何使用资产以及如何配置消费。作为预备，我们首先将代表性家庭在 t 期持有的资产记为 $\mathcal{A}(t)$。然后家庭持有的总资产的运动法则可以表示为

$$\dot{\mathcal{A}}(t) = r(t)\mathcal{A}(t) + w(t)L(t) - c(t)L(t) \tag{8.7}$$

其中，$c(t)$ 为家庭人均消费，$r(t)$ 为资产的无风险市场回报率，$\omega(t)L(t)$ 为家庭获得的劳动收入流。将人均资产定义为

$$a(t) \equiv \frac{\mathcal{A}(t)}{L(t)}$$

将（8.7）式除以 $L(t)$，用 $a(t)$ 代替之，同时应用 $L(t)$ 的增长率为 n 的事实（参见（8.2）式），则人均资产的运动法则可以表示为

$$\dot{a}(t) = (r(t) - n)a(t) + w(t) - c(t) \qquad (8.8)$$

在现实中，家庭拥有的资产包括出租给企业的资本存量 $K(t)$，以及政府债券 $B(t)$。在包含不确定性的模型中，家庭将会选择一个包含企业使用的资本存量和无风险债券（一般指政府债券）的资产组合。在不完全市场模型中，债券起着非常重要的作用，持有债券可以使家庭平滑各种不同性质的冲击。由于这些债券的净供给都为零，加总为 $B(t) = 0$，因此市场出清就意味着人均资产必定等于人均资本存量。也就是，

$$a(t) = k(t) \qquad (8.9)$$

因为没有不确定性，所以可以忽略政府债券（在第 17 章中会讨论存在政府债券的情况）。① 由于家庭资产即为资本存量，同时资本的折旧率为 δ，因此资产的市场回报率为

$$r(t) = R(t) - \delta \qquad (8.10)$$

8.1.2 自然债务上限和非庞氏博弈条件

（8.8）式是一个流量约束，基于下面两个原因，对动态竞争均衡建立模型时仅有这个条件还不够。第一个原因是，如同已经在第 6 章例 6.5 中详细讨论过的，这个流量约束条件并不能充分确保家庭行为有合适的预算约束。可以对家庭资产设定一个下限，比如对于所有 t，设定 $a(t) \geq 0$，这样就可以将（8.8）式转变为一个合适的无限期预算约束，但这个条件又太过严格（参见习题 8.30）。如果我们不能确保家庭行为有合适的预算约束，那么对家庭最大化问题的分析就会得出荒谬的结果。特别是，习题 8.2 表明在（8.8）式的条件下，最大化（8.3）式的任何解——在没有额外条件的情况下——包含对于所有 t 来说 $a(t)$ 成为任意负值的情况，也就是说，代表性家庭可能持有任意负资产。但如果是这样，市场出清条件（8.9）式就意味着 $k(t) = a(t)$ 成为任意负值，这就违背了 $k(t)$ 必须为非负的可行性条件。这清晰地表明预算约束条件（8.8）式并不足以描述家庭行为的全部预算集合。

---

① 特别是，如果模型中存在政府债券的话，根据无套利假定，债券收益率将和资本收益率完全相同，因此将债券包括进来是多余的。

第二个原因已经在第 5 章中讨论过,确保动态(竞争)宏观模型中使用的序贯交易公式与相应的阿罗-德布鲁均衡(回想一下,其中所有交易都发生在初始时间)的一致性非常重要。这要求所有家庭在序贯交易以及在阿罗-德布鲁均衡公式中的预算约束是相同的。比如说,如果我们假定对所有 t 有 $a(t) \geqslant 0$,对于家庭的最优化问题我们就能得到一个定义良好的解,但是这样我们就打破了动态宏观模型中使用的序贯交易公式与作为其基础的阿罗-德布鲁均衡的等价性(参见习题 8.30)。

有两种方式可以使分析得以继续。第一种方式是施加非庞氏条件,这个条件更加灵活,同时在理论上也更加严格。第二种方式是加上一个自然债务上限(如同例 6.5 的情况)。鉴于第二种方式广为应用,下面就先简要讨论自然债务上限,主要是强调何时能使用该条件以及何时该条件失效。

回想一下,自然债务上限要求 $a(t)$ 在任何时候都不能成为导致家庭无法偿还其债务的负值,即使这样会迫使家庭选择零消费。应用(8.8)式并假定家庭从 t 期开始不再消费,t 期的自然债务上限为

$$a(t) \geqslant -\int_t^\infty w(s) \exp\left(-\int_t^s (r(z)-n)dz\right) ds \tag{8.11}$$

(8.11)式类似于第 6 章中(6.44)式给出的离散时间的自然债务上限。特别地,上式的右半部分是家庭劳动收入净贴现值的负数。习题 8.3 要求读者推导出该条件的更多细节。违背条件(8.11)式的任何家庭消费和资产路径都是不可行的(除非我们允许家庭破产)。因此,代表性家庭的问题可以表示为以(8.8)式和(8.11)式为约束条件的(8.3)式最大化。事实上,我们可以简单地将这个约束条件写为如下极限形式:

$$\lim_{t \to \infty} a(t) \geqslant \hat{a} \equiv -\lim_{t \to \infty} \left[\int_t^\infty w(s) \exp\left(-\int_t^s (r(z)-n)dz\right) ds\right] \tag{8.12}$$

这是因为对于某些 $t' < \infty$ 的时期,如果违反了自然债务上限,那么(8.12)式也不能被满足(参见习题 8.4)。因此在不失一般性的情况下可以用(8.12)式替代(8.11)式。

自然债务上限存在两个问题。第一,该条件并没有在包含序贯交易的动态宏观模型和对应的阿罗-德布鲁经济之间建立起最直接的联系。第二,如果我们考察的是持续增长的经济,这个条件就不再适用(因为这时 $\hat{a} = -\infty$;参见习题

8.8)。有鉴于此，我们下面使用非庞氏条件，该条件克服了上面所说的两个问题。

首先，我们写出一个家庭的终生预算约束

$$\int_0^T c(t)L(t) \exp\left(\int_t^T r(s)\,ds\right) dt + \mathcal{A}(T)$$
$$= \int_0^T w(t)L(t) \exp\left(\int_t^T r(s)\,ds\right) dt + \mathcal{A}(0) \exp\left(\int_0^T r(s)\,ds\right) \tag{8.13}$$

对于任意的 $T > 0$，$\mathcal{A}(T)$ 表示家庭在 T 期的资产持有头寸。这个约束条件表明，家庭在 T 期的资产头寸由家庭的总收入加上初始资产再减去支出构成，这几项的加总一直到 T 期。将这（8.13）式对 T 求导，然后除以 $L(t)$ 就会得到（8.8）式（参见习题 8.5）。

现在考虑将（8.13）式应用到结束于 T 期的一个有限期界经济体中。在 T 期家庭不能持有负资产，因此在 $\mathcal{A}(T) \geq 0$ 的条件下（8.13）式必须成立。但是，对流量约束（8.8）式的考察清晰地表明这个约束条件并不能保证 $\mathcal{A}(T) \geq 0$ 成立。因此在有限期界的情况下，作为一个附加的终值约束，我们同样需要加上 $\mathcal{A}(T) \geq 0$ 的条件。实际上，容易证明 $\mathcal{A}(T) \geq 0$ 正是确保在这个有限期界经济体的家庭终生预算约束成立的条件（以不等式成立）。因此这正是一个确保序贯交易和阿罗 – 德布鲁公式等价的约束条件。

在无限期界的情形中，我们需要一个相似的约束。非庞氏条件（或者说非庞氏博弈条件）就是一个合适的约束条件。其形式为

$$\lim_{t \to \infty} \left[a(t) \exp\left(-\int_0^t (r(s) - n)\,ds\right)\right] \geq 0 \tag{8.14}$$

这个不等式确保了代表性家庭财富不会渐进地趋近于负值。直观上看，如果没有条件（8.14）式，代表性家庭就没有一个合适的终生预算约束（同时也暗示着经济体中所有家庭都是如此），同时所有代表性家庭都会通过借贷增加消费，最终达到违反可行性条件的水平。显然，这样一种配置方式必定不是一种均衡。在有限期界的经济体中，约束条件 $\mathcal{A}(T) \geq 0$ 排除了这种行为方式。在无限期界的经济体中，（8.14）式起到了类似的作用。读者可能会认为这些约束是源于代表性家庭与金融市场之间的关系。金融市场必须为家庭设定一个适当的终生预算约

束，如若不然就会导致损失。

从更基本的角度看，作为与终值约束 $\mathcal{A}(T) \geqslant 0$ 类似的无限期界约束条件，即非庞氏条件（8.14）确保了动态竞争均衡中的序贯交易公式与阿罗-德布鲁公式是等价的。为了更清楚地看清这一点，将（8.13）式两边同时乘以 $\exp\left(-\int_0^T r(s)ds\right)$ 得到

$$\int_0^T c(t)L(t)\exp\left(-\int_0^t r(s)ds\right)dt + \exp\left(-\int_0^T r(s)\,ds\right)\mathcal{A}(T)$$
$$= \int_0^T w(t)L(t)\exp\left(-\int_0^t r(s)\,ds\right)dt + \mathcal{A}(0)$$

然后将两边除以 $L(0)$，同时注意 $L(t)$ 的增长率为 n，有

$$\int_0^T c(t)\exp\left(-\int_0^t (r(s)-n)\,ds\right)dt + \exp\left(-\int_0^T (r(s)-n)\,ds\right)a(T)$$
$$= \int_0^T w(t)\exp\left(-\int_0^t (r(s)-n)\,ds\right)dt + a(0)$$

当 $T\to\infty$ 时取上式极限并应用（8.14）式的非庞氏条件时，有

$$\int_0^\infty c(t)\exp\left(-\int_0^t (r(s)-n)\,ds\right)dt \leqslant a(0) + \int_0^\infty w(t)\exp\left(-\int_0^t (r(s)-n)\,ds\right)dt \tag{8.15}$$

这要求贴现后的支出总和不能大于初始收入加上贴现后的劳动收入总和。这个条件在阿罗-德布鲁公式中的终生预算约束（或者是单一时刻 $t=0$ 时期的预算约束）和以序贯交易公式中的非庞氏条件（8.14）式为形式的包含终值约束的流量约束之间建立了等价性。

（8.14）式表示的"非庞氏条件"的称谓来源于连环骗局（chain-letter）或者金字塔骗局，有时候也被称为庞氏游戏。在这里，一个人可以不断地从竞争性金融市场中获得借款（或者更一般的情况是，从处于连环骗局规划中的那些没有戒心的人那里借款），同时用新的借款偿还旧的借款。这种借款方式的结果是，个人持有的资产随着时间的推移趋近于 $-\infty$，而这违反了经济现实中的可行性。

为了结束这里的讨论，我们暂时转向对有限期界问题的讨论。在有限期界的情况下，金融市场施加的约束条件为 $A(T) \geq 0$。但是，家庭自身却永远也不会选择 $A(T) > 0$（这是因为第 5.6 节定义的局部非餍足性），因此预算约束可以简单地写为 $A(T) = 0$，实质上就是以等式表示家庭的预算约束。按照同样的方式，如果无限期界经济体中的终生预算约束也以等式成立，那么非庞氏条件可以表示为如下更强的形式：

$$\lim_{t \to \infty} \left[a(t) \exp \left(- \int_0^t (r(s) - n) \, ds \right) \right] = 0 \qquad (8.16)$$

我们在下面将会看到家庭的最优化行为（特别是家庭的横截性条件）加上（8.14）式就意味着等式（8.16）。

8.2 刻画均衡

8.2.1 均衡的定义

现在让我们对动态经济中的均衡下个定义。这里我提供两种均衡定义，每种定义都强调了均衡性质的不同方面的特点。在本书剩余内容中，我通常会使用均衡的第二种定义，虽然第一种定义在概念上解释竞争均衡所指的内容时非常有用。

作为第一种均衡定义的背景，我们先回想一下由人口、偏好和技术代表的经济环境。给定这个经济环境，我们可以提出一个关于如何在这种情况下配置资源的问题。一种方式是将配置资源的权力归于某个个体，比如说，一个社会规划者（或者在更不幸的情况下，一个独裁者）。前两章已经讨论过的最优增长问题，第 8.3 节将继续深入讨论，对这个问题的讨论将集中在一个社会规划者的资源配置决策上，该社会规划者希望使代表性家庭的效用最大化。相反，竞争均衡假定了一个不同的制度集合——竞争性的要素和商品市场，以及资本和劳动力的私有制。之后就可以让家庭在既定市场价格下做出自己的选择。均衡的第一种定义清晰地阐明了这一点。

定义 8.1 新古典增长模型中的一个竞争均衡包括消费路径、资本存量路径、工资路径以及资本租金率的路径，$[C(t), K(t), w(t), R(t)]_{t=0}^{\infty}$，由此代表性家庭在给定的资产（资本存量）$K(0) > 0$ 和给定的价格时间路径 $[w(t),$

$R(t)]_{t=0}^{\infty}$ 的下，最大化自身的效用；企业在给定的要素价格时间路径 $[w(t),$ $R(t)]_{t=0}^{\infty}$ 下最大化利润；同时要素价格 $[w(t), R(t)]_{t=0}^{\infty}$ 达到使市场出清的水平。

这个定义表明，家庭和企业作为价格接受者各自行动，同时竞争性市场是出清的。虽然定义 8.1 强调了竞争均衡重要的概念性特征，但一般来说，数学上更便捷的方式是在定义均衡的过程中加入一些均衡关系。第二个均衡的定义就是如此，其中加入了要素价格 $[w(t), R(t)]_{t=0}^{\infty}$ 必须满足的一些等式。另外，这个定义以人均形式描述关键变量，这也使刻画竞争均衡变得更加简单。

定义 8.2 新古典增长模型中的一个竞争均衡包括人均消费路径、资本劳动比路径、工资路径以及资本租金率路径，$[c(t), k(t), w(t), R(t)]_{t=0}^{\infty}$，其中要素价格 $[w(t), R(t)]_{t=0}^{\infty}$ 由（8.5）式和（8.6）式给出，给定初始人均资产（资本劳动比率） $k(0) > 0$ 和要素价格 $[w(t), R(t)]_{t=0}^{\infty}$，代表性家庭在（8.8）式和（8.14）式的约束条件下最大化（8.3）式（资产回报率 $r(t)$ 由（8.10）式给出）。

鉴于这个均衡定义中已经包括了一些均衡行为，有些人在理论上可能会偏好定义 8.1。虽然如此，像定义 8.2 这样的均衡定义使用起来通常会更方便，应用也更为广泛，因为这样的定义清晰地给出了对应于均衡的等式，因此方便了对资源配置的刻画，这些资源配置解决了在相关约束条件下的具体的最大化问题。在本书的其余部分中，我将使用类似定义 8.2 那样的均衡定义作为标准做法，但是读者要牢记，定义 8.2 是从更加基本的定义 8.1 中得出的，只不过定义 8.2 中包含了一些均衡条件。

最后再回想一下，一个均衡对应的是实际数量的整个时间路径和相关的各种价格。有时候我们会将讨论集中在稳态均衡上，但在提到均衡时，我们指的总是整个路径。

8.2.2 家庭最大化行为

让我们首先开始讨论代表性家庭的问题。从均衡的定义中我们了解到，代表性家庭的问题就是在（8.8）式和（8.14）式的约束条件下最大化（8.3）式。这是在第 7 章定理 7.13 中讨论过的可贴现的无限期界控制问题的一个特例。我们的处理方法依旧是应用定理 7.13 得到一个候选解，然后再应用定理 7.14 得出

一个解，验证这两个解是一致的。[①] 我们首先建立一个现值汉密尔顿函数

$$\hat{H}(t, a, c, \mu) = u(c(t)) + \mu(t)[w(t) + (r(t) - n)a(t) - c(t)]$$

其中状态变量为 a，控制变量为 c，现值共状态变量为 μ。这个问题与第7章第7.7节讨论的最优增长问题密切相关，但是有两个主要不同点：第一，资产回报率随时间变化；第二，由（8.14）式表示的非庞氏条件代表了终值约束条件，这不同于第7.7节的横截性条件（即 $\lim_{t\to\infty} k(t) \geq 0$）。

现在应用定理7.13，内部候选解的条件为

$$\hat{H}_c(t, a, c, \mu) = u'(c(t)) - \mu(t) = 0 \tag{8.17}$$

$$\hat{H}_a(t, a, c, \mu) = \mu(t)(r(t) - n) = -\dot{\mu}(t) + (\rho - n)\mu(t) \tag{8.18}$$

和转移方程（8.8）式。横截性条件（与第7章（7.69）式等价）为

$$\lim_{t\to\infty}\left[\exp(-(\rho - n)t)\mu(t)a(t)\right] = 0 \tag{8.19}$$

横截性条件是以共态变量现值的形式写出来的，在其余的必要条件给定时，这样表示更加方便。

接下来很容易证明（8.17）式、（8.18）式、（8.19）式实际上刻画了一个解。现值汉密尔顿函数 $\hat{H}(t, a, c, \mu)$ 是一个关于 c 的凹函数和一个关于 (a, c) 的线性函数之和。因此该函数关于 (a, c) 是凹的。为了能够应用定理7.14，只需要再证明对于任意可行的 $(a(t), c(t))$，有 $\lim_{t\to\infty}[\exp(-(\rho - n)t)\mu(t)a(t)] \geq 0$。用下面的（8.24）式代替 $\mu(t)$，再次要求

$$\lim_{t\to\infty}\left[a(t)\exp\left(-\int_0^t (r(s) - n)ds\right)\right] \geq 0$$

不过，这个不等式和（8.14）式的非庞氏条件是一样的。因此任何可行的 $(a(t), c(t))$ 都不会违背这个条件。所以定理7.14意味着（8.17）式至（8.19）式的任何解也就是家庭最大化问题的解。习题8.11进一步证明这个解是唯一的。

[①] 一个类似第7.7节的论述可以用来说明定理7.13中的条件同样也是必需的（例如，参见习题8.7）。虽然如此，首先应用定理7.13得出一个候选解，然后用定理7.14来验证最优性，这种方法既直接又简单。

我们现在使用这些等式得出一个更清晰的表达式。首先，将（8.18）式中的第二个条件改写为

$$\frac{\dot{\mu}(t)}{\mu(t)} = -(r(t) - \rho) \tag{8.20}$$

（8.20）式意味着乘数变化依赖于当前资产回报率是大于还是小于家庭的贴现率。[①]

接下来，第一个必要条件（8.17）式意味着

$$u'(c(t)) = \mu(t) \tag{8.21}$$

由于 u' 是连续可微的，在（8.18）式成立的情况下，$c(t)$ 关于时间也是可微的，因此我们对（8.21）式求关于时间的微分，然后除以 $\mu(t)$，有

$$\frac{u''(c(t))c(t)}{u'(c(t))} \frac{\dot{c}(t)}{c(t)} = \frac{\dot{\mu}(t)}{\mu(t)}$$

将上式代入（8.20）式就可以得到连续时间下的消费欧拉方程

$$\frac{\dot{c}(t)}{c(t)} = \frac{1}{\varepsilon_u(c(t))}(r(t) - \rho) \tag{8.22}$$

其中

$$\varepsilon_u(c(t)) \equiv -\frac{u''(c(t))c(t)}{u'(c(t))} \tag{8.23}$$

为边际效用 $u'(c(t))$ 的弹性。（8.22）式与在离散时间下推导出的欧拉方程（6.39）式密切相关，同样也与第 7 章例 7.1 中连续时间下的有固定利率的消费欧拉方程密切相关。如同（6.39）式中的情况，（8.23）式意味着当贴现率小于资产回报率时，消费会随时间增加。作为对资产回报率与贴现率之差的反应，（8.22）式同样确定了消费的增长速度。这个增长速度与消费的边际效用

[①] 这个条件还意味着，只有当 $r(t)$ 是关于时间的连续函数时，$\mu(t)$ 才连续可微。只要我们施加市场出清的条件，以及 $k(t)$ 的时间路径与家庭最大化行为相一致的条件，那么 $r(t)$ 必定是关于时间的连续函数。

$\varepsilon_u(c(t))$ 相关。后面的内容将对 $\varepsilon_u(c(t))$ 和（8.23）式做进一步的解释。

整理（8.20）式有

$$\begin{aligned} \mu(t) &= \mu(0) \exp\left(-\int_0^t (r(s)-\rho)\,ds\right) \\ &= u'(c(0)) \exp\left(-\int_0^t (r(s)-\rho)\,ds\right) \end{aligned} \tag{8.24}$$

第一个等式使用了线性非齐次差分方程的解的形式（参见附录 B 的 B.4 部分），第二个等式使用了在 $t=0$ 时取值的（8.17）式。将（8.24）式代入横截性条件（8.19）式中有

$$\begin{aligned} &\lim_{t\to\infty}\left[\exp(-(\rho-n)t)\,a(t)u'(c(0))\exp\left(-\int_0^t(r(s)-\rho)\,ds\right)\right]=0 \\ &\lim_{t\to\infty}\left[a(t)\exp\left(-\int_0^t(r(s)-n)\,ds\right)\right]=0 \end{aligned} \tag{8.25}$$

将第一个等式两边除以 $u'(c(0))>0$，然后将 $\exp(-(\rho-n)t)$ 与 $\exp\left(-\int_0^t(r(s)-\rho)ds\right)$ 合并可以得到第二个等式。

（8.25）式的一个直接含义是，家庭的最大化行为加上（8.19）式的横截性条件意味着非庞氏条件（8.14）式必须以等式成立（比如，（8.16）式必须成立）。这个结果并不出乎意料，它意味着个人的终生预算约束应该以等式成立。在阿罗－德布鲁均衡的背景下，这意味着局部非餍足性假设带来的影响，即家庭要花光所有的钱。这个推导同样表明，正是横截性条件暗含着（8.14）式的非庞氏条件（在终生预算约束中是不等式）也应该以等式成立。因此，横截性条件确保了家庭即使在遥远的将来也会使用其资源实现效用最大化，进而意味着，类似的无限期界条件也就是家庭在规划期末不能留下任何没有用完的资源。

这个推导和相关的讨论表明，在（8.19）式的横截性条件和（8.16）式给出的更强的（等式）非庞氏条件之间密切相关。但是，必须强调的是，这两个条件并不相同（虽然在有些文献和教科书中认为两者没有区别）。（8.19）式是一个最优性条件，而（8.16）式则是一个以等式成立的（终生）预算约束。

由于 $a(t)=k(t)$，代表性家庭的横截性条件也可以表示为

$$\lim_{t\to\infty}\left[k(t)\exp\left(-\int_0^t (r(s)-n)\,ds\right)\right]=0 \tag{8.26}$$

（8.26）式强调，横截性条件要求资本存量在遥远未来的市场价值的贴现值必须为 0。这个"市场价值"版本的横截性条件不仅符合直觉，同时相比（8.19）式，（8.26）式应用起来更加便捷。特别是，如果假定存在一个有限的利率 r^*，使 $r(t)\to r^*$。那么只有当 $r^*>n$ 时（在 $k(t)$ 的极限不为 0 的情况下）才能满足横截性条件。这个结论与直觉相符，因为如果 $r^*<n$，家庭就会拥有无限的财富（回想（8.15）式）。因此 $r^*>n$ 是一个很自然就能想到的条件。我们将看到这个条件与第 9 章中讨论的动态效率问题紧密相关。

如前所述，定理 7.14 和前面的分析表明，满足（8.22）式和（8.25）式的 $(\hat{a}(t),\hat{c}(t))$ 组合是家庭效用最大化问题的唯一解。因此任何满足（8.22）式和（8.26）式的 $(\hat{k}(t),\hat{c}(t))$ 组合对应着一个竞争均衡。因此，$(\hat{k}(t),\hat{c}(t))$ 组合加上市场出清价格就会给出一个完全竞争均衡。回想一下，均衡价格由（8.5）式和（8.6）式给出。依据（8.10）式，这就意味着利率 $r(t)$ 由下式给出：

$$r(t)=f'(k(t))-\delta \tag{8.27}$$

将（8.27）式代入家庭最大化问题中，有

$$\frac{\dot{c}(t)}{c(t)}=\frac{1}{\varepsilon_u(c(t))}\left(f'(k(t))-\delta-\rho\right) \tag{8.28}$$

上式为消费增长方程（8.22）式的均衡状态版本。将（8.28）式代入（8.26）式中，横截性条件变为

$$\lim_{t\to\infty}\left[k(t)\exp\left(-\int_0^t \left(f'(k(s))-\delta-n\right)ds\right)\right]=0 \tag{8.29}$$

在完整地刻画一个竞争均衡的过程中，条件（8.28）式和（8.29）式仅使用了资本劳动比的路径。此外我们将看到，这些均衡条件与刻画最优增长路径的欧拉方程和横截性条件是相同的（参见习题 8.11）。

8.2.3 消费者行为

现在让我们开始讨论代表性家庭的动态消费。首先回想一下，欧拉方程

(8.22) 式将代表性家庭消费的斜率与 $\varepsilon_u(c(t))$，也就是边际效用函数 $u'(c)$ 的弹性联系起来。注意，$\varepsilon_u(c(t))$ 不仅是边际效用的弹性，更重要的是，它还是跨期替代弹性的倒数，跨期替代弹性在宏观模型中起着重要作用。跨期替代弹性决定了家庭在不同时期进行消费（或者是劳动等其他能够产生效用的内容）替代的意愿。将 t 期和 $s > t$ 期之间的消费边际效用的弹性定义为

$$\sigma_u(t,s) = -\frac{d\log(c(s)/c(t))}{d\log(u'(c(s))/u'(c(t)))}$$

随着 $s \downarrow t$，

$$\sigma_u(t,s) \to \sigma_u(t) = -\frac{u'(c(t))}{u''(c(t))c(t)} = \frac{1}{\varepsilon_u(c(t))} \tag{8.30}$$

这是一个意料之中的结果，因为效用函数 $u(\cdot)$ 的凹性，或者等价地，边际效用的弹性决定了家庭在不同时期进行消费替代的意愿。

我们还能从家庭的消费行为中进一步推导出其他一些结果。注意到 $\exp\left(-\int_0^t t_0 r(s) ds\right)$ 是一个将 0 期的一单位收入转换为 t 期的一单位收入的现值因子。在 $r(s) = r$ 这种特殊情况下，这个现值因子等于 $\exp(-rt)$。但在更一般的情况下，我们将 0 期到 t 期之间的平均利率定义为

$$\bar{r}(t) = \frac{1}{t}\int_0^t r(s)\,ds \tag{8.31}$$

在这种情况下，0 期到 t 期的转换因子为 $\exp(-\bar{r}(t)t)$，这时横截性条件可以表示为

$$\lim_{t \to \infty}\left[\exp(-(\bar{r}(t) - n)t)a(t)\right] = 0 \tag{8.32}$$

对 (8.22) 式积分有（再次回想附录 B 的 B.4 部分）：

$$c(t) = c(0)\exp\left(\int_0^t \frac{r(s) - \rho}{\varepsilon_u(c(s))}\,ds\right)$$

上式为消费函数。因此，给定初始消费水平 $c(0)$，上面的消费函数决定了消费

路径。在 $\varepsilon_u(c(s))$ 固定不变（例如，$\varepsilon_u(c(s)) = \theta$）的特殊情况下，消费函数简化为

$$c(t) = c(0) \exp\left(\left(\frac{\bar{r}(t) - \rho}{\theta}\right)t\right)$$

终生预算约束可以改写为

$$\int_0^\infty c(t)\exp(-(\bar{r}(t)-n)t)\,dt = a(0) + \int_0^\infty w(t)\exp(-(\bar{r}(t)-n)t)\,dt$$

在这种常弹性的情况下将 $c(t)$ 代入终生预算约束中，有

$$\begin{aligned} c(0) = &\left[\int_0^\infty \exp\left(-\left(\frac{(1-\theta)\bar{r}(t)}{\theta} - \frac{\rho}{\theta} + n\right)t\right)dt\right] \\ &\times \left[a(0) + \int_0^\infty w(t)\exp(-(\bar{r}(t)-n)t)\right] \end{aligned} \tag{8.33}$$

上式为消费的初始值。消费初始水平一旦确定，就可以应用（8.22）式的欧拉方程给出家庭消费的效用最大化路径。第 8.5 节将进一步讨论初始消费水平的决定。

8.2.4 应用自然债务上限条件

现在用（8.12）式的自然债务上限代替（8.14）式的非庞氏条件进行讨论。理论上，（8.12）式中的 $\hat{a}$ 可以为无穷小。但是习题 8.2 的相同步骤表明无穷小的 $\hat{a}$ 违反了 $k(t)$ 非负的可行性约束。因此一个定义良好的均衡必须满足 $\hat{a} > -\infty$。下面我们将会看到要素价格满足 $\lim_{t\to\infty} r(t) > n$ 以及 $\lim_{t\to\infty} w(t) = w \geq 0$，而这足以保证 $\hat{a} > -\infty$（参见习题 8.9）。当 $\hat{a} > -\infty$ 时，受（8.8）式和（8.11）式约束的（8.3）式的最大化问题也满足定理 7.13 和定理 7.14 的条件。因此，在约束条件（8.8）式和（8.11）式下，使用这种方法刻画如（8.3）式表示的家庭效用最大化问题与使用非庞氏条件的方式表示，其效果是一样的（参见习题 8.10）。接下来可以证明在均衡中有，$\lim_{t\to\infty} r(t) > n$ 以及 $\lim_{t\to\infty} w(t) = w \geq 0$，因此 $\hat{a} > -\infty$，所以这种方式确实可行。但是如习题 8.8 所示，如果存在持续增长，则不能采用这种方式刻画家庭效用最大化问题，另见第 8.7 节。

8.3 最优增长

在进一步刻画竞争均衡之前，我们先转向对最优增长问题的讨论。回想一下，由于我们已经假设存在一个标准化的代表性家庭，最优增长问题就等同于刻画使代表性家庭效用最大化的资本劳动比和消费的路径。这个问题可以写为

$$\max_{[k(t),c(t)]_{t=0}^{\infty}} \int_0^{\infty} \exp(-(\rho-n)t)u(c(t))\,dt$$

约束条件为

$$\dot{k}(t) = f(k(t)) - (n+\delta)k(t) - c(t)$$

以及 $k(0) > 0$。[①] 如第 5 章中提到的，一个连续商品经济的福利经济学第一定理和第二定理意味着，上面这个问题的解与第 8.2 节中的均衡增长问题的解是相同的。但在现在的背景下还不需要使用这些定理，因为可以直接描述两种配置方式，证明两者是等价的。

为此，我们再次构建现值汉密尔顿函数，在这种情况下为

$$\hat{H}(k,c,\mu) = u(c(t)) + \mu(t)[f(k(t)) - (n+\delta)k(t) - c(t)]$$

其中状态变量为 k，控制变量为 c，现值共状态变量为 μ（没有包含变量 t 是因为这是一个稳态问题）。与第 7 章第 7.7 节中的论述相同，可以用定理 7.13 和定理 7.14 求解这个问题并给出唯一的一个最优增长路径。因此最优路径的必要条件和充分条件为

$$\hat{H}_c(k,c,\mu) = 0 = u'(c(t)) - \mu(t) \tag{8.34}$$
$$\hat{H}_k(k,c,\mu) = -\dot{\mu}(t) + (\rho-n)\mu(t) = \mu(t)\left(f'(k(t)) - \delta - n\right)$$
$$\lim_{t\to\infty}\left[\exp\left(-(\rho-n)t\right)\mu(t)k(t)\right] = 0$$

[①] 如在第 5 章中讨论的，如果处理的是代表朝代效用函数的无限期界问题，这种表达方式假定社会规划者将赋予不同代际与当前决策制定者同样的权重。很自然地，在不同家庭和代际之间的消费不平等分配的情况下，也存在帕累托最优配置，虽然在一个有着规范化代表性家庭的经济中，这些配置看起来不那么自然，也不那么有趣。

重复之前的步骤，我们可以将（8.34）式中的前两个最优化条件合并，同时得到代表性家庭消费路径（8.28）式。另外，再次对第二个一阶条件积分可得

$$\mu(t) = \mu(0) \exp\left(-\int_0^t \left(f'(k(s)) - \delta - \rho\right) ds\right)$$

将上式与在 $t=0$ 期取值的（8.34）式中的第一个条件合并起来意味着，$\mu(0) = u'(c(0)) > 0$。将这个表达式代入横截性条件中［（8.34）式中的第三个条件］，化简，消去 $\mu(0) > 0$，我们得到（8.29）式。

这些步骤确立了竞争均衡是帕累托最优的，同时最优增长路径可以被分解为一个竞争均衡。下一个命题将阐述这个结果。

命题 8.1 在第 8.1 节描绘的新古典增长模型中，给定假设 1、假设 2、假设 3、假设 4′，均衡是帕累托最优的，同时均衡与最大化代表性家庭效用的最优增长路径是相同的。

8.4 稳态均衡

如同在第 2 章中定义的，稳态均衡是一种资本劳动比、消费和产出都不再变化的均衡路径。很容易描述稳态均衡（也可以说是与最优增长问题的稳定解等价的）。稳态要求人均消费是不变的，因此

$$\dot{c}(t) = 0$$

根据（8.28）式，上面的表达式意味着不管效用函数的确切形式是什么（只要满足 $f(k^*) > 0$ 就可以），我们必定有一个资本劳动比 k^* 满足

$$f'(k^*) = \rho + \delta \tag{8.35}$$

上式等价于离散时间下最优增长模型中的稳态关系。[①]（8.35）式确定了稳态的资本劳动比是生产函数、贴现率和折旧率的函数。稳态条件（8.35）式对应的是修正的黄金律，而不是索洛模型中的黄金律（参见习题 8.12）。在修正的黄金律

---

① 另外，$k=0$ 时存在着另一个没有经济意义的稳态。如第 2 章中的做法，我在全书中忽略这种稳态。此外，类似于第 2 章中的情况，从任意 $k(0) > 0$ 出发的经济必将趋近于由（8.35）式给出的稳态资本劳动比 k^*。

中，资本存量水平不能使稳态消费达到最大化，因为相比更晚的消费，人们偏好更早的消费。这种偏好的产生是由于贴现，这就意味着家庭的目标并不是最大化稳态消费水平，而是对较早期的消费赋予更大的权重。

注意到在假设 $4'$（$\rho > n$）和（8.35）式同时成立的情况下，稳态的利率水平为

$$r^* = f'(k^*) - \delta > n \tag{8.36}$$

这样就满足了自然要求，即 $r^* > n$。由于稳态中的工资率为 $w^* = f(k^*) - k^* f'(k^*) < \infty$，还可以证明在任何时间点家庭财富都是有限的。

给定 k^*，可以直接决定稳态的消费水平为

$$c^* = f(k^*) - (n+\delta)k^* \tag{8.37}$$

这类似于基本索洛模型给出的稳态消费水平。进一步，给定假设 $4'$，资本劳动比进而产出不变的稳态必定满足横截性条件。由此，这一分析给出了下面的结果。

命题 8.2 在第 8.1 节描述的新古典增长模型中，给定假设 1、假设 2、假设 3、假设 $4'$，稳态均衡的资本劳动比 k^* 由（8.35）式唯一地决定，并且与瞬时效用函数无关。稳态的人均消费由（8.37）式给出。

类似于基本索洛模型中的情况，有几个直接的比较静态结果可以说明资本劳动比和人均消费的稳态值是如何随着基础参数的变化而变化的。鉴于这个原因，我们将生产函数用参数表达为

$$f(k) = A\tilde{f}(k)$$

其中 $A > 0$，因此 A 依然是一个转移参数，A 越大，要素的生产率越高。由于 $f(k)$ 满足上面所列的正则条件，所以 $\tilde{f}(k)$ 也满足正则条件。

命题 8.3 考虑第 8.1 节中的新古典增长模型，给定假设 1、假设 2、假设 3、假设 $4'$，同时假定 $f(k) = A\tilde{f}(k)$。将稳态的资本劳动比记为 $k^*(A,\rho,n,\delta)$，稳态的人均消费水平为 $c^*(A,\rho,n,\delta)$，隐含参数为 A、ρ、n 和 δ，则有

$$\frac{\partial k^*(A,\rho,n,\delta)}{\partial A} > 0, \quad \frac{\partial k^*(A,\rho,n,\delta)}{\partial \rho} < 0, \quad \frac{\partial k^*(A,\rho,n,\delta)}{\partial n} = 0, \text{ 和 } \frac{\partial k^*(A,\rho,n,\delta)}{\partial \delta} < 0$$

$$\frac{\partial c^*(A,\rho,n,\delta)}{\partial A} > 0, \quad \frac{\partial c^*(A,\rho,n,\delta)}{\partial \rho} < 0, \quad \frac{\partial c^*(A,\rho,n,\delta)}{\partial n} < 0, \text{ 和 } \frac{\partial c^*(A,\rho,n,\delta)}{\partial \delta} < 0$$

证明 请参考习题 8.17。

相对于索洛模型来说，这里涉及比较静态的新结果与贴现率 ρ 有关。特别是，现在不是储蓄率而是贴现率影响了资本积累。新古典增长模型中的贴现率与索洛模型中的储蓄率有着密切关系。不严格地讲，一个较低的贴现率就意味着更大的耐心，进而也意味着更多的储蓄。在没有技术进步的模型中，稳态的储蓄率可以用下式计算：

$$s^* = \frac{(n+\delta)k^*}{f(k^*)} \tag{8.38}$$

其中 k^* 是（8.35）式给出的稳态资本劳动比。习题 8.19 考察了贴现率、储蓄率和人均消费的稳态水平之间的关系。

一个更有意思的结果是，人口增长率对稳态的资本劳动比没有影响，这与基本索洛模型不同。习题 8.16 表明这个结果依赖于跨期贴现产生作用的方式。另一个重要结果更具有一般性，即 k^*，进而 c^* 不依赖于瞬时效用函数 $u(\cdot)$。效用函数的形式只影响转移动态，但是对稳态没有影响。这是因为稳态由修正的黄金律决定。如果存在技术进步和持续增长，那么这个结果就不成立。

8.5 转移动态和均衡的唯一性

回想一下，给定初始条件，基本索洛模型中的转移动态由一个单独的微分方程给出。与之不同，新古典增长模型的均衡由两个微分方程决定，分别为：

$$\dot{k}(t) = f(k(t)) - (n+\delta)k(t) - c(t) \tag{8.39}$$

和

$$\frac{\dot{c}(t)}{c(t)} = \frac{1}{\varepsilon_u(c(t))}\left(f'(k(t)) - \delta - \rho\right) \tag{8.40}$$

此外，初始条件为 $k(0) > 0$，并且在无穷大时有一个边界条件，其形式为

$$\lim_{t \to \infty}\left[k(t)\exp\left(-\int_0^t \left(f'(k(s)) - \delta - n\right)ds\right)\right] = 0 \tag{8.41}$$

如同第 7 章中在投资的 q 理论背景下讨论过的（参见第 7.8 节），对于包含状态变量和控制变量行为的经济问题来说，包含一个初始条件和一个横截性条件的边界条件组合非常典型。同样地，恰当的稳定含义就是定理 7.18 和定理 7.19 中说的鞍轨稳定（而不是定理 2.4 和定理 2.5 中的稳定结果）。特别是，消费水平（与之等价的是共态变量 μ）是控制变量，同时消费的初始值 $c(0)$（与之等价的是 $\mu(0)$）是任意的。必须调整消费的初始值以满足横截性条件（无穷大时的边界条件）。由于 $c(0)$ 或者 $\mu(0)$ 可以取任何值，我们仍旧需要一条唯一的能够趋于稳态的一维流形（曲线）。如投资的 q 理论所述，如果存在趋于稳态的多条路径，则均衡就不是唯一的（这时将存在多个对应于均衡的 $c(0)$）。

幸好经济力量确保了（鞍轨）稳定以及唯一的竞争均衡路径。特别是，在新古典增长模型中存在着唯一的均衡，这个均衡由包含 $k-c$ 组合的一维流形（曲线），即稳定臂代表，并收敛于稳态。图 8.1 展示了这个稳定臂。垂线为 $\dot{c}=0$ 点的轨迹。$\dot{c}=0$ 的轨迹为一条垂线的原因是，从（8.40）式的消费欧拉方程看，只有由（8.35）式给出的唯一 k^* 能使人均消费保持不变。倒 U 型曲线是（8.39）式给出的 $\dot{k}=0$ 点的轨迹。这两种轨迹的交点定义了稳态 (k^*,c^*)。可以用第 2 章图 2.6 中同样的方式理解 $\dot{k}=0$ 轨迹的形状。回想一下，稳态的人均消费水平在资本劳动比的黄金律水平 k_{gold} 达到最大化，大于黄金律水平的资本存量会降低稳态的消费。$\dot{c}=0$ 和 $\dot{k}=0$ 的轨迹相交于修正的黄金律水平 k^*，k^* 总是位于 k_{gold} 的左边（参见习题 8.12）。只要画出这两种轨迹，按照（8.39）式和（8.40）式给出的微分方程确定运动方向，图中的其他部分就可以画出来。给定这些运动的方向，显然，存在着唯一一条趋于稳态的稳定臂。上面的分析表明，从初始资本劳动比 $k(0)>0$ 出发，在稳定臂上存在着唯一一个 $c(0)$。如果代表性家庭在 $t=0$ 期从人均消费水平 $c(0)$ 出发，按照欧拉方程（8.40）式确定的消费路径行事，那么人均消费和资本劳动比就会收敛于唯一的稳态 (k^*,c^*)。

从 $(k(0),c(0))$ 出发并收敛于 (k^*,c^*) 的路径是唯一的均衡吗？答案是肯定的，有两种互补的方法可以说明这一点。第一种方法描述了我们已经证明的竞争均衡和帕累托最优配置之间的等价性这个事实（第 8.3 节直接说明了这一点，或者应用福利经济学第二定理［定理 5.7］予以说明）。给定二者的等价性，我们可以将定理 7.14 中的充分条件应用于最优增长问题，进而得出最优增长路径

始于 $(k(0), c(0))$ 并收敛于 (k^*, c^*) 的结论，同时满足 (8.39) 式、(8.40) 式和 (8.41) 式，这就给出了唯一的最优增长路径。因此这条路径也是唯一的竞争均衡。根据这个分析有了下面的命题。

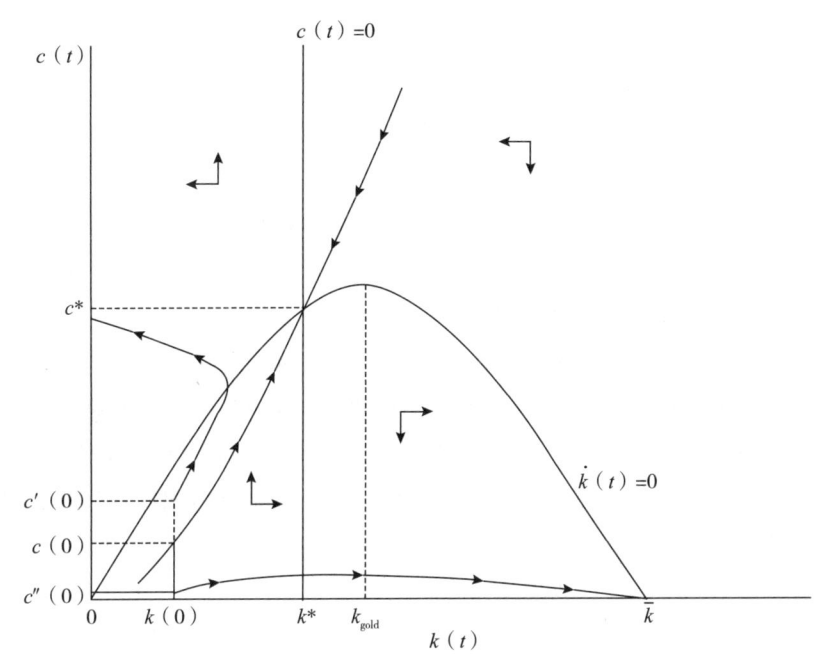

图 8.1 基准新古典增长模型中的转移动态

命题 8.4 在第 8.1 节描述的新古典增长模型中，给定假设 1、假设 2、假设 3、假设 4′，存在一条从任意 $k(0)>0$ 出发并单调收敛于唯一稳态 (k^*, c^*) 的唯一均衡路径，其中 k^* 由 (8.35) 式给出。此外，若 $k(0) < k^*$，则有 $k(t) \uparrow k^*$ 和 $c(t) \uparrow c^*$，若 $k(0) > k^*$，则有 $k(t) \downarrow k^*$ 和 $c(t) \downarrow c^*$。这个均衡路径同样与唯一的最优增长路径相同。

第二种导出均衡路径唯一性的方法在文献中更为常见，这种方法排除了如图 8.1 所示的稳定臂之外的所有路径。如上文讨论过的，给定利率和工资路径 $[r(t), w(t)]_{t=0}^{\infty}$，代表性家庭的效用最大化问题有唯一解（参见习题 8.11）。当这些价格由 (8.5) 式、(8.6) 式和 (8.10) 式给出时，这个唯一解从 $(k(0), c(0))$ 出发，并准确地定义了引致这些均衡价格的资本劳动比路径。为了理解这个均衡的唯一性，我们再回到图 8.1 中。该图清晰地展示了所有不在稳定臂上的点（即与 $(k(0), c(0))$ 不同的点）都将发散，并最终到达消费为零或者资本为零的点。如果初始消费水平低于稳定臂上的水平（比如 $c''(0)$），那么在有限时间内消费将为零，进而资本积累会持续增加，直到最高水平 $\bar{k} > k_{\text{gold}}$（消费水平为零的时候）。可以证明 $f'(\bar{k}) < \delta + n$（参见习题 8.13），这意味着

$$\lim_{t \to \infty} \left[k(t) \exp\left(-\int_0^t \left(f'(k(s)) - \delta - n \right) ds \right) \right]$$
$$= \bar{k} \lim_{t \to \infty} \left[\exp\left(-\int_0^t \left(f'(\bar{k}) - \delta - n \right) ds \right) \right] > 0$$

而这违反了（8.29）式或者（8.41）式的横截性条件。由于在这种情况下可以证明横截性条件不仅是充分条件，而且还是必要条件（应用定理 7.13，参见习题 8.7），因而从稳定臂下方出发的路径不可能是均衡路径的一部分。接下来假定初始消费从稳定臂上方出发，比如 $c'(0)$。在这种情况下，资本存量在有限时间内将为零，而（8.40）式显示的家庭消费将保持正值（参见习题 8.13）。① 但这种情况违反了可行性条件，因此从稳定臂上方出发的消费初始值不能成为均衡的一部分（或最优增长解的一部分）。这种分析方法能得出同样的结论，即在新古典增长模型的转移动态中，人均初始消费首先跳跃到稳定臂上的 $c(0)$，然后 (k,c) 沿着稳定臂单调地趋于稳态。

对局部稳定性的分析是对第二种方法的一个补充。这种方法对（8.39）式和（8.40）式两个微分方程进行了线性化。在稳态 (k^*, c^*)（参见附录 A 中的定理 A.23）附近的一阶泰勒展开式为

$$\dot{k} \simeq \text{constant} + (f'(k^*) - n - \delta)(k - k^*) - c$$

和

$$\dot{c} \simeq \text{constant} + \frac{c^* f''(k^*)}{\varepsilon_u(c^*)}(k - k^*)$$

为了简化表达，我在这里省略了时间项，同时使用了约等于号"$\simeq$"来代替对二阶项的直接表述。根据（8.35）式，$f'(k^*) - \delta = \rho$，因此这个双方程系统的特征值由 ξ 的值给出，也就是下面这个二次型的解：

---

① 第 7.8 节中讨论的投资 q 理论中的技术问题，在这里同样要引起重视。当 k 为零时，必要条件不再成立。然而习题 8.14 根据福利经济学第一原理证明了，对于代表性家庭来说，消费跳跃到零不可能是最优的，进而证明了在有限时间到达 $k=0$ 的路径可以被排除在外。

$$\det\begin{pmatrix} \rho - n - \xi & -1 \\ \dfrac{c^* f''(k^*)}{\varepsilon_u(c^*)} & 0 - \xi \end{pmatrix} = 0$$

容易证明，由于 $c^* f''(k^*) / \varepsilon_u(c^*) < 0$，所以存在两个实特征值，一个为正一个为负。进而存在一个一维曲线（稳定臂）收敛于稳态（参见习题 8.15）。因此，局部分析不出意料地给出了同全局稳定分析一样的结论。但是局部分析只能导出局部（鞍轨）稳定，而上面的全局分析则可以得出全局稳定和竞争均衡的唯一性。

8.6 离散时间下的新古典增长模型

简要讨论离散时间下的基本新古典增长模型是有益的，这有助于理解该模型与连续时间分析的密切关系。第 17 章将更加详细地讨论离散时间下的增长模型，其中将引入不确定性。

现在假定没有人口增长，因此 $c(t)$ 代表了人均消费，代表性家庭以零弹性供给 1 单位劳动，同时像通常一样，$\beta \in (0,1)$ 为贴现因子。代表性家庭将最大化

$$\sum_{t=0}^{\infty} \beta^t u(c(t))$$

预算约束为

$$a(t+1) = (1 + r(t))a(t) + w(t) - c(t)$$

其中 $a(t)$ 为家庭在 t 时期持有的资产；$w(t)$ 为均衡工资率，也就是代表性家庭向市场提供 1 单位劳动的收入；$r(t)$ 为 t 期持有资产的回报率。如连续时间模型中的情况，需要在这个流量预算约束之外再加上非庞氏条件。使用第 8.1 节中推导出 (8.14) 式的类似方法，这个非庞氏条件可以表示为

$$\lim_{t \to \infty} \left[a(t) \prod_{s=1}^{t-1} \frac{1}{1 + r(s)} \right] \geq 0 \tag{8.42}$$

该条件确保代表性家庭的渐进债务（asymptotic debt）的贴现值非负（参见习题

8.25)。与第 8.1 节中的论述一样,(8.42)式恰好是确保阿罗 – 德布鲁均衡和竞争均衡中的序贯交易公式等价的必要条件。

此外,代表性家庭的横截性条件意味着 $a(t)$ 的极限不能为负值,因此在均衡中必须成立的更强形式的非庞氏条件为

$$\lim_{t\to\infty}\left[a(t)\prod_{s=1}^{t-1}\frac{1}{1+r(s)}\right]=0 \qquad (8.43)$$

经济中生产方面的情况与连续时间模型相同。具体来说,资本租金率 $R(t)$ 和工资率 $w(t)$ 分别由(8.5)式和(8.6)式给出。此外,给定折旧率为 $\delta>0$,资产回报率 $r(t)$ 同样由(8.27)式给出。直接应用第 6 章的结果意味着代表性家庭将会选择满足欧拉方程的一条消费路径,即

$$u'(c(t))=\beta(1+r(t+1))u'(c(t+1)) \qquad (8.44)$$

回想一下第 6 章第 6.8 节中的离散时间下的最优增长分析,读者会发现(8.44)式和(6.45)式代表的最优增长问题的欧拉方程是相同的(因为根据(8.27)式有 $r(t)=f'(k(t))-\delta$)。为表明竞争均衡和最优增长路径二者是等价的,我们只需证明非庞氏条件(8.43)式就意味着最优增长问题(6.51)式中的横截性条件,反之也成立。为了证明这一点,我们将(6.51)式改写为

$$\lim_{t\to\infty}\left[\beta^t\left(f'(k(t))+(1-\delta)\right)u'(c(t))k(t)\right]=0$$

将(8.44)式按照 $t,t-1$ 等依次向前递归,同时应用(8.27)式,上式变为

$$\lim_{t\to\infty}\left[\beta^{t-1}u'(c(t-1))k(t)\right]=0$$

$$\lim_{t\to\infty}\left[\beta^{t-2}\frac{1}{1+r(t-1)}u'(c(t-2))k(t)\right]=0$$

$$\lim_{t\to\infty}\left[\beta^{t-3}\frac{1}{(1+r(t-1))(1+r(t-2))}u'(c(t-3))k(t)\right]=0$$

$$\vdots$$

$$\lim_{t\to\infty}\left[k(t)\prod_{s=0}^{t-1}\frac{1}{1+r(s)}\right]=0$$

其中，最后一行消去了 $u'(c(0))$，根据假定，这项严格为正。市场出清时有 $a(t) = k(t)$，这个条件与（8.43）式相同，这样就证明了竞争均衡与最优增长路径二者是一致的。这个结果在意料之中，因为新古典增长模型满足福利经济学第一定理和第二定理（定理5.6和定理5.7）。尽管如此，这个清晰的推导表明在这一基本增长模型和宏观经济学的背景下，等价性是如何得到证明的。

给定均衡和最优增长路径之间的等价关系，第6.8节中的命题6.3刻画了均衡配置的动态过程。特别是，这个命题意味着从任意初始资本存量水平 $k(0) > 0$ 出发，古典增长模型中的竞争均衡路径单调地收敛于唯一的稳态配置。因此，这个结果强调了从离散时间模型和连续时间模型中得出的一般观点的一致性。

8.7 技术变化和经典新古典模型

如同基本索洛模型一样，在没有外生技术变化的情况下，新古典增长模型并不能解释长期经济增长。因此更有意义的新古典增长模型中应该包含技术变化，如下文所述。包含技术变化的生产函数为

$$Y(t) = F(K(t), A(t)L(t)) \tag{8.45}$$

其中

$$A(t) = \exp(gt)A(0)$$

注意，生产函数（8.45）式假定技术变化完全是劳动扩张型的（哈罗德中性的）。这是因为第2章中的定理2.6在这里依然适用，同时意味着从某些 T 期开始，只有当技术变化为劳动扩张型技术的时候才可能存在平衡增长。如同在第2章中的做法，在本章中我将假定技术变化为劳动扩张型的，以便简化分析。

关于生产函数和效用函数的假设1、假设2、假设3在这里仍适用。假设4′将会被进一步强化，以确保在持续增长时的有限贴现效用。

规模报酬不变的特性使我们可以再次将所有变量正则化。现定义

$$\hat{y}(t) \equiv \frac{Y(t)}{A(t)L(t)}$$
$$= F\left(\frac{K(t)}{A(t)L(t)}, 1\right)$$
$$\equiv f(k(t)),$$

其中

$$k(t) \equiv \frac{K(t)}{A(t)L(t)} \qquad (8.46)$$

为有效资本劳动比，分母包括了劳动扩张型技术。很自然地，（8.46）式定义有效资本劳动比的方式类似于基本索洛增长模型的定义方式。

除了对技术的假定之外，我们还需要对偏好做进一步假定，从而确保平衡增长。如同基本索洛模型一样，这里将平衡增长定义为一个与卡尔多事实相一致的增长模式，其中产出增长率、资本产出比和国民收入中的资本份额都是固定不变的常数。这两点综合起来就意味着资本的租金收益率 $R(t)$ 必须是常数，根据（8.10）式，$r(t)$ 也必须为常数。这里我们再次将满足这些条件的均衡路径定义为平衡增长路径（BGP）。平衡增长同时还要求消费和产出的增长率为常数。欧拉方程意味着

$$\frac{\dot{c}(t)}{c(t)} = \frac{1}{\varepsilon_u(c(t))}(r(t) - \rho)$$

如果 $r(t) \to r^*$，则只有当 $\varepsilon_u(c(t)) \to \varepsilon_u$ 时，也就是当消费的边际效用弹性渐进为常数时，有 $\dot{c}(t)/c(t) \to g_c$。因此，只有在消费的边际效用弹性渐进为常数时，这样的效用函数才能导出平衡增长。这个结果非常重要，所以下面以命题的形式列出来。

命题 8.5 新古典模型中平衡增长要求所有的技术变化都是渐趋于劳动扩张型的，同时跨期替代弹性 $\varepsilon_u(c(t))$ 趋于常数 ε_u。

下面的例子表明，跨期替代弹性为常数的家庭效用函数也就是相对风险规避系数为常数的效用函数。这个例子还证明了，跨期替代弹性为常数的效用函数等价于经济中的偏好为戈尔曼偏好（Gorman preference），因此，$\varepsilon_u(c(t)) \to \varepsilon_u$ 的假定并不比存在一个（强）代表性家庭的假定更严格（回想第 5 章的内容）。

例 8.1（CRRA 效用） 回想一下，一个二阶可微的凹效用函数 $u(c)$ 的阿罗-普拉特（Arrow-Pratt）相对风险规避系数为

$$\mathcal{R} = -\frac{u''(c)c}{u'(c)}$$

常数相对风险规避（CRRA）效用函数具有 $\mathcal{R}$ 为常数的特点。假定 $\mathcal{R}$ 为一个常数，

比如说 $\theta > 0$，对上式两边积分可以得到 CRRA 效用函数族

$$u(c) = \begin{cases} \frac{c^{1-\theta}-1}{1-\theta} & \text{如果 } \theta \neq 1 \text{ 且 } \theta \geq 0 \\ \log c & \text{如果 } \theta = 1 \end{cases}$$

其中，相对风险规避系数为 θ（参见附录 B 中的习题 B.9 的正式推导）。在上面的表达式中我将 $\theta = 1$ 分离出来，是因为 $(c^{1-\theta} - 1)/(1-\theta)$ 在 $\theta = 1$ 处没有定义。但容易证明 $\log c$ 就是 $\theta \to 1$ 时该式的极限。

对于时间可分的效用函数来说，跨期替代弹性［(8.30) 式中定义的］的倒数与相对风险规避系数是相同的。因此，CRRA 效用函数族同样包括跨期替代弹性为常数的那些效用函数（参见习题 5.2）。

为了将上述效用函数与第 5 章中讨论的戈尔曼效用联系起来，我们考虑一个稍有区别的问题，其中个体的偏好定义在对 N 种商品的消费上 $\{c_1, \cdots, c_N\}$，即

$$U(\{c_1, \ldots, c_N\}) = \begin{cases} \sum_{j=1}^{N} \frac{c_j^{1-\theta}}{1-\theta} & \text{如果} \neq 1 \text{ 且 } \theta \geq 0 \\ \sum_{j=1}^{N} \log c_j & \text{如果} = 1 \end{cases} \quad (8.47)$$

同样假定这个个体面对价格向量 $\mathbf{p} = (p_1, \cdots, p_N)$，收入为 y，因此他的预算约束可以表示为

$$\sum_{j=1}^{N} p_j c_j \leq y \quad (8.48)$$

在 (8.48) 式的预算约束下最大化 (8.47) 式代表的效用函数，可以得到下面的间接效用函数：

$$v(p, y) = \frac{y^{1-\theta}}{(1-\theta) \left[\sum_{j=1}^{N} p_j^{\frac{\theta-1}{\theta}} \right]^{-\frac{1}{\theta}}}$$

（参见习题 5.6）。虽然这个间接效用函数不符合定理 5.2 中的戈尔曼效用函数的形式，但进行一个单调变换之后就可以满足戈尔曼形式（只需将间接效用函数取 $1/(1-\theta)$ 次方即可）。CRRA 效用函数属于戈尔曼效用函数，而且如果所有家庭的效用函数都是 CRRA 类型的，那么我们就可以将人们的偏好加总，同时可以用

单个个体来代表所有人。

现在考虑这些偏好的一个动态版本（定义在一个无限期界上）：

$$U(c(0), c(1), \ldots) = \begin{cases} \sum_{t=0}^{\infty} \beta^t \frac{c(t)^{1-\theta}-1}{1-\theta} & \text{如果 } \theta \neq 1 \text{ 且 } \theta \geq 0 \\ \sum_{t=0}^{\infty} \beta^t \log c(t) & \text{如果 } \theta = 1 \end{cases}$$

在增长理论中，这些偏好的重要特性并不在于相对风险规避系数为常数，而是在于跨期替代弹性为常数（因为大多数增长模型中并不涉及不确定性）。跨期替代弹性决定了家庭在不同时间进行消费替代的意愿，进而决定了他们的储蓄和消费行为。从这一点来看，将 CRRA 偏好称为"常数跨期替代弹性"偏好更为合适。虽然如此，我还是会按照文献中的通常做法来使用"CRRA"这个术语。

最后请注意一个更加常见的属于戈尔曼类型的效用函数族

$$\sum_{t=0}^{\infty} \beta^t \left[(c(t) - \gamma(t))^{1-\theta} - 1\right] / (1 - \theta)$$

或者

$$U = \sum_{t=0}^{\infty} \beta^t \log(c(t) - \gamma(t))$$

它也与平衡增长相一致，只要满足 $\lim_{t\to\infty} \gamma(t) = \bar{\gamma} < \infty$。习题 8.31 将进一步讨论这些偏好。

由于常数跨期替代弹性的偏好才能导致平衡增长这一限制，所以我们先给出 CRRA 瞬时效用函数

$$u(c(t)) = \begin{cases} \frac{c(t)^{1-\theta}-1}{1-\theta} & \text{如果 } \theta \neq 1 \text{ 且 } \theta \geq 0 \\ \log c(t) & \text{如果 } \theta = 1 \end{cases}$$

其中，消费边际效用的弹性 ε_u 由常数 θ 给出。当 $\theta = 0$ 时，该效用函数代表着线性偏好，而当 $\theta = 1$ 时，对应着对数偏好。随着 $\theta \to \infty$，家庭的风险规避倾向无限大，同时非常不愿意在不同时间进行消费替代。

更具体地说，考虑一个具有 CRRA 偏好的（规范的）代表性家庭的经济体，

$$\int_0^\infty \exp\left(-(\rho-n)t\right)\frac{c(t)^{1-\theta}-1}{1-\theta}dt \tag{8.49}$$

其中，$c(t) \equiv C(t)/L(t)$ 为人均消费。我将这个包括劳动扩张型技术变化和由 (8.49) 式给出的 CRRA 偏好的模型称之为标准模型（canonical model），这是因为在新古典增长模型几乎所有的应用中都使用了该模型。在这个模型中，代表性家庭的问题是受 (8.8) 式和 (8.14) 式约束的 (8.49) 式的最大化问题。再次使用定理 7.13 中的必要条件，代表性家庭的欧拉方程为

$$\frac{\dot{c}(t)}{c(t)} = \frac{1}{\theta}\left(r(t)-\rho\right) \tag{8.50}$$

让我们首先在有技术进步的情况下刻画这个模型的稳态。因为存在着技术进步，所以人均收入、人均消费 $c(t)$ 都会增长。类似 $k(t)$，我们定义

$$\tilde{c}(t) \equiv \frac{C(t)}{A(t)L(t)}$$

$$\equiv \frac{c(t)}{A(t)}$$

沿着平衡增长路径，这个标准化的消费水平保持不变。自然地，

$$\frac{d\tilde{c}(t)/dt}{\tilde{c}(t)} = \frac{\dot{c}(t)}{c(t)} - g$$

$$= \frac{1}{\theta}\left(r(t)-\rho-\theta g\right)$$

另外，资本存量积累由下式给出

$$\dot{k}(t) = f(k(t)) - \tilde{c}(t) - (n+g+\delta)k(t) \tag{8.51}$$

其中回想一下 (8.46) 式中的 $k(t) \equiv K(t)/A(t)L(t)$。

横截性条件接下来可以表示为

$$\lim_{t\to\infty}\left[k(t)\exp\left(-\int_0^t[f'(k(s))-g-\delta-n]ds\right)\right] = 0 \tag{8.52}$$

此外，均衡利率 $r(t)$ 依然由（8.27）式给出。由于稳态（平衡增长路径）的消费 $\tilde{c}(t)$ 必须保持不变，$r(t) = \rho + \theta g$，这意味着

$$f'(k^*) = \rho + \delta + \theta g \tag{8.53}$$

该式唯一地决定了有效资本劳动比 k^* 的稳态值。进而稳态中的标准化消费水平由下式给出

$$\tilde{c}^* = f(k^*) - (n + g + \delta) k^* \tag{8.54}$$

此时，人均消费的增长率为 g。

由于在这种情况中存在着持续增长，所以增加了一点复杂性，也即横截性条件更为严格。具体来说，将（8.53）式代入（8.52）式中，横截性条件要求

$$\lim_{t \to \infty} \left[k(t) \exp\left(- \int_0^t [\rho - (1-\theta) g - n] ds \right) \right] = 0$$

只有在指数的积分为负无穷的情况下，也就是说，只有在 $\rho - (1-\theta)g - n > 0$ 的情况下上式才能成立。因此，为了确保家庭的效用最大化问题有一个定义良好的解，以及确保有一个定义良好的竞争均衡，我们需要将假设 4′ 修改为下面的假设。

假设 4（存在技术进步时的贴现） $\rho - n > (1 - \theta)g$。

当 $\theta < 1$ 时，这个假设强化了假设 4′。该经济中的稳态利率为 $r^* = \rho + \theta g$，产出增长率为 $g + n$。因此，如同假设 4′ 中确保 $r^* > n$ 的方式，假设 4 保证了 $r^* > g + n$。假设 4 在一系列包括使家庭效用有界以及使横截性条件成立的模型中都是一个必要条件。确保横截性条件成立的假设看起来可能有点怪异，因为一个最优解可以使（必要的）横截性条件得到满足，这样就不需要施加多余的条件了。但是类似假设 4′，假设 4 的主要作用并不是确保横截性条件的成立，而是确保家庭的效用不会为无穷大（效用为无穷大的情况将使经济问题变得没有意义，同时也违反了第 5 章中的局部非餍足性假设）。习题 8.20 表明了假设 4 和代表性家庭效用有界二者之间的联系。回想一下，当家庭的效用为无穷大时横截性条件就变得没有意义。实际上，当假设 4 不成立的时候横截性条件同样也不能成立。在下文中我们将会看到，检查横截性条件是否得到满足等价于（但从某种程度上说更加简单）验证家庭的效用是否有界。

第 8 章 新古典增长模型

这里我们使用类似第 8.2 节中的推理过程并证明，给定假设 4，定理 7.14 的充分条件都能得到满足。因此，从上文论述中推导出的最大化问题的解实际上也是一个全局最大化的解（参见习题 8.21）。下面这个命题是命题 8.2 的直接一般化。

命题 8.6 考虑一个新古典增长模型，其中劳动扩张型技术进步的增长率为 g，偏好由 (8.49) 式给出。令假设 1、假设 2、假设 3 和假设 4 成立，存在一个唯一的平衡增长路径，其中有效资本劳动比 k^* 由 (8.53) 式给出，同时人均产出和人均消费的增长率都为 g。

稳态的（在平衡增长路径上的）资本劳动比不再独立于代表性家庭的瞬时效用函数，因为现在由 (8.53) 式给出的稳态资本劳动比依赖于边际效用弹性（或者说跨期替代弹性的倒数）θ。这是由于现在的人均产出和人均消费都存在增长。因为家庭面临着向上倾斜的消费曲线，所以家庭用将来消费替代当前消费的意愿决定了资本积累，进而决定了有效资本劳动比的均衡水平。

或许命题 8.6 最重要的含义就是，虽然稳态的有效资本劳动比 k^* 是内生决定的，但稳态的经济增长率是外生给定的，并且等于劳动扩张型技术进步的速度 g。因此，新古典增长模型，比如说基本的索洛模型，将资本劳动比内生化但没有将经济增长率内生化。新古典增长模型的一个优点就是，资本劳动比以及稳态的产出和消费是由个体偏好决定的，而不是由外生的储蓄率决定的。这个模型还能让我们对均衡和最优增长进行比较（而且这可以得出竞争均衡就是帕累托最优以及任何帕累托最优都可以通过分散决策实现的结论）。但是经济增长率的决定仍然不在分析范围之内。

一个类似命题 8.6 的分析给出了命题 8.4 的一般化形式。

命题 8.7 考虑一个新古典增长模型，其中劳动扩张型技术进步的速度为 g，同时偏好由 (8.49) 式给出。令假设 1、假设 2、假设 3 和假设 4 成立，存在唯一的一条均衡路径，其中 $(k(t), \tilde{c}(t))$ 单调收敛于唯一的稳态 $(k^*, \tilde{c}^*)$，其中 k^* 由 (8.53) 式给出，$\tilde{c}^*$ 由 (8.54) 式给出。

证明 请参见习题 8.22。

以柯布-道格拉斯技术为例来解释非常有益。

例 8.2 考虑一个新古典增长模型，其中个体效用为 CRRA 型效用，劳动扩张型技术进步的速度为 g。为了简化形式，去掉时间，生产函数为 $F(K, AL) = K^\alpha (AL)^{1-\alpha}$，因此有

$$f(k) = k^\alpha$$

使得 $r = \alpha k^{\alpha-1} - \delta$。进而按照标准化消费改写的欧拉方程为

$$\frac{d\tilde{c}/dt}{\tilde{c}} = \frac{1}{\theta}(\alpha k^{\alpha-1} - \delta - \rho - \theta g)$$

同时资本积累方程可以改写为

$$\frac{\dot{k}}{k} = k^{\alpha-1} - \delta - g - n - \frac{\tilde{c}}{k}$$

现在定义 $z \equiv \tilde{c}/k$ 和 $x \equiv k^{\alpha-1}$，这意味着 $\dot{x}/x = (\alpha-1)\dot{k}/k$。因此，我们有

$$\frac{\dot{x}}{x} = -(1-\alpha)(x - \delta - g - n - z) \tag{8.55}$$

以及

$$\frac{\dot{z}}{z} = \frac{d\tilde{c}/dt}{\tilde{c}} - \frac{\dot{k}}{k}$$

这意味着

$$\begin{aligned}\frac{\dot{z}}{z} &= \frac{1}{\theta}(\alpha x - \delta - \rho - \theta g) - x + \delta + g + n + z \\ &= \frac{1}{\theta}((\alpha-\theta)x - (1-\theta)\delta + \theta n) - \frac{\rho}{\theta} + z\end{aligned} \tag{8.56}$$

微分方程 (8.55) 式和 (8.56) 式以及初始条件 $x(0)$ 和横截性条件完全决定了整个系统的动态。习题 8.24 要求你在 $\theta \leq 1$ 这种特殊情况下完成这个例子（对数偏好）。

8.8 政策的作用

在第 8.7 节构建的模型中，人均消费和劳均产出的增长率由劳动扩张型技术进步的增长率外生决定。另一方面，收入水平取决于跨期替代弹性 $1/\theta$，贴现率 ρ，折旧率 δ，人口增长率 n，自然还取决于生产函数 $f(\cdot)$ 的形式。

回想那些导致国家间人均收入和增长差异的直接原因,这个模型为我们提供了从偏好和技术参数的角度理解这些差异的一种方法。如同在第 4 章中讨论过的,在这里我们同样希望将经济增长的直接原因和潜在的根本原因联系起来。跨期替代弹性和贴现率可以看成与文化或者地理因素相关的经济增长的潜在决定因素。虽然如此,以偏好差异为基础解释国家间和不同时期经济增长差异很难令人满意。一个更令人满意的方式或许是将物质资本积累(后面内容还会论及人力资本的积累和技术)的动机与一个经济体的制度环境联系起来,第八篇将讨论这种情况。现在将讨论集中在制度差异可能会影响投资决策的一种特别简单的方式上,是十分有益的。让我们以一种简单的方式扩展上面的框架,同时引入线性税收政策。假设以税率 τ 对扣除折旧后的资本收益征税,并将这些税收一次性返还给家庭。在这种情况下,资本积累方程仍由 (8.51) 式给出,但家庭面对的净利率变为

$$r(t) = (1-\tau)(f'(k(t)) - \delta)$$

这是因为存在对资本收益的征税。然后根据 (8.50) 式的欧拉方程,标准化消费的增长率为

$$\frac{d\tilde{c}(t)/dt}{\tilde{c}(t)} = \frac{1}{\theta}(r(t) - \rho - \theta g)$$
$$= \frac{1}{\theta}((1-\tau)(f'(k(t)) - \delta) - \rho - \theta g)$$

同上面相同的一个讨论直接表明,稳态的有效资本劳动比为

$$f'(k^*) = \delta + \frac{\rho + \theta g}{1-\tau} \tag{8.57}$$

(8.57) 式表明了稳态资本征税对有效资本劳动比和人均产出带来的影响。一个更高的税率 τ 将会使 (8.57) 式的右边变大,同时根据假设 1,$f'(\cdot)$ 是递减的,因此更高的 τ 将会降低 k^*。因此,对资本征收更高的税收将会抑制资本积累,同时会降低人均收入。由此 (8.57) 式表明了政策(因而也是制度的)差异可能是影响经济表现的一种渠道。如果不是对资本收益征税,而是对投资数量征税也会得到类似的结果(参见第 8.10 节)。

8.9 比较动态

新古典增长模型中的比较动态与基本索洛模型中的比较动态相比略有不同。回想一下，比较静态指的是参数变化导致稳态的变化，而比较动态关注的则是变量的整个均衡路径如何随着政策或者参数变化而变化。为了说明这些结果因何不同，我在这里只是简要地论述上一节讨论过的模型，其中存在着对资本征税，同时考察税率τ变化的影响。假设人口的增长率为n，劳动扩张型技术进步的速度为g，对资本征税的税率为τ。另外假设经济的初始稳态由$(k^*, \tilde{c}^*)$表示。现在考虑资本税率从τ下降为$\tau' < \tau$。那么均衡路径如何变化呢？

从上面的分析中我们了解到，在新的税率$\tau' > 0$下，存在着唯一的鞍轨稳定的稳态均衡。将这个稳态记为$(k^{**}, \tilde{c}^{**})$。因此经济最终将会趋于这个新的稳态均衡。另外，由于$\tau' < \tau$，所以我们知道这个新的有效资本劳动比的稳态水平必定大于k^*，也就是$k^{**} > k^*$（而均衡增长率将保持不变）。图8.2展现了比较动态，是根据T期意料之外的税率变化这一假设画出的。在T期，对应于$(d\tilde{c}(t)/dt)/\tilde{c}(t) = 0$的曲线向右移动，同时运动法则由相图的变化表示（图8.2中的箭头表示税率变化后的经济的动态过程）。从图中可以看出，随着税率下降，之前的稳态消费水平$\tilde{c}^*$处于新动态系统的稳定臂上方，因此资本积累会朝着新的稳态水平方向运动。图中的弧表示在税率下降后消费的直接上升。有了这个初始反应之后，（标准化的）消费沿着稳定臂开始慢慢上升到一个更高的水平。因此，税率下降首先导致消费的短期下降，但随后消费就会出现快速增长（沿着稳定臂）。标准化的总消费水平必定会增长，因为对应于$(d\tilde{c}(t)/dt)/\tilde{c}(t) = 0$的曲线与对应于$\dot{k}/k = 0$的倒U型曲线的交点一定位于$k_{\text{gold}}$的左边。

其他参数变化产生的比较动态，包括劳动扩张型技术进步增长率g，人口增长率n，贴现率ρ，以及对效用函数其他变化的分析也与上面的分析相似。习题8.28要求你在劳动扩张型技术进步增长率g发生变化和税率τ的未来变化可预期的情况下分别分析比较动态。

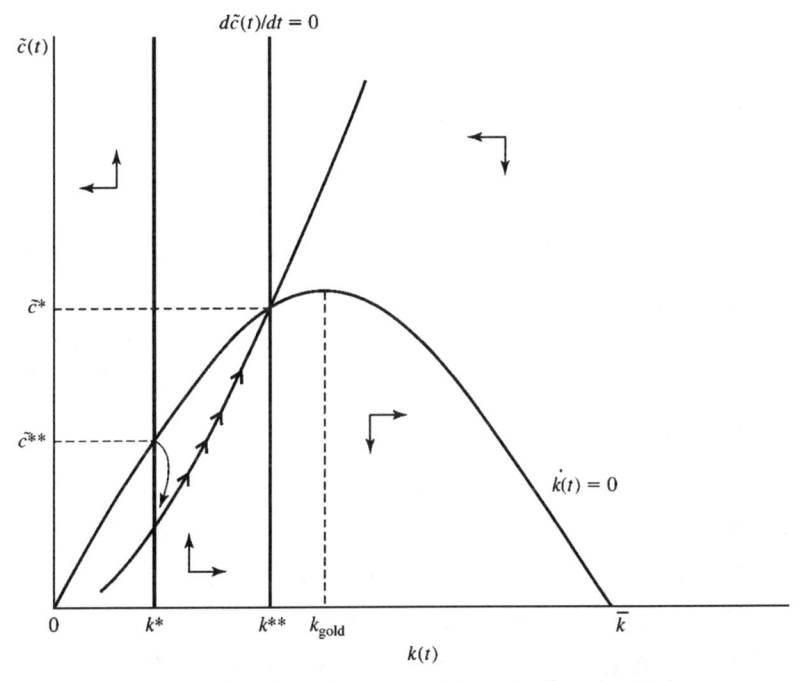

图 8.2　税率从 τ 下降为 $\tau' < \tau$ 对资本和消费的动态影响

8.10　定量分析

为了分析由政策差异导致的不同国家间收入差异，接下来我们考察新古典增长模型的定量含义。考虑世界上有 J 个封闭经济体（如第 3 章中讨论的，忽略国家之间的技术、贸易和金融联系；也可参见第 19 章内容）。假设每个国家 j 都有一个代表性家庭，且相同的偏好由下式给出

$$\int_0^\infty \exp(-\rho t) \frac{C_j(t)^{1-\theta} - 1}{1-\theta} dt \tag{8.58}$$

假定没有人口增长，因此 C_j 既是总消费也是人均消费。(8.58) 式保证了所有国家的贴现率都为 ρ（参见习题 8.32）。所有国家的生产技术相同且由柯布-道格拉斯生产函数给出

$$Y_j(t) = K_j(t)^\alpha (AH_j(t))^{1-\alpha} \tag{8.59}$$

其中 H_j 为外生给定的有效劳动存量（人力资本）。资本积累方程为

$$\dot{K}_j(t) = I_j(t) - \delta K_j(t) \tag{8.60}$$

国家之间唯一的区别是代表性家庭的预算约束,其形式为

$$(1+\tau_j)I_j(t) + C_j(t) \leq Y_j(t) \tag{8.61}$$

其中,τ 为(不变的)投资税。不同国家间的投资税不同,例如由于政策不同或者由于制度差异导致的不同税收。请注意,迄今为止我并没有给出为什么有些国家对投资的征税比其他国家高的原因,在第八篇将讨论这一问题。现在我们注意到 $1+\tau$ 也可以被解释为国家 j 的投资品价格(相对于消费物品):1 单位的消费品只能转换为 $1/(1+\tau)$ 单位的投资品。

预算约束(8.61)式的右边仍为 $Y_j(t)$,这就潜在地假定 $\tau I_j(t)$ 被浪费掉了,而没有重新返还给代表性家庭。这个假设没有什么重要影响,因为如定理 5.2 所述,类似(8.58)式表示的 CRRA 偏好有着良好的性质,因此可以将不同个人的偏好加总,这样我们就不必担心经济中的收入分配问题了。

竞争均衡可以被刻画为在约束条件(8.60)式和(8.61)式之下最大化(8.58)式的解。和上面内容中的步骤一样,代表性家庭的欧拉方程为

$$\frac{\dot{C}_j(t)}{C_j(t)} = \frac{1}{\theta}\left(\frac{\alpha}{(1+\tau_j)}\left(\frac{AH_j(t)}{K_j(t)}\right)^{1-\alpha} - \delta - \rho\right)$$

考虑稳态情况。因为 A 是常数,稳态时要求对于所有的 j,有 $\dot{C}_j(t)/C_j(t) = 0$。这个条件直接意味着

$$K_j(t) = \left(\frac{\alpha}{(1+\tau_j)(\rho+\delta)}\right)^{\frac{1}{1-\alpha}} AH_j(t) \tag{8.62}$$

因此,对资本征税较高的国家在稳态时的资本存量较低。等价地,这些国家工人的人均资本较低或者资本产出比较低(应用(8.59)式,资本产出比为 $K/Y = (K/AH)^{1-\alpha}$)。最重要的是,这些国家也将会相对贫穷。将(8.62)式代入(8.59)式中,比较税收不同的两个国家(但人力资本相同),并将税率为 τ 的国家的稳态收入水平记为 $Y(\tau)$,两个国家的相对稳态收入差距为

$$\frac{Y(\tau)}{Y(\tau')} = \left(\frac{1+\tau'}{1+\tau}\right)^{\frac{\alpha}{1-\alpha}} \qquad (8.63)$$

因此，上式总结了一个直觉认识：那些对投资征税的国家，不管是直接的还是间接的，税率越高就会越贫穷。更有意思的是，这个方程可以用于对这种政策差异导致的效果的可能大小进行定量分析。相对于索洛模型，在新古典增长模型中使用定量分析的优势是，不同类型的扭曲（这里由投资税率表示）影响收入和资本积累的程度是内生决定的。相比较而言，在索洛增长模型中，除了技术之外，起着重要作用的是储蓄率，因此，为了衡量政策对国家间收入差距的影响，我们需要将税收或者扭曲与储蓄联系起来。通过使用其他方面的证据才有可能估计出这些扭曲对储蓄的影响（不过一般来说这项工作并不简单）。

（8.63）式刻画的税收扭曲的影响有多大呢？换言之，新古典增长模型能解释国家间的收入差距吗？（8.63）式表明，这依赖于国家间不同的税收τ和参数α的值。回想一下，α的一个合理取值为 1/3，因为资本收入在国民收入中的份额就是 1/3，对应着柯布-道格拉斯生产函数中的α，因此这个参数容易与数据相吻合。那么，我们从哪里可以获得各个国家不同的τ的估计值呢？这个问题并没有统一答案。文献中的一个通常做法是使用以下事实：在一个有投资税扭曲的封闭经济体的新古典模型中，投资品相对于消费品的价格为$1+\tau$。佩恩表（Penn World tables）中的数据显示，不同国家间的这种相对价格差异很大。例如，在某些国家中，投资品的相对价格是其他国家的 8 倍之多。受这种情况启发，我们考虑τ在数值上的一个 8 倍的差距。根据这个假设与$\alpha=1/3$的事实，（8.63）式意味着这两个国家将会有 3 倍的收入差距，即

$$\frac{Y(\tau)}{Y(\tau')} \approx 8^{1/2} \approx 3$$

因此，即使税收或者扭曲的差异很大，由税收或者类似税收那样的扭曲导致的资本产出比或者资本劳动比的差距，也不大可能解释我们在现实中观察到的人均收入的巨大差距。这个结果在意料之中，同时与第 3 章中讨论的曼昆-罗默-威尔（Mankiw-Romer-Weil）的方法是一致的。特别是，第 3 章中的讨论已经表明，单凭工人人均资本的差异很难解释国家间人均收入的差距。为了解释国家间如此大的人均收入差距，不同国家间要素使用效率上的差异必须很大。上面的

模型中并没有包含这种效率差异。因此,最简单的新古典模型没有导出能够解释国家间收入差距的足够大的资本劳动比差异。

虽然如此,仍然有许多经济学家已经尝试(有些仍在尝试)使用新古典模型的多个版本进一步研究。其动机很简单,如果采用 $\alpha = 2/3$,而不是 $\alpha = 1/3$,那么两个国家间的收入差距将会是

$$\frac{Y(\tau)}{Y(\tau')} \approx 8^2 \approx 64$$

因此,如果资本或其他要素对政策扭曲的反应比在 $\alpha = 1/3$ 的情况下新古典增长模型中给出的反应要大(例如,对应着 $\alpha = 2/3$ 的情况),那么预期的国家间收入差距就会更大。怎样才能获得一个 $\alpha = 2/3$ 的模型呢?在这样一个模型中,除了保持资本收入在国民收入中占大约 1/3 的份额不变,还必须有其他要素的积累。一种可能是将人力资本包括进来(参见第 10 章)。但是第 3 章中的讨论表明,人力资本的差异看起来不足以解释国家间人均收入差距的大部分内容。另一种可能是引入与资本对扭曲反应方式相同的其他类型的资本或者技术。虽然这些在逻辑上都是可行的,但对这些问题的系统性分析需要使用包含内生技术的模型,而这是第 9 章的主要内容。

8.11 扩展

有许多关于新古典增长模型的经验扩展和理论扩展。出于篇幅的考虑我没有将这些扩展列举出来。其中最重要的这些扩展都包括在了习题中。具体地,习题 8.33 通过在效用函数中引入闲暇将家庭的劳动供给决策内生化。这个习题中的模型尤为重要,因为这是将新古典增长模型用于短期分析和中期分析时最常用的模型。这个习题还表明,在这种情况下为了维持平衡增长还必须对效用函数形式施加更多的限制。习题 8.34 进一步考察了包含政府支出和税收的模型。习题 8.36 探讨了在资本账户开放条件下的基本新古典增长模型,即经济体以某些外生给定的国际利率 r^* 进行借贷。习题 8.37 将 q 理论中投资的调整成本加入基本新古典模型中。最后,习题 8.38 考察了存在多部门的新古典模型。

8.12 小结

本章讨论的单部门新古典增长模型可能是宏观经济学中最重要的模型之一。回想一下第 2 章中以索洛模型开始的对基本经济增长模型的研究，我们发现，虽然索洛模型给出了一些重要的见解，但是该模型将大部分对经济增长机制的解释都置于黑匣子之中。增长只有通过技术进步才能获得（除非在一个特殊的不存在资本收益递减的 AK 模型中），但是技术进步却不在模型内决定。另一个决定国家间收入差异的重要因素是储蓄率，但是在索洛模型中储蓄率也是外生决定的。本章的重要贡献就是通过引入家庭的偏好打开储蓄和资本积累这个黑匣子。因此，我们可以将储蓄与偏好、技术以及经济中的价格联系起来。另外，习题 8.39 表明，新古典模型中政策对均衡数量的影响与储蓄率外生的索洛模型有所不同。新古典增长模型的另外一个优势是，由于偏好被明确地包括进来，因此可以对均衡和最优增长进行比较。

本模型最重要的贡献也许是，为进一步分析资本积累、人力资本投资和内生性技术进步铺平了道路。这些是我们后续几章（从第 10 章的人力资本分析开始）的主题。因此，本章是系统研究经济增长的第一步，而且从概念界定的角度看，也可能是最重要的一步。本章为我们构建资本积累、人力资本积累和内生性技术变化模型提供了数学及概念工具。

相对于索洛增长模型来说，关于国家间收入差异和经济增长的原因，我们从新古典增长模型的研究中得出什么新观点了吗？答案是基本没有。虽然在有关经济增长机制的研究中，新古典增长模型是一个重要的基本模型，但如同索洛模型一样，关注的焦点都是这些差异的直接原因——我们讨论的仍然是储蓄率、人力资本投资和技术上的差异，或许偏好和技术的其他方面也决定了国家间的收入差异（例如，劳动扩张型技术变化率）。因此一定要牢记于心的一点是，新古典增长模型本身并不能帮助我们解答有关经济增长的根本原因。但是本章的内容澄清了经济决策的性质，这样我们就可以更好地提出有关经济增长的问题。

8.13 参考文献

新古典增长模型的源头要追溯到拉姆齐（Frank Ramsey，1928）的经典论文，正因为如此，通常将新古典模型称为"拉姆齐模型"。除了没有包含贴现，拉姆齐模型和标准的新古典增长模型非常类似。另一个早期的最优增长模型由冯·诺依曼（John von Neumann, 1945）提出，该模型主要讨论了线性模型中的动态行为。新古典模型的当前版本与卡斯（David Cass, 1965）和库普曼（Tjalling Koopmans, 1965）对最优增长的分析密切相关。阿罗和库尔茨（Arrow and Kurz 1970）的著作对最优增长做了精彩的讨论。

所有的增长和宏观经济学教科书都会包括新古典增长模型。萨金特等人（Ljungqvist and Sargent, 2005, 第 14 章）对离散时间下的新古典增长模型给出了介绍性的讨论。巴罗和萨拉-伊-马丁（Barro and Sala-i-Martin, 2004, 第 2 章）详细讨论了连续时间下的模型。布兰查德和费希尔（Blanchard and Fisher 1989, 第 2 章）以及罗默（Romer, 2006, 第 2 章）也讨论了连续时间下的新古典增长模型。这些教科书都使用了最大化原理中蕴含的必要条件，其中包括强式横截性条件，同时也刻画了效用最大化的消费行为。通常的做法是首先忽略非庞氏条件，然后排除所有违反该条件的路径。如同第 7 章中指出的，在刻画效用最大化的过程中需要格外谨慎。首先，如果忽略非庞氏条件，则家庭的消费水平就可以无界，同时最大化原理也就不再成立了。其次，即使把这个问题放一边，最大化原理提供了内部解的必要条件，然而为了确保均衡的唯一性（或者是最优配置的唯一性），我们需要排除那些并非总是处于内部的路径。本章并没有将讨论集中在必要条件上，而是使用定理 7.13 得出候选解，进而证明了定理 7.14 中的充分条件。这种方法相比通常的方法既简单，又更加严格。同时我也概述了在不使用最大化原理的情况下如何将这些非内部路径排除掉（根据福利经济学第一原理）。

查里等人（Chari、Kehoe and McGrattan, 1997）量化分析了有关政策差异导致的影响。他们在琼斯（Jones, 1995）之后强调了佩恩表中的投资品（与消费品相比）的相对价格差异，并用税收和其他扭曲解释这些差异。这种解释并非没有问题。特别是，在有国际贸易的情况下，这些相对价格差异反应的是其他技术因素，或者可能是要素比例差异（参见第 19 章；另参见 Acemoglu and Ventura, 2002; Hsieh and Klenow, 2006）。帕伦特和普雷斯科特（Parente and Prescott, 1994）使用一个扩展的新古典增长模型进行了类似的量化研究（其中的"技术存量"被解释为额外的资本品，是一种需要很高成本来获取的世界前沿技术）。其他作者引入了其他的可积累要素提高产出对扭曲的弹性（例如，提高第 8.10 节中参数 α 的值）。

习题 8.35 中讨论的李嘉图等价是由巴罗（1974）首先提出的。第 9 章将进一步探讨这一问题。根据吉尔里（Geary，1950）和斯通（Stone，1954）的论文，习题 8.31 中使用的偏好被称为"斯通-吉尔里偏好"。这种偏好是定理 5.2 和定理 5.3 中讨论的高曼偏好的特殊情形。

8.14 习题

8.1 考虑无限生命家庭的消费配置决策，在 t 期家庭成员的数量为 $L(t)$，且 $L(0)=1$。假定在 t 期家庭可以配置的总消费为 $C(t)$。有着功利主义偏好的家庭的瞬时效用函数为 $u(c)$，贴现率为 $\rho>0$。
(a) 证明家庭的问题可以写为

$$\max \int_0^\infty \exp(-\rho t)\left[\int_0^{L(t)} u\left(c_i(t)\right)di\right]dt$$

约束条件为

$$\int_0^{L(t)} c_i(t)di \leq C(t)$$

同时预算约束为

$$\dot{A}(t) = r(t)A(t) + W(t) - C(t)$$

其中 i 代表家庭中的一个一般成员，$A(t)$ 为家庭持有的全部资产，$r(t)$ 为资产回报率，$W(t)$ 为劳动总收入。
(b) 证明，如果 $u(\cdot)$ 是严格凹的，则家庭的问题变为

$$\max \int_0^\infty \exp\left(-(\rho-n)t\right)u(c(t))\,dt$$

约束条件为

$$\dot{a}(t) = (r(t)-n)a(t) + w(t) - c(t)$$

其中 $w(t) \equiv W(t)/L(t)$，且 $a(t) \equiv A(t)/L(t)$。对这个转换问题给出一个直觉上的解释。

8.2 考虑（8.3）式的最大化问题，除了（8.8）式以外没有其他约束条件。

(a) 证明对于任何候选消费规划 $[c(t)]_{t=0}^{\infty}$，存在满足预算约束 (8.8) 式的另一个消费方案 $[c'(t)]_{t=0}^{\infty}$，其中 $c'(t) > c(t)$，且第二个消费方案的效用严格高于第一个消费方案。

(b) 使用（a）中的结果，证明家庭会在所有时期选择任意负的资产水平 $a(t)$。[提示：这个问题不能得到一个实现目标函数值最大的消费和资产序列，因此你只需简单地证明对于所有时期 t，任意负的 $a(t)$ 都可以实现目标函数值的最大化（最大值可能但不一定为 $+\infty$）。]

(c) 解释为什么这种类型的配置会违反可行性条件。

8.3 从 (8.7) 式给出的家庭总资产的运动法则出发。应用这个方程，证明如果家庭从 t 期的 $A(t) = 0$ 出发，同时在 t 期之后选择零消费，那么家庭渐进地持有的资产为

$$\bar{W}(t) \equiv \int_t^\infty w(s)L(s) \exp\left(-\int_t^s r(z)\,dz\right) ds$$

解释为什么自然债务上限要求 $A(t) \geq -\bar{W}(t)$。应用 $A(t)$ 的定义以及 $L(t)$ 的增长率为 n 的事实，推导 (8.11) 式。将自然债务上限与第 6 章 (6.44) 式中的离散时间下的形式联系起来。

8.4 证明，放松自然债务上限 (8.12) 式意味着在所有时期 t 中，原来的债务上限 (8.11) 式都成立。

8.5 从 (8.13) 式中推导 (8.8) 式。

8.6 从 (8.14) 式和 (8.19) 式中推导 (8.16) 式。[提示：用 (8.18) 式代替 (8.19) 式中的 $\mu(t)$。]

8.7 证明定理 7.13 可以用于第 8.2.2 节中的家庭最大化问题。特别是，按照第 7.7 节中同样的步骤，证明当 $c(t) \in [\varepsilon, +\infty]$ 以及对于所有 t 有 $r(t) > n$ 时，假设 7.1 成立。然后证明对 $c \in [\varepsilon, +\infty]$ 的限制不影响结果，同时任何均衡下对于所有 t，必有 $r(t) > n$。

8.8 (a) 证明当 $\hat{a} > -\infty$ 时，自然债务上限 (8.12) 式意味着非庞氏条件 (8.14) 式成立，但是 (8.14) 式成立并不意味着当 $\hat{a} > -\infty$ 时 (8.12) 式成立。[提示：考虑一个经济体，其中 $w(t) = \exp(gt)w(0)$ 且对于所有 t，有 $r(t) = r$。]

(b) 证明在第8.7节讨论的一个存在技术进步的新古典增长模型中，不可能使用自然债务上限来应用定理7.13和定理7.14。

8.9 证明 $\lim_{t \to \infty} r(t) > n$ 和 $\lim_{t \to \infty} w(t) = w \geq 0$ 两个条件足以确保自然债务上限（8.12）式中的 $\hat{a} > -\infty$ 成立。

8.10 (a) 证明在非庞氏条件下的最大化问题中，在 $\hat{a} > -\infty$ 时施加自然债务上限的条件会导致相同的家庭行为。[提示：当 $\hat{a} > -\infty$ 时，在约束条件（8.8）式和（8.11）式下（8.3）式的最大化问题，并证明这个问题满足定理7.13和定理7.14中的条件。然后推导必要条件，并将它与第8.2节中的必要条件进行比较。]

(b) 证明在均衡中有 $\hat{a} > -\infty$。

8.11 运用类似曼格塞利安充分条件的证明过程来证明，由于在新古典增长模型中代表性家庭的汉密尔顿函数 $H(t, a, c, \mu)$ 对 (a, c) 是凹的，对 c 是严格凹的，由（8.17）式至（8.19）式给出的消费和资产路径是家庭最大化问题的唯一解。

8.12 如图8.1所示，在基本新古典模型的动态学中，证明 $\dot{c} = 0$ 的轨迹与 $\dot{k} = 0$ 轨迹的焦点总是位于 k_{gold} 的左边。基于这个分析，解释为什么由（8.35）式给出的修正黄金律水平的资本劳动比 k^* 不同于 k_{gold}。

8.13 (a) 在转移动态的分析中，证明如果初始消费 $c(0)$ 从稳定臂上方出发，资本存量就会在某个有限的时间为零。解释这样会违反可行性条件。[提示：具体说明 $c = 0$ 的必要条件。]

(b) 证明如果初始消费处于稳定臂下方，那么资本劳动比就会收敛于 $\bar{k}$，其中 $f'(\bar{k}) < \delta + n$。[提示：应用 $\bar{k} > k_{\text{gold}}$ 和 $f'(k_{\text{gold}}) = \delta + n$ 的事实。]

8.14 考虑图8.1中的一条候选均衡路径，其中资本存量[资本劳动比 $k(t)$]在某个有限时间 $T < \infty$ 达到零。

(a) 证明在候选均衡路径上，对于所有 $t \geq T$，有 $c(t) = 0$，并且随着 $t \to T$，有 $r(t) \to \infty$。

(b) 证明，如果考虑家庭行为出现以下偏离，则候选路径将不是一个均衡：在 $t' < T$ 时家庭将消费减少一个小的数量 $\Delta > 0$ 并储蓄起来直到时期 T。[提示：效用成本近似为 $\exp(-(\rho - n)t')u'(c(t'))\Delta < \infty$，但是这样一来在 T 期家庭的消费就可以

增加 $exp\left(\int_{t'}^{T}r(t)dt\right)\Delta$，对于和 T 足够接近的 t'，增加的效用近似于 $\exp\left(-(\rho-n)T+\int_{t'}^{T}r(t)dt\right)u'(0)\Delta$，其中 $u'(0) > u'(c(t'))$，以及 $\exp\left(-(\rho-n)T+\int_{t'}^{T}r(t)dt\right)u'(0) > \exp(-\rho-n)t')$（根据 $\lim_{t\to T}r(t)\to\infty$ 的事实）。]

8.15 考虑没有技术进步的基本新古典模型。

(a) 证明在稳态 k^* 的附近，$k(t) \equiv K(t)/L(t)$ 的运动法则可以表示为

$$k(t) \simeq k^* + \eta_1\exp(\xi_1 t) + \eta_2\exp(\xi_2 t)$$

其中 ξ_1 和 ξ_2 为线性化系统的特征值。

(b) 计算出这两个特征值，并证明其中一个，比如说 ξ_2 为正。

(c) b 中的结果对 η_2 的值意味着什么？

(d) η_1 的值是如何决定的？[提示：这个问题中可以假定（a）中的等式成立。]

(e) 是什么决定了 $k(t)$ 向其稳态值 k^* 收敛的速度？

8.16 考虑一个新古典模型的变形（人口增长率 n 为常数），其中的偏好由下式给出

$$\max \int_0^\infty \exp(-\rho t)u(c(t))dt$$

同时人口增长率 n 为常数。这种修正如何影响均衡？横截性条件应如何修改？人口增长率和稳态的资本劳动比 k^* 之间有什么关系？

8.17 证明命题 8.3。

8.18 解释在没有技术进步的情况下，为什么稳态资本劳动比 k^* 不依赖于瞬时效用函数的形式，而在有技术进步的情况下依赖于跨期替代弹性。

8.19 (a) 证明 (8.38) 式中定义的稳态储蓄率 s^* 随着 ρ 上升而下降，因此更低的贴现率导致更高的稳态储蓄率。

(b) 证明与索洛模型相比，储蓄率 s^* 永远不能高到储蓄的下降（或者 ρ 的上升）能提高稳态人均消费水平的程度。

8.20 考虑第 8.7 节中存在技术进步的新古典模型的平衡增长路径（其中消费的增长率为 g）。证明当且仅当假设 4 成立时，家庭效用有界。

8.21 考虑第 8.7 节中存在技术进步的新古典模型的平衡增长路径。证明当满足假设 4 时,家庭的最大化问题,也就是在 (8.8) 式和 (8.14) 式的约束条件下最大化 (8.49) 式,满足定理 7.14 中的充分条件。如果不满足假设 4,将会出现什么情况?

8.22 证明,如命题 8.7 所述,对于一个从 $k(0) > 0$ 出发,存在劳动扩张型技术变化并且满足标准假定的新古典模型,存在唯一的一条均衡路径,其中标准化的消费和资本劳动比都单调地收敛于平衡增长路径。

8.23 考虑一个新古典经济,其中代表性家庭在 $t=0$ 期的偏好为

$$\int_0^\infty \exp(-\rho t) \frac{c(t)^{1-\theta} - 1}{1-\theta} dt$$

不存在人口增长,同时劳动供给无弹性。假设总生产函数为 $Y(t) = F(A(t)K(t), L(t))$,其中 F 满足标准假定(规模报酬不变、可微性,以及稻田条件)。

(a) 为这个经济体中定义一个竞争均衡。

(b) 假设对所有的 t,有 $A(t) = A(0)$,刻画出稳态均衡。解释为什么稳态资本劳动比独立于 θ。

(c) 现假设 $A(t) = \exp(gt)A(0)$,证明仅当 F 为柯布-道格拉斯形式时,即 $Y(t) = (A(t)K(t))^\alpha L(t)^{1-\alpha}$ 时,存在平衡增长路径(资本在国民收入中的份额不变,产出增长率、资本和消费增长率相等且都为常数)。

(d) 在柯布-道格拉斯的情形下刻画平衡增长路径。推导相等的产出增长率、资本和消费增长率。

8.24 推导在对数偏好情况下例 8.2 中转移动态的微分方程解的解析方程。

8.25 从 $(T-1)$ 期代表性家庭的终生预算约束中推导 (8.42) 式。具体地,写出如下预算约束:

$$\sum_{t=0}^{T-1} \left(\prod_{s=0}^{t-1} \frac{1}{1+r(s)} \right) c(t) + \left(\prod_{s=0}^{T-1} \frac{1}{1+r(s)} \right) a(T)$$

$$\leq \sum_{t=0}^{T-1} \left(\prod_{s=0}^{t-1} \frac{1}{1+r(s)} \right) w(t) + a(0)$$

解释这一预算约束。当 $T\to\infty$ 取上式极限，证明只有满足（8.42）式时，这一预算约束才意味着无限期界的终生预算约束。

8.26 考虑离散时间情形下的新古典增长模型。假定经济中代表性家庭的偏好为对数偏好（在（8.49）式中即 $\theta=1$）和柯布-道格拉斯生产函数。同时假定 $\delta=1$，即完全折旧。刻画稳态均衡，同时推导出明确描述资本存量偏离稳态行为的差分方程。

8.27 在习题 8.26 离散时间情形下的新古典增长模型中，假定劳动扩张型技术进步的增长率为 g：

$$A(t+1) = (1+g)A(t)$$

为简单起见，假定没有人口增长。

(a) 证明平衡增长要求偏好是 CRRA 形式的，即

$$U(c(0), c(1), \ldots) \equiv \begin{cases} \sum_{t=0}^{\infty} \beta^t \frac{c(t)^{1-\theta}-1}{1-\theta} & \text{如果 } \theta \neq 1 \text{ 且 } \theta \geq 0 \\ \sum_{t=0}^{\infty} \beta^t \log c(t) & \text{如果 } \theta = 1 \end{cases}$$

(b) 假定偏好为（a）给定的形式，证明存在一个唯一的稳态均衡，且该均衡中的有效资本劳动比为常数。

(c) 证明（b）中的稳态均衡是全局稳定的，同时从有效资本劳动比的非稳态水平出发收敛到这一稳态的过程是单调的。

8.28 (a) 若劳动扩张型技术进步出乎意料地增长到 $g' > g$，分析基本模型的比较动态。消费随着这种变化是增加还是减少？

(b) 在 T 期宣布在未来某个 $T' > T$ 时期税率将下降到 $\tau' < \tau$，分析这一变化的比较动态。在 T 期，消费是增加还是减少？

8.29 考虑一个存在技术变化和（8.49）式表示的 CRRA 偏好的基本新古典增长模型。解释为什么 $\theta > 1$ 能确保横截性条件总是得以满足。

8.30 考虑具有 CRRA 偏好，但消费者持有的初始资产不同的基本新古典增长模型（如果你愿意，可以假定没有技术变化）。特别地，存在一个家庭集合 $\mathcal{H}$，家庭 $h \in \mathcal{H}$ 从初始资产 $a_h(0)$ 出发。家庭在其他方面是相同的。

(a) 描述这一经济的竞争均衡，并证明人均变量的行为与代表性家庭经济中的行为相同，代表性家庭的初始资产为 $a(0) = |\mathcal{H}|^{-1} \int_\mathcal{H} a_h$

$(0)dh$,其中 $|\mathcal{H}|$ 是这一经济中的家庭数量。联系定理 5.2 解释这一结果。

(b) 不考虑自然债务上限或者非庞氏条件,对于所有 $h \in \mathcal{H}$ 和所有 t,假定 $a_h(t) \geq 0$,这时会产生一个不同的均衡配置。根据这个结果,讨论用一个非借贷约束条件而不是非庞氏条件是否(以及何时)恰当的。

8.31 考虑一个新古典经济的变形,其中所谓的斯通-吉尔里偏好由下式给出

$$\int_0^\infty \exp(-\rho t) \frac{(c(t)-\gamma)^{1-\theta}-1}{1-\theta} dt$$

其中 $\gamma > 0$,不存在人口增长。假定生产函数由 $Y(t) = F(K(t), A(t)L(t))$ 给定,并满足所有的标准假设,同时 $A(t) = \exp(gt)A(0)$。

(a) 解释这个效用函数。
(b) 定义该经济的竞争均衡。
(c) 刻画该经济的均衡。是否存在一个伴随消费增长的平衡增长路径?为什么存在或不存在?
(d) 推导出能够满足标准横截性条件的参数约束条件。
(e) 刻画该经济的转移动态。
(f) 证明,如果偏好由下式给定,

$$\sum_{t=0}^\infty \beta^t [(c(t)-\gamma(t))^{1-\theta}-1]/(1-\theta)$$

其中 $\lim_{t\to\infty} \gamma(t) = \bar{\gamma} < \infty$,那么就存在一条平衡增长路径,而且与本题 a—e 中刻画的平衡增长路径相同。

8.32 考虑一个由许多封闭的新古典经济体构成的世界。每个国家 j 有同样的新古典生产技术和一个代表性家庭,其偏好为 $(1-\theta)^{-1} \int_0^\infty \exp(-\rho_j t)(c_j^{1-\theta}-1)dt$。刻画这个世界经济中国家间的人均收入差异。贴现率如果有 10% 的差异(例如,贴现率为 0.02 时对贴现率为 0.022 时的差异),会对稳态的人均收入差异产生什么影响?[提示:利用资本的收入份额为 1/3 这一事实。]

8.33 考虑一个带有劳动供给决策的新古典增长模型。特别地,总人口标准化为1,所有家庭的效用函数均为 $\int_0^\infty \exp(-\rho t)u(c(t), 1-l(t))dt$,其中 $l(t) \in (0,1)$ 为劳动供给。在一个对称均衡中,劳动 $L(t) = l(t)$。假定生产函数为:$Y(t) = F(K(t), A(t)L(t))$,同时 $A(t) = \exp(gt)A(0)$。

(a) 定义一个竞争均衡。

(b) 建立一个给定工资和利率的现值汉密尔顿函数,同时确定跨期消费配置与闲暇和劳动权衡的充分条件与必要条件。

(c) 建立一个现值汉密尔顿函数,使规划者能够最大化代表性家庭的效用,并推导该问题解的充分必要条件。

(d) 证明在完全竞争市场中,上述(b)和(c)两个问题是等价的。

(e) 证明,沿着一条平衡增长路径,效用函数必须具有下述形式

$$u(c(t), 1-l(t)) = \begin{cases} \frac{Ac(t)^{1-\theta}}{1-\theta}h(1-l(t)) & \text{如果 } \theta \neq 1 \\ A\log c(t) + Bh(1-l(t)) & \text{如果 } \theta = 1 \end{cases}$$

其中对于某些 $h(\cdot)$ 有 $h'(\cdot) > 0$。[提示:为了简化,可以假定消费的跨期替代弹性 $\varepsilon_u \equiv -u_{cc}c/u_c$ 仅是 c 的函数。] 给出这个用收入和替代效应表示的函数形式的一个直观解释。

8.34 考虑一个标准的新古典增长函数,代表性家庭的偏好为

$$\int_0^\infty \exp(-\rho t)\left(\frac{c(t)^{1-\theta}-1}{1-\theta} + G(t)\right)dt$$

$G(t)$ 是由政府出资提供的公共物品。假定生产函数由 $Y(t) = F(K(t), L(t))$ 给定,并满足所有的标准假设,代表性家庭的预算集为 $C(t) + I(t) \leq Y(t)$,其中 $I(t)$ 为私人投资。假定 $G(t)$ 是通过政府对投资征税来融资的,特别地,资本积累方程为

$$\dot{K}(t) = (1-\tau(t))I(t) - \delta K(t)$$

投资 $I(t)$ 的 $\tau(t)$ 部分被用于为公共物品融资,即 $G(t) = \tau(t)I(t)$。假定税率的时间路径 $[\tau(t)]_{t=0}^\infty$ 是给定的。

(a) 定义一个竞争均衡。

(b) 建立一个个人最大化问题，刻画其消费和投资行为。

(c) 假定 $\lim_{t \to \infty} \tau(t) = \tau$，刻画稳态。

(d) 确定最大化代表性家庭稳态效用的 τ 值。如果经济从偏离稳态处出发，那么这个 τ 值是最大化初始效用水平的税率吗？为什么是或不是？

8.35 考虑一个包含政府的新古典增长模型，政府必须为一个支出流 $G > 0$ 融资。假如政府支出不影响家庭效用函数而可以利用一次性总付税 [也就是说，不管每个家庭的收入水平和资本量如何，在 t 期都必须承担税收 $T(t)$] 和发债为支出融资，那么，政府的预算约束满足

$$\dot{b}(t) = r(t)b(t) + g - \mathcal{T}(t)$$

其中 $b(t)$ 表示债务水平。政府的非庞氏条件为

$$\lim_{t \to \infty} \left[b(t) \exp \left(- \int_0^t (r(s) - n)\, ds \right) \right] = 0$$

证明如下李嘉图等价结果：任何满足政府预算约束（以及非庞氏条件）的税收路径 $[\mathcal{T}(t)]_{t=0}^{\infty}$ 都会得到相同的人均资本和消费的均衡路径。并解释这种结果。

8.36 考虑没有人口增长、没有技术进步并且效用函数为标准 CRRA 效用函数即（8.49）式的基本新古典增长模型，但是假设代表性家庭能以外生给定的国际利率 r^* 借贷。描述这个经济体中的稳态均衡和转移动态。说明如果经济体从低于稳态资本水平开始运行，它将通过国际借款迅速跳跃到稳态。该经济体如何偿还这一债务？

8.37 通过引入如第 7.8 节投资 q 理论中讨论过的投资调整成本，修改新古典经济模型（不存在技术进步）。描述其稳态均衡和转移动态。这个模型的结果是如何区别于基本新古典模型的？

*8.38 考虑一个这样的新古典模型，其代表性家庭具有（8.49）式给出的效用函数，不存在人口增长和技术进步。与标准模型的主要区别是该模型中有多种资本品。特别是，假设其生产函数为

$$Y(t) = F\left(K_1(t), \ldots, K_M(t), L(t)\right)$$

其中 K_m 表示第 m 种资本，L 为劳动，F 是其所有变量的一次齐次函数，每个部门的资本都以相同形式积累，对 $m=1,\cdots,M$

$$\dot{K}_m(t) = I_m(t) - \delta_m K_m(t)$$

该经济体在时期 t 的资源约束为

$$C(t) + \sum_{m=1}^{M} I_m(t) \leq Y(t)$$

(a) 写出这个经济体中代表性家庭的预算约束。证明这可以通过两种等价的方式来完成：第一种有 M 种不同的资产，第二种只有一种资产，它代表对经济体中所有资本的索取权。

(b) 定义均衡和平衡增长路径配置。

(c) 通过说明每个部门中企业的利润最大化决策和消费者的动态最优化决策，描述平衡增长路径的特征。

(d) 用多维现值汉密尔顿函数写出最优增长问题，并证明最优增长问题等价于均衡增长问题。解释这个结果。

(e) 定义并讨论转移动态中鞍轨路径稳定的概念。证明均衡总是鞍轨路径稳定的，并且均衡动态可以转化为单一部门新古典增长模型中的情形。

(f) 当每个部门的投资都不可逆时（例如，$I_m(t) \geq 0$ 对所有的 t 和每个 $m=1,\cdots,M$ 都成立），其转移动态会如何不同？

8.39 比较在索洛模型和新古典增长模型中以税率 τ 征收资本收入所得税的影响。说明资本收入所得税对前者无影响，但是减少了后者的有效资本劳动比，解释为什么会有这种区别。

第 9 章 叠代增长

第 8 章中新古典增长模型的一个关键特征是承认存在一个（规范的）代表性家庭。该模型给我们提供了一个比较实用的分析资本积累问题的框架。此外，它帮助我们利用第一和第二福利定理构建均衡和最优增长问题之间的等价关系。但是在很多情况下，代表性家庭的假设并不合理。导致背离这种假设的重要情形之一是，随着时间的推移，经济体中会有新的家庭不断加入（或者诞生）。新成员的加入不仅是一个现实特征，而且引起了一系列新的经济互动。尤其是，年长一代做出的决策将会影响年轻一代面临的各类价格。这些经济上的相互作用力在新古典增长模型中没有提及，而保罗·萨缪尔森和之后的彼得·戴蒙德（Peter Diamond）提出并研究的世代交叠（简称叠代）模型中对它们进行了简要的介绍。

这些模型的有用性体现在以下几个方面。第一，它们刻画了到市场中不同代际的个体之间潜在的相互作用。第二，它们为无限期界代表性行为人模型提供了一个实用的替代模型。第三，这些模型与新古典增长模型在某些关键假设上存在差异。第四，相比新古典增长模型，这些模型中的一些特例对资本积累和消费的动态研究更接近于基本索洛模型。最后，这些模型就国家债务和社会安全对经济的作用提出了新的见解。

首先，我将说明为什么第一福利定理不适用于叠代模型。接着，我将讨论基本叠代模型和该模型的一系列应用。其次，我将提出连续时间下的叠代模型。后一模型最开始由米纳赫姆·亚利（Menahem Yaari）和奥利维尔·布兰查德（Olivier Blanchard）提出，也被称为常青模型，是基本叠代模型的一个很实用的替代。该模型还被用于研究第 10 章的人力资本投资问题。

9.1 无限问题

本节将阐述第一福利定理为什么不适用于卡尔·谢尔（Karl Shell）提出的抽

象一般均衡经济的叠代模型。该模型之所以有趣，部分原因在于它很接近萨缪尔森和戴蒙德的基本叠代模型，对此我们会在下一节介绍。

考虑以下有可数无穷个家庭的静态经济体，每个家庭用 $i \in \mathbb{N}$ 代表，并且有可数无穷件商品，每件商品用 $j \in \mathbb{N}$ 表示。假设所有家庭的行为是竞争的（或者，我们假设每个类型有 M 个家庭，其中 M 是一个很大的数）。家庭 i 的偏好表示为

$$u_i = c_i^i + c_{i+1}^i$$

其中 $c_j^i \geq 0$ 表示家庭 i 对第 j 类商品的消费。这些偏好表明家庭 i 偏好消费与其自身序号相同的商品以及下一个序号的商品（例如，序号为 3 的家庭效用仅仅取决于对商品序号为 3 和 4 的消费）。

该经济体的禀赋向量 w 是指：每个家庭拥有 1 单位的商品禀赋，其序号和该家庭序号相同。我们将第一种商品的价格表示为计价单位，则有 $p_0 = 1$。该经济体中的竞争均衡按照通常的方式定义（如第 5 章的定义 5.1）。下列命题给出了竞争均衡的特征（有关均衡的唯一性问题见习题 9.1）。

命题 9.1 在上述经济体中，价格向量 $\bar{\mathbf{p}}$ 对于所有 $j \in \mathbb{N}$ 都有 $\bar{p}_j = 1$，是一个竞争均衡价格向量并且可引致一个不考虑贸易的均衡，表示为 $\bar{\mathbf{x}}$。

证明 在 $\bar{\mathbf{p}}$，每个家庭的收入等于 1。因此，家庭 i 的预算约束可以表示为

$$c_i^i + c_{i+1}^i \leq 1$$

于是，消费其自身的禀赋是每个家庭的最优选择，这就证明了价格向量 $\bar{\mathbf{p}}$ 和不考虑贸易下的 $\bar{\mathbf{x}}$ 构成了一个竞争均衡。

然而，命题 9.1 的竞争均衡并不是一个帕累托最优。为了理解这一点，考虑以下可选配置：$\tilde{\mathbf{x}}_{i'}$，其中 $i' \in \mathbb{N}$。此配置中，每个家庭 $i < i'$ 消费 1 单位商品 $j = i$。家庭 i' 消费 1 单位商品 $j = i'$ 和 1 单位商品 $j = i' + 1$。最后，每个家庭 $i > i'$ 消费 1 单位商品 $i + 1$。换句话说，家庭 i' 消费其自身和家庭 $i' + 1$ 的禀赋，而其余所有家庭，序号为 $i > i'$，消费其相邻家庭 $i + 1$ 的禀赋（尽管所有家庭 $i < i'$ 的消费约束在竞争均衡 $\bar{\mathbf{x}}$ 中是相同的）。在这个配置中，所有 $i \neq i'$ 的家庭在竞争均衡 $(\bar{\mathbf{p}}, \bar{\mathbf{x}})$ 下福利是相同的，且家庭 i' 的福利是严格更优的。由这个论点可得出以下命题。

命题 9.2 在上述经济体中，竞争均衡在 $(\bar{\mathbf{p}}, \bar{\mathbf{x}})$ 不是帕累托最优的。

实际上，要推出可使多个行为人比均衡配置 $\bar{\mathbf{x}}$ 严格更优的可选择配置也很容易（见习题9.1）。那么，为什么第一福利定理不适用于此经济体呢？请回忆该定理的第一个版本（定理5.5）适用于一个有限数量的家庭经济体，然而这里存在着无限数量的家庭和商品。第一福利定理的扩展版（定理5.6）可适用于该经济体，但必须假设 $\sum_{i \in \mathcal{H}} \sum_{j=0}^{\infty} p_j^* \omega_j^i < \infty$，其中 ω_j^i 是家庭 h 可用于消费商品 j 的禀赋，并且 p_j^* 是该竞争均衡的商品价格。我们可以证明该假设在目前的例子中是不满足的，因为对于所有 $j \in \mathbb{N}$，有 $\sum_{i \in \mathcal{H}} \omega_j^i = 1$，而且此问题中的竞争均衡对于所有 $j \in \mathbb{N}$ 都有 $p_j^* = 1$，于是 $\sum_{i \in \mathcal{H}} \sum_{j=0}^{\infty} p_j^* \omega_j^i = \infty$。像第5章讨论的一样，当均衡价格下的禀赋总价值趋向无穷，则整个经济体可能存在是一个满足帕累托最优的可行竞争均衡配置。这里讨论的经济体是这种现象的一个简单例子。

如果福利经济学第一定理的失败只是该抽象（或者是人工的）经济体的一个特征，那它就没什么值得我们关注的。然而，下一节的内容显示该抽象经济体有许多重要特征和基本叠代模型是很相似的，第9.4节也显示该经济体的帕累托次优竞争均衡与叠代模型中的潜在低效率十分接近。

即使定理5.6不能应用于该经济体，分散帕累托最优配置也是可能的。以下命题说明了上述帕累托最优配置 $\tilde{\mathbf{x}}_{i'}$ 如何分散为一个竞争均衡。

命题9.3 在上述经济体中，存在一个禀赋向量 ω 朝 $\tilde{\omega}_{i'}$ 的再配置，和一个相关的竞争均衡 $(\bar{\mathbf{p}}, \tilde{\mathbf{x}}_{i'})$，该均衡是帕累托最优的，其中 $\tilde{\mathbf{x}}_{i'}$ 如前面所述，且 $\bar{\mathbf{p}}$ 对所有 $j \in \mathbb{N}$ 有 $\bar{p}_j = 1$。

证明 考虑以下禀赋向量 ω 的再配置。将家庭 $i > i'$ 的禀赋给予家庭 $i-1$。结果，在新的禀赋向量 $\tilde{\omega}_{i'}$ 下，家庭 $i < i'$ 有1单位商品 $j=i$，家庭 i' 有1单位商品 i' 和1单位商品 $j = i'+1$，而所有家庭 $i > i'$ 有1单位商品 $i+1$。在价格向量 $\bar{\mathbf{p}}$，家庭 i' 有1个预算集

$$c_{i'}^{i'} + c_{i'+1}^{i'} \leq 2$$

由此，该家庭若选择 $c_{i'}^{i'} = c_{i'+1}^{i'} = 1$，可以实现效用最大化。所有其他家庭的预算集表示为

$$c_i^i + c_{i+1}^i \leq 1$$

即每个 $i<i'$ 家庭消费 1 单位商品 c_i，每个 $i>i'$ 家庭消费 1 单位商品 c_{i+1} 是可行且最优的。因此 $(\bar{\mathbf{p}}, \tilde{\mathbf{x}}_{i'})$ 是一个给定禀赋向量 $\tilde{\omega}_{i'}$ 下的竞争均衡。

9.2 基本叠代模型

我现在开始讨论基本的两期叠代经济体。

9.2.1 人口、偏好和技术

在这个经济体中，时间是离散且趋于无穷的。每个人生存两期。例如，所有个人在 t 期出生，生存时期为 t 期和 $t+1$ 期。现在让我们假定出生于 t 期的个人的一般（可分）效用函数表示为以下形式：

$$U_t(c_1(t), c_2(t+1)) = u(c_1(t)) + \beta u(c_2(t+1)) \tag{9.1}$$

其中 $u: \mathbb{R}_+ \to \mathbb{R}$ 满足假设 3 的条件（根据第 8 章），$c_1(t)$ 表示 t 期出生的个人在其年轻时（即 t 期）的消费，$c_2(t+1)$ 是此人在年老期（即 $t+1$ 期）的消费。$\beta \in (0, 1)$ 为贴现因子。由于相同年代的个人之间无须区分，为了简化起见就不再赘述。

要素市场是竞争的。人们只能在生命的第一期工作，他们提供 1 单位的劳动只能获得均衡工资 $w(t)$。同时假定存在指数化人口增长，于是，t 代（即出生于 t 期的人口）的规模可表示为：

$$L(t) = (1+n)^t L(0) \tag{9.2}$$

该经济体的生产方和以往一样，由一组竞争性企业构成，它们拥有规模报酬不变的标准总生产函数，满足假设 1 和假设 2（根据第 2 章），表示为

$$Y(t) = F(K(t), L(t))$$

这利用了 t 期的就业人数等于该期的总人口规模 $L(t)$ 这一已知条件。为了简化分析，让我们假设 $\delta = 1$，则资本在使用后完全折旧（见习题 9.4）。于是，再次定义 $k \equiv K/L$，（总）储蓄收益率等于资本利率，可以表示为

$$1 + r(t) = R(t) = f'(k(t)) \tag{9.3}$$

其中 $f(k) \equiv F(k, 1)$ 是标准人均产出函数。和通常一样，工资率为

$$w(t) = f(k(t)) - k(t)f'(k(t)) \tag{9.4}$$

9.2.2 消费决策

我们从个人消费决策开始考虑。t 代个人的储蓄 $s(t)$ 取决于以下最大化问题的求解：

$$\max_{c_1(t),c_2(t+1),s(t)} u(c_1(t)) + \beta u(c_2(t+1))$$

约束条件为

$$c_1(t) + s(t) \leq w(t)$$

和

$$c_2(t+1) \leq R(t+1)s(t)$$

其中我使用了年轻人在 t 期的末尾将其储蓄作为资本租赁给最终生产商，并且在 $t+1$ 期（生产活动完成后）获取收益这一约定。[1] 他们从储蓄获得的总回报率是 $R(t+1) = 1 + r(t+1)$。第二个约束条件包含了一个要求：个人仅在他们自己的生命期限内花钱消费（因为不存在利他主义和遗赠动机）。不需要附加约束条件 $s(t) \geq 0$，因为负的储蓄将违背第二期的预算约束（已知 $c_2(t+1) \geq 0$）。

由于效用函数 $u(\cdot)$ 是严格递增的（根据假设3），两个约束条件都取等号。因此，最大值的一阶条件可以表示为我们熟悉的消费欧拉方程形式（请回忆第6章的（6.45）式）：

$$u'(c_1(t)) = \beta R(t+1)u'(c_2(t+1)) \tag{9.5}$$

此外，由于每个人的效用最大化问题都是严格的凹函数，该欧拉方程足以给出已

---

[1] 这里我们可以选择使用几个不同的约定，都能得到相同的结果。比如，可以假定年轻人持有从 t 期直至 $t+1$ 期的储蓄，他们将这些储蓄作为资本租给最终生企业。或者，一组企业可以介绍其他企业将 t 期的商品储蓄转换为 $t+1$ 期的商品储蓄。在这种情况下，年轻人将通过这些企业把资源从 t 期转移至 $t+1$ 期。原文中使用的约定是最简单的。

知市场价格下的最优消费路径。将该方程和预算约束相联系，我们可以得到决定每个人储蓄的以下隐函数

$$s(t) = s(w(t), R(t+1)) \tag{9.6}$$

其中 $s:\mathbb{R}_+^2 \to \mathbb{R}$ 对第一个自变量是严格递增的，对第二个自变量或者递增或者递减（见习题9.5）。该经济体的总储蓄等于

$$S(t) = s(t)L(t)$$

其中 $L(t)$ 表示 t 代的规模，他们为 $t+1$ 期储蓄。由于资本在使用后是完全折旧的，并且所有新的储蓄都被投资到该经济体的唯一生产性资产——资本——资本存量的运动法则表示为

$$K(t+1) = L(t)s(w(t), R(t+1)) \tag{9.7}$$

9.2.3 均衡

叠代经济体中的一个竞争均衡可以定义如下：

定义9.1 竞争均衡可以表示为总资本存量序列，家庭消费和要素价格，$\{K(t), c_1(t), c_2(t), R(t), w(t)\}_{t=0}^\infty$，于是，要素价格序列 $\{R(t), w(t)\}_{t=0}^\infty$ 表示为 (9.3) 式和 (9.4) 式，个人消费决策 $\{c_1(t), c_2(t)\}_{t=0}^\infty$ 表示为 (9.5) 式和 (9.6) 式，且总资本存量 $\{K(t)\}_{t=0}^\infty$ 是根据 (9.7) 式确定的。

稳态均衡在通常的情况下被定义为一个资本劳动比 $k \equiv K/L$ 为常量的均衡。

为了描述这个均衡，用 $t+1$ 期的劳动供给除以 (9.7) 式，$L(t+1) = (1+n)L(t)$，可得资本劳动比为

$$k(t+1) = \frac{s(w(t), R(t+1))}{1+n}$$

现在将 $R(t+1)$ 和 $w(t)$ 替换为 (9.3) 式和 (9.4) 式，可得

$$k(t+1) = \frac{s(f(k(t)) - k(t)f'(k(t)), f'(k(t+1)))}{1+n} \tag{9.8}$$

确定了叠代经济体的基本运动法则。该方程解得出的一个稳态可使 $k(t+1) =$

$k(t)=k^*$，即有

$$k^* = \frac{s(f(k^*) - k^*f'(k^*), f'(k^*))}{1+n} \tag{9.9}$$

由于储蓄函数 $s(\cdot,\cdot)$ 可以采用任意形式，差分方程（9.8）式可能产生十分复杂的动力，也可能形成多重稳态。图 9.1 描绘了当前与未来资本劳动比之间的几种可能关系，这几种关系都满足（9.8）式。该图说明叠代模型可能会有一个唯一的稳态均衡或者多重均衡，又或者一个零资本存量均衡。换句话说，如果不进一步明确效用函数和生产函数，这个模型很难得出预测性的结论。

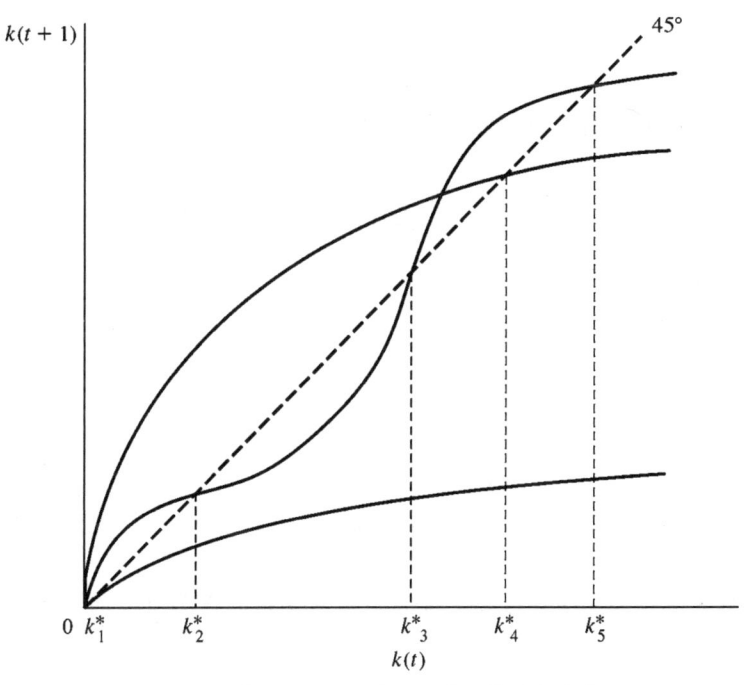

图 9.1 基本叠代模型中不同类型的稳态均衡

9.2.4 对效用和生产函数的限定

本节我将讨论对效用函数和生产函数施加更多假设时的稳态均衡和转移动态问题。具体地，让我们假设效用函数是我们熟悉的 CRRA 形式（常相对风险厌恶，即基于个人财富考量此人对风险的厌恶程度）：

$$U_t\left(c_1(t), c_2(t+1)\right) = \frac{c_1(t)^{1-\theta} - 1}{1-\theta} + \beta \left(\frac{c_2(t+1)^{1-\theta} - 1}{1-\theta}\right) \quad (9.10)$$

其中 $\theta > 0$ 且 $\beta \in (0, 1)$。进一步，让我们假设技术为柯布 – 道格拉斯形式的，于是

$$f(k) = k^\alpha$$

该问题的其他情况则如上所述。CRRA 效用简化了消费最优的一阶条件并意味着

$$\frac{c_2(t+1)}{c_1(t)} = (\beta R(t+1))^{1/\theta}$$

这个表达式也是来自第 6 章的离散时间的消费欧拉方程，现在用来表示 CRRA 效用函数。该欧拉方程也可以用储蓄表示为

$$s(t)^{-\theta} \beta R(t+1)^{1-\theta} = (w(t) - s(t))^{-\theta} \quad (9.11)$$

由此可以得出以下关于储蓄率的方程：

$$s(t) = \frac{w(t)}{\psi(t+1)} \quad (9.12)$$

其中

$$\psi(t+1) \equiv [1 + \beta^{-1/\theta} R(t+1)^{-(1-\theta)/\theta}] > 1$$

该条件确保了储蓄总是少于收益。要素价格对储蓄的影响可以通过下面的求导计算得出：

$$s_w \equiv \frac{\partial s(t)}{\partial w(t)} = \frac{1}{\psi(t+1)} \in (0, 1)$$

且

$$s_R \equiv \frac{\partial s(t)}{\partial R(t+1)} = \left(\frac{1-\theta}{\theta}\right)(\beta R(t+1))^{-1/\theta} \frac{s(t)}{\psi(t+1)}$$

由于 $\psi(t+1)>1$，我们也可得 $0<s_w<1$。此外，在这个例子中，当 $\theta>1$ 有 $s_R<0$，当 $\theta<1$ 有 $s_R>0$，并且当 $\theta=1$ 有 $s_R=0$。储蓄回报率和储蓄水平反映了收入效应和替代效应的相互影响。例如，当 $\theta>1$，收入效应超过替代效应，于是即使 R 递增（因而年轻时候的消费相对年老时候的消费更为昂贵），个人还是愿意同时增加其两个生命时期的消费，并减少他们的储蓄。相反，当 $\theta<1$，替代效应超过收入效应，个人会减少其年轻时候的消费，并增加储蓄。$\theta=1$（对数偏好）这种情况十分重要并且经常得到应用。这种用对数偏好和柯布－道格拉斯生产函数表示的特例很常见也很实用，因此它可以称得上是"标准的叠代模型"，下一节将单独分析这一模型。

在当前相对更为一般的环境下，（9.8）式意味着

$$k(t+1) = \frac{s(t)}{(1+n)}$$
$$= \frac{w(t)}{(1+n)\psi(t+1)} \tag{9.13}$$

或更明确一点，

$$k(t+1) = \frac{f(k(t))-k(t)f'(k(t))}{(1+n)[1+\beta^{-1/\theta}f'(k(t+1))^{-(1-\theta)/\theta}]} \tag{9.14}$$

于是稳态需要用到下列隐式方程的一个解：

$$k^* = \frac{f(k^*)-k^*f'(k^*)}{(1+n)[1+\beta^{-1/\theta}f'(k^*)^{-(1-\theta)/\theta}]}$$

现在使用柯布－道格拉斯公式，稳态可以通过对下列等式求解获得：

$$(1+n)\left[1+\beta^{-1/\theta}\left(\alpha(k^*)^{\alpha-1}\right)^{(\theta-1)/\theta}\right] = (1-\alpha)(k^*)^{\alpha-1} \tag{9.15}$$

为了进一步简化，将 $R^* \equiv \alpha(k^*)^{\alpha-1}$ 定义为稳态下的资本边际产品。（9.15）式可以改写为

$$(1+n)\left[1+\beta^{-1/\theta}(R^*)^{(\theta-1)/\theta}\right] = (1-\alpha)R^*/\alpha \tag{9.16}$$

此时，R^* 的稳态值和 k^* 的稳态值取决于（9.16）式，它们总是有唯一解。下

面，让我们研究该稳态的稳定性。接着，将（9.14）式中的柯布-道格拉斯生产函数代入得到

$$k(t+1) = \frac{(1-\alpha)k(t)^\alpha}{(1+n)[1+\beta^{-1/\theta}\left(\alpha k(t+1)^{\alpha-1}\right)^{-(1-\theta)/\theta}]} \tag{9.17}$$

我们利用（9.17）式，可以证明以下命题。①

命题9.4 在家庭生活两期且有柯布-道格拉斯生产函数和CRRA偏好的叠代模型中，存在一个唯一的稳态均衡，其资本劳动比 k^* 由（9.15）式决定，且对于任意 $\theta > 0$，该稳态均衡对于所有 $k(0) > 0$ 是全局稳定的。

证明 见习题9.6。

在这个特殊（表现良好的）例子中，均衡动态很类似于基本索洛模型中的情况，如图9.2所示。该图说明朝均衡动态单调收敛于稳态资本劳动比 k^*。尤其是，当资本劳动比的初始值为 $k(0) < k^*$ 时，该叠代经济体持续增加资本累积并收敛于 k^*。如果该比率的初始值为 $k'(0) > k^*$，该均衡会伴随着逐步减小的资本劳动比，最终也收敛于 k^*。

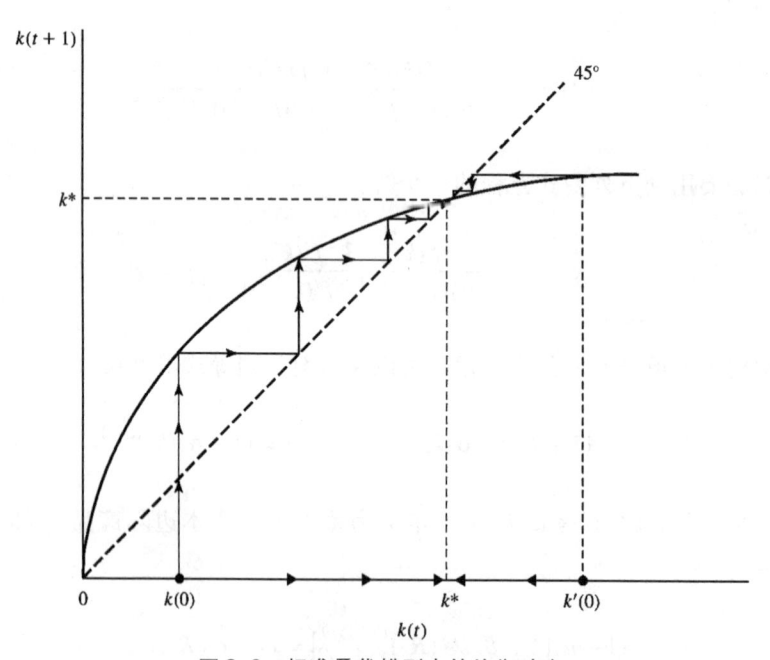

图9.2 标准叠代模型中的均衡动态

---

① 在这一命题以及本章的其余所有内容里，我再次忽略了当 $k=0$ 时这种微不足道的稳定状态。

9.3 标准叠代模型

甚至包含了 CRRA 效用和柯布－道格拉斯生产函数的模型也只是相对有用。因此，许多叠代模型的应用使用了一个更具体的效用函数，对数偏好（或相当于当 $\theta = 1$ 时，上一节的 CRRA 偏好）。对数偏好在这里特别有用，如上所述，它确保了收入效应和替代效应完全抵消，利率变化（从而该经济体的资本劳动比变化）对储蓄率不会产生任何影响。这种不相关性使该标准叠代模型的均衡结构从本质上讲与第 2 章的基本索洛模型相同。

假定一个（代表性）t 代个人的效用表示为

$$U_t(c_1(t), c_2(t+1)) = \log c_1(t) + \beta \log c_2(t+1) \tag{9.18}$$

其中，和以前一样，$\beta \in (0, 1)$（即使这里允许 $\beta \geq 1$ 也不会使分析产生任何变化）。总生产技术还是柯布－道格拉斯形式的，即 $f(k) = k^\alpha$。消费的欧拉方程变得更加简化了，即

$$\frac{c_2(t+1)}{c_1(t)} = \beta R(t+1)$$

并且这意味着储蓄必须满足

$$s(t) = \frac{\beta}{1+\beta} w(t) \tag{9.19}$$

这对应于一个储蓄率常量，等于 $\beta/(1+\beta)$，来自每个人的劳动收入。这个恒定的储蓄率使该模型与第 2 章中的基本索洛增长模型很相似。

将（9.19）式与资本累积等式（9.8）式联系起来，我们可得

$$\begin{aligned} k(t+1) &= \frac{s(t)}{(1+n)} \\ &= \frac{\beta w(t)}{(1+n)(1+\beta)} \\ &= \frac{\beta(1-\alpha)k(t)^\alpha}{(1+n)(1+\beta)} \end{aligned}$$

其中第二行用到了 (9.19) 式，最后一行用到了一个事实，给定竞争性要素市场，工资率是 $w(t)=(1-\alpha)k(t)^{\alpha}$。

很容易证明存在一个唯一的稳态，其资本劳动比可表示为

$$k^{*}=\left[\frac{\beta(1-\alpha)}{(1+n)(1+\beta)}\right]^{\frac{1}{1-\alpha}} \quad (9.20)$$

此外，初始值开始于任意 $k(0)>0$，均衡动态与基本索洛模型中的相同，且单调收敛于 k^{*}。这一行为被描绘到图 9.2 中，并将在下一个命题中陈述。

命题 9.5 在包含对数偏好和柯布-道格拉斯技术的标准叠代模型中，存在一个唯一的稳态，其资本劳动比 k^{*} 表示为 (9.20) 式。当资本存量开始于任意 $k(0)\in(0,k^{*})$，均衡动态为 $k(t)\uparrow k^{*}$，当资本存量开始于任意 $k'(0)>k^{*}$，均衡动态满足 $k(t)\downarrow k^{*}$。

这个标准叠代模型可以通过简单的办法进行扩展，即引入技术进步。这种扩展将在习题 9.7 中讨论。习题 9.8 要求读者在不考虑柯布-道格拉斯技术的情况下分析该经济体。

9.4 叠代模型中的过度积累和竞争均衡下的帕累托最优问题

让我们现在回到一般性问题并将叠代经济体的竞争均衡和希望实现最大化各年代加权平均效用的社会规划者所做的选择进行比较。具体地，假设该社会规划者希望最大化以下表达式

$$\sum_{t=0}^{\infty}\xi_{t}U_{t}(c_{1}(t),c_{2}(t+1))$$

其中请回忆 U_t 是由 (9.1) 式给出的，ξ_t 是社会规划者赋予第 t 代效用的权重（根据假设 $\sum_{t=0}^{\infty}\xi_{t}<\infty$，于是该规划者的问题是性状良好的 (well-behaved)）。将 (9.1) 式替换，上面的表达式即意味着该规划者希望最大化

$$\sum_{t=0}^{\infty}\xi_{t}(u(c_{1}(t))+\beta u(c_{2}(t+1)))$$

约束条件为资源约束

$$F(K(t), L(t)) = K(t+1) + L(t)c_1(t) + L(t-1)c_2(t)$$

将该约束条件除以 $L(t)$ 并且利用（9.2）式，可得人均资源约束条件

$$f(k(t)) = (1+n)k(t+1) + c_1(t) + \frac{c_2(t)}{1+n}$$

该社会规划者的最大化问题也就意味着以下一阶必要条件存在：

$$u'(c_1(t)) = \beta f'(k(t+1))u'(c_2(t+1))$$

由于 $R(t+1) = f'(k(t+1))$，该等式与（9.5）式相同。结果并不奇怪：社会规划者为某人的消费进行配置的行为恰好与此人自己希望的配置一致，即在给定市场价格下，个人的跨期消费配置不存在"市场失灵"。

然而，该社会规划者的跨代资源配置不同于竞争均衡时的配置，前者对不同的代赋予不同的权重。相较于将社会规划者在给定权重下的配置和均衡配置进行比较，更有趣的是研究该竞争均衡是否满足帕累托最优。叠代模型和第 9.1 节经济体之间的平行关系说明也许不能满足。

事实上，竞争均衡并不是全局帕累托最优。假设由（9.9）式给出的资本劳动比的稳态水平 k^* 大于黄金律下的资本劳动比 k_{gold}。回忆第 2 章的内容，k_{gold} 可使消费的稳态水平最大化。与第 8 章的新古典增长模型不同，这里找不到理由来解释在均衡（或者稳态）的资本劳动比低于叠代模型黄金律下的 k_{gold}。尤其是，在叠代经济体的稳态中，有

$$f(k^*) - (1+n)k^* = c_1^* + (1+n)^{-1}c_2^*$$
$$\equiv c^*$$

其中第一行来自国民收入核算，第二行将 c^* 定义为总体稳态消费水平。于是

$$\frac{\partial c^*}{\partial k^*} = f'(k^*) - (1+n)$$

并且黄金律下的资本劳动比 k_{gold} 被定义为

$$f'(k_{\text{gold}}) = 1 + n$$

现在，当 $k^* > k_{\text{gold}}$，则 $\partial c^*/\partial k^* < 0$，于是减少储蓄可以增加每个人的（总）消费。如果这是事实，该经济体可被称为动态无效率，因为它的资本积累过度了。另一种表达动态无效率的方法是

$$r^* < n$$

即，稳态（净）利率 $r^* = R^* - 1$ 小于人口增长率。请回忆在无限期界拉姆齐经济体中（见第 8 章），横截性条件（来自个人最优化问题）确保了稳态利率满足 $r^* > g + n$。因此在这种拉姆齐经济体中不可能产生动态无效率。动态无效率的产生是因为叠代模型中先天存在特定形式的家庭异质性。

在叠代经济体中，假定我们从 T 期的稳态 $k^* > k_{\text{gold}}$ 开始。下面，让我们考虑用来表示下一期资本存量少量减少的一个变量。具体而言，用 $-\Delta k$ 表示下一期资本劳动比的变化，其中 $\Delta k \in (0, k^* - k_{\text{gold}})$，而且从这时起，将资本劳动比固定为 $k^* - \Delta k$（这是完全可行的）。于是，消费水平发生了以下变化：

$$\Delta c(T) = (1+n)\Delta k > 0$$

并且

$$\Delta c(t) = -\left(f'(k^* - \Delta k) - (1+n)\right)\Delta k$$

对于所有 $t > T$ 成立。第一个表达式反映了储蓄下降对增加消费的直接作用。此外，由于 $k^* > k_{\text{gold}}$，对于足够小的 Δk，有 $f'(k^* - \Delta k) - (1+n) < 0$，并且对于所有 $t \geq T$，有 $\Delta c(t) > 0$，这就解释了第二个表达式。每一代消费的增长可均摊到其生命中的两期，从而必将提高各代的效用水平。该变动明显产生了帕累托改进，使各代的境况都得以改善，并证明了以下结论。

命题 9.6 在基本叠代经济体中，竞争均衡不一定是帕累托最优的。更具体地，当 $r^* < n$，该经济体是动态无效率的。在这个例子中，有可能从竞争性稳态开始减少资本存量，并提升各代的消费水平。

就像上面的推导表明的那样，竞争均衡的帕累托无效率与动态无效率是密切相关的。动态无效率，即利率小于人口增长率，在理论上并没什么令人奇怪的。习题 9.9 表明，在某种合适的情况下就有可能发生动态无效率问题

（尽管这并不意味着当我们考虑增长和收入的跨国或跨时差异时，动态无效率问题特别重要）。

为什么叠代经济体的均衡是潜在无效率的？这个问题比它乍看起来的更有挑战性。特别是，在所有市场都是竞争性的经济体中，且不存在外部性的时候。于是，通常会导致市场失灵的情况并不存在。据说，潜在的无效率是由"市场不完全"导致的，即因为 t 代的个人无法直接与 $t+s$ 代（其中 $s \geqslant 2$）的个人进行交易。当市场不完全的时候，就无法保证竞争均衡一定是帕累托最优的，这也解释了叠代均衡的潜在无效率。尤其是，由于不完全市场，货币外部性就是他人的交易决策对某个家庭的效用产生与价格有关的影响，它可能有一阶的福利结果并引起（帕累托）无效率。然而这个原因是不正确的。观察该谬误的最简单方法是回到第 9.1 节讨论的经济体，该经济体与基本叠代模型有相似的无效率。但是在此经济体中，所有个人可以交易所有的商品。

尽管错误，但该推理正确地强调了外部性的重要。t 代人面临的工资取决于 $t-1$ 代人的资本存量决策。类似地，$t-1$ 代的个人获得的储蓄收益率取决于 $t-1$ 代其他人的储蓄决策。结果，每一代的储蓄决策对下一期的工人和资本持有者都产生了货币外部性。这些外部性与导致叠代模型无效率的原因有关，但并非由市场不完全引起。货币外部性总是存在的，但在竞争性经济体中它们明显是二阶的，因此不会影响福利。货币外部性不能导致帕累托次优配置这一事实可以看作第一福利定理的本质（定理 5.5 和定理 5.6）。然而，第一福利定理不适用第 9.1 节的经济体，而且也一定适用叠代经济体。这一点将在习题 9.11 进一步研究，这说明如果该经济体是动态无效率的，定理 5.6 中的条件 $\sum_{h \in \mathcal{H}} \sum_{j=0}^{\infty} p_j^* \omega_j^h < \infty$ 就不能满足，当 $r^* > n$ 时，这些条件才得以满足。直观地看，当存在无限新生的行为人加入该经济体时，不需要消除货币外部性。这些行为人受到之前各代人产生的货币外部性的影响，并完全可能通过重新安排资本积累决策和消费规划以利用这些货币外部性（这里的重新安排意指通过重新调整消费规划，以实现第 9.1 节经济体中竞争均衡的帕累托改进）。

对动态无效率还有一个直观的认识，这在下一节尤其有用。动态无效率源自过度积累，或者说，是由于当前的年轻一代为其年老时期而储蓄的需要。然而，他们储蓄得越多，资本的回报率就越低，这又鼓励他们更多地储蓄。当前年代的个人储蓄对未来资本回报率的影响也是货币外部性的一个例子。根据第一福利定理，这些货币外部性不会产生帕累托次优配置。但是，当存在无限数量的商品和家庭时，这个观点不能适用。第二个直观认识还说明，如果存在向个人年老时提供消费的其他可行方式，过度积累问题有可能得以解决或者至少得以改善。这个论点将在下一节讨论。

9.5 社会保障在资本积累中的作用

我现在简要地探讨社会保障如何用来解释叠代模型中的过度积累问题。让我们首先考虑一个完全基金积累制，其中年轻人为社会保障体系缴费，并且他们的缴费会在其年老时得到回报。另一个选择是非基金积累制或者现收现付制社保体系，其中年轻人缴纳的社保会直接转移给同期的老年人。我们将会发现，作为通常假设，现收现付（非基金积累）制社会保障体系并不鼓励总储蓄。然而，当存在动态无效率时，不鼓励储蓄也许会带来帕累托改进。

9.5.1 完全基金积累制社会保障

在一个完全基金积累制社保体系中，比如通过强制年轻人给社保账户缴费，政府在 t 期从年轻人那里筹集了金额 $d(t)$。这些资金被投资于该经济体的唯一生产性资产——资本存量，并且工人们在年老时获得报酬，用 $R(t+1)d(t)$ 表示。因此个人在完全基金积累制社保体系下的最大化问题变成

$$\max_{c_1(t),c_2(t+1),s(t)} u(c_1(t)) + \beta u(c_2(t+1))$$

约束条件为

$$c_1(t) + s(t) + d(t) \leq w(t)$$

和

$$c_2(t+1) \leq R(t+1)s(t) + (1+n)d(t+1)$$

在给定的政府决策为 $d(t)$ 时。请注意现在对资本积累的总投资额是 $s(t) + d(t) = (1+n)k(t+1)$。

由于可以从社会保障中获取收益，个人也不再总是选择 $s(t) > 0$。于是，我们可以在两个可选假设下分析该经济体：约束条件为 $s(t) \geq 0$ 时和该约束条件不

存在时。

显然，只要 $s(t)$ 是任意的，不考虑可行社保支出 $\{d(t)\}_{t=0}^{\infty}$ 的结果时，竞争均衡是适用的。当约束条件 $s(t) \geq 0$ 存在，给定序列 $\{d(t)\}_{t=0}^{\infty}$ 时，竞争均衡是适用的，私人最优储蓄序列 $\{s(t)\}_{t=0}^{\infty}$ 对所有 t 都满足 $s(t) > 0$。

命题 9.7 考虑上述环境中的一个完全基金积累制社保体系，政府在 t 期向年轻人收取 $d(t)$ 的资金。

1. 假定对于所有 t，有 $s(t) \geq 0$。当给定社会保障支出为可行序列 $\{d(t)\}_{t=0}^{\infty}$，效用最大化储蓄序列 $\{s(t)\}_{t=0}^{\infty}$ 对所有 t 可使 $s(t) > 0$ 成立，于是，无社保的竞争均衡集与有社保的竞争均衡集是相同的。
2. 当约束条件 $s(t) \geq 0$ 不存在时，给定任意可行序列 $\{d(t)\}_{t=0}^{\infty}$ 的社保支出水平，有社保的竞争均衡集和无社保的竞争均衡集是相同的。

证明 见习题 9.13。

这个结果很直观：只要个人积累足够的储蓄（或者不存在迫使私人储蓄为正的约束条件），政府征集的金额 $d(t)$ 就会被 $s(t)$ 的减少完全抵消。习题 9.14 表明即使存在 $s(t) \geq 0$ 的约束条件，完全基金积累制社保规划也不能产生帕累托改进。

9.5.2 非基金积累制社保

非基金积累制社保的情况有所不同。现在，政府在 t 期向年轻人募集 $d(t)$ 的资金，并且将其分配给同期的退休老年人，人均转移额为 $b(t) = (1+n)d(t)$（其中考虑到人口增长的因素，年轻人比老年人的数量更多）。于是，个人最大化问题变为

$$\max_{c_1(t), c_2(t+1), s(t)} u(c_1(t)) + \beta u(c_2(t+1))$$

约束条件为

$$c_1(t) + s(t) + d(t) \leq w(t)$$

和

$$c_2(t+1) \leq R(t+1)s(t) + (1+n)d(t+1)$$

此时给定的可行社保支出水平为序列 $\{d(t)\}_{t=0}^{\infty}$。

在此情况中，社保支出的回报率为 n 而不是 $r(t+1) = R(t+1) - 1$，因为非基金积累制社保是一种纯粹的转移支付制度。只有 $s(t)$ ——而非基金积累制计划中的 $s(t) + d(t)$ ——可以进入资本积累。这个观测结果构成有关非基金积累制社保体系不鼓励储蓄这一论点的基础。结果，非基金积累制社保减少了资本积累。这种对资本积累的激励不足阻碍了经济增长和福利提升。事实上，第 1 章到第 4 章的经验证据表明，有很多社会的资本积累都处于次优的较低水平。相反，在最近的模型中，当经济体存在动态无效率（或资本过度积累）时，减少总储蓄和资本积累可能带来帕累托改进。

更具体地，假定 t 代的个人可以选择向非基金积累制社保缴费多少（例如，$d(t)$ 是一个选择变量）。他们的缴费都被用于当前老年人的消费，并且缴费一代年老以后可以从每 1 单位投资额中获取 $1+n$ 美元的回报。在这个例子中，直到 $r(t+1) \geq n$，都没有实物资本投资。于是非基金积累制社保体系会把利率提高到使该经济体不再位于动态无效率区域。这个分析构成了以下命题。

命题 9.8 考虑上述叠代经济体并假定分散的竞争均衡是动态无效率的。于是存在一个可行的非基金积累制社保支出序列 $\{d(t)\}_{t=0}^{\infty}$ 可以得到一个始于任意时期 t 的竞争均衡，且该无社保的竞争均衡是帕累托最优的。

证明 见习题 9.16。

非基金积累制社保减少了过度积累并改善了资源配置。显然，非基金积累制社保在叠代模型中获得帕累托改进的方式和帕累托最优配置在第 9.1 节列举的经济体中的分散方式是很相似的。实际上，非基金积累制社保将资源从未来各代转移给最初的老年一代，并且只要合理设计，这样做不会对未来各代的利益造成任何损害。这个结论也依赖于动态无效率，当不存在动态无效率，资源的转移（和任意非基金积累制社保计划）会使未来部分年代的人的福利恶化。习题 9.17 要求读者证明这一结论。

非基金积累制社保的另一个有趣方面也值得我们注意。采用这类社保体系的政府本质上是在实施一个庞氏游戏或者金字塔规划。每一代在年轻时牺牲金额 d 并且在他们年老后从同期年轻人那里获取 $(1+n)d$ 的收益。这种体系是典型的金字塔规划。在前一章，这种规划是被排斥的，为何在这里又是可能的呢？答案也许和新古典增长模型中的一个事实有关，存在一个代表性家庭，其效用最大化决策保证了该经济体永远不会陷入动态无效率。特别是，横截性条件或等价于该代表性家庭效用的有限性排除了 $r^* < n$ 时的均衡〔回忆（8.36）式〕。在叠代经济

体中不是这样的,而且非基金积累制社保是在伴有动态无效率的经济体中对金字塔计划实行帕累托改进的一种方法。有趣的是,这并不是唯一可能的规划。当 $r^* < n$ 时,均衡允许一系列"泡沫"存在,它们能起到和非基金积累制社保相同的作用。当一笔资产的交易价值高于其内在价值,我们就说有资产泡沫。任意资产蕴含的泡沫和非基金积累制社保的作用相同,因为它可能形成跨期转移资源的通道。任意泡沫的最大收益率是 n,这也是非基金积累制社保的最大收益率。当存在动态无效率且 $r^* < n$,泡沫提供了一个比实物资本投资更好的通道以实现跨期转移资源。关于泡沫能起到这类作用的一个简单例子是法定货币,它没有任何内在价值。但是所有行为人都预期法定货币会随时间升值,于是法定货币的购买力在每个时期按某个因子($\leq 1+n$)递增。在这个例子中,向某一代支付有限金额的法定货币也和非基金积累制社保发挥着同样的作用。然而,类似地,其他资产也可以起到同样的作用(产生类似的泡沫)。最后,有趣的是,当叠代经济体有一个家庭结构,使未来各代与前面各代之间的关系类似于某个特定家庭或朝代的成员一样,家庭内部转移(如,由社会规范或重复的游戏惩罚策略支持的一样,见附录C)也起到了类似作用。在这个例子中,我们发现家庭内部转移可以改善资源配置,同时,即使不存在家庭成员之间的利他性,这些转移也是成立的。

9.6 非纯粹利他主义下的叠代

第5章的第5.3节表明,家庭内部的利他主义(如,父母对其子孙后代)可以产生一种与新古典增长模型中的代表性家庭相同的偏好结构。相反,本章到目前为止都忽略了利他主义偏好以突出有限生命的影响和该经济体中新生命诞生带来的经济影响。就像在第5.3节提出的一样,一个家庭里利他主义的精确形式决定了该代表性家庭假设是否很好地代表了该经济体的偏好。具体而言,一个与经验相关的潜在利他主义形式的例子是,父母关心其子女消费向量的特定维度而不是他们的全部效用。这种类型的偏好常被称为"非纯粹利他主义",从而将它与第5.3节讨论的纯粹利他主义相区分。不纯粹利他主义的一种特殊类型通常被称为"温情偏好",[①] 因为它较好处理,在许多增长模型中都起到了重要作用。温

---

① 这一概念可以用捐赠行为解释,捐赠者在捐赠的时候虽然其个人财富减少了,但可以获取心灵慰藉或者得到社会的尊重和关注,这种捐赠行为实质上也是一种交易。——译者注

情偏好假定父母能够从其遗赠行为本身获得（温情）效用，这种效用并非来自其子孙后代的效用和消费增加。这些偏好很便于新古典增长和基本叠代模型之外的另一种选择。这种选择与上一节中标准的叠代模型有一些明显的相似之处，因为它也得出了类似于索洛增长模型的均衡动态结果。既然这类偏好在很多应用增长模型中都很重要，有必要简略地予以回顾。这些偏好在第 10 章和第 21 章也会用到。

假定某经济体的生产方用标准新古典生产函数表示，满足第 2 章的假设 1 和假设 2。让我们用人均形式 $f(k)$ 表示。

该经济体的人口由标准化为 1 的个人的连续统构成。每个个体生存时间为两期，童年和成年。在其生命的第二期，每个个体获得一个子女，工作且其生命走向终点。为了简化表述，让我们假设不存在童年时期的消费（或这时的消费包含于其父母的消费之中）。没有新的家庭产生，人口总量恒定为 1。每个个体在其成年时期无弹性地提供 1 单位的劳动力。

让我们假定个体在 t 期成年，其偏好 (i, t) 为

$$\log(c_i(t)) + \beta \log(b_i(t)) \tag{9.21}$$

其中 $c_i(t)$ 表示个人的消费，$b_i(t)$ 是此人留给后代的遗赠。对数偏好用来简化分析（见习题 9.20）。后代从接下来有遗赠的时期开始，他们把遗赠租赁给企业当作资本，提供劳动力，并繁衍后代。我还假设资本在使用过后完全折旧。

这个假设意味着代表性个人的最大化问题可以表示为

$$\max_{c_i(t), b_i(t)} \log(c_i(t)) + \beta \log(b_i(t)) \tag{9.22}$$

约束条件为

$$c_i(t) + b_i(t) \leq y_i(t) \equiv w(t) + R(t)b_i(t-1) \tag{9.23}$$

其中 $y_i(t)$ 表示此人的收入，

$$w(t) = f(k(t)) - k(t)f'(k(t)) \tag{9.24}$$

是均衡的工资率，

$$R(t) = f'(k(t)) \tag{9.25}$$

是资本的收益率，且 $b_i(t-1)$ 是此人从父母那里获得的遗赠。

$t+1$ 期的总资本劳动比决定于 t 期所有成年人的总遗赠：

$$k(t+1) = \int_0^1 b_i(t)di \tag{9.26}$$

上式利用了工人总数表示为 1 这一事实，于是资本存量和资本劳动比是相同的。

该经济体的均衡比之前更为复杂一些，因为我们或许想了解所有个体的消费和遗赠水平。让我们将 t 期的家庭之间的消费和遗赠分配分别表示为 $[c_i(t)]_{i \in [0,1]}$ 和 $[b_i(t)]_{i \in [0,1]}$，并且假定该经济体开始于 t 期的财富（遗赠）分配，用 $[b_i(0)]_{i \in [0,1]}$ 表示，它满足 $\int_0^1 b_i(0)di > 0$。

定义 9.2 有温情偏好的叠代经济体的竞争均衡是每个家庭的一个消费和遗赠水平的序列，

$$\{[c_i(t)]_{i \in [0,1]}, [b_i(t)]_{i \in [0,1]}\}_{t=0}^{\infty}$$

这就解出了以（9.23）式为约束条件的（9.22）式问题；基于某个初始遗赠分配 $[b_i(0)]_{i \in [0,1]}$ 的（9.26）式给出的资本劳动比序列 $\{k(t)\}_{t=0}^{\infty}$；和一个满足（9.24）式和（9.25）式的要素价格序列 $\{w(t), R(t)\}_{t=0}^{\infty}$。

以（9.23）式为约束条件的（9.22）式的解很直观，这是因为分析采用了对数偏好以及

$$\begin{aligned} b_i(t) &= \frac{\beta}{1+\beta} y_i(t) \\ &= \frac{\beta}{1+\beta}[w(t) + R(t)b_i(t-1)] \end{aligned} \tag{9.27}$$

对于所有 i 和 t 成立。这一等式表明个人遗赠水平遵循较为特殊的动态学规律。由于 $b_i(t)$ 决定了 t 代个体 i 的资产持有量，也就是此人的财富水平。结果，该经济体的财富配置具有随时间内生演变的特点。这种演变取决于要素价格。为了获取均衡的要素价格，让我们通过（9.26）式将遗赠加总，以得出该经济体的资

本劳动比。将所有个体的（9.27）式整合起来可得

$$k(t+1) = \int_0^1 b_i(t)di$$
$$= \frac{\beta}{1+\beta} \int_0^1 [w(t) + R(t)b_i(t-1)] di \quad (9.28)$$
$$= \frac{\beta}{1+\beta} f(k(t))$$

最后的等式根据 $\int_0^1 b_i(t-1)di = k(t)$ 这个事实以及从欧拉定理（定理2.1）中得出的 $w(t) + R(t)k(t) = f(k(t))$ 推导而来。

结果，该经济体的总体动态均衡是很直观的，并且也与索洛增长模型很相似。此外，值得注意的是，这些总体动态并不取决于各家庭的遗赠情况或收入（我们将在第 21 章发现当存在其他缺陷时，这一点不再成立）。

解出（9.28）式的稳态均衡资本劳动比，可得

$$k^* = \frac{\beta}{1+\beta} f(k^*) \quad (9.29)$$

根据假设 1 和假设 2，该解是唯一定义的并且严格为正。此外，均衡动态还可以用图 9.2 表示，并单调收敛于这一唯一稳态。

通过观察遗赠的动态演变，我们现在可以得到该均衡的完整描述。沿着转移路径，可能有不同类型的遗赠动态。我们还可以更多地就财富和遗赠的有限分配进行讨论。尤其是，我们已知 $k(t) \to k^*$，于是最终的遗赠动态由稳态要素价格给出。将这些稳态要素价格表示为 $w^* = f(k^*) - k^*f'(k^*)$ 和 $R^* = f'(k^*)$。于是，一旦该经济体处于稳态资本劳动比 k^* 的水平，个人遗赠动态就可以表示为

$$b_i(t) = \frac{\beta}{1+\beta} [w^* + R^* b_i(t-1)]$$

当 $R^* < (1+\beta)/\beta$，从任意水平开始的 $b_i(t)$ 将收敛于一个唯一的遗赠（财富）水平，表示为

$$b^* = \frac{\beta w^*}{1 + \beta(1 - R^*)} \quad (9.30)$$

此外，还可以证实稳态均衡必然要求 $R^* < (1+\beta)/\beta$。这是因为在稳态中有

$$R^* = f'(k^*) < \frac{f(k^*)}{k^*} = \frac{1+\beta}{\beta}$$

上式取严格不等号是因为 $f(\cdot)$ 的严格凸性，最后一个等式用到了（9.29）式的稳态资本劳动比 k^* 的定义。以下命题总结了这一分析。

命题 9.9 考虑具有前述温情偏好的叠代经济体。在这个经济体中，存在一个唯一的竞争均衡。这个均衡中资本劳动比由（9.28）式给出，并单调收敛于由（9.29）式给出的唯一稳态资本劳动比 k^*。遗赠和财富的分布最终趋于完全相等，每个人获得的遗赠水平都是由（9.30）式和 $w^* = f(k^*) - k^* f'(k^*)$ 和 $R^* = f'(k^*)$ 决定的 b^*。

9.7 永葆青春前提下的叠代问题

基本叠代模型的一个关键特征是个人的生命是有限的且精确地知道他们的生命何时终结。为有限生命构建模型的一种方式是第5章第5.3节介绍的"中毒身亡模型"或者"永葆青春模型"。让我们从离散时间模型开始着手分析。请回忆在这类模型中，每个个体都有无限存活的潜能，但是他（或她）面临着生命在任意时间终结的一个概率（并且各个时期的情况都是相互独立的），表示为 $v \in (0,1)$。请回忆（5.12）式，当贴现因子为 β 时，个人的预期效用表示为

$$\sum_{t=0}^{\infty} (\beta(1-v))^t u(c(t))$$

其中 $u(\cdot)$ 是标准瞬时效用函数，它满足假设3，且满足 $u(0) = 0$ 这个附加条件。由于死亡概率是 v 并且各个时期的概率是独立的，这个模型中的个人预期寿命可以表达为（见习题9.18）：

$$\text{预期寿命} = v + 2(1-v)v + 3(1-v)^2 v + \cdots = \frac{1}{v} < \infty \quad (9.31)$$

这一等式描述了如下事实：个人的生命期限总长度为1的概率是 v，她的生命期限长度为2的概率是 $(1-v)v$，依次类推。这个模型被称为"永葆青春模型"，因为

尽管每个个体的预期寿命是有限的，所有已经存活了一段时期的个体对未来的寿命都有完全相同的预期。因此，在这个经济体中生存的个体是"永葆青春的"，他们的年纪对其未来的寿命没有任何影响，也不能用来预测他们还能活多少年。

个人 i 的流动预算约束可以写成

$$a_i(t+1) = (1+r(t))a_i(t) - c_i(t) + w(t) + z_i(t) \tag{9.32}$$

它与标准流动预算约束如第 6 章的（6.54）式相类似。请回忆总的储蓄回报率是 $1+r(t)$。与标准预算约束的唯一区别是这里多了一项 $z_i(t)$，它是对个人的转移支付。这里之所以要引入转移支付项是因为个人面对着不确定的死亡时间，所以遗赠可能是偶然的。具体而言，个人终结其生命的时候其资产余额一般为正。当出现这种情况时，一个可能性是偶然的遗赠也许被政府征收并且平均再分配给该经济体的所有家庭。在这个例子中，$z_i(t)$ 代表个体 i 的这些转移支付收入。然而，这个模型假设要求我们设定一个约束条件 $a_i(t) \geq 0$ 以避免个人积累债务直至其生命终结。

还有一种方法不需要这个额外的约束条件，并使该模型更加实用，它是由米纳赫姆·亚利和奥利维尔·布兰查德提出和进一步研究的。这个方法需要引入人寿保险或者年金市场，其中竞争性人寿保险公司支付给个人（按照此人资产水平的一个函数关系式进行支付）以获取此人死后的正资产。$z(t)$ 项用来表示这些年金收益。特别地，设想以下类型的人寿保险合同：某保险公司将向某人支付 $z(a(t))$，这一金额是此人在生存期间的每一期所持资产的函数。[①] 当这个人死去时，他的所有资产都将归保险公司所有。支付水平 $z(a(t))$ 仅仅取决于个人持有的资产而非此人的年龄，这一事实是永葆青春假设导致的，也就是说对延续生命的条件预期与此人在何时出生没有关系（实际上，与该模型中的任何其他因素也无关）。如果某个保险公司与持有资产 $a(t)$ 的个人签订了合同，那么它在时间 t 的收益可表示为

$$\pi(a, t) = -(1-v)z(a) + va$$

如果可以自由进入，则保险公司将获得的预期收益为零（用净现值衡量），这要

[①] 读者也许注意到该合同与最普通的人寿保险合同相反，在后一种合同里，个人为其家庭成员支付（保费）并在这些家庭成员去世后获得（保险金）。这类保险合同在当前模型不太适合，因为这里的个人没有子女或是说对其子女没有利他主义倾向。

求对于所有 t 和 a，都有 $\pi(a(t), t)=0$，于是我们可得

$$z(a(t)) = \frac{v}{1-v}a(t) \tag{9.33}$$

该模型的另一个重要因素是人口结构的变化。由于每个人每天都面临死亡概率 v，所以有一种自然力量使人口趋于减少。然而我们假设，每天也有人诞生。相较于基本新古典增长模型，假定这些新增人口不是生于同一代；相反，他们逐渐构建了各自独立的家庭。我们假设时间 t 的人口为 $L(t)$，有 $nL(t)$ 个新家庭诞生。结果，总人口的演变表示为

$$L(t+1) = (1+n-v)L(t) \tag{9.34}$$

初始值 $L(0)=1$，且 $n>v$，于是存在正的人口增长。这一整节都忽略了技术进步问题。

永葆青春以及人口的指数化增长，可以使该经济体形成一个简单的人口结构模式。特别是，很容易证明在某个 $t>0$ 的时点，有 $n(1+n-v)^{t-1}$ 个 1 岁的人，$n(1+n-v)^{t-2}(1-v)$ 个 2 岁的人，$n(1+n-v)^{t-3}(1-v)^2$ 个 3 岁的人，依此类推（见习题 9.23）。

该经济体的生产方是标准型的，并且用满足假设 1 和假设 2 的总生产函数 $F(K(t), L(t))$ 表示。假设资本折旧率为 δ。要素市场是竞争性的，且要素价格用通常的方式确定。t 期的资本租赁回报率仍然由 $R(t)=f'(k(t))$ 给出，于是储蓄的净收益是 $r(t+1)=f'(k(t))-\delta$，工资率是 $w(t)=f(k(t))-k(t)f'(k(t))$。

该经济体的一个配置类似于新古典增长模型中的配置，并包含总资本存量、工资率、资本租金的时间路径，$\{K(t), w(t), R(t)\}_{t=0}^{\infty}$。然而，因为消费水平对所有人而言并不是一样的，因此仅仅指定总消费是不够的。相反，不同时间诞生的个体将积累不同数量的资产并有不同数量的消费。让我们将一个诞生于时间 $\tau \leq t$ 的家庭在时间 t 的消费表示为 $c(t|\tau)$。现在，配置必须明确整个序列 $\{c(t|\tau)\}_{t=0, \tau \leq t}^{\infty}$。根据这个表达式和（9.33）式的人寿保险合同，$\tau$ 代个人的流动预算约束可以表示为：

$$a(t+1|\tau) = \left(1+r(t)+\frac{v}{1-v}\right)a(t|\tau) - c(t|\tau) + w(t) \tag{9.35}$$

403

竞争均衡再次被定义为通常的模式。

定义9.3 一个由资本存量、工资率和资本租金 $\{K(t), w(t), R(t)\}_{t=0}^{\infty}$，以及每一代的消费路径 $\{c(t\mid\tau)\}_{t=0,\tau\leq t}^{\infty}$ 构成的竞争均衡，能使每个个体最大化其效用，同时，当给定资本存量和劳动力的时间路径 $\{K(t), L(t)\}_{t=0}^{\infty}$ 时，要素价格的时间路径 $\{w(t), R(t)\}_{t=0}^{\infty}$ 可使所有市场都出清。

除了竞争性要素价格之外，τ 代个体在 t 期的消费欧拉方程也很关键。考虑到储蓄的总回报率为 $1+r(t)+v/(1-v)$，且此人的有效贴现率是 $\beta(1-v)$，该欧拉方程可以写为

$$u'(c(t\mid\tau)) = \beta[(1+r(t+1))(1-v)+v]u'(c(t+1\mid\tau)) \qquad (9.36)$$

(9.36) 式看起来类似于标准欧拉方程，如第6章的 (6.45) 式。唯一不同于 (6.45) 式的是 (9.36) 式分别应用于每一代 τ 并包含 v 这一项（每个人面临的死亡概率）。然而，需要注意的是，当 r 和 v 都很小时，有

$$(1+r)(1-v)+v \approx 1+r$$

此时，v 这一项消失了。实际上，这几项出现在等式中是基于当前模型中离散时间的需要。在下一节，我将介绍一个关于连续时间版本下的永葆青春模型，其中上面的约等式也同样适用。此外，连续时间模型帮助我们获得了动态总消费和资本存量的闭式解。于是，这个模型给出了一个连续时间方法比离散时间方法更合适的例子（尽管基本叠代模型要求时间是离散的）。

9.8 连续时间下的叠代问题

9.8.1 人口结构、技术和偏好

考虑一个连续时间下的永葆青春模型。假定每个个体面对一个泊松死亡 (Poisson death) 概率 $v\in(0,\infty)$。还假设个人有对数偏好且纯贴现率为 $\rho>0$。像第5章的习题5.7表明的那样，个人 i 将最大化以下目标函数

$$\int_0^\infty \exp(-(\rho+v)t)\log c_i(t)\,dt \qquad (9.37)$$

这个经济体中的人口结构模式类似于前一节中的离散时间下的永葆青春模型。特别是，个人对下一阶段寿命的预期与他何时出生是不相关的，且等于$1/v < \infty$。这既是出生时的预期寿命也是此人活到某个时点对未来寿命的预期值。令t时的人口数为$L(t)$。于是，泊松死亡概率v意味着总共有$vL(t)$的人将死于时间t。又一次，新的家庭按照指数化率$n > v$诞生了，于是总人口的动态变化可表示为

$$\dot{L}(t) = (n - v) L(t) \tag{9.38}$$

我们假设$n - v < \rho$。在时间$\tau < t$诞生的一群人在t期仍然存活的数量为

$$L(t \mid \tau) = n \exp(-v(t - \tau) + (n - v)\tau) \tag{9.39}$$

在这个等式中以及整个这一小节，我们都假设在$t = 0$期该经济体初始的人口数为$L(0) = 1$，表示这些人是这个时点出生的。（(9.39)式来自习题9.25中的推导。）

如上一节中一样，确定每一世代（cohort）的消费行为和预算约束就足够了。特别是，世代τ在t期的流动预算约束为

$$\dot{a}(t \mid \tau) = r(t)a(t \mid \tau) - c(t \mid \tau) + w(t) + z(a(t \mid \tau) \mid t, \tau)$$

其中，$z(a(t \mid \tau) \mid t, \tau)$也是在$t$期向出生于$\tau$期且持有资产为$a(t \mid \tau)$的个人提供的转移支付或者年金支付。让我们遵循亚利和布兰查德的思路，并再次假设存在允许自由进入的年金市场。在t期，为出生于τ期且持有资产为$a(t \mid \tau)$的个人提供这类年金的人寿保险公司的瞬时利润是

$$\pi(a(t \mid \tau) \mid t, \tau) = va(t \mid \tau) - z(a(t \mid \tau) \mid t, \tau)$$

这是因为个人将会死亡，并将其资产以流动率v留给人寿保险公司。零利润条件现在意味着

$$z(a(t \mid \tau) \mid t, \tau) = va(t \mid \tau)$$

将这个等式代入上面的流动预算约束，我们可以得到更有用的表达式

$$\dot{a}(t \mid \tau) = (r(t) + v)a(t \mid \tau) - c(t \mid \tau) + w(t) \tag{9.40}$$

让我们假设生产方是由人均总生产函数 $f(k)$ 给出的,并满足假设 1 和假设 2,其中 k 是总资本劳动比。资本被假设为以比率 δ 折旧。要素价格表示为常见的表达式

$$R(t) = f'(k(t)) \text{ 和 } w(t) = f(k(t)) - k(t)f'(k(t)) \tag{9.41}$$

且和往常一样,$r(t) = R(t) - \delta$。资本劳动比的运动法则表示为

$$\dot{k}(t) = f(k(t)) - (n - v + \delta)k(t) - c(t) \tag{9.42}$$

其中 $c(t)$ 是人均消费,表示为

$$c(t) = \frac{\int_{-\infty}^{t} c(t \mid \tau) L(t \mid \tau) d\tau}{\int_{-\infty}^{t} L(t \mid \tau) d\tau}$$

$$= \frac{\int_{-\infty}^{t} c(t \mid \tau) L(t \mid \tau) d\tau}{L(t)}$$

请回忆,$L(t \mid \tau)$ 是出生于 τ 期的世代在 t 期仍然存活的人口数量,该积分的下限被设定为 $-\infty$ 是为了把所有世代包括进来,甚至包括那些在很久以前出生的世代。

9.8.2 均衡

竞争均衡仍然可以用很简单明了的方式定义。

定义 9.4 由资本存量、工资率和资本租金 $[K(t), w(t), R(t)]_{t=0}^{\infty}$ 以及每一代的消费路径 $[c(t \mid \tau)]_{t=0, \tau \leq t}^{\infty}$ 组成的竞争均衡,可使每个人基于约束条件 (9.40) 式最大化 (9.37) 式,价格的时间路径 $[w(t), R(t)]_{t=0}^{\infty}$ 由 (9.41) 式给出,且资本劳动比根据 (9.42) 式变化。

让我们从消费者最优化开始。以 (9.40) 式为约束条件求 (9.37) 式问题的最大化,可得出一般的欧拉方程

$$\frac{\dot{c}(t \mid \tau)}{c(t \mid \tau)} = r(t) - \rho \tag{9.43}$$

其中 $\dot{c}(t \mid \tau) \equiv \partial c(t \mid \tau)/\partial t$。请注意,对比该方程式在离散时间条件下的版本 (9.36) 式,这里并没有出现死亡概率(流动率）v,因为它被消掉了(资产回

报率是 $r(t)+v$ 且有效折旧因子是 $\rho+v$，于是二者之差就是 $r(t)-\rho$。

世代 τ 的个人的横截性条件可表示为

$$\lim_{t\to\infty} \exp(-(\bar{r}(t,\tau)+v))a(t\mid\tau) = 0 \tag{9.44}$$

其中

$$\bar{r}(t,\tau) \equiv \frac{1}{t-\tau}\int_\tau^t r(s)ds$$

是 τ 期和 t 期之间的平均利率，像第 8 章的（8.31）式一样，且这里的横截性条件是（8.32）式的近似表达。横截性条件（9.44）式要求 τ 世代在遥远将来的资产净贴现值在此时等于 0。

结合（9.43）式、（9.40）式和（9.44）式，我们得出下列属于 τ 世代的个人消费"函数"（见习题 9.26）：

$$c(t\mid\tau) = (\rho+v)[a(t\mid\tau)+\omega(t)] \tag{9.45}$$

这个消费函数的线性形式具有很强的对数偏好特征。方括号里面的项是此人的资产和人力财富，其中第二项被定义为

$$\omega(t) = \int_t^\infty \exp(-(\bar{r}(s,t)+v))w(s)ds$$

这一项表示个人未来工资收入贴现到时间 t 的净现值。它与 τ 是不相关的，因为所有人的未来预期收益与其出生于何时毫无关系。表达式之所以出现了额外的贴现率 v，是因为它代表个人的死亡率并且个人从此失去了未来的收入。

（9.45）式意味着每个人消费的财富比例等于其有效贴现率 $\rho+v$。现在对（9.45）式就世代的规模求积分，并且利用 τ 世代在 t 期的规模为 $\exp(-v(t-\tau)+(n-v)\tau)$ 这一事实，将 t 期的（平均）人均消费表示为

$$c(t) = (\rho+v)(a(t)+\omega(t)) \tag{9.46}$$

其中 $a(t)$ 是人均资产。由于该经济体中唯一的生产性资产是资本，我们还可得出 $a(t)=k(t)$。最后，对（9.46）式求微分可得

$$\dot{c}(t) = (\rho + v)(\dot{a}(t) + \dot{\omega}(t)) \tag{9.47}$$

人均资产的运动法则可以表示为

$$\dot{a}(t) = (r(t) - (n-v))a(t) + w(t) - c(t)$$

这个方程式是很直观的。总财富 $a(t)L(t)$ 的增长受到资本回报率 $r(t)$ 以及工资收入 $w(t)L(t)$ 的影响。总消费 $c(t)L(t)$ 需要从总财富中剔除。最后，$L(t)$ 以 $n-v$ 的速率增长，它降低了人均资产的增长率。从另一方面来看，人均人力财富满足

$$(r(t)+v)\omega(t) = \dot{\omega}(t) + w(t)$$

这个等式的直观认知来自第 7 章讨论的 HJB 方程式。我们可以把 $w(t)$ 看作对某人的未来收入有要求权的资产价值。必要的回报率是 $r(t)+v$，考虑到个人死亡时将以比率 v 失去其未来收入流。这项资产的回报率等于其资本收益 $\dot{\omega}(t)$ 和红利 $w(t)$。将这两个方程式中的 $\dot{a}(t)$ 和 $\dot{\omega}(t)$ 代入 (9.47) 式，可得

$$\begin{aligned}\dot{c}(t) &= (\rho+v)[(r(t)-(n-v))a(t)+w(t)-c(t)+(r(t)+v)\omega(t)-w(t)]\\ &= (\rho+v)[(r(t)+v)(a(t)+\omega(t))-na(t)-c(t)]\\ &= (\rho+v)\left[\frac{(r(t)+v)}{\rho+v}c(t)-na(t)-c(t)\right]\\ &= (r(t)-\rho)c(t)-(\rho+v)na(t)\end{aligned}$$

其中，第三行用到了 (9.46) 式。两边同除以 $c(t)$，利用 $a(t) = k(t)$，并代入 $r(t) = f'(k(t)) - \delta$ 可得

$$\frac{\dot{c}(t)}{c(t)} = f'(k(t)) - \delta - \rho - (\rho+v)n\frac{k(t)}{c(t)} \tag{9.48}$$

除了最后一项，(9.48) 式和标准欧拉方程类似（在对数偏好下）。最后一项反映了当持有低于平均财富水平的新个体加入的瞬间，人均消费增长下滑了。低于平均水平的财富意味着更低的消费，从而减缓了该经济体的平均消费增长。这直观地解释了为什么最后一项取决于 n（新增个体的比率）和 k/c（平均资产持有量相对于消费量的大小）。

该经济体的均衡路径可以用两个微分方程 (9.42) 式和 (9.48) 式——以

及初始条件 $k(0)>0$ 和应用于平均资产和资本劳动比的横截性条件（9.44）式进行完整的描述。当 $\dot{k}(t)/k(t)$ 和 $\dot{c}(t)/c(t)$ 同时等于 0，可以获得稳态均衡，并且该均衡满足以下两个方程：

$$\frac{c^*}{k^*} = \frac{(\rho+v)n}{f'(k^*)-\delta-\rho} \tag{9.49}$$

且

$$\frac{f(k^*)}{k^*} - (n-v+\delta) - \frac{(\rho+v)n}{f'(k^*)-\delta-\rho} = 0 \tag{9.50}$$

第二个方程式确定了一个唯一的（正的）稳态资本劳动比 k^*（由于 $f(k)/k$ 和 $f'(k)$ 都是递减的）。已知 k^*，第一个方程式决定了唯一的人均消费水平 c^*。还可以明确的是，在 k^* 有

$$f'(k^*) > \rho + \delta$$

于是这里的资本劳动比低于由 $f'(k_{\text{mgr}}) = \rho + \delta$ 给出的、修正后的黄金律下的资本劳动比 k_{mgr}。请回忆，新古典增长模型中的最优稳态资本劳动比满足修正的黄金律。相对而言，在这个经济体中，总是存在资本积累不足的问题。这里的行为与基本叠代模型不同，后者有可能导致动态无效率和过度积累。

接下来让我们回到动态均衡问题。图 9.3 描绘了（9.42）式和（9.48）式的情况。箭头表示人均消费和资本劳动比是如何在不同区域发生变化的。（9.42）式和（9.48）式都是向上倾斜的，且始于原点。我们还可以很容易地证明，（9.42）式在 $k-c$ 空间是凹的，（9.48）式是凸的。于是，它们有一个唯一的交点（且不是在 $k=c=0$）。我们还可以从之前的讨论中得知这个唯一的交点对应的资本劳动比低于修正的黄金律下的资本劳动比，即图中的 k_{mgr}。自然，k_{mgr} 本身小于 k_{gold}。这个图也清楚地表明存在一个唯一的稳定臂，它在 $k-c$ 空间向上倾斜。稳定臂的形状与基本的新古典增长模型是相同的。当消费的初始状态高于这个稳定臂，可行性就被破坏了，然而，当消费的初始状态低于这个稳定臂，该经济体倾向于零消费并且会破坏（9.44）式中给出的横截性条件。结果，稳态均衡满足整体鞍轨路径稳定：消费开始于这个稳定臂，且消费和资本劳动比单调收敛

于稳态。习题 9.28 要求读者通过将（9.42）式和（9.48）式围绕着稳态线性化来证明局部鞍轨路径稳定。

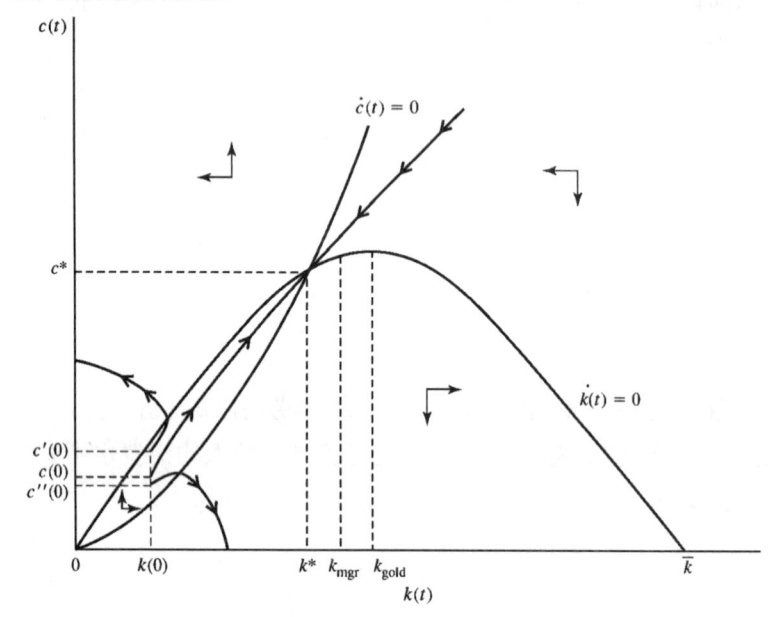

图 9.3 连续时间下叠代模型的稳态和转移动态

以下命题总结了这一分析。

命题 9.10 在连续时间的永葆青春模型中，存在一个由（9.49）式和（9.50）式决定的唯一稳态。该稳态的资本劳动比 k^* 小于满足修正的黄金律下的资本劳动比 k_{mgr}。动态均衡开始于任意 $k(0)>0$，单调收敛于该唯一稳态。

也许这个均衡最有趣的特征在于，不论在有限生命还是叠代条件下，都不会出现资本过度累积问题。其原因是个人在其整个生存期间有比较稳定的劳动收入流，从而不需要通过额外储蓄确保稳定的消费。在连续时间下的永葆青春模型中，有可能出现过度累积吗？布兰查德（1985）早就给出了肯定的答案。他假设每个人生命开始的时候只有 1 单位的有效劳动，接下来，他的有效劳动数量在其整个生命期限按照某个正的指数幂 $\zeta>0$ 减少，因此 τ 代个人在 t 期的劳动收入为 $\exp(-\zeta(t-\tau))w(t)$，其中 $w(t)$ 是 1 单位有效劳动在 t 期的市场工资。于是，个人消费函数从（9.45）式变成了

$$c(t\mid\tau) = (\rho + vright)left[a(t\mid\tau) + \omega(t\mid\tau)]$$

其中 $w(t\mid\tau)$ 是 τ 代个人在 t 期的人力财富，表示为

$$\omega(t\mid\tau)=\int_{t}^{\infty}\exp(-(\bar{r}(t,s)+v))\exp(-\zeta(s-\tau))w(s)\,ds \qquad (9.51)$$

且 $\exp(-\zeta(s-\tau))$ 是导致有效劳动数量减少的校正因子（见习题 9.30）。使用人力财富的新表达式重复之前相同的步骤，可得

$$\frac{\dot{c}(t)}{c(t)}=f'(k(t))-\delta-\rho+\zeta-(\rho+v)(n+\zeta)\frac{k(t)}{c(t)} \qquad (9.52)$$

而资本劳动比依然由（9.42）式给出。现在可以证明，当 ζ 足够大，稳态资本劳动比 k^* 可以同时超过修正的黄金律下的 k_{mgr} 和黄金律下的 k_{gold}（见习题 9.30）。这一结论说明，只有同时存在叠代和为将来储蓄的强烈动机，才会发生过度积累。有趣的是，我们可以发现，重要的不是有限生命本身，而是叠代框架。具体而言，习题 9.32 说明，当 $n=0$，不可能出现过度积累，因此有限生命不一定导致过度积累。然而，当 $n>0$，$\zeta>0$ 且 $v=0$ 时，$k^*>k_{\mathrm{gold}}$ 是可能成立的，因此无限寿命下的叠代模型也可能产生过度积累问题。

9.9 小结

这一章，我们延续了对动态均衡模型中资本积累机制的研究。与第 8 章的基本新古典增长模型的主要差别在于这里放松了对代表性家庭的假设。完成这个任务的最简单方法是引入两期生存的（非纯粹利他主义倾向下的）叠代模型。在萨缪尔森和戴蒙德的基本叠代模型中，每个个体生存两期，但是只能在其生命的第一期供应劳动力。我还讨论了一种不含代表性家庭假设的模型，即非纯粹利他主义倾向下的永葆青春叠代模型。在非纯粹利他主义倾向下的叠代模型中，个人将其资源转移给后代，但是他们并不直接关心其后代的效用。相反，他们从赠予行为或者其后代的消费向量中获取效用。在永葆青春模型中，该经济体具备预期寿命有限和叠代的特征，但是每个个体仍然有无限的规划期界，因为他们的死亡时间是不确定的。

这些模型可能满足不了第一福利定理的条件。于是，也不能保证得出的均衡路径是帕累托最优的。实际上，扩展基本叠代模型的动机，部分是源于这种模型中帕累托次优配置的可能性。我们已经知道这些均衡可能是动态无效率的而且具有过度积累的特征，也即稳态资本劳动比大于黄金律下的资本劳动比。我们也已

经知道非基金积累制的社保体系如何减少总储蓄且改善过度累积问题。非基金积累制社保在叠代模型中发挥的重要作用已经使该模型成为分析援助规划和财政政策的主要工具。

我们对于永葆青春模型的分析，尤其是亚利和布兰查德的连续时间永葆青春模型，进一步阐明了劳动收入路径、无限期界和新生个体对产生过度积累所起的作用。尤其是，这个模型表明劳动收入下降对发生过度积累有很大作用（萨缪尔森－戴蒙德的两期模型是极端个例，因为它不考虑个人在生命第二期的劳动收入）。但是，这些模型产生的更为重要的收获也许是，问题的关键并非有限期界本身，而是新生个体的到来。

尽管过度积累和动态无效率成为讨论叠代模型的各种相关文献的主题，我们不应过度强调动态无效率的重要性。如第 1 章讨论的，经济增长的主要问题是：为什么许多国家给予其工人的资本如此之少？为什么经济增长和资本积累的进程 200 年前才开始？过度积累又为何成为世界上大多数国家的主要问题？

之所以说本章介绍的模型很有用，还有另外一个理由。这些模型极大地丰富了我们研究经济增长和资本累积机制的工具库。本章介绍的三个模型——基本叠代模型、非纯粹利他主义下的叠代模型和永葆青春模型，对于多种环境下的经济增长研究都是合适而且很有用的工具。例如，前两种模型得出的动态均衡结果类似于基本索洛增长模型动态均衡，但是并没有明确地赋予一个外生常数储蓄率。另一方面，后一种模型可以做类似于基本新古典增长模型的动态均衡分析，但是这里用到了有限生命和叠代条件，这些条件在很多问题中都是至关重要的，例如，在第 10 章研究的人力资本投资环境中。

总之，本章为我们分析资本累积、总储蓄和经济增长问题提供了新的模型工具和不同视角。尽管这些视角并没有直接就为什么一些国家实现了经济增长以及为什么一些国家比另一些国家更为贫困等问题给出新的解答，但是它们将有助于后面章节对问题的解答。

9.10 参考文献

存活两期的行为人的基本叠代模型是由萨缪尔森（1958）和戴蒙德（1965）提出的。毛利斯·阿莱斯（Maurice Allais）的著作中用法语提出了一个类似的模型。布兰查德和费希尔（Blanchard and Fischer, 1989, 第 3 章）写出了精彩的关于基本叠代模型的教材内容。一些教科书使用这些模型作为宏观经济学模型的主要工具，例如，麦克坎德利斯和华莱士（McCandless and Wallace, 1991）、阿萨里亚迪斯（Azariadis, 1993）和德·拉·克鲁瓦和米歇尔（De La Croix and Michel, 2002）。加勒和莱德（Galor and Ryder, 1989）在讨论索洛增长模型和叠代模型的相似性问题时，探讨了叠代模型中的多重稳态均衡问题（回忆第2章的习题2.13）。

第9.1节研究的经济体是由谢尔（Shell, 1971）提出的，他详细探讨了叠代模型中无效率的来源。第9.1节使用了谢尔的经济体案例，该案例对第一福利定理为何不能适用于此给出了极为清楚的直观解释。比利（Bewley, 2007）对此也有透彻的讨论。

萨缪尔森（1958）和戴蒙德（1965）讨论了叠代模型中的动态无效率问题。卡斯（Cass, 1972）没有局限于稳态，而是展开了更完整的讨论（在这里，我集中讨论稳态，以简化对动态无效率的讨论）。萨缪尔森（1975）分析了当存在动态无效率的时候，非基金积累制社保的作用，戴蒙德（1965）则探讨了同样情况下的国债作用。萨缪尔森（1958）说明了法定货币是如何发挥作用的，这一点后来被华莱士（Wallace, 1980）和威尔（Weil, 1987）进一步研究。布兰查德（1979）、梯若尔（Tirole, 1985）以及吉勒斯和勒洛伊（Gilles and LeRoy, 1992）针对叠代模型中的泡沫做了重要的早期研究；梯若尔（1982）研究了无限期界对泡沫产生概率的重要影响；文图拉（Ventura, 2002）分析了资产泡沫和资本流动之间的关系。

有关非纯粹利他主义的叠代模型是由安德列奥尼（Andreoni, 1989）提出的。这个模型被广泛应用于经济增长和经济发展文献中，尤其是不完全资本市场中的动态均衡分析。著名的例子包括班纳吉和纽曼（Banerjee and Newman, 1991, 1993）、盖勒和塞拉（Galor and Zeira, 1993）、阿吉翁和博尔顿（Aghion and Bolton, 1997）以及皮凯蒂（Piketty, 1997）提出的模型，我们会在第21章学习。我发现，并没有人沿着第9.6节介绍的模型的思路，关注该经济体在完全市场下的财富不平等的动态变化，即使这样的分析是相当简单的。斯蒂格利茨的模型对财富不平等的动态变化有类似分析，但是他假设每个家庭只能在技术回报率递减的前提下使用自己的储蓄（于是产生了使收入趋同的强大力量）。

连续时间的永葆青春模型是由亚利（1965）和布兰查德（1985）提出的。介绍该模型在离散时间下的版本也是为了方便将其转换为连续时间版本。我遵循布兰查德的思路（1985）提出了连续时间版本。布兰查德（1985）强调并分析了劳动力收入均衡路径的重要性。叠代和有限生命模型被广泛应用于分析李嘉图等价问题，习题8.35引入了这个问题。布兰查德（1985）就此问题展开了广泛的讨论。

9.11 习题

9.1 (a) 证明：命题9.1中描述的配置是唯一的竞争均衡配置。

(b) 证明：除了命题9.3讨论的配置$\tilde{\mathbf{x}}_{i'}$，还可以推导出配置$\tilde{\mathbf{x}}_{i_1 i_2}$对于$i_1, i_2 \in \mathbb{N}$可严格改善所有编号为$i \in [i_1, i_2]$的个体的福利，并且其他所有人像配置为$\bar{\mathbf{x}}$时一样富裕。

9.2 证明：命题9.3中的配置$\tilde{\mathbf{x}}_{i'}$也可以被分散化为价格向量是$\tilde{\mathbf{p}}$的竞争均衡配置，从而对于所有$j \leqslant i'$有$\tilde{p}_j = 1$，以及对于所有$j > i'$且$\rho \in (0, 1)$，有$\tilde{\rho}_j = \rho^{(j-i'-1)}$。

9.3 考虑第9.1节经济体的下列变形。标记为$i = j$的个体的效用是

$$u(c(j)) + \beta u(c(j+1))$$

其中$\beta \in (0, 1)$，且每个个体有1单位商品，该商品的编号与该个体自身的编号相同。

(a) 为这个经济体定义一个竞争均衡。

(b) 在此经济体中描述一组竞争均衡。

(c) 描述这个经济体中的一组帕累托最优。

(d) 在禀赋不变的情况下，是否所有帕累托最优都可以分散化？是否可以通过重新配置禀赋将帕累托最优分散化？

9.4 证明：在第9.2节的模型中，即使当$\delta < 1$，动态资本存量也和文中推导的一样。［提示：你必须明确未折旧资本发生了什么。］

9.5 在基本叠代模型中，证明：由（9.6）式给出的储蓄$s(w, R)$随着w递增。已知有关效用函数$u(\cdot)$的条件，则储蓄也随第二个参数递增（总回报率R）。

9.6 证明命题9.4。

9.7 考虑使用对数偏好的规范叠代模型，

$$\log(c_1(t)) + \beta \log(c_2(t+1))$$

假设人口增长率为 n。人们只在他们年轻的时候工作，且无弹性地提供 1 单位的劳动力。生产技术为

$$Y(t) = A(t)K(t)^\alpha L(t)^{1-\alpha}$$

其中，$A(t+1) = (1+g)A(t)$，且 $A(0) > 0$，$g > 0$。

(a) 定义一个竞争均衡和稳态均衡。

(b) 描述稳态均衡并且证明它是全局均衡。

(c) g 的增长会给均衡带来什么影响？

(d) β 的增长会给均衡带来什么影响？请直观地解释这一结论。

9.8 考虑一个使用对数偏好的规范模型，$\log(c_1(t)) + \beta \log(c_2(t))$，一般新古典技术 $F(K, L)$ 满足假设 1 和假设 2（见第 2 章）。证明：多重稳态均衡在此经济体是可能出现的。

9.9 考虑使用对数偏好和柯布－道格拉斯生产函数的规范叠代模型（如同习题 9.8 所示）。

(a) 定义一个竞争均衡。

(b) 描述该竞争均衡，并推导稳态均衡出现动态无效率问题的显性条件。

(c) 用合理的数据讨论动态无效率问题是否可能在真实经济体中出现。

(d) 证明：当存在动态无效率时，有可能构建一个非基金积累制的社保，该体制相对于竞争配置产生了帕累托改进。

9.10 再次考虑这个使用对数偏好和柯布－道格拉斯生产函数的规范叠代模型，但是假设个人在生命的两期都工作。

(a) 定义一个竞争均衡和稳态均衡。

(b) 描述该稳态均衡和该经济体的转移动态。

(c) 这个经济体可能发生过度积累吗？

9.11 这个习题是为了找到叠代模型中的帕累托无效率和有限数量家庭下的第一福利定理（定理 5.6）失效之间的相似之处。

(a) 证明：当存在动态无效率，即 $r^* < n$，定理 5.6 中的条件 $\sum_{h \in \mathcal{H}} \sum_{j=0}^{\infty} p_j^* w_j^h < \infty$ 就被破坏了。[提示：注意在这个例子中，禀赋是由不同时期的劳动力构成，且禀赋的价格由 $w(t)/R(t)$ 给出，

在稳态则由 $w^*/(1+r^*)$ 给出；从这一观察可以得出结论，稳态下，$\sum_{h\in\mathcal{H}}\sum_{j=0}^{\infty}p_j^*\omega_j^h$ 在该经济体中就等价于 $w^*\sum_{t=0}^{\infty}((1+n)/(1+r^*))^t]$。

(b) 证明：当 $r^*>n$ 时，定理5.6的条件 $\sum_{h\in\mathcal{H}}\sum_{j=0}^{\infty}p_j^*\omega_j^h<\infty$ 成立。接着，使用该定理证明叠代均衡是帕累托有效率的。

*9.12 证明：定理5.6不能说明 $r^*=n$ 时叠代稳态均衡是否为帕累托最优。特别是，证明当 $u(\cdot)$ 和 $f(\cdot)$ 严格为凹时，该稳态均衡是帕累托最优的。你还能构建一个该稳态均衡为帕累托次优的例子吗？

9.13 证明命题9.7。

9.14 考虑第9.5节中完全基金积累制社保下的叠代模型。证明：即使对所有 t 都有约束条件 $s(t)\geq 0$，非完全基金积累制的社保规划可实现帕累托改进。

9.15 考虑一个有着动态无效率稳态均衡的叠代经济体。证明：政府可以通过引入国债改善资源配置。[提示：假设政府从当前的年轻人借款并再分配给当前的老年人。]

9.16 证明命题9.8。

9.17 考虑基本叠代模型和假设均衡是动态有效率的，即有 $r^*>n$。证明：任何非基金积累制社保体制都能增加当前年老一代的福利并减少未来某一代的福利。

9.18 推导（9.31）式。

9.19 考虑第9.6节中有着温情偏好的叠代模型，并假设偏好由 $c(t)^\eta b(t)^{1-\eta}$ 给出，其中 $\eta\in(0,1)$，而不是由（9.21）式给出。假定生产方和第9.6节是一样的，请描述该经济体的动态均衡。

9.20 考虑第9.6节中有着温情偏好的叠代模型，假设偏好由 $u_1(c_i(t))+u_2(b_i(t))$ 表示，其中 u_1 和 u_2 是严格递增的凹函数。生产方和文中的描述是一样的。请描述这个经济体中的一个动态均衡。给出符合下列两个要求的 $u_1(\cdot)$ 和 $u_2(\cdot)$ 的充分条件：(i) 总的动态变化是全局稳定的，(ii) 所有个体渐进无偏地趋向于相同的财富水平。

9.21 当人均生产函数由柯布-道格拉斯形式 $f(k)=Ak^\alpha$ 给出时，描述有第9.6节中温情偏好的叠代模型的总动态均衡和财富分配的动态变化。

证明：除了稳态以外，有很多时期财富不平等都是加剧的。请解释其中的原因。

9.22 证明：在非纯粹利他主义（第9.6节）的叠代模型中，稳态资本劳动比可能导致过度积累，即有 $k^* > k_{\text{gold}}$。

9.23 证明：已知永葆青春假设和（9.34）式中的人口动态变化，在 $t>0$ 期，对于任意 $s \in \{1, 2, \cdots, t-1\}$，将有 $n(1+n-v)^{t-s}(1-v)^{s-1}$ 个 s 岁的老人。

*9.24 考虑第9.7节讨论的离散时间永葆青春模型，并假设偏好是对数形式的。试描述资本劳动比的稳态均衡和动态均衡。

9.25 考虑第9.8节中的连续时间永葆青春模型。
  (a) 证明：已知 $L(0)=1$，$\tau \geq 0$ 期诞生的这群人初始规模是 $\exp((n-v)\tau)$。
  (b) 证明：出生于 τ 期的人存活时间为 $t \geq \tau$ 的概率是 $\exp(-v(t-\tau))$。
  (c) 推导（9.39）式。
  (d) 证明：如果该经济体始于 $t=0$，且年龄分布是任意的，（9.39）式不能适用于任意有限时间。

9.26 推导（9.45）式。[提示：先使用横截性条件（9.44）式，再使用（9.43）式对个人的流动预算约束（9.40）式进行积分。]

9.27 将第9.8节中对连续时间永葆青春模型的分析一般化到劳动扩张型技术进步率为 g 的经济体。证明：稳态均衡是唯一的全局（鞍轨路径）稳定。更高的技术进步率将带来什么影响？

9.28 将微分方程（9.42）式和（9.48）式围绕着稳态（k^*，c^*）线性化，并证明线性系统有一个负的和一个正的特征值。

9.29 请说明 n 和 v 对第9.8节中连续时间永葆青春模型的稳态均衡（k^*，c^*）的影响。

9.30 (a) 推导（9.51）式和（9.52）式。
  (b) 证明：当 ζ 足够大，稳态资本劳动比 k^* 可能超过 k_{gold}，从而存在过度积累的问题。请给出对该结果的直观解释。

9.31 考虑政府支出恒定为 G 时的连续时间永葆青春模型。假定这笔支出不会影响消费者效用，且一次性总付税收 $[\mathcal{T}(t)]_{t=0}^{\infty}$ 是允许的。像第8章的习题8.35一样，确定政府的预算约束。证明：与习题8.35中的李嘉图等价结果相反，税收序列会影响资本劳动比和消费的均衡路径。解释这个结果，并说明叠代模型和新古典增长模型之间的区别。

9.32 考虑劳动收入以 $\zeta > 0$ 的比率递减的连续时间永葆青春模型。证明：存在足够大的 $\zeta > 0$，可令当 $n > 0$ 且 $v = 0$ 时，有 $k^* > k_{\text{gold}}$。

*9.33 考虑一个经济体有以下总生产函数

$$Y(t) = AK(t)^{1-\alpha} L(t)^{\alpha}$$

所有市场是竞争性的，劳动供给标准化为1，资本在使用后完全折旧，政府对资本收入征收一个比率为 τ 的线性税收，并将税收所得用于政府消费。考虑两个可选择的人口结构：

1. 人口是有无限生命期限的，其偏好为

$$\sum_{t=0}^{\infty} \beta^t \log c(t)$$

2. 人们在第一期工作，并在第二期消费来自其储蓄的资本收入（一个叠代模型）。出生于 t 期这一代的偏好表示为

$$\log c_1(t) + \beta \log c_2(t+1)$$

请描述这两个经济体的均衡，并证明在第一个经济体中，税收减少了产出，而在第二个经济体中并非如此。请解释这个结果。根据这一结果，讨论试图用资本收入税率差异解释跨国收入差异的模型的适用性。

第 10 章　人力资本与经济增长

本章研究人力资本在经济增长与国家间收入差异中的作用。我们的主要目的是了解哪些因素影响人力资本投资以及它们如何影响经济增长和经济发展的进程。人力资本是指在全部或部分生产任务中有可能提高工人生产率的所有因素。创造这个术语是因为许多特性是工人通过投资积累起来的。人力资本理论最早由贝克尔（Becker, 1965）和明赛尔（Mincer, 1974）提出。这是一种关于人力资本在生产过程中的作用以及有关技能投资激励的理论，其中包括进入劳动市场之前的投资（以学校教育的形式）和在职投资（以培训的形式）。可以毫不夸张地说，这个理论是很多劳动经济学的基础，在宏观经济学中也起着同样重要的作用。关于教育和其他人力资本投资方面的文献众多，所以我们只涉及与本书重点有关的那部分文献。人力资本与经济增长之间的其他重要关系，尤其是对技术进步的影响及其在经济起飞中的作用，我们会在本书后面的章节讨论。

10.1　一个简单的分离定理

我们从关于教育决策问题的局部均衡引入，并证明一个简单的结论，这个结论有时被称为人力资本投资的"分离定理"。为简化模型，我在连续时间上建立基本模型。

考虑一个面临外生给定的人力资本价格的个人教育投资决策问题。我们始终假设模型处于完全的资本市场条件下。分离定理表明，在完全的资本市场条件下，教育投资决策最大化了个人的净现值。因此我们可以把教育决策问题从消费决策中分离出来（在第 21 章，我们将回过头来讨论不完全资本市场的人力资本投资问题）。特别地，我们考虑一个个体，他的瞬时效用函数 $u(c)$ 满足假设 3（第 8 章）。假设他有 T 期的规划（这里 T 可以取无穷大），未来的贴现率为 $\rho>0$ 且面临一个 $v \geqslant 0$ 的死亡率（与第 9 章中的永葆青春模型一致）。在 $t=0$ 期，这个人的目标函数为

$$\max \int_0^T \exp(-(\rho + v)t)u(c(t))\,dt \qquad (10.1)$$

现在假设这个人天生就有人力资本 $h(0) \geq 0$，假设随着时间的推移，他的人力资本根据以下微分方程逐步发展

$$\dot{h}(t) = G(t, h(t), s(t)) \qquad (10.2)$$

其中 $s(t) \in [0, 1]$ 是个人花费在人力资本投资（即教育）的那部分时间，$G: \mathbb{R}_+^2 \times [0, 1] \to \mathbb{R}_+$ 决定了人力资本是一个关于时间、个体人力资本存量、教育决策的函数。此外，我们可以进一步对教育决策增加一个约束，例如，

$$s(t) \in \mathcal{S}(t) \qquad (10.3)$$

其中 $\mathcal{S}(t) \subset [0, 1]$，并且包含了一个事实：所有教育都必须是全日制的（即 $s(t) \in \{0, 1\}$），或者教育决策可能有其他约束。

假设个人面临一个关于单位人力资本工资的外生路径，记为 $[w(t)]_{t=0}^T$，因此他在 t 期的劳动收入为

$$W(t) = w(t)[1 - s(t)][h(t) + \omega(t)]$$

其中 $1 - s(t)$ 是向市场提供劳动的那部分时间，且 $w(t)$ 是 t 期个人向市场提供的纯（不含人力资本）劳动。个人可以给市场提供非人力资本劳动的路径 $[w(t)]_{t=0}^T$ 是外生的。这个公式假定只能在工作和教育之间选择（即不考虑闲暇）。

最后，我们假设个人储蓄（可能包括年金，正如在前面章节讨论过的）面临不变的（浮动）利率水平 r。运用劳动收入方程，个人的终身预算约束可以写成

$$\int_0^T \exp(-rt)c(t)dt \leq \int_0^T \exp(-rt)w(t)[1 - s(t)][h(t) + \omega(t)]\,dt \qquad (10.4)$$

定理 10.1（分离定理） 假设瞬时效用函数 $u(\cdot)$ 是严格递增的。那么序列 $[\hat{c}(t), \hat{s}(t), \hat{h}(t)]_{t=0}^T$ 是在约束条件 (10.2) 式、(10.3) 式和 (10.4) 式下最大化问题 (10.1) 式的解，当且仅当在约束条件为 (10.2) 式和 (10.3) 式，序列 $[\hat{s}(t), \hat{h}(t)]_{t=0}^T$ 使下式最大化

$$\int_0^T \exp(-rt)w(t)[1-s(t)][h(t)+\omega(t)]dt \tag{10.5}$$

而且在约束条件（10.4）式和给定序列 $[\hat{s}(t), \hat{h}(t)]_{t=0}^T$ 下，$[\hat{c}(t)]_{t=0}^T$ 使（10.1）式最大化。也就是，人力资本积累和供给决策可以从消费决策中分离。

证明 要证明"仅当"的部分（也即必要条件），假设序列 $[\hat{s}(t), \hat{h}(t)]_{t=0}^T$ 并没有使（10.5）式最大化，但是存在一个 $\hat{c}(t)$ 使序列 $[\hat{c}(t), \hat{s}(t), \hat{h}(t)]_{t=0}^T$ 是（10.1）式的一个解。将由 $[\hat{s}(t), \hat{h}(t)]_{t=0}^T$ 决定的（10.5）式的值用 $\hat{Y}$ 表示。正因为 $[\hat{s}(t), \hat{h}(t)]_{t=0}^T$ 并没有最大化（10.5）式，所以存在 $[\tilde{s}(t), \tilde{h}(t)]_{t=0}^T$ 使（10.5）式的值 $\tilde{Y}$ 满足 $\tilde{Y} > \hat{Y}$。根据前面的假设，序列 $[\hat{c}(t), \hat{s}(t), \hat{h}(t)]_{t=0}^T$ 是（10.1）式的一个解，预算约束（10.4）式意味着

$$\int_0^T \exp(-rt)\hat{c}(t)dt \leq \hat{Y}$$

取 $\varepsilon>0$ 且考虑序列 $[c(t), s(t), h(t)]_{t=0}^T$ 使得对于所有 t，有 $c(t) = \hat{c}(t) + \varepsilon$，$s(t) = \tilde{s}(t)$，$h(t) = \tilde{h}(t)$。我们有

$$\int_0^T \exp(-rt)c(t)dt = \int_0^T \exp(-rt)\hat{c}(t)dt + \frac{[1-\exp(-rT)]}{r}\varepsilon$$
$$\leq \hat{Y} + \frac{[1-\exp(-rT)]}{r}\varepsilon$$

由于 $\tilde{Y} > \hat{Y}$，对足够小的 ε，有 $\int_0^T \exp(-rt)c(t)dt \leq \tilde{Y}$，因此 $[c(t), s(t), h(t)]_{t=0}^T$ 是可行的。$u(\cdot)$ 是严格递增的，因此 $[c(t), s(t), h(t)]_{t=0}^T$ 严格偏好于 $[\hat{c}(t), \hat{s}(t), \hat{h}(t)]_{t=0}^T$，这与假设矛盾。"仅当"的部分得证。

类似地，我们可以证明"当"这部分（也即充分条件）。假设 $[\hat{s}(t), \hat{h}(t)]_{t=0}^T$ 使（10.5）式最大化，其最大值用 $\hat{Y}$ 表示。考虑（10.1）式的最大值受到 $\int_0^T \exp(-rt)c(t)dt \leq \hat{Y}$ 的约束。设 $[\hat{c}(t)]_{t=0}^T$ 是一个解。因此，如果 $[\tilde{c}'(t)]_{t=0}^T$ 严格偏好于 $[\hat{c}(t)]_{t=0}^T$，那么 $\int_0^T \exp(-rt)\tilde{c}'(t)dt > \hat{Y}$。于是，$[\hat{c}(t), \hat{s}(t), \hat{h}(t)]_{t=0}^T$ 一定是初始问题的解，这是因为任何其他的 $[s(t), h(t)]_{t=0}^T$ 都

使 (10.5) 式的值 Y 满足 $Y \leqslant \hat{Y}$。且如果 $[\tilde{c}'(t)]_{t=0}^T$ 严格偏好于 $[\hat{c}(t)]_{t=0}^T$，那么对于任何 Y 和任意可行的 $[s(t), h(t)]_{t=0}^T$，有 $\int_0^T \exp(-rt) c'(t) dt > \hat{Y} \geqslant Y$。

这个定理的直觉很简单：在完全资本市场条件下，人力资本积累的最优决策是那些最大化了个人终生预算集的决策。习题 10.2 表明在不完全的资本市场条件下，该定理不成立，而且不能推广到闲暇也是效用函数一个变量的情形。

10.2 学校教育的投资和回报

接下来让我们回到局部均衡中最简单的学校教育决策模型，这个模型描述了人力资本投资中的主要权衡取舍。这里提到的模型是明赛尔（1974）的一个开创性贡献。该模型还为我们应用人力资本投资理论研究教育回报率提供了可能。

为简化表达式，我们首先假定 $T=\infty$。死亡率 v 是正的，所以人的预期寿命有限。假设 (10.2) 式的含义如下：一个人必须花费一段满足 $s(t)=1$ 的时间 S，也就是接受全日制教育，此后 $s(t)=0$。在接受教育的时间段结束后，这个人有教育水平

$$h(S) = \eta(S)$$

这里 $\eta(\cdot)$ 是一个连续递增且可微的凹函数。对 $t \in [S, \infty)$，随着时间的推移人力资本逐渐以下述微分方程的形式积累（因为人开始工作）：对于某个 $g_h \geqslant 0$，有

$$\dot{h}(t) = g_h h(t) \tag{10.6}$$

同时，我们假设工资呈指数型增长，

$$\dot{w}(t) = g_w w(t) \tag{10.7}$$

且满足初始值 $w(0) > 0$。假设

$$g_w + g_h < r + v$$

因此，个人的净现值是有限的。现在应用定理 10.1，最优教育决策必须是以下最大化问题的解：

$$\max_S \int_S^\infty \exp(-(r+v)t)w(t)h(t)dt \tag{10.8}$$

根据（10.6）式和（10.7）式，这个方程等价于（参见习题10.3）

$$\max_S \frac{\eta(S)w(0)\exp(-(r+v-g_w)S)}{r+v-g_h-g_w} \tag{10.9}$$

由于 $\eta(S)$ 是凹的，（10.9）式中的目标函数是严格凹的。因此这一问题的唯一解由一阶条件得到

$$\frac{\eta'(S^*)}{\eta(S^*)} = r+v-g_w \tag{10.10}$$

（10.10）式表明更高的回报率和更高的 v 值（与短期规划相符）降低了人力资本投资，而更高的 g_w 值增加了人力资本价值，因此应鼓励更多的投资。

（10.10）式两边对 S（或者对原函数）求积分，我们得到

$$\log \eta(S^*) = \text{constant} + (r+v-g_w)S^* \tag{10.11}$$

接着，在 t 期，劳动市场中满足年龄 $\tau \geq S^*$ 的工人有工资收入

$$W(S^*,t) = \exp(g_w t)\exp(g_h(t-S^*))\eta(S^*)$$

两边取对数，且根据（10.11）式，我们可以得到

$$\log W(S^*,t) = \text{constant} + (r+v+g_w)S^* + g_w t + g_h(t-S^*)$$

其中 $t-S^*$ 可以被认为是工作经验（接受教育后的时间）。如果我们对工人做横截面比较，时间趋势项 $g_w t$ 也包含在常数项中，因此我们得到典型的明赛尔方程。在横截面中，工资收入的对数与教育和经验成比例。用另一种形式表示，我们可以得到以下横截面方程：

$$\log W_j = \text{constant} + \gamma_s S_j + \gamma_e \text{experience} \tag{10.12}$$

其中 j 指个体 j。然而到目前为止，还没有找到不同个体之间具有不同教育水平的异质性根源。但（10.12）式非常重要，因为它是劳动经济学中估计工资和教育

之间关系的经典实证模型。

这个方程的经济学意义非常重要。它表明明赛尔工资方程的函数形式并不是偶然的，而是具有经济学含义：一个人增加一年学校教育的机会成本是他放弃的收入。因此，教育带来的收益必须与放弃的收入相等，从而导致未来的收入成比例地增加。具体而言，增加的比例应是 $(r+v-g_w)$。

正如第3章讨论的那样，应用（10.12）式进行经验分析可以估计出教育回报系数 γ_s 是在 0.06—0.10 的范围内。（10.12）式表明这些教育回报的估计是合理的。例如，我们可以考虑年利率 r 约为 0.10，v 对应于 0.02（这给出了一个 50 年的预期寿命），g_w 对应于维持个人人力资本水平不变的工资增长率（这大约是 0.02）。因此我们可以预期 γ 的估计值为 0.10，这与经验估计的上限是一致的。

10.3 本-波拉斯模型

考虑个人整个生命周期中的人力资本投资和重要的劳动供给决策问题，基本的本-波拉斯模型（Ben-Porath model）丰富了前文研究的模型。特别地，对所有 $t \geq 0$，我们现在假定 $s(t) \in [0, 1]$。与明赛尔方程（10.12）式一起（这个模型由前文描述的方程推出），本-波拉斯模型是劳动经济学的基础。这里可以考虑该模型的一个简单情形，即人力资本积累方程（10.2）式有如下形式：

$$\dot{h}(t) = \phi(s(t)h(t)) - \delta_h h(t) \tag{10.13}$$

其中 $\delta_h > 0$ 指人力资本折旧，它产生的原因有很多，例如新机器和新技术的引进削弱了工人现有的人力资本。个体有一个人力资本初始值 $h(0) > 0$。函数 $\phi: \mathbb{R}_+ \to \mathbb{R}_+$ 是严格递增、二阶可微以及严格凹的。此外，我们可以通过假设这个方程满足稻田条件来简化分析

$$\lim_{x \to 0} \phi'(x) = \infty, \quad 且 \quad \lim_{x \to h(0)} \phi'(x) = 0$$

后面的情形不需要施加更多约束条件以确保 $s(t) \in (0, 1)$（见习题 10.6）。

让我们假设所有劳动都包含人力资本，因此对所有 t，有 $w(t) = 0$，$T = \infty$ 以及死亡率 $v > 0$。最后，我们假设单位人力资本的工资固定为 w，利率是等于 r 的常数。我们也可以不失一般性地取 $w = 1$ 使其标准化。

再次使用定理 10.1，人力资本投资可以由以下问题的解来确定：

$$\max \int_0^\infty \exp(-(r+v)t)(1-s(t))h(t)\,dt$$

约束条件为（10.13）式。

接下来，我们建立现值汉密尔顿函数，这个情形下采用如下形式

$$\mathcal{H}(h,s,\mu) = (1-s(t))h(t) + \mu(t)(\phi(s(t)h(t)) - \delta_h h(t))$$

其中$\mathcal{H}$用来表示现值汉密尔顿函数以避免与人力资本发生混淆。这个问题的充分条件和必要条件是（见习题10.5）：

$$\begin{aligned}\mathcal{H}_s(h,s,\mu) &= -h(t) + \mu(t)h(t)\phi'(s(t)h(t)) = 0 \\ \mathcal{H}_h(h,s,\mu) &= (1-s(t)) + \mu(t)(s(t)\phi'(s(t)h(t)) - \delta_h) \\ &= (r+v)\mu(t) - \dot{\mu}(t)\end{aligned} \qquad (10.14)$$

并且有

$$\lim_{t\to\infty} \exp(-(r+v)t)\mu(t)h(t) = 0$$

为了算出人力资本投资的最优路径，我们采取如下的变量替换

$$x(t) \equiv s(t)h(t)$$

我们考虑$x(t)$和$h(t)$的最优动态路径，而不是$s(t)$（或者$\mu(t)$）和$h(t)$。(10.14)式中的一阶必要条件意味着

$$1 = \mu(t)\phi'(x(t)) \qquad (10.15)$$

二阶必要条件为

$$\frac{\dot{\mu}(t)}{\mu(t)} = r + v + \delta_h - s(t)\phi'(x(t)) - \frac{1-s(t)}{\mu(t)}$$

用（10.15）式替换$\mu(t)$并化简，可得到

$$\frac{\dot{\mu}(t)}{\mu(t)} = r + v + \delta_h - \phi'(x(t)) \qquad (10.16)$$

这个最优控制问题的稳态（静态）解满足 $\dot{\mu}(t)=0$，$\dot{h}(t)=0$，这意味着

$$x^* = \phi'^{-1}(r + v + \delta_h) \tag{10.17}$$

其中 $\phi'^{-1}(\cdot)$ 是 $\phi'(\cdot)$ 的反函数（因为 $\phi(\cdot)$ 严格凹，所以 $\phi'^{-1}(\cdot)$ 存在且严格递减）。(10.17) 式表明：当利率降低，个体预期寿命增加，以及资本折旧率降低时，$x^* \equiv s^* h^*$ 会增加。

为分别确定 s^*，h^*，我们在人力资本积累方程 (10.13) 式中取 $\dot{h}(t)=0$，可以得到

$$\begin{aligned} h^* &= \frac{\phi(x^*)}{\delta_h} \\ &= \frac{\phi(\phi'^{-1}(r + v + \delta_h))}{\delta_h} \end{aligned} \tag{10.18}$$

由于 $\phi'^{-1}(\cdot)$ 严格递减且 $\phi(\cdot)$ 严格递增，因此 (10.18) 式意味着人力资本存量的稳定解是唯一的，且对 r、v、δ_h 递减。

在该模型中，比这个动态问题稳定解更令人感兴趣的是人力资本投资的时间路径。将 (10.15) 式两边对时间求微分，得

$$\frac{\dot{\mu}(t)}{\mu(t)} = \varepsilon_{\phi'}(x) \frac{\dot{x}(t)}{x(t)}$$

其中

$$\varepsilon_{\phi'}(x) = -\frac{x \phi''(x)}{\phi'(x)} > 0$$

是函数 $\phi'(\cdot)$ 的弹性，且由于 $\phi'(\cdot)$ 严格递减（所以 $\phi''(\cdot)<0$），因此弹性为正。将这个方程与 (10.16) 式联立，得

$$\frac{\dot{x}(t)}{x(t)} = \frac{1}{\varepsilon_{\phi'}(x(t))}(r + v + \delta_h - \phi'(x(t))) \tag{10.19}$$

图 10.1 在 h-x 空间中描绘出 (10.13) 式和 (10.19) 式。$\dot{h}(t)=0$ 的轨迹

对应于向上倾斜的曲线,且只有在 x^* 点 (10.19) 式可以为 0。因此,$\dot{x}(t)=0$ 的轨迹对应于图中的水平线。在这个相图中绘制出的运动箭头说明稳定解 (h^*, x^*) 是全局鞍轨稳定,且稳定臂与水平线 $\dot{x}(t)=0$ 重合。从 $h(0) \in (0, h^*)$ 开始,$s(0)$ 跳到可以保证 $s(0)h(0)=x^*$ 的水平上。此后,$h(t)$ 增加,$s(t)$ 降低从而维持了 $s(t)h(t)=x^*$。因此本－波拉斯模型暗含的人力资本投资方式是:一个人在一生的早期具有高投资,之后投资逐渐减少。

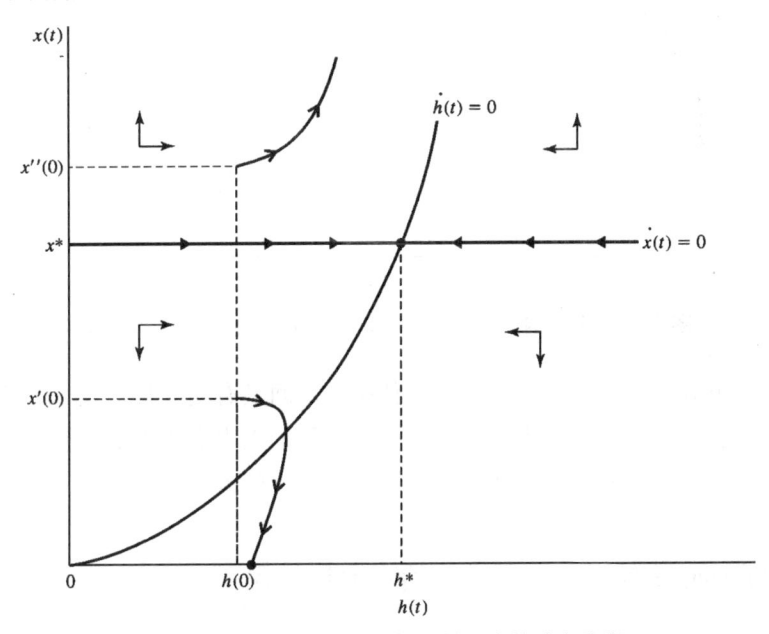

图 10.1 简化的本－波拉斯模型中的动态均衡

在我们简化了的本－波拉斯模型中,这个过程平稳进行。在原本的本－波拉斯模型中包含了人力资本生产中的其他投入和有限期界,约束条件 $s(t) \leqslant 1$ 代表个人生命的早期,时间区间 $s(t)=1$ 可以解释为全日制教育。在全日制教育之后,个人开始工作 ($s(t)<1$)。但即使在工作中,个人仍然继续积累人力资本 ($s(t)>0$),这可以解释为人们花时间参加培训项目或者分配一些工作上的时间用于学习而不是生产。此外,由于时间期界是有限的,如果放松稻田条件,个人就会选择在一些点上停止人力资本投资。因此,在标准的本－波拉斯模型中,人力资本的时间路径可能是驼峰状的,且在结束时可能出现一个下降的部分(见习题 10.7)。相反,如图 10.2 所示,这个模型中的人力资本路径(以及个人的潜在收入)一直是递增的。

本－波拉斯模型有两个重要意义。第一,它强调了教育并不是个人人力资本

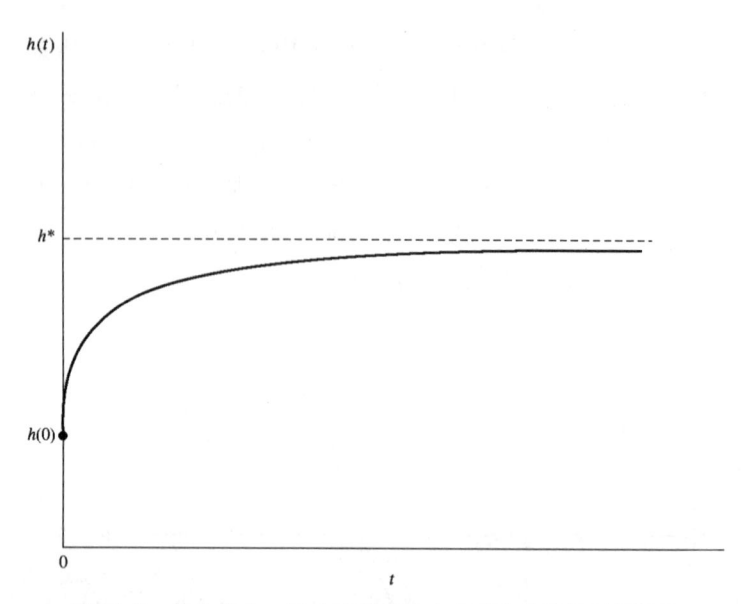

图 10.2　简化的本-波拉斯模型中人力资本投资的时间路径

投资的唯一方式，教育和人力资本的其他投资之间具有连续性。第二，它表明在社会中教育投资高的地方，人们也期待更高水平的人力资本在职投资。因此，对于不同社会的人力资本数量和质量可能存在系统性的误测算。

10.4　有物质资本和人力资本的新古典增长模型

我们的下一个任务是将人力资本投资纳入基本新古典增长模型。这样做有助于研究物质资本和人力资本的相互作用，并更好地理解不同人力资本投资对经济增长的影响。物质资本和人力资本的相互作用可能非常重要，因为各种证据表明，物质资本和人力资本（即资本和技能）是互补的。这意味着与低技能的工人相比，资本扩张可以更多地提高高技能工人的生产率。这种相互作用可能会在经济增长中发挥重要作用，例如，引导物质资本投资和人力资本投资"良性循环"。在第 21 章中我们会更详细地讨论这种良性循环。研究这些互补性能多大程度地体现在新古典增长模型中是有益的。但是，潜在的互补性也会引起一些失衡。如果物质资本和人力资本是互补的，那么当这两种不同类型的资本达到平衡时，社会将实现生产率最大化。不过，分散均衡是否能确保这种平衡，这个问题仍需进一步研究。

考虑连续时间经济体的代表性家庭有如下偏好：

$$\int_0^\infty \exp(-\rho t) u(c(t)) dt \tag{10.20}$$

其中瞬时效用函数 $u(\cdot)$ 满足假设 3（第 8 章中）以及 $\rho > 0$。我们忽略技术进步以及人口增长来简化讨论，并且劳动供给是无弹性的。

让我们沿用第 3 章中的具体要求，并假设经济总量的可能性边界可以由总产量函数表示

$$Y(t) = F(K(t), H(t), L(t))$$

其中 $K(t)$ 是物质资本存量，$L(t)$ 是总就业人数，$H(t)$ 代表人力资本。由于不存在人口增长以及劳动供给无弹性，因此对于所有 t，有 $L(t) = L$。假设这个生产函数满足第 3 章中的假设 1′、假设 2′（回忆一下，这些假设将假设 1 和假设 2 推广到包含三种要素投入的总产量函数）。正如在本章已经讨论的，一个将"纯"劳动和人力资本视为两个不同生产要素的生产函数可能不如将人力资本视为可以增加工人单位有效劳动的生产函数那么贴近现实（正如前面两部分的分析）。然后，这个生产函数可以用来简单地分析包含物质资本和人力资本的新古典增长模型。像往常一样，将所有对象用人均单位表示会更为方便，因此我们记

$$y(t) \equiv \frac{Y(t)}{L} = f(k(t), h(t))$$

其中

$$k(t) \equiv \frac{K(t)}{L} \text{ 且 } h(t) \equiv \frac{H(t)}{L}$$

分别是人均物质资本水平和人均人力资本水平。在假设 1′ 和假设 2′ 中，$f(k, h)$ 是严格递增、可微的，而且对两个变量都是严格凹的。让我们将它们的微分用 f_k、f_h、f_{kh} 等表示出来。自始至终，我们假设物质资本和人力资本是互补的，也就是说，对于所有的 $k, h > 0$，有 $f_{kh}(k, h) > 0$。

人均物质资本和人均人力资本可以由以下两个微分方程表示：

$$\dot{k}(t) = i_k(t) - \delta_k k(t) \tag{10.21}$$

以及

$$\dot{h}(t) = i_h(t) - \delta_h h(t) \tag{10.22}$$

其中 $i_k(t)$ 和 $i_h(t)$ 分别是物质资本投资水平和人力资本投资水平，δ_k 和 δ_h 是这两种资本存量的折旧率。用人均来表示经济体面临的资源约束，对所有 t，有

$$c(t) + i_k(t) + i_h(t) \leq f(k(t), h(t)) \tag{10.23}$$

由于这里描述的模型背景环境与标准的新古典模型是类似的，因此均衡和最优增长是一致的。正因为这个原因，我将重点研究最优增长问题（习题10.12 讨论了竞争均衡情形）。最优增长问题涉及约束条件（10.21）式、（10.22）式和（10.23）式下的最大化问题（10.20）式。这个最大化问题的解也可以通过建立现值汉密尔顿函数（并用定理7.13 和定理7.14）来刻画。为简化分析，我们首先注意到 $u(c)$ 是严格递增的，（10.23）式将一直取等号。接着，用这个约束条件替换掉 $c(t)$，则现值汉密尔顿函数可以写为

$$\mathcal{H}(k(t), h(t), i_k(t), i_h(t), \mu_k(t), \mu_h(t)) = u(f(k(t), h(t)) - i_h(t) - i_k(t)) \tag{10.24}$$
$$+ \mu_h(t)(i_h(t) - \delta_h h(t)) + \mu_k(t)(i_k(t) - \delta_k k(t))$$

其中 $i_k(t)$ 和 $i_h(t)$ 是两个控制变量，$k(t)$ 和 $h(t)$ 是两个状态变量，以及对应于两个约束条件（10.21）式、（10.22）式的共态变量 $\mu_k(t)$ 和 $\mu_h(t)$。候补解（由定理7.13）满足

$$\mathcal{H}_{i_k}(k(t), h(t), i_k(t), i_h(t), \mu_k(t), \mu_h(t)) = -u'(c(t)) + \mu_k(t) = 0$$

$$\mathcal{H}_{i_h}(k(t), h(t), i_k(t), i_h(t), \mu_k(t), \mu_h(t)) = -u'(c(t)) + \mu_h(t) = 0$$

$$\mathcal{H}_k(k(t), h(t), i_k(t), i_h(t), \mu_k(t), \mu_h(t)) = f_k(k(t), h(t))u'(c(t)) - \mu_k(t)\delta_k$$
$$= \rho\mu_k(t) - \dot{\mu}_k(t)$$

$$\mathcal{H}_h(k(t), h(t), i_k(t), i_h(t), \mu_k(t), \mu_h(t)) = f_h(k(t), h(t))u'(c(t)) - \mu_h(t)\delta_h$$
$$= \rho\mu_h(t) - \dot{\mu}_h(t)$$

$$\lim_{t \to \infty} \exp(-\rho t)\mu_k(t)k(t) = 0$$

$$\lim_{t \to \infty} \exp(-\rho t)\mu_h(t)h(t) = 0$$

由于这里存在两个状态变量（和两个共态变量），所以最后两个是横截性条件。

接下来可以证明在给定共态变量 $\mu_k(t)$ 和 $\mu_h(t)$ 下，$\mathcal{H}(k(t), h(t), i_k(t), i_h(t), \mu_k(t), \mu_h(t))$ 是凹的，因此运用定理 7.14 可以推断出这些条件确实产生了一条最优路径（见习题 10.8）。

前两个条件意味着

$$\mu_k(t) = \mu_h(t) = \mu(t)$$

将上式与接下来的两个条件联立，得

$$f_k(k(t), h(t)) - f_h(k(t), h(t)) = \delta_k - \delta_h \tag{10.25}$$

这（与 $f_{kh} > 0$ 一起）意味着物质资本和人力资本之间存在着一一对应的关系

$$h = \xi(k)$$

其中 $\xi(\cdot)$ 是唯一定义、严格递增且可微的（它的导数用 $\xi'(\cdot)$ 表示，见习题 10.9）。

这清楚地表明，这个模型可以归纳到基本新古典增长模型中，且它与新古典模型有相同的动态，从而提出了以下命题。

命题 10.1 在包含物质资本和人力资本的上述新古典增长模型中，物质资本和消费的最优路径由单部门的新古典增长模型给出，且满足以下两个微分方程：

$$\frac{\dot{c}(t)}{c(t)} = \frac{1}{\varepsilon_u(c(t))}[f_k(k(t), \xi(k(t))) - \delta_k - \rho]$$

以及

$$\dot{k}(t) = \frac{1}{1 + \xi'(k)}[f(k(t), \xi(k(t))) - \delta_h \xi(k(t)) - \delta_k k(t) - c(t)]$$

其中

$$\varepsilon_u(c(t)) = -u''(c(t))c(t)/u'(c(t))$$

与横截性条件联立，得

$$\lim_{t \to \infty} \left[k(t) \exp(-\int_0^t f_k(k(s), \xi(k(s)))ds) \right] = 0$$

t 时期的人力资本水平由 $h(t)=\xi(k(t))$ 给出。

证明 见习题 10.10。

首先，(10.25) 式意味着人力资本和物质资本总是处于高度平衡中。起初，我们可以推测出，一个相对于人力资本来说有更高物质资本的经济体，在相当长一段时间内会有一个相对高的物质－人力资本比。然而，命题 10.1，特别是 (10.25) 式表明上述模型不符合这种情况，因为对投资没有施加非负约束。如果经济体最开始处于较高水平的物质资本和低水平的人力资本条件下，在第一期它有一个高水平的 $i_h(0)$，以及一个作为补偿的负 $i_k(0)$，因此下一期，物质－人力资本比重新回到平衡。经过这样的调整，经济的动态与新古典增长模型相同。因此，不平衡问题在这个版本的新古典增长模型中不会出现。该结果是缺少对物质资本投资和人力资本投资的非负约束而人为引起的。当存在非负或不可逆的约束，即如果对所有 t，有 $i_k(t)\geq 0$ 和 $i_h(t)\geq 0$ 时，情况就有点不同。在这种情况下，初始不平衡会持续一段时间。特别是，它显示了最开始物质－人力资本比 $(k(0)/h(0))$ 不满足 (10.25) 式，涉及投资的最优路径只能是这两个存量中的一个，直至平衡（见习题 10.14）。因此，根据不可逆的约束，一定的失衡会出现，但是经济体会迅速变化来调整这种失衡。

涉及物质资本和人力资本的新古典增长模型还可应用于分析政策扭曲的影响。回忆第 8 章第 8.10 节的讨论，假设经济的资源约束调整为

$$c(t) + (1+\tau)(i_k(t) + i_h(t)) \leq f(k(t), h(t))$$

其中 $\tau\geq 0$ 是影响这两种投资形式的税收。运用与第 8.10 节相同的分析，我们可以将两个国家的稳态收入比用不同的政策描述，政策用 τ 和 τ' 表示。特别是，假设总生产函数是柯布－道格拉斯形式的

$$Y = F(K, H, L) = K^\alpha H^\beta L^{1-\alpha-\beta}$$

这种情况下，包含税收／扭曲 τ 和 τ' 的两个国家的收入比为（见习题 10.11）：

$$\frac{Y(\tau)}{Y(\tau')} = \left(\frac{1+\tau'}{1+\tau}\right)^{\frac{\alpha+\beta}{1-\alpha-\beta}} \tag{10.26}$$

如果我们再取 α 为 1/3，那么修正后的模型的作用是为了说明税收扭曲增加了收入差异，因为这些扭曲影响了人力资本积累。例如，当 $\alpha=\beta=1/3$ 和扭曲差异达

到 8 倍时，我们有

$$\frac{Y(\tau)}{Y(\tau')} \approx 8^2 = 64$$

这是国家间经济表现的巨大差异。

因此，将人力资本引入新古典增长模型提供了一种能对人均收入产生巨大差异的潜在方法。然而，这个结果必须谨慎解释。首先，人均收入扭曲的巨大影响源于人力资本积累富有弹性。目前还不清楚税收扭曲是否确实会对人力资本投资产生诸多影响。例如，如果这些扭曲是源于公司税或者腐败的差异，那么我们会期望它们更多地影响企业而不是个人人力资本决策。当然，这个逻辑并不否认在政策阻碍了资本积累的社会中，也可能存在阻碍教育投资和其他人力资本投资的障碍。然而，这些物质资本和人力资本投资障碍的影响可能相当不同。其次，更重要的是，当物质资本和人力资本都是内生的时候，产出对扭曲的巨大潜在弹性明显类似于曼昆-罗默-韦尔根据物质资本存量和人力资本存量解释国家间差异的方法。正如第3章讨论的，尽管这个可能性是合乎逻辑的，但现有证据仍不足以支持国家间人力资本差异会对收入差异造成如此大影响的观点。这一结论同样对当前模型中政策差异对人力资本差异的重要作用提出质疑。然而，对第3章中的结论有两点需要谨慎对待：较大的人力资本外部性和国家间教育质量的显著差异，这两点可能放大了人力资本的作用。这些问题会在第 10.6 节和第 10.7 节予以讨论。

10.5 叠代模型中的资本-技能互补性

上一节的分析表明，涉及物质资本和人力资本的新古典增长模型并不会在这两种不同的资本间产生显著失衡（除非我们加一个不可逆性，在这种情况下它会沿着路径变动）。接下来，我们研究在一个非纯粹利他主义下的简单叠代模型中资本-技能失衡的可能性，这与第 9 章第 9.6 节中介绍的模型相类似。我们将看到这类模型也只能产生有限的资本-技能失衡。然而，它提供了一个可以引入劳动市场摩擦的简单框架，而且在这些摩擦面前，资本-技能失衡变得更为重要。我们还可以使用这一节的模型回到更真实的生产函数中，它刻画了资本和单位有效劳动（人力资本扩张了单位有效劳动），而不是我们在上一节使用的生产函数，其中人力资本是一种独立的生产要素。

经济是在离散时间下，由 0 到 1 连续的各代构成。每个人都有两期：童年和成年。t 代的个人 i 在成年期 t 获得劳动收入 $w(t)h_i(t)$，其中 $w(t)$ 为单位人力资本工资，$h_i(t)$ 为个人的人力资本。同时个人还获得资本收入 $R(t)b_i(t-1)$，其中 $R(t)$ 是毛资本回报率，$b_i(t-1)$ 是他从父母处继承的资产。个人的人力资本由他在成年初期打算投入努力的决策决定。在他做出投入努力的决策后，向市场提供劳动。在成年末期获得劳动和资本收入后，个人决定自己的消费水平和留给后代的遗产水平。

t 代（或朝代 i）个人 i 的偏好为

$$\eta^{-\eta}(1-\eta)^{-(1-\eta)}c_i(t)^{\eta}b_i(t)^{1-\eta} - \gamma(e_i(t))$$

其中 $\eta \in (0, 1)$；$c_i(t)$ 是自己的消费；$b_i(t)$ 是给后代的遗产；$e_i(t)$ 是用于获得人力资本付出的努力；$\gamma(\cdot)$ 是一个严格递增、可微、严格凸的关于努力的成本函数。$\eta^{-\eta}(1-\eta)^{-(1-\eta)}$ 这一项是为简化代数而列入的正则化因子。

个人 i 的人力资本为

$$h_i(t) = ae_i(t) \tag{10.27}$$

其中 a 代表"能力"，并提高了个人为积累人力资本而投入的努力的有效性。在上式中替换掉 $e_i(t)$，t 代个人 i 的偏好可以写为

$$\eta^{-\eta}(1-\eta)^{-(1-\eta)}c_i(t)^{\eta}b_i(t)^{1-\eta} - \gamma\left(\frac{h_i(t)}{a}\right) \tag{10.28}$$

个人的预算约束是

$$c_i(t) + b_i(t) \leq m_i(t) = w(t)h_i(t) + R(t)b_i(t-1) \tag{10.29}$$

其中 $m_i(t)$ 为 t 期个人 i 的当期收入，它包含了劳动收入 $w(t)h_i(t)$ 和资本收入 $R(t)b_i(t-1)$（我们用 m 代替 y，因为 y 在后面会有一个不同的含义）。

经济体的生产方由总生产函数给出

$$Y(t) = F(K(t), H(t))$$

它满足第 2 章的假设 1 和假设 2，其中 $H(t)$ 是"劳动有效单位"，人力资本总存量可以写为

$$H(t) = \int_0^1 h_i(t)\,di$$

而物质资本存量 $K(t)$ 可以写为

$$K(t) = \int_0^1 b_i(t-1)\,di$$

同时我们要注意这种表述确保了资本和技能（K 和 H）是互补的：一个规模收益不变的两要素生产函数意味着这两个要素之间是互补的（见习题 10.15），即

$$\frac{\partial^2 F(K, H)}{\partial K \partial H} \geq 0 \tag{10.30}$$

此外，让我们再次假设资本在使用后会完全折旧，以此来简化表述，即有 $\delta = 1$（见习题 10.16）。

由于在这个经济体中每个工人的人力资本数量都是内生变量，那么定义一个标准化的生产函数表示单位人力资本的产出而不是常用的人均产出函数会更有用。具体地，令 $\kappa \equiv K/H$ 为物质资本人力资本比（或者有效的资本劳动比），且令

$$\begin{aligned} y(t) &\equiv \frac{Y(t)}{H(t)} \\ &= F\left(\frac{K(t)}{H(t)}, 1\right) \\ &= f(\kappa(t)) \end{aligned}$$

其中第二行用了 $F(\cdot, \cdot)$ 的线性齐次性，而最后一行用了 κ 的定义。这里我用 κ 来代替更常用的 k，使在下节中可以继续用 k 代表工人的单位资本。根据 κ 的定义，我们有

$$\kappa(t) \equiv \frac{K(t)}{H(t)} = \frac{\int_0^1 b_i(t-1)\,di}{\int_0^1 h_i(t)\,di} \tag{10.31}$$

要素价格由常用的竞争定价公式确定：

$$R(t) = f'(\kappa(t)), \quad \text{且} \quad w(t) = f(\kappa(t)) - \kappa(t)f'(\kappa(t)) \tag{10.32}$$

唯一值得注意的是 $w(t)$ 现在表示单位人力资本的工资。

这个经济体的均衡是一条关于每个人的人力资本、消费和遗产水平的路径，$\{[h_i(t)]_{i\in[0,1]}, [c_i(t)]_{i\in[0,1]}, [b_i(t)]_{i\in[0,1]}\}_{t=0}^{\infty}$，它解决了受到（10.29）式约束的（10.28）式。有效资本劳动比的序列，即序列 $\{\kappa(t)\}_{t=0}^{\infty}$，由（10.31）式和遗产 $[b_i(0)]_{i\in[0,1]}$ 的初始分布给出。要素价格的序列，即序列 $\{w(t), R(t)\}_{t=0}^{\infty}$ 满足（10.32）式。

我们通过如下方式简化对均衡的描述。（10.29）式约束下的最大化问题（10.28）式的解包含

$$c_i(t) = \eta m_i(t), \quad 且 \quad b_i(t) = (1-\eta) m_i(t) \tag{10.33}$$

用上述格式代入（10.28）式，我们得到间接效用函数（见习题10.17）

$$m_i(t) - \gamma\left(\frac{h_i(t)}{a}\right) \tag{10.34}$$

通过选择 $h_i(t)$，且知道 $m_i(t) = w(t)h_i(t) + R(t)b_i(t-1)$，个人可以最大化他的目标函数。这个最大化问题的一阶条件可以确定 t 期个人 i 的人力资本投资为

$$aw(t) = \gamma'\left(\frac{h_i(t)}{a}\right) \tag{10.35}$$

等价地，重新整理该表达式，定义 $\gamma'^{-1}(\cdot)$ 为 $\gamma'(\cdot)$ 的反函数（它是严格递增的），由（10.32）式，我们得到

$$h_i(t) = h(t) \equiv a\gamma'^{-1}\left[a(f(\kappa(t)) - \kappa(t)f'(\kappa(t)))\right] \tag{10.36}$$

上式的一个重要含义是每个人的人力资本投资都是相同的，且只依赖于经济中的有效资本劳动比。这个结论由（10.28）式中的特定效用函数导出，它确保了人力资本决策没有收入效应，因此所有行为人选择相同的最大化收入的人力资本水平（与定理10.1相同）。

接下来请注意，如（10.33）式所示，遗产决策都是线性的，我们有

$$K(t+1) = \int_0^1 b_i(t) di$$

$$= (1-\eta)\int_0^1 m_i(t) di$$

$$= (1-\eta)f(\kappa(t))h(t)$$

其中最后一行利用了如下事实：因为所有人会选择由（10.36）式给出的人力资本水平，即 $H(t)=h(t)$，因此 $Y(t)=f(\kappa(t))h(t)$。

将该式与（10.31）式联立，得

$$\kappa(t+1) = \frac{(1-\eta)f(\kappa(t))h(t)}{h(t+1)}$$

根据（10.36）式，上式变为

$$\begin{aligned}\kappa(t+1)\gamma'^{-1}&[a(f(\kappa(t+1)) - \kappa(t+1)f'(\kappa(t+1)))]\\&= (1-\eta)f(\kappa(t))\gamma'^{-1}[a(f(\kappa(t)) - \kappa(t)f'(\kappa(t)))]\end{aligned} \quad (10.37)$$

与往常一样，稳态具有一个固定且有效的资本劳动比：对所有 t 而言，$\kappa(t)=\kappa^*$ 成立。将其代入（10.37）式，得

$$\kappa^* = (1-\eta)f(\kappa^*) \tag{10.38}$$

它唯一地定义了稳态且有效的正资本劳动比 κ^*（因为 $f(\cdot)$ 是严格凹的）。

命题 10.2 在一个具有上述物质资本和人力资本的叠代经济体中，存在唯一的正稳态，且（10.38）式给出了有效的资本劳动比 κ^*。

该稳态均衡通常也是稳定的，但是我们需要对 $f(\cdot)$ 和 $\gamma(\cdot)$ 设置一些附加条件保证其稳定性（见习题10.18）。

这种均衡的一个有趣含义是，生产函数 $F(\cdot,\cdot)$ 的资本和技能（$k-h$）互补性意味着某一目标水平的物质-人力资本比 κ^* 必须达到均衡。换句话说，相对于人力资本，不会有过多的物质资本，而相对于物质资本，也不会有过量人力资本。因此，这个模型同时限制了物质资本和人力资本的失衡。将它从完全竞争性劳动市场中分离出来是引入这种失衡的一个可行方法。这也有助于说明在不完全劳动市场模型中人力资本会产生什么不同的作用。

10.6　不完全劳动市场中的物质资本和人力资本

在这一小节，我将分析劳动市场摩擦的含义，这种劳动市场摩擦会导致与我们之前用的不同的要素价格（特别地，价格偏离了竞争定价公式（10.32））。针对劳动市场不完全的文献众多，而我的目的并不是对此进行概述。因此我采用了

最简单的表述。特别是，经济体与上一节描述的相同，除了有 0 到 1 的连续企业和 0 到 1 的连续个人，而且在任何时间点，每个企业只能雇用 1 个工人。首先，我们假设不存在时间相关性，以此来简化表述。那么每个企业的生产函数可以写成

$$y_j = F(k_j, h_i)$$

其中 y_j 表示企业 j 的产出，k_j 是它的资本存量（因为每个企业只雇用一个工人，所以这相当于单位工人资本），h_i 是企业雇用的工人 i 的人力资本。这个生产函数同样满足假设 1 和假设 2。到目前为止模型主要分析了劳动市场的结构，总结如下：

1. 企业不可逆地选择它们的物质资本水平（导致成本 Rk_j，其中 R 是市场的资本回报率），同时工人不可逆地选择他们的人力资本水平。
2. 工人完成他们的人力资本投资后，与企业随机匹配。这里随机匹配意味着每个工人与每个企业都有相同的匹配概率，特别地，拥有较高人力资本的工人与拥有较高物质资本的企业并不会有更高的匹配概率。
3. 匹配后，每个工人和企业对他们之间的产出分配讨价还价。让我们假设他们仅仅根据一些预先设定的规则分配产出，工人得到的总收入为对某个 $\lambda \in (0, 1)$：

$$W_j(k_j, h_i) = \lambda F(k_j, h_i)$$

这个表述被认为是非常简单的简化形式。然而，它足以强调主要经济问题。阿西莫格鲁（1996）提出了一个在相近环境中更详细的博弈论判别法。

我们同样通过修改（10.27）式引入获得人力资本的成本差异，即

$$h_i = a_i e_i$$

其中 a_i 在不同朝代（个体）互不相同。当然，更高的 a_i 值对应于能更有效地积累人力资本的个人。

除了要素价格不再由（10.32）式决定外，均衡的定义类似于第 10.5 节。让我们从企业的物质资本决策开始。每个企业选择他的物质资本时，它将雇用的工人的人力资本是不确定的。根据随机匹配假设，企业 j 的预期收益可以写成

$$(1 - \lambda) \int_0^1 F(k_j, h_i) \, di - Rk_j \tag{10.39}$$

该表达式考虑了企业会获得产出的 $1-\lambda$ 部分,这是企业和与之匹配的工人一起生产的。所有工人的人力资本决策的积分 $F(k_j,h_i)$ 考虑到企业并不知道哪个工人会与之匹配。最后一项是在市场价格 R 上不可逆的资本投资的成本。在投资之前,企业并不知道哪个工人会与他匹配。给定 $F(\cdot,\cdot)$ 对 k 是严格凹的(由假设 1 可知),(10.39)式中的目标函数对 k_j 也是严格凹的。因此,每个企业选择了相同的物质资本水平 $\hat{k}$

$$(1-\lambda)\int_0^1 \frac{\partial F(\hat{k},\hat{h}_i(\hat{k}))}{\partial k}di = R$$

现在给定企业的(预期)资本投资,并使用上一节中的(10.34)式,每个工人的目标函数可以写作

$$\lambda F(\hat{k},h_i) + Rb_i - \gamma\left(\frac{h_i}{a_i}\right)$$

上式替代了工人的收入 m_i,它包含工资收入和资本收入,并引入了人力资本决策的异质性。这个等式意味着如下所示的工人 i 的人力资本投资决策:

$$\lambda a_i \frac{\partial F(\hat{k},h_i)}{\partial h_i(t)} = \gamma'\left(\frac{h_i}{a_i}\right)$$

该式决定了每个 i 的人力资本投资 $\hat{h}_i(\hat{k})$ 的唯一均衡。这一人力资本投资水平直接取决于企业的资本决策 $\hat{k}$(因为企业的这个决策会影响人力资本的边际产品),同时也隐含地依赖于 a_i。此外,给定(10.30)式、$\gamma(\cdot)$ 是凸的以及 F 对 k 是凹的,那么 $\hat{h}_i(\hat{k})$ 对 $\hat{k}$ 严格递增。将 $\hat{h}_i(\hat{k})$ 代入企业的一阶条件中,我们得到

$$(1-\lambda)\int_0^1 \frac{\partial F(\hat{k},\hat{h}_i(\hat{k}))}{\partial k}di = R$$

最后,为了满足资本市场出清条件,t 期的资本回报率 $R(t)$ 必须使资本供给与资本需求相等。正如上一节的模型,供给来自上一期的遗产,因此市场出清条件为 $\hat{k}(t) = \int_0^1 b_i(t-1)di$。上式表明在封闭经济体下的这个模型中,每个企业的资本

439

是固定的，由上期的遗产决策决定。当物质资本不是预先决定的时候，我这里想要强调的重要经济力量会显得更明确。因此，如果我们考虑的是小型开放经济体，则 $R(t)=R^*$ 由国际金融市场决定（习题 10.19 将进一步讨论封闭经济体下的模型）。

在这些假设下，每个企业的资本均衡水平由下式决定

$$(1-\lambda)\int_0^1 \frac{\partial F(\hat{k}, \hat{h}_i(\hat{k}))}{\partial k} di = R^* \tag{10.40}$$

命题 10.3　在上述开放经济模型中，存在唯一正的人均资本水平 $\hat{k}$，它由 (10.40) 式给出，使每个工人的均衡资本始终为 $\hat{k}$。给定 $\hat{k}$，工人 i 的人力资本投资唯一地由 $\hat{h}_i(\hat{k})$ 决定，从而

$$\lambda a_i \frac{\partial F(\hat{k}, \hat{h}_i(\hat{k}))}{\partial h} = \gamma'\left(\frac{\hat{h}_i(\hat{k})}{a_i}\right) \tag{10.41}$$

这里 $\hat{h}_i(\hat{k})$ 对 $\hat{k}$ 递增，对所有 $i \in [0, 1]$，R^* 的下降都会使 $\hat{k}$ 和 $\hat{h}_i$ 增加。

除了这个均衡之外，还存在一个无经济活动的均衡，即对一切 $i \in [0, 1]$，有 $\hat{k}=0$ 以及 $\hat{h}_i=0$。

证明　注意，由于 $F(k, h)$ 规模报酬不变，γ 是严格凸的，那么对每个 i 有 $\partial \hat{h}_i(\hat{k})/\partial k < 1$。假设在某个 $\hat{k}'$ 上有 $\partial \hat{h}_i(\hat{k})/\partial k = 1$，那么从 $\hat{k}'$ 开始，当 $\hat{k}$ 递增时，(10.41) 式左边保持不变（因为 F 是一次齐次的）。然而，由于 $\hat{h}_i(\hat{k})$ 严格递增且 γ 是严格凸的，等式右边会增加，这产生了一个矛盾。因此，对于给定的分布 $[a_i]_{i\in[0,1]}$，$\int_0^1 \left(\partial F(\hat{k}, \hat{h}_i(\hat{k}))/\partial k\right) di$ 对 $\hat{k}$ 严格递增，进而均衡值 $\hat{k}$ 是唯一确定的。给定 $\hat{k}$，对每个 i 来说，(10.41) 式唯一地确定了 $\hat{h}_i(\hat{k})$。对 (10.41) 式运用隐函数定理（定理 A.25），可得 $\hat{h}_i(\hat{k})$ 对 $\hat{k}$ 是递增的。最后，(10.40) 式意味着较低水平的 R^* 可以增加 $\hat{k}$，从前面的观察可以得到，对一切 $i \in [0, 1]$，$\hat{h}_i$ 也会增加。

接下来是静止均衡的存在性。由于当所有企业选择 $\hat{k}=0$ 时，产出为零，那么工人的最优选择是 $\hat{h}_i=0$。同样，对一切 $i \in [0, 1]$ 有 $\hat{h}_i=0$ 时，所有企业的最优决策为 $\hat{k}=0$。

我们观察到在人力资本和物质资本上都存在投资不足（对一些有经济活动

的均衡而言。显然，在无经济活动的均衡中，投资不足的情况更加严重）。考虑一个追求产出最大化的社会规划者的行为。假设社会规划者受到相同的随机匹配技术的限制，因此不能随心所欲地将工人分配到企业中。类似上述的分析表明社会规划者也希望每个企业选择相同的人均资本水平，记为 $\bar{k}$。然而，企业的平均资本水平不同于竞争均衡下的平均资本水平，而且它也会在人力资本投资和物质资本投资之间选择一个不同的关系。特别地，给定 $\bar{k}$，企业会选择人力资本投资使

$$a_i \frac{\partial F(\bar{k}, \bar{h}_i(\bar{k}))}{\partial h} = \gamma'\left(\frac{\bar{h}_i(\bar{k})}{a_i}\right)$$

除了等式左边不含 λ 外，这与（10.41）式是类似的。省略 λ 是因为每个工人进行人力资本投资时只考虑他自己的产出，而社会规划者考虑全部产出。因此，只要 $\lambda < 1$，对所有 $k > 0$，有

$$\bar{h}_i(k) > \hat{h}_i(k)$$

类似地，社会规划者也会为每个企业选择一个更高的资本投资水平，特别地，满足如下方程

$$\int_0^1 \frac{\partial F(\bar{k}, \bar{h}_i(\bar{k}))}{\partial k} di = R^*$$

它与（10.40）式不同，不仅因为等式左边不存在 $1 - \lambda$ 项，而且规划者考虑了 $\bar{h}_i(\bar{k})$ 给定时工人的不同人力资本投资行为。这一讨论证明了如下结论：

命题 10.4 在命题 10.3 描述的均衡中，物质资本和人力资本都存在投资不足。

比投资不足更有趣的结论是经济体中物质资本和人力资本的失衡，这与我们前面讨论的两种情况不同。以下命题清晰地概述了这种失衡。

命题 10.5 考虑命题 10.3 描述的有经济活动的均衡。当 $\lambda = 0$ 或 $\lambda = 1$ 时，产出等于 0。此外，存在 $\lambda^* \in (0, 1)$ 使产出最大化。

证明 见习题 10.20。

直观地说，不同水平的 λ 在物质资本和人力资本间产生了不同类型的失衡。高水平的 λ 意味着工人在谈判中处于强势地位，这也鼓励他们对人力资本的投资。

相应地，这不鼓励企业对物质资本的投资，因为它们只能得到产出的一小部分。因此高水平的 λ（只要有 $\lambda<1$）会导致失衡，也即相对于物质资本来说，人力资本过量。随着 $\lambda \to 1$，这种失衡的影响变得更严重。达到极限时，工人的投资行为收敛到社会规划者的一阶条件（即，对于所有的 $k>0$ 有 $\hat{h}_i(k) \to \bar{h}_i(k)$）。然而与此同时，每个企业的物质资本投资收敛到0，因此 $\bar{h}_i(k) \to 0$，经济陷入崩溃。相反，当 λ 太低时也会出现同样的情况。现在相对于人力资本，存在物质资本过剩。正如命题10.5中所示，虽然均衡仍然是低效的，但中值 λ^* 能达到均衡。

物质-人力资本失衡也可以提高人力资本在国家间收入差异中的作用。在当前的模型中，人力资本变动对总产出（或者对劳动生产力）的影响大于对人力资本回报的冲击，因为后者并非由人力资本的边际产出决定，而是由讨价还价参数 λ 决定。因此，偏离生产要素的竞争市场价格减弱了人力资本对生产率的贡献。

在这个模型中，低效率和失衡的根源是货币外部性（pecuniary externalities，是通过价格体系起作用的外部性——译注）。回忆一下，货币外部性是指通过价格（而不是通过直接的技术外溢效应）发生作用的外部影响。通过更多的投资，工人（对应的企业）提高了资本回报（对应的工资）。因为他们并未考虑到这些外部效应，所以存在投资不足。正如我们在第9章讨论的，竞争市场也存在货币外部性（例如，供给影响了价格），但这些外部性往往是二阶的，因为价格等于买方的边际效益（在生产要素的情况下，价格等于企业的边际产品）和供给方的边际成本。劳动力市场摩擦的存在导致对这种边际定价的偏离，所以货币外部性并不是二阶的。

也许更有趣的是，这个模型中的货币外部性表现为人力资本外部性。因此一组工人更多的人力资本投资会提高其他工人的工资。请注意，在竞争市场中（没有外部性），如果一组工人增加人力资本投资，通常会降低经济体中的物质-人力资本比，减少单位人力资本工资，进而减少其他工人的收入。① 有趣的是，不完全劳动力市场会出现相反的情况。为了说明这一点，我们假设工人分两类，其中 χ 部分拥有能力 a_1，剩下的 $1-\chi$ 部分拥有能力 $a_2<a_1$。在这种具体结构下，企业的一阶条件（10.40）式可以写为

---

① 例如，在上一节研究的经济中，一组工人增加人力资本会降低其他工人的工资。另一方面，如果资本回报率维持恒定，那么这一增加就不会对其他工人的工资产生影响。

$$(1-\lambda)\left[\chi\frac{\partial F(\hat{k},\hat{h}_1(\hat{k}))}{\partial k}+(1-\chi)\frac{\partial F(\hat{k},\hat{h}_2(\hat{k}))}{\partial k}\right]=R^* \qquad (10.42)$$

而这两类工人的人力资本投资的一阶条件采用如下形式

$$\lambda a_i\frac{\partial F(\hat{k},\hat{h}_i(\hat{k}))}{\partial h}=\gamma'\left(\frac{\hat{h}_i(\hat{k})}{a_i}\right) \quad \text{对 } i=1,2 \qquad (10.43)$$

显然，由于 $a_1>a_2$，有 $\hat{h}_1(k)>\hat{h}_2(k)$。现在假设 χ 增加了，这相当于人群中拥有高能力的工人的比例增加了。保持 $\hat{h}_1(\hat{k})$ 和 $\hat{h}_2(\hat{k})$ 不变，由于（10.42）式左边增加了（因为 $\hat{h}_1(\hat{k})>\hat{h}_2(\hat{k})$ 以及 $\partial^2 F(k,h)/\partial k\partial h>0$），这意味着 $\hat{k}$ 会增加。因此资本和技能互补性和货币外部性相结合，意味着工人群体的改善会导致企业进行更多的投资。

直观地说，每个企业都希望与之匹配的工人有更高的人力资本水平。由于物质资本和人力资本是互补的，每个企业增加它的物质资本投资是有利可图的。对每个 h 来说，企业更高的投资水平反过来会提高 $F(\hat{k},h)$，特别是 $\hat{h}_2(\hat{k})$。由于类型 2 的工人的收入等于 $\lambda F(\hat{k},\hat{h}_2(\hat{k}))$，随着企业对劳动力构成的变化做出反应，他们的收入也增加了。这些相互作用符合人力资本的外部性，因为一组工人更多的人力资本投资提高了剩余工人的收入。事实上，这个经济体中的人力资本外部性更强，这是因为 $\hat{k}$ 的增加同时提高了 $\partial F(\hat{k},\hat{h}_2(\hat{k}))/\partial h$，也因此促进了类型 2 的工人进一步投资于人力资本。以下结论总结了我们的讨论。

命题 10.6 命题 10.3 描述的有经济活动的均衡表明人力资本是有外部性的，因为一组工人增加人力资本投资提高了其余工人的收入。

10.7 人力资本外部性

上一节说明了在资本和技能互补性和劳动市场不完善同时存在的情况下，正常形式的人力资本外部性会如何出现。这并不是唯一产生人力资本外部性的途径。许多经济学家认为劳动力的人力资本存量对每个工人的生产率有直接的非经济（技术）外溢效应。例如，在《城市经济》这本书中，简·雅各布斯（Jane Jacobs，1970）强调了人力资本外部性的重要性，她认为这些外部性在一定程度上导致经济活动在城市的集聚。与此同时，它也推动了经济增长，这是因为它促进了工人和企业家之间的思想交流。在有关经济增长的文献中，包括卢卡斯（Robert Lucas，1988）、阿扎里亚迪斯和德拉赞（Azariadis and Drazen，1990）在内的一些著名论文认为，这种技术外部性在经济增长的过程中发挥了重要作用。人力资本外部性本身就很有意思。例如，当这种外部性存在时，竞争价格体系可能是低效率的。人力资本外部性对我们理解国家间收入差异的根源也有着十分重要的作用。第3章讨论了物质资本和人力资本对国家间收入差异的作用，这一讨论表明，除非外部性非常重要，人力资本差异可能并不是国家间收入差异的主要原因。

就此而言，简要地评估人力资本外部性的经验证据是非常有益的。这一领域的早期著作，特别是詹姆斯·劳奇（James Rauch，1993），试图估计准明塞尔工资回归，以此衡量人力资本外部性的大小。其主要的不同在于地方劳动市场中工人的平均人力资本也包含在等式右边。更具体地说，劳奇用以下形式来估计模型：

$$\log W_{j,m} = \mathbf{X}_{j,m}^T \boldsymbol{\beta} + \gamma_p S_{j,m} + \gamma_e S_m$$

其中 $\mathbf{X}_{j,m}$ 是控制矢量，$S_{j,m}$ 是在劳动市场 m 中工作的个体 j 受教育的年限，S_m 是劳动市场 m 中工人受教育的平均年限。如果没有最后一项，这个方程与我们在第10.2节讨论的标准明塞尔工资回归是类似的，我们可以据此估计出教育的个人回报 γ_p 为6%~10%。当平均教育年限 S_m 也包含在回归中时，系数 γ_e 衡量了相同教育年限的外部回报。例如，如果 γ_e 的估计值等于 γ_p，我们可以得到这样的结论：教育的外部回报与个人回报是同样重要的（这相当于非常大的外部性）。

由于外部回报的大小往往超过个人回报，劳奇对显著的外部回报做了估计。这个巨大的外部回报意味着与第3章的计算相比，人力资本差异将作为国家间人均收入差异根源发挥更重要的作用。然而，劳奇的回归利用了城市间的平均教育水平差异，这可以反映直接影响工资的许多其他因素。例如，纽约的工资水平比艾奥瓦州的埃姆斯高很多，但是这个差异并不只是因为纽约人有更高的平均教育水平。若我们想要让外部回报的估计更有说服力，就需要在平均受教育年限上加一个外生的差异源。

阿西莫格鲁和安格里斯特（Acemoglu and Angrist，2000）利用了国家间平均教育水平差异和义务教育及童工保护法变化产生的影响。这些法律对教育，特别是高中教育有显著影响。法律变化导致国家劳动市场平均教育的变化，阿西莫格鲁和安格里斯特估计教育的外部回报率通常是 1% ~ 2%，这在统计上是不显著的（与 10% 的私人回报相比）。这些结果表明，在地方劳动市场中存在相对较小的人力资本外部性。迪弗洛（Duflo，2004）使用印度尼西亚的数据，佩里等人（Ciccone and Peri，2006）使用美国的数据证明了这个结论。[1] 总的来说，证据表明，地方人力资本外部性并不是很大，就人力资本对国家间收入差异的作用来说，像第 3 章中那样忽略了这些外部性的标准测算不太可能导致显著的向下偏移。

我们必须加强之前讨论的"地方"的界定。这些估计集中在地方外部性上，这最早由雅各布斯提出。然而，如果一些非常有才华的科学家和工程师，或者其他非常有能力的工人产生了一些能用于该国其他地方甚至世界经济的想法，那就有可能存在重大的全球人力资本外部性，但是目前可用的经验研究方法无法证实。这样的全球人力资本外部性重要与否是未来一个有趣的研究领域。

10.8　人力资本的纳尔逊 – 菲尔普斯模型

到目前为止，本章中的讨论都集中在贝克尔和明赛尔关于人力资本能够推动生产率提升的分析上。这可以说是人力资本最重要的作用。纳尔逊和菲尔普斯在其简短但影响深远的文章（Nelson and Phelps，1966）中提出了关于人力资本的另一种观点。此外，西奥多·舒尔茨（Schultz，1964，1975）也提出了这种观点。根据这种观点，人力资本的主要作用并非增加现有工作的生产率，而是确保工人能应对变化、破坏，特别是新技术。纳尔逊和菲尔普斯关于人力资本的观点对各种不同文献和许多增长模型都起到了重要的作用。这里我将简要说明其最初模型的主要思想，并讨论这种人力资本的新维度如何加深我们对人力资本在经济增长和发展中作用的理解。这个模型也是我们在第六篇研究技术采用的跳板。

考虑下面的连续时间模型来说明基本思路。假设经济体中的产出为

$$Y(t) = A(t)L \tag{10.44}$$

其中 L 是恒定的劳动水平，即劳动供给无弹性，$A(t)$ 是经济体的技术水平。这里

---

[1] Moretti（2004）也对人力资本外部性做了估计，并发现了更大的外部性。其原因也许是他关注的是本科教育。尽管如此，这同样在一定程度上反映出如下事实：他利用的差异源、年龄构成的变化以及赠地学院的出现，也许会对某一地区的平均收入产生其他影响。

没有资本（因此没有资本积累决策），也没有边际劳动供给。唯一随着时间变化的变量是技术 $A(t)$。

假设世界技术边界为 $A_F(t)$。这个边界可能与其他一些国家的技术，或者科学家尚未运用于生产过程的专有技术知识相一致。假设是 $A_F(t)$ 外生的，根据微分方程

$$\frac{\dot{A}_F(t)}{A_F(t)} = g_F$$

其初始条件为 $A_F(t) > 0$。

我们用 h 表示劳动力的人力资本。注意这里的人力资本不是生产函数（10.44）式中的重要组成部分。这是人力资本不能提高劳动生产率的一个极端案例。这个模型中人力资本唯一的作用是促进生产过程中前沿技术的实施和使用。特别地，我们考虑一个国家技术水平 $A(t)$ 的演化，由以下微分方程给出

$$\dot{A}(t) = gA(t) + \phi(h)A_F(t)$$

其初始条件为 $A(0) \in (0, A_F(0))$。参数 g 严格小于 g_F，它测度了技术 $A(t)$ 的增长率，这一增长来自于中学或者生产率增长的其他源泉。但是，第一项只是技术进步的一个来源。第二项是其另一个来源，可以解释为前沿技术的采纳和实施引起的技术进步。技术进步的第二个来源由劳动力的平均人力资本 h 决定。它包含了关于人力资本在技术采纳与使用中的上述作用。具体地，假设 $\phi(\cdot)$ 是非递减的且满足对所有的 $h \geq \bar{h}$，有

$$\phi(0) = 0 \text{ 和 } \phi(h) = g_F - g > 0$$

其中 $\bar{h} > 0$。这意味着劳动力的人力资本有助于调节经济体应对前沿技术带来新发展的能力。如果劳动力没有人力资本，那么前沿技术就得不到采纳或者实施，$A(t)$ 的增长率为 g。如果相反，$h \geq \bar{h}$，则前沿技术迅速普及。

由于 $A_F(t) = \exp(g_F t)A_F(0)$，$A(t)$ 的微分方程可以写作

$$\dot{A}(t) = gA(t) + \phi(h)A_F(0)\exp(g_F t)$$

微分方程的解为（再次回忆附录 B 中的 B.4 节）

$$A(t) = \left[\left(A(0) - \frac{\phi(h)A_F(0)}{g_F - g}\right)\exp(gt) + \frac{\phi(h)A_F(0)}{g_F - g}\exp(g_F t)\right]$$

这表明当 $\phi(h)$ 更高时，$A(t)$ 的增长率也会更快。此外，我们可以证明

$$A(t) \to \frac{\phi(h)}{g_F - g}A_F(t) \quad (\text{随着 } t \to \infty)$$

因此该国的技术与前沿技术之比也由人力资本决定。

在某些情况下，纳尔逊和菲尔普斯强调人力资本作用的重要性是毋庸置疑的。例如，一些经验证据表明，受教育水平更高的农民更倾向于采用新技术和新种子（也可参见 Foster and Rosenzweig，1995）。在增长理论和第 1 章中讨论的经验证据中也强调了纳尔逊和菲尔普斯关于人力资本的构想，这表明与经济增长和人力资本变动的关系相比，经济增长和人力资本水平之间存在更强的相关性。以本纳比和施皮格尔（Benhabib and Spiegel，1994）为代表的一些学者认为，这一结论可能是由于人力资本最重要的作用并不是提高现有工作任务的生产能力，而是促进技术的采纳。我们可以推测，如果在实践中纳尔逊和菲尔普斯强调的人力资本的作用非常重要，那么与我们之前的讨论相比，人力资本在经济增长和发展中会发挥更更重要的作用。虽然这个假设非常有趣，但是它不能完全令人信服。如果人力资本对技术采用的促进作用发生在某个企业内部，这将反映在技能水平更高的工人的边际产品和收入上。如果工人能够推动更快速高效的技术采用，他们的报酬将和企业的净现值将同步增加。第 3 章中的计算使用的人力资本和教育回报已经考虑了人力资本通过作用于技术采用对总产出（从而经济增长）的贡献。另一方面，如果人力资本不是在企业层面而是在劳动市场层面促进技术采用，这就是一种局部人力资本外部性且应该体现在对人力资本局部外部性的估计之中。因此，除非人力资本具有外部性，且这些外部性会在全球层面发挥作用，那么第 3 章关于劳动市场人力资本回报的测度，应该不会严重低估人力资本对国家间人均收入差异的贡献。

10.9 小结

本章介绍了一些关于人力资本投资的模型，强调了人力资本投资（包括教育和在职培训）对未来回报做何反应以及它们如何随时间发生变化。

关于人力资本在经济增长中的作用，我们提出了四组相关但相互区别的问题。首先，如果我们观察到的部分劳动收入来自人力资本积累，那么政策（或者是技术）对人均收入的影响会高于我们的估计，因为二者不仅会影响物质资本积累，也会影响人力资本积累。第10.4节研究了包含物质资本和人力资本的新古典增长模型，并对人力资本的影响做了量化研究。它还提供了一个可供研究物质资本投资和人力资本投资的分析框架。然而人力资本差异造成的任何影响都应体现在第3章的测度中，这种人力资本差异是由国家间政策或扭曲差异导致的。研究表明，虽然人力资本差异很重要，但是它只能解释一小部分国家间收入差异（除非人力资本对生产率的作用被显著低估）。

关于人力资本作用的第二个重要问题与如何测度教育和技能的产出贡献相关。对这些效果的错误估计可能是由人力资本外部性导致的。有许多令人信服的理由使我们相信人力资本的经济或技术外部性是十分显著的。第10.6节阐述了不完全劳动市场下的资本和技能互补性如何导致货币外部性。然而，有证据表明，人力资本外部性的程度相当有限，但是我们要注意仍然可能存在不可测量的全球外部性。研发和技术进步可能是引起全球外部性的具体途径，这是本书第二篇的主题。造成低估人力资本贡献的另一个原因是人力资本质量的差异。即使在一个狭窄的地理范围内，学校和教师质量仍存在显著差异，因此我们可以预期国家间存在更大的差异。此外，大多数可行的经验方法用正规教育的差异衡量国家间人力资本差异。但是第10.3节分析的模型认为，即使个人完成他们的正规教育后，人力资本仍然会继续积累。当人力资本具有高回报时，我们期待更高水平的正规教育和在职培训投资。因此，本-波拉斯模型表明，在拥有高水平正规教育的经济中，可能存在更高质量的人力资本（或者更多的不可测的人力资本）。如果在这种情况下，第3章中的经验测算可能低估了人力资本对生产率的贡献。这个问题为今后的研究提供了一个有趣的研究领域。

人力资本模型提出的第三个问题是物质资本与人力资本失衡的可能性。经验证据表明，物质资本和人力资本是互补的。因此当物质资本和人力资本达到均衡时，生产率会非常高。均衡激励会不会导致失衡，使相对于人力资本而言，物质资本的积累过多或过少？我们看到，这种失衡不太可能，或者更确切地说短暂存在于竞争性劳动市场的模型中。然而，第10.6节的分析表明，如果要素价格并不一定反映边际产品，比如存在摩擦的劳动市场时，失衡就是有可能的。这种失衡的存在可能会提高人力资本对总生产率的影响。

最后一个问题与人力资本在技术进步和技术采纳中的作用有关。第10.8节介绍了纳尔逊和菲尔普斯对人力资本的观点，它强调了技能在促进新技术采用和实施中的作用。然而在某些情况下，这种观点可能是非常重要的。这似乎表明，如果不存在显著的外部性，人力资本的这种特殊作用就不会导致人力资本对总生产率贡献的重大误测，特别是第3章中使用的那种测算。

本章有助于我们了解经济增长和国家间收入差异的根源，这也提供了一个有助于理解物质资本和人力资本积累决策的有用框架。我们的下一个任务是建立模型，以分析经济增长和收入差异的其他主要可能来源，即技术。

10.10　参考文献

人力资本这一概念是由贝克尔（1965）、舒尔茨（1965）以及明赛尔（1974）提出的。贝克尔（1965）、木-波拉斯（1967）和明赛尔（1974）提出了人力资本的标准模型，它们被广泛应用于劳动经济学和经济学其他领域。这些模型是本章前三节的基础。最近，宏观经济学家对本-波拉斯模型产生了新的兴趣。最新成果包括赫克曼等人（Heckman、Lochner and Taber；1988；Guvenen and Kurascu，2006；Manuelli and Seshadri，2006）。这些模型做了参数假设（柯布-道格拉斯函数形式）并尝试估算本-波拉斯模型对国家间收入差异和收入不平等的定量含义。另一方面，卡塞利（Caselli，2005）认为质量差异不太可能提高人力资本对总生产率的贡献。

关于教育回报有大量文献。正如本书第3章指出的，这些文献发现多受一年教育可以增加6%~10%的收入[也可参见卡德（Card，1999）的文献综述]。

资本和技能互补性方面也有大量文献。这个观点最早由格里利谢斯（Griliches，1969）提出，并提供了经验支持。卡茨和奥托（Katz and Autor，2000）总结了更多关于资本和技能互补性的最新证据。

雅各布斯（1970）、卢卡斯（1988）以及阿扎里亚迪斯和德拉赞（1990）强调了技术人力资本外部性，而货币人力资本外部性最早由马歇尔（1890）提出，他认为由于要素投入和产业之间的匹配得到改进，地域上集中的专业化投入的增加可以提高生产率。我本人（1996，1997a）提出了关于人力资本货币外部性的模型。我还基于1996年的论文，提出了资本和技能互补性以及不完全劳动市场下的模型。在那篇论文中，我提出了一个能产生与第10.6节类似结果的更详细的模型，并将结果推广到这里讨论的货币外部性和人力资本外部性上。

关于人力资本的实证文献包括劳奇（1993）、我和安格里斯特（2000），迪弗洛（2004）、莫雷蒂（Moretti，2004）以及西科尼和佩里（Ciccone and Peri，2006）。

人力资本在适应变化和实施新技术中的作用最早由舒尔茨（1975）在农业技术的背景中提出（他强调了能力的作用而非人力资本的作用，并强调了"失衡"的重要性）。纳尔逊和菲尔普斯（1966）提出了相同观点，并构建了一个类似第10.8节的简单模型。福斯特和罗森茨韦格（Foster and Rosenzweig，1995）证明了人力资本的这一作用。本纳比和施皮格尔（1994）以及阿吉翁和豪伊特（Aghion and Howitt，1998）也广泛讨论了纳尔逊和菲尔普斯关于人力资本的观点。最新的包含人力资本这一特征的宏观经济模型，包括盖勒和伊西登（Galor and Ysiddon，1997）；格林伍德和尤鲁科格鲁（Greenwood and Yorukoglu 1997）；卡塞利（Caselli，1999）；盖勒和莫夫（Galor and Moav，2000）；阿吉翁等（Aghion、Howitt and Violante，2004）。

10.11 习题

10.1 有一个离散时间下的经济体，请构造、描述并证明该经济体的分离定理（定理10.1）。

10.2 （a）考虑第10.1节讨论的情况。个人的流动预算约束为

$$\dot{a}(t) = ra(t) - c(t) + W(t)$$

假设信贷市场是不完全的，因此 $a(t) \geq 0$。构造一个定理10.1不适用的例子。你能把这个例子推广到个人的储蓄利率为 r 但只能以 $r' > r$ 借贷的情况吗？

（b）现在改变问题（a）中的环境，使个人的瞬时效用函数为

$$u(c(t), 1 - l(t)),$$

其中 $l(t)$ 表示工作的总时间，市场中的劳动供给等于 $l(t) - s(t)$，因此，个人面临一个重要的闲暇选择问题。构造一个定理10.1不适用的例子。

10.3 从（10.8）式中推出（10.9）式。

10.4 考虑第10.2节中提出的模型,并假设不同个人有不同的有效贴现率 r(例如,由于信贷市场不完全)。证明面临更高 r 的个人会选择更低的教育水平。如果你对工资的回归类似于(10.12)式,教育差异的根源在于个体间贴现率的不同,这时会发生什么?

10.5 证明第7章中的定理7.13和定理7.14可以应用在本-波拉斯模型中,并使(10.14)式成为人力资本投资最优路径的充要条件。[提示:使用一个与第7章第7.7节类似的参数。]

10.6 考虑本-波拉斯模型的如下变形,这里人力资本积累方程为

$$\dot{h}(t) = s(t)\phi(h(t)) - \delta_h h(t)$$

其中 ϕ 是严格递增、可微、严格凹的,且 $s(t) \in [0, 1]$。假设个人可以存活无限期并面临一个 $v > 0$ 的死亡率,它符合泊松分布。证明人力资本投资的最优路径在 $[0, T]$ 的某些区间内为 $s(t)=1$,之后 $t \geq T$ 时为 $s(t)=s^*$。

10.7 将第10.3节研究的本-波拉斯模型修改如下。假设时间期界有限且 $\phi'(0) < \infty$。同时假设

$$\phi'(h(0)) > \delta_h/(1 - \exp(-\delta_h T))$$

其中 δ_h 为人力资本折旧率。

(a) 给出内点解的必要条件。突出这些必要条件应如何调整使修改后的模型有角点解,其中 $s(t)$ 可能取 0 或者 1。

(b) 证明在这些条件下,人力资本积累的最优路径在全日制教育的区间 $[0, t')$ 中,且对所有 $t \in [0, t')$,有 $s(t)=1$,其中 $t' > 0$,随后是在职培训投资的时间区间,且有 $s(t) \in (0, 1)$;最后是无人力资本投资的时间区间,即对所有 $t \in (t'', T]$,有 $s(t)=0$,其中 $t'' < T$。[提示:假设第一部分是不正确的,证明在这种情况下,必要条件必须以等式形式成立。将两个必要条件结合起来,推导出共态变量 $\lambda(t)$ 的一阶线性非自治微分方程,并利用边界条件 $\lambda(T)=0$ 解这个微分方程。接下来证明给定 $\lambda(0)$ 的隐含值和上面的不等式,$t=0$ 时的必要条件不能得到满足。再接着使用假设 $\phi' < \infty$,以及共态变量 $\lambda(t)$ 是连续的且满

足 $\lambda(T)=0$ 这个事实，证明在某些区间 $[T-\xi, T]$，必有 $s(t)$ 等于 0。最后，利用这些中间步骤，得出结论：在这个最后的时间间隔内 $s(t)$ 必须采用中间值。]

(c) 一个人的生命周期中，个人收入会如何变化？

(d) 你会如何验证这个模型的含义？

10.8 证明（10.24）式中的汉密尔顿现值在 $(k(t), h(t), i_k(t), i_h(t))$ 上是联合为凹的。

10.9 证明（10.25）式意味着物质资本和人力资本间存在一定的关系，这种关系表现为 $h=\xi(k)$，其中 $\xi(\cdot)$ 是唯一确定、严格递增以及可微的。

10.10 (a) 证明命题 10.1。

(b) 证明消费增长的微分方程可以写成

$$\frac{\dot{c}(t)}{c(t)} = \frac{1}{\varepsilon_u(c(t))} [f_h(k(t), \xi(k(t))) - \delta_h - \rho]$$

10.11 推导（10.26）式。

10.12 考虑第 10.4 节中讨论的包含物质资本和人力资本的新古典增长模型。

(a) 给出这个经济体中的消费最大化问题。

(b) 定义一个竞争均衡（给出企业最优和市场出清条件）。

(c) 描述这个竞争均衡，并证明它与最优增长问题的解是一致的。

10.13 将增长率为 g 的劳动扩张型技术进步引入第 10.4 节讨论的包含了物质资本和人力资本的新古典增长模型。

(a) 定义一个竞争均衡。

(b) 确定在稳态配置下保持不变的转换变量。

(c) 描述这个稳态均衡和转移动态。

(d) 为什么更快的技术进步会导致更多的人力资本积累。

*10.14 在第 10.4 节中，有一个受制于额外约束条件 $i_k(t) \geq 0$ 和 $i_h(t) \geq 0$ 的经济体，请描述该经济体的最优增长路径。

10.15 证明只要 $Y(t)=F(K(t), H(t))$ 满足假设 1 和假设 2（见第 2 章），不等式（10.30）。

10.16 证明，如果 $\delta < 1$，那么第 10.5 节中的动态均衡就会保持不变。

10.17 推导（10.33）式和（10.34）式。

10.18 给出 $f(\cdot)$ 和 $\gamma(\cdot)$ 的条件，使第 10.5 节中模型的唯一稳态均衡是局部稳定的。

10.19 在封闭经济的假设条件下，分析第 10.6 节中的经济体。证明：工人群体 1 的 a_1 增加可以带来动态外部性，因为当前的产出增加，而这会导致下一期的物质资本和人力资本投资增加。

10.20 证明命题 10.5。

第 11 章　第一代内生增长模型

目前为止介绍的模型都将重点放在物质资本和人力资本积累以及外生技术进步带来的增长上。尽管这些模型有助于考察同等技术水平下国家之间收入差异的来源，但是无法解释（一国或全球）持续的长期增长，也难以说明技术差异的原因。要系统地解释跨国收入差异和世界经济增长过程，需要运用将技术选择和技术进步内生化的模型。这个问题将在本书的第四篇讨论。有一类模型将技术变化视为企业和工人决策的结果，这类模型符合将技术内生化的上述要求，但在新古典模型中，持续的经济增长也是可能的。在本篇的最后，我将使用新古典或准新古典模型研究持续的内生经济增长。

我们已经在第 2 章提到了 AK 模型。这个模型放松了对经济体的总生产函数所做的假设（第 2 章的假设 1 和假设 2）之一，并排除了资本报酬递减的情况。因此，连续的资本积累可以作为推动经济持续增长的引擎。这一章将从 AK 模型的"新古典"版本开始，不仅证明新古典增长模型中内生增长的可能性，而且为我们提供了一个可应用于多个领域的实用模型。当然，这个模型并非没有缺点。最主要的一个缺点是该模型假定资本是生产的唯一（或基本上唯一的）要素，而且资本要素收入占国民收入的比重趋近于 1。接着，我介绍了两个不同的两部门内生增长模型，它们与基本 AK 模型十分相似，但是避免了这种违背事实的预测。这两个模型之一包含了物质资本和人力资本积累，因此，也类似于第 10.4 节研究的包含物质资本和人力资本的新古典增长模型。第二个模型基于雷贝洛（Rebelo, 1991）的研究，是一个内容更为丰富的模型并且很有趣，因为该模型允许投资品和消费品部门有不同的资本密集度。

我以介绍保罗·罗默（Paul Romer, 1986a）的一篇文章总结本章，这篇文章开创了内生增长研究的先河，并重新唤起了经济学家对经济增长问题的研究兴趣。由于罗默的目标是对技术变化建立模型，为此他引入了技术外溢，这类似于我们在第 10 章看到的。因此，尽管罗默模型的竞争均衡不是帕累托最优的，而且经济增长的引擎可以被解释为某种形式的知识累积，但是从许多方面来说这种模型都是新古典模型。特别是，我们将看到，其简化形式与基本 AK 模型十分相似（除了其福利含义之外）。

11.1 回顾 AK 模型

让我们从最简单的新古典持续增长模型开始，我们已经在索洛增长模型的背景下，特别是第 2.6 节的命题 2.10 中讨论过。这就是所谓的 AK 模型，其中生产技术与资本是线性相关的。下面的分析将表明重要的不是生产函数的线性，而是技术积累的线性。但此时我们从较为简单的 AK 经济开始讨论比较合理。

11.1.1 人口、偏好和技术

本章和本书第四篇的重点是经济增长，首先，我们将关注平衡经济增长，这种增长被定义为与卡尔多事实（请回顾第 2 章）一致的增长路径。如第 8 章所示，平衡增长要求我们采用经典的新古典增长模型中的 CRRA（常相对风险厌恶型）偏好（以确保跨期替代弹性是不变的）。

让我们假定该经济体中存在一个无限期界的代表性家庭，且该家庭的规模以指数率 n 增长。该代表性家庭在 $t=0$ 期的偏好为

$$\int_0^\infty \exp(-(\rho-n)t)\frac{c(t)^{1-\theta}-1}{1-\theta}dt \tag{11.1}$$

劳动供给是无弹性的。该家庭的流动预算约束为

$$\dot{a}(t) = (r(t)-n)a(t) + w(t) - c(t) \tag{11.2}$$

其中 $a(t)$ 代表 t 期的人均资产，$r(t)$ 利率，$w(t)$ 为人均工资率，n 为人口增长率。和以往一样，我们将假定非庞氏约束条件成立，

$$\lim_{t\to\infty}\left[a(t)\exp\left(-\int_0^t(r(s)-n)ds\right)\right] \geqslant 0 \tag{11.3}$$

代表性家庭的欧拉方程和之前的一样，因此有以下人均消费增长率：

$$\frac{\dot{c}(t)}{c(t)} = \frac{1}{\theta}(r(t)-\rho) \tag{11.4}$$

家庭的横截性条件则意味着

$$\lim_{t \to \infty} \left[a(t) \exp \left(-\int_0^t (r(s)-n)ds \right) \right] = 0 \qquad (11.5)$$

和之前一样，这个求极值的函数是凹的，并且这些条件的任意解实际上就是该代表性家庭的最优规划。

除了假设 1 和假设 2 不能满足，最终产品部门与之前相似。具体而言，假设总生产函数为

$$Y(t) = AK(t)$$

其中 $A>0$。注意，该生产函数并不取决于劳动，因此（11.2）式中的工资收入 $w(t)$ 等于零。这是基本 AK 模型的缺点之一，但是下文放松了这个条件（在习题 11.3 和习题 11.4 中也放松了）。将该等式两边同时除以 $L(t)$，并像以往一样将 $k(t) \equiv K(t)/L(t)$ 定义为资本劳动比，我们可得单位产出

$$\begin{aligned} y(t) &\equiv \frac{Y(t)}{L(t)} \\ &= Ak(t) \end{aligned} \qquad (11.6)$$

（11.6）式与满足假设 1 和假设 2 的生产函数有几个显著区别。首先，产出仅仅是资本的函数，且不存在收益递减问题（比如，$f''(\cdot)<0$ 不再成立）。这个特点仅仅是出于简化分析的考虑，而且引入资本收益递减也不影响本节的主要结论（见习题 11.4）。更重要的假设是假设 2 中的稻田条件不再成立。具体地，

$$\lim_{k \to \infty} f'(k) = A > 0$$

这个特征是实现持续增长必不可少的。

利润最大化的条件类似于之前给出的，并要求资本边际产品等于资本的租赁价格：$R(t)=r(t)+\delta$。由于资本的边际产品是常量且等于（11.6）式中的 A，我们可知对于所有 t，有 $R(t)=A$ 和

$$r(t) = r = A - \delta \qquad (11.7)$$

由于劳动的边际产出为零，劳动收入也等于零。

11.1.2 均衡

该经济体的一个竞争均衡由人均消费、资本劳动比、工资率和资本租金率的路径构成，即 $[c(t), k(t), w(t), R(t)]_{t=0}^{\infty}$，从而在给定初始资本劳动比 $k(0)$，且约束条件为 (11.2) 式和 (11.3) 式的情况下，代表性家庭最大化 (11.1) 式，同时对于所有 t，要素价格 $[w(t), r(t)]_{t=0}^{\infty}$ 满足 $w(t)=0$，$r(t)$ 由 (11.7) 式给定。

为了刻画该均衡，请在此注意 $a(t)=k(t)$。根据事实 $r=A-\delta$ 和 $w=0$，(11.2) 式、(11.4) 式和 (11.5) 式可知

$$\dot{k}(t) = (A - \delta - n)k(t) - c(t) \tag{11.8}$$

$$\frac{\dot{c}(t)}{c(t)} = \frac{1}{\theta}(A - \delta - \rho) \tag{11.9}$$

且

$$\lim_{t \to \infty} \left[k(t) \exp(-(A - \delta - n)t) \right] = 0 \tag{11.10}$$

由于 (11.9) 式的右边为常数，必然存在一个不变的消费增长率（且只要 $A-\delta-\rho>0$ 增长就是正的）。因此，消费增长率独立于人均资本存量水平 $k(t)$。这种独立性还意味着该模型中不存在转移动态。开始于任意 $k(0)>0$，人均消费（如我们将要看到的，同理于资本劳动比）立即开始以不变的比率增长。为了更正式地证明这一点，让我们从某个初始消费水平 $c(0)$ 开始对 (11.9) 式进行积分，该初始消费水平和往常一样，取决于生命周期的预算约束。于是可得

$$c(t) = c(0) \exp\left(\frac{1}{\theta}(A - \delta - \rho)t\right) \tag{11.11}$$

由于该经济体存在增长，我们必须确保家庭效用是有界的，这也相当于保证满足横截性条件。我们还要保证增长为正。接着我们令

$$A > \rho + \delta > (1-\theta)(A-\delta) + \theta n + \delta \tag{11.12}$$

该条件的第一部分保证产出和消费增长为正，第二部分则近似于有技术进步的新

古典增长模型中的条件 $\rho + \theta g > g + n$。

11.1.3 刻画均衡

让我们首先证明该经济体中不存在转移动态。具体而言，不仅消费增长率而且资本和产出增长率在所有时点都是不变的，并等于由（11.9）式给出的消费增长率。将（11.11）式的 $c(t)$ 代入（11.8）式，我们得到

$$\dot{k}(t) = (A - \delta - n)k(t) - c(0)\exp\left(\frac{1}{\theta}(A - \delta - \rho)t\right) \tag{11.13}$$

这是 $k(t)$ 的一阶非自治线性微分方程。其解是（请再回忆 B.4 节）：

$$\begin{aligned} k(t) &= \kappa \exp((A - \delta - n)t) \\ &\quad + [(A-\delta)(\theta-1)\theta^{-1} + \rho\theta^{-1} - n]^{-1}[c(0)\exp(\theta^{-1}(A-\delta-\rho)t)] \end{aligned} \tag{11.14}$$

其中 κ 是一个有待确定的常量。假设（11.12）式保证了

$$(A-\delta)(\theta-1)\theta^{-1} + \rho\theta^{-1} - n > 0$$

根据（11.14）式，资本（资本劳动比）看似没有按照一个不变的比率增长，因为它是两个有着不同增长率的部分之和。这里横截性条件就派上了用场。让我们将（11.14）式替换为横截性条件（11.10）式，得到

$$\begin{aligned} \lim_{t \to \infty} \Big[&\kappa + [(A-\delta)(\theta-1)\theta^{-1} + \rho\theta^{-1} - n]^{-1} \\ &\times c(0)\exp(-((A-\delta)(\theta-1)\theta^{-1} + \rho\theta^{-1} - n)t) \Big] = 0 \end{aligned}$$

由于，当 $(A-\delta)(\theta-1)\theta^{-1} + \rho\theta^{-1} - n > 0$，当 $t \to \infty$，该表达式的第二项收敛至零。但是第一项为常数。于是，只有当 $\kappa = 0$ 时，横截性条件得以满足。于是，（11.14）式表明

$$\begin{aligned} k(t) &= [(A-\delta)(\theta-1)\theta^{-1} + \rho\theta^{-1} - n]^{-1}[c(0)\exp(\theta^{-1}(A-\delta-\rho)t)] \\ &= k(0)\exp(\theta^{-1}(A-\delta-\rho)t) \end{aligned} \tag{11.15}$$

其中第二行直接由资本在 $t=0$ 时等于 $k(0)$ 这一事实推出。于是资本和产出都与

消费以相同的比率增长。

(11.15) 式确定的初始人均消费水平为

$$c(0) = [(A-\delta)(\theta-1)\theta^{-1} + \rho\theta^{-1} - n]k(0) \qquad (11.16)$$

注意，在这个简单的 AK 模型中，增长不仅是可持续的，而且从它受到相关参数影响的意义上说是内生的。比如，考虑贴现率 ρ 的上升，请回忆，在拉姆齐模型中，这种变化仅仅影响人均收入水平，对增长率毫无影响，增长率取决于劳动扩张型技术进步的速率。这里，很容易证明 ρ 的上升降低了增长率；家庭变得更缺乏耐心，资本积累率下降。由于资本积累是经济增长的引擎，均衡增长率会下降。类似地，A 和 θ 的变化将影响消费、资本和产出的水平及增长率。

最后，让我们计算（均衡）储蓄率。它被定义为总投资（等于资本扩张量加上重置投资）除以产出。于是我们可得

$$\begin{aligned} s &= \frac{\dot{K}(t) + \delta K(t)}{Y(t)} \\ &= \frac{\dot{k}(t)/k(t) + n + \delta}{A} \\ &= \frac{A - \rho + \theta n + (\theta-1)\delta}{\theta A} \end{aligned} \qquad (11.17)$$

其中最后一个等式利用了条件 $\dot{k}(t)/k(t) = (A-\delta-\rho)/\theta$。该等式说明，在基本索洛模型中被当作不变且外生的储蓄率，在各时期也是不变的，但现在取决于偏好和技术。

命题 11.1 考虑一个存在代表性家庭的 AK 经济体，该代表性家庭的偏好由 (11.1) 式表示，并且生产技术由 (11.6) 式给出。假定条件 (11.12) 式成立。于是存在一个唯一的均衡路径，从任意为正的人均资本存量 $k(0)>0$ 出发，其人均消费、人均资本和人均产出都有相同的增长率 $g^* \equiv (A-\delta-\rho)/\theta > 0$，且储蓄率由 (11.7) 式给出。

AK 模型的一个重要结论是如果所有市场都是竞争的，存在一个代表性家庭，且不存在外部性，竞争均衡就是帕累托最优的。这一点可以用第一福利定理（定理 5.6）证明，也可以通过直接推导最优增长解来证明。

命题 11.2 考虑一个存在代表性家庭的 AK 经济体，该家庭的偏好由

(11.1) 式表示，生产技术表示为 (11.6) 式。假定条件 (11.2) 式成立。则唯一的竞争均衡满足帕累托最优。

证明 见习题 11.2。

11.1.4 政策的作用

将政策差异纳入这个框架并研究这类差异对均衡增长率的影响是简单易行的。假定像第 8 章一样，资本收入的税率为 τ。代表性家庭的预算约束变为

$$\dot{a}(t) = ((1-\tau)r(t) - n)a(t) + w(t) - c(t) \tag{11.18}$$

重复以上分析即可知这一税收给经济增长率带来了负面影响，增长率变为（见习题 11.5）：

$$g = \frac{(1-\tau)(A-\delta) - \rho}{\theta} \tag{11.19}$$

此外，可以计算出储蓄率为

$$s = \frac{(1-\tau)A - \rho + \theta n - (1-\tau-\theta)\delta}{\theta A} \tag{11.20}$$

当 $A - \delta > 0$ 时，它是 τ 的减函数。因此在该模型中，均衡储蓄率对政策的反应是内生的。此外，由于储蓄率为常数，政策的不同会导致资本积累率产生永久差异。这一观察结果有着重要启示。在基本新古典增长模型中，即便是相当大的税收扭曲差异（如，τ 的差异达到 8 倍）也只对人均收入差异产生有限影响，而这里即使 τ 的差异很小，也都能带来巨大的影响。尤其是，考虑两个技术和偏好相同的经济体，它们对资本收入征收不同的（不变的）税率，τ 和 $\tau' > \tau$。则对于任意 $\tau' > \tau$，

$$\lim_{t \to \infty} \frac{Y(\tau', t)}{Y(\tau, t)} = 0$$

其中 $Y(\tau, t)$ 代表在时间 t 时，税收为 τ 的经济体的总产出。因此，即使小的政策差异在长期也能产生巨大的影响。那么，为什么文献更多地关注标准新古典增长模型无法产生较大差异，而不是关注 AK 模型能够产生相对较大的差异呢？理由有两点：第一，如上面提到的，AK 模型——不存在报酬递减且

资本在国民收入中的占比趋近于1——并不能较好地反映现实。第二，与第1章的讨论相关，大多数经济学家相信二战后的世界收入分配是相对稳定的，这使那些认为世界收入分配稳定的模型比那些认为微小的政策变动就能导致永久增长差异的模型要更具吸引力。最后一个观点是否正确，还需要经验检验。

11.2 包含物质资本和人力资本的 AK 模型

像上一节提到的一样，基本 AK 模型的一个主要缺点是资本在国民收入中的占比等于1（或如习题11.3 和习题11.4 中变形的 AK 模型所示，极限为1）。一种能丰富 AK 模型并避免这些问题的方法是同时考虑物质资本和人力资本。现在，我将简单地讨论这个扩展模型。假定该经济体中存在偏好为（11.1）式的代表性家庭。除了人力资本更有可能提高单位劳动的效率（而不是作为生产的一个不相关因素）之外，该经济体的生产基本类似于第10.4 节的情况。具体来看，总生产函数为以下形式

$$Y(t) = F(K(t), H(t)) \tag{11.21}$$

其中 $H(t)$ 表示有效单位劳动（或人力资本），它和物质资本按照同样的方式积累。生产函数 $F(\cdot,\cdot)$ 满足假设1 和假设2。为了简化分析，假定不存在人口增长，于是有 $n=0$。

代表性家庭的预算约束为

$$\dot{a}(t) = r(t)a(t) + w(t)h(t) - c(t) - i_h(t) \tag{11.22}$$

其中 $h(t)$ 为代表性家庭的有效单位劳动（人力资本），$w(t)$ 是单位人力资本的工资率，$i_h(t)$ 是人力资本的投资。像第10.4 节一样，人力资本的变化由下列微分方程给出

$$\dot{h}(t) = i_h(t) - \delta_h h(t) \tag{11.23}$$

其中 δ_h 是人力资本的折旧率。资本存量的变化依然由 $k(t)=a(t)$ 给出，物质资本的折旧率表示为 δ_k。在这个模型中，代表性家庭通过选择消费路径、人力资本投资和资产持有水平，最大化其效用。竞争性要素市场意味着

$$R(t) = f'(k(t)) \text{ 和 } w(t) = f(k(t)) - k(t)f'(k(t)) \qquad (11.24)$$

其中,有效资本劳动比为该经济体的资本存量除以人力资本,即

$$k(t) \equiv \frac{K(t)}{H(t)}$$

该经济体的竞争均衡由人均消费、资本劳动比、工资率和资本租金率的路径构成,即 $[c(t), k(t), w(t), R(t)]_{t=0}^{\infty}$,从而在给定初始有效资本劳动比 $k(0)$,且约束条件为 (11.3) 式、(11.22) 式和 (11.23) 式的情况下,代表性家庭最大化 (11.1) 式,同时要素价格 $[w(t), R(t)]_{t=0}^{\infty}$ 满足 (11.24) 式。

为了刻画该竞争均衡,让我们使用共态变量 μ_a 和 μ_h 构建代表性家庭的现值汉密尔顿函数

$$\mathcal{H}(a, h, c, i_h, \mu_a, \mu_k) = \frac{c(t)^{1-\theta} - 1}{1-\theta} + \mu_a(t)[r(t)a(t) +$$

$$w(t)h(t) - c(t) - i_h(t)] + \mu_h(t)[i_h(t) - \delta_h h(t)]$$

再次应用定理 7.13,我们可以得出该最大化问题的下列候选解(见习题 11.8)

$$\begin{aligned}
&\mu_a(t) = \mu_h(t) = \mu(t) \quad \text{对所有}t\text{成立} \\
&w(t) - \delta_h = r(t) \quad \text{对所有}t\text{成立} \\
&\frac{\dot{c}(t)}{c(t)} = \frac{1}{\theta}(r(t) - \rho) \quad \text{对所有}t\text{成立}
\end{aligned} \qquad (11.25)$$

直观地看,人力资本和物质资本投资不存在约束;于是,这两种不同类型投资的影子价值必须如 (11.25) 式中第一个条件表述的那样,在所有时点都相等。进而可以得到 (11.25) 式的第二个条件,使人力资本和物质资本的回报率相等。第三个条件是标准欧拉方程。可以证明,现值汉密尔顿函数是凹的,且满足定理 7.14 的充分性条件。因此,(11.25) 式的解必定是代表性家庭的最大化问题的解。此外,根据习题 8.11 中的相同论证,该解是唯一的。

将 (11.25) 式和 (11.24) 式合并可得对于所有 t,有

$$f'(k(t)) - \delta_k = f(k(t)) - k(t)f'(k(t)) - \delta_h$$

由于等式左边随着 $k(t)$ 递减,右边是递增,有效资本劳动比必须满足对于所有 t,

有

$$k(t) = k^*$$

命题 11.3 考虑包含物质资本和人力资本、偏好为（11.1）式、生产技术为（11.21）式的 AK 经济体。令 k^* 由下列表达式给出

$$f'(k^*) - \delta_k = f(k^*) - k^* f'(k^*) - \delta_h \tag{11.26}$$

假定 $f'(k^*) > \rho + \delta_k > (1-\theta)(f'(k^*) - \delta) + \delta_k$。于是，在这个经济体中存在一条唯一的均衡路径，其中消费、人力资本、物质资本和产出从任意初始条件开始，都以相同的比率 $g^* \equiv (f'(k^*) - \delta_k - \rho)/\theta > 0$ 增长，其中 k^* 由（11.26）式给出。资本在国民收入中的占比是不变的，且在任何时候都小于 1。

证明 见习题 11.9。

这里研究的经济体与基本 AK 模型相比，主要优点是前者的要素收入分配是稳定的，相当大的一部分国民收入都归劳动（即人力资本的收益）。因此，我们不能以不符合资本占 GDP 份额的事实批评这个模型。与上一节类似的分析表明，在这个模型中，微小的政策差异也将带来长期增长率的差异。因此，这个模型可以解释各国人均收入的巨大差异。然而，这种差异的产生部分源于跨国人力资本的较大差异。这样一来，由这一经验机制产生的巨大的跨国收入差异，可能也不符合第 3 章讨论的经验模式。此外，在二战后各国政策存在巨大差异的前提下，就像基本 AK 经济体一样，这里的模型意味着世界收入分配会有显著变化，但是第 1 章的证据则显示二战后世界收入分配是相对稳定的。

11.3 两部门 AK 模型

前两节研究的模型具有几个方面的优点：这些模型可以产生经济的持续增长而且均衡增长率与政策、内在偏好和技术是相关的。此外，这些模型与新古典模型关系密切。实际上，根据之前的讨论，这种内生增长均衡满足帕累托最优。

第 11.1 节的基本 AK 模型有一个缺点，即所有国民收入都归资本。从本质上说，它是一个单部门模型，资本是唯一的生产要素。这种局限性使该模型难以应用于现实世界。上一小节的模型修正了生产要素的假设，但从某种程度上说，该模型只是引入了另一种线性积累的生产要素，因此，该均衡结构还是等价于一个单部门

AK 经济中的均衡结构。故而，从某种更深层意义上说，前两节讨论的都是单部门模型。除了单部门性质，这些模型的另一个重要缺陷是，它们并没有找出驱动经济持续增长的关键特征。对经济持续增长而言，重要的并非生产技术是 AK 型的，而是与之相关的特征，即技术积累是线性的。在这一节，我将在雷贝洛（Rebelo, 1991）的研究基础上，进一步拓展该两部门的新古典内生增长模型。这个模型在不考虑人力资本积累的情况下，得出了要素收入占国民收入之比为常数的结论。该模型还描绘了消费和投资品生产函数的资本密集度差异起到的作用。

偏好和人口都和第 11.1 节一样。具体地，条件（11.1）式至（11.5）式和以前一样仍然成立［除了对（11.4）式中利率的解释略有差别之外，下文将讨论这一点］。此外，为了简化分析，假定不存在人口增长，即 $n = 0$，且该经济体的总劳动力数量 L 的供给是无弹性的。

主要差异在于生产技术。让我们现在设想一个两部门经济体中不止一种商品被用于消费和投资。第一个部门生产消费品，它使用如下技术：

$$C(t) = BK_C(t)^a L_C(t)^{1-a} \tag{11.27}$$

其中符号"C"代表用于消费部门的资本和劳动，其技术是柯布－道格拉斯型的。实际上，这里的柯布－道格拉斯假设对于确保资本在国民收入中的份额为常数是非常重要的（见习题 11.12）。资本积累方程式表示为

$$\dot{K}(t) = I(t) - \delta K(t)$$

其中，$I(t)$ 表示投资。投资品在第二个部门中生产，技术采用不同于（11.27）式的下列方式：

$$I(t) = AK_I(t) \tag{11.28}$$

（11.28）式描述的投资品部门所用技术的独特之处在于，投资和资本存量之间的关系是线性的，且没有涉及劳动力。这是一种常用于两部门模型中的极端假设：投资品部门比消费品部门的资本密集度更高。可以找到一些支持该假设的数据，尽管当消费和投资品的性质发生变化时，很多部门的资本密集度会随时间不断变化。

市场出清意味着，对于所有 t，关于资本有

$$K_C(t) + K_I(t) \leq K(t)$$

和关于劳动力（因为劳动力仅用于消费部门）有

$$L_C(t) \leq L$$

该经济体的一个均衡被定义为类似于新古典经济体中的形式，但是具有将资本在两个部门之间做出配置决策的特征。此外，由于这两个部门生产两种不同的产品——消费品和投资品——两部门之间的相对价格是内生调整的。

由于两个市场的出清条件都是以等式成立（两种要素的边际产品总是为正），我们可以令$\kappa(t)$代表用于投资部门的资本比例，于是有

$$K_C(t) = (1 - \kappa(t))K(t), \text{ 且 } K_I(t) = \kappa(t)K(t)$$

根据利润最大化原则，资本回报率在两个部门必须是相同的。用$p_I(t)$代表投资品的价格，$p_C(t)$表示消费品的价格。于是（11.27）式和（11.28）式意味着

$$p_I(t)A = p_C(t)\alpha B \left(\frac{L}{(1-\kappa(t))K(t)} \right)^{1-\alpha} \tag{11.29}$$

将平衡增长路径定义为均衡路径，其中$\kappa(t)$是常量且等于某个$\kappa^* \in [0,1]$。此外，我们将消费品看作计价单位，于是对于所有t，都有$p_C(t) = 1$。对（11.29）式求微分意味着在平衡增长路径上有

$$\frac{\dot{p}_I(t)}{p_I(t)} = -(1-\alpha)g_K \tag{11.30}$$

其中g_K是资本在平衡增长路径上的增长率。

如上所示，欧拉方程（11.4）式依然成立，但是对应的利率是消费贷款利率，用$r_C(t)$表示。这个利率衡量了个人现在放弃1单位的消费能在未来获得多少单位消费品。由于消费品和投资品的相对价格总是随时间变化，正确的计算方法如下所示。通过放弃1单位的消费，个人可以购买$1/p_I(t)$单位的资本品。这些资本品的瞬时回报为$r_I(t)$。此外，个人获得1单位的资本，这1单位资本的价格变化为$\dot{p}_I(t)/p_I(t)$。最后，她还要购买消费品，其价格变动为$\dot{p}_C(t)/p_C(t)$。因此，根据以投资品计价的投资回报率和以消费品计价的投资回报率的一般关系为

$$r_C(t) = \frac{r_I(t)}{p_I(t)} + \frac{\dot{p}_I(t)}{p_I(t)} - \frac{\dot{p}_C(t)}{p_C(t)} \tag{11.31}$$

已知计价单位的类别，有 $\dot{p}_C(t)/p_C(t)=0$。另外，$\dot{p}_I(t)/p_I(t)$ 由（11.30）式给出。最后，给定线性技术采用（11.28）式的形式，有

$$\frac{r_I(t)}{p_I(t)} = A - \delta$$

于是，我们得到

$$r_C(t) = A - \delta + \frac{\dot{p}_I(t)}{p_I(t)}$$

同时根据（11.30）式，以消费品计价的平衡增长路径上的投资回报率为

$$r_C = A - \delta - (1-\alpha)g_K$$

根据（11.4）式，回报率意味着消费增长率为

$$g_C = \frac{\dot{C}(t)}{C(t)} = \frac{1}{\theta}(A - \delta - (1-\alpha)g_K - \rho) \qquad (11.32)$$

现在，对（11.27）式求微分并利用劳动力不变的事实，可得

$$\frac{\dot{C}(t)}{C(t)} = \alpha \frac{\dot{K}_C(t)}{K_C(t)}$$

由于 $\kappa(t)$ 在平衡增长路径中总是不变的，由上式可以推出以下关系：

$$g_C = \alpha g_K$$

将该等式代入（11.32）式，可得

$$g_K^* = \frac{A - \delta - \rho}{1 - \alpha(1-\theta)} \qquad (11.33)$$

和

$$g_C^* = \alpha \frac{A - \delta - \rho}{1 - \alpha(1-\theta)} \qquad (11.34)$$

那么工资呢？因为劳动力用于消费品部门，工资为正。由于劳动力市场是竞争的，t 期的工资率为

$$w(t) = (1-\alpha)p_C(t)B\left(\frac{(1-\kappa(t))K(t)}{L}\right)^\alpha$$

因此，在平衡增长路径上，我们可得

$$\begin{aligned}\frac{\dot{w}(t)}{w(t)} &= \frac{\dot{p}_C(t)}{p_C(t)} + \alpha\frac{\dot{K}(t)}{K(t)} \\ &= \alpha g_K^*\end{aligned}$$

这个表达式意味着工资和消费以相同比率增长。

另外，运用第 11.2 节的论证过程，可以证明该经济体中不存在转移动态。这一分析证明了以下命题。

命题 11.4 在上述两部门新古典经济体中，存在一个唯一的均衡，对于任意 $K(0)>0$，消费和劳动收入都以（11.34）式给出的不变比率增长，而资本存量则按照（11.33）式给出的不变比率增长。

该模型中的政策分析类似于基本 AK 模型中的分析：对投资收入征税或者不鼓励投资的其他政策都会抑制增长。

该模型不同于新古典增长模型的一个重要含义是存在着连续的资本深化。资本比消费和产出以更快的速度增长。这个特点是否符合实际尚存争议。第 2 章讨论的卡尔多事实把不变的资本产出比当作平衡增长的必要条件之一。这里的"平衡增长"并不具备上述特点。对于 20 世纪的大多数时间而言，资本产出是基本保持不变的，但是在过去 30 年中稳步提高。其部分原因在于相对价格的调整。新的资本品质量更好，这需要在计算资本产出比时加以考虑。这些计算仅仅在最近这段时期才开始推行，这或许能解释为什么资本产出比在 20 世纪的早期基本不变，最近却有明显提高。因此，还不能确定资本产出比不变和资本产出比提高，到底哪个更接近现实。

11.4 具有外部性的增长

保罗·罗默（1986a）提出的内生增长理论重新激起了经济学家对经济增长

的研究兴趣。罗默的目标是为知识积累过程构建模型。他发现在竞争性经济中比较难以构建这类模型。一开始，他采用的方法（后来他和其他人在20世纪90年代的文献中对此加以更新和改进）是将知识积累看作资本积累的副产品。换句话说，罗默引入了技术外溢的概念，类似于第10章讨论的人力资本的外部性。这种方法尽管有些简陋，但它毕竟抓住了知识的一个重要维度，即知识是非竞争商品，一旦某种技术被发现，许多企业都可以利用该技术却无法阻止其他企业使用相同知识。非竞争性并不意味着知识也是非排他性的（不然知识会成为纯公共品）。发现了新技术的企业可以通过专利或者商业秘密保护这类方法避免其他企业使用该技术，以获取竞争优势。这些问题将在本书的第四篇讨论。现在，我们只需注意知识的某些重要特征，以及它在生产过程中扮演的角色可引入技术外溢概念来简要地表达。下面，我将介绍罗默（1986a）的论文，这篇论文将技术外溢看作经济增长的引擎。尽管该模型中使用的技术外溢类型不大可能是现实中持续增长的引擎，但对于内生技术进步的分析而言，该模型也是一个好的开始，因为它与基本 AK 经济体的相似性使之能够较好地刻画知识积累的过程。

11.4.1 偏好和技术

考虑一个没有任何人口增长的经济体（我们将在后面看到为何该条件是重要的）。我们不采用总生产函数，而是假设该经济体的生产由企业集合 [0，1] 组成，采用这种方式的原因将在下文中叙述。每个企业 $i \in [0,1]$ 的生产函数为

$$Y_i(t) = F(K_i(t), A(t)L_i(t)) \tag{11.35}$$

其中 $K_i(t)$ 和 $L_i(t)$ 是企业 i 使用的资本和劳动力。注意，劳动扩张型技术 $A(t)$ 并没有下标 i，因为技术对所有企业而言都是一样的。假定生产函数 F 满足假设1和假设2。让我们将生产最终产品的企业标准化为1，于是有

$$\int_0^1 K_i(t)di = K(t)$$

和

$$\int_0^1 L_i(t)di = L$$

对于所有 t 成立，其中 L 是不变的劳动力水平（无弹性供给）。企业在所有市场中都是竞争的，这意味着它们都有相同的资本有效劳动比，且要素价格由它们的边际产品给出：

$$w(t) = \frac{\partial F(K(t), A(t)L)}{\partial L}$$

和

$$R(t) = \frac{\partial F(K(t), A(t)L)}{\partial K(t)}$$

罗默（1986a）的关键假设是尽管企业将 $A(t)$ 看作给定的，但技术（知识）存量对整个经济体而言是内生增长的。特别是，罗默假设这是由于企业之间的技术外溢作用，且将这种外溢归因于物质资本。罗伯特·卢卡斯（1988）提出了一个类似模型，其结构是相同的，但外溢是通过人力资本实现的（例如，罗默提出了物质资本的外部性，卢卡斯提出了人力资本的外部性）。

外部性的观点对于经济学家而言并不陌生，但是罗默和卢卡斯都对外部性做了一个足够强的极端假设：$A(t)$ 能够在整个经济层面持续增长。特别是，罗默假设

$$A(t) = BK(t) \tag{11.36}$$

因此，该经济体的知识存量与其资本存量成一定的比例。这个假设可能是来自"干中学"，即对某个部门增加投资会增加生产过程中（企业、工人和经理）积累的经验，使生产过程变得更为高效。另外，该经济体的知识存量也可能是该经济体生产至今的累积产出的函数，使之更有了"干中学"的意味。我们还要注意，（11.35）式和（11.36）式说明该经济体的总生产函数具有规模报酬递增的性质。如第四篇详细讨论的，这种性质是内生增长模型十分普通的特点。这一特点也强调，在这类模型中我们不能再使用代表性企业定理（定理 5.4）。于是，我将具体说明该经济体的生产函数和每个企业的均衡行为。更一般地，定理 5.4 适用于不存在外部性且所有企业都是价格接受者的情形，然而，几乎所有内生技术模型——如本节开始介绍的罗默模型——面临着技术外部性或垄断竞争格局。

将（11.36）式代入（11.35）式，并利用所有企业都在相同的资本有效劳动比的条件下运行且 F 是一次齐次函数的事实，可以将每个企业的生产函数

写为

$$Y(t) = F(K(t), BK(t)L)$$

由于企业的数量被标准化为1，所以该等式还给出了总产出。根据 $F(\cdot,\cdot)$ 为一次齐次函数的事实，我们可以得到

$$\frac{Y(t)}{K(t)} = F(1, BL)$$
$$\equiv \tilde{f}(L)$$

人均产出是

$$y(t) \equiv \frac{Y(t)}{L}$$
$$= \frac{Y(t)}{K(t)}\frac{K(t)}{L}$$
$$= k(t)\tilde{f}(L)$$

其中 $k(t) \equiv K(t)/L$ 仍是该经济体的资本劳动比。

于是，边际产品和要素价格可以用标准化生产函数表示，现在 $\tilde{f}(L)$ 有：

$$w(t) = K(t)\tilde{f}'(L) \tag{11.37}$$

同时，资本租金率是常量，表示为

$$R(t) = R = \tilde{f}(L) - L\tilde{f}'(L) \tag{11.38}$$

11.4.2 均衡

竞争均衡的定义类似于新古典增长模型中的情况，即该经济体的消费和资本存量的路径 $[C(t), K(t)]_{t=0}^{\infty}$，可以实现代表性家庭效用的最大化，工资以及租金率 $[w(t), R(t)]_{t=0}^{\infty}$ 使要素市场出清。其重要特征是，由于（11.36）式的知识外溢对每个企业而言都具有外部性，所以均衡要素价格由（11.37）式和（11.38）式给出，即，它们不会为资本存量在提高未来生产能力中的作用定价。

由于市场回报率是 $r(t) = R(t) - \delta$，它也是常量。普通的消费欧拉方程

(11.4) 式则说明消费必须按以下不变的比率增长，

$$g_C^* = \frac{1}{\theta}(\tilde{f}(L) - L\tilde{f}'(L) - \delta - \rho) \tag{11.39}$$

还可以确定的是，资本和消费以相同的比率增长，所以资本、产出和消费的增长率都由（11.39）式给出（见习题 11.15）。

让我们假定

$$\tilde{f}(L) - L\tilde{f}'(L) - \delta - \rho > 0 \tag{11.40}$$

可见存在正的增长，但是增长并没有快到破坏横截性条件（效用的有界性）：

$$(1-\theta)(\tilde{f}(L) - L\tilde{f}'(L) - \delta) < \rho \tag{11.41}$$

命题 11.5 考虑具有物质资本外部性的罗默模型。假定条件（11.40）式和（11.41）式成立。于是存在一个唯一的均衡路径，沿着该路径，开始于任意资本存量水平 $K(0) > 0$ 的资本、产出和消费都以不变的比率（11.39）式增长。

证明 该命题的很多内容已经在之前的讨论中证明过了。习题 11.16 要求证明横截性条件以及不存在转移动态。

该模型为我们提供了内生技术变化的第一个例子。该经济体的技术 $A(t)$，如（11.36）式所示，作为企业投资决策的结果而内生变化。因此该经济体的增长率是内生的，即使没有一个企业有目的地投资于研究或者新技术的获取。

在该模型中，由于规模效应（scale effect）的原因要求人口必须是不变的。因为 $\tilde{f}(L) - L\tilde{f}'(L)$ 总是随着 L 增长（根据假设 1），更高的人口（劳动力）规模 L 将导致更高的增长率。规模效应是指人口和均衡经济增长率之间的关系。当人口增长的时候，该经济体不会处于稳态（BGP），并且增长率将随着时间提高（则产出在有限时间趋于无穷，进而破坏了家庭效用的有界性和横截性条件）。正的人口增长带来的影响将在习题 11.18 进一步探讨。规模效应以及如何清除规模效应将在第 13 章详细讨论。

11.4.3 帕累托最优配置

假定存在外部性，命题 11.5 中的分散均衡不满足帕累托最优也就不足为奇了。为了刻画能够最大化代表性家庭效用的配置，让我们再次构建现值汉密尔顿函数并寻找一条候选路径，使之满足定理7.13中的各个条件（见习题11.17）。该经济体的人均资本累积方程可以表示为

$$\dot{k}(t) = \tilde{f}(L)k(t) - c(t) - \delta k(t)$$

现值汉密尔顿函数为

$$\hat{H}(k, c, \mu) = \frac{c(t)^{1-\theta} - 1}{1-\theta} + \mu(t)[\tilde{f}(L)k(t) - c(t) - \delta k(t)]$$

且候选解的必要条件是

$$\hat{H}_c(k, c, \mu) = c(t)^{-\theta} - \mu(t) = 0$$
$$\hat{H}_k(k, c, \mu) = \mu(t)[\tilde{f}(L) - \delta] = -\dot{\mu}(t) + \rho\mu(t)$$
$$\lim_{t \to \infty} [\exp(-\rho t)\mu(t)k(t)] = 0$$

依据标准的论证（请回忆第7章的第7.7节），很容易证明现值汉密尔顿函数满足命题7.14的条件，因此这些条件对于唯一的帕累托最优而言是充分的（见习题11.17）。

将这些等式合并可以得出具有不变消费（和产出）增长率的社会规划者的配置

$$g_C^S = \frac{1}{\theta}(\tilde{f}(L) - \delta - \rho)$$

该消费增长率总是大于由（11.39）式给出的 g_C^*，因为 $\tilde{f}(L) > \tilde{f}(L) - L\tilde{f}'(L)$。事实上，社会规划者考虑到，通过积累更多资本，他可以在将来提高生产率。对企业来说这是一种外在的效应，因此分散的经济体无法将这种外溢内部化。该结论可以概括为如下命题。

命题11.6 在上述具有物质资本外部性的罗默模型中，分散均衡是帕累托次优的，并且其增长率小于资源配置使代表性家庭效用最大化时的增长率。

习题11.19要求读者阐述各种能够缩小均衡配置和帕累托最优配置之间差距的政策。

11.5 小结

本章结束了我们关于（封闭经济条件下）新古典增长模型的研究，也为第四篇对内生技术进步的分析开辟了道路。本章介绍的模型从很多方面来看都比之前各章的更易处理也更为简单。这种易处理性是线性模型的特征之一（在 AK 模型中最为明显）。这种线性特点排除了转移动态并引致更为简便的数学框架。当然，线性对于持续的经济增长是必要的。当存在强凹性时（尤其是像假设 2 所示，凹性与稻田条件是一致的），持续（内生）增长是不可能实现的。于是（渐进）线性对于任何持续增长模型都是必要条件。基本 AK 模型和它的近似模型使这种线性结构相当清晰。尽管这种线性并非显而易见（而且总是通过推导得出来的而非假定的），它还是第四篇研究的内生技术模型的一个特征。然而，我们还将发现内生技术模型中的线性常常来自比本章的模型更为有趣的经济互动。

从另一个角度看，本章的内容没有客观地处理持续增长问题。如第 3 章讨论的，现代经济增长似乎与技术进步密切相关。除了第 11.4 节的罗默模型，本章研究的模型并不具有技术进步的特征。这种遗漏并不意味着它们一定和数据不相符。如第 3 章提到的，观测到的全要素生产率增长是否部分源于对投入品的错误估算，对这一问题，研究者们仍然争论不断。如果观测到的全要素生产率增长部分源于对投入品的错误估算，那么有可能我们测算的很多技术进步实际上是资本深化，而资本深化是 AK 模型及其变体中的经济增长的实质。因此，有关全要素生产率测算的争议对我们应该采取哪种模型研究世界经济增长和跨国收入差异问题有着重要的影响。然而，最后的分析表明，看起来在过去 200 年的经济增长历程中，某种形式的技术进步必定起到了重要作用。

本章的讨论还揭示了另一个重要的矛盾。第 3 章和第 8 章都证实了新古典增长模型（或者更为简单的索洛增长模型）难以解释我们从数据中观测到的巨大的跨国收入差异。即便我们假定存在着跨国扭曲的巨大差异（如，有效税率差距达到 8 倍），隐含的稳态人均收入差异也相对有限。如前所示，这种观察结果引出了很多对新古典增长模型的合理扩展，以推导出对政策扭曲更具弹性的反应，进而使这些模型能更好地拟合跨国差异。本章的模型和我们在本书第四篇将讨论的模型一样，都受到相反问题的困扰。它们意味着即使在政策、技术机会或社会的其他特征上存在很小差异，都可能引致长期增长率的永久差异。因此，这些模型可以用很小的政策、制度或技术差异解释各国生活水平的巨大差异。但是，这种解释力既有好处也有坏处,其中的一个副产品就是这些模型给出了世界收入分配状况将不断分化的预测,换言之,具有不同特征的国家将永远以不同的增长率增长。于是,第 1 章给出的二战后世界收入分配状况相对稳定就对基本内生增长模型构成了挑战。

尽管有些学者争论,各国以不同潜在长期增长率增长的内生增长模型是否比世界收入分配状况保持稳定的模型更接近二战后的数据,但从某种意义上讲,这种争议并没有太大意义。首先,除了考察二战后的数据,还有更多关于增长过程的性质和技术进步的作用值得我们理解。如第 1 章所示,增长分化不仅发生在过去 60 年,而是始于 19 世纪。因此,我们不仅要关注二战后的数据,还要把历史数据应用到我们的增长模型中。关于跨国经济增长的分化从哪个时代开始的问题,这些数据更加丰富且包含更多的信息量。第二,如第 18 章和第 19 章将要讨论的,大多数经济体不是通过研发创造他们自己的技术,而是主要通过进口或是从更先进的国家(或者从世界技术前沿)学习这些技术。它们还与其他国家开展大量的贸易活动。一旦将技术、金融和贸易的相互依赖性纳入模型,外生和内生增长模型的显著区别就消失了。这再次说明将"每个国家当作一个孤岛"的建模方法存在着潜在缺陷,尤其是当我们希望将这些模型与数据进行拟合时。虽然理解国家之间的相互依存有其重要意义,但我在第四篇中仍将遵循以往文献的做法,在构建内生技术进步模型时不考虑国家之间的相互依存,直到第 18 章和第 19 章才回到这些主题。

11.6　参考文献

第 11.1 节讨论的 *AK* 模型是雷贝洛模型(1991)的一个特例(第 11.3 节对此展开详细讨论)。它还是冯·诺依曼(1945)对经济增长开创性贡献的一个特例(这篇 1945 年的论文是从最初 1937 年的德语版翻译而来)。索洛(1970)的著作也讨论了 *AK* 模型(自然用到了外生储蓄),但认为这一模型没多大意义。琼斯和马纽里(Jones and Manuelli, 1990)运用更完整的方法处理新古典模型中的持续经济增长,他们证明了甚至凸集模型(其生产函数符合假设 1,但是不符合假设 2)也与长期持续增长相容。习题 11.4 是琼斯和马纽里提出的凸集新古典内生增长模型的一个版本。

巴罗和萨拉-伊-马丁(2004)讨论了各种版本的两部门内生增长模型,这些模型包含物质资本和人力资本,也与第 11.2 节介绍的模型类似,但这里绍的模型比文献中分析的模型更为简单。

罗默（1986a）的文章堪称内生增长文献的开山之作，第11.4节的模型就是基于该文。罗默的文章之所以重要，不仅是因为该模型本身，还因为其他两个特征：第一个特征是该文章强调潜在的非竞争要素（在此例中是知识外溢）对长期经济增长的促进作用，第二个特征是该文章强调了知识和创意的非竞争性质。这些问题将在第四篇探讨。

在新增长文献中扮演着重要角色的另一篇文章是卢卡斯（1988）撰写的，该文构建的内生增长模型与罗默（1986a）的模型类似，但考虑的是人力资本积累和人力资本外部性问题。卢卡斯的模型以宇泽弘文（1964）的重要研究工作为基础。卢卡斯的这篇文章在增长研究中起到了两个主要作用：第一，它强调对持续经济增长开展经验研究的重要性，从而激起了研究者对新兴起的内生增长模型的研究兴趣。第二，它强调人力资本尤其是人力资本外部性的重要作用。由于第10章广泛讨论了对人力资本的作用，并给出证据表明人力资本外部性的作用十分有限，因此在本章中，我集中讨论了罗默模型而非卢卡斯模型。分析表明，卢卡斯模型也会产生转移动态，这使它比标准的新古典转移动态更难以刻画。习题11.21会讨论卢卡斯模型的一个版本。

11.7 习题

11.1 推导（11.14）。

11.2 证明命题11.2。

11.3 考虑以下连续时间的新古典增长模型

$$\int_0^\infty \exp(-(\rho-n)t)\frac{c(t)^{1-\theta}-1}{1-\theta}dt$$

其总生产函数为

$$Y(t) = AK(t) + BL(t)$$

其中 A，$B > 0$。

（a）求该经济体的竞争均衡。

（b）为代表性家庭构建现值汉密尔顿函数。对该函数求解。将该解与均衡要素价格联系起来，求出均衡路径。证明：该均衡路径有非平凡转移动态。
(c) 求出劳动收入占国民收入的份额随时间变化的情况。
(d) 分析 B 意外增加对均衡路径的影响。
(e) 证明均衡是帕累托最优的。

11.4 考虑以下连续时间的新古典增长模型：

$$\int_0^\infty \exp(-(\rho-n)t)\frac{c(t)^{1-\theta}-1}{1-\theta}dt$$

其生产函数为

$$Y(t) = A\left[L(t)^{\frac{\sigma-1}{\sigma}} + K(t)^{\frac{\sigma-1}{\sigma}}\right]^{\frac{\sigma}{\sigma-1}}$$

(a) 定义并刻画该经济体的一个竞争均衡。
(b) 证明该均衡是帕累托最优的。
(c) 证明当 $\sigma \leq 1$ 时，持续增长是不可能的。
(d) 证明当 A 和 σ 足够大时，该模型会由于资本积累而产生渐进的持续增长。请解释这一结论。
(e) 描述该均衡路径的转移动态。
(f) 资本在国民收入中的份额是多少？这种情况合理吗？该如何修正该模型以保证资本在国民收入中的份额保持不变？
(g) 现在假设对资本收益按比率 τ 征税。求出消费和产出的渐进增长率。

11.5 推导 (11.19) 式和 (11.20) 式。

11.6 考虑具有柯布-道格拉斯技术 $y(t)=AK(t)^\alpha$（以人均计算表示）和对数偏好的新古典增长模型。描述该经济体的均衡路径，并证明，当 $\alpha \to 1$ 时，该均衡路径接近于基本 AK 经济体的均衡路径。请解释这一结论。

11.7 考虑第 11.1 节的基本 AK 模型，并假设两个国家除了资本收益的税率不同以外其他条件都相同。考虑具有以下数值的模型：$A = 0.15$，$\delta = 0.05$，$\rho = 0.02$ 且 $\theta = 3$。假设第一个国家资本收益的税率为 $\tau = 0.2$，第二个国家的税率为 $\tau' = 0.4$。假定这两个国家在 1900 年收入水平相同并且在接下来的 100 年中技术和政策都没有发生变化。这两个国家到

2000 年相对收入差异会是多少？请讨论这个结果并解释为什么你认为（或者不认为）这些结果是合理的。

11.8 （a）证明第 7 章的定理 7.13 和定理 7.14 可以应用于第 11.2 节的两部门模型。[提示：利用第 7.7 节的类似观点。]

（b）证明第 11.2 节的消费者最优化问题可以得出（11.25）式列出的条件。

11.9 证明命题 11.3。

11.10 证明第 11.2 节中由命题 11.3 刻画的经济体的竞争均衡是帕累托最优的，并且和最优增长问题的解相同。

11.11 证明：人口增长率不影响第 11.1 节和第 11.2 节分析的经济体的均衡增长率。请解释这种现象。你觉得这种预测合理吗？

11.12 证明：在第 11.3 节的模型中，如果放松柯布-道格拉斯假设，就不存在资本收入占 GDP 份额不变的平衡增长路径。

11.13 考虑 α 的增加会影响第 11.3 节所述模型的竞争均衡。为什么它提高了该经济体中的资本累积率？

11.14 考虑第 11.3 节研究的模型的变体，其中消费品部门的技术还是表示为（11.27）式，而投资品部门的技术被定义为

$$I(t) = A(K_I(t))^\beta (L_I(t))^{1-\beta}$$

其中 $\beta \in (\alpha, 1)$。劳动力市场的出清条件为 $L_C(t) + L_I(t) \leq L(t)$，其余条件都不变。

（a）定义一个竞争均衡。

（b）描述稳态均衡，并证明该均衡中不存在持续增长。

（c）请解释为什么该模型的长期增长结果不同于第 11.3 节中的情况。

（d）分析资本收益税率分别为 τ 和 τ' 的两个经济体之间的稳态收入差异。参数 α 和 β 对这一相对差异的决定起了什么作用？为什么其数值不同于单部门新古典增长模型中的数值？

11.15 在第 11.4 节的罗默模型中，令 g_C^* 为消费增长率，g^* 为总产出的增长率。证明：$g_C^* > g^*$ 是不可能的，而 $g_C^* < g^*$ 将违背横截性条件。

11.16 考虑第 11.4 节介绍的罗默模型。证明命题 11.5 的配置满足横截性

条件。接着再证明在该均衡不存在转移动态。

11.17 在第11.4节介绍的罗默模型中，证明定理7.13和定理7.14可以同时应用于代表性家庭的最优化问题和社会规划者的最优化问题。

11.18 考虑第11.4节介绍的罗默模型，并假设人口以 $n>0$ 的比率增长。刻画劳动力市场的出清条件。构建代表性家庭的动态最优化问题，并证明该问题的任意内点解都不满足横截性条件。请解释这一结论。

11.19 考虑第11.4节介绍的罗默模型。试求两种不同类型的税收/补贴政策，这些政策能够得出符合帕累托最优配置的均衡配置。

11.20 考虑以下离散时间下的无限期界经济体，其代表性家庭在 $t=0$ 期的偏好表示为

$$\sum_{t=0}^{\infty} \beta^t \frac{C(t)^{1-\theta}-1}{1-\theta}$$

其中 $C(t)$ 是消费，$\beta \in (0,1)$。总人口为 L，不存在人口增长，劳动力供给是无弹性的。该经济体的生产方由数值为1的企业连续统构成，每个企业的生产函数为 $Y_i(t) = F(K_i(t), A(t)L_i(t))$，其中 $L_i(t)$ 是企业 i 在 t 期雇用的劳动力数量，$k_i(t)$ 是企业 i 在 t 期使用的资本量，$A(t)$ 代表相同的技术。市场出清意味着 $\int_0^1 K_i(t)di = K(t)$，其中 $K(t)$ 是 t 期的总资本存量，而且 $\int_0^1 L_i(t)di = L(t)$。假定资本是完全折旧的，则该经济体的资源约束为

$$K(t+1) = \int_0^1 Y_i(t)di - C(t)$$

还假设在 t 期劳动扩张型生产率 $A(t)$ 为 $A(t) = K(t)$。

(a) 定义一个竞争均衡（其中所有参与者都是价格接收者）。
(b) 证明存在一个唯一的平衡增长路径型竞争均衡，其中该经济体每期按不变比率扩张（或者收缩）。试求能令增长率为正但仍然能够满足横截性条件的 F、β 和 θ。
(c) 解释为什么在所有时点任何一个均衡都必须位于 c 部分描述的平衡增长路径上。

*11.21 考虑宇泽弘文和卢卡斯提出的以下内生增长模型。该经济体中存在着一个代表性家庭，其偏好为

$$\int_0^\infty \exp(-\rho t)\frac{C(t)^{1-\theta}-1}{1-\theta}dt$$

其中 $C(t)$ 是对最终产品的消费，这种最终产品的生产函数为

$$Y(t) = AK(t)^\alpha H_P^{1-\alpha}(t)$$

其中 $K(t)$ 是资本，$H(t)$ 是人力资本，$H_p(t)$ 代表生产中使用的人力资本。积累方程为

$$\dot{K}(t) = I(t) - \delta K(t)$$

且

$$\dot{H}(t) = BH_E(t) - \delta H(t)$$

其中 $H_E(t)$ 是投入教育的人力资本（进一步的人力资本积累），为了简化，假定人力资本的折旧率和物质资本的折旧率 δ 相同。该经济体的资源约束为 $I(t) + C(t) \le Y(t)$ 和 $H_E(t) + H_p(t) \le H(t)$。

(a) 解释第二个资源约束。
(b) 用 $h(t)$ 表示配置给生产的人力资本比例（于是有 $h(t) \equiv H_p(t)/H(t)$）并计算最终产出的增长率，该增长率是 $h(t)$ 和可积累要素的增长率的函数。
(c) 假定 $h(t)$ 是不变的，描述一个利率不变、资本和产出增长率不变的经济体的平衡增长路径。证明：在该路径上有 $r^* \equiv B - \delta$，且消费、资本、人力资本和产出的增长率都由 $g^* \equiv (B - \delta - \rho)/\theta$ 给出。证明存在唯一的值 $k^* \equiv K/H$ 符合平衡增长路径。
(d) 确定参数的限制条件以使其满足横截性条件。
(e) 分析开始于 K/H 而不是 k^* 的经济体的转移动态。[提示：观察三个变量的动态变化，$k \equiv K/H$，$\chi \equiv C/K$ 和 h，并分别考虑 $\alpha < \theta$ 和 $\alpha \ge \theta$ 这两种情况。]

第四篇 内生技术变化

本篇的重点是内生技术变化模型。第 12 章讨论技术变化的不同途径,并简要回顾了产业组织文献中的主要模型。第 13 章和第 14 章介绍了罗默、格罗斯曼和赫尔普曼、阿吉翁和豪伊特的基本内生技术进步模型。第 15 章研究种类更丰富的模型,在这些模型中,技术变化的方向,如技术变化将扩张或补充哪些要素,也是内生的。

本篇呈现的模型对实现下述两个相互关联的目的大有帮助。首先,这些模型将技术进步视为经济行为人因应激励、市场结构和政策的结果,为我们研究跨国和跨期的经济表现差异提供了更理想的分析框架。第二,它们为我们构建持续增长模型提供了简便易行的方法,而在持续增长中,技术进步是长期增长的引擎。

第 12 章 技术变化的模型

到目前为止,我们已经研究了外生和内生经济增长模型。但是经济增长并非源自技术变化。它是外生的,依靠(线性)资本积累维持,或者表现为知识溢出效应的副产品。我们的目的是理解经济增长的过程,那些增长源自技术进步和技术变化的模型本身更具吸引力,它们是企业和个人有目的投资的结果。这些模型不仅将技术进步内生化,还将技术变化的过程与市场结构以及反托拉斯、竞争、知识产权等相关政策联系起来。我们也能够运用这些模型讨论定向技术变化。在本章的开头,我会简要地讨论技术变化的不同概念,并为后续的模型提供基础。

12.1 技术的不同概念

12.1.1 技术变化的类型

技术变化的文献往往根据不同类型的创新进行划分。第一种常见的划分是过程创新和产品创新。后者指引进一种新的产品(例如,引进第一台 DVD 播放器),前者指能降低现有产品的生产成本的创新(例如,引进新机器生产现有产品)。过程创新和产品创新的模型在数学上往往是类似的。然而,在我们建立理论和数据之间的对应关系时,区分这两类创新仍然是有用的。

在实践中,引进现有产品的更高质版本或者运用一种成本更低的技术生产现有产品的过程创新可能会比生产过程中降低成本的创新更重要。这种过程创新的一个例子是引进更好的 DVD 播放器和以更低成本生产现有 DVD 播放器的创新。这些创新通常导致更换老式的货物或机器,并导致现有生产者和创新者之间潜在的竞争。

在这种情况下,人们可能还想区分引进高质量 DVD 播放器和生产低质量 DVD 播放器,因为不同的消费者可能会依据质量而不是数量,产生不同的支付意愿。对产品质量的不同支付意愿在产业组织理论以及构建基于质量的准确的价格指数方面是非常重要的。然而，大多数增长模型用代表性家庭表征消费方，并隐含地假设质量和数量之间可完全替代。这些特征将提高现有产品质量的过程创新和降低生产成本的过程创新紧密地联系在一起。接下来的例子说明为什么在典型的增长模型中提高质量和降低成本本质上是等价的。

例 12.1　考虑一个经济体，其代表性家庭具有偏好 $U(qc(q),y|q)$，这里的 y 代表一般商品（可能代表所有其他的商品），c 代表一种有不同质量的特殊消费品。这里 $c(q)$ 表示质量为 q 的商品的消费数量。效用函数与 q 条件相关。这一设定，以及 q 乘以 $c(q)$，意味着质量和数量是完全可替代的，因此高质量的产品提高了有效消费单位。这个假设在增长模型中非常典型，虽然它有明确的限制：消费（使用）五台 1 - GHz 电脑与只使用一台 5 - GHz 电脑并不能同样满足你的需要。

代表性家庭的预算约束为

$$p(q)c(q)+y\leqslant m$$

其中 $p(q)$ 表示质量为 q 的商品价格，一般商品的价格标准化为 1，m 表示消费者可利用的资源。这个家庭面临的问题可以等价地写成

$$\max_{x(q),y} U(x(q),y|q)$$

约束条件为

$$\frac{p(q)}{q}x(q)+y\leqslant m$$

其中 $x(q)\equiv qc(q)$ 对应于商品 c 的有效消费单位。从这个问题的表达式中我们可以直观地看出质量 q 成比例的提高和价格 $p(q)$ 成比例的下降对有效消费单位和福利产生了相同的效果。这一观察证明了上述推论，即在许多模型中，降低生产成本的过程创新与提高产品质量的过程创新具有相同的效果。

在技术变化的文献中，另一个重要区别是宏观创新和微观创新（见 Mokyr，1990）。前者指彻底的创新，包括引进通用技术，例如电力或者计算机，这可能会改变许多不同生产线的生产组织模式。相反，微观创新指更常见的创新，包括引进新型号的现有产品，提高某个产品线的质量，或者仅仅是降低成本。在下文

为相关创新而构建的模型中，大多数创新都是微观创新，虽然大部分内生技术模型没有明确区分微观创新和宏观创新。经验研究似乎表明，大部分生产率增长都源于微观创新，虽然这些创新往往建立在一些宏观创新或通用技术的基础之上，例如电力和芯片的发明（证据和讨论见 Abernathy, 1978; Freeman, 1982）。

12.1.2 为技术构建生产函数

在研究技术进步时，一个令人疑惑的问题是如何定义企业和个人的可行技术菜单。由于我们的目的是构建内生技术模型，这就要求企业和/或个人必须在不同类型的技术中做出选择，更大的努力、更多的科研经费以及更多的投资必然会导致更好的技术发明。这些要求意味着必须存在一个元生产函数（meta-production function，即生产函数之上的生产函数），它决定了新技术是如何作为投入要素的函数而产生的。接下来，我将这种元生产函数视为"创新可能性边界"（或者是"研发生产函数"）。

虽然元生产函数在某些学者看来很自然，但是也有许多经济学家和社会学家认为这个方法无法令人信服。他们反对为技术构建生产函数的论据是创新就其本质而言包含对未知事物的发现，但是在生产函数中，投入和产出都是确定的，我们又该如何将未知的东西引入生产函数呢？

从描述的角度看，虽然这个问题因为用生产函数描述新技术的发明会掩盖创新过程的一些重要细节，但这个担心大体上是无关紧要的。没有理由假定技术的元生产函数具有确定性。与有着随机产出的元生产函数相对应，研究规划的成功以及成功后研究成果的质量可能是不确定的。因此，只要允许不确定结果存在，技术生产函数并不会特别受限，同时我们希望假定个人可以计算他们的行为对研究规划成功率和质量的影响。当然，一些人可能会认为这样的计算是不可能的。但是没有这样的计算，我们不太可能对技术变化（或者技术采用）的过程建模。由于我们的目标是对有目的的创新建模，所以假定个人和企业能做这样的计算是很自然的，而这个假设也等同于假设技术的元生产函数是存在的。

12.1.3 创意的非竞争性

保罗·罗默的著作强调了技术的另一个重要方面。正如我们在第 11 章讨论的，罗默（1986a）最早的内生增长模型引入了物质资本积累的规模报酬递增性质。做出这个假设的依据是知识积累是企业开展经济活动的一个副产品。罗默的后期著作运用非常不同的方法对经济增长过程建模，我们会在第 13 章研究这一方法。但是，他早期和后期的著作都提出了一个相同的核心思想：创意（ideas）的非竞争性是重要的。

罗默所谓的非竞争性是指一个生产者使用某个创意提高效率并不能排除他人使用该创意。同一单位的劳动或资本不能被多个生产者使用，但是同一个创意可以被很多生产者使用，这潜在地提高了每个人的生产率。让我们考虑采用 $F(K, L, A)$ 形式的生产函数，其中 A 表示技术。罗默认为这种技术的一个重要部分是如何生产新产品，如何提高质量或者如何降低成本的创意或蓝图。经济学家通常愿意假设生产函数 $F(K, L, A)$ 对资本和劳动（K 和 L）具有不变的规模报酬，在本书的前三篇中，我都采用了这个假设。例如，复制论可以用来证明这种规模报酬不变的类型（除非土地是生产的一个要素）：当资本和劳动加倍时，社会总是会复制同样的生产设施，在没有外部性的情况下，这些新设施会（至少）产生双倍的产出。

罗默认为将 A 内生化自然会提高所有三种投入 K、L 和 A 的规模报酬。要理解为什么这里非竞争性是重要的，想象一下 A 如同任何其他投入品。复制意味着需要有新的生产设施来复制 A，因此当我们变动三种投入 K、L 和 A 时，我们应该预期规模报酬不变。相反，如果创意是非竞争性的，重构或复制 A 并不需要新的生产设施，因为它可供所有企业使用。于是，$F(K, L, A)$ 在 K 和 L 上规模报酬不变，在 K、L 和 A 上规模报酬递增。

因此，创意的非竞争性与报酬递增之间是紧密联系的。这促使罗默和其他人在20世纪八九十年代基于技术的各种概念建立了许多内生增长模型。但是，创意的非竞争性以及由此产生的规模报酬递增已成为大多数内生增长模型的核心要素。

创意的非竞争性还有另一个重要含义，即市场规模效应（market size effect）。如果一经发现，一个创意就可以无限次使用，那么创意的潜在市场规模决定了实施创意是否有利可图，或者只是先研究它。詹姆斯·瓦特（James Watt）的合作伙伴马修·博尔顿（Matthew Boulton）的名言可以很好地阐述这个观点，他在给瓦特的信中写道，"只为三个国家不值得我去制造你发明的发动机，但是为全世界制造就非常值得"（引自 Scherer, 1984, 第13页）。

为了理解为什么非竞争性与市场规模效应有关，我们想象一下，从事生产还必须有另一种标准（竞争性）的投入品。更大的市场规模不一定促使企业更密集地使用这种替代投入品，因为更大的市场规模以及由此导致的更高销量意味着需要使用更多该投入品。可以投入任意数量的非竞争性创意却不会产生额外成本的事实，使市场规模效应特别重要。在下一节中，我将讨论与市场规模效应的重要性有关的一些经验证据。

然而，创意的非竞争性并不会使创意或创新成为纯公共品。回忆一下，纯公共品既是非竞争的，又是非排他的。尽管某些发现本质上可能是非排他的（例如，以股票期权形式向首席执行官提供过多激励这个"发现"会导致适得其反的激励和欺骗），通过授予专利，大多数发现可以有部分的排他性。技术变化过程中的一个重要方面是保护知识发现（intellectual discovery）不被竞争对手知悉。因此，知识产权保护和专利制度在技术进步模型中往往发挥重要作用。

12.2 科学和利润

对技术变化进行经济分析的另一个主要问题是创新是否主要由科学约束决定，是否由特定领域的科学突破推动，或者是否至少部分由利润动机驱动。通常，历史学家和经济学家对这个问题会给出不同的答案。历史上记载的许多技术变迁站在科学驱动的观点这边，强调科学的自主发展以及重大突破（可能是之前讨论过的宏观创新）是如何发生的，这是因为科学家依赖相互合作，很少强调获利机会。例如，在《历史与现代计算》(*History of Modern Computing*)这本书中，塞鲁齐（Ceruzzi）强调了一些著名科学发现的重要性以及天才在其中所起的重要作用，而非获利动机和计算机的潜在市场。他指出了重要的进步是如何发生的，例如，在计算机发展过程中，如果没有霍华德·艾肯这样的许多重要人物的信念，美国就不会有大量个人电脑的需求（Ceruzzi, 2003, 第13页）。许多经济历史学家（例如 Rosenberg, 1976）同样认为，某一特定领域的科学和工程知识的外生增长是该领域出现创新的一个决定因素。

相反，大多数经济学家认为获利机会发挥着越来越重要的作用，对创新的需求是理解技术变化过程的关键。约翰·斯图亚特·穆勒（John Stuart Mill）很早就明确提出了这样的观点，在《政治经济学原理》(*Principles of Political Economy*)中，他写道：

> 瓦特发明蒸汽机的工作本质上就是生产的一部分，正如搞建设的机械师或者操作仪器的工程师的工作一样；同时来自制造商的报酬，也不比其他人少（引自 Schmookler, 1966, 第210页）。

实际上，正如前面引文描述的那样，瓦特和他的生意伙伴马修·博尔顿都很重视获利。出于同样的原因，瓦特还赞扬了专利制度，他认为，"如果没有专利，那么一个工程师的生活就毫无价值"（引自 Mokyr，1990，第248页）。格里利谢斯和施穆克勒（Griliches and Schmookler，1963）清楚地阐述了获利机会是创新和发明的主要决定因素，之后施穆克勒在其开创性的研究《发明和经济增长》（*Invention and Economic Growth*）一书中，雄辩有力地论证了这个观点。施穆克勒（1966，第206页）写道："发明主要是一项经济活动，与其他经济活动一样，它同样追求利润。"

施穆克勒分析了石油加工、造纸、铁路建设和农业创新，并由此认为，没有证据表明过去的突破是新创新的主要因素。他（Schmookler，1966，第199页）认为："相反，无数案例表明，认识到可能解决一个代价不菲的问题或者发现一个潜在的盈利机会能够刺激创新。"

如果潜在利润是技术变化的主要推动力，那么由新技术或者新产品决定的市场规模将会成为创新的一个关键因素。更大的市场规模提高了利润，并使创新和发明更值得期待。为了强调这一点，施穆克勒将书中两章的标题都命名为"发明的数量由市场的发育程度决定"。马蹄铁的例子可以最清楚地说明施穆克勒的观点。他引用历史资料说明，从19世纪后期到20世纪早期，马蹄铁的古代制造技术保持着非常高的创新率，发明家持续不断地改进技术。由于马蹄铁的需求量非常高，发明和专利都增加了。只有当"蒸汽牵引机和后来的内燃机开始取代马匹"（Schmookler，1966，第93页），这种创新才结束。格里利谢斯（1957）对美国农业杂交玉米种子传播的经典研究也赞成技术变化和技术采用与盈利能力和市场规模密切相关的观点。

最近许多论文也得出了类似的结论。纽厄尔等人（Newell、Jaffee and Stavins，1999）表明，从1960年到1980年，在西尔斯百货出售的经典款空调明显变便宜了，但没有变得更节能。另一方面，从1980年至1990年，空调的成本变化不大，但是空调变得更节能，他们认为这是对能源价格上升的反应。这一例子清晰地说明了在利润刺激下的创新节奏和创新类型。在一项相关研究中，波普（Popp，2002）给出了符合这个模式的证据，并发现节能技术专利与能源价格间存在很强的正相关。

医药行业的证据也说明了利润激励特别是市场规模对创新速度的重要性。芬克尔斯坦（Finkelstein，2004）研究了三种不同的政策变化对研发可抗击六种传染病的新疫苗的盈利能力有何影响。她发现这些政策变化导致的疫苗盈利能力提高与为了研发对抗相关疾病的新疫苗而进行的临床试验数量显著增加之间具有相关性。阿西莫格鲁和林恩（Acemoglu and Linn, 2004）研究了人口结构推动的药品市场规模的外生变化，并发现创新速度对市场规模的这些变化相当敏感。

总之，现有的证据表明市场规模是创新激励和技术变化数量及种类的一个主要决定因素。这一证据引出了下面要介绍的几种模型，其中技术变化是一种经济活动，也是对利润激励的反应。

12.3 局部均衡中的创新价值

现在让我们转而分析创新和研发对企业的价值。创新的均衡价值以及创新的私人价值和社会价值之间的差异（定义为一个社会规划者将外部性内部化的价值）在我们的分析中起着核心作用。正如本书开篇强调的那样，经济增长是一个我们只能通过动态一般均衡分析来理解的过程。不过，在局部均衡下展开我们对创新价值的研究也是有益的，许多产业组织文献就是从局部均衡开始的。

在这一小节，我考虑单个行业。这个行业中的企业可以用现有技术以边际成本 $\psi > 0$ 来生产 1 单位产品（根据某个计价体系）。这个行业的需求用一个需求函数描述

$$Q = D(p)$$

其中 p 是产品价格，Q 是在这个价格上的需求。我始终假设 $D(p)$ 是严格递减、可微的，且满足如下条件：

$$D(\psi) > 0, \text{ 和 } \varepsilon_D(p) \equiv -\frac{pD'(p)}{D(p)} \in (1, \infty)$$

第一个条件确保了当价格等于边际成本时存在正的需求，第二个条件确保了需求弹性 $\varepsilon_D(p)$ 大于 1，使得总是存在一个定义良好（利润最大化）的垄断价格。此外，这个弹性小于正无穷，因此垄断价格高于边际成本。

在本章以及本书的其他章节，当经济体存在垄断竞争或者寡头垄断时，均衡指纳什均衡或者子博弈完美（纳什）均衡（当考虑的博弈是动态博弈时）。附录 C 对这些概念做了简要回顾。

12.3.1 纯竞争条件下不存在创新

首先我们假设存在大量企业 N 有权使用现有技术。现在我们假设这些企业中的企业 1 还有权使用一项可以产生过程创新的研究技术。特别地，为简化讨论，我们假设研究不存在不确定性。如果企业面临成本 $\mu > 0$，那么它可以通过创新将生产的边际成本降至 ψ/λ，其中 $\lambda > 1$。假设这个创新既是非竞争的又是非排他的，这要么是因为创新没有获得专利，要么是因为专利制度不存在。

现在我们分析这个企业进行创新的激励机制。首先在没有创新的均衡中，N 个企业都有相同的技术，这保证了均衡价格等于边际成本，即 $p^N = \psi$，其中上标 N 表示没有创新。总需求量为 $D(\psi) > 0$，以任意形式在 N 家企业之间分配。由于价格等于边际成本，在这个均衡下企业 1 的利润为

$$\pi_1^N = (p^N - \psi)q_1^N = 0$$

其中 q_1^N 指这个企业的供给数量。

现在假设企业 1 进行了创新，但是由于非排他性，创新将会被行业中的所有企业使用。同样的推导表明均衡价格变为 $p^I = \lambda^{-1}\psi$，且全部企业的总供给数量为 $D(\lambda^{-1}\psi) > D(\psi)$。那么进行了创新后的企业 1 有净利润

$$\pi_1^I = (p^I - \lambda^{-1}\psi)q_1^I - \mu = -\mu < 0$$

因此如果企业 1 进行创新，那么它会赔钱。原因很简单：企业会负担创新带来的成本 μ，但是由于创新产生的知识是非排他的，企业从创新中得不到任何收益。这个简单的例子暗含着追溯到熊彼特的一个结论，即纯竞争条件下不会产生创新。

显然，这样的结果可能是非常低效的。为了说明这一点，我们计算一下创新的社会价值，即创新带来的额外收益。社会价值的自然测度是创新带来的消费者剩余和生产者剩余的总和。假设经过创新，产品的价格仍然等于其边际成本。那么社会价值就是

$$\begin{aligned} S^I &= \int_{\lambda^{-1}\psi}^{\psi} D(p)dp - \mu \\ &= \int_{\lambda^{-1}\psi}^{\psi} [D(p) - D(\psi)]dp + D(\psi)\lambda^{-1}(\lambda - 1)\psi - \mu \end{aligned} \quad (12.1)$$

第二行的第一项是消费者剩余的增加,因为随着价格从 ψ 降低到 $\lambda^{-1}\psi$,产出增加了(记得价格等于边际成本)。第二项是产品生产节省的成本;特别是,生产 $D(\psi)$ 单位产品节约了 $\lambda^{-1}(\lambda-1)\psi$。最后一项是创新的成本。我们很容易证明,即使均衡中不存在创新,$\mathcal{S}'$ 也可以是任意大的。例如,创新的成本 μ 可以是任意小的(但仍然是正的),从创新获得的生产率提高 λ 可以是任意大的。

12.3.2　一些附加说明

上面的例子说明了纯竞争条件下的创新问题。主要问题是创新者无法排除他人使用这项创新。确保这种排他性的一个方法是通过知识产权保护或者专利体系,这会为创新者带来事后垄断力量。目前大多数国家实行这种类型的知识产权保护模式,它在下文我们要研究的许多模型中起到了重要的作用。

在开始分析创新者事后垄断权的影响之前,我们要注意几个问题。第一,即使没有专利权,商业秘密可能也足以为创新带来一些激励。第二,企业可能会从事只适合它们的创新,这使它们的创新实际上具有排他性。例如,假设,某个企业能以相同的成本研发出一种新技术,使生产的边际成本降为 $\lambda'<\lambda$。但是,这一技术专门针对这个企业的需求和能力,并不能被其他企业使用(或者说,λ/λ' 是让创新具有排他性的那部分成本)。由于创新的专用性具有专利保护功能,这项技术的采用可能为企业带来利润(见习题12.5)。因此可以在纯竞争条件下采用某些类型的创新,特别是那些由商业秘密保护的创新。

最后,许多作者近来提出竞争市场下创新是可能的。一些文献表明,竞争增长也有可能出现,因为企业可以复制新技术(例如,拷贝软件或者压缩光盘),并在被他人模仿前的一段时间内将这些新技术卖给竞争对手(也可参见 Boldrin Levine, 2003)。另一些文献表明企业层面会有收益递减,这创造了利润,提供了潜在的创新激励,即使对价格接受者的企业来说也是如此(也可参见 Hellwig and Irmen, 2001)。尽管现有的模型只在一些特定假设下才能使竞争均衡产生创新和持续增长,但近期关于竞争增长的著作构成了充满前景的未来研究方向。

12.3.3　创新和事后垄断

现在让我们回到之前介绍的简单情形,并假设企业1进行了一个成功的创新,它可以获得完全保障的专利。于是,企业1比其余企业有更好的技术并拥有事后垄断力量。这一垄断力量保证了企业从创新中获得利润,并潜在地鼓励它将研究活动放在首位。这是熊彼特、阿罗、罗默以及其他人得出事后垄断力量与创新密切相关这一论断的基础。

现在让我们更详细地分析上述情形。我们分成两种情况来讨论。

1. **重大创新**：重大创新对应于一个足够高的 λ 值使企业 1 在创新后成为一个有效的垄断者。为确定 λ 的哪个值导致了这种情况，让我们首先假设企业 1 确实像一个垄断者一样采取行动。随后，我们选择价格来最大化

$$\pi_1^I = D(p)(p - \lambda^{-1}\psi) - \mu$$

显然这个最大化函数给出了以下标准的垄断定价公式（见习题12.1）：

$$p^M \equiv \frac{\lambda^{-1}\psi}{1 - \varepsilon_D(p^M)^{-1}} \qquad (12.2)$$

如果 $p^M \leq \psi$，我们就称这个创新是重大的。显然，这种创新出现时有

$$\lambda \geq \lambda^* \equiv \frac{1}{1 - \varepsilon_D(p^M)^{-1}}$$

当出现重大创新的时候，企业 1 可以不受约束地设定其垄断价格 p^M，且占领整个市场。

2. **限制性定价**：创新不是重大的，即 $p^M > \psi$，或者当 $\lambda < \lambda^*$ 时，唯一的均衡包含限制性定价，企业 1 设定价格为

$$p_1 = \psi$$

以确保它始终能占领整个市场（在这一情形中，企业 1 把价格固定为 $p_1 = p^M$，其他企业会削弱企业 1 的利润）。这种类型的限制性定价经常会出现。此时，那些比竞争对手拥有更好技术的企业经由过程创新导致了限制性定价。此外，当外围的潜在进入者可以模仿一个企业的技术（要么以相同的成本，要么以更低的效率）时，企业可能会被迫设定一个限制性价格以防止外围企业挖走客户。

命题 12.1 考虑上述行业：假设企业 1 进行创新将生产的边际成本从 ψ 降至 $\lambda^{-1}\psi$。如果 $p^M \leq \psi$（或者当 $\lambda \geq \lambda^*$），那么它会将垄断价格设定为 $p_1 = p^M$ 并获得利润

$$\hat{\pi}_1^I = D(p^M)(p^M - \lambda^{-1}\psi) - \mu \tag{12.3}$$

如果 $p^M > \psi$（如果 $\lambda < \lambda^*$），那么企业 1 会将限制性定价设为 $p_1 = \psi$ 并获得利润

$$\pi_1^I = D(\psi)\lambda^{-1}(\lambda - 1)\psi - \mu < \hat{\pi}_1^I \tag{12.4}$$

证明 这个命题的证明需要求解不对称成本的伯兰特竞争博弈均衡。尽管这是标准的证明过程，还是有必要再次强调，所有需求必须由低成本的企业来满足，此前我们已经陈述过这一点。习题 12.2 要求你逐步完成证明。

$\hat{\pi}_1^I > \pi_1^I$ 是很直观的，因为前者指当 λ 大于 λ^* 的情况，而后者表示企业 1 有一个足够低的 λ，使它设定的价格必须低于能使利润最大化的垄断价格。还要注意的是，$\hat{\pi}_1^I$ 和 π_1^I 也对应于企业 1 的创新价值。由于不存在创新，企业的利润为零。这两个表达式都严格为正，因此事后垄断有可能使创新有利可图。这种情况对应于我们从纯竞争出发，但是其中一个企业进行创新以避免竞争并获得了垄断力量。事后的垄断力量对创新激励起着十分重要的作用，这个事实与熊彼特强调的垄断在产生创新中的作用是一致的。

接下来，我们来比较完全竞争和垄断时的创新对企业 1 的价值和对社会的价值，其中的社会价值仍然由（12.1）式给出。此外，我们还可以比较企业 1 进行创新（此时制定了利润最大化价格）时的均衡社会价值与（12.1）式中创新的全部社会价值，它适用于产品价格等于边际成本的情况。垄断情形中的均衡社会剩余和限制性定价时的均衡社会剩余（再次对应于 λ 大于或小于 λ^* 的情况）可以由下式计算出

$$\hat{S}_1^I = D(p^M)(p^M - \lambda^{-1}\psi) + \int_{p^M}^{\psi} D(p)dp - \mu \tag{12.5}$$

以及

$$S_1^I = D(\psi)\lambda^{-1}(\lambda - 1)\psi - \mu$$

命题 12.2 我们得到

$$\pi_1^I < \hat{\pi}_1^I < S^I$$

以及

$$s_1^I < \widehat{s}_1^I < s^I$$

证明 见习题 12.3。

这个命题说明了从两种意义来看，创新的社会价值总是大于其私人价值。第一行表明由于独占效应（appropriability effect），一个希望最大化消费者剩余和生产者剩余的社会规划者总是更愿意创新；即使有事后的垄断力量，企业也只能占有更好的技术带来的部分消费者剩余。此外，第二行意味着即使是在有创新的情况下，由事后垄断支持的均衡社会剩余也总比社会规划者可以（同样通过控制价格）获得的社会剩余少。因此，即使事后垄断力量（如，由专利产生）可以引致创新，创新的激励机制和随创新而来的均衡配置仍然是低效率的。还要注意的是，$\widehat{s}_1^I$ 可能是负的，由于存在创新成本 μ，能提高生产率的潜在过程创新会降低社会剩余。这一情况对应于过度创新。然而可以证明，如果 $\hat{\pi}_1^I > 0$，则有 $\widehat{s}_1^I > 0$，这意味着在此竞争环境下，过度创新是不可能发生的（见习题 12.4）。这一结论不同于下一节的结论。

12.3.4 垄断者的创新价值：替代效应

我们现在来分析与第 12.3.3 节相同的环境，并假设企业 1 是一个在现有技术下不受约束的垄断者。那么在现有技术下，企业将垄断价格设为

$$\hat{p}^M \equiv \frac{\psi}{1 - \varepsilon_D(p^M)^{-1}}$$

它获得的利润等于

$$\hat{\pi}_1^N = D(\hat{p}^M)(\hat{p}^M - \psi) \tag{12.6}$$

如果它从事了创新，边际成本会降至 $\lambda^{-1}\psi$，而且它仍然是一个不受约束的垄断者。因此他的利润会由（12.3）式的 $\hat{\pi}_1^I$ 给出，垄断价格 p^M 由（12.2）式给出。现在这个垄断者的创新价值为

$$\Delta \hat{\pi}_1^I = \hat{\pi}_1^I - \hat{\pi}_1^N = D(p^M)(p^M - \lambda^{-1}\psi) - D(\hat{p}^M)(\hat{p}^M - \psi) - \mu$$

其中 $\hat{\pi}_1^I$ 由（12.3）给出，$\hat{\pi}_1^N$ 由（12.6）给出。

命题 12.3 我们有 $\Delta \hat{\pi}_1^I < \pi_1^I < \hat{\pi}_1^I$，因此垄断者总是比竞争性企业拥有更少

的创新激励。

证明 见习题12.6。

这个结论最早在阿罗（1962）的开创性研究中提出，被称为"阿罗替代效应"。这个术语直观地反映了如下结论：与竞争行业的企业相比，垄断企业进行创新的激励更低，因为创新将取代其现有利润。相反，一个获得零利润的竞争性企业没有利润可被取代。我们可以直接得到如下推论。

推论12.1 与在位垄断者相比，潜在的进入者有更强的激励进行创新。

如果不进行创新，潜在进入者会获得零利润。如果他进行创新，就会成为事后垄断者并获得利润 π_1^I 或者 $\hat{\pi}_1^I$（基于是否存在限制性定价）。这两个利润都大于在位垄断者进行创新得到的额外利润 $\Delta \tilde{\pi}_1^I$。这个结论是替代效应的一个直接结果：即便在位垄断者会替换其盈利的技术，进入者还是会取代在位者的垄断地位。替代效应及其推论意味着在许多模型中，与在位者相比，进入者会有更强的激励投资于研发。

市场进入者通常是过程创新的动力，这一现象将我们带入熊彼特模型描述的情形。熊彼特将经济增长过程描述为一种创造性破坏，即经济发展由垄断利润的前景驱动，并伴随着现有生产单位的摧毁。由于替代效应的存在，通常是市场进入者而非在位企业对发明和过程创新进行更多的研发。因此创新会使在位者丧失既有地位，并摧毁他们的租金。根据熊彼特的观点，这个创造性破坏过程是资本主义经济体系的本质。第14章表明创造性破坏过程也可能是经济增长的动力。

除了对经济增长过程描绘了一幅有趣的画面，并突出市场结构的重要性之外，创造性破坏的重要性还在于它将政治经济方面的相互作用置于经济增长问题的突出位置。如果经济增长是由创造性破坏催生的，就会使一些人蒙受损失，特别是那些目前正享受利润和租金的在位者。由于在位者可能拥有强大的政治力量，许多经济体制可能会创造出不利于经济增长的强大政治阻力。增长的政治经济学部分与理解为什么某些企业、个人或组织反对技术进步以及这些反对是否能成功有关。

本节的分析还有另外一个可能更惊人的含义。这与偷生意效应（business stealing effect）有关，而偷生意效应与替代效应密切相关。通过取代在位者，新进入者实际上也在偷走在位者的生意，即利润。上述讨论表明偷生意效应缩小了创新的私人价值与社会价值之间的差异。然而，偷生意效应也可能导致市场进入者的过度创新。为研究过度创新的可能性，我们首先从垄断者角度开始分析创新

495

的社会剩余。为简化讨论，假设创新是激烈的，如果进入者进行创新，他就可以将无约束垄断价格设定为（12.2）式中的 p^M。因此，正如（12.5）式给出的，创新的社会价值是 $\widehat{s}_1^I$。

命题 12.4 $\widehat{s}_1^I < \widehat{\pi}_1^I$ 是可能的。因此进入者可能会过度积极地进行创新。

证明 见习题 12.8。

直观上，社会规划者很看重垄断者带来的利润，因为这是生产者剩余的一部分。相反，市场进入者只看重创新能带来的利润。这是偷生意效应的本质，并使过度创新成为可能。这个结论十分重要，因为它表明我们通常并不知道均衡时的创新是过多还是过少。究竟哪一种情况会出现，取决于偷生意效应和第12.3.3节讨论的独占效应之间有多强的相关性。

12.4 迪克西特－斯蒂格利茨模型以及总需求外部性

第12.3节着重分析了局部均衡模型中创新的私人价值和社会价值。增长理论主要与创新的一般均衡模型有关。这类模型需要一个容易处理的产业均衡框架，这一框架还能嵌入一般均衡框架之中。使用最广泛的产业均衡模型是由迪克西特－斯蒂格利茨（Dixit and Stiglitz, 1977）和斯宾塞（Spence, 1976）创建的，其中引用了张伯伦（Chamberlin, 1933）关于垄断竞争的许多重要观点。张伯伦（1933）认为，对许多产业的市场结构来说，可以近似地描述如下：每个企业面临一条向下倾斜的需求曲线（因此存在某种程度的垄断力量），但是不能自由进入，因此每个企业（或者至少边际企业）获得零利润。

迪克西特－斯蒂格利茨模型不仅将张伯伦的观点形式化，还使我们可以设定一个偏好结构，该偏好结构能够使垄断加价不变。对很多增长模型来说，这个特征非常方便实用，虽然这也意味着迪克西特－斯蒂格利茨模型可能并不适用于市场结构和竞争会影响加价的情形。

12.4.1 有限产品数量的迪克西特－斯蒂格利茨模型

考虑一个静态经济体，其代表性家庭具有如下偏好

$$U(c_1, \ldots, c_N, y) = u(C, y) \tag{12.7}$$

其中

$$C \equiv \left(\sum_{i=1}^{N} c_i^{\frac{\varepsilon-1}{\varepsilon}} \right)^{\frac{\varepsilon}{\varepsilon-1}} \tag{12.8}$$

是对某一特定商品的 N 种不同种类的消费 $c_1, \cdots, c_N$ 的消费指数，y 代表一般商品，表示其他所有消费。函数 $u(\cdot,\cdot)$ 是严格递增的，对两个变量均可微且严格为凹。(12.8) 式中的参数 ε 表示不同消费之间的替代弹性，且我们假设 $\varepsilon > 1$。(12.8) 式的主要特征是"对多样性的偏好"（love – for – variety），这意味着个人消费的不同种类越多，他的效用就越高。本书剩余章节要讲到的关于技术变化与经济增长的许多不同模型中，会出现 (12.8) 式中不同消费种类的加总。我将它称为"迪克西特 – 斯蒂格利茨加总"或者"CES 加总"（CES 指固定的替代弹性）。

为理解"对多样性的偏好"这个特征，考虑如下情况

$$c_1 = \cdots = c_N = \frac{\bar{C}}{N}$$

因此家庭购买总数量为 $\bar{C}$ 单位的某类商品的不同种类，并在全部 N 个种类间均匀分配。将这个方程代入 (12.7) 式和 (12.8) 式，我们有

$$U\left(\frac{\bar{C}}{N}, \cdots, \frac{\bar{C}}{N}, y\right) = u\left(N^{\frac{1}{\varepsilon-1}} \bar{C}, y\right)$$

这是 N 的严格递增函数（因为 $\varepsilon > 1$），意味着对 $\bar{C}$ 单位固定数量的不同商品而言，每单位可分配的种类数量越多，其效用就越高。这个性质是偏好多样性的效用函数的本质。并非只有这个特点让这种效用函数变得如此便利，事实上它还具有相等的需求弹性。为了计算出个人需求，将 y 的价格标准化为 1，并用 p_i 表示第 i 种商品的价格，用 m 表示家庭的总收入（就商品 y 而言）。那么个人会有如下形式的预算约束

$$\sum_{i=1}^{N} p_i c_i + y \leq m \tag{12.9}$$

在约束条件 (12.9) 式的基础上最大化 (12.7) 式意味着不同种类间有如下一阶条件：对任意 i 和 i'，有

$$\left(\frac{c_i}{c_{i'}}\right)^{-\frac{1}{\varepsilon}} = \frac{p_i}{p_{i'}}$$

接下来用 P 表示理想的价格指数,即与消费指数 C 一致的价格指数。定义价格指数使消费指数的如下一阶条件得到满足:

$$\left(\frac{c_i}{C}\right)^{-\frac{1}{\varepsilon}} = \frac{p_i}{P} \quad \text{对 } i = 1, \ldots, N \tag{12.10}$$

(见习题 12.10)。由等式(12.10)可以得出理想的价格指数为

$$P \equiv \left(\sum_{i=1}^{N} p_i^{1-\varepsilon}\right)^{\frac{1}{1-\varepsilon}} \tag{12.11}$$

在许多情况下,选择这种价格指数作为基准是很方便的。然而需要注意的是,在这个特定例子中,我们不能用(12.11)式作为基准指数,这是因为预算约束已经将商品 y 作为基准。在这个例子中,C 和 y 之间的选择是很明确的,可以归结为最大化效用函数 $u(C, y)$,其预算约束为

$$PC + y \leq m \tag{12.12}$$

将它与(12.10)式、(12.11)式和(12.9)式联立,可以得到用 C 和 y 表示的预算约束。这个最大化函数的一阶条件为

$$\frac{\partial u(C, y)/\partial y}{\partial u(C, y)/\partial C} = \frac{1}{P}$$

我们假设这个解是内点解,整个小节中我都使用了这个假设简化我们的讨论。效用函数 u 的严格联合凹性以及预算约束意味着对某个函数 $g(\cdot, \cdot)$,这个一阶条件可以写为

$$y = g(P, m) \quad \text{以及} \quad C = \frac{m - g(P, m)}{P} \tag{12.13}$$

接下来让我们考虑这些种类的生产。假设每个种类只能由单一企业生产,因此这个企业成为这种特定商品的有效垄断者。此外我们假设所有的垄断者都会追

求利润最大化（由代表性家庭拥有）。

回忆一下生产这些种类的边际成本是常数且等于 ψ。我们首先写出其中一个垄断者的利润最大化问题：

$$\max_{p_i \geq 0} \left(\left(\frac{p_i}{P} \right)^{-\varepsilon} C \right) (p_i - \psi) \tag{12.14}$$

其中第一个括号中的项为 c_i（回忆（12.10）式），第二个括号中的项为价格和边际成本间的差额。这个问题的复杂性在于 P 和 C 可能是 p_i 的函数。然而因为 N 足够大，可以忽略 p_i 对数量的影响，这个最大化问题的解会变得非常简单（见习题 12.11）。这个简化确保我们能得到以边际成本固定加价表示的利润最大化价格

$$p_i = p = \frac{\varepsilon}{\varepsilon - 1} \psi \quad \text{对每个 } i = 1, \ldots, N \tag{12.15}$$

得出这个结论是因为当我们忽略了企业 i 的价格选择对 P 和 C 的影响时，企业面临的需求函数（12.10）式是等弹性的，且有弹性 $\varepsilon > 1$。由于每个企业面临相同的价格，那么可以计算出理想价格指数 P 为

$$P = N^{-\frac{1}{\varepsilon - 1}} \frac{\varepsilon}{\varepsilon - 1} \psi \tag{12.16}$$

使用（12.16）式，可以将每个企业的利润表示为

$$\pi_i = \pi = N^{-\frac{\varepsilon}{\varepsilon - 1}} C \frac{1}{\varepsilon - 1} \psi$$

对每个 $i = 1, \ldots, N$ 成立。通常原因下利润对价格的弹性是递减的。此外，利润对 C 是递增的，它是这些不同商品总需求的测度。利润对 N 也是递减的，这是因为对给定的 C，更多的种类意味着在每个种类上更少的花费。

除了上述最后一种影响，N 对利润的总影响可能是正的。为理解这一点，我们把（12.16）式代入（12.13）式中的 P，得到

$$C = N^{\frac{1}{\varepsilon - 1}} \frac{\varepsilon - 1}{\varepsilon \psi} \left(m - g \left(N^{-\frac{1}{\varepsilon - 1}} \frac{\varepsilon}{\varepsilon - 1} \psi, m \right) \right)$$

以及

$$\pi = \frac{1}{\varepsilon N} \left(m - g \left(N^{-\frac{1}{\varepsilon-1}} \frac{\varepsilon}{\varepsilon-1} \psi, m \right) \right)$$

可以证明，根据（12.13）式中 $g(\cdot)$ 的形式（而它又是基于（12.7）式中效用函数的形状），利润对种类的数量是递增的（见习题 12.12）。乍一看，这个结论可能会令人惊讶：通常我们认为更多的竞争对手会降低利润。但是，将偏好多样性效应嵌入迪克西特－斯蒂格利茨偏好产生了一个补偿效应，这潜在地增加了需求。在宏观经济学文献中，这通常被称为"总需求外部性"。其基本思想是，由于偏好多样性效应，更高的 N 提高了消费每个种类带来的效用。这构成了"外部性"，因为一个新种类（或是某个特定种类的产出增加）对其他种类需求的影响就相当于货币外部性。由于市场不再是完全竞争市场（福利经济学第一定理不再适用），这种货币外部性会产生显著的福利效应。在许多内生技术变化模型中，这个思想起了重要的作用，在第 21 章的贫困陷阱模型中，我们还将再次用到它。

12.4.2 有连续产品的迪克西特－斯蒂格利茨模型

正如我们在第 12.4.1 节讨论的以及将在习题 12.12 进一步分析的，当 N 有限时，如果经济达到均衡时，每个企业设定的价格由（12.15）式给出，那么这个均衡就是一个近似均衡（其中每个企业对理想价格指数只有微小的影响，从而可以忽略这个影响）。另外一个建模假设就是假定存在商品种类的连续统。当存在商品种类的连续统时，（12.15）式不再是一个近似。此外，这种模型更易处理，因为企业数量 N 不用再限定为自然数。基于这个原因，文献中经常使用有连续产品的迪克西特－斯蒂格利茨模型，在本书其余章节也会用到这个模型。

这个模型与我们在第 12.4.1 节中讨论的模型非常相似，只是这里代表性家庭的效用函数采用如下形式

$$U([c_i]_{i \in [0,N]}, y) = u(C, y)$$

其中

$$C \equiv \left(\int_0^N c_i^{\frac{\varepsilon-1}{\varepsilon}} di \right)^{\frac{\varepsilon}{\varepsilon-1}}$$

N 代表某一特定产品的不同种类。代表性家庭面临的预算约束为

$$\int_0^N p_i c_i di + y \leq m$$

对其进行和第 12.4.1 节相同的分析，我们可以得到由（12.10）式给出的效用最大化决策，同时，理想价格指数为

$$P = \left(\int_0^N p_i^{1-\varepsilon} di \right)^{\frac{1}{1-\varepsilon}}$$

预算约束仍然由（12.12）式给出。（12.13）式则决定了 y 与 C。由于各种类的供应商规模都是无限小的，它们的价格对 P 和 C 都没有影响。因此，（12.15）式的利润最大化定价决策显然可以适用，每个公司的利润可以表示为

$$\pi = \frac{1}{\varepsilon N} \left(m - g \left(N^{-\frac{1}{\varepsilon-1}} \frac{\varepsilon}{\varepsilon-1} \psi, m \right) \right)$$

其中 $g(\cdot)$ 由（12.13）式定义。

利用这个表达式，进入机会也可以是内生的。例如，假设存在无限数量的不同种类，一个特定企业可以以固定成本 $\mu > 0$ 生产其中一种，并进入市场。结果，正如张伯伦（1933）的垄断竞争模型所示，所有进入者都要满足如下自由进入条件

$$\frac{1}{\varepsilon N} \left(m - g \left(N^{-\frac{1}{\varepsilon-1}} \frac{\varepsilon}{\varepsilon-1} \psi, m \right) \right) = \mu \tag{12.17}$$

且由于所有企业都是事前相同的，它们都会获得零利润。

正如在第 13 章将要讨论的，新产品（企业）进入与技术变化之间存在密切联系。我们将在第 13 章详细讨论其中的联系，而在这里我们可以提出一个简单的问题：总需求外部性是否意味着进入太少？答案是不一定。不过，总需求外部性意味着企业不考虑它们的进入对其他企业带来的正收益，第 12.3.4 节定义的偷生意效应仍然存在，而且意味着新产品进入可能会减少对现有产品的需求。因此，一般情况下，产品差异化模型中是否存在过多或过少的进入取决于模型的细节和参数值（见习题 12.13）。

12.4.3 垄断企业的目标

简要讨论垄断竞争企业的目标是非常有用的。在本节中，我沿用产业组织与增长文献，并假设所有企业都会最大化其利润，即使这些企业由代表性家庭所有。有人可能会反对这个假设，指出由于这个经济体是垄断竞争的且福利经济学第一定理不成立，所以如果企业采取非利润最大化策略，代表性家庭的境况可能会改善。然而，利润最大化函数仍然是企业的合理目标函数，这是因为如果企业的资源配置不能使其利润最大化，这就不是均衡配置（相反，企业会采取社会规划者想要的行动）。为理解这一点，注意代表性家庭本身是价格的接受者，它代表了许多相同的价格接受者家庭。如果一些企业没有实现利润最大化，那么家庭选择投资组合时会拒绝持有这些公司的股票，其他实现了利润最大化的企业则会进入。因此，只要代表性家庭或者作为消费者一方的家庭是价格接受者（正如整个例子假设的那样），利润最大化就是垄断竞争企业唯一的一致策略。

唯一需要说明的是，生产方可能会偏离垄断竞争。特别是，某个企业可以买下所有的垄断竞争企业，成为经济体中的单一生产者。与这里考虑的均衡配置相比，这个企业可能会使其资源配置能改善代表性家庭的境况（同时还提高了其利润）。然而，出于两个原因我忽略了这种偏离。第一，像往常一样，市场结构是给定的，这里是垄断竞争的市场结构而不是纯垄断（只有单一企业）。由单一企业决定全部生产是一种完全不同的市场结构。这种市场结构不太现实且与这里研究的问题相关性不大。第二，不同企业通常在经济体的不同部门中从事专业化生产，而且单一垄断者同时控制全部经济活动一般也是不可能的。最后，在一个相关的模型中，阿西莫格鲁和齐利博蒂（Acemoglu and Zilibotti, 1997）表明，在自由进入的情况下，单一企业负责全部生产不可能是一个均衡。我们会在第17章的结尾进一步讨论这个问题。基于这些考虑，本书始终都假设企业是利润最大化的。

12.4.4 迪克西特-斯蒂格利茨模型中的限制性定价

在第12.3节中我们已经知道了，相对于现有技术而言，在过程创新并不剧烈的情况下，限制性定价是怎么产生的。限制性定价产生的另一个原因是有处在竞争边缘的企业，这些企业可以模仿垄断者的技术。我们可以直接将这种竞争边缘纳入迪克西特-斯蒂格利茨模型，这也有助于在后面的章节中将它作为竞争压力参数化的一种方法。

我们假设存在大量可以模仿现有垄断者技术的边缘企业，假设这种模仿相当于生产类似的产品而且不受专利阻碍。我们可以合理地假设模仿他人技术的企业会比那些发明了这种技术并长期将之用于生产的企业更低效。描述这一点的一个简单方法是假设垄断者以固定成本 μ 发明了一种新种类，之后利用技术以边际成本 ψ 生产产品，此时边缘企业不用支付任何固定成本，但只需以边际成本 $\gamma\psi$ 生产，其中 $\gamma > 1$。

类似于第 12.3 节中的分析，如果 $\gamma \geq \varepsilon/(\varepsilon-1)$，那么边缘企业不会生产，因为即使垄断者将无约束垄断价格定为（12.15）式中的价格，它们也不能获利。相反，当 $\gamma < \varepsilon/(\varepsilon-1)$ 时，垄断者被迫制定一个限制性定价。用第 12.3 节中的论证过程可以证明这个限制性定价必须采用如下形式

$$p = \gamma\psi < \frac{\varepsilon}{\varepsilon-1}\psi$$

于是，决定市场中种类数量的进入条件直接变为

$$\frac{(\gamma-1)}{\gamma N}\left(m - g\left(N^{-\frac{1}{\varepsilon-1}}\gamma\psi, m\right)\right) = \mu$$

12.4.5 局限性

迪克西特-斯蒂格利茨模型便于处理的特征也构成了该模型最重要的局限：如（12.15）式所示，加价是固定的。特别是，该模型意味着每个企业的利润独立于市场中的种类数量。但这是一个非常特殊的性质。大多数产业组织模型隐含着基于边际成本的加价随着竞争性产品的产量递减（见习题 12.14）。尽管这一特性看似可信，但它使内生增长模型变得不那么易于处理，因为在许多模型中，内生技术变化对应于产品数量 N 的稳定增长。如果随着 N 的增加，利润下降到零，那么创新过程最终会停止，因此持续的经济增长是不可能的。另一个选择是建立一个模型，其中某个其他变量，如资本，可以同时增加该企业收取的加价。尽管我们可以建立这种模型，但是它们比标准的迪克西特-斯蒂格利茨模型更难分析。因此文献主要集中分析迪克西特-斯蒂格利茨模型。

12.5　个人研发的不确定性与股票市场

本章我要讨论的最后一个问题涉及研究过程的不确定性。正如本章开头讨论

的，我们可以合理地假设研究结果是不确定的。因此单个企业开展研究会面临随机的收入流。如果个人是风险厌恶型的，就可能存在与这种随机收入流相关的风险溢价。然而，当满足以下三个条件时，这种情形不一定会出现：

1. 许多企业参与了研究；
2. 企业间不确定性的出现是相互独立的；
3. 家庭和企业可以进入"股票市场"，其中每个消费者可以持有不同研发企业的平衡投资组合。

接下来的两章将提到许多模型，在这些模型中，企业会面临不确定性（例如，它们的研发是否会成功或者它们的垄断地位能持续多久），但是满足这里列出的三个条件。在这种情况下，即使每个企业的收益都是有风险的，代表性家庭持有的平衡投资组合仍然会有确定的回报。我在这里用一个简单的例子来说明。

例12.2 假设代表性家庭关于消费的效用函数表示为 $u(c)$，其中 $u(\cdot)$ 是严格递增、可微且严格凹的（因此家庭是风险厌恶型的），并满足 $\lim_{c \to 0} u'(c) = \infty$。家庭的初始禀赋等于 $y > 0$。这个禀赋可以用于消费，或者可以将它投资于一个有风险的研发项目。假设研发项目有 p 的概率获得成功且每单位投资可获得回报 $1 + R > 1/p$，有 $1 - p$ 的概率失败且回报为零。当这个项目是唯一可行的投资时，如果投资于这个项目，那么家庭会面临消费风险。特别地，决定投资额度的最大化问题是以下期望效用最大化问题的解：

$$\max_{x \in [0, y]} (1 - p)u(y - x) + pu(y + Rx)$$

这个问题的一阶条件意味着有风险的研究活动中的最优投资数量由下式给出

$$\frac{u'(y - x)}{u'(y + Rx)} = \frac{pR}{1 - p}$$

假设条件 $\lim_{c \to 0} u'(c) = \infty$ 意味着 $x < y$，因此即使这个项目具有正的期望回报，个人也不会将全部禀赋投资于研究活动。直观地理解，该家庭需要一个风险溢价弥补与投资风险相关的消费风险。

接下来假设许多不同的企业可以投资相似的有风险的研究项目。假设每个项目无论成功或失败都独立于其他项目。假设有 N 个项目，家庭对每个项目的投资额为 x/N。大数法则意味着随着 $N \to \infty$，这些项目中的 p 部分会获得成功，剩下 $1 - p$ 部分会失败。因此家庭获得（几乎可以确定）的效用为

$$u(y + (p(1+R) - 1)x)$$

由于 $1+R > 1/p$，它在 x 上是严格递增的，这意味着家庭偏好于将其禀赋全部投资到有风险的项目，即 $x = y$。因此，如果家庭能够持有一个平衡的研究项目组合，其中每个项目的收益呈独立分布，它就可以分散风险并以风险中性的方式行动。

本书剩余章节的许多模型也运用了类似的方法。即便单个企业的回报是随机的，代表性家庭也会在该经济体的所有企业中选择一个平衡投资组合，以分散非系统风险。这一观点意味着每个企业的目标都是最大化其期望利润（无风险溢价）。

12.6 小结

本章回顾了几个与研发经济学相关的概念和建模问题。我讨论了为什么事后的垄断力量对产生创新激励有重要作用，竞争企业和垄断企业的创新激励有何不同，创新激励与创新的社会价值的差异。在这里，我强调了独占效应的重要性，这意味着通常创新的私人价值低于其社会价值，因为即使存在事后的垄断力量，创新力量也不能完全占有源自产品改良或者生产过程成本下降的消费者剩余。我还讨论了阿罗替代效应，该效应意味着与进入者相比，在位垄断者通常缺乏创新激励。虽然存在独占效应，但是均衡中创新的数量可能是过量的，这是因为存在另外一种相反的作用力：偷生意效应，鼓励企业采用创新成为新的垄断者并得到（偷窃）垄断利润。因此，均衡中的创新是过多还是过少取决于市场结构和模型参数。

本章还介绍了迪克西特－斯蒂格利茨模型，在接下来的几章中它都起到重要作用。该模型将张伯伦研究垄断竞争的方法做了简单的形式化，其中每个企业都有一些垄断力量，但是自由进入确保所有企业（或者边际进入者）的利润为零。迪克西特－斯蒂格利茨模型极易处理，因为垄断者收取的加价与竞争企业的数量不相关。由于这一性质，即使在产品数量（或者机器的数量）不断增加的情况下，创新也能盈利，因而它使迪克西特－斯蒂格利茨模型成为研究内生增长的一个理想模型。

12.7 参考文献

关于产业组织研发问题有大量文献。本章的目的并不是回顾文献，而是强调本书其余部分用到的显著特征。对这个领域感兴趣的读者可以从梯若尔（Tirole，1988，第10章）的著作开始了解，本书清楚地讨论了创新的私人价值和社会价值之间的差异。更近时期出现的参考文献是施穆克勒（2005）的文章，他研究了创新经济学的近期发展。

关于创新的私人价值与社会价值的经典文献是阿罗（1962）的文章。熊彼特（1934）首先强调了垄断在研发和创新中的作用。罗默（1990，1993）讨论了垄断力量对创新的重要性以及创意的非竞争性产生的影响。大多数产业组织方面的文献也都强调了事后垄断力量和专利制度对提供创新激励的重要性。可参考施穆克勒（2005）。最近，鲍德里安和莱文（Boldrian and Levine，2003）批判了这一观点。

创造性破坏的观点最早是由熊彼特（1942）提出的。产业组织文献中关于创造性破坏的模型包括赖因加纳姆（Reinganum，1981，1985）的研究。阿吉翁和豪伊特（Aghion and Howitt，1992，1998）在增长文献中提出了类似的模型。

张伯伦（1933）的研究是关于垄断竞争的经典参考文献。所谓的迪克西特-斯蒂格利茨模型是由迪克西特和斯蒂格利茨（1977）以及斯宾塞（Spence，1976）创建的。达斯古普塔和斯蒂格利茨（Dasgupta and Stiglitz，1980）最早将这个模型用于分析研发。松山公纪（Matsuyama，1995）很好地阐述了迪克西特-斯蒂格利茨模型。梯若尔（1988）讨论了迪克西特-斯蒂格利茨模型以及产品创新的其他模型，包括在习题12.14中会出现的萨洛普模型（Salop，1979）。

施穆克勒（1966）极具启发性地广泛讨论了创新问题以及市场规模和利润激励的重要性。纽厄尔等人（Newell、Jaffee and Stavins，1999；Popp，2002；Finkelstein，2004；Acemoglu and Linn，2004）讨论了市场规模和利润激励影响创新的最新证据。

莫克尔（Mokyr，1990）出色地叙述创新的历史。弗里曼（Freeman，1982）综述了创新的定量分析文献，并讨论了不同种类的创新。

与本章一样，本书第四篇的其余章节主要关注垄断竞争的环境，其中，恰当的均衡概念并不是竞争均衡，而是包含了策略性互动的均衡。由于本书中所有博弈都有完全信息，因此恰当的均衡概念是指标准纳什均衡；如果博弈是多阶段的或动态的，恰当的均衡概念是子博弈完美均衡或马尔科夫完美均衡。在这些情况下，均衡通常指纳什均衡、子博弈完美均衡、马尔科夫完美均衡。这里我们假设读者很熟悉这些概念。梯若尔（1988）的附录简单介绍了这些必要的博弈论，迈尔森（1991）、弗登伯格和梯若尔（Fudenberg and Tirole，1994）以及奥斯本和鲁宾斯坦（Osborne and Rubinstein，1994）更详细地介绍了这些博弈论。本书的附录 C 提供了动态（无限期）博弈的一个简要概述。

12.8 习题

12.1 推导（12.2）。

12.2 证明命题 12.1。特别地，按如下方式：

(a) 证明当 $p^M = \psi$，唯一（纳什）均衡为 $q_1 = D(p^M)$，以及对所有的 $j > 1$ 有 $q_j = 0$？为什么？

(b) 证明当 $p^M > \psi$ 时，$p_1 > \psi$ 或 $p_1 < \psi$ 的任意价格都不可能是利润最大化的。证明当 $p_1 = \psi$，对一些 $j > 1$ 有 $q_j > 0$ 时，均衡不可能存在。[提示：找到企业 1 能盈利的偏离均衡。]

(c) 证明 $\hat{\pi}_1^I > \pi_1^I$。

12.3 推导（12.5）式。用这些关系证明命题 12.2。

12.4 证明如果 $\hat{\pi}_1^I > 0$，那么有 $\hat{s}_1^I > 0$（这些术语的定义在命题 12.2 中）。

12.5 考虑第 12.3 节中的模型，假设不存在对创新企业的专利保护。这些企业能以相同成本 μ 进行两种不同类型的创新。第一种创新是一般的技术改进，它可以被所有企业模仿。这种创新将生产的边际成本降为 $\lambda^{-1}\psi$。第二种创新专门针对当前企业的需求并且不能被其他企业模仿。这种创新将生产的边际成本降为 $\lambda' < \lambda$。证明企业永远都不会采用技术 λ 但可能会采用技术 λ'。计算这两种技术产生的社会价值差额。

12.6 证明命题 12.3。特别地，证明在限制性定价下这个结论也是正确的，即 $\Delta \hat{\pi}_1^I < \pi_1^I$。

12.7 考虑第 12.3 节中有一个在位垄断者和一个进入者的模型。假设在位垄断者创新的成本为 μ，进入者创新的成本为 $\chi\mu$，其中 $\chi \geq 1$。证明存在 $\bar{\chi} > 1$ 使如果 $\chi < \bar{\chi}$，进入者就会有更高的创新激励；如果 $\chi > \bar{\chi}$，在位垄断者就会有更高的创新激励。需求弹性对相关在位垄断者和进入者的创新激励有什么影响？直观地阐述这种影响。

12.8 (a) 举一个存在过度创新激励的例子证明命题 12.4。

(b) 哪些因素更可能导致过度创新？

12.9 本文中的讨论假设了一种特定形式的专利政策，即向创新者提供事后垄断力量。另一种可选的知识产权政策是许可，也就是进行创新的企业可以授权其他企业使用这种创新。这道习题要求你求解知识产权许可的含义。我们始终这样考虑许可阶段：创新者可以对一个或多个企业采取"要么接受要么不接受"政策，这样它们可以购买创新的使用权（并生产他们想要数量的产品）并支付许可费 v。考虑一个竞争的环境，并证明如果企业 1 允许将其创新许可给他人使用，则永远都不能提高其利润且永远不会增强其创新激励。对这个结论进行直观解释。现在修改这个模型，使每个企业有严格凸的和递增的生产成本函数 $\psi_1(q)$，且支付固定成本 $\psi_0 > 0$（使平均成本曲线为我们熟悉的倒 U 型曲线）。证明在这种情况下，企业 1 可以从知识产权许可中获利从而增强其创新激励。解释为什么这两种情况的结论有所不同。

12.10 从（12.10）式和消费指数 C 的定义出发，推导理想价格指数的表达式（12.11）式。

12.11 考虑（12.14）式中的最大化问题，考虑 p_i 对 P 和 C 的影响，写出其一阶条件。证明随着 $N \to \infty$，这个问题的解趋近于（12.15）式。

12.12 在第 12.4.1 节的迪克西特－斯蒂格利茨模型中，给出（12.7）式中的函数 $u(\cdot, \cdot)$ 的条件，使 N 的增加会提高垄断者的利润。

12.13 假设 $U(C, y) = C + v(y)$，其中 $v(y) = y^{1-\alpha}/(1-\alpha)$，$\alpha \in (0, 1)$。同时假设企业能以固定成本 μ 引入新种类。

(a) 考虑同样能控制价格的社会规划者所决定的配置。描述这种情况下社会规划者会选择能使代表性家庭效用最大化的种类数量。

(b) 假设价格由（12.15）式给定。描述此时社会规划者会选择能使代表性家庭效用最大化的种类数量。

(c) 描述均衡种类数量（所有垄断竞争企业都获得零利润的情形）并与前两问的结果进行比较。解释每种情况下均衡与社会规划者选择之间的差异来源。

12.14 这个习题要求你解决萨洛普（Salop, 1979）产品差异化模型。它与迪克西特－斯蒂格利茨模型的不同之处在于其均衡加价是企业数量的减函数。假设消费者均匀分布在周长为 1 的圆上。这个圆既代表异质消费者的偏好又代表商品的种类。消费者在圆周上的位置对应于他最偏好的商品类型。当圆上 x 点的消费者消费了类型 z 的商品，

他的效用是 $R - t|z - x| - p$，然而如果他选择不消费，他的效用为 0。这里 R 可被视为个体的保留效用，而 t 参数化了个人为了消费远离圆上理想点的商品而必须支付的"运输"成本。假设每个企业生产 1 单位产品的边际成本为 ψ。

(a) 假设点 x 上的消费者，有两个相邻企业位于点 $z_1 > x > z_2$。只要这些企业的价格不比更远的企业更高，消费者就会从这两个企业中的一家购买商品。用 p_1 和 p_2 表示这两个企业的价格。证明如果价格差异满足 $p_1 - p_2 = (2x - z_1 - z_2)t$ 且有 $t(z_1 - x) + p_1 \leq R$，消费者从两个企业购买商品是无差别的。

(b) 假设 p_1 和 p_2 满足上述关系。那么证明所有的 $x' \in [z_2, x)$ 严格偏好于从企业 2 处购买，所有的 $x' \in (x, z_1]$ 严格偏好于从企业 1 处购买。

(c) 现在假设圆上有三个企业，它们的位置为 $z_1 > z_2 > z_3$。证明企业 2 的利润为

$$\pi_2(p_1, p_2, p_3 | z_1, z_2, z_3) = (p_2 - \psi)\left(\frac{p_1 - p_2}{2t} + \frac{z_1 - z_2}{2} + \frac{p_3 - p_2}{2t} + \frac{z_2 - z_3}{2}\right)$$

并计算能使利润最大化的价格。

(d) 假设 $p_1 = p_3$。证明企业 2 会选择 z_1 和 z_3 之间的位置。证明在一个 N 家企业都收取相同价格的均衡中，必定有任意两家企业间的距离等于 $1/N$。

(e) 证明当存在 N 家等距离的企业时，存在一个所有企业都收取价格 $p = \psi + t/N$ 的均衡。解释为什么加价在这里是企业数量的减函数，而在迪克西特－斯蒂格利茨模型中利润与企业数量无关。

第 13 章　扩展投入品种类模型

最简单的内生技术变化模型认为研发的作用是增加了生产使用的投入要素或机器的种类。本章将着重研究的模型包含了投入品的种类增加；研发会创造出投入品的新种类（或者新机器），而且投入品的种类增加将促进"劳动分工"，提高最终产品生产商的生产效率（Romer，1987，1990）。这一动态过程可以看作一种过程创新。另一种创新，是由格罗斯曼和赫尔普曼（Grossman and Helpman，1991a，b）提出的，他们称之为产品创新。这种模型强调新产品的发明，同时由于家庭具有多种类偏好，因此能够通过消费更多种类的产品获取更大的效用。因此，这些产品创新会导致"实际"收入的增加。产品创新模型和包含投入品种类增加的过程创新模型，在数学结构上很相似，这将在本章末尾探讨。

在所有这些模型以及第 14 章的品质竞争模型中，我都用到了第 12 章介绍的迪克西特-斯蒂格利茨的不变弹性结构。

13.1　包含投入品种类的实验设备增长模型

所有的内生技术模型都有一个重要的要素，它就是创新可能性边界（研发技术）。让我们从一个特殊的内生增长模型版本开始研究，该模型中包含投入品种类增加，同时研发技术的特点是只使用产出来生产新的投入品。我们有时称该模型为"实验设备"模型，因为研究需要的只是对设备或实验室进行投资，而不需要技能或非技能劳动力以及科学家。

13.1.1　人口、偏好和技术

考虑连续时间下的无限期界经济体中存在一个代表性家庭，其偏好为

$$\int_0^\infty \exp(-\rho t)\frac{C(t)^{1-\theta}-1}{1-\theta}dt \tag{13.1}$$

这里不存在人口增长，而且总的工人数量为 L，劳动力供给是无弹性的。如第 12 章讨论的，该代表性家庭对该经济体中的所有企业有一个平衡投资组合。

唯一的最终产品是根据以下生产函数在竞争条件下生产出来的：

$$Y(t) = \frac{1}{1-\beta} \left(\int_0^{N(t)} x(v,t)^{1-\beta} dv \right) L^\beta \quad (13.2)$$

其中 L 是总劳动投入，$N(t)$ 表示在 t 期能够用于生产过程的投入品（机器）种类数量，$x(v,t)$ 是在 t 期种类为 v 的投入要素的总投入量。让我们假设 x 在使用后会完全折旧；因此它们可以被理解为通用投入品、中间产品、机器，甚至是资本，只要能够帮助我们接受即时折旧这一假设即可。这章始终把这些投入品称为"机器"。有关机器（或者投入品）在生产中被"耗尽"或者在使用后完全折旧的假设可以确保过去使用的这些机器数量（或表示为金额）不会成为额外的状态变量。这个假设可以显著简化推理过程（尽管没有这个假设，结果也是一样的，见习题 13.23）。

分母的表达式 $(1-\beta)$ 是为了简化表述。给定最终产品生产者 $N(t)$，（13.2）式满足规模报酬不变。由于一些企业在该经济体中具有垄断力量，定理 5.4 不再适用，并且我们不再使用整个经济体的总生产函数。不过，由于最终产品生产者是竞争的，在构建最终产品部门的模型时使用简单的生产函数（13.2）式并不会有失一般性。

我们也可以将（13.2）式表达为下列形式：

$$Y(t) = \frac{1}{1-\beta} \tilde{\mathbf{X}}(t)^{1-\beta} L^\beta$$

而

$$\tilde{\mathbf{X}}(t) \equiv \left(\int_0^{N(t)} x(v,t)^{\frac{\varepsilon_\beta-1}{\varepsilon_\beta}} dv \right)^{\frac{\varepsilon_\beta}{\varepsilon_\beta-1}}$$

其中 $\varepsilon_\beta \equiv 1/\beta$ 是不同机器之间的替代弹性。这种形式既强调了生产函数规模报酬不变的性质，也强调这个模型和第 12 章迪克西特－斯蒂格利茨模型之间的连续性。我始终都把最终产品在每一期的价格标准化为 1。

该经济体在 t 期的资源约束为

$$C(t) + X(t) + Z(t) \leq Y(t) \tag{13.3}$$

其中 $X(t)$ 是对机器的支出（相当于"投资"），$Z(t)$ 是 t 期的研发支出。

下面，让我们来看机器是如何生产出来的，以及新机器是如何发明的。假定一旦某个特定种类的机器图样被设计出来之后，生产每台这种机器的边际成本为 $\psi > 0$ 单位的最终产品。此时的创新可能性边界采用如下形式：

$$\dot{N}(t) = \eta Z(t) \tag{13.4}$$

其中 $\eta > 0$，且该经济体的初始技术存量为 $N(0) > 0$。（13.4）式意味着对研发的支出越多，就能促进新机器的发明。我始终假设不存在研究壁垒，即任何个人或企业在 t 期花费 1 单位的最终产品能够产生流动率为 η 的设计图样。开发出新机器图样的企业可以获得该种机器的永久性专利。我还假设垄断者对其提供的初始种类 $N(0)$ 也获得了永久性专利保护。

在创新过程中不存在总体的不确定性。当然，个体的不确定性还是存在的，但是由很多不同的研究实验室承担这种费用，从总体水平看，（13.4）式是必然成立的。

给定以上设定的专利结构，发明一个新机器种类 v 的企业是该机器种类的独家（垄断）供应商，为了利润最大化，该供应商在 t 期对机器的定价为 $p^x(v, t)$。由于在使用后机器会折旧，因此 $p^x(v, t)$ 可以被理解为机器的租赁价格或者是使用者的成本。

对机器种类 v 的需求量是通过对最终产品部门的净总利润求最大值得出的。由于机器在使用过后会折旧，且劳动力是在现货市场雇用的，最终产品部门的最大化问题可以在每个离散时点来考虑，并且只要求最终产品的一个代表性生产者的瞬时利润最大化即可。瞬时利润可以通过从生产价值中减去总成本——租用机器的成本和劳动力成本求得。于是，时间 t 的最大化问题可以表示为

$$\max_{[x(v,t)]_{v \in [0, N(t)]}, L} \frac{1}{1-\beta} \left(\int_0^{N(t)} x(v,t)^{1-\beta} dv \right) L^{\beta} - \int_0^{N(t)} p^x(v,t) x(v,t) dv - w(t) L \tag{13.5}$$

对任意 $v \in [0, N(t)]$，求关于 $x(v, t)$ 的该最大化问题的一阶条件可以得

到最终产品部门的机器需求量。这些需求可以表示为以下较简便的等弹性形式：

$$x(v, t) = p^x(v, t)^{-1/\beta} L \tag{13.6}$$

这个表达式比较直观，因为不同机器种类的需求弹性为 $\varepsilon_\beta \equiv 1/\beta$（于是 $x(v, t) = p^x(v, t)^{-\varepsilon_\beta} L$）。(13.6) 式说明对机器的需求仅取决于机器的使用成本和均衡的劳动力供给，而并不直接与利率 $r(t)$、工资率 $w(t)$ 或者可供使用的机器总量 $N(t)$ 相关。这个特点令该模型易于处理。

接下来，让我们考虑拥有 v 类机器图样的价值（净现值）。该价值为

$$V(v, t) = \int_t^\infty \exp\left(-\int_t^s r(s')\,ds'\right) \pi(v, s)\,ds \tag{13.7}$$

其中

$$\pi(v, t) \equiv p^x(v, t) x(v, t) - \psi x(v, t)$$

表示垄断者在时间 t 生产机器 v 的利润，$x(v, t)$ 和 $p^x(v, t)$ 是该垄断者的利润最大化选择，$r(t)$ 是时间 t 的市场利率。[1] 另外，假设该价值函数对时间是可微的，该方程式可以写成第 7 章定理 7.10 的 HJB 方程：

$$r(t)V(v, t) - \dot{V}(v, t) = \pi(v, t) \tag{13.8}$$

习题 13.1 给出了另一种不同于定理 7.10 的该方程式的推导模式。

13.1.2 对均衡的描述

该经济体的一种配置被定义为：消费水平的时间路径，机器和研发的总支出 $[C(t), X(t), Z(t)]_{t=0}^\infty$；可用机器种类的时间路径 $[N(t)]_{t=0}^\infty$；每台机器价格与数量的时间路径 $[p^x(v, t), x(v, t)]_{v \in [0, N(t)], t=0}^\infty$ 以及利率和工资率的时间路径 $[r(t), w(t)]_{t=0}^\infty$。

均衡是指如下配置，其中所有垄断者（研究型企业）选择 $[p^x(v, t), x(v, t)]_{v \in [0, N(t)], t=0}^\infty$ 以最大化利润的贴现值，$[N(t)]_{t=0}^\infty$ 的变化取决于能够自由进入的

---

[1] 和以往一样，利率 $r(t)$ 取决于家庭能用来跨期转移消费的（净供给为零）阿罗证券的价格。经济整体仅能够通过改变机器种类的存量 $N(t)$ 实现资源的跨期转移。

投入种类，$[r(t), w(t)]_{t=0}^{\infty}$ 根据市场出清的要求变化，$[C(t), X(t), Z(t)]_{t=0}^{\infty}$ 的变化须与家庭最大化保持一致。请注意这个均衡不是"竞争性的"，因为机器生产者具有市场影响力。

让我们从企业方面开始讨论。由于（13.6）式定义了等弹性需求，任意垄断者 $v \in [0, N(t)]$ 的最大化问题都会要求在每一期设定相同的价格（见习题 13.2），对于所有 v 和 t，有

$$p^x(v, t) = \frac{\psi}{1-\beta}$$

于是，所有垄断者收取一个不变的租金率，等于其边际成本之上的一个加成，即 ψ。我们令机器生产的边际成本为 $\psi \equiv (1-\beta)$，于是对于所有 v 和 t 有

$$p^x(v, t) = p^x = 1 \tag{13.9}$$

利润最大化还意味着每个垄断者在每一期出租相同数量的机器，对于所有 v 和 t 可表示为

$$x(v, t) = L \tag{13.10}$$

由此可得，对于所有 v 和 t，垄断利润为

$$\pi(v, t) = \beta L \tag{13.11}$$

等式（13.11）表明每个垄断者销售相同数量的机器，收取相同的价格，并且在每个时点都获得相同的利润。

将（13.6）式和机器价格代入（13.2）式，可以得出（衍生的）最终产品的生产函数

$$Y(t) = \frac{1}{1-\beta} N(t) L \tag{13.12}$$

等式（13.12）是扩展投入品种类模型的主要方程之一。它表明即使总生产函数从最终产品生产商的角度看是规模报酬不变的（将 $N(t)$ 视为已知的），但对整个经济体而言还是存在规模报酬递增。此外，（13.12）式清楚地表明，机器种类 $N(t)$ 的增加能够提高劳动生产效率，并且当 $N(t)$ 以一个稳定的增长率增长

时，人均产出也是如此。

最终产品部门对劳动力的需求可以通过最大化（13.5）式，即求关于 L 的一阶条件得出，同时可得 t 期的均衡工资率为

$$w(t) = \frac{\beta}{1-\beta} N(t) \qquad (13.13)$$

最后，不存在研究壁垒意味着对于所有 v 和 t，有

$$\eta V(v,t) \leq 1, \ Z(v,t) \geq 0, \ \text{且} \ (\eta V(v,t)-1)Z(v,t) = 0 \qquad (13.14)$$

其中 $V(v,t)$ 由（13.7）式决定。为了理解（13.14）式，请回忆 1 单位用于研发的最终产品可以带来 η 单位的新机器，每台机器获得的利润净现值由（13.7）式给出。这种自由进入条件被表达为互补松弛形式，因为研究的收益可能不足以保证研发活动的存在。在这种情况下，$\eta V(v,t)$ 可能会严格小于 1。然而，对相关参数值而言，研发活动和经济增长（以及技术进步）是存在的，因此我常常将自由进入的条件简单表示为

$$\eta V(v,t) = 1$$

还要注意由于每个垄断者 $v \in [0, N(t)]$ 生产的机器总量由（13.10）式给出，同时存在 $N(t)$ 个垄断者，对机器的总支出为

$$X(t) = (1-\beta)N(t)L \qquad (13.15)$$

最后，代表性家庭问题也意味着消费的欧拉方程式为

$$\frac{\dot{C}(t)}{C(t)} = \frac{1}{\theta}(r(t)-\rho) \qquad (13.16)$$

以及横截性条件为

$$\lim_{t \to \infty} \left[\exp\left(-\int_0^t r(s)\,ds\right) \int_0^{N(t)} V(v,t)dv \right] = 0 \qquad (13.17)$$

该条件被表示为市场价值的形式，同时要求代表性家庭总财富价值（该价值等于

企业资产的价值 $\int_0^{N(t)} V(v, t) dv$ 的增长速度不能超过贴现率（见习题 13.3）。

根据前面的方程式，均衡可以被更为正式地定义为消费、支出、研发决策以及机器种类的总数量的时间路径 $[C(t), X(t), Z(t), N(t)]_{t=0}^{\infty}$，满足（13.3）式、（13.7）式、（13.14）式、（13.15）式、（13.16）式以及（13.17）式；每台机器的价格和数量的时间路径 $[p^x(v, t), x(v, t)]_{v \in N(t), t=0}^{\infty}$ 满足（13.9）式和（13.10）式；利率和工资的时间路径 $[r(t), w(t)]_{t=0}^{\infty}$ 满足（13.13）式和（13.16）式。

平衡增长路径是这样一种均衡路径，其中消费 $C(t)$ 和产出 $Y(t)$ 以恒定的比率增长。方程式（13.12）则说明在平衡增长路径中 $N(t)$ 也必须按照固定的比率增长。平衡增长路径也可以被称为"稳态"，因为它是变换变量（transformed variables）的稳态（即使原始变量以一个固定比率增长）。

13.1.3 平衡增长路径

平衡增长路径要求消费按照固定比率 g_c^* 增长。根据（13.16）式，只有利率是恒定不变时，这才是可能的。那么，让我们寻找一个均衡配置，对所有 t，有

$$r(t) = r^*$$

其中星号（*）表示平衡增长路径值。由于每一期的利润由（13.11）式给出，并且利率是不变的，则（13.8）式意味着 $\dot{V}(t) = 0$。将这个表达式代入（13.7）式或者（13.8）式，可得

$$V^* = \frac{\beta L}{r^*} \tag{13.18}$$

该方程式很直观：垄断者获得 βL 的流量利润，沿着平衡增长路径该利润以固定利率 r^* 贴现。

让我们接下来假设（自由进入）条件（13.14）式以等式成立，在这种情况下我们得到

$$\frac{\eta \beta L}{r^*} = 1$$

这个等式确定的平衡增长路径利率 r^* 为

$$r^* = \eta\beta L$$

消费欧拉方程（13.16）式则意味着在平衡增长路径中的消费增长率由下列表达式给出

$$g_C^* = \frac{\dot{C}(t)}{C(t)} = \frac{1}{\theta}(r^* - \rho) \tag{13.19}$$

此外，可以证明代表性家庭最大化问题的现值汉密尔顿函数是凹函数。因此，该条件加上横截性条件足以描述代表性家庭的唯一最优消费规划（请回忆第 7 章的定理 7.14 以及第 8 章的习题 8.11）。

在平衡增长路径中，消费不能以不同于总产出的比率增长（见习题 13.6），因此该经济体产出的增长率一定是

$$g^* = g_C^*$$

给定平衡增长路径上的利率，该经济体的长期增长率为

$$g^* = \frac{1}{\theta}(\eta\beta L - \rho) \tag{13.20}$$

让我们接下来假设

$$\eta\beta L > \rho, \quad \text{和} \quad (1-\theta)\eta\beta L < \rho \tag{13.21}$$

第一个不等式能够确保 $g^* > 0$，第二个则保证了代表性家庭的效用是有限的，而且可以满足横截性条件。

命题 13.1 假定条件（13.21）式成立。那么，在上述实验设备扩展型投入品种类模型中，存在着一个唯一的平衡增长路径，其中技术、产出和消费都以（13.20）式给出的相同增长率 g^* 增长。

证明 之前的讨论证实了命题中除横截性条件成立之外的所有观点。习题 13.4 证明了该条件，并且表明资源约束条件（13.3）式满足在每个时点消费都为正。

这类内生技术进步模型的一个重要特征是存在着规模经济效应，这一点曾在

11.4节罗默（1986a）的模型框架中讨论过：L越大，增长率就越大。规模效应产生于前一章讨论的强式市场规模效应。技术的规模报酬递增性质（如：(13.12) 式强调的）是产生强式市场规模效应进而产生规模效应的原因。我们将在第15.5节中看到，此处讨论的模型有各种变体，其特征是包含市场规模效应但没有规模效应。

13.1.4 转移动态

显然，这个模型中不存在转移动态。为了推导这一结果，让我们回顾 (13.8) 式每个垄断者的价值函数。下面对 (13.11) 式中的利润进行替换，请注意 $V(v, t)$ 独立于 v，并将其表示为 $V(t)$，该方程式表明

$$r(t)V(t) - \dot{V}(t) = \beta L$$

关键原因在于产出在任何时点的正增长意味着 $\eta V(t) = 1$ 对所有 t 成立。换句话说，当 $\eta V(t) = 1$ 对于 $t \in (t' - \varepsilon, t' + \varepsilon)$，某些 t' 和 $\varepsilon > 0$ 成立，则 $\eta V(t) = 1$ 对所有 t 成立。此外，已知 (13.21) 式，增长在所有时点为零是不可能的，因此我们至少在某些时段有 $\eta V(t) = 1$（见习题 13.5）。于是将 $\eta V(t) = 1$ 对时间求微分可得 $\dot{V}(t) = 0$ 对于所有 t 都成立，这是唯一与对所有的 t 有 $r(t) = r^*$ 相一致的情形，因此对于所有 t，有

$$r(t) = \eta \beta L$$

命题 13.2 假定条件 (13.21) 式成立且初始技术存量为 $N(0) > 0$。于是存在一条唯一的均衡路径。在此均衡中，技术、产出和消费的增长率永远为 g^*，如 (13.20) 式所示。

证明 见习题 13.5。

从某种程度上说，这个结果并不令人意外。投入品种类扩展模型的数学结构很类似于第 11 章的 AK 模型（从推导出来的总产出方程 (13.12) 式中可以十分清晰地看到这一点）。因此，像在 AK 模型中一样，该经济体始终以一个固定增长率增长。虽然这两个模型的数学结构类似，但本章模型的经济学含义与 AK 模型有很大差异。命题 13.2 中的均衡中包含了内生技术进步。特别是，研究企业会将资源花费在新机器的发明上。它们这么做是因为，凭着专利，它们可以将这些机器销售给最终产品生产者并获得利润。因此，我们又回到了第一个模型，其

中市场激励决定着该经济体的技术可能性随时间变化的速率。

13.1.5 帕累托最优配置

垄断竞争的存在意味着均衡不再满足帕累托最优（第一福利定理不再适用）。第一，在生产机器的边际成本上有一个加成。第二，在任意时点上生产出来的机器数量不一定是最优的。产生无效率的第一个原因类似于静态垄断模型，而第二个原因是该经济体贸易（阿罗－德布鲁）商品集是内生决定的。①

为了对比该均衡和帕累托最优配置，让我们构建最优增长问题框架。最优增长路径是社会规划者最大化（标准）代表性家庭效用问题（13.1）式的一个解，其约束条件为资源约束（13.3）式以及创新可能性边界（13.4）式，初始条件为 $N(0)>0$。社会规划者在每一个 t 期选择 $[x(v, t)]_{v \in [0, N(t)]}$ 以及 $C(t)$、$Z(t)$ 和 $N(t)$ 的时间路径。资源约束条件还可以表示为

$$C(t) + Z(t) \leq \frac{1}{1-\beta} \left(\int_0^{N(t)} x(v, t)^{1-\beta} dv \right) L^\beta - \int_0^{N(t)} \psi x(v, t) dv \quad (13.22)$$

其中右边部分就等于净产出，被定义为 $\tilde{Y}(t) \equiv Y(t) - X(t)$。

为了更为方便地描述该最优增长问题的解，我们可以分两个步骤进行。第一步是（在 $N(t)$ 给定时）描述静态配置。第二步则是描述消费 $C(t)$ 和投入品种类的数量 $N(t)$ 的最优路径。第一步等同于求净产出 $Y(t)$ 的最大化（例如，(13.22) 式的右侧）。最大化可得

$$x^S(v, t) = (1-\beta)^{-1/\beta} L$$

将该表达式代入（13.2）式，我们得出帕累托最优配置下的产出水平为

$$Y^S(t) = \frac{(1-\beta)^{-(1-\beta)/\beta}}{1-\beta} N^S(t) L$$

$$= (1-\beta)^{-1/\beta} N^S(t) L$$

---

① 潜在无效率的后一种原因与内生的不完全市场问题有关（无法购买到均衡状态下没有供应的机器）。其作用在第 13.1.6 节进行阐述。第 17.6 节则更为详细地讨论了该问题。

519

其中上标"S"被用来强调社会规划者和均衡配置之间不同的技术水平和产出水平。净产出 $\tilde{Y}^S(t)$ 可以被表示为

$$\tilde{Y}^S(t) = (1-\beta)^{-1/\beta} N^S(t) L - \int_0^{N^S(t)} \psi x^S(v,t) dv$$

$$= (1-\beta)^{-1/\beta} N^S(t) L - (1-\beta)^{-(1-\beta)/\beta} N^S(t) L$$

$$= (1-\beta)^{-1/\beta} \beta N^S(t) L$$

已知该表达式和（13.4）式，用下式描述最优增长路径的第二步（为简化符号不再使用上标 S）

$$\max \int_0^\infty \exp(-\rho t) \frac{C(t)^{1-\theta} - 1}{1-\theta} dt$$

约束条件为

$$\dot{N}(t) = \eta[(1-\beta)^{-1/\beta} \beta N(t) L - C(t)]$$

在这个问题中，$N(t)$ 是状态变量，$C(t)$ 是控制变量。让我们构建以下现值汉密尔顿函数

$$\hat{H}(N, C, \mu) = \frac{C(t)^{1-\theta} - 1}{1-\theta} + \mu(t)[\eta(1-\beta)^{-1/\beta} \beta N(t) L - \eta C(t)]$$

再次使用定理 7.13，该问题的候选解由下列表达式给出：

$$\hat{H}_C(N, C, \mu) = C(t)^{-\theta} - \eta\mu(t) = 0$$

$$\hat{H}_N(N, C, \mu) = \mu(t)\eta(1-\beta)^{-1/\beta} \beta L = \rho\mu(t) - \dot{\mu}(t)$$

$$\lim_{t \to \infty} [\exp(-\rho t) \mu(t) N(t)] = 0$$

很容易证明这个现值汉密尔顿函数是严格凹的并且满足定理 7.14 的条件。因此，以上条件刻画了唯一的最优增长路径（见习题 13.8）。

将这些条件综合起来，我们可以得到以下最优增长路径中的消费增长率（参见习题 13.8）：

$$\frac{\dot{C}^S(t)}{C^S(t)} = \frac{1}{\theta}(\eta(1-\beta)^{-1/\beta}\beta L - \rho) \tag{13.23}$$

和均衡一样，最优增长配置包含了一个稳定的消费增长率（因此这里不存在转移动态）。这个消费的最优增长率（13.23）式可以直接与分散均衡（13.20）式中的增长率进行比较。这种比较可以归结为 $(1-\beta)^{-1/\beta}\beta$ 与 β 的比较。前者总是更大一些，因为 $(1-\beta)^{-1/\beta} > 1$，因此（帕累托）最优增长率总是大于均衡增长率。

命题13.3　在以上描述的扩展投入品种类模型中，分散均衡总是满足帕累托次优的。此外，给定 $(1-\theta)\eta(1-\beta)^{-1/\beta}\beta L < \rho$，开始于任意 $N(0)>0$，帕累托最优配置中的不变增长率为

$$g^S = \frac{1}{\theta}(\eta(1-\beta)^{-1/\beta}\beta L - \rho)$$

该增长率严格大于（13.20）式给出的均衡增长率 g^*。

证明　见习题 13.9 和习题 13.10。

直观地看，帕累托最优增长率大于均衡增长率是因为创新具有更大的社会价值。这一更大的社会价值来源于帕累托最优配置中不包含价格加成，因此可以更加密集地使用可供使用的各种机器。于是，均衡中的无效率与垄断性价格加成导致的货币外部性有关，这影响了贸易商品集（进而影响机器和技术的增长率）。其他内生技术进步模型考虑了技术外溢问题，因此会产生由于货币外部性和技术外溢共同引起的无效率问题。

13.1.6　内生技术进步模型中的政策

分散均衡和帕累托最优配置之间的差异引出了帕累托改进型政策干预的可能性。下面考虑两种自然的选择。

1. 研究补贴：通过对研究进行补贴，政府可以提高该经济体的增长率，同时，如果税收没有扭曲还可以形成帕累托改进（异质性存在时，如果存在合理的资源再分配，则各参与方都能获益）。
2. 机器和/或者投入要素补贴：由于分散的经济体并没有使用足够数量的机器或者投入品（因为垄断加成的存在）无效率也会由此产生，于是对最终产品部门使用机器进行补贴也会提升增长率。

此外，和第一代内生增长模型一样，各种类型的政策干预，包括对投资收入

征税和各种形式的补贴都有增长效应（而不仅仅是总量效应；见习题 13.12）。

自然，一旦我们开始把政策看作能够缩小分散均衡和帕累托最优配置之间差异的手段，我们也不得不考虑政策制定者的目标，而这将把我们引领到政治经济学领域，这是第八篇要讨论的主题。因此我不打算在这里对最优政策问题进行过多讨论（一些讨论留到习题 13.11—13.13 中）。然而，简要地讨论内生技术进步模型中竞争政策的作用是很有用的。

请回忆垄断者对机器收取的利润最大化价格为 $p^x = \psi/(1-\beta)$。不妨想象一下少量竞争性企业可以抄袭任何垄断者的创新，但是它们不能以同样水平的成本进行生产（因为发明者具有更多的技术诀窍）。特别是，如前一章所示，假定这部分企业的边际成本是 $\gamma\psi$（$\gamma > 1$）而非 ψ。如果 $\gamma > 1/(1-\beta)$，则这部分企业无法威胁到垄断企业，因为垄断企业可以设定理想的利润最大化的价格加成，而这一小部分企业则无法做到毫无损失地进入。然而，如果 $\gamma < 1/(1-\beta)$，这一小部分企业会阻止垄断者设定其理想的垄断价格。尤其是，在这种情况下垄断者将被迫设定一个价格上限

$$p^x = \gamma\psi \tag{13.24}$$

对此，有一个和前一章中有限价格相同的解释。[①]

当垄断者收取这一限价时，其单位产品利润为

$$(\gamma - 1)\psi = (\gamma - 1)(1 - \beta)$$

该利润小于缺乏竞争性企业时的单位垄断利润。这对经济增长有什么影响呢？我们很容易发现，在这种情况下，该经济体的增长率会更低一些。例如，在实验设备技术的基本模型中，该增长率为（见习题 13.14）

$$\hat{g} = \frac{1}{\theta}(\eta\gamma^{-1/\beta}(\gamma - 1)(1-\beta)^{-(1-\beta)/\beta}L - \rho)$$

该增长率小于（13.20）式给出的 g^*。因此，该模型中更激烈的竞争将减少价格加成（以及静态扭曲），还会降低长期增长。这一结果初看起来似乎不符合我们

[①] 更具体地，当垄断企业的定价高于 $\gamma\psi$ 时，这一小部分（非垄断）企业能够降低垄断者的定价，占领市场并且获取利润。当定价低于这个水平时，垄断企业会将价格提升至无约束的垄断价格水平并借此获取更多利润。因此，存在一个唯一的均衡价格，由（13.24）式给出。

的直觉，因为垄断加成被认为是造成无效率的关键原因，而更激烈的竞争（较小的 γ）能够减少这种加成。然而，如上文所述，无效率的原因既包括垄断加成，还包括对可供使用的机器集合的选择也许并不恰当。当 γ 变小时垄断加成会减少，但机器的供应不足问题也将变得更严重。这是因为当垄断利润变少时，研究的激励也将减弱。因为 γ 也可以被当作反垄断（竞争）政策的一个参数，这个结果意味着在基本内生技术变化模型中，更严格的反垄断政策将会降低经济增长。

福利和增长问题不一样，某种程度的竞争引起的价格降至低于无约束垄断的水平可能会增加福利，这取决于代表性家庭的贴现率。从本质上说，对于给定的 N，更低的价格加成将使家庭享受更高的消费水平，但是他们将面临更低的消费增长（N 的更低增长）。这两种对立效应之间的消长取决于代表性家庭的贴现率（见习题 13.14）。

当我们考虑专利政策时也能得出类似的结论。实际上，专利的期限是有限的。在基本模型中，我们假定专利是永续的：一旦某个企业发明了一种新产品，它就获得了一项能够永久实施完全保护的专利。当专利保护被严格执行时，竞争企业有可能将被完全排除，该经济体的增长率可以恢复为（13.20）式的水平。即使缺乏竞争，我们也能想象一旦专利到期，该企业从该创新中获得的利润也将消失。在这种情况下可以很容易看出增长是通过尽可能地延长专利保护期限来实现最大化的，但是这里仍然存在着福利损失。

在这个基本内生技术模型中，竞争和专利期限对增长的影响结果是比较极端的，部分是因为该模型没有考虑企业之间存在着很强的相互竞争。下一章介绍的质量竞争（熊彼特）模型更为细致地分析了竞争和专利对创新以及经济增长的影响。

13.2 考虑知识外溢的增长

在前一节，增长是通过把最终产品投入研发实现的。从某种程度上说，这类似于第 11 章讨论的雷贝洛（Rebelo，1991）持续增长模型，因为创新可能性边界（研发技术）与积累性要素之间是线性关系。

还有一种方式是在研发中使用"稀缺要素"。换句话说，用研究人员和科学家代替实验设备作为关键的研发创造来源。实验设备模型通过投入越来越多的资源到研发部门来产生持续不断的经济增长。而这对于稀缺要素而言难以实现，顾名思义，在研发部门不断增加这些要素的使用是不可能的。因此，根据这个设定，除非过去的研发能够产生知识外溢，使研发中使用的稀缺要素的生产率逐渐提高，否则内生增长是不可能出现的。换句话说，现在我们需要现有研究人员"站在巨人的肩膀上"。罗默（1990）提出的内生技术变化模型的最初形式就是建立在这种知识外溢的基础上。尽管这种知识外溢在实践中也许很重要，前一节研究的实验设备模型则是一个更好的起点，因为它清晰地描述了技术积累的作用并且说明增长不一定要通过技术外部性或外溢来产生。

由于知识外溢在许多经济增长模型中都起到了重要作用，我们有必要考虑存在知识外溢的基本内生技术进步模型是如何运行的。现在我将给出存在知识外溢的最简单的内生技术变化模型。除了创新可能性边界之外，模型的其他条件都和前一节相同，该模型采用以下形式

$$\dot{N}(t) = \eta N(t) L_R(t) \tag{13.25}$$

其中 $L_R(t)$ 是 t 期用于研发的劳动力。表达式右侧的 $N(t)$ 表示创意存量的外溢。$N(t)$ 越大，研发人员的生产率越高。注意，（13.25）式要求这种外溢是成一定比例的，或者说是线性的。这种线性性质是当前模型中内生增长的源泉。

在（13.25）式中，$L_R(t)$ 是研究人员，来源于通常的劳动力群体。另一种方式最初由罗默（1990）提出，他假设只有熟练工人或者科学家可以在研发部门工作。这里我假设，同质的劳动力同时被用于研发部门和最终产品部门。因此，生产和研发部门对劳动力的竞争确保了研发部门的人工成本和最终产品部门的工资率是相等的。现在唯一的变化是最终产品部门的总劳动力投入，在生产函数（13.2）式中表示为 $L_E(t)$ 而不是 L，因为一些工人被研发部门雇用。劳动力市场出清要求

$$L_R(t) + L_E(t) \leq L$$

总产出表示为

$$Y(t) = \frac{1}{1-\beta} N(t) L_E(t) \tag{13.26}$$

同时，垄断者通过销售机器获取的利润为

$$\pi(t) = \beta L_E(t) \tag{13.27}$$

垄断者的净现值和（13.7）式或（13.8）式一样仍然为 $V(v, t)$，其流动利润由（13.27）式表示。然而，自由进入条件不再和（13.4）式中的一样。(13.25) 式意味着下列自由进入条件（当存在研究活动的时候）：

$$\eta N(t)V(v, t) = w(t) \tag{13.28}$$

（13.28）式的左侧是增加雇用一个单位的工人用于研发的回报。$N(t)$ 在左边，因为更高的 $N(t)$ 表示研发工人的效率更高。右侧是增加雇用 1 个单位工人用于研发的流动成本 $w(t)$。

均衡工资率必然与前一节的实验设备模型中的相等；具体地，如（13.13）式所示，$w(t) = \beta N(t)/(1-\beta)$。此外，平衡增长还要求利率固定为某个 r^* 水平。利用这些条件以及自由进入条件（13.28）式，平衡增长路径要求

$$\eta N(t)\frac{\beta L_E(t)}{r^*} = \frac{\beta}{1-\beta}N(t) \tag{13.29}$$

于是，平衡增长路径的均衡利率必为

$$r^* = (1-\beta)\eta L_E^*$$

其中 L_E^* 是平衡增长路径上生产部门雇用的劳动力数量（已知 $L_E^* = L - L_R^*$）。生产部门工人的数量必须在平衡增长路径中保持不变的事实是基于（13.29）式。现在利用代表性家庭的欧拉方程（13.16）式，我们可知对于所有 t，下式成立：

$$\frac{\dot{C}(t)}{C(t)} = \frac{1}{\theta}((1-\beta)\eta L_E^* - \rho) \equiv g^* \tag{13.30}$$

为了更完整地描述平衡增长路径中的均衡，平衡增长路径上的劳动雇用水平 L_E^* 必须被确定下来。创新可能性边界（13.25）式意味着 $\dot{N}(t)/N(t) = \eta L_R^* = \eta(L - L_E^*)$。此外，根据定义，平衡增长路径上的消费增长率必须等于技术进步率；从而 $g^* = \dot{N}(t)/N(t)$。这说明平衡增长路径上的就业水平可以被唯一确定为

$$L_E^* = \frac{\theta\eta L + \rho}{(1-\beta)\eta + \theta\eta} \tag{13.31}$$

分析的其余部分都不变。我们还可以证明，在分散均衡中仍然不存在转移动态（见习题 13.17）。

命题 13.4 考虑上述存在知识外溢的扩展投入品种类模型，假定

$$(1-\theta)(1-\beta)\eta L_E^* < \rho < (1-\beta)\eta L_E^* \tag{13.32}$$

其中 L_E^* 是平衡增长路径上生产部门中雇用的工人数量，由（13.31）式给出。于是，开始于任意初始技术存量水平 $N(0)>0$，存在一条唯一的均衡路径。在此均衡中，技术、产出和消费都以相同的比率 $g^*>0$ 增长，该比率由（13.30）式给出。

证明 见习题 13.16。

和实验设备模型中一样，均衡配置也是帕累托次优的，帕累托最优配置下的产出和消费增长率更高。对此的直观解释为，尽管企业不会考虑其研发支出可能增加未来的研究效率，但最优增长配置会将这种效应内部化（见习题 13.17）。最后，还应该注意这里又一次出现了规模效应，即更大的 L 提高了该经济体的利率和增长率。

13.3 不包含规模效应的增长

目前讨论的模型都具有某种规模效应的特征，因为更多的人口 L 将导致更高的利率和增长率。查得·琼斯（Chad Jones）和其他一些学者在一系列论文中曾对这种关系提出质疑，包括以下三个原因：

1. 较大的国家并不一定增长更快（尽管美国或者欧洲经济体的更大市场在工业化进程的早期曾经是一个优势；参见第 21 章）。
2. 大部分国家的人口数量都不是恒定的。当人口增长为标准新古典增长模型中的 [如，$L(t)=\exp(nt)L(0)$] 情况时，这些模型不再具有平衡增长的特点。相反，经济增长率将随时间稳步提高，并且人均产出将在有限时间内趋于无穷（"爆炸"）。
3. 数据表明，用于研发的资源比例（例如，劳动力和产出的一部分）比较稳定地增加，但不存在与之相关的增长率提高。

以上每个与规模效应相悖的论点都存在一定问题（例如，有人辩称并不能在国家层面上进行正确的分析，因为各国通过国际贸易联系起来，或者世界经济的

增长率的确是提高了，如果我们回溯过去 2000 年而不是 100 年的时间）。然而，这些观察加在一起的确说明基本内生技术变化模型中存在的强式规模效应可能与现实并不十分相符。这些观察结果促使琼斯（1995）提出了一个基本内生技术进步模型的修订版。尽管这种消除了规模效应的修正可以被构建为实验设备模型（见习题 13.22），但是在上一节讨论的知识溢出模型的框架中考虑这个修正从概念上来说可能更为简单。具体而言，在那个模型中，可以通过降低知识外溢的影响来消除规模效应。

更具体地，考虑与前一节模型有两处不同的模型。第一，人口增长率为恒定的指数 n，于是有 $\dot{L}(t)=nL(t)$。该经济体中存在着一个代表性家庭，具有 CRRA 偏好

$$\int_0^\infty \exp(-(\rho-n)t)\frac{c(t)^{1-\theta}-1}{1-\theta}dt \tag{13.33}$$

其中 $c(t)$ 是该经济体在 t 期的人均最终产品消费量。最终产品的生产函数表示为（13.2）式。

其次，和前一节研究的知识外溢模型相比，这里的研发部门中只存在有限的知识外溢，于是（13.25）式被替换为

$$\dot{N}(t) = \eta N(t)^\phi L_R(t) \tag{13.34}$$

其中 $\phi < 1$ 且 $L_R(t)$ 是 t 期用于研发活动的劳动力。劳动力市场出清要求

$$L_E(t) + L_R(t) \leq L(t) \tag{13.35}$$

其中 $L_E(t)$ 是最终产品部门中的劳动力就业水平，$L(t)$ 是 t 期的人口。该模型的关键假设为 $\phi<1$。$\phi=1$ 的情况已经在前一节分析过了，如前所述，人口的增长将使人均产出进入爆炸路径，并且代表性家庭的效用将趋于无穷。

总产出和利润与上一节一样，分别由（13.26）式和（13.27）式给出。均衡也有着类似的定义。让我们着重观察平衡增长路径，其中从事研发的工人的比例是不变的，利率和增长率都是恒定的。假设该平衡增长路径中增长为正，于是自由进入条件可以表示为恒等式。假设 $r^* > n$，平衡增长路径的自由进入条件可以表示为（见习题 13.18）

$$\eta N(t)^\phi \frac{\beta L_E(t)}{r^* - n} = w(t) \qquad (13.36)$$

和以前一样，该均衡工资由生产方决定，表示为（13.13）式。将（13.13）式和（13.36）式联系起来，可得下列自由进入条件：

$$\eta N(t)^{\phi-1} \frac{(1-\beta)L_E(t)}{r^* - n} = 1$$

现在，将该条件对时间求微分，可得

$$(\phi - 1)\frac{\dot{N}(t)}{N(t)} + \frac{\dot{L}_E(t)}{L_E(t)} = 0$$

由于在平衡增长路径中，从事研究的工人比例是恒定的，即 $\dot{L}_E(t)/L_E(t) = n$。于是平衡增长路径中技术的增长率为

$$g_N^* \equiv \frac{\dot{N}(t)}{N(t)} = \frac{n}{1-\phi} \qquad (13.37)$$

利用（13.12）式、（13.37）式表明总产出的增长率为 $g_N^* + n$。但是，现在有了人口增长，于是人均消费增长率为

$$g_C^* = g_N^* = \frac{n}{1-\phi} \qquad (11.38)$$

于是由消费欧拉方程可得到平衡增长路径的利率为

$$r^* = \theta g_N^* + \rho = \frac{\theta n}{1-\phi} + \rho$$

命题 13.5 假设 $\rho > (1-\phi-\theta)n/(1-\phi)$。那么在包含有限知识外溢的扩展投入品种类模型中存在一个唯一的平衡增长路径，其中技术和人均消费的增长率为 g_N^*，如（13.37）式所示，且产出增长率为 $g_N^* + n$。

因此，这一分析表明人口不断增长的经济体中持续（且稳定的）人均收入均衡增长是有可能实现的。直观地看，和基本罗默模型中的线性（按一定比例）外溢不同，当前的模型中只存在有限的外溢。当不存在人口增长时，这些外溢将

不足以维系长期增长。持续的人口增长能够稳步地扩大新技术的市场规模，并且从这些有限的外溢中获得经济增长。尽管这一模式被称为"无规模效应的增长"，我们有必要注意到，从两点来看，这些模型中存在着有限的规模效应。第一，人口增长越快意味着更高的均衡增长率。第二，更大的人口规模将导致更高的人均产出（见习题 13.20）。我们还不清楚数据是否也能支持这种类型的规模效应。换句话说，一些否认基本内生技术变化模型中存在规模效应的证据也和这类模型不一致。例如，没有任何二战后或者过去 200 年的数据表明更快的人口增长会导致更高的均衡增长率。

还值得注意的是这些模型有时被称为"准内生增长"模型，因为尽管这些模型中存在着持续增长，但是经济体的人均增长率（13.38）式仅仅取决于人口增长和技术，而与税收或者其他政策无关。一些文献也已经提出了一些无规模效应的内生增长模型，其均衡增长受到政策的影响，不过这通常需要设立一些限制性的假设条件。

13.4 包含产品种类扩展的增长

最后我将简要地介绍一种等价模型，其中增长源于产品的创新而不是工艺创新，即通过扩展产品种类而不是投入要素种类来实现创新。该经济体处于连续时间中并且人口 L 是不变的。存在一个代表性家庭，其偏好表示为

$$\int_0^\infty \exp(-\rho t) \log C(t) dt \tag{13.39}$$

其中

$$C(t) \equiv \left(\int_0^{N(t)} c(v, t)^{\frac{\varepsilon-1}{\varepsilon}} dv \right)^{\frac{\varepsilon}{\varepsilon-1}} \tag{13.40}$$

是消费指数，它是一个包含不同类型消费品的迪克西特－斯蒂格利茨加总。这里 $c(v, t)$ 表示 t 期的产品 v 的消费，$N(t)$ 表示总的产品数量。我始终假设 $\varepsilon > 1$。因此，扩展投入品种类已经被扩展产品种类替代。对该效用函数取对数可以简化运算，并且可以用 CRRA 效用函数来替代。

生产每种产品 $v \in [0, N(t)]$ 的专利属于某个垄断者，且发明新产品设计图的垄断者能够获得该产品的永续完全专利。每种产品可以使用以下技术生产

$$y(v, t) = l(v, t) \tag{13.41}$$

其中 $l(v, t)$ 是用于该种产品生产的劳动力。由于该经济体是封闭的，我们可得

$$c(v, t) = y(v, t)$$

如第 13.2 节中存在知识外溢的模型一样，我假设新产品可以按照下列生产函数被创造出来

$$\dot{N}(t) = \eta N(t) L_R(t) \tag{13.42}$$

读者将会注意到，这里的模型和扩展投入品种类模型，尤其是与第 13.2 节的具有知识外溢的模型紧密相关。例如，当 $y(v, t)$ 被看作中间产品或者投入要素而非最终产品时，另外把（13.40）式中的 $C(t)$ 看作最终产品的生产函数而非代表性家庭效用函数的一部分时，这两个模型几乎完全一样。唯一的区别在于，根据这个解释，劳动力将被用于投入品的生产，而在第 13.2 节，劳动力仅被用于最终产品部门的生产。

均衡和平衡增长路径的定义和以往类似。代表性家庭现在需要同时决定对不同种类产品的消费水平和消费支出的时间路径。由于该经济体是封闭的并且不存在资本，所以全部产出都必须被消费完。消费的欧拉方程则决定了均衡利率水平。劳动力市场出清要求

$$\int_0^{N(t)} l(v, t) dv + L_R(t) \leq L \tag{13.43}$$

让我们从支出决策开始讨论。已知迪克西特－斯蒂格利茨偏好，代表性家庭的需求为（见习题 13.25）

$$c(v, t) = \frac{p^c(v, t)^{-\varepsilon}}{\left(\int_0^{N(t)} p^c(v, t)^{1-\varepsilon} dv\right)^{-\frac{\varepsilon}{1-\varepsilon}}} C(t) \tag{13.44}$$

其中 $p^c(v, t)$ 是产品种类 v 在时间 t 的价格，$C(t)$ 被定义为（13.40）式。分母项是理想价格指数的 $-\varepsilon$ 次幂。让我们将该理想价格指数设定为计价单位，产出在每一期的价格被标准化为 1，则对于所有 t，有

$$\left(\int_0^{N(t)} p^c(v,t)^{1-\varepsilon} dv\right)^{\frac{1}{1-\varepsilon}} = 1 \tag{13.45}$$

根据这个计价单位, 欧拉方程又可表示为

$$\frac{\dot{C}(t)}{C(t)} = r(t) - \rho \tag{13.46}$$

根据类似于前文的分析, 拥有产品 v 专利的垄断企业的净贴现值可以表示为

$$V(v,t) = \int_t^\infty \exp\left(-\int_t^s r(s')\, ds'\right)\left[p^c(v,s)c(v,s) - w(s)c(v,s)\right]ds$$

其中 $w(t)c(v,t)$ 是该企业的产量为 $c(v,t)$ [已知生产函数为 (13.41) 式且时间 t 的工资率为 $w(t)$] 时的总支出, 同时 $p^c(v,t)c(v,t)$ 为收入, 与需求函数 (13.44) 式一致。净贴现值的最大化还要求利润在每一期都能实现最大化。由于每个垄断者都面临形如 (13.44) 式给出的等弹性需求曲线, 对于所有 v 和 t, 利润最大化的垄断价格为

$$p^c(v,t) = \frac{\varepsilon}{\varepsilon - 1} w(t)$$

因此所有企业都收取相同的价格, 生产相同数量的产品, 且雇用相同数量的劳动力。在 t 期, 存在 $N(t)$ 种产品, 于是劳动力市场出清的条件 (13.43) 式意味着对于所有 v 和 t, 都有

$$c(v,t) = l(v,t) = \frac{L_E(t)}{N(t)} \tag{13.47}$$

其中 $L_E(t) = L - L_R(t)$。对于所有 v 和 t, 每个垄断者的瞬时利润都可表示为

$$\pi(v,t) = p^c(v,t)c(v,t) - w(t)c(v,t) = \frac{1}{\varepsilon - 1}\frac{L_E(t)}{N(t)}w(t) \tag{13.48}$$

由于价格、销量和利润对于所有垄断企业而言都是相等的, 为了简化表述, 可令对于所有 v 和 t, 有

$$V(t) = V(v, t)$$

此外，由于 $c(v, t) = c(t)$ 对于所有 v 成立，我们可得

$$C(t) = N(t)^{\frac{\varepsilon}{\varepsilon-1}} c(t) = L_E(t) N(t)^{\frac{1}{\varepsilon-1}} \tag{13.49}$$

其中第二个等式利用了（13.47）式。

劳动力需求既来自研发部门也来自最终产品部门。研发部门对劳动力的需求仍然可以利用自由进入条件来确定。假定存在研发活动，则自由进入条件以等式成立，该需求为

$$\eta N(t) V(t) = w(t) \tag{13.50}$$

将（13.50）式代入（13.48）式，可得

$$\pi(t) = \frac{1}{\varepsilon - 1} L_E(t) \eta V(t) \tag{13.51}$$

其中 $\pi(t)$ 表示 t 期所有垄断企业的利润。在平衡增长路径中，从事研发的工人比例是恒定的，（13.51）式说明垄断企业的利润和净贴现值必然以相同的比率增长。让我们将平衡增长路径上产品数量 $N(t)$ 的增长率表示为 g_N，利润和价值的增长率表示为 g_V，以及工资增长率表示为 g_w。此外，已知计价单位，该经济体的消费增长率 g^* 必定等同于工资增长率 g_w。自由进入条件（13.50）式意味着 $g^* = g_N + g_V$。已知这些不变的增长率和平衡增长路径利率 r^*，（13.48）式意味着在平衡增长路径中有

$$V(t) = \frac{\pi(t)}{r^* - g^* + g_N} \tag{13.52}$$

直观地看，在 t 期利润等于 $\pi(t)$。因此，由于产品种类增多，单位产品的雇员人数按比率 g_N 递减，这将降低利润，同时工资的增长率为 g^*，而这将增加利润。考虑到贴现率为 r^*，可得（13.52）式。现在将（13.51）式和（13.52）式合并有

$$r^* = \frac{\eta}{\varepsilon - 1}(L - L_R^*) + g^* - g_N$$

其中 L_R^* 代表平衡增长路径上研发部门的劳动力数量。将其与研发部门的生产函数（13.42）式合并，这个方程给出的产品增长率为

$$\frac{\dot{N}(t)}{N(t)} = g_N = \eta L_R^*$$

于是根据（13.46）式，平衡增长路径上的增长率为 $g^* = r^* - \rho$。将该表达式与前面两个方程合并，我们得到以下平衡增长路径上的研发部门的就业水平

$$L_R^* = \frac{\eta L - (\varepsilon - 1)\rho}{\eta \varepsilon} \tag{13.53}$$

让我们假设 $L_R^* > 0$（如，$\eta L > (\varepsilon - 1)\rho$），于是存在正的增长（否则，自由进入条件将以不等式的形式出现而且增长为零）。此外，根据（13.49）式以及 $g^* = g_N/(\varepsilon - 1)$，我们有

$$g^* = \frac{\eta L - (\varepsilon - 1)\rho}{\varepsilon(\varepsilon - 1)} \tag{13.54}$$

最后，由于 $r^* > g^*$（因为对数偏好），家庭效用是有限的，同时相关横截性条件得到满足。

命题 13.6 假定 $\eta L > (\varepsilon - 1)\rho$。于是存在一条唯一的平衡增长路径，其中总消费支出 $C(t)$ 和工资率 $w(t)$ 的增长率为（13.54）式给出的 g^*。

在该均衡中，尽管每个产品的生产函数保持不变，依然存在着真实收入的增长。这是因为，尽管不存在工艺创新以减少成本或者提高质量，但家庭可以获得的产品数量也会因为产品创新而得以扩展。因为代表性家庭的效用函数（13.39）式表明了家庭对产品种类的偏好，产品种类的扩展能够增加效用。收入的变化取决于计价单位的选择。计价单位的一个自然选择是将理想价格指数（13.45）式设定为 1，这相当于在不同时期用类似的单位衡量收入。选择这种计价单位时，真实收入的增长率与 $C(t)$ 的增长率相同，比如 g^*。习题 13.24 进一步强调了扩展产品种类模型和扩展机器种类模型之间的相似之处。习题 13.27 则表明，与其他扩展投入品种类模型一样，在当前的模型中不存在转移动态，另外，均衡再次是帕累托次优的。最后，可以证明这里也存在规模效应。该讨论表明，无论你选择的是投入品种类扩展模型还是产品种类扩展模型，这仅仅是一个偏好问题，而且选择的可能是同一框架。两个模型都能够得出类似的均衡结构，政策对均衡增

长的影响也是类似的，以及相似的福利结果。

13.5　小结

在本章，我们首次讨论了内生技术进步模型。这些模型的一个显著特征是研发支出和投资都是利润导向的，这也反过来决定了经济体的技术变化速度。从某个层面看，这里研究的模型和第 11.4 节提到的罗默（1986a）具有外部性的增长模型之间存在着一些相似之处：二者都有类似于新古典 AK 模型的数学框架（不变的长期增长率，不存在转移动态），二者都有内生增长（是偏好和政策的函数），并且在两个模型中（技术和经济）外部性都使均衡增长率低于帕累托最优增长率。然而，也不能低估罗默模型（1986a）和内生技术变化模型之间的根本区别。有人认为，罗默模型（1986a）包含的是"知识积累"，这种积累不是有目的的经济活动的结果，而是其他决策的一种副产品（在这个特定的例子中，就是涉及个人物质资本累积的决策）。虽然这种模型可能将技术"内生化"，但并没有明确指出投资于新技术的成本和收益。因为，正如第 3 章讨论的，跨国技术差异对于解释收入差异十分重要，于是理解技术差异的来源成为理解经济增长机制的重要部分。从这个意义上说，本章介绍的这些模型相对第 11 章的模型来说是一种巨大的改进。

和前一章中的一样，本章研究的模型强调了利润对技术选择的重要影响。我们还看到了垄断力量和专利保护时限对均衡增长率的影响。此外，在新古典 AK 模型中影响均衡增长率的因素同样也会影响均衡经济增长。这包括贴现率 ρ 以及对资本收入或者公司利润的税收。然而在本章的模型中，市场结构对均衡增长以及创新率的影响相对有限，因为迪克西特-斯蒂格利茨结构和产品或者投入品种类扩展限制了企业之间的竞争程度。下一章的质量竞争模型的特征是，市场结构和均衡增长之间的相互影响更为强烈。

本章的模型存在一个重要的缺点（也同样存在于下两章的模型中）值得我们注意。在这些模型中，社会的技术存量仅仅决定于社会自身的研发活动。因此技术差别只来自研发的差异。在当今世界中，知识流动更为自由，许多国家不仅通过其自身的研发创造专有技术，而且也从世界技术前沿学习技术。因此在实践中，技术应用决策和技术扩散模式一样重要，或者说较之面向新技术发明的研发活动更重要（见第 18 章）。因此，对于我们的理解而言，本章研究方法的主要贡献并非准确地指出了跨国技术差异的原因，重要的是强调了技术的内生性质和它们给出的对技术投资建模的视角。此外，对某些国家的经济增长来说，即便技术应用和模仿可能比创新更重要，但内生技术变化模型对于理解世界经济增长也是必不可少的，因为世界技术前沿的进步（很大程度上）基于研发活动。

13.6 参考文献

内生技术进步模型最早由罗默（1987，1990）提出，后来被阿吉翁和霍伊特（Aghion and Howitt，1992），格罗斯曼与赫尔普曼（Grossman and Helpman，1991a，b）以及赛格斯特罗姆、阿南特和迪诺普诺斯（Segerstrom，Anant and Dinopoulos，1990）进一步分析和发展。第13.1节讨论的实验设备模型最初由里维拉巴蒂斯和罗默（Rivera-Batiz and Romer，1991）提出。罗默（1990）提出的模型类似于第13.2节中的模型，不同之处是技能工人在研发部门工作。嘉琪亚和齐利博蒂（Gancia and Zilibotti，2005）对本章讨论的很多模型进行了探讨。松山公纪（Matsuyama，1995）阐释了迪克西特–斯蒂格利茨类型模型中无效率的原因，这与导致第13.1节实验设备模型中的无效率的原因有关。

巴克斯和基霍伊（Backus and Kehoe，1992）以及琼斯（Jones，1995）因规模效应对内生增长模型进行了批评。巴克斯和基霍伊指出人口更多的国家在二战后并没有增长更快。琼斯关注的是时间序列模式，他指出研发投入（例如，研发工人总数）大量增长的时候，均衡增长率却没有出现相应的提高。其他人还提出，仅仅基于20世纪的数据也许不足以获得是否存在规模效应的结论。克雷默（Kremer，1993）认为，基于对世界人口的估计，过去100万年一定存在经济增长。

第13.3节的模型类似于琼斯（1995，1999）提出的模型。迪诺普诺斯和汤普森等人（Dinopoulos and Thompson，1998；Segerstrom，1998；Young，1998；Howitt，1999）将这个模型进行了一般化，其中考虑了政策对均衡增长率的影响。

贾德（Judd，1985）首次提出了扩展产品种类模型。基于扩展产品种类的内生增长模型则由格罗斯曼和赫尔普曼（1991a，b）首次提出。这里的表述之所以不同，是因为我用理想价格指数替代了格罗斯曼和赫尔普曼将总支出作为计价单位的做法。

13.7 习题

13.1 根据（13.7）式推导（13.8）式。

(a) 将 t 期的（13.7）式改写为

$$V(v,t) = \int_t^{t+\Delta t} \exp\left(-\int_t^s r(\tau)\,d\tau\right)[p^x(v,s) - \psi]x(v,s)\,ds$$
$$+ \int_{t+\Delta t}^\infty \exp\left(-\int_t^s r(\tau)\,d\tau\right)[p^x(v,s)x(v,s) - \psi x(v,s)]\,ds$$

这只是对于任意 Δt 成立的一个恒等式。将该式与离散时间问题中的最优化原理（定理 6.2）联系起来加以解释。

(b) 证明：对于任意小的 Δt，该等式可以表示为

$$V(v,t) = [p^x(v,t) - \psi]x(v,t)\Delta t + \exp(r(t)\Delta t)V(v,t+\Delta t) + o(\Delta t)$$

并且可以推导出以下等式：

$$(p^x(v,t) - \psi)x(v,t)\Delta t + \exp(r(t)\Delta t)V(v,t+\Delta t) - \exp(r(t)\times 0)V(v,t) + o(\Delta t) = 0$$

解释这个等式以及 $o(\Delta t)$ 项的意义。

(c) 把（b）中等式两边同时除以 Δt，取 $\Delta t \to 0$ 时的极限，并证明当价值函数可微时，可得（13.8）式。

13.2 从垄断企业利润最大化问题中推导出（13.9）式和（13.10）式。

13.3 依据现值汉密尔顿函数构建家庭最优化问题并推导出内点连续解的必要条件。证明这些必要条件与（13.16）式和（13.17）式等价。

13.4 完成命题 13.1 的证明。具体地，证明当（13.21）式成立时，代表性家庭的效用是有限的，并满足横截性条件。同时证明在均衡状态下，资源约束条件（13.3）式总是能够成立，且任何时点的消费均为正数。

13.5 证明：第 13.1 节的模型 $V(v,t) = V(t)$ 对于所有 v 和 t 都是成立的。此外，对于某些 t' 和 $\varepsilon > 0$，证明当 $\eta V(t) = 1$ 对于 $t \in (t'-\varepsilon, t'+\varepsilon)$ 成立时，则 $\eta V(t) = 1$ 也对所有 t 成立，相反，如果该条件不能对于任意 t' 和任意 $\varepsilon > 0$ 都成立，则对于所有 t 都有 $\eta V(t) < 1$，并且任意 t 期都没有企业进入。接着证明，已知（13.21）式，在 t 期都没有企业进入不可能是一个均衡。应用这些条件对命题 13.2 加以证明。

13.6 考虑第 13.1 节中的扩展投入品种类模型，并且用 g_C^* 和 g^* 分别表示平衡增长路径下的消费增长率和总产出增长率。

(a) 证明 $g_C^* > g^*$ 是不可能的。

(b) 证明 $g_C^* < g^*$ 违背横截性条件。

13.7 考虑一个世界经济由 $j=1,\cdots,J$ 个经济体组成。假定这些经济体的每一个都是封闭的，并且如第 13.1 节描述的那样都可以获得相同的产出和研发技术。各国具有不同的劳动力 L_j，不同的研发生产率 η_j 以及贴现率 ρ_j。还假设每个单位的研发支出为 j 国的 ζ_j 单位最终产品。不存在跨国技术交易。

(a) 试定义"世界均衡"，其中每个国家都处于均衡，该均衡类似于第 13.1 节中一国经济的均衡路径。

(b) 描述这个世界均衡。证明：在世界均衡中，从 $t=0$ 期开始，每个国家都以不变的速率增长。给出这些增长率的显式解。

(c) 证明：除了"刀锋"情况下，每个国家的长期产出将以不同的比率增长。

(d) 现在回过头来讨论第 3 章和第 8 章中有关政策和税收对长期人均收入差异的影响。请证明：在这个习题讨论的模型中，任意小的政策或者贴现率的跨国差异都将导致无限大的长期人均收入差异。这种性质是否能够解决第 3 章和第 8 章中讨论的经验难题？

13.8 (a) 证明第 7 章的定理 7.14 可以适用于第 13.1 节中的社会规划者问题。

(b) 推导最优增长路径（13.23）式中的消费增长率。

13.9 考虑第 13.1 节的扩展投入品种类模型。证明：均衡配置是有可能满足横截性条件的，而最优增长路径可能不能满足该条件。解释该结果。这是否意味着最优增长问题的解不那么具有说服力？证明当满足命题 13.3 中的条件时，最优增长路径满足横截性条件，并能使代表性家庭产生有限的效用水平。

13.10 完成命题 13.3 的证明，特别是要证明帕累托最优配置总是包含稳定的增长率，而且不存在转移动态。

13.11 考虑第 13.1 节中的扩展投入品种类模型。

(a) 假定一个仁慈的政府只能对研发进行补贴，这可以通过一次性总付税（lump-sum tax）获得补贴的资金。这些补贴能否确保均衡增长率等于帕累托最优增长率？它们是否能够被用来复制帕累托最优均衡路径？政府用补贴获得的帕累托最优增长率是合意的吗（从 $t=0$ 期最大化社会福利的角度）？

(b) 假定该政府现在只能对机器提供补贴，还是通过征收一次性总付税的办法。这些补贴能否引致帕累托最优增长率？它们能否被用来复制帕累托最优均衡路径？

(c) 对机器的补贴和对研发的补贴相结合的办法是否优于这两种政策独立执行时的情况？

13.12 考虑第 13.1 节的扩展投入品种类模型，假定公司利润的税率为 τ。

(a) 描述该均衡配置。

(b) 考虑两个具有相同技术和相同初始条件但企业所得税率不同（分别表示为 τ 和 τ'）的经济体。试求这两个经济体的相对收入（是时间的函数）。

*13.13 考虑第 13.1 节中的扩展投入品种类模型，唯有一点不同。一个企业发明一种新机器则获得一项专利，该专利以泊松速率 ι 到期。一旦该专利到期，该机器的生产就变为竞争性的，并且以等于边际成本的价格供应给最终产品生产商。

(a) 描述这种情况下的平衡增长路径均衡，并说明增长率如何受 ι 影响。[提示：注意在不同的价格下市场上将存在两个不同的机器种类。]

(b) 描述转移动态。[提示：证明消费增长率是不变的，但是产出增长是变化的。]

(c) 能够最大化经济增长均衡率的 ι 值是多少？

(d) 证明 $\iota=0$ 的政策并不一定能够实现 $t=0$ 期的社会福利最大化。

13.14 考虑第 13.1.6 节的竞争政策的形成。

(a) 完整地描述该均衡。

(b) 求出该均衡中代表性家庭在 $t=0$ 期的福利函数。

(c) 通过选择一个 γ 值来求出 (b) 中的福利函数最大化。

(d) 为什么 γ 的最优值不等于 $\gamma^* \geq 1/(1-\beta)$？从总量效应和增长效应之间权衡的角度给出解释。

(e) γ 的最优值和 ρ 之间的关系是怎样的？

13.15 该习题要求你构建并分析离散时间下的第 13.1 节实验设备扩展种类模型。假定该经济体存在着代表性家庭，该家庭在 0 期的偏好为

$$\sum_{t=0}^{\infty} \beta^t \frac{C(t)^{1-\theta}-1}{1-\theta}$$

其中 $\beta \in (0, 1)$ 且 $\theta \geqslant 0$。生产技术和正文中的一样，该经济体的创新可能性边界表示为 $N(t+1) - N(t) = \eta Z(t)$。

(a) 定义平衡增长路径配置中的均衡。

(b) 描述平衡增长路径并将其均衡结构与第 13.1 节的均衡结构进行比较。

(c) 证明：不存在转移动态，因此开始于任意 $N(0) > 0$ 的该经济体以一个恒定的比率增长。

13.16 完成对命题 13.4 的证明。具体地，证明该均衡路径不包含转移动态，而且在条件（13.32）式下，效用是有限的，并且横截性条件也得到满足。

13.17 描述第 13.2 节经济体的帕累托最优配置。证明该配置的恒定增长率要大于命题 13.4 中的均衡增长率，而且不存在转移动态。

13.18 推导（13.36）式，并且解释为什么分母等于 $r^* - n$。

13.19 考虑如第 13.3 节讨论的具有有限知识外溢的内生技术进步模型。

(a) 描述开始于任意 $N(0) > 0$ 的经济体的转移动态。

(b) 描述帕累托最优配置，并且将其与命题 13.5 中的均衡配置进行比较。

(c) 分析以下两种政策的影响：第一，对研发进行补贴；第二，专利保护政策，其中每个专利都以 $\iota < 0$ 的速率到期。解释为何这些政策对于经济增长的影响不同于在基本内生增长模型中的影响。

13.20 考虑第 13.3 节的模型。假定只存在两个经济体，两者的偏好、技术和初始条件都相同，除了国家 1 的初始人口为 $L_1(0)$，国家 2 的初始人口为 $L_2(0) > L_1(0)$。证明国家 2 的人均收入总是高于国家 1。

13.21 请描述初始技术水平为 $N(0) > 0$ 的第 13.3 节模型的均衡动态。

13.22 考虑第 13.1 节的实验设备模型，但是将创新可能性边界修改为

$$\dot{N}(t) = \eta N(t)^{-\phi} Z(t)$$

其中 $\psi > 0$。

(a) 定义其均衡,并求出市场出清水平的要素价格以及自由进入条件。

(b) 证明如果不存在人口增长,则该经济体中不存在持续增长。

(c) 现在考虑人口以指数 n 增长,证明该模型可以实现持续的均衡增长,正如第 13.3 节的模型分析的一样。

13.23 考虑第 13.1 节具有扩展机器种类特点的基本内生技术变化模型。假定 x 现在表示不会立即折旧的机器。相比之下,一旦开始生产,这些机器会以指数速率 δ 折旧。偏好和生产结构的其余部分都保持不变。

(a) 试定义平衡增长路径配置中的均衡。

(b) 构建机器生产者的最大化问题。[提示:基于机器的租金而不是销售额构建该问题会更加容易。]

(c) 描述该经济体的均衡,并证明所有的结果都和第 13.1 节相同。

13.24 考虑下列模型。人口在 t 期为 $L(t)$,并以固定比率 n 增长[例如,$\dot{L}(t) = nL(t)$]。所有行为人的偏好为

$$\int_0^\infty \exp(-\rho t) \frac{C(t)^{1-\theta} - 1}{1-\theta} dt$$

其中 C 是按下列生产函数生产的最终产品的消费

$$Y(t) = \left(\int_0^{N(t)} y(v,t)^\beta dv \right)^{1/\beta}$$

其中 $y(v, t)$ 是 t 期投入生产中的中间产品 v 的数量,$N(t)$ 是 t 期的中间产品数量。每个中间产品的生产函数为 $y(v, t) = l(v, t)$,其中 $l(v, t)$ 是 t 期配置给该产品的劳动力数量。通过将工人投入研发中生产出新产品,生产函数表示为 $\dot{N}(t) = \eta N^\phi(t) L_R(t)$,其中 $\phi \leq 1$ 并且 $L_R(t)$ 是 t 期配置给研发部门的劳动力。劳动力市场出清要求

$$\int_0^{N(t)} l(v,t) dv + L_R(t) = L(t)$$

风险中性的企业为研发雇用工人。一个发明了新产品的企业将成为垄断供应商,具有可充分实施的专利。

(a) 描述当 $\phi=1$ 且 $n=0$ 时的平衡增长路径,并证明不存在转移动态。这是为什么?为什么长期增长率依赖于 θ?为什么增长率依赖于 L?你认为这种依存关系合理吗?

(b) 假定 $\phi=1$ 且 $n>0$。会发生什么情况?请解释。

(c) 描述当 $\phi<1$ 且 $n>0$ 时的平衡增长路径。增长率是否依赖于 L?是否依赖于 n?为什么?你是否认为 $\phi<1$ 且 $n>0$ 的情况比 $\phi=0$ 且 $n=0$ 的情况更为合理?

13.25 推导(13.44)式。[提示:使用两种产品 v 和 v' 之间的一阶条件,然后将 $C(t)$ 表示的总支出代入代表性家庭的预算约束中。]

13.26 使用(13.44)式和(13.45)式选择的计价单位,采用现值汉密尔顿函数(明确地推导出预算约束)构建家庭的最大化问题。推导消费的欧拉方程(13.46)式。

13.27 考虑 13.4 节分析的模型。

(a) 证明命题 13.6 描述的配置总是包含有限效用并且满足横截性条件。

(b) 证明在此模型中不存在转移动态。

(c) 描述帕累托最优配置,并证明命题 13.6 中的均衡增长率要小于帕累托最优配置的增长率。

第 14 章　熊彼特增长模型

第 13 章介绍了基于投入品、机器或产品种类扩展的基本内生技术变化模型。易处理性是这些模型的优点。尽管扩展用于生产的机器种类刻画了创新经济学的某些方面，然而实践中的绝大多数工艺创新要么提高了某种现有产品的质量，要么降低了其生产成本。因此，典型的工艺创新相比第 13 章介绍的横向创新有许多明显特征。例如，在扩展机器种类模型中，新式计算机与旧式计算机同时得到使用；而在现实中，新式计算机往往会取代旧式计算机。由此可见，扩展机器种类模型并不能很好地描述现实中的创新动态，因为它们对创新的竞争特点缺少关注。创新的竞争特点将带领我们走进熊彼特的创造性破坏王国，在这里，经济增长至少一定程度上由新企业替换现有企业、新机器和新产品代替旧机器和旧产品驱动。因此，本章讨论的模型被称为"熊彼特增长模型"。本章旨在建立易处理的熊彼特增长模型。

熊彼特增长模型提出了一些全新的重要问题。首先，与一些扩展投入品、机器或产品种类模型（以下简称扩展种类模型）相比，在该模型中，生产相同产品却拥有不同质量或不同成本的各式生产者之间存在直接的价格竞争。这种竞争不仅影响对增长过程的探究，也影响增长过程的一些核心含义。例如，在呈现这种价格竞争的模型中，市场结构和反垄断政策可能发挥更重要的作用。其次，现有企业和新企业之间的竞争引起了第 12 章中讨论的替代效应和偷生意效应，同时也引发了过度创新的可能性。

这表明在熊彼特增长模型中出现了一些内容更加丰富的新问题。我们可能会觉得，相比于扩展种类模型，熊彼特模型会相当复杂。然而，情况并不一定如此。本章将会介绍竞争性创新的一些基本模型，这些模型最先由阿吉翁和豪伊特（Aghion and Howitt, 1992）提出，之后格罗斯曼和赫尔普曼（Grossman and Helpman, 1991a, b）以及阿吉翁和豪伊特（1998）的研究使之得到进一步发展。如今已有大量关于熊彼特经济增长模型的文献，阿吉翁和豪伊特（1998）对这些模型做了出色的综述。本章的讨论强调了这些模型中最重要的含义，并最大化它们与扩展种类模型在数学结构上的相似性。本章的后续部分和习题将讨论这些模型的一些应用。

14.1 基本熊彼特增长模型

14.1.1 偏好和技术

这是连续时间状态下的经济体，并且代表性家庭有着标准 CRRA 偏好（例如前面第 13.1 节的情形）。人口固定为 L，劳动供给是无弹性的。t 期的资源约束继续采用以下形式：

$$C(t) + X(t) + Z(t) \leqslant Y(t) \tag{14.1}$$

其中 $C(t)$ 表示消费，$X(t)$ 是花费在机器上的总支出，$Z(t)$ 是 t 期的研发总支出。

在生产唯一的最终产品时存在一个机器的连续统。由于不存在扩展的机器种类，我们可以不失一般性地将机器的度量标准化为 1。每个机器系列被表示为 $v \in [0, 1]$。在这里，经济增长的动力源于导致质量提升的工艺创新。首先让我们说明不同机器系列的质量如何随着时间变化而变化。假定 $q(v, t)$ 是机器系列 v 在 t 期的质量，下面的"质量阶梯"决定了每个机器种类的质量：对于所有的 v 和 t，有

$$q(v, t) = \lambda^{n(v,t)} q(v, 0) \tag{14.2}$$

其中 $\lambda > 1$，$q(v, 0) \in \mathbb{R}_+$，并且用 $n(v, t)$ 表示在 0 期到 t 期之间，这个机器系列上的创新数量。这意味着每种机器都有质量阶梯，每种创新把机器的质量提升一阶。这些阶梯是成比例等距离的，所以每一次提升都会导致质量按比例增加 $\lambda > 1$。这些质量提升就导致了经济增长。注意在 t 期，机器系列 v 上的创新数量 $n(v, t)$ 是随机变量，所以 $q(v, t)$ 也是随机变量。因此，机器质量也随机变化。

最终产品的生产函数和第 13 章的函数类似，但在本章中机器质量对生产率有着重要影响。总生产函数为：

$$Y(t) = \frac{1}{1-\beta} \left(\int_0^1 q(v, t) x(v, t \mid q)^{1-\beta} dv \right) L^\beta \tag{14.3}$$

543

$x(v, t|q)$ 是用于生产的质量为 q、种类为 v 的机器数量。生产函数的这一表达式取决于 t 期的机器质量 $q(v, t)s$。而且，正如我们接下来要看到的，因为不同质量的实现是独立的，所以等式（14.3）中的总产量不是随机的。

同时注意到如第 13 章所述，生产函数可以表示成

$$Y(t) = \frac{1}{1-\beta}\tilde{\mathbf{X}}(t)^{1-\beta}L^{\beta}$$

其中

$$\tilde{\mathbf{X}}(t) \equiv \left(\int_0^1 q(v,t)x(v,t\mid q)^{\frac{\varepsilon_\beta-1}{\varepsilon_\beta}}dv\right)^{\frac{\varepsilon_\beta}{\varepsilon_\beta-1}}, \quad \varepsilon_\beta \equiv 1/\beta。$$

这种形式保持了与第 12 章中扩展种类模型的连续性。

（14.3）式里的一个隐含假设是，在任何时期，任何机器只用到了一种质量。这个假设不失一般性，因为同一台机器的不同质量都是完美的替代品，而在均衡时每个机器系列中只有最高质量的机器被使用。这个特征是创造性破坏的来源：当一台更高质量的机器被发明出来后，它会替代（破坏）之前的同类机器。

接下来，我将详述生产不同质量机器的技术以及经济体的创新可能性边界。研发部门发明出质量更好的新机器。新的研发是建立在对现有机器了解的基础上，从这个意义上说，研发过程是一个积累过程。例如，考虑机器系列 v 在 t 期的质量为 $q(v, t)$。对这个机器系列进行的研发目的在于改进其质量。如果一个企业花费 $Z(v, t)$ 单位的最终产品对该机器系列进行研究，由此产生的创新速率将为

$$\frac{\eta Z(v,t)}{q(v,t)}$$

创新把生产这种机器的专门技术提升到质量阶梯的新台阶，创造了质量为 $\lambda q(v, t)$ 的 v 类机器。注意，当 1 单位的研发支出被运用在一台更高级的机器上时，效率是等比例下降的。这一结果符合直观认知，因为我们预期对更先进的机器进行研究会更加艰难。同时，从数学的角度进行解释也更为方便，因为研究的收益随着机器质量的提升也在增加［特别值得说明的是，质量提升是等比例的：创新把质量从 $q(v, t)$ 提升到 $\lambda q(v, t)$］。同时应该注意到，研发成本对现有企业和新企业而言是相等的。

再次假设进入研发领域没有任何限制,因此任何企业和个人都能够在任何机器系列上从事这种类型的研发。正如第13章中的扩展产品种类模型一样,创新企业对它新发明的机器拥有永久性专利。但是专利系统并不阻止其他企业基于这家企业发明的机器进行研发。

一旦一种质量为 $q(v, t)$ 的特定机器被发明出来,便能够以边际成本 $\psi q(v, t)$ 生产出任意数量。再次注意,边际成本同机器的质量成比例是一个很自然的事实,因为生产更高质量的机器,其成本应该更高。

此处一个值得提及的问题是确认从事研发和创新的企业。在扩展机器/产品种类的模型中,这是无足轻重的,因为机器不能被改进,所以只有研发才能发明新机器,而谁进行研发并不重要。现在的情况与之不同,现有机器可以被改进,并且这是经济增长的源泉。我们在第12章中了解到,如果研发成本对现有企业和新企业来说是一样的,那么阿罗替代效应则意味着新企业将会从事研发工作。这一点在这个模型中同样适用。相比之下,现有企业创新的动力更弱,因为创新会替代自己的机器(从而破坏它已经获取的利润)。相反,新企业无须考虑这种替代效应。因此,在相同的创新技术条件下,总是新企业进行研发投资(见习题14.2)。然而在实际中,现有企业对创新和生产率增长有着显著的贡献,这个问题将在第14.3节和第14.4节中讨论。

14.1.2 均衡

这个经济体的配置包括如下时间路径:消费水平、机器的总支出和研发总支出 $[C(t), X(t), Z(t)]_{t=0}^{\infty}$;尖端机器质量的时间路径 $[q(v, t)]_{v\in[0,1], t=0}^{\infty}$;每种机器的价格和数量以及来自这种机器的利润净贴现值的时间路径,记为 $[p^x(v, t|q), x(v, t|q), V(v, t|q)]_{v\in[0,1], t=0}^{\infty}$;利率与工资率的时间路径表示为 $[r(t), w(t)]_{t=0}^{\infty}$。回想一下,$q(v, t)$ 以及相应的价格、数量和价值都是随机的(因此上述路径都是随机过程)。然而,总量数据是非随机的,这简化了分析。下文将定义这样一个均衡。

让我们从最终产品的生产者开始讨论。与第13章类似的分析意味着最终产品生产企业对机器的需求可表示为:对所有 $v \in [0, 1]$ 和所有的 t,有

$$x(v, t | q) = \left(\frac{q(v, t)}{p^x(v, t | q)}\right)^{1/\beta} L \quad (14.4)$$

其中的 $p^x(v, t|q)$ 表示 t 期质量为 $q(v, t)$ 的 v 类机器的价格。这个表达式是 $p^x(v, t|q(v, t))$ 的简写，$q(v, t)$ 是 t 期可获得的最高质量的这类机器，但是这个符号应该不会引起混淆，因为很显然此处 q 代表的就是 $q(v, t)$。我也使用这一符号来代表其他变量。价格 $p^x(v, t|q)$ 是由拥有质量为 $q(v, t)$ 的机器 v 专利的垄断者的利润最大化行为决定的。注意，和第 13 章一样，最终产品部门对机器的需求（14.4）式是等弹性的，所以无约束的垄断价格也是在边际成本上的一个常数加成。然而，和第 13 章不同，在这种情况下，使用某一特定类别中不同机器的企业之间存在着竞争。因此，和第 12 章一样，需要考虑两种框架，一种框架下的创新非常激烈，于是每个企业可以收取无约束的垄断价格，而另一种框架下价格是有限的。无论是在哪一种框架下讨论，都不影响模型的数学结构或实质性假设。但是需要从这两种框架中选其一，以保证一致性。假设一台新机器和它替代的机器之间的质量差异 λ 足够大，特别地，它满足

$$\lambda \geqslant \left(\frac{1}{1-\beta}\right)^{\frac{1-\beta}{\beta}} \tag{14.5}$$

因此我们处在一个剧烈创新的框架中（习题 14.9 是对此条件的推导，习题 14.10 在第二个框架下讨论了均衡结构）。如第 13 章一样标准化 $\psi \equiv 1 - \beta$，这意味着利润最大化的垄断价格（在 t 期质量最高的机器）为

$$p^x(v, t|q) = q(v, t) \tag{14.6}$$

合并（14.6）式和（14.4）式，有

$$x(v, t|q) = L \tag{14.7}$$

由此可得，对质量为 $q(v, t)$ 的尖端机器拥有垄断权的企业，其利润流可用下式计算

$$\pi(v, t|q) = \beta q(v, t) L \tag{14.8}$$

质量 $q(v, t)$ 的出现使本章的利润流与第 13 章不同。接下来把（14.7）式代入（14.3）式中，可以得出总产出

$$Y(t) = \frac{1}{1-\beta} Q(t) L \tag{14.9}$$

其中机器的平均总质量为

$$Q(t) \equiv \int_0^1 q(v,t)dv \qquad (14.10)$$

尽管质量 $q(v,t)$ 是随机的，它们的平均质量 $Q(t)$ 是由推理的大数定律决定的（由于不同机器系列的实际质量是相互独立的）。① 该表达式与第 13 章的衍生生产函数（13.12）式相类似，不同之处在于现在的劳动生产率是由机器的平均质量 $Q(t)$ 决定的［第 13 章中的决定因素是机器种类的数量 $N(t)$］。该表达式也解释了选择上述函数形式的理由。特别地，读者可以证明，正是由于最终产品的总生产函数是机器质量的线性函数，才使劳动生产率取决于平均质量。若采用第二种假设框架，可以得出一个类似于（14.9）式的表达式，但会包含一个不同于简单平均数的机器质量加总值（参见第 14.4 节）。② 接下来，在机器上的总支出可以表示为

$$X(t) = (1-\beta)Q(t)L \qquad (14.11)$$

如第 13 章一样，仅在最终产品部门工作的劳动力获得的均衡工资率为

$$w(t) = \frac{\beta}{1-\beta}Q(t) \qquad (14.12)$$

接下来将给出 t 期种类为 v、质量为 $q(v,t)$ 的垄断者的价值函数。如前所述，即使每个企业都有一个随机收入流，但是，经济体中存在着拥有随机收入流相互独立的众多企业，这就意味着每个企业都应该追求期望利润的最大化。期望利润的净现值可以用 HJB 的形式表示为

$$r(t)V(v,t|q) - \dot{V}(v,t|q) = \pi(v,t|q) - z(v,t|q)V(v,t|q) \qquad (14.13)$$

其中 $z(v,t|q)$ 代表 t 期部门 v 的创新率，$\pi(v,t|q)$ 是利润流。由于等式右边最后一项刻画了熊彼特式增长的精髓，所以本章的价值函数不同于第 13 章中的价值函数［参见（13.8）式］。一种创新出现之后，现有垄断者将失去其垄断地

---

① 其中需要注意的是，由于大数定律通常用于求可数随机变量的平均数，因此 $Q(t)$ 是随机变量连续统的均值。尽管之前已定义 $Q(t)$，这也许有时候会带来技术问题。例如，更多细节可参见 Uhlig (1996)。
② 在下面的（14.33）式中会用到将相关总量当作平均质量的函数形式。

位，并被拥有更高质量机器的生产者取代。之后，它的利润和价值都将为零。另外，我在这个方程中应用了阿罗替代效应，也就是从事创新的是新企业。因此 $z(v,t|q)$ 对应着现有企业被新企业替代的速率。

自由进入再次意味着下式的成立：如果 $Z(v,t|q)>0$，则

$$\eta V(v,t|q) \leq \lambda^{-1}q(v,t) \quad \text{和} \quad \eta V(v,t|q) = \lambda^{-1}q(v,t) \tag{14.14}$$

换句话说，花费 1 单位最终产品的价值并不需要严格为正。花费在质量为 $\lambda^{-1}q$ 的机器研发上的每 1 单位最终产品的成功率等于 $\eta/(\lambda^{-1}q)$，因此产生了一台质量为 q 的新机器，该机器的收入净现值为 $V(v,t|q)$。研发若为正值，即 $Z(v,t|q)>0$，那么自由进入条件以等式成立。

还要注意，即使每台机器的质量 $q(v,t)s$ 是随机的（依赖于研发的成功），只要研发支出 $Z(v,t|q)s$ 是非随机的，平均质量 $Q(t)$、总产出 $Y(t)$ 以及在机器上的总支出也都是非随机的。这个特征显著地简化了分析。

家庭最大化行为再次意味着我们熟知的欧拉方程

$$\frac{\dot{C}(t)}{C(t)} = \frac{1}{\theta}(r(t) - \rho) \tag{14.15}$$

以及横截性条件

$$\lim_{t \to \infty} \left[\exp\left(-\int_0^t r(s)ds\right) \int_0^1 V(v,t|q)dv \right] = 0 \tag{14.16}$$

横截性条件是直观的，因为此时企业资产的总价值为 $\int_0^1 V(v,t|q)dv$。即使每种机器系列的质量革新是随机的，但是在 t 期，质量为 q 的机器 v 的价值 $V(v,t|q)$ 也是非随机的。或者 q 不是该种型号机器的最高质量，其价值 $V(v,t|q)$ 为零，或者，它的价值由（14.13）式表示。

这些方程完整地描述了模型的经济环境。均衡可表示为满足（14.1）式、（14.11）式、（14.13）式、（14.14）式的消费、花费在机器上的总支出以及总研发的时间路径，即 $[C(t), X(t), Z(t)]_{t=0}^{\infty}$；满足（14.6）式和（14.7）式的拥有最高质量的机器在该时点上的价格和数量的随机路径 $[p^x(v,t|q), x(v,t|q)]_{v \in [0,1], t=0}^{\infty}$；满足（14.12）式至（14.16）式的总机器质量的时间路

径 $[Q(t)]_{t=0}^{\infty}$，利率和工资率的时间路径 $[r(t), w(t)]_{t=0}^{\infty}$ 以及价值函数 $[V(v, t|q)]_{v\in[0,1], t=0}^{\infty}$。同样，我将从分析平衡增长路径开始，其中产出和消费的增长率为常数。

14.1.3 平衡增长路径

在平衡增长路径里，消费增长率为 g_C^*。同理，产出增长率也是与之相等的 g^*。并且根据（14.15）式可以确定利率为常数，即对所有的 t，有 $r(t)=r^*$。

如果在平衡增长路径均衡中存在一个正的增长，那么至少在某些部门中存在研发行为。由于利润和研发成本都与质量成一定比例，当一个机器系列满足自由进入条件时，那么其他所有系列也都满足该条件。因此有

$$V(v, t|q) = \frac{q(v, t)}{\lambda \eta} \tag{14.17}$$

注意，如果这个条件在 t 期和 $t+\Delta t$ 期之间成立，那么 $\dot{V}(v, t/q) = 0$。因为（14.17）式右边的 $q(v, t)$ 代表现有企业供给的机器的质量，是常数（直到出现对该机器系列的创新）。在平衡增长路径上，研发支出 $z(v, t)$ 必定是常数，并且所有机器系列都是如此，将这个相同值记为 z^*（参见习题 14.1），则（14.13）式意味着

$$V(v, t|q) = \frac{\beta q(v, t) L}{r^* + z^*} \tag{14.18}$$

注意，这个价值函数和第 13 章中价值函数的区别：其中的分母是"有效贴现率" $r^* + z^*$，而不是 r^*，因为现有的垄断企业知道新的创新将取代它们。

把这个等式与（14.17）式合并，我们得到

$$r^* + z^* = \lambda \eta \beta L \tag{14.19}$$

并且，根据 $g_C^* = g^*$ 和（14.15）式，我们有

$$r^* = \theta g^* + \rho \tag{14.20}$$

为了求解平衡增长路径均衡，我们需要最后一个等式把经济体的平衡增长路径增长率 g^* 和 z^* 联系起来。根据（14.9）式，该等式可以设定为

$$\frac{\dot{Y}(t)}{Y(t)} = \frac{\dot{Q}(t)}{Q(t)}$$

注意，根据定义，在 Δt 的时间间隔内，有 $z(t)\Delta t$ 个部门在创新，这将它们的生产率提高了 λ。对于在此期间从事多个创新的部门，用 $o(\Delta t)$，即 Δt 的二阶导数来测量。因此

$$Q(t+\Delta t) = \lambda\, Q(t) z(t) \Delta t + (1 - z(t)\Delta t) Q(t) + o(\Delta t)$$

现在两边减去 $Q(t)$，再除以 Δt，并且取 $\Delta t \to 0$ 时的极限，有

$$\dot{Q}(t) = (\lambda - 1) z(t) Q(t) \tag{14.21}$$

因此

$$g^* = (\lambda - 1) z^* \tag{14.22}$$

现在将（14.19）式至（14.22）式联立，可得产量和消费的平衡增长路径增长率为

$$g^* = \frac{\lambda \eta \beta L - \rho}{\theta + (\lambda - 1)^{-1}} \tag{14.23}$$

以上分析将得出如下命题。

命题 14.1 考虑上述熊彼特增长模型，假设

$$\lambda \eta \beta L > \rho > (1-\theta)(\lambda - 1)\eta \beta L$$

那么存在唯一的平衡增长路径，其中机器的平均质量增长率、产量和消费的增长率均为（14.23）式给出的 g^*，创新率为 $g^*/(\lambda - 1)$。

证明 大多数证明在之前的分析中已经给出。习题 14.4 要求我们证明平衡增长路径均衡是唯一的并且满足横截性条件。

上面的分析阐明了这个模型的数学结构同之前章节中的数学结构有相似性。不过，创造性破坏过程，即现有的垄断者被新企业取代的过程，是一个新的重要因素，它对增长过程提供了不同的解释。下面回到对创造性破坏应用的讨论上。

在此之前，让我们简要地看一下经济体中的转移动态。应用第 13 章中使用

的类似推理将得到如下命题。

命题 14.2 在上面的熊彼特增长模型中,经济体始于任意平均机器质量 $Q(0)>0$,不存在转移动态,并且均衡路径总是包含着由(14.23)式给出的常数增长率 g^*。

证明 参见习题 14.5。

如上所述,只有机器的平均质量 $Q(t)$ 对资源配置有影响。此外,从事研发的激励对两类机器 v 和 v' 来说是相同的,质量水平分别是 $q(v, t)$ 和 $q(v', t)$。因此,对于比较先进的机器和不那么先进的机器,研发激励并没有差异。这两个特点都是(14.3)式表示的函数形式的结果。习题 14.14 考察了这些结果不成立的情况。不过这一节选择的参数还是有说服力的,因为它意味着研发是面向广泛的机器类别而不是面向一个特定的机器子集。

14.1.4 帕累托最优

这个均衡如同扩展种类的内生技术模型一样是帕累托次优的。首先,这是由于独占效应,也即垄断企业不能够独占创新带来的全部社会收益。不过,熊彼特增长也引入了第 12 章中讨论的偷生意效应。因此,相对于社会最优水平而言,创新和增长的均衡水平要么太高,要么太低。

如同第 13 章的做法,我们首先开始推导在最优增长配置中最终产品部门使用的机器数量(给定 $Q(t)$)。在此配置中,不存在加成,因此

$$x^S(v, t \mid q) = \psi^{-1/\beta}L = (1-\beta)^{-1/\beta}L \qquad (14.24)$$

把(14.24)式代入(14.3)式,得出

$$Y^S(t) = (1-\beta)^{-1/\beta}Q^S(t)L$$

其中上标 S 表示最优(社会规划者的)配置。能分配在消费和研发支出上的净产出为

$$\begin{aligned}\tilde{Y}^S(t) &\equiv Y^S(t) - X^S(t) \\ &= (1-\beta)^{-1/\beta}Q^S(t)L - \int_0^1 \psi q(v,t)x^S(v,t\mid q)dv \\ &= (1-\beta)^{-1/\beta}\beta Q^S(t)L \end{aligned} \qquad (14.25)$$

此外，给定上述［回忆（14.21）式］创新的可能性边界，社会规划者能够按如下方式改进总技术：

$$\dot{Q}^S(t) = \eta(\lambda - 1)Z^S(t)$$

因为 $Z^S(t)$ 水平的研发支出能以 η 的速率获得更好的发现，并且每一新发现将按 $\lambda - 1$ 的比例提升平均质量。

给定这个方程，最优增长问题就变为

$$\max \int_0^\infty \exp(-\rho t)\frac{C^S(t)^{1-\theta} - 1}{1 - \theta}dt$$

约束条件为

$$\dot{Q}^S(t) = \eta(\lambda - 1)[(1-\beta)^{-1/\beta}\beta Q^S(t)L - C^S(t)] \qquad (14.26)$$

其中（14.26）式通过（14.25）式代表的净产出和代表资源约束的（14.1）式得出。在这个问题中，$Q^S(t)$ 是状态变量，$C^S(t)$ 是控制变量。为了求解该问题，让我们设定如下的现值汉密尔顿函数：

$$\hat{H}(Q^S, C^S, \mu^S) = \frac{C^S(t)^{1-\theta} - 1}{1 - \theta} + \mu^S(t)[\eta(\lambda-1)(1-\beta)^{-1/\beta}\beta Q^S(t)L - \eta(\lambda-1)C^S(t)]$$

再次应用定理 7.13，内部候补解须满足

$$\hat{H}_C(Q^S, C^S, \mu^S) = C^S(t)^{-\theta} - \mu^S(t)\eta(\lambda - 1) = 0$$

$$\hat{H}_Q(Q^S, C^S, \mu^S) = \mu^S(t)\eta(\lambda-1)(1-\beta)^{-1/\beta}\beta L = \rho\mu^S(t) - \dot{\mu}^S(t)$$

$$\lim_{t \to \infty}[\exp(-\rho t)\mu^S(t)Q^S(t)] = 0$$

因为现值汉密尔顿函数对 C 和 Q 是凹的，所以满足定理 7.14 的充分条件。此外，类似于第 8 章中的习题 8.11 的分析证明了满足这些条件的解将给出唯一的最优规划（见习题 14.8）。合并这些条件，我们得出如下帕累托最优配置中的消费增长率（见习题 14.8）：

$$\frac{\dot{C}^S(t)}{C^S(t)} = g^S \equiv \frac{1}{\theta}(\eta(\lambda-1)(1-\beta)^{-1/\beta}\beta L - \rho) \qquad (14.27)$$

显然，在这个配置中总产出和平均质量的增长率也是 g^S。

我们可以直接看到帕累托最优配置和均衡配置总是不同的（由于在后者中存在垄断加成）。但是，相比扩展种类模型而言，帕累托最优增长率并不总是大于均衡增长率。可以通过比较（14.23）式中的 g^* 和 g^S 看出这一点。具体地，当 λ 值很大时，$g^S > g^*$，并且在分散均衡中存在着不充分增长。例如，当 $\lambda \to \infty$，我们有 $g^S/g^* \to (1-\beta)^{-1/\beta} > 1$。相比之下，为得到均衡中存在过度增长的例子，我们假设 $\theta = 1$，$\beta = 0.9$，$\lambda = 1.3$，$\eta = 1$，$L = 1$ 和 $\rho = 0.38$。在这种情况下，我们可以证明 $g^S \approx 0$ 并且 $g^* \approx 0.18 > g^S$。[①] 这个例子解释了上文讨论的独占效应和偷生意效应的影响是相反的。接下来的命题概括了这个结果。

命题 14.3 在上文讨论的熊彼特增长模型中，分散均衡是帕累托次优的。这个均衡的增长率相比帕累托最优配置的增长率或高或低。

我们可以直接证明，如第 13 章中的模型，这里存在规模效应，因此人口增长将导致爆炸式的增长路径。习题 14.11 要求构建一个不包含规模效应的熊彼特增长模型。

14.1.5 熊彼特增长模型中的政策

如第 13 章所示，反垄断政策、专利政策以及税收会影响均衡增长。例如，企业所得税税率不同的两个经济体会有不同的增长率。

虽然如此，相比扩展种类模型，本章的模型更适合政策分析。在先前介绍的模型中，经济体中的任何行为主体没有任何理由支持扭曲的税收。[②] 相比之下，通过创造性破坏实现增长的事实意味着其中存在着固有的利益冲突，某些扭曲政策自然也可能有支持者。本书的第八篇将会更详细地讨论这一点，其中假设对研发的支出征税，税率为 τ。这对现有垄断企业的利润没有影响，仅仅会通过替代影响它们的净贴现值。由于对研发征税会抑制研发行为，所以替代会以更慢的速率发生；也就是说，平衡增长路径上的研发行为 z^* 会下降。速度更慢的替代会直接提高由（14.18）式表示的所有垄断者的稳态价值。特别地，对于拥有质量为 q 的机器的垄断者，价值为

[①] 注意 $\beta = 0.9$，$\lambda = 1.3$ 的组合与（14.5）式一致，该式可用来推导均衡增长率 g^*。

[②] 自然地，可以改进这些模型使所得税收入不平等地分配给经济主体，例如，对分配给工人的资本征税。在这种情况下，即使在基本的新古典增长模型中，一些利益群体也会选择扭曲的税收。本书的第八篇将讨论这些模型。

$$V(q) = \frac{\beta q L}{r^*(\tau) + z^*(\tau)}$$

其中均衡利率和替代率均为τ的函数。考虑到研发的税率，自由进入条件（14.14）式变为

$$V(q) = \frac{(1+\tau)}{\lambda \eta} q$$

该方程表明$V(q)$随研发税率τ的提高而提高。合并这两个方程，可以得到当税率为正时，$r^*(\tau) + z^*(\tau)$必定下降，因此现有垄断者的价值增加（与前一个方程一致）。直观上，若研发成本由于税收政策而提高，一项成功创新的价值$V(q)$必须上升以满足自由进入条件。只有有效贴现率$r^*(\tau)+z^*(\tau)$下降时，这种情况才能发生。反过来，下降的均衡增长率会带来一个较低的有效贴现率，该增长率可表示为

$$g^*(\tau) = \frac{(1+\tau)^{-1}\lambda \eta \beta L - \rho}{\theta + (\lambda - 1)^{-1}}$$

该增长率随τ严格递减。但根据前面的表达式，现有垄断企业将受益于τ的上升并将支持这种"增长减速"政策。

因此，熊彼特增长模型的一个重要优点是为我们提供了理解一些社会之所以采取降低均衡增长率政策的思路。由于对新企业的研发征税有利于现有垄断企业，因此当现有垄断者在政治上拥有强大势力时，一些扭曲的税收就会出现在政治经济均衡中，即使它们并不符合整个社会的利益。

14.2 单部门熊彼特增长模型

上一节介绍的熊彼特增长模型旨在使这类模型和扩展种类模型之间的相似之处最大化。下面的模型更加接近阿吉翁和豪伊特（1992）的原创论文。和上一节相比，这一模型有两个主要不同点：第一，只有一个部门经历了质量提升，而不是机器种类连续统的质量提升。第二，和第13.2节介绍的知识外溢模型一样，创新可能性边界使用的是劳动力这种稀缺要素。由于和第13章的模型有很多相似之处，这里只做简单的阐述。

14.2.1 基本的阿吉翁-豪伊特模型

家庭的基本情况和前文所述相同,不同之处在于现在假设家庭是风险中性的,因此所有时点上的利率都满足 $r^* = \rho$。人口仍然为 L,劳动供给无弹性。唯一最终产品的总生产函数为

$$Y(t) = \frac{1}{1-\beta} x(t|q)^{1-\beta} (q(t)L_E(t))^\beta \tag{14.28}$$

其中 $q(t)$ 为生产中使用的唯一机器的质量水平,出于简化考虑,以劳动扩张型的形式表示;$x(t|q)$ 是 t 期投入使用的该机器的数量;$L_E(t)$ 表示 t 期投入生产的劳动力数量,它比 L 小,因为有数量为 $L_R(t)$ 的劳动力在研发部门工作。市场出清要求

$$L_E(t) + L_R(t) \leq L$$

一旦被发明出来,质量为 $q(t)$ 的机器就可以按照以最终产品衡量的固定边际成本 ψ 生产出来。再次标准化 $\psi \equiv 1-\beta$。创新可能性边界现在就包含了用于研发的劳动力。特别地,每一个受雇于研发部门的工人可以按 η 的速率生产新机器。当用于生产的现有机器的质量为 $q(t)$ 时,新机器的质量将为 $\lambda q(t)$。

再次假设(14.5)式成立,则垄断者可以收取无约束的垄断价格。与上一节类似的分析表明,对尖端(最高质量的)机器的需求为

$$x(t|q) = p^x(t)^{-1/\beta} q(t) L_E(t)$$

其中 q 是机器的质量,$p^x(v,t)$ 为其价格。对所有 q 和 t,令质量最高的机器的垄断价格为 $p^x(t|q) = \psi/(1-\beta) = 1$。① 因此,$t$ 期对质量为 q 的机器的需求为 $x(t|q) = q(t)L_E(t)$,垄断利润为 $\pi(t|q) = \beta q(t)L_E(t)$。总产出可以表示为

$$Y(t|q) = \frac{1}{1-\beta} q(t) L_E(t)$$

---

① 该表达式来自阿吉翁和豪伊特(1992)的原创论文,并忽略了创新对均衡工资的影响。在第 14.1 节讨论的基本模型中,由于存在着一个垄断竞争企业的连续统,它们对均衡工资都没有影响。相反,此处的单个垄断者会意识到其价格可以影响均衡工资并因此影响竞争对手的研发成本。在这种情况下,它可能会设定一个比 $\psi/(1-\beta)$ 更低的价格。效仿阿吉翁和豪伊特(1992)的做法,此处也忽略了这个问题。

同样取决于此时可得的机器的质量 q。该方程也意味着由（14.28）式决定的均衡工资为

$$w(t \mid q) = \frac{\beta}{1-\beta} q(t)$$

这里没有必要强调对时间的依赖，所以工资率也可写成机器质量的函数 $w(q)$。

现在集中讨论创新速率为常数 z^* 时的"稳态均衡"。这里给稳态加上星号是因为即使创新速率是常数，但是由于创新的随机性质，消费和产出的增长率也不是常数（这也是此处不使用"均衡增长路径"术语的原因）。在任何情况下，稳态意味着固定数量为 L_R^* 的工人从事研发工作。由于利率 $r^* = \rho$，因此拥有质量为 q 的机器的垄断者，其稳态价值为

$$V(q) = \frac{\beta q \left(L - L_R^*\right)}{\rho + z^*}$$

在这里应用了稳态时最终产品部门的总就业量为 $L_E^* = L - L_R^*$ 的事实。自由进入条件要求当现有机器质量为 q 时，研发部门的工资应该等于收入流。这些来自研发部门的收益流等于 $\eta V(\lambda q)$，因为当现有机器质量为 q 时，研发部门中额外一名工人会以 η 的速率创新出一种质量为 λq 的新机器。另外，给定研发的技术水平，必有 $z^* = \eta L_R^*$。整理这些关系可得

$$\frac{\lambda(1-\beta)\eta \left(L - L_R^*\right)}{\rho + \eta L_R^*} = 1$$

当如下表达式为正时，上式就唯一地决定了稳态水平下从事研发工作的劳动者数量（否则，自由进入条件就会不起作用，同时也会出现零增长）。

$$L_R^* = \frac{\lambda(1-\beta)\eta L - \rho}{\eta + \lambda(1-\beta)\eta} \tag{14.29}$$

相比前一节的模型，该模型中的产出增长率不是常数。由于只有一个部门正在经历技术变化，并且只在有限的时间区间内经历增长，因此该经济体的增长率呈现不平衡的特点。特别地，我们可以证明该经济体在某个时间段内有着固定的产出（平均间隔为 $1/(\eta L_R^*)$；详见习题 14.16）。而当一种新机器被发明出来之后，会

出现爆发式的经济增长。这种非平衡增长模式只存在单一部门，而不是一个连续统（或者是大量部门）的结果。而它是否比上一节的模型更加贴近现实则是有争议的。虽然当代资本主义经济的增长率并不是常数，但也没有经历像该模型暗示的波动幅度参差不齐的增长。

下述命题总结了以上分析的结果。

命题 14.4 考虑本节讨论的单部门熊彼特增长模型，并假设

$$\rho < \lambda(1-\beta)\eta L < \frac{\log \lambda + 1 + \lambda(1-\beta)}{\log \lambda}\rho \tag{14.30}$$

则存在唯一的稳态均衡，其中在研发部门工作的劳动力数量为 L_R^*，由（14.29）式给出。该经济体的平均增长率为 $g^* = \eta L_R^* \log \lambda$。在某段时间中经济体的产出为常数，而从创新出现之后，经济体将经历一个从离散增长的意义上说"不平衡"的均衡增长。

证明 大部分证明已在前面的分析中给出。习题 14.17 要求读者证明平均增长率为 $g^* = \eta L_R^* \log \lambda$，以及（14.30）式是上述均衡存在且满足横截性条件的必要条件。

因此，如同最先由阿吉翁和豪伊特（1992）给出的结论，上述分析给出了单部门熊彼特增长模型的基本观点，这些观点和第 14.1 节中的基本熊彼特增长模型很类似。主要的不同之处在于单部门模型中的增长有着不平衡的特点，其原因是增长由不频发的创新所致，在创新出现之前和之后的一些时间段中则没有增长。

14.2.2 非平衡增长和内生周期

第 14.2.1 节讨论了基本的单部门熊彼特增长模型如何包含不平衡经济增长模式。在这个基本模型中还有另一个不平衡增长的来源，它与创造性破坏过程的联系更紧密。熊彼特增长意味着未来的增长会降低现有创新的价值，因为增长会导致对现有技术更迅速的替代。目前在我们的分析中还没有引入这个效应，因为在一个包含部门连续统的模型中，增长是平滑的，并且如命题 14.2 所述，存在唯一的不包含转移动态的均衡路径。本节对单部门增长模型的分析将展示这些效应。为了说明这些创造性破坏效应的潜力，现在建立一个该模型的变体，以阐释内生增长周期。

与第 14.2.1 节的设定唯一的不同是，此处的研发技术隐含着从事研发工作

且数量为 L_R 的劳动力引致的创新率为

$$\eta(L_R)L_R$$

其中 $\eta(\cdot)$ 为严格递减函数，代表研究过程中存在的外部性。当更多的企业试图获取新一代技术时，研究过程中会出现更多的挤出效应，这使每个企业进行创新的可能性更小。每个企业都会忽略自己对总创新率的影响，因此将 $\eta(L_R)$ 视为给定（这个假设并不重要，如习题14.22所示）。因此，当现有机器的质量为 q 时，自由进入条件为如下形式：

$$\eta(L_R(q))V(\lambda q) = w(q)$$

其中 $L_R(q)$ 是现有机器的质量为 q 时从事研发工作的劳动力就业量。

现在让我们找出一种有着如下周期特点的均衡：当讨论的创新是奇数对偶数时（从任意 $t=0$ 期开始对创新进行计数），创新率是不同的。若所有的经济主体都期望存在这样一个均衡（例如这是一个"自我实现"的均衡），那么就可能出现这种类型的均衡。记研发部门的劳动力奇数数量和偶数数量分别为 L_R^1 和 L_R^2。接下来，按照上一小节中的分析，在任何有着周期模式的均衡中，奇数创新和偶数创新的价值（机器质量为 q）分别可以写为（见习题14.20）：

$$V^2(\lambda q) = \frac{\beta q(L - L_R^2)}{\rho + \eta(L_R^2)L_R^2}, \quad \text{和} \quad V^1(\lambda q) = \frac{\beta q(L - L_R^1)}{\rho + \eta(L_R^1)L_R^1} \quad (14.31)$$

同时自由进入条件为

$$\eta(L_R^1)V^2(\lambda q) = w(q) \quad \text{和} \quad \eta(L_R^2)V^1(\lambda q) = w(q)$$

其中 $w(q)$ 是质量为 q 的技术条件下的均衡工资。用 $\eta(L_R^1)$ 乘以偶数创新的价值是因为当前有 L_R^1 名研究人员从事创新工作，现有技术数量为奇数，但这个研究将产生的创新数量却是偶数，因此其价值为 $V^2(\lambda q)$。所以均衡时下面两个条件必定成立：

$$\eta(L_R^1)\frac{\lambda(1-\beta)q(L - L_R^2)}{\rho + \eta(L_R^2)L_R^2} = 1, \quad \text{和} \quad \eta(L_R^2)\frac{\lambda(1-\beta)q(L - L_R^1)}{\rho + \eta(L_R^1)L_R^1} = 1 \quad (14.32)$$

可以证明这两个方程的解为 L_R^1 和 $L_R^2 \neq L_R^1$，这与一个两期内生周期的情况相符（见习题 14.21）。

14.2.3 创造性破坏对劳动市场的影响

创造性破坏的另一个重要影响与增长会破坏现有生产单位的事实有关。目前为止，这仅仅导致在不损失就业的情况下现有企业垄断租金的消失而已。在更现实的经济中，创造性破坏可能会使之前受雇的工人丢失工作，而且这些工人在找到新工作之前可能会经历一段时间的失业。习题 14.19 将讨论创造性破坏如何导致失业。

创造性破坏最后一个值得关注的影响与对特定企业技能的破坏有关。对工人来说，积累雇主专用的人力资本也许是有效率的。创造性破坏意味着在增长迅速的经济中，生产单位的生存期限将更短。一个重要的结果或许是在快速增长的经济中，工人（有时是企业）也许更不愿意做出一系列专有关系型投资。

14.3 现有企业和新企业的创新

增长过程的一个重要特点是创新和生产率提高之间的相互作用，这种相互作用源于现有企业和生产率更高的新企业之间的力量对比。第 18.1 节将详细讨论有关行业的研究证据，这些证据表明，尽管新企业对行业生产率的增长也有着不一般的贡献，但行业层面的大部分（进而总的）生产率增长来自持续经营的企业。本章的熊彼特模型强调了新企业进入是增长的发动机。从表面来看，这些模型预言所有的增长都源于新企业的进入，但这与事实不符。第 13 章中的扩展投入品种类模型也没有为我们分析现有企业和新企业之间的相互作用提供一个框架。① 在本节和后面的内容中将讨论持续经营企业提高生产率的模型。在这一节的模型中，现有企业和新企业都能带来生产率的增长。下一节模型的内容在许多方面将更加丰富，但是没有新进入的企业。结合这两个模型，我们可以初步了解对创新和生产率增长的产业组织进行研究的各类模型。

---

① 在扩展投入品种类模型中，从事创新的企业身份不重要，因此，可以假设，正是现有生产者发明了新机器，尽管这相当于根据假设确定生产率提高的跨企业分布。

14.3.1 模型

经济体与第 14.1 节中的情况大致相同，存在一个有标准 CRRA 偏好的代表性家庭。人口为常数 L，劳动供给是无弹性的，资源约束由（14.1）式给出。唯一最终产品的生产函数为

$$Y(t) = \frac{1}{1-\beta} \left(\int_0^1 q(v,t)^\beta x(v,t \mid q)^{1-\beta} dv \right) L^\beta \quad (14.33)$$

其中 $x(v, t|q)$ 是生产过程中质量为 q、种类为 v 的机器数量，对机器的度量再次标准化为 1。总生产函数与（14.3）式类似，唯一的不同是机器质量的幂次为 β。这个修正对有关增长的结果没有影响，但是意味着生产率水平不同的企业有不同的销售水平（见习题 14.28）。经济增长的动力依然是质量提升，但是质量提升源于两类创新：（1）现有企业的创新和（2）新企业的创造性破坏。

令 $q(v, t)$ 表示 t 期机器系列 v 的质量。特别地，每种机器的质量级别依然为

$$q(v,t) = \lambda^{n(v,t)} q(v,s)$$

对所有的 v 和 t 成立，其中 $\lambda > 1$，$n(v, t)$ 表示机器系列在 $s \leq t$ 和 t 时间段内的新增创新数量，时间 s 是这类特定技术首次被发明出来的时间，$q(v, s)$ 代表该时间点上的机器质量。现有企业对自己研发的机器有完全的专利（但这个专利并没有阻止新企业研发质量更高的机器）。假设在 $t = 0$ 时每个机器系列的初始质量为 $q(v, 0) > 0$，并且由一家现有企业所有。增量创新只能由现有企业研发。所以我们可以把这些创新称为能够提升机器质量的"小修小补式"创新。更具体地说，如果现有企业在质量为 $q(v, t)$ 的机器上花费 $z(v, t)q(v, t)$ 个单位的最终产品进行增量创新，那将产生一个大小为 $\phi z(v, t)$，$\phi > 0$ 的创新速率。从而导致新机器的质量为 $\lambda q(v, t)$。

另一种情况是，一个新企业（新进入市场的企业）从事研发活动，在 t 期对现有机器系列 v 进行创新。如果现有机器的质量为 $q(v, t)$，那么通过花费 1 单位的最终产品，这个新企业的创新速率为 $\eta(\hat{z}(v, t))/q(v, t)$，其中 $\eta(\cdot)$ 是一个严格递减、连续并且可微的函数，$\hat{z}(v, t)$ 是新企业在 t 期对机器系列 v 进行研发的支出。现有企业也能像新企业一样使用相同技术进行

根本性的创新。但是阿罗替代效应表明现有企业永远也不会使用这种技术（因为新企业从这项技术中获得的利润为 0，而现有企业的利润将为负值；见习题 14.24）。现有企业会发现应用增量创新的技术是有利可图的，但该项技术不能为新企业所用。

在第 14.2.2 节中也提到过的严格递减函数 η 体现了如下事实：当很多企业开展研发活动取代某种相同的机器系列时，它们更可能抱有相同的想法，因此会存在一定量的收益递减的外部性（新企业在"同一个池塘钓鱼"）。因为打算在该机器系列上进行研发的每个新企业的规模都很小，它们都视 $\eta(\hat{z}(v, t))$ 为给定的。我们始终假设 $z\eta(z)$ 对 z 是严格递增的，因此对某个特定机器系列进行更大规模的总研发将会提高发明先进机器的总可能性。同时还假设 $\eta(z)$ 满足如下稻田类型的假设：

$$\lim_{z \to \infty} \eta(z) = 0, \quad \text{和} \quad \lim_{z \to 0} \eta(z) = \infty \tag{14.34}$$

新企业从事创新导致质量为 $\kappa q(v, t)$ 的新机器出现，其中 $\kappa > \lambda$。因此新企业从事的创新要比现有企业的创新更为激进。关于创新的现有经验研究证据支持如下观点：新企业的创新比现有企业的创新更为重要或更为激进。[①] 无论新进入企业是该特定机器系列的前使用者，或是该企业正在使用其他机器系列，这对它的创新技术都没有影响。

一旦质量为 $q(v, t)$ 的特定机器被发明出来，则能以边际成本 ψ 生产出任何数量。再次标准化 $\psi \equiv 1 - \beta$。研发的总支出为

$$Z(t) = \int_0^1 [z(v, t) + \hat{z}(v, t)] q(v, t) dv \tag{14.35}$$

其中 $q(v, t)$ 为 t 期质量最高的 v 类机器。同时注意到，全部研发是现有企业和新企业研发活动之和（分别为 $z(v, t)$ 和 $\hat{z}(v, t)$）。

这个经济体的配置包括：消费的时间路径以及对机器的总支出和总研发支出的时间路径 $[C(t), X(t), Z(t)]_{t=0}^{\infty}$；现有企业和新企业研发活动的（随机）时间路径 $[z(v, t), \hat{z}(v, t)]_{v \in [0,1], t=0}^{\infty}$；尖端机器的价格、数量以及来自这些机

[①] 然而，成功进入的企业要想从这些创新中实现所有的生产率收益需要一段时间，此处的分析并没考虑这一情况。

器的利润净贴现值的时间路径 $\left[p^x(v,t\mid q),x(v,t\mid q),V(v,t\mid q)\right]_{v\in[0.1],t=0}^{\infty}$；利率和工资率的时间路径 $[r(t),w(t)]_{t=0}^{\infty}$。均衡配置包括如下内容：新企业的研发决策将使其利润贴现值最大化；现有企业的价格、数量和研发决策将使其利润贴现值最大化；代表性家庭选择最优的消费路径；劳动市场和资本市场出清。如通常情况，在一个平衡增长路径中，产出和消费的增长率为常数。

最终产品部门的利润最大化行为意味着对质量最高的机器需求由第 14.1 节中（14.4）式的一个变形给出：对所有的 $v\in[0,1]$ 和所有的时间 t，有

$$x(v,t\mid q)=p^x(v,t\mid q)^{-1/\beta}q(v,t)L \qquad (14.36)$$

其中 $p^x(v,t\mid q)$ 代表 t 期质量为 $q(v,t)$ 的 v 类机器的价格。因为（14.36）式表示的最终产品部门对机器的需求是等弹性的，无约束垄断价格由通常的公式给出，即在边际成本上的一个常数加成。在这种情况下引入类似（14.5）式的条件

$$\kappa \geq \left(\frac{1}{1-\beta}\right)^{\frac{1-\beta}{\beta}} \qquad (14.37)$$

这确保了新的创新企业能制定无约束的垄断价格。这表明，从事进一步创新的现有企业也能够制定无约束的垄断价格。

14.3.2 均衡

因为（14.36）式表示的机器需求是等弹性的，并且 $\psi \equiv 1-\beta$，利润最大化的垄断价格（对于质量最高的机器来说）为

$$p^x(v,t\mid q)=1 \qquad (14.38)$$

合并（14.38）式和（14.36）式，有

$$x(v,t\mid q)=qL \qquad (14.39)$$

因此，对质量为 q 的机器拥有垄断权的企业，其利润流再次由（14.8）式给出。把（14.39）式代入（14.33）式，总产出由（14.9）式给出，即 $Y(t)=Q(t)L/(1-\beta)$，机器的平均质量 $Q(t)$ 由（14.10）式给出。此外，由于劳动力市场是竞争的，任何时间的工资率仍由（14.12）式给出。

接下来确定现有企业和新企业的研发水平。为此，首先写出 t 期拥有 v 系列

机器中质量最高的机器 q 的垄断企业的净现值。该净现值满足标准的 HJB 方程：

$$r(t)V(v,t\mid q) - \dot{V}(v,t\mid q) = \max_{z(v,t\mid q) \geq 0} \{\pi(v,t\mid q) - z(v,t\mid q)q(v,t) \quad (14.40)$$
$$+ \phi z(v,t\mid q)(V(v,t\mid \lambda q) - V(v,t\mid q)) - \hat{z}(v,t\mid q)\eta(\hat{z}(v,t\mid q))V(v,t\mid q)\}$$

其中 $\hat{z}(v,t\mid q)\eta(\hat{z}(v,t\mid q))$ 为新企业于 t 期在 v 部门进行根本性创新的速率，$\phi z(v,t\mid q)$ 为现有企业技术进步的速率。（14.40）式的第一项 $\pi(v,t\mid q)$ 是由（14.8）式给出的利润流，第二项是现有企业在提升其产品质量上的支出。第二行包含了由现有企业［创新速率为 $\phi z(v,t\mid q)$，产品的质量由 q 提升到 λq］或新企业［创新速率为 $\hat{z}(v,t\mid q)\eta(\hat{z}(v,t\mid q))$，现有企业被取代，并且自此之后价值为零］从事创新导致的价值变化。① 因为 $z(v,t\mid q)$ 是现有企业的选择变量，价值方程被表示为方程右边的最大化形式。

新企业的自由进入意味着自由进入条件类似于第 14.1 节中的（14.14）式，

$$\eta(\hat{z}(v,t\mid q))V(v,t\mid \kappa q) \leq q(v,t), \hat{z}(v,t\mid q) \geq 0 \text{ 和} \quad (14.41)$$
$$\eta(\hat{z}(v,t\mid q))V(v,t\mid \kappa q) = q(v,t) \text{ if } \hat{z}(v,t\mid q) > 0$$

其中考虑了通过支出 $q(v,t)$，新企业获得了一个大小为 $\eta(\hat{z})$ 的创新速率，使产品质量为 κq，因此获得价值 $\eta(\hat{z}(v,t\mid q))V(v,t\mid \kappa q)$。

此外，现有企业选择的研发水平意味着一个类似的互补松弛条件

$$\phi(V(v,t\mid \lambda q) - V(v,t\mid q)) \leq q(v,t), z(v,t\mid q) \geq 0 \text{ 和} \quad (14.42)$$
$$\phi(V(v,t\mid \lambda q) - V(v,t\mid q)) = q(v,t) \text{ if } z(v,t\mid q) > 0$$

最后，家庭最大化行为意味着类似的欧拉方程和横截性条件由（14.15）式和（14.16）式给出。

和通常情况一样，在平衡增长路径中有 $r(t)=r^*$（根据（14.15）式），而且 $z(v,t\mid q)=z(q)$ 且 $\hat{z}(v,t\mid q)=\hat{z}(q)$。这些结合在一起说明，在平衡增长路径中有 $\dot{V}(v,t\mid q)=0$ 和 $V(v,t\mid q)=V(q)$。进一步，由于利润和成本都与质量 q 成比例，我们也可得出 $\hat{z}(q)=\hat{z}$ 和 $V(q)=vq$［习题 14.23 实际上证明了在任何均衡中有 $\hat{z}(v,t\mid q)=\hat{z}(t)$ 和 $V(v,t\mid q)=v(t)q$，甚至是在平衡增长路径之外］。这

---

① 根据假设，一个现有企业与其他新企业相比，在另一轮创新竞争中没有优势，所以自此之后现有企业获得的价值为零。

些结果直接刻画了平衡增长路径和动态均衡。①

让我们首先考察内部平衡增长路径均衡。这个解意味着现有企业从事研发活动，因此有

$$\phi(V(v,t\mid\lambda q)-V(v,t\mid q))=q(v,t) \tag{14.43}$$

给定 V 关于 q 的线性特点，（14.43）式意味着用下面的简易方程可以表示当企业拥有质量为 q 的机器时，其价值为

$$V(q)=\frac{q}{\phi(\lambda-1)} \tag{14.44}$$

此外，根据自由进入条件（再次以等式成立），我们有

$$\eta(\hat{z})V(\kappa q)=q, \text{ 或者 } V(q)=\frac{q}{\kappa\eta(\hat{z})}$$

将这个表达式与（14.44）式相结合，我们得出

$$\frac{\phi(\lambda-1)}{\kappa\eta(\hat{z})}=1$$

因此新企业的平衡增长路径研发水平 $\hat{z}^*$ 隐含地由下式定义：对所有 $q>0$，有

$$\hat{z}(q)=\hat{z}^*\equiv\eta^{-1}\left(\frac{\phi(\lambda-1)}{\kappa}\right) \tag{14.45}$$

此外，在平衡增长路径上（14.40）式意味着

$$V(q)=\frac{\beta Lq}{r^*+\hat{z}^*\eta(\hat{z}^*)} \tag{14.46}$$

接下来，结合（14.46）式、（14.44）式和（14.45）式，平衡增长路径的利率水平为

$$r^*=\phi(\lambda-1)\beta L-\hat{z}^*\eta(\hat{z}^*) \tag{14.47}$$

---

① 虽然对所有的 q 有 $\hat{z}(q)=\hat{z}$，但对于所有的 q 来说 $z(q)=z$ 不一定成立。事实上，我们将会看到，均衡只是抑制了现有企业的平均研发强度。

根据（14.45）式，消费和产出的增长率表示为：

$$g^* = \frac{1}{\theta}(\phi(\lambda-1)\beta L - \hat{z}^*\eta(\hat{z}^*) - \rho) \tag{14.48}$$

（14.48）式有一些有趣的含义。尤其是，它决定了新企业的创新速率 $\hat{z}^*$ 和平衡增长路径增长率 g^* 之间的关系。在标准熊彼特模型中，它们是正相关关系。相比之下，在这里可以直接看出 $\hat{z}^*$ 和 g^* 是负相关关系。

（14.45）式和（14.48）式决定了平衡增长路径上的经济增长率，但并没有指出生产率的增长有多少是源于创造性破坏（新企业的创新），以及有多少源于现有企业的生产率提高。为了解决这个问题，有必要重新阐述第 14.1 节中的分析。在此回想一下，$z(v,t|q)$ 虽然不是关于 v 的函数，但是依然取决于 q。因此 $Q(t)$ 的运动法则为

$$\begin{aligned}Q(t+\Delta t) = &(\lambda\phi z(t)\Delta t)Q(t) + (\kappa\hat{z}(t)\eta(\hat{z}(t))\Delta t)Q(t) \\ &+ (1-\phi z(t)\Delta t - \hat{z}(t)\eta(\hat{z}(t))\Delta t)Q(t) + o(\Delta t)\end{aligned} \tag{14.49}$$

其中

$$z(t) \equiv \frac{\int_0^1 z(v,t|q)q(v,t)dv}{Q(t)} \tag{14.50}$$

为现有企业在 t 期的平均研发水平。现在将（14.49）式两边减去 $Q(t)$，再除以 Δt，取 $\Delta t \to 0$ 时的极限，有

$$\frac{\dot{Q}(t)}{Q(t)} = (\lambda-1)\phi z(t) + (\kappa-1)\hat{z}(t)\eta(\hat{z}(t)) \tag{14.51}$$

因此把经济增长率分解为源于现有企业（第一项）和源于新企业（第二项）的两部分后，另一种经济增长率的表达式为

$$g^* = (\lambda-1)\phi z^* + (\kappa-1)\hat{z}^*\eta(\hat{z}^*) \tag{14.52}$$

其中 z^* 为现有企业在平衡增长路径上的平均研发水平。这个处于平衡增长路径上不变的平均研发水平是根据（14.51）式以及平衡增长路径上平均质量提高率为 g^* 以及新企业在每个机器系列上的研发水平为 $\hat{z}^*$ 的事实得出的。虽然

(14.48) 式抑制了产出和消费在平衡增长路径上的增长率，但 (14.52) 式决定了 z^*，并因此也决定了增长有多少是源于现有企业的创新，有多少是源于新企业的创新。另外，可以证明这个经济体没有任何转移动态（见习题 14.23）。因此，如果存在一个伴随增长的均衡，那么它的增长率为 g^*。为了确保存在这样一个均衡，我们需要证明研发对新企业和现有企业来说都是有利可图的。由 (14.47) 式给出的平衡增长路径上的利率 r^* 应该大于贴现率 ρ，这个条件足以保证存在正的总增长。此外，该利率不应该高到使家庭效用达到无限大（或者违背横截性条件）。最后，我们需要确保现有企业也会从事创新。下面的条件满足了所有这三个要求（见习题 14.23）：

$$\phi(\lambda-1)\beta L - (\theta(\kappa-1)+1)\hat{z}^*\eta(\hat{z}^*) > \rho > (1-\theta)(\phi(\lambda-1)\beta L - \hat{z}^*\eta(\hat{z}^*))$$
(14.53)

其中 $\hat{z}^*$ 由 (14.45) 式给出。

这个模型另一组有趣的含义与企业的规模动态有关。企业的规模可以通过它的销售额衡量，并等于

$$x(v,t\mid q) = qL$$

对所有的 v 和 t 成立。为了确定企业销售的运动法则，让我们重点关注对所有 q，$z(v,t\mid q) = z^*$ 成立时的均衡。由此，每家现有企业的质量提高速率为 ϕz^*，z^* 由 (14.48) 式和 (14.52) 式给出。同时，每家现有企业被替代的速率为 $\hat{z}^*\eta(\hat{z}^*)$。所以当 Δt 充分小时，一家特定企业的规模的随机过程为

$$x(v,t+\Delta t\mid q) = \begin{cases} \lambda x(v,t\mid q) & \text{概率为 } \phi z^*\Delta t + o(\Delta t) \\ 0 & \text{概率为 } \hat{z}^*\eta(\hat{z}^*)\Delta t + o(\Delta t) \\ x(v,t\mid q) & \text{概率为 } (1-\phi z^*\Delta t - \hat{z}^*\eta(\hat{z}^*)\Delta t) + o(\Delta t) \end{cases}$$

对所有的 v 和 t 成立，其中 $\hat{z}^*$ 由 (14.45) 式给出，z^* 由 (14.48) 式和 (14.52) 式给出。因此企业会随机增长，一般而言，存活下来的企业的规模会得到扩张。但是，企业也面临被取代（消亡）的可能性，实际上，最终每家企业都必然被取代。

命题 14.5 考虑上述初始条件为 $Q(0) > 0$ 的经济体。假设 (14.34) 式和 (14.53) 式成立，关注这样一个均衡，其中所有的现有企业开展相同水平的研发

活动。那么将存在一个唯一的均衡。在这个均衡中，增长总是平衡的，并且技术 $Q(t)$、总产出 $Y(t)$ 和总消费 $C(t)$ 的增长率都为（14.48）式给出的 g^*，$\hat{z}^*$ 由（14.45）式给出。均衡增长由现有企业的创新和新企业的创造性破坏过程共同驱动。任何企业在存活期内都会按平均水平扩张，但是最终还是百分之百会被新企业取代。

证明 见习题 14.23。

命题 14.5 关注的是所有现有企业的研发活动都相同的均衡。习题 14.27 表明，即使我们关注的不是这样的均衡，结论同样成立。我们也可以直接证明对于某些适当的参数值，此处刻画的平衡增长路径中有相当一部分生产率的增长源于现有企业。因此，这一类模型能得出内容更加丰富的均衡模式，其中现有企业和新企业对创新和生产率增长都有贡献。

14.3.3 政策对增长的影响

让我们用这个模型分析政策对均衡生产率增长的影响以及增长在现有企业和新企业之间的分解。由于这个模型具有熊彼特结构（其中质量提升是增长的引擎，同时创造性破坏也起着重要作用），因此我们或许可以推测进入壁垒会像本章最初讨论的基本模型中那样对经济增长有负作用。为了考察情况是否如此，让我们假设对新企业的研发支出按 τ^e 征税，对现有企业的研发支出按 τ^i 征税（自然，这些税收也可以取负值并理解为补贴）。还要注意到，对新企业的征税 τ^e 也可以理解为一个比基本模型中更严格的专利政策，在基本模型中，新企业并不需要因其从现有企业积累的知识中获取了部分收益而给现有企业报酬。虽然如此，为了简化分析，这里集中讨论由政府征收而不是以支付专利费的方式将税收收入返还给现有企业的情况。

重复上文的分析可以得出下面的均衡条件：

$$\eta(\hat{z}^*)V(\kappa q) = (1+\tau_e)q, \text{ 或者 } V(q) = \frac{q(1+\tau_e)}{\kappa \eta(\hat{z}^*)} \tag{14.55}$$

决定现有企业最优研发决策的（14.43）式也因为税收 τ^i 的存在进行了修正，变为 $\phi(V(\lambda q) - V(q)) = (1+\tau^i)q$。将它与（14.55）式合并，可得

$$\phi\left(\frac{(\lambda-1)(1+\tau_e)}{\kappa \eta(\hat{z}^*)(1+\tau_i)}\right) = 1$$

567

因此，当新企业 $\hat{z}^*$ 的研发以 τ_e 的税率被征税时，其平衡增长路径上的研发水平为

$$\hat{z}^* \equiv \eta^{-1}\left(\frac{\phi(\lambda-1)(1+\tau_e)}{\kappa(1+\tau_i)}\right) \tag{14.56}$$

（14.46）式仍然适用，因此平衡增长路径上的利率水平为 $r^* = (1+\tau_e)^{-1}\kappa\eta(\hat{z}^*)\beta L - \hat{z}^*\eta(\hat{z}^*)$，将其代入（14.56）式，可以写为

$$r^* = \frac{\phi(\lambda-1)\beta L}{1+\tau_i} - \hat{z}^*\eta(\hat{z}^*)$$

且平衡增长路径增长率为

$$g^* = \frac{1}{\theta}\left(\frac{\phi(\lambda-1)\beta L}{1+\tau_i} - \eta(\hat{z}^*)\hat{z}^* - \rho\right)$$

其中 $\hat{z}^*$ 由（14.56）式给出。余下的结果可立即得出。

命题 14.6 经济增长率随现有企业税率的上升而下降，即 $dg^*/d\tau^i < 0$，同时随新企业税率的上升而上升，即 $dg^*/d\tau^e > 0$。

这个命题的结果令人吃惊且十分极端。如上所述，在基本熊彼特模型中，不论是通过进入壁垒还是通过对新企业的研发征税，从而使企业进入市场更加困难，都会对经济增长产生负作用。尽管现在的模型具有熊彼特性质，阻止新企业进入市场仍会提高均衡增长。而且，如习题 14.25 表明的，在这个经济体的分散均衡中，新进入市场的企业过多，因此对新企业征税也会提升福利水平。对这个结果的直观感受与该模型对标准熊彼特模型的背离有关。与基本熊彼特模型相比，增长的动力仍然是质量提升，但质量提升是由现有企业和新企业的共同行为决定的。进入壁垒通过保护现有企业增加了其价值，而现有企业更高的价值则鼓励其进行更多的研发投资并促进生产率的更快增长。对新企业征税提高了现有企业的利润，这将鼓励现有企业开展更多的创新。对新企业征税或设置进入壁垒也会进一步提高现有企业对生产率增长的贡献。

但是，对这个结果的解读应该相当谨慎。本节模型的特殊之处在于现有企业的研发技术是线性的。这种线性特点对命题 14.6 来说非常关键。习题 14.26 刻画了当 $\phi(z)$ 是 z 的凹函数时的均衡，同时表明在这种情况下对新企业征税的效果如何并不明确。因此，命题 14.6 应该被理解为以一种可能最直接的方式

强调了政策影响增长的新渠道，而不是关于创新如何对税收政策做出反应的现实描述。

14.4 逐步创新 *

在上一节的基本熊彼特模型和扩展熊彼特模型中，新企业能对任何机器进行创新，并且不需要事先具备有关特定行业的技术。这个假设使讨论框架变得简单，在很多方面都与第13章中讨论的扩展投入品种类模型类似。但是现实中的质量提升或许需要不断积累。通常，只有在某个特定产品或机器系列上已经积累了一定知识的企业才能够开展进一步的创新。例如阿伯内西（Abernathy，1978，第70页）在总结他对众多行业的研究时说道："每个大企业似乎都已经在某个特定领域做出了较多的贡献"，同时他认为这是因为某个领域中过去的创新会促进未来的创新。基本熊彼特增长模型排除了这一点，在该模型中任何企业都能进行研发，开发出质量更高的机器（另外，阿罗替代效应意味着现有企业不进行研发，尽管第14.3节放松了这一约束并将其一般化）。对研究过程更现实的描述可能仅仅包括少数进行持续和积累创新的企业。这些企业在某个特定的产品或机器系列上展开持续竞争。

本节讨论了一个这种类型的积累创新模型。根据阿吉翁等人（2001）的研究，我将这个模型称为逐步创新模型。这样的模型不仅有助于提供一个不同的有关熊彼特增长过程的概念，同时也使我们能够内生化均衡市场结构，并使我们能够更深入地分析竞争和知识产权保护（IRP）政策的影响。这个模型应用了上一节中给出的现有企业和新企业共同创新的模型，可以说是构建一个新框架的第一步，在这个新框架中，现有企业（持续经营的机构）推动生产率提高并基于其过去的创新（与第18.1节中讨论的经验证据一致）。事实上，本节的模型与之前讨论的模型相比，有许多特点。例如，之前的模型预测更弱的专利保护和更激烈的竞争会降低经济增长。然而，现有的经验证据显示竞争更加激烈的行业往往增长更快。包含内生市场结构的熊彼特模型表明，在某些情况下，更激烈的竞争（以及更弱的专利权保护）或许能够促进增长。

14.4.1 偏好与技术

经济体中存在一个劳动力禀赋标准化为1且劳动供给无弹性的代表性家庭。为了简化分析，假设即时效用函数为对数形式。因此代表性家庭的偏好为

$$\int_0^\infty \exp(-\rho t)\log C(t)dt \qquad (14.57)$$

其中 $\rho > 0$ 为贴现率，$C(t)$ 为 t 期的消费。

令 $Y(t)$ 为 t 期最终产品的总产量。经济体是封闭的，最终产品只被用作消费（不存在对机器的投资或支出），因此 $C(t)=Y(t)$。由（14.57）式给出的标准欧拉方程意味着

$$g(t) \equiv \frac{\dot{C}(t)}{C(t)} = \frac{\dot{Y}(t)}{Y(t)} = r(t) - \rho \qquad (14.58)$$

这个方程将 $g(t)$ 定义为消费和产出的增长率，$r(t)$ 是 t 期的利率。

最终产品 Y 是使用中间产品的一个连续统生产出来的，生产函数为柯布－道格拉斯形式

$$Y(t) = \exp\left(\int_0^1 \log y(v,t)dv\right) \qquad (14.59)$$

其中 $y(v,t)$ 是 t 期第 v 个中间产品的产出。始终都令最终产品的价格（或者中间产品的理想价格指数）为计价单位，并将 t 期中间产品 v 的价格表示为 $p^y(v,t)$。同时还假设最终产品部门没有进入壁垒。这些假设连同柯布－道格拉斯生产函数（14.59）式一起，意味着每个最终产品生产者对中间产品的需求为：对所有 $v \in [0,1]$，有

$$y(v,t) = \frac{Y(t)}{p^y(v,t)} \qquad (14.60)$$

中间产品 $v \in [0,1]$ 有两类，各由两家企业中的一家进行生产。这两类中间产品都是完美的替代品并处于伯特兰竞争中。没有其他企业在这个行业中生产。行业 v 中的企业 $i=1$ 或 2 拥有如下技术：

$$y_i(v,t) = q_i(v,t)l_i(v,t) \qquad (14.61)$$

其中 $l_i(v,t)$ 为企业的就业水平，$q_i(v,t)$ 为 t 期的技术水平。这两家企业唯一的区别就在于它们内生决定的技术。（14.61）式意味着 t 期 i 企业生产中间产品 v 的边际成本为

$$MC_i(v, t) = \frac{w(t)}{q_i(v, t)} \tag{14.62}$$

其中 $w(t)$ 是 t 期的工资率。

令每个行业的技术领导者为 i,跟随者为 $-i$,满足

$$q_i(v,t) \geqslant q_{-1}(v,t)$$

两家企业间的伯特兰竞争意味着所有中间产品都由领导企业以极限价格供给(见习题14.29):

$$p_i^y(v, t) = \frac{w(t)}{q_{-i}(v, t)} \tag{14.63}$$

(14.60)式则意味着对中间产品的需求为

$$y_i(v, t) = \frac{q_{-i}(v, t)}{w(t)} Y(t) \tag{14.64}$$

研发导致随机创新。当领导者进行创新时,其技术进步因子为 $\lambda > 1$。另一方面,跟随者可以通过研发追赶前沿技术。让我们假定,由于创新源于跟随者对产品的革新和其自身的研发行为,因此并不会侵犯领导者的专利权,同时跟随者不需要向行业中的技术领导者支付报酬。

为简化分析,假定领导者和跟随者研发投资的成本和成功的概率都是相同的。特别地,在所有情况下,(每个行业中的)每家企业都能获得如下研发技术(创新可能性边界):

$$z_i(v, t) = \Phi(h_i(v, t)) \tag{14.65}$$

其中 $z_i(v, t)$ 为 t 期的创新速率,$h_i(v, t)$ 为 t 期 v 行业的 i 企业雇用来进行研发的工人数量。假设 Φ 二阶连续可微并满足 $\Phi'(\cdot)>0$,$\Phi''(\cdot)<0$ 和 $\Phi'(0)<\infty$,同时存在 $\bar{h} \in (0, \infty)$ 满足对所有的 $h \geqslant \bar{h}$ 有 $\Phi'(h) = 0$。假定 $\Phi'(0) < \infty$ 意味着当 $h_i(v, t) = 0$ 时不存在稻田条件。另一方面,最后一个假设确保了创新速率存在上界。回忆劳动者的工资率为 $w(t)$,因此研发成本为 $w(t)G(z_i(v, t))$,其中 $G(z_i(v, t)) \equiv \Phi^{-1}(z_i(v, t))$,并且关于 Φ 的假设立即确定了 G 是二阶可导的,

并且满足 $G'(\cdot)>0$, $G''(\cdot)>0$, $G'(0)>0$ 和 $\lim_{z\to \bar{z}} G'(z) = \infty$，其中 $\bar{z} \equiv \Phi(\bar{h})$ 是创新速率的最大值（$\bar{h}$ 如上面的定义）。

接下来我们开始就每个行业的技术演化问题展开讨论。假设 v 行业里的领导者 i 在 t 期的技术水平为

$$q_i(v, t) = \lambda^{n_i(v,t)} \tag{14.66}$$

跟随者 i 在 t 期的技术水平为

$$q_{-i}(v, t) = \lambda^{n_{-i}(v,t)} \tag{14.67}$$

其中自然有 $n_i(v, t) \geq n_{-i}(v, t)$。记 v 行业 t 期的技术差距为 $n(v, t) \equiv n_i(v, t) - n_{-i}(v, t)$。如果领导者在 Δt 的时间段里创新，那么技术差距上升为 $n(v, t+\Delta t) = n(v, t) + 1$（在 Δt 时间段中存在两个或更多创新的概率仍然为 $o(\Delta t)$）。另一方面，如果跟随者在 Δt 时间段内创新，则有 $n(v, t+\Delta t) = 0$。而且，假设存在如下形式的知识产权保护政策：技术领导者持有的专利按指数 $\kappa < \infty$ 的速度过期，在这种情况下，跟随者能够缩小技术差距。给定这个假设，v 行业中技术差距的运动法则可以表示为

$$n(v, t+\Delta t) = \begin{cases} n(v, t)+1 & \text{概率为} \quad z_i(v, t)\Delta t + o(\Delta t) \\ 0 & \text{概率为} \quad (z_{-i}(v, t)+\kappa)\Delta t + o(\Delta t) \\ n(v, t) & \text{概率为} \quad 1-(z_i(v, t)+z_{-i}(v, t)+\kappa)\Delta t - o(\Delta t) \end{cases} \tag{14.68}$$

在第一行中，当 $n(v, t) = 0$ 时，两家企业的创新并驾齐驱，按惯例有 $z_i(v, t) = 2z_0(v, t)$。其中 $o(\Delta t)$ 仍然表示二阶项，特别是代表在 Δt 时间段内有多于一个创新的概率。$z_i(v, t)$ 和 $z_{-i}(v, t)$ 两项分别为领导者和跟随者的创新速率，而 κ 是跟随者能够模仿领导者技术的速率。

接下来给出领导者的瞬时营业利润（扣除研发支出和特许费后的利润）。v 行业中的领导者 i 在 t 期的利润为

$$\Pi_i(v, t) = \left(p_i^y(v, t) - MC_i(v, t)\right) y_i(v, t)$$

$$= \left(\frac{w(t)}{q_{-i}(v, t)} - \frac{w(t)}{q_i(v, t)}\right) \frac{Y(t)}{p_i^y(v, t)}$$

$$= \left(1 - \lambda^{-n(v,t)}\right) Y(t) \tag{14.69}$$

其中 $n(v, t)$ 为 v 行业在 t 期的技术差距。第一行只是应用了营业利润的定义，即价格减去边际成本再乘以销售量。第二行应用了（14.63）式给出的企业 i 的均衡极限价格 $p_i^\gamma(v, t) = w(t)/q_{-i}(v, t)$，最后一个等式应用了由（14.66）式和（14.67）式给出的关于 $q_i(v, t)$ 和 $q_{-i}(v, t)$ 的定义。（14.69）式也意味着在各企业的创新并驾齐驱的行业里是没有利润的（比如，$n(v, t) = 0$）。跟随者的利润也为零，因为它们没有销售额。由于（14.69）式给出的利润 $\Pi_i(v, t)$ 只取决于 $Y(t)$ 和领导者及跟随者之间的技术差距 $n(v, t)$，因此记为 $\Pi_n(t)$。

（14.59）式给出的柯布-道格拉斯总生产函数能解释由（14.69）式给出的利润的简单形式，因为它表明利润只取决于行业中的技术差距和总产出。为简化下面的分析，令每个行业的技术差距为唯一的与收入相关的特定行业的状态变量。

每家企业的目标函数都是使净利润的净贴现值最大化。其中每家企业的利率路径为 $[r(t)]_{t=0}^\infty$，总产出水平路径为 $[Y(t)]_{t=0}^\infty$，工资路径为 $[w(t)]_{t=0}^\infty$，所有其他企业的研发决策和政策是给定的。注意如同第 14.1 节中的基本熊彼特增长模型一样，尽管每个部门的技术和产出都是随机的，但由（14.59）式给出的总产出 $Y(t)$ 却不是随机的。

14.4.2 均衡

记 $\mu(t) \equiv \{\mu_n(t)\}_{n=0}^\infty$ 为技术差距不同的行业的分布，$\sum_{n=0}^\infty \mu_n(t) = 1$。例如，$\mu_0(t)$ 表示 t 期企业在创新方面展开激烈竞争的行业。我们关注的始终都是马尔科夫完美均衡（MPE），其中的策略只是与收入相关的那些状态变量的函数。此处马尔科夫完美均衡是一个自然均衡的概念，因为它不允许领导者和跟随者进行隐性合谋（见附录 C 的参考以及有关马尔科夫完美均衡的进一步讨论）。尽管当行业中只有两家企业时，隐性合谋也有可能存在，但在大多数行业中，都有大量企业和大量的潜在新企业，这使合谋更加困难。为了简化符号，去掉行业 v 这个符号，将技术领导者在研发上的领先 n 步的研发决策记作 z_n，跟随者落后 n 步的研发决策记作 z_{-n}。另外将领导者和跟随者在 t 期的技术差距为 n 的一系列决策分别记为 $\xi_n(t) \equiv \langle z_n(t), p_i^\gamma(v, t), y_i(v, t) \rangle$ 和 $\xi_{-n}(t) \equiv z_{-n}(t)$。$\xi$ 始终都表示在每个状态下的决策序列：$\xi(t) \equiv \{\xi_n(t)\}_{n=-\infty}^{\infty}$。[①]

一个马尔科夫完美均衡由时间路径 $[\xi^*(t), w^*(t), r^*(t), Y^*(t)]_{t=0}^{\infty}$ 表示，并满足：

1. $[p_i^{y*}(v, t)]_{t=0}^{\infty}$ 和 $[y_i^*(v, t)]_{t=0}^{\infty}$ 下的 $[\xi^*(t)]_{t=0}^{\infty}$ 满足 (14.63) 式和 (14.64) 式；

2. 研发政策 $[\mathbf{z}^*(t)]_{t=0}^{\infty}$ 是对其自身的最优反应，即 $[\mathbf{z}^*(t)]_{t=0}^{\infty}$ 最大化了总产出为 $[Y^*(t)]_{t=0}^{\infty}$，要素价格为 $[w^*(t), r^*(t)]_{t=0}^{\infty}$，其他企业的研发决策为 $[\mathbf{z}^*(t)]_{t=0}^{\infty}$ 的企业的期望利润；

3. 总产出 $[Y^*(t)]_{t=0}^{\infty}$ 由 (14.59) 式给定；

4. 给定要素价格 $[w^*(t), r^*(t)]_{t=0}^{\infty}$，劳动力和资本市场在所有时间内出清。

现在我们描述这个均衡。由于只有技术领导者进行生产，技术差距为 $n(v, t) = n$ 的行业对劳动力的需求可以表示为

$$l_n(t) = \frac{\lambda^{-n} Y(t)}{w(t)}, \quad n \geq 0 \tag{14.70}$$

此外，所有行业中跟随者和领导者都对从事研发的劳动力有需求。应用 (14.65) 式和 G 函数定义，技术差距为 n 的行业对从事研发的劳动力需求为

$$h_n(t) = G(z_n(t)) + G(z_{-n}(t)) \tag{14.71}$$

进而劳动力市场出清条件可以表示为

$$1 \geq \sum_{n=0}^{\infty} \mu_n(t) \left(\frac{1}{\omega(t)\lambda^n} + G(z_n(t)) + G(z_{-n}(t)) \right) \tag{14.72}$$

以及 $\omega(t) \geq 0$，同时包括互补松弛条件，其中

$$\omega(t) \equiv \frac{w(t)}{Y(t)} \tag{14.73}$$

[①] 有两个容易导致符号混淆的地方。首先，由 (14.63) 式和 (14.64) 式给出的价格和产出决策也取决于产出 $Y(t)$ 的总水平。然而由 (14.69) 式给出的利润以及其他选择并不取决于 $Y(t)$，假定忽略这种关系不会对分析产生影响。其次，序列 $[p_i^{y*}(v, t)]_{t=0}^{\infty}$ 和 $[y_i^*(v, t)]_{t=0}^{\infty}$ 是随机的，而上述其他项则不是随机的。由于这些序列的随机性对分析没有影响，因此可以忽略这一特点。

是 t 期的劳动份额。劳动市场出清条件（14.72）式应用了总供给为 1 的事实，同时需求不能超过这个数量。如果需求降到 1 以下，那么工资率 $w(t)$ 和劳动份额 $\omega(t)$ 将为 0（尽管这不可能在均衡中出现）。

经济体中总质量水平的相关指标不再是平均数而是生产函数（14.59）式中的柯布－道格拉斯加总：

$$\log Q(t) \equiv \int_0^1 \log q(v, t) dv \tag{14.74}$$

给定（14.74）式，均衡工资可表示为（见习题 14.30）

$$w(t) = Q(t) \lambda^{-\sum_{n=0}^{\infty} n \mu_n(t)} \tag{14.75}$$

14.4.3 稳态均衡

现在讨论稳态马尔科夫完美均衡，其中行业分布 $\mu(t) \equiv \{\mu_n(t)\}_{n=0}^{\infty}$ 是稳定的，同时由（14.73）式定义的 $\omega(t)$ 和增长率 g^* 为常数。如果经济体在 $t = 0$ 期处于稳态水平，那么根据定义，有 $Y(t) = Y_0 e^{g^* t}$ 和 $w(t) = w_0 \exp(g^* t)$。这两个方程也意味着对所有的 $t \geq 0$，有 $\omega(t) = \omega^*$。

标准分析意味着技术上领先 n 步［当跟随者选择 $z_{-n}^*(t)$ 时］的企业的价值函数为

$$r(t) V_n(t) - \dot{V}_n(t) = \max_{z_n(t)} \{[\Pi_n(t) - w^*(t) G(z_n(t))] \tag{14.76}$$
$$+ z_n(t)[V_{n+1}(t) - V_n(t)] + [z_{-n}^* + \kappa][V_0(t) - V_n(t)]\}$$

在稳态，对所有的 $n \geq 0$ 而言，技术上领先 n 步的企业的净现值 $V_n(t)$ 的增长率也为常数 g^*。对所有 n，该企业标准化的价值可以定义为

$$v_n(t) \equiv \frac{V_n(t)}{Y(t)} \tag{14.77}$$

稳态时上式独立于时间，即有 $v_n(t) = v_n$。

应用（14.77）式以及由（14.58）式给出的 $r(t) = g(t) + \rho$，稳态价值函数（14.76）式可以表示为：对于所有 $n \geq 1$，有

$$\rho v_n = \max_{z_n}\{(1-\lambda^{-n}) - \omega^* G(z_n) + z_n[v_{n+1} - v_n] \qquad (14.78)$$
$$+ [z_{-n}^* + \kappa][v_0 - v_n]\}$$

其中 z_{-n}^* 是技术上落后 n 步的跟随者的研发均衡价值，ω^* 是稳态劳动份额（而 z_n 现在明确地被用来最大化 v_n）。

类似地，在创新上并驾齐驱的企业的价值为

$$\rho v_0 = \max_{z_0}\{-\omega^* G(z_0) + z_0[v_1 - v_0] + z_0^*[v_{-1} - v_0]\} \qquad (14.79)$$

尽管跟随者的价值并不取决于他们在技术上落后领导者多少步（因为单一的创新就足以使其追赶上领导者），其价值为

$$\rho v_{-1} = \max_{z_{-1}}\{-\omega^* G(z_{-1}) + [z_{-1} + \kappa][v_0 - v_{-1}]\} \qquad (14.80)$$

价值函数中包含的最大化问题将直接得到以下利润最大化的研发决策：

$$z_n^* = \max\left\{G'^{-1}\left(\frac{[v_{n+1} - v_n]}{\omega^*}\right), 0\right\} \qquad (14.81)$$

$$z_{-1}^* = \max\left\{G'^{-1}\left(\frac{[v_0 - v_{-1}]}{\omega^*}\right), 0\right\} \qquad (14.82)$$

$$z_0^* = \max\left\{G'^{-1}\left(\frac{[v_1 - v_0]}{\omega^*}\right), 0\right\} \qquad (14.83)$$

其中 z_{-1}^* 是所有跟随者的研发决策，$G'^{-1}(\cdot)$ 是 G 函数导数的逆函数。因为 G 二阶可微且严格为凸，所以 G'^{-1} 也是可微的并且严格递增。因此，这些方程意味着创新率 z_n^*s 对技术上领先一步的增量价值是递增的，对以标准工资率 ω^* 衡量的研发成本是递减的。同时请注意，由于 $G'(0) > 0$，根据最大化算子，这些研发水平会等于 0。

创新率 z_n^* 对价值增量 $v_{n+1} - v_n$ 的反应是这个模型中关键的经济力量。例如，降低对技术上领先 $n+1$ 步的领导者的专利保护（通过提高 κ）将使其利润下降，因此也会使 $v_{n+1} - v_n$ 和 z_n^* 下降。这符合放松知识产权保护标准的负激励效应。但是，放松知识产权保护也可能产生有益的复合效应：由于 $\{v_{n+1} - v_n\}_{n=0}^{\infty}$ 是一

个递减序列，这意味着对于 $n \geq 1$（见命题14.9），z_{n-1}^* 要大于 z_n^*。更弱的专利保护（以更短的专利期限的形式）将使更多行业进入创新竞争的状态，从而潜在地提高经济中的均衡研发水平。

给定均衡研发决策，状态 μ^* 下行业的稳态分布必须满足下列会计恒等式：

$$(z_{n+1}^* + z_{-1}^* + \kappa)\mu_{n+1}^* = z_n^* \mu_n^* \quad \text{对于}, \ n \geq 1 \tag{14.84}$$

$$(z_1^* + z_{-1}^* + \kappa)\mu_1^* = 2z_0^* \mu_0^* \tag{14.85}$$

$$2z_0^* \mu_0^* = z_{-1}^* + \kappa \tag{14.86}$$

第一个表达式令从状态 $n+1$ 中退出的企业（表现为领导者的技术水平更进一步或者跟随者追赶上领导者）等于进入状态 $n+1$ 中的企业（表现为状态 n 中的领导者的创新多于1个）。(14.85) 式对状态1做了同样的会计处理，考虑了进入此状态中的企业是来自两个同时进行创新竞争的企业之一。最后，(14.86) 式令从状态0退出的企业等于进入此状态的企业，进入企业是任意 $n \geq 1$ 的行业中做出创新的某个跟随者。

稳态下劳动力市场出清条件可以表示成：

$$1 \geq \sum_{n=0}^{\infty} \mu_n^* \left(\frac{1}{\omega^* \lambda^n} + G(z_n^*) + G(z_{-n}^*) \right), \quad \text{且} \quad \omega^* \geq 0 \tag{14.87}$$

同时包括互补松弛条件。

下面的命题刻画了经济体的稳态增长率。

命题 14.7 上述经济体的稳态增长率为

$$g^* = \log \lambda \left(2\mu_0^* z_0^* + \sum_{n=1}^{\infty} \mu_n^* z_n^* \right) \tag{14.88}$$

证明 (14.73) 式和 (14.75) 式意味着

$$Y(t) = \frac{w(t)}{\omega(t)} = \frac{Q(t)\lambda^{-\sum_{n=0}^{\infty} n\mu_n^*(t)}}{\omega(t)}$$

由于 $\omega(t) = \omega^*$ 和 $\{\mu_n^*\}_{n=0}^{\infty}$ 在稳态下为常数，$Y(t)$ 和 $Q(t)$ 的增长率相同。因此

$$g^* = \lim_{\Delta t \to 0} \frac{\log Q(t + \Delta t) - \log Q(t)}{\Delta t}$$

在 Δt 的时间段内，在技术差距为 $n \geq 1$ 的比例为 μ_n^* 的行业中，其领导者以 $z_n^* \Delta t + o(\Delta t)$ 的速率从事创新，技术差距为 $n=0$ 的比例为 μ_0^* 的行业中，两家企业都进行创新，所以总的创新速率为 $2z_0^* \Delta t + o(\Delta t)$。由于每个创新都会按 λ 因子的水平提高生产率，我们可得出前面的方程。综合上述分析有

$$\log Q(t + \Delta t) = \log Q(t) + \log \lambda \left(2\mu_0^* z_0^* \Delta t + \sum_{n=1}^{\infty} \mu_n^* z_n^* \Delta t + o(\Delta t) \right)$$

将上式减去 $\log Q(t)$，除以 Δt，取 $\Delta t \to 0$ 时的极限就得到（14.88）式。证毕。

这个命题说明稳态增长来源于两个方面：（1）创新竞争行业中的企业或者领导者的研发决策；（2）不同技术差距的行业分布，$\mu^* \equiv \{\mu_n^*\}_{n=0}^{\infty}$。后者体现了前面讨论的复合效应。这种复合效应意味着竞争和增长（或者知识产权保护和增长）之间的关系比目前讨论的模型中的更为复杂，因为这样的政策改变了均衡市场结构（行业的构成）。

一个稳态均衡可以归纳为 $\langle \mu^*, \mathbf{v}, \mathbf{z}^*, \omega^*, g^* \rangle$，其中行业分布 μ^* 满足（14.84）式、（14.85）式和（14.86）式；价值 $\mathbf{v} \equiv \{v_n\}_{n=-\infty}^{\infty}$ 满足（14.78）式、（14.79）式和（14.80）式；（14.81）式、（14.82）式和（14.83）式给出了研发决策 $\mathbf{z}^*$；稳态的劳动份额 ω^* 满足（14.87）式；稳态增长率 g^* 由（14.88）式给出。接下来给出对稳态均衡的一个描述。第一个结果是技术性的，并且对刻画稳态均衡来说是必要的。

命题 14.8 在稳态均衡中，$v_{-1} \leq v_0$ 和 $\{v_n\}_{n=0}^{\infty}$ 构成一个有界并收敛于某个正值 v_∞ 的严格递增序列。另外，对于所有的 $n \geq n^*$，存在 $n^* \geq 1$ 使 $z_n^* = 0$。

证明 令 $\{z_n\}_{n=-1}^{\infty}$ 为一家企业的研发决策，$\{v_n\}_{n=-1}^{\infty}$ 为价值序列，其他企业的决策和行业分布 $\{z_n^*\}_{n=-1}^{\infty}$、$\{\mu_n^*\}_{n=-1}^{\infty}$、$\omega^*$ 和 g^* 都为给定的。对所有的 $n \geq -1$，令 $z_n = 0$，进而企业确保对所有 $n \geq -1$ 有 $v_n \geq 0$。令 π_n 为技术差距为 n 时标准化利润流。由于对所有 $n \geq -1$，有 $\pi_n \leq 1$ 和 $v_n \leq 1/\rho$，因此 $\{v_n\}_{n=-1}^{\infty}$ 是个有界序列，即对所有 $n \geq -1$，有 $v_n \in [0, 1/\rho]$。

$v_1 > v_0$ 的证明：首先假设 $v_1 \leq v_0$，则（14.83）式意味着 $z_0^* = 0$，同时根据均衡中问题的对称性，（14.79）式意味着 $v_0 = v_1 = 0$。因此，根据（14.82）式有 $z_{-1}^* = 0$。于是，（14.78）式就意味着当 $z_{-1}^* = 0$ 时，$v_1 \geq (1 - \lambda^{-1})/(\rho + \kappa) > 0$，

矛盾，因此 $v_1 > v_0$ 得证。

$v_{-1} \leqslant v_0$ 的证明：用反证法，假设 $v_{-1} > v_0$，则（14.82）式意味着 $z_{-1}^* = 0$，从而得出 $v_{-1} = \kappa v_0/(\rho + \kappa)$。最后一个方程与 $v_{-1} > v_0$ 矛盾，因为 $\kappa/(\rho + \kappa) < 1$（给定 $\kappa < \infty$）。

$v_n < v_{n+1}$ 的证明：用反证法，假设 $v_n \geqslant v_{n+1}$，则（14.81）式意味着 $z_n^* = 0$，同时（14.78）式变为

$$\rho v_n = (1 - \lambda^{-n}) + z_{-1}^*[v_0 - v_n] + \kappa[v_0 - v_n]$$

同样根据（14.78）式，状态 $n+1$ 时的价值满足：

$$\rho v_{n+1} \geqslant (1 - \lambda^{-n-1}) + z_{-1}^*[v_0 - v_{n+1}] + \kappa[v_0 - v_{n+1}]$$

联立前面两个表达式可得：

$$(1 - \lambda^{-n}) + z_{-1}^*[v_0 - v_n] + \kappa[v_0 - v_n] \geqslant 1 - \lambda^{-n-1} + z_{-1}^*[v_0 - v_{n+1}] + \kappa[v_0 - v_{n+1}]$$

由于 $\lambda^{-n-1} < \lambda^{-n}$，这意味着 $v_n < v_{n+1}$，与 $v_n \geqslant v_{n+1}$ 的假设矛盾，因此期望的结果 $v_n < v_{n+1}$ 得证。

因此，$\{v_n\}_{n=-1}^{\infty}$ 是非递减的，$\{v_n\}_{n=0}^{\infty}$ 是（严格）递增的。因为一个紧集的非递减序列一定收敛，因此 $\{v_n\}_{n=-1}^{\infty}$ 收敛于它的极限点 v_∞，由于 $\{v_n\}_{n=0}^{\infty}$ 是严格递增的且初始值非负，所以这个极限一定严格为正。习题 14.31 通过证明存在 $n^* \geqslant 1$，对所有 $n \geqslant n^*$，满足 $z_n^* = 0$ 完成了这个证明。

下一个命题给出了这个模型中最重要的经济观点，并证明了 $\mathbf{z}^* \equiv \{z_n^*\}_{n=0}^{\infty}$ 是一个递减序列。因此，技术上领先很多的技术领导者进行更少的研发。直观上看，更多研发投资的收益随技术差距的上升而下降，因为技术差距的更大价值意味着更小的加成和利润空间［回忆（14.69）式］。技术上大幅度领先于竞争对手的领导者很少进行研发的事实是复合效应在这个模型中起重要作用的主要原因。例如，在其他条件保持不变的情况下，缩小领导者和跟随者的技术差距将会增加研发支出和均衡增长。

命题 14.9　在任意稳态均衡中，对所有 $n \geqslant 1$ 有 $z_{n+1}^* \leqslant z_n^*$，并且如果 $z_n^* > 0$，则有 $z_{n+1}^* < z_n^*$。此外 $z_0^* > z_1^*$ 和 $z_0^* \geqslant z_{-1}^*$ 同样成立。

证明　根据（14.81）式，

$$\delta_{n+1} \equiv v_{n+1} - v_n < v_n - v_{n-1} \equiv \delta_n \qquad (14.89)$$

这是证明 $z_{n+1}^* \leq z_n^*$ 成立的充分条件。写出

$$\bar{\rho} v_n = \max_{z_n} \{(1 - \lambda^{-n}) - \omega^* G(z_n) + z_n[v_{n+1} - v_n] + (z_{-1}^* + \kappa)v_0\} \qquad (14.90)$$

其中 $\bar{\rho} \equiv \rho + z_{-1}^* + \kappa$。由于 z_{n+1}^*、z_n^* 和 z_{n-1}^* 分别是价值函数 v_{n+1}、v_n 和 v_{n-1} 的最大值。(14.90) 式意味着

$$\begin{aligned}\bar{\rho} v_{n+1} &= 1 - \lambda^{-n-1} - \omega^* G(z_{n+1}^*) + z_{n+1}^*[v_{n+2} - v_{n+1}] + (z_{-1}^* + \kappa)v_0 \\ \bar{\rho} v_n &\geq 1 - \lambda^{-n} - \omega^* G(z_{n+1}^*) + z_{n+1}^*[v_{n+1} - v_n] + (z_{-1}^* + \kappa)v_0 \\ \bar{\rho} v_n &\geq 1 - \lambda^{-n} - \omega^* G(z_{n-1}^*) + z_{n-1}^*[v_{n+1} - v_n] + (z_{-1}^* + \kappa)v_0 \\ \bar{\rho} v_{n-1} &= 1 - \lambda^{-n+1} - \omega^* G(z_{n-1}^*) + z_{n-1}^*[v_n - v_{n-1}] + (z_{-1}^* + \kappa)v_0\end{aligned} \qquad (14.91)$$

对 $\bar{\rho} v_n$ 微分, 同时应用 δ_n 的定义可得

$$\bar{\rho} \delta_{n+1} \leq \lambda^{-n}(1 - \lambda^{-1}) + z_{n+1}^*(\delta_{n+2} - \delta_{n+1})$$

$$\bar{\rho} \delta_n \geq \lambda^{-n+1}(1 - \lambda^{-1}) + z_{n-1}^*(\delta_{n+1} - \delta_n)$$

于是

$$(\bar{\rho} + z_{n-1}^*)(\delta_{n+1} - \delta_n) \leq -k_n + z_{n+1}^*(\delta_{n+2} - \delta_{n+1})$$

其中 $k_n \equiv (\lambda - 1)^2 \lambda^{-n-1} > 0$。用反证法, 假设 $\delta_{n+1} - \delta_n \geq 0$。根据之前的方程, 由于 k_n 严格为正, 这意味着 $\delta_{n+2} - \delta_{n+1} > 0$。连续重复这种分析可知, 如果 $\delta_{n'+1} - \delta_{n'} \geq 0$, 那么对所有的 $n \geq n'$, 有 $\delta_{n+1} - \delta_n > 0$。但是我们从命题 14.8 了解到 $\{v_n\}_{n=0}^{\infty}$ 是严格递增的, 并且收敛于一个常数 v_∞, 则对于充分大的 n (以及 $\delta_n \uparrow 0$), 有 $\delta_{n+1} - \delta_n < 0$, 这与对所有 $n \geq n' \geq 0$ 有 $\delta_{n+1} - \delta_n \geq 0$ 的假设相矛盾, 因此 $z_{n+1}^* \leq z_n^*$ 得证。为证明在 $z_n^* > 0$ 时, 这是个严格的不等式, 只需注意到 (14.89) 式已经得证, 也就是说 $\delta_{n+1} - \delta_n < 0$。因此, 如果 (14.81) 式有一个正解, 那么必定有 $z_{n+1}^* < z_n^*$。

$z_0^* \geq z_{-1}^*$ 的证明:(14.79) 式可以表示为

$$\rho v_0 = -\omega^* G(z_0^*) + z_0^*[v_{-1} + v_1 - 2v_0] \tag{14.92}$$

根据命题 14.8, 有 $v_0 \geq 0$。假设 $v_0 > 0$, 则（14.92）式意味着 $z_0^* > 0$ 以及

$$v_{-1} + v_1 - 2v_0 > 0, \text{ 或者} \tag{14.93}$$
$$v_1 - v_0 > v_0 - v_{-1}$$

这个不等式连同（14.83）式和（14.82）式可以得出 $z_0^* > z_{-1}^*$。接下来假设 $v_0 = 0$。（14.93）式现在是弱不等式, 且意味着 $z_0^* \geq z_{-1}^*$。而且, 由于 $G(\cdot)$ 是严格凸的, z_0^* 由（14.83）式给出,（14.92）式意味着 $z_0^* = 0$, 因此 $z_{-1}^* = 0$。

$z_0^* > z_1^*$ 的证明: 见习题 14.32。

因此, 这个命题表明创新竞争行业从事的研发数量最多。这解释了为什么复合效应能增加总的创新数量。习题 14.33 说明了放松知识产权保护是如何促进增长的。

截至目前的讨论还没有给出经济增长率的一个闭式解。结果表明这基本上是不可能的, 主要原因在于这类模型中的内生市场结构。虽然如此, 可以证明经济体中存在一个稳态均衡, 尽管证明过程比较复杂, 同时也不能为我们的分析提供其他有益见解（参见 Acemoglu and Akcigit, 2006）。

一个重要的特点是均衡加成是内生的, 并作为同一产品系列的生产商竞争的函数随时间不断变化。更重要的一点是, 命题 14.9 说明当一家特定企业的技术水平大幅度领先于竞争对手时, 它将进行更少的研发。因此这个模型与基本熊彼特模型和所有的扩展投入品或产品种类模型都有区别, 即更多的竞争（例如, 通过缩小跟随者和领导者的技术差距）也许会促进增长, 因为这个模型中的领导者会进行更多研发以避免同跟随者的竞争。类似地, 这个模型也可以被扩展为包含不同市场结构和进入壁垒, 在这种情况下, 竞争对增长的影响可能是正面的, 也可能是负面的。

14.5 小结

本章介绍了基本的熊彼特经济增长模型。熊彼特增长蕴含着创造性破坏过程, 即新产品或新机器替代旧产品或旧机器, 新企业替代现有企业。

基本模型的特征是创新带来质量改进。该模型对经济增长的描述在很多方面比扩展投入品/产品种类模型更加贴近现实。尤其是, 技术进步并不总是带来新

产品或者机器对现有产品或机器的补充,而是由创新出更高质量产品的生产者直接替代现有企业。第 12 章讨论过的阿罗替代效应告诉我们,新企业总有致力于研发的强烈激励,因为质量更高的新产品会替代现有企业的产品,这也表明了熊彼特创造性破坏是经济增长的引擎。尽管本章模型对经济增长的阐述更加详细,但是运用的数学结构却与扩展投入品/产品模型极其相似。如果采用简化的形式,该模型也类似于一个 AK 经济体。一个重要的不同点是,通过替代旧产品的速率,经济的增长率会影响创新的价值。

熊彼特模型的一个重要见解是增长伴随着利益的潜在冲突。创造性破坏过程破坏了现有企业的垄断租金。而为了维护政治上有势力的现有企业的租金利益,这便会增加内生性扭曲政策产生的可能性。创造性破坏模型自然引发了政治经济问题,这些问题对理解经济增长的根本原因来说是至关重要的,也让我们可以洞悉技术的内生本质和技术变化的潜在阻力。

熊彼特模型使我们能够更多地了解创新的产业组织。创造性破坏过程意味着市场结构可能一直处在内生演化过程当中。但是基本的熊彼特模型也有一些缺点,这也是未来研究的一个有趣而又重要的领域。基本模型和数据之间有一个重要差异,即虽然模型预测所有的生产率增长都来自创造性破坏和新企业,但是数据显示生产率的大部分增长来自现有的企业和工厂。第 14.3 节初步探讨了如何扩展基本模型来解释这些现象,以及如何为我们分析创新的产业组织提供一个更有内涵的分析框架。基本模型的第二个主要缺点是它们预测的加成是常数,并且总是由单个企业来满足整个市场的需求。可以考虑一个更有内涵的分析框架来放松这些假设,例如,允许存在累积式创新或者分步式创新,允许参与创新的多个企业之间形成竞争。第 14.4 节就展示了怎样从这个方向扩展基本模型。或许更有趣的是,某些模型包含了创新的产业组织的不同方面特点,在这些模型中,竞争和专利保护对经济增长的影响可能更复杂。这个观点表明熊彼特模型(的扩展)可能为我们提供一个十分有用的框架,以便分析包含反垄断、贸易、特许和知识产权保护等一系列政策对增长的影响。

14.6 参考文献

第 14.1 节介绍的基本熊彼特增长模型建立在阿吉翁和豪伊特(1992)的基础之上。西格斯托姆等人(Segerstorm、Anant and Dinopoulos, 1990; Grossman and Helpman,1991a,b）也构建了相似的模型。阿吉翁和豪伊特（1998）为许多熊彼特经济增长模型及其扩展提供了极佳的综述。本章介绍的某些具体模型假设参考了阿西莫格鲁（1998）。阿吉翁和豪伊特（1992）原创性的研究方法和第14.2节中用到的方法很相似。不平衡增长和潜在增长周期在其他内生技术模型中也有出现，如松山公纪（1999）。本章仅在熊彼特增长框架中讨论了上述周期出现的可能性，因为导致这些周期的力量在这些模型中更加明显。

创造性破坏对失业的影响是由松山公纪（1994）率先提出的。创造性破坏对企业专有投资产生的影响在弗朗索瓦等人（François and Roberts,2003；Martimort and Verdier,2004）的研究中有所讨论。

第14.3节中介绍的模型基于阿西莫格鲁（2008b）的研究，这也是首次讨论现有企业和新企业共同促进生产率增长的情况。克莱特和科特姆（Klette and Kortum,2004）构建了一个有关企业和总创新动态的相关模型，该模型建立在扩展种类模型的基础上。克莱珀（Klepper,1996）记录了有关企业规模、新企业、退出企业以及创新的各种事实。

分步式创新和累积创新在阿吉翁等人（Aghion、Harris and Vickers,1999；Aghion et al,2001）的研究中有所讨论。本章讨论的模型是阿西莫格鲁和阿克西吉特（Acemoglu and Akcigit,2006）的简化版本。第14.4节用到的马尔科夫完美均衡概念在附录C以及弗登伯格和梯若尔（Fudenberg and Tirole,1994）的研究中有更进一步的讨论。

尼克尔等人（Nickell,1996；Blundell、Griffith and Van Reenen,1999；Aghion et al,2005）证明，更激烈的竞争可能会促进经济增长和技术进步。最后一篇文章的研究表明在企业之间技术差距较小的行业中，创新会更加活跃。阿吉翁等人（2001,2005）的研究表明，在分步式创新模型中，更加激烈的竞争会促进经济增长。

14.7　习题

14.1　证明在第14.1节的基本熊彼特增长模型中，平衡增长路径上对不同机器种类的研发必定等于某个z。［提示：应用（14.14）式和（14.13）式。］

14.2　(a) 证明在第14.1节的基本熊彼特增长模型中，所有研发都是新企业进行的，现有企业从不进行研发。［提示：在允许选择研发投资的条件下改写（14.13）式。］

(b) 假设现有企业研发成功的速率是 $\phi\eta/q$，新企业研发成功的速率为 η/q。证明对任何 $\phi \leq \lambda/(\lambda-1)$，现有企业都会选择零研发，请解释。

14.3 基本的内生技术变化模型，包括本章的熊彼特增长模型，都假设新产品受永久性专利的保护。严格来说，这些假设对这类模型的逻辑推导不是必需的。现在假设对任何创新都没有专利保护，但是模仿创新者需要固定成本 $\varepsilon > 0$。在支付了该费用后，任何企业都可以使用和创新者相同的技术。证明在这种情况下，技术模仿将不存在，从能够完全实施永久性专利权的模型中得出的结果此时成立。

14.4 完成命题 14.1 的证明，并证明均衡增长率是唯一的、严格为正的，且满足（14.16）式表示的横截性条件。

14.5 证明命题 14.2。

14.6 修正第 14.1 节介绍的基本模型，使最终产品的总生产函数为

$$Y(t) = \frac{1}{1-\beta}\left(\int_0^1 (q(v,t)x(v,t\mid q))^{1-\beta}dv\right)L^\beta$$

模型的其他特征都保持不变。证明平衡增长路径不存在。若要使平衡增长路径存在，则需改变模型中的什么条件？

*14.7 在基本熊彼特增长模型中，不同于（14.3）式，假设最终产品部门的生产函数为

$$Y(t) = \frac{1}{1-\beta}\left(\int_0^1 q(v,t)^{\zeta_1}x(v,t\mid q)^{1-\beta}dv\right)L^\beta$$

假设生产 1 单位质量为 q 的中间产品的成本为 ψq^{ζ_2}，1 单位最终产品投入到对质量为 q 的机器系列的研究中导致的创新速率为 η/q^{ζ_3}。描述该经济体的均衡特征，并求出能够保证均衡增长的参数组合 ζ_1、ζ_2 和 ζ_3。

14.8 (a) 证明第 7 章中的定理 7.14 可以应用于求解第 14.1 节中的基本熊彼特模型的最优增长问题。

(b) 证明上述问题的解是唯一的。[提示：参照第 8 章的习题 8.11。]

(c) 推导（14.27）式。

14.9 证明条件（14.5）式足以保证一个创新企业能设定无约束的垄断价格。[提示：首先假设创新者为质量 q 的产品设定垄断价格 $\psi q/(1-\beta)$。然后考虑拥有第二高质量 $\lambda^{-1}q$ 的企业。假设该企业以边际成本 $\psi \lambda^{-1}q$ 定价。最后确定价值 λ，使企业在以价格 $\psi q/(1-\beta)$ 购买质量为 q 的机器或者以价格 $\psi \lambda^{-1}q$ 购买质量为 $\lambda^{-1}q$ 的机器之间无差异。]

14.10 分析第 14.1 节的基本熊彼特增长模型，假设（14.5）式不成立。
(a) 证明垄断者会索要一个限制价格。
(b) 描述平衡增长路径上的均衡增长率的特征。
(c) 描述帕累托最优配置，并与均衡配置做比较。
(d) 考虑一个虚拟经济体，之前最高质量的生产者消失了，因此垄断者可以收取一个大小为 $1/(1-\beta)$ 的价格加成，而不是收取限制价格。证明在这个虚拟经济体中，平衡增长路径的增长率严格大于(b)中刻画的增长率，请解释。

14.11 假设人口以固定的指数化速率 n 增长。修正第 14.1 节中的基本模型，使之不存在规模效应并且经济以固定速率增长（人均收入有正的增长）。[提示：假设每 1 单位最终产品用于提升机器质量 q 的研发导致的创新速率为 η/q^ϕ，其中 $\phi>1$。]

*14.12 考虑熊彼特增长模型，xs 在使用后不会完全折旧（和第 13 章中的习题 13.23 类似）。偏好和其他技术都与第 14.1 节中介绍的相同。
(a) 用公式表示出拥有最高质量机器的垄断者的利润最大化问题，并定义均衡和平衡增长路径配置。
(b) 证明，与第 13 章的习题 13.23 相反，本题中的结果与第 14.1 节中的结果不同。并解释为什么机器折旧在熊彼特模型中很重要，但在扩展种类模型中并不重要。

14.13 考虑熊彼特增长模型的一个版本，其中创新减少了成本而非提高了质量。特别地，假设总生产函数为

$$Y(t) = \frac{1}{1-\beta}\left(\int_0^1 x(v,t)^{1-\beta}dv\right)L^\beta$$

t 期生产 v 类机器的边际成本为 $MC(v,t)$。每种创新以因子 λ 降低

成本。

(a) 定义均衡和平衡增长路径配置。

(b) 给出与平衡增长保持一致的创新可能性边界的具体形式。

(c) 推导经济体中的平衡增长路径增长率,并证明不存在转移动态。

(d) 比较经济体中的平衡增长路径增长率和帕累托最优增长率。探讨过度创新是否存在。

14.14 考虑第 14.2 节中介绍的模型,工人致力于研发。假设最终产品的总生产函数表示如下

$$Y(t) = \frac{1}{1-\beta} \left(\int_0^1 q(v,t) x(v,t \mid q)^{1-\beta} dv \right) L_E(t)^\beta$$

其中 $L_E(t)$ 表示 t 期受雇于生产最终产品的工人数量。

(a) 证明在这种情况下,研发投入仅针对最高质量 $q(v,t)$ 的机器。

(b) 模型该做何种修正才能使均衡时各部门都存在均衡研发?

14.15 考虑第 14.1 节中介绍的熊彼特增长模型,只有一处与之有差异:以成功与否为条件,一种创新在现有技术上产生随机改进 λ,λ 的分布函数为 $H(\lambda)$,且其定义域为 $[(1-\beta)^{-(1-\beta)/\beta}, \bar{\lambda}]$。

(a) 定义平衡增长路径并描述其特征。

(b) 为什么 λ 的下限为 $(1-\beta)^{-1}$? 当这个条件被放松之后,分析会有什么变化?

(c) 证明该经济体中不存在转移动态。

(d) 比较该经济体中的平衡增长路径增长率和帕累托最优增长率。是否存在过度创新?

14.16 证明在第 14.2 节介绍的模型中,在平均时间长度为 $1/(\eta L_R^*)$ 的区间内,经济的产出没有增长。

14.17 (a) 证明命题 14.4,特别地,证明该命题中的配置是唯一的,平均增长率为 $g^* = \log \lambda \eta L_R^*$,并且条件 (14.30) 式是命题中均衡存在的充分必要条件。

(b) 解释为什么增长率是 $\log \lambda$ 而非第 14.1 节模型中的 $\lambda - 1$。

14.18 考虑离散时间下的单部门熊彼特模型。类似第 14.2 节介绍的模型,假设家庭是风险中性的,没有人口增长,最终产品部门的生产函数

由（14.28）式表示。中间产品的生产技术是线性的，任意的中间产品（已经被创造出来的）能以 ψ 单位最终产品的边际成本生产出来。假设研发技术满足下列条件：t 期有 $L_R > 0$ 名工人从事研发工作，并且他们必定在 $t+1$ 期研发出一项创新，并且根据函数 $\Lambda(L_R)$，创新的质量（规模）仅取决于从事研发的工人数量，也就是说，如果 t 期的质量为 q，那么 $t+1$ 期的机器质量将为 $q' = \Lambda(L_R)q$。假设只有当 $L_R > 0$，$\Lambda(\cdot)$ 是严格递增的、可微的、严格凹的，并且满足适当的稻田条件时，才存在创新。

(a) 描述平衡增长路径并确定参数的约束条件以使横截性条件成立。〔提示：为了简化数学，可以假设一旦新机器被创新出来，旧机器将不再投入使用，所以价格没有约束。〕

(b) 比较该经济体中的平衡增长路径增长率与帕累托最优增长率。证明相对于帕累托最优配置的创新规模来说，创新的规模总是太小。

*14.19 考虑前面习题讨论的离散时间下的单部门熊彼特模型，不同之处在于现在用 $\Lambda(\cdot)$ 表示创新的概率，每项创新将使机器的质量从 q 提升到 λq，且 $\lambda > 1$。假设当一项创新发生时，在最终产品生产部门中有 ϕ 部分的工人不能适应这项新技术，因此他们将在一个时期内处于失业状态以待"重组"。

(a) 定义均衡配置和稳态（平衡增长路径）配置。〔提示：同时求出均衡时失业人数。〕

(b) 定义该经济体中稳态的一般化情形，并确定均衡时的失业人数。

(c) 证明在充分就业的时期后，该经济体会出现大量失业。

(d) 证明 ρ 的下降会提高经济体的平均增长率和平均失业率。

*14.20 推导（14.31）—（14.32）式。

*14.21 考虑第 14.2.2 节讨论的模型。

(a) 选择一个使（14.32）式有解 L_R^1 并且 $L_R^2 \neq L_R^1$ 的函数形式 $\eta(\cdot)$。解释当存在这样的解时，为什么会存在一个两期内生周期均衡。

(b) 证明即使存在这些解，仍然存在一个包含固定研发的稳态均衡。

(c) 证明即使这些解不存在，仍然存在一个收敛于(b)中的稳态均衡，该均衡有着震荡转移动态的特点。

*14.22 证明第 14.2.2 节中的定性结论在单一企业进行研发的条件下可一般

化，因此可以使 L_R 对 $\eta(L_R)$ 的影响内部化。

*14.23 本习题概括了命题 14.5 的证明。

(a) 注意，在内部平衡增长路径中，有 $\phi(V(v,t|\lambda q) - V(v,t|q)) = q$，$V$ 是 q 的线性函数，因此有正文中给出的 $V(v,t|q) = vq$。给定这些情况，证明 z^* 唯一地由（14.45）式决定且严格为正，（14.48）式给出了唯一的平衡增长路径增长率，且严格为正。接下来利用（14.48）式和（14.52）式证明 z^* 也是严格为正的。最后证明当（14.53）式成立时，横截性条件（14.16）式也成立。

(b) 证明 (a) 中的内部平衡增长路径也给出了唯一的动态均衡路径。首先证明当（14.43）式成立时，$V(v,t|q)$ 处处为 q 的线性函数，因此对某些函数 $v(t)$，$V(v,t|q) = v(t)q$ 成立，从而根据（14.43）式，对任何 t 期，$\phi(\lambda-1)v(t) = 1$ 成立。求该方程关于时间的微分，证明（14.41）式为等式，则在所有 t 期，有 $\eta(\hat{z}(v,t|k^{-1}q))v(t) = 1$。由此可以得出对任意 t 期，有 $r(t)v = \beta L - \hat{z}\eta(\hat{z})v$，进而所有变量都取其平衡增长路径值，$r(t) = r^*$ 和 $\hat{z}(t) = \hat{z}^*$ 对所有 t 成立。

其次，思考下面的情况，其中对某些 $v \in \mathcal{N} \subset [0,1]$，$q$ 和 t，（14.43）式不成立。[提示：利用（14.40）式推导一个关于 $\hat{z}(v,t|q)$ 的微分方程，证明该微分方程的唯一稳态是上述平衡增长路径配置，并且这种稳态是不稳定的。]

14.24 假设第 14.3 节模型中的现有企业也可以完全获得新企业使用的根本性创新技术。证明如果拥有这项技术的现有企业进行正的研发，则均衡不存在。

14.25 考虑第 14.3 节中的社会计划者问题（最大化代表性家庭的效用）。

(a) 证明该最大化问题对应着一个凹的现值汉密尔顿函数，并推导该问题的唯一解。证明在所有时点上，该解中代表性家庭的消费增长率为常数。

(b) 证明社会计划者可能会选择更高的增长，因为他试图避免垄断对机器的价格加成。第二种情况是，他可以选择让更少的新企业进入，因为研发过程中存在负外部性。分别举出两种情况的数值例子，即帕累托最优配置中的增长率高于分散经济增长率的情况和低于分散增长率的情况。

14.26 考虑第14.3节介绍的模型，假设现有企业进行创新的研发技术满足如下条件，如果现有企业的机器质量为 q，在增量创新上的支出为 zq，则其创新速率为 $\phi(z)$（该创新将现有企业的机器质量提升至 λq）。假设 $\phi(z)$ 是严格递增的、严格凹的、可微的且满足 $\lim_{z\to 0}\phi'(z)=\infty$ 和 $\lim_{z\to\infty}\phi'(z)=0$。

(a) 重点考虑稳态（平衡增长路径）均衡，并猜想有 $V(q)=vq$。利用这个猜想证明现有企业选择的研发强度 z^* 满足 $(\lambda-1)v=\phi'(z^*)$。结合该等式与新企业的无成本进入条件以及（14.52）式给出的增长率方程，证明存在唯一的平衡增长路径均衡（假定 $V(q)$ 是线性的）。

(b) 是否存在一个均衡，其中的现有企业拥有不同质量的机器、不同水平的 z？

(c) 鉴于你在（b）中给出的答案，如果考虑 $\phi(z)$ 为常数的极限情况，结果将如何变化？

(d) 证明均衡中的现有企业和新企业均有正的研发。

(e) 现在引入对研发征税的情形，对现有企业征税为 τ^i，对新企业征税为 τ^e。证明，与命题14.6中的结果相反，两种税收对增长的影响是不确定的。若 $\eta(z)$ 为常数，情况又如何？

*14.27 证明在命题14.5的情况下，$z(v,t|q)$ 对有着不同 q 水平的现有企业来说是不同的。并证明在现有企业的平均研发投入恒为 z^* 的意义上，如命题14.5的平衡增长路径成立且是唯一的。

14.28 考虑第14.3节介绍的模型，把生产函数修正为 $Y(t)=[\int_0^1 q(v,t)x(v,t|q)^{1-\beta}dv]L^\beta/(1-\beta)$，并如同第14.1节的基本模型一样，假设生产质量为 q 的投入品需要 ψq 单位的最终产品。证明现有企业和新进入者的均衡增长率和生产率增长在二者之间的分解与第14.3节中的结果一致，但不存在企业规模的动态变化（firm-size dynamics）。请解释为什么。是不是有利润的动态变化？企业间的利润分布又是如何随时间变化的？

*14.29 推导（14.63）式。

*14.30 推导（14.75）式。[提示：写出方程

$$\log Y(t) = \int_0^1 \log q(v,t) l(v,t) dv = \int_0^1 \left[\log q(v,t) + \log \frac{Y(t)}{w(t)} \lambda^{-n(v)} \right] dv$$

并将其变形。]

*14.31 证明存在 $n^* \geq 1$，使对所有 $n \geq n^*$，有 $z_n^* = 0$，以此完成命题 14.8 的证明。

*14.32 完成命题 14.9 的证明，特别是，证明 $z_0^* > z_1^*$。[提示：将类似参数用于论证的第一部分。]

*14.33 考虑第 14.4 节模型中的稳态均衡，假设 $\kappa = 0$ 且 $G'(0) < (1-\lambda)/\rho$。令 $z^* \equiv G'^{-1}((1-\lambda)/\rho)$ 并假设

$$G'(0) < \frac{z^*(1-\lambda)/\rho + G(z^*)}{\rho + z^*}$$

(a) 证明在这种情况下稳态均衡的增长率为零。

(b) 证明 $\kappa > 0$ 会导致正的增长率。解释该结果，并与基本熊彼特增长模型里的放松知识产权保护的负效应做比较。

*14.34 修正第 14.4 节中的模型，使跟随者能够使用技术领导者的创新并立即超越领导者，但是他们必须向领导者支付大小为 ζ 的特许费用。

(a) 刻画该情况下的平衡增长路径。

(b) 写出价值方程。

(c) 解释为什么在这种情况下的特许可以提高经济增长率，与习题 12.9 中的结果进行比较，其中均衡时不存在特许。是什么导致了两种结果的不同？

14.35 考虑一个单期模型。市场上有两家伯特兰双头垄断企业生产相同的产品。在每一期的初期，寡头 1 的边际生产成本服从均衡分布 $[0, \bar{c}_1]$，寡头 2 的边际生产成本服从分布 $[0, \bar{c}_2]$。两家企业实际发生的成本是可观察的，而且价格是给定的。需求函数为 $Q = A - P$，$A > 2\max\{\bar{c}_1, \bar{c}_2\}$。

(a) 写出均衡定价策略并计算两家垄断企业的事前期望利润。

(b) 现假设两家垄断企业的成本服从分布 $[0, \bar{c}]$，并以成本 μ 从事研发。如果这样做的概率为 η，则它们的成本分布变为 $[0, \bar{c} - \alpha]$，并有 $\alpha < \bar{c}$。找出只有一家寡头投资研发的条件，以及

两家垄断企业都投资研发的条件。

（c）当 $\bar{c}$ 减小时，会出现什么情况？解释随着竞争的加剧，$\bar{c}$ 减小，并讨论竞争加剧对创新动机的影响。为什么这个结果与扩展种类的基本内生技术变化模型或者熊彼特增长模型给出的结果不同？

第 15 章 定向技术变化

前两章介绍了基本的内生技术变化模型。这些模型为我们提供了一个框架用于分析仅关注某一类技术的总体技术变化。即使存在着多种类型的机器，它们对总生产率的提升都有相同的作用。这些模型并不完美，主要体现在两个方面：一方面，实际中技术变化并不总是"中性的"，它常常对生产的某些要素和经济中的某些行为人带来相对于其他要素或行为人更多的好处。只有在特殊的情况下，比如在具有柯布－道格拉斯总生产函数的经济中，这些类型的有偏性才能被忽略不计。研究技术变化有时候偏向特定要素或部门的原因对于理解内生技术的本质、阐释技术变化的分配效应，都有重要作用，这决定了哪些群体拥护新技术，哪些群体反对新技术。另一方面，将分析仅局限于一类技术变化可能掩盖了决定技术变化性质的不同的竞争效应。

本章的目的是拓展前两章的模型，考虑定向技术变化（directed technological change）问题，这可以把开发并采用新技术的方向和偏向内生化。定向技术变化模型不仅能带来有关内生技术进步本质的新见解，而且可以使我们提出并回答有关近期和历史技术发展的新问题。

我将对一系列经济问题展开简单讨论，这些经济问题考虑了技术内生偏向的重要性，还提出了一些对定向技术变化模型十分重要的一般经济见解。主要结论将在第 15.3 节介绍。本章剩下的篇幅归纳了这些结论并介绍了它们的应用。第 15.6 节利用这些模型重新分析了第 2 章提出的有关技术变化为何可能呈现为纯粹的劳动扩张（哈罗德中性）。第 15.8 节介绍了琼斯（2005）求解该问题的另一种方法。

15.1 有偏技术变化的重要性

为了了解有偏技术变化的重要性，让我们先回顾几个例子。
1. 或许最重要的有偏技术变化的例子是所谓的技能偏向型技术变化，它在最近的工资结构变化分析中扮演重要角色。图 15.1 描绘了技能的相对供给（被定义为受过高等教育的工人数量除以未接受高等教育的工人数量）以及技能的回报，即高等教育溢价。该图说明在过去 60 年里，美国的技能相对供给增长迅速，但是高等教育回报并没有回落的趋势，相反，在此期间高等教育的回报率有所提高。对此的标准解释是二战后的新技术是技能偏向的。实际上，从某种意义上说，这种表述是同义反复，如果技能和非技能工人是不完全替代的，那么当不存在相应的技能偏向型需求变化时，相对技能供给的增加必将减少技能溢价。

该图还说明在 20 世纪 60 年代末开始，技能相对供给的增长比以前更快了（比较 1969 年前后的相对供给曲线的斜率）。从 20 世纪 70 年代末期开始，技能溢价也比以前增长更快。对这种增长的标准解释是技能偏向型技术变化的加速，它恰好与（或者紧随）技能相对供给的显著变化同时发生。

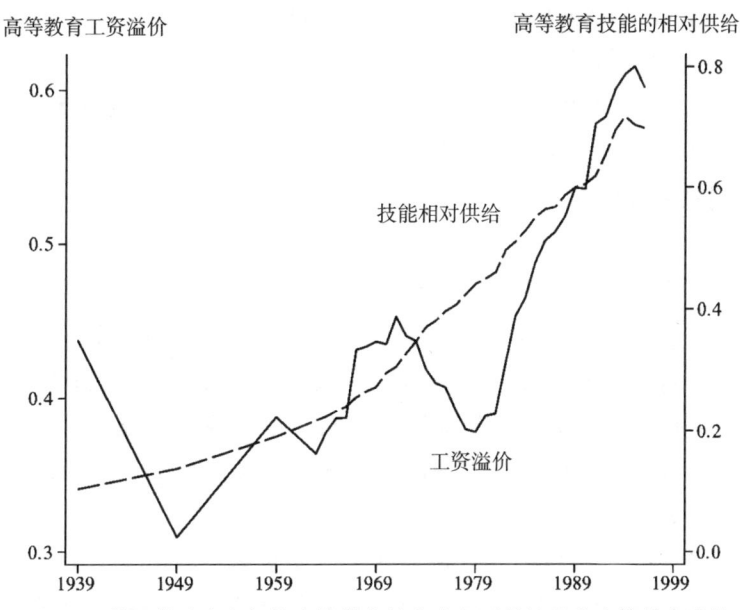

图 15.1 美国劳动力市场的高等教育毕业生相对供给量和高等教育溢价

一个显著问题是为何技术变化在过去 60 年甚至 100 年都是技能偏向的。与此相关，为什么技能偏向的技术变化会在 20 世纪 70 年代开始加速，准确地说，为何技术供给在 20 世纪 70 年代会快速增加？然而，当时一些经济学家却倾向于将技术变化视为外生的，这种看法并不令人完全满意。我们已经看到，理解技术的内生性对于我们研究跨国收入差异和现代经济增长过程至关重要。当总量技术变化是内生时，技术变化的偏向不太可能是完全外生的。因此，重要的是研究技术变化内生偏向的决定因素，以及为什么在最近几十年技术变化会更偏向技能。

2. 当我们观察技术变化的历史过程时，上述结论得到强化。相对于近期的发展来看，19世纪和20世纪的技术变化是非技能偏向型的。工匠铺被工厂替代，后来被可更换的配件和装配线替代。之前由技术高超的工匠生产的产品慢慢开始由技术不那么高超的工厂工人生产，许多之前比较复杂的工作被简化，这也减少了对技能工人的需要。莫克尔（1990，第137页）将这一过程总结如下：

> 首先是枪支，接着是时钟、水泵、锁、机械收割机、打字机、缝纫机，以及最终到发动机和自行车，事实证明，可互换零件交换部分的技术更优越，并且替代了使用凿子和锉刀的熟练工匠。

尽管19世纪的劳动力市场中技能工人的价值与今天的劳动力市场中受过高等教育的工人的价值不同，但不久前偏向高等教育的技术变化（即技能偏向型——译者注）和19世纪不偏向于最有技能者（即非技能偏向型——译者注）的技术变化并存，这既令人困惑而又有趣。由此引出一个问题：为什么在整个20世纪都是技能偏向型的技术变化，在19世纪却是非技能偏向型的？

3. 另外举个例子，考虑劳动力市场条件对技术变化的潜在影响。从20世纪60年代后期至20世纪70年代早期开始，在一些欧洲大陆国家，失业率和国民收入中的劳动收入份额快速攀升。20世纪80年代，失业率持续上升，但是劳动收入份额急剧下跌，在很多国家甚至跌破其初始水平。布兰查德（1997）将前者解释为这些经济体对工人工资上涨诉求的反应，将后者解释为资本偏向型技术变化的可能结果。欧洲经济体的资本偏向型技术变化和上述工资推动之间是否存在联系？

4. 另一个有关定向技术变化重要性的典型案例是增长模型中对哈罗德中性（纯劳动扩张型）技术进步的一般限制。回忆第2章和第8章，当技术变化不是劳动扩张型的，均衡增长将无法保持平衡。但是，很多证据表明现代经济增长是相对平衡的。是否有理由认为技术变化是内生的劳动扩张型的？

本章说明，定向技术变化的框架可以为这些问题提供可能的答案。本章的主要观点是利润刺激不仅影响了技术变化的数量，而且影响了它的方向。在介绍具体的模型之前，让我们先回顾基本论点，它们都是十分直观的。

想象一个有两种不同生产要素 L 和 H（如与非技能工人和技能工人相对应）的经济体，以及补充（或增加）一种要素的两种不同技术。我们预

期当 H（技能劳动力）扩张型技术的概率大于 L（非技能劳动力）扩张型技术时，前一类技术将更多地由利润最大化（研发型）企业发展。是什么决定了发展不同技术的相对概率？这个问题的答案概括了定向技术变化模型的大部分经济学观点。下面两种潜在矛盾的效应描述了不同类型技术的相对概率：

1. 价格效应：某种技术生产的产品能够得到更高的价格时将强烈刺激该技术的发展。

2. 市场规模效应：某种能够获取更大市场的技术将具有更高的赢利能力（其原因详见第 12 章的相关讨论）。

本章分析的一个重要结论是，市场规模效应足以超过价格效应。实际上，在相当一般的条件下，以下两个结论均成立。

弱均衡（相对）偏向　一种要素的相对供给增加总是会导致技术朝着偏向该要素的方向变化。

强均衡（相对）偏向　如果两种要素之间的替代弹性足够大，一种要素的相对供给增加将诱致强烈偏向于该要素的技术变化，从而使内生技术下的要素相对需求曲线变得更为陡峭。

为了更仔细地解释这些概念，假设（反）相对需求曲线采用如下形式 $w_H/w_L = D(H/L, A)$，其中 w_H/w_L 是要素 H 相对于要素 L 的价格，H/L 是要素 H 的相对供给，$A \in \mathbb{R}_+$ 是技术项，为了简化，对技术项采用一元形式。当 D 随 A 增加时，技术 A 是偏向 H 的，因此，更高的 A 将增加对 H 要素的相对需求。标准微观理论认为，D 总是相对于 H/L 递减。均衡偏向关注的是当 H/L 变化时 A 的表现，因此我们将它表示为 $A(H/L)$。将 $A(H/L)$ 标准化，假设 A 是偏向 H 的，因此 $D(H/L,A)$ 随 A 增加。弱均衡偏向意味着 $A(H/L)$ 随着 H/L 递增（非递减）。另一方面，强均衡偏向则意味着，$A(H/L)$ 对 H/L 的增加十分敏感，以至于相对供给 H/L 变化时产生的总效应是 w_H/w_L 的增加。换句话说，内生技术下的要素相对需求曲线可表示为 $w_H/w_L = D(H/L, A(H/L)) \equiv \tilde{D}(H/L)$。于是，这种强均衡偏向对应于内生技术下的要素相对需求（曲线 $\tilde{D}$）增加。

初一看，无论是弱均衡偏向还是强均衡偏向的结果都令人惊讶。不过，一旦我们理解了定向技术变化的逻辑，这些结果就变得很直观了。此外，它们还有一些重要的含义。具体而言，第 15.3.3 节说明了弱相对偏向和强相对偏向的结果如何为本节开头时提出的问题给出了可能的回答。

15.2 基本原理和定义

在研究定向技术变化之前，有必要区分要素扩张型和要素偏向型技术变化，两者在文献中有时容易混淆。假定经济体的生产方可以表示为总生产函数

$$Y(t) = F(L(t), H(t), A(t))$$

其中 $L(t)$ 是劳动，$H(t)$ 表示生产的另一个要素（可以是技能劳动、资本、土地或某种中间产品），$A(t) \in \mathbb{R}_+$ 表示技术。更具体地，让我们用 H 表示技能劳动力。不失一般性地，假定 $\partial F/\partial A > 0$，于是较高的 A 值表示更好的技术。请回忆，如果生产函数可以表示为 $F(AL, H)$，那么技术变化是 L 扩张型的。相反，H 扩张型的技术变化与采用特殊形式的生产函数 $F(L, AH)$ 相对应。

要素偏向型技术变化尽管常常被视为等价于要素扩张型变化，但实际上其概念很不一样。相对于要素 H，当技术变化使要素 L 的边际产出增加，我们说技术变化是 L 偏向的。用数学语言来表达，即有

$$\frac{\partial \frac{\partial F(L,H,A)/\partial L}{\partial F(L,H,A)/\partial H}}{\partial A} \geq 0$$

换句话说，在给定要素比例（给定要素相对数量）的情况下，有偏技术变化使一个要素的相对需求曲线发生移动，从而其相对价格会提高。相反，当不等号反过来，技术变化是偏 H 型的。图 15.2 描绘了偏 H 型技术变化对要素 H 的相对需求和相对价格的影响。

利用固定替代弹性（CES）生产函数（试回忆第 2 章的例 2.3）进一步理清这些概念，可以写成

$$Y(t) = \left[\gamma_L (A_L(t) L(t))^{\frac{\sigma-1}{\sigma}} + \gamma_H (A_H(t) H(t))^{\frac{\sigma-1}{\sigma}} \right]^{\frac{\sigma}{\sigma-1}}$$

其中 $A_L(t)$ 和 $A_H(t)$ 是两个相互独立的技术表达式，γ_is 决定了两种要素在生产函数中的重要性，且 $\gamma_L + \gamma_H = 1$。最后，$\sigma \in (0, \infty)$ 是两种要素间的替代弹性。请回忆，当 $\sigma = \infty$，两种要素是完全替代的，生产函数是线性的；当 $\sigma = 1$ 时，生产函数是柯布-道格拉斯型的；当 $\sigma = 0$ 时，两种要素之间完全不可替代，

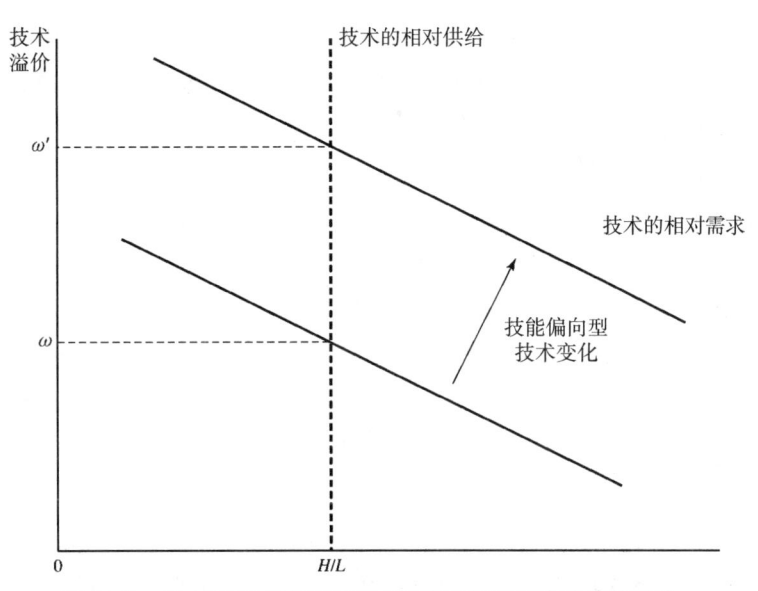

图 15.2 偏 H 型技术变化对相对需求和相对要素价格的影响

生产函数是里昂惕夫型的。让我们将 $\sigma>1$ 的情况称作"基本替代",将 $\sigma<1$ 的情况称为"基本互补"。尽管微观经济学文献中对互补性有多种定义,这个专业术语有益于区分 $\sigma<1$ 和 $\sigma>1$ 的情况,这两种情况在本文中有很大的差异。

显然,根据模型的建构,$A_L(t)$ 是 L 扩张型的(技术变化),而 $A_H(t)$ 是 H 扩张型的(技术变化)。有趣的是,L 扩张型(或是 H 扩张型)技术变化是否为偏 L 型或者偏 H 型的,取决于替代弹性 σ。让我们先计算两种要素的相对边际产出(见习题 15.1):

$$\frac{MP_H}{MP_L} = \gamma \left(\frac{A_H(t)}{A_L(t)}\right)^{\frac{\sigma-1}{\sigma}} \left(\frac{H(t)}{L(t)}\right)^{-\frac{1}{\sigma}} \quad (15.1)$$

其中 $\gamma \equiv \gamma_H/\gamma_L$。$H$ 的相对边际产出随着 H 的相对丰裕程度 $H(t)/L(t)$ 递减。这只是普通替代效应的结果,由此形成了相对供给和相对边际产出(或价格)之间的负相关关系,以及如图 15.2 描绘的向下倾斜的需求曲线。然而,$A_H(t)$ 对这种相对边际产出的影响取决于 σ。当 $\sigma>1$,$A_H(t)$ 的增长(相对于 $A_L(t)$)提高了 H 的相对边际产出。相反,当 $\sigma<1$,$A_H(t)$ 的增加(相对于 $A_L(t)$ 而言)减少了 H 的相对边际产出。因此,当两种要素是总体替代(gross substitution)

时，H扩张型的技术变化也是偏H型的。反过来，当两者是总体互补（gross complement）的时候，H扩张型技术变化现在成为偏L型的。自然，当$\sigma=1$，生产函数是柯布－道格拉斯型的，而且无论是$A_H(t)$还是$A_L(t)$的变化都不会偏向于其中任何一个要素。①

至于为什么直观地说，当$\sigma<1$时，H扩张型的技术变化是偏L型的，这一点很简单但是很重要：由于（两种要素）总体互补（$\sigma<1$），H的生产率提高将更多地增加对劳动力L的需求（相对H的需求而言）。这一点在$\sigma \to 0$这种极端情况下最为明显，从而生产函数变成里昂惕夫型的。在这个例子中，从$\gamma_L A_L(t) L(t)=\gamma_H A_H(t) H(t)$的情形开始，$A_H(t)$的微小增长会产生$H$要素"服务供给过剩"（以及$L$的"需求过剩"），同时要素$H$的价格降至0。

到目前为止，我已经定义了偏H和偏L型技术变化的含义。还有必要定义对本章剩余部分起重要作用的两个概念。当H的相对供给H/L增加时，存在技术的弱均衡偏向，这导致技术变化偏向于H。用数学语言来说，这相当于

$$\frac{\partial MP_H/MP_L}{\partial A_H/A_L} \frac{dA_H/A_L}{dH/L} \geqslant 0$$

根据（15.1）式，该条件只有满足以下条件时才成立

$$\frac{d(A_H(t)/A_L(t))^{\frac{\sigma-1}{\sigma}}}{dH/L} \geqslant 0$$

因此受到相对供给变化的影响，$A_H(t)/A_L(t)$变化的方向是偏向于越来越丰裕的要素。

另一方面，当H/L的增加导致技术偏向发生足够大的变化时，存在着强均衡偏向，从而要素供给也跟着发生变化，H的边际产出相对于L的边际产出增加。用数学语言表达，相当于

$$\frac{dMP_H/MP_L}{dH/L} > 0$$

在这里我用严格不等号区分强均衡偏向和相对边际产品独立于相对供给的情况（例如，因为要素是完全替代的）。这些方程清晰地说明弱均衡偏向和强均衡偏

---

① 作为后面的参考，还要注意的是，很容易从（15.1）式证实σ确实满足替代弹性的定义：$\sigma = -[d\log(MP_H/MP_L)/d\log(H/L)]^{-1}$。

向之间的主要区别在于两种要素的相对边际产出是由初始相对供给（在弱偏向情况下）还是由新的相对供给（在强偏向情况下）决定。因此，强均衡偏向是一种比弱均衡偏向更严格的概念。

15.3 定向技术变化的基准模型

本节中，我将介绍定向技术变化的基准模型，该模型使用了第 13 章介绍过的内生技术变化的扩展投入品种类模型和创新可能性边界的实验设备设定（lab-equiment specification）。前一选择是考虑到相对于第 14 章介绍的熊彼特增长模型来说，扩展投入品种类模型更容易运用。另一方面，实验设备设定强调，此处任何结论都不取决于技术的外部性。第 15.4 节考虑了伴有知识外溢的定向技术变化模型，习题 15.18 证明，主要结论都可以一般化为一个熊彼特增长模型。

在基准模型中，经济体能够稳定地供给两种要素 L 和 H，且代表性家庭具有标准的 CRRA 偏好，表示为

$$\int_0^\infty \exp(-\rho t)\frac{C(t)^{1-\theta}-1}{1-\theta}dt \tag{15.2}$$

其中，和以往一样，$\rho>0$。供给方可以表示为一个总量生产函数，该函数结合了具有不变替代弹性的两个中间部门的产出

$$Y(t) = \left[\gamma_L Y_L(t)^{\frac{\varepsilon-1}{\varepsilon}} + \gamma_H Y_H(t)^{\frac{\varepsilon-1}{\varepsilon}}\right]^{\frac{\varepsilon}{\varepsilon-1}} \tag{15.3}$$

其中 $Y_L(t)$ 和 $Y_H(t)$ 表示两个中间部门的产出。如以上指数表达式所示，第一项是 L 密集型的，第二项是 H 密集型的。参数 $\varepsilon \in [0, \infty)$ 是这两类中间产品的替代弹性。假设（15.3）式具有固定替代弹性以简化分析，但这并不影响结果。本章最后讨论放松这一假设会如何影响结果。

该经济体在 t 期的资源约束表示为

$$C(t) + X(t) + Z(t) \leq Y(t) \tag{15.4}$$

其中，和之前一样，$X(t)$ 表示对机器的总支出，$Z(t)$ 是总研发支出。两类中间产品具有如下生产函数：

$$Y_L(t) = \frac{1}{1-\beta} \left(\int_0^{N_L(t)} x_L(v,t)^{1-\beta} dv \right) L^\beta \qquad (15.5)$$

$$Y_H(t) = \frac{1}{1-\beta} \left(\int_0^{N_H(t)} x_H(v,t)^{1-\beta} dv \right) H^\beta \qquad (15.6)$$

其中 $x_L(v,t)$ 和 $x_H(v,t)$ 表示不同机器种类的数量（在一种或者另一种中间产品的生产过程中使用）且 $\beta \in (0,1)$。[①] 我们仍旧假设这些机器使用后就完全折旧。这些生产函数明显类似于第 13 章中基本的投入品种类扩展模型的总生产函数。不过，两者存在两个重要区别：第一，这些是中间产品而不是最终品的生产函数。第二，(15.5) 式和 (15.6) 式这两个生产函数使用了不同类型的机器。补充劳动力 L 的机器种类表示为 $[0, N_L(t)]$，补充要素 H 的机器种类表示为 $[0, N_H(t)]$。

和第 13 章一样，两个部门的所有机器都由对该机器具有完全永久专利权的垄断者提供。两个垄断者在 t 期对机器 $v \in [0, N_L(t)]$ 和 $v \in [0, N_H(t)]$ 收取的价格分别为 $p_L^x(v,t)$ 和 $p_H^x(v,t)$。一旦被发明出来，每种机器就以固定的边际成本 $\psi > 0$ 生产，至于最终产品，我还是将它标准化为 $\psi \equiv 1 - \beta$。因此在 t 期机器生产消耗的总资源为

$$X(t) = (1-\beta) \left(\int_0^{N_L(t)} x_L(v,t) dv + \int_0^{N_H(t)} x_H(v,t) dv \right)$$

创新可能性边界决定了新机器种类是如何创造出来的。我们假设创新可能性边界的形式类似于第 13 章的实验设备设定：

$$\dot{N}_L(t) = \eta_L Z_L(t), \quad \text{和} \quad \dot{N}_H(t) = \eta_H Z_H(t) \qquad (15.7)$$

其中 $Z_L(t)$ 是在 t 期投向劳动扩张型机器的研发支出，$Z_H(t)$ 是投向 H 扩张型机器的研发支出。总研发支出是两者之和，即为

$$Z(t) = Z_L(t) + Z_H(t)$$

[①] 请注意这两个部门使用的机器属于不同领域（存在两套互不相关的机器）；为了简化表述，我用 v 表示每一套机器。

垄断者发明一种机器的价值可以表示为标准利润贴现公式：

$$V_f(v, t) = \int_t^\infty \exp\left(-\int_t^s r(s')ds'\right) \pi_f(v, s)ds \tag{15.8}$$

其中 $\pi_f(v,t) \equiv p_f^x(v,t)x_f(v,t) - \psi x_f(v,t)$ 表示 $f = L$ 或 H 时的瞬时利润，$r(t)$ 是 t 期的市场利率。该价值函数的 HJB 方程表示为

$$r(t)V_f(v, t) - \dot{V}_f(v, t) = \pi_f(v, t) \tag{15.9}$$

最终产品的价格在每个时期 t 都被标准化为 1，这相当于将两类中间产品的理想价格指数设定为 1，即有对于所有 t，有

$$\left[\gamma_L^\varepsilon p_L(t)^{1-\varepsilon} + \gamma_H^\varepsilon p_H(t)^{1-\varepsilon}\right]^{\frac{1}{1-\varepsilon}} = 1 \tag{15.10}$$

其中 $p_L(t)$ 是 Y_L 在 t 期的价格指数，$p_H(t)$ 是 Y_H 的价格。跨期价格则由利率 $[r(t)]_{t=0}^\infty$ 决定。最后，L 和 H 的要素价格分别由 $w_L(t)$ 和 $w_H(t)$ 表示。

15.3.1 对均衡的描述

该经济体的配置根据下列目标来定义：消费水平、机器总支出和研发总支出的时间路径 $[C(t), X(t), Z(t)]_{t=0}^\infty$；可获得机器种类的时间路径 $[N_L(t), N_H(t)]_{t=0}^\infty$；每种机器的价格和数量的时间路径 $[p_L^x(v, t), x_L(v, t)]_{v \in [0, N_L(t)], t}^\infty$ 和 $[p_H^x(v, t), x_H(v, t)]_{v \in [0, N_H(t)], t}^\infty$；要素价格的时间路径 $[r(t), w_L(t), w_H(t)]_{t=0}^\infty$。

所谓均衡是指这样一种配置，其中所有垄断者（研发企业）选择 $[p_f^x(v, t), x_f(v, t)]_{v \in [0, N_f(t)], t=0}^\infty$（对于 $f = L, H$）实现利润最大化；$[N_L(t), N_H(t)]_{t=0}^\infty$ 的变化由自由进入决定；要素价格的时间路径 $[r(t), w_L(t), w_H(t)]_{t=0}^\infty$ 需要满足市场出清条件；$[C(t), X(t), Z(t)]_{t=0}^\infty$ 的时间路径符合家庭的最大化原则。

为了描述该（唯一的）均衡，让我们首先考虑两个部门生产者的最大化问题。由于机器在使用后会完全折旧，这些最大化问题是静态的，可以表示为

$$\max_{L,[x_L(v,t)]_{v\in[0,N_L(t)]}} p_L(t)Y_L(t) - w_L(t)L - \int_0^{N_L(t)} p_L^x(v,t)x_L(v,t)dv \quad (15.11)$$

$$\max_{H,[x_H(v,t)]_{v\in[0,N_H(t)]}} p_H(t)Y_H(t) - w_H(t)H - \int_0^{N_H(t)} p_H^x(v,t)x_H(v,t)dv \quad (15.12)$$

这两个问题和第13章的最终产品生产者面临的最大化问题的主要区别是价格 $p_L(t)$ 和 $p_H(t)$ 的出现。这反映了一个事实，这些部门生产的是中间产品，而要素和机器价格是用最终产品计价。

根据这两个最大化问题（15.11）式和（15.12）式可知，两个部门对机器的需求可表示如下：

$$x_L(v,t) = \left(\frac{p_L(t)}{p_L^x(v,t)}\right)^{1/\beta} L \quad 对所有 v\in[0, N_L(t)] 和 t 成立 \quad (15.13)$$

$$x_H(v,t) = \left(\frac{p_H(t)}{p_H^x(v,t)}\right)^{1/\beta} H \quad 对所有 v\in[0, N_H(t)] 和 t 成立 \quad (15.14)$$

类似于第13章对机器的需求，这些表达式是等弹性的，于是利润最大化意味着每个垄断者根据边际成本设定一个固定的加成比例，因此对所有 v 和 t，有

$$p_L^x(v,t) = p_H^x(v,t) = 1$$

将这些价格代入（15.13）式和（15.14）式，我们得到对所有 v 和 t，有

$$x_L(v,t) = p_L(t)^{1/\beta} L \quad 和 \quad x_H(v,t) = p_H(t)^{1/\beta} H$$

由于这些数量不取决于机器本身，而是取决于所服务的部门，利润也独立于机器种类。特别地，

$$\pi_L(t) = \beta p_L(t)^{1/\beta} L, \quad 和 \quad \pi_H(t) = \beta p_H(t)^{1/\beta} H \quad (15.15)$$

（15.15）式表明垄断者的净现值仅取决于他们向哪个部门供应产品，且可以用 $V_L(t)$ 和 $V_H(t)$ 表示。

下面，将机器需求与（15.5）式、（15.6）式联立可得两类中间产品的衍生生产函数：

$$Y_L(t) = \frac{1}{1-\beta} p_L(t)^{\frac{1-\beta}{\beta}} N_L(t) L \qquad (15.16)$$

$$Y_H(t) = \frac{1}{1-\beta} p_H(t)^{\frac{1-\beta}{\beta}} N_H(t) H \qquad (15.17)$$

除了价格项外，这些衍生生产函数类似于第 13 章的 (13.12) 式。

最后，两类中间产品的价格可从最终产品技术的边际产品 (15.3) 式推导而来，即

$$\begin{aligned} p(t) \equiv \frac{p_H(t)}{p_L(t)} &= \gamma \left(\frac{Y_H(t)}{Y_L(t)} \right)^{-\frac{1}{\varepsilon}} \\ &= \gamma \left(p(t)^{\frac{1-\beta}{\beta}} \frac{N_H(t) H}{N_L(t) L} \right)^{-\frac{1}{\varepsilon}} \\ &= \gamma^{\frac{\varepsilon\beta}{\sigma}} \left(\frac{N_H(t) H}{N_L(t) L} \right)^{-\frac{\beta}{\sigma}} \end{aligned} \qquad (15.18)$$

此处仍有 $\gamma \equiv \gamma_H/\gamma_L$，且

$$\sigma \equiv \varepsilon - (\varepsilon - 1)(1-\beta) = 1 + (\varepsilon - 1)\beta$$

是两种要素之间的（衍生）替代弹性。该表达式的第一行将 $p(t)$ 定义为两类中间产品的相对价格，利用了两类中间产品的边际生产力之比必须等于其相对价格的事实。第二行代入 (15.16) 式和 (15.17) 式。根据 (15.18) 式，该经济体的相对要素价格被表示为

$$\begin{aligned} \omega(t) &\equiv \frac{w_H(t)}{w_L(t)} \\ &= p(t)^{1/\beta} \frac{N_H(t)}{N_L(t)} \\ &= \gamma^{\frac{\varepsilon}{\sigma}} \left(\frac{N_H(t)}{N_L(t)} \right)^{\frac{\sigma-1}{\sigma}} \left(\frac{H}{L} \right)^{-\frac{1}{\sigma}} \end{aligned} \qquad (15.19)$$

第一行将 $\omega(t)$ 定义为要素 H 和要素 L 的相对工资水平。第二行将边际产品的定义与 (15.16) 式、(15.17) 式联立，第三行 (15.19) 式利用了 (15.18) 式。

我用 σ 表示两种要素之间的替代弹性，则有

$$\sigma = -\left(\frac{d\log\omega(t)}{d\log(H/L)}\right)^{-1}$$

为了从技术角度完善对均衡的描述，我们需要加上下列自由进入条件：

$$\eta_L V_L(t) \leq 1, \ Z_L(t) \geq 0, \ \text{和} \ \eta_L V_L(t) = 1 \quad \text{如果} \ Z_L(t) > 0 \quad (15.20)$$

$$\eta_H V_H(t) \leq 1, \ Z_H(t) \geq 0, \ \text{和} \ \eta_H V_H(t) = 1 \quad \text{如果} \ Z_H(t) > 0 \quad (15.21)$$

最后，家庭效用最大化意味着

$$\frac{\dot{C}(t)}{C(t)} = \frac{1}{\theta}(r(t) - \rho) \quad (15.22)$$

以及

$$\lim_{t\to\infty}\left[\exp\left(-\int_0^t r(s)ds\right)(N_L(t)V_L(t) + N_H(t)V_H(t))\right] = 0 \quad (15.23)$$

这用到了该经济体的企业资产总价值等于 $N_L(t)V_L(t) + N_H(t)V_H(t)$ 的事实。

接下来让我们将平衡增长路径上的均衡定义为消费以固定比率 g^* 增长且相对价格 $p(t)$ 为常数的均衡路径。根据 (15.10) 式，该定义说明 $p_L(t)$ 和 $p_H(t)$ 也是常数。

令 V_L 和 V_H 表示两个部门的新创新在平衡增长路径上的净现值。从而 (15.9) 式意味着

$$V_L = \frac{\beta p_L^{1/\beta} L}{r^*}, \ \text{和} \ V_H = \frac{\beta p_H^{1/\beta} H}{r^*} \quad (15.24)$$

其中 r^* 是平衡增长路径利率，p_L 和 p_H 是两类中间产品在平衡增长路径上的价格。这两个值的比较十分重要。正如上面直观的讨论，V_H 相对 V_L 越大，对开发 H 扩张型机器 N_H 的激励相对于开发 N_L 的激励就越大。取这两个表达式的比值可得

$$\frac{V_H}{V_L} = \left(\frac{p_H}{p_L}\right)^{\frac{1}{\beta}} \frac{H}{L}$$

这个表达式强调了第 15.1 节讨论的技术变化方向的两个影响。

1. 价格效应表现为 V_H/V_L 随着 p_H/p_L 递增。相对价格越大，V_H/V_L 越大，而且企业有更大的激励发明补充 H 要素的技术。由于使用相对稀缺要素生产的产品往往更贵，价格效应会刺激技术朝着补充稀缺要素的方向发展。
2. 市场规模效应是 V_H/V_L 随着 H/L 递增的结果。技术市场由使用以及生产该技术的工人（或其他要素）构成。因此，一种要素供给量的增长将使补充该要素的技术有更大的市场。市场规模效应会鼓励有利于丰裕要素的创新活动。

然而，以上讨论还不够完整，因为价格是内生的。将（15.24）式和（15.18）式联立，可以消除相对价格，同时技术的相对利润可表示为

$$\frac{V_H}{V_L} = \gamma^{\frac{\varepsilon}{\sigma}} \left(\frac{N_H}{N_L}\right)^{-\frac{1}{\sigma}} \left(\frac{H}{L}\right)^{\frac{\sigma-1}{\sigma}} \qquad (15.25)$$

需要注意的是，只要 $\sigma > 1$，相对要素供给 H/L 的增长将提高 V_H/V_L；如果 $\sigma < 1$，则相反。因此要素间的替代弹性 σ 将决定价格效应是否能超越市场规模效应。由于 σ 不是一个原始参数而是一个派生参数，我们应该弄清楚它何时将大于 1。我们可以很容易地知道

$$\sigma \gtreqless 1 \iff \varepsilon \gtreqless 1$$

因此当两种中间产品在最终产品的生产过程中是总体替代时，这两种要素也是总体替代的。

下面，利用两个自由进入条件（15.20）式和（15.21）式，并假定二者都成立且为恒等式，我们可以得到下列平衡增长路径上的技术市场出清条件：

$$\eta_L V_L = \eta_H V_H \qquad (15.26)$$

联立（15.26）式和（15.25）式，我们得到以下平衡增长路径上的相对技术比率：

$$\left(\frac{N_H}{N_L}\right)^* = \eta^\sigma \gamma^\varepsilon \left(\frac{H}{L}\right)^{\sigma-1} \qquad (15.27)$$

其中 $\eta \equiv \eta_H/\eta_L$ 和星号（*）表示该表达式在平衡增长路径上的价值。这里有一个值得注意的地方，即相对生产率由创新可能性边界和两种要素的相对供给决

定。(15.27) 式包含了大部分定向技术的经济学意义。然而，在讨论 (15.27) 式之前，有必要描述该经济体在平衡增长路径上的增长率。我们将在下一命题中讨论这个问题。

命题 15.1 考虑上述定向技术变化模型。假定

$$\beta \left[\gamma_H^\varepsilon (\eta_H H)^{\sigma-1} + \gamma_L^\varepsilon (\eta_L L)^{\sigma-1} \right]^{\frac{1}{\sigma-1}} > \rho, \text{ 和}$$
$$(1-\theta)\beta \left[\gamma_H^\varepsilon (\eta_H H)^{\sigma-1} + \gamma_L^\varepsilon (\eta_L L)^{\sigma-1} \right]^{\frac{1}{\sigma-1}} < \rho \quad (15.28)$$

那么，存在唯一的平衡增长路径均衡，其相对技术由 (15.27) 式表示，且消费和产出按以下比率增长

$$g^* = \frac{1}{\theta}\left(\beta \left[\gamma_H^\varepsilon (\eta_H H)^{\sigma-1} + \gamma_L^\varepsilon (\eta_L L)^{\sigma-1} \right]^{\frac{1}{\sigma-1}} - \rho \right) \quad (15.29)$$

证明 对 (15.29) 式的推导由本命题之前的讨论给出。习题 15.2 要求读者证明 (15.28) 式保证了自由进入条件 (15.20) 式和 (15.21) 式必然成立，以此证明这是唯一的相对均衡技术，计算平衡增长路径上的均衡增长率，并证明家庭效用是有限的且满足横截性条件。

还可以证明在该经济体存在着简单的动态变化，其初始技术水平为 $N_H(0)$ 和 $N_L(0)$，且总是存在唯一的均衡路径，使该经济体单调收敛于命题 15.1 的平衡增长路径均衡。该结果将在下一个命题阐述。

命题 15.2 考虑上述定向技术变化模型。从任意 $N_H(0) > 0$ 和 $N_L(0) > 0$ 开始，存在唯一的均衡路径。当 (15.27) 式给定的 $N_H(0)/N_L(0) < (N_H/N_L)^*$ 成立，则有 $Z_H(t) > 0$ 和 $Z_L(t) = 0$ 直到 $N_H(t)/N_L(t) = (N_H/N_L)^*$。如果 $N_H(0)/N_L(0) > (N_H/N_L)^*$，那么有 $Z_H(t) = 0$ 和 $Z_L(t) > 0$ 直到 $N_H(t)/N_L(t) = (N_H/N_L)^*$。

证明 见习题 15.3。

比总增长率和动态变化更有趣的是，考虑技术变化方向及其对相对要素价格的影响。这些将在以后讨论。

15.3.2 定向技术变化和要素价格

让我们从分析 (15.27) 式开始。该等式意味着当 $\sigma > 1$ 时，在 H 要素的相

对供给 H/L 和相对要素扩张型技术（机器数量）N_H^*/N_L^* 之间存在着正相关关系。相反，如果派生替代弹性 σ 小于 1，则存在负相关。这或许意味着，要素供给变化是否会引起技术变化偏向或者背离更丰裕的要素，将取决于要素之间的替代弹性（或者中间产品之间的替代弹性）。然而，这个结论是不正确的。请回忆第 15.2 节，N_H^*/N_L^* 是指要素扩张型技术（机器数量）之比（或者实物生产率之比）。对技术偏向产生影响的主要是要素的边际产品价值，而它又受到相对价格变化的影响。我们已经发现当 σ 小于 1，要素扩张型技术和要素偏向型技术之间存在负相关。因此，当 $\sigma > 1$ 时，N_H^*/N_L^* 的增加相对偏向于 H，然而，当 $\sigma < 1$ 时，N_H^*/N_L^* 的增加相对偏向于 H。

这一论断可以得出下列弱均衡偏向的结果。

命题 15.3 考虑上述定向技术变化模型。就 H/L 的增加总能引起相对 H 偏向型技术变化而言，总是存在弱均衡（相对）偏向。

请回忆第 15.2 节使用弱不等式定义的弱偏向，当 $\sigma = 1$ 时，该命题依然正确，尽管在这种情况下很容易从（15.27）式证明 N_H^*/N_L^* 并不取决于 H/L。

命题 15.3 是讨论第 15.1 节的引致型有偏技术变化的基础，而且为我们提供了很多见解，以了解技能工人的相对供给变化如何成为技能偏向型技术变化的根源。这些影响将在第 15.3.3 节进一步探讨。

该命题的结论反映了上述市场规模效应的强度。请记住，价格效应产生了一种使要素变得相对稀缺的作用力。相反，与第 12 章讨论的非竞争性观点有关的市场规模效应认为，技术应该偏向于相对丰裕的要素。命题 15.3 则说明市场规模效应总是优先于价格效应。

命题 15.3 描述了引致型技术变化的方向，但是没有说明这种引致效应是否强到使内生技术下的要素相对需求曲线向上倾斜。如第 15.1 节提到的，定向技术变化可能导致看似矛盾的结果，即只要考虑了技术的内生性，要素相对需求曲线就会向上倾斜。为了获得这个结论，让我们将（15.27）式的 $(N_H/N_L)^*$ 代入给定相对工资下的技术表达式（15.19）式，得到平衡增长路径上的相对要素价格比率（见习题 15.4）：

$$\omega^* \equiv \left(\frac{w_H}{w_L}\right)^* = \eta^{\sigma-1}\gamma^\varepsilon \left(\frac{H}{L}\right)^{\sigma-2} \tag{15.30}$$

对该等式的检验构成了强均衡（相对）偏向的条件。

命题 15.4 考虑上述定向技术变化模型。当 $\sigma > 2$，就 H/L 的增加将提高 ω^* 而言，存在着强均衡（相对）偏向。

图 15.3 描绘了命题 15.3 和命题 15.4 的结论，正如第 15.1 节的讨论一样，用 H 表示技能劳动力，L 表示非技能劳动力。标为 CT 的曲线对应于 (15.19) 式中的不变技术（constant-technology）下的要素相对需求。该曲线总是向下倾斜的，这是因为相对技术 N_H/N_L 是不变的，所以它只受普通替代效应影响。基本的生产者理论表明，该曲线是向下倾斜的。当技术内生时，需求曲线如 ET_1 所示，但是不满足命题 15.4 的条件 $\sigma > 2$。命题 15.3 表明，即使是在这种情况下，H/L 的增加也会引致技能偏向型（H 偏向型）技术变化。于是，当 H/L 高于其初始水平时，这种引致型技术效应将导致常数技术下的要素需求曲线 CT 右移（也就是说，当技术变化时，会有另一条 CT 曲线，它高于原来的那条 CT 曲线）。因此，可以用 w_{ET1} 而非 w_{CT} 表示这种随着 H/L 增加而产生的技能溢价。当 H/L 低于其初始水平时，相同的效应将使 CT 左移。因此，内生技术下的要素需求曲线上所有点的轨迹 ET_1 比不变技术下的要素需求曲线 CT 要浅〔这也可以通过比较不变技术和内生技术下的相对要素需求函数 (15.19) 式和 (15.30) 式来证明，还要注意 $\sigma - 2$ 永远不小于 $-1/\sigma$〕。

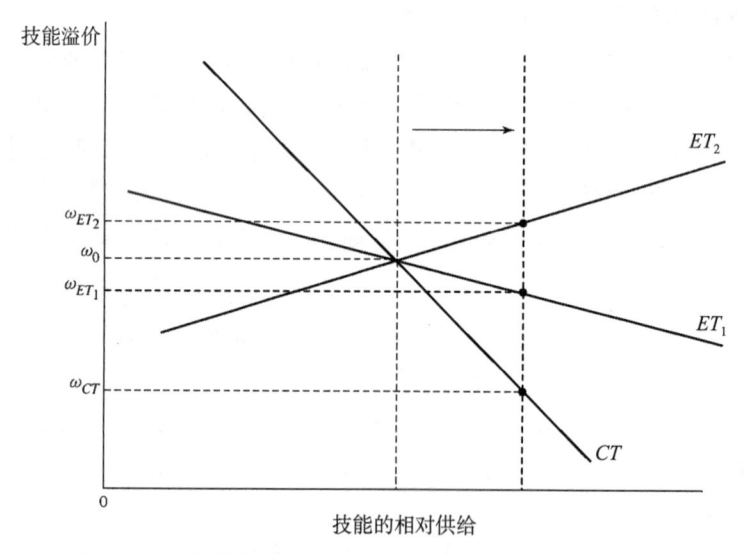

图 15.3 技能的相对供给和定向技术变化中技能溢价之间的关系

该结论明显类似于萨缪尔森的勒夏特列原理（Samuelson's LeChatelier Principle），该原理认为，所有要素都可以调整的长期需求曲线必定比某些要素无法调整的短期需求曲线更富有弹性。我们可以把内生技术下的要素需求曲线看作根据技术调整"生产要素"。然而，这种相似性并不完全，因为在这里，这种效应是由一般均衡变化引起的，而勒夏特列原理关注的是局部均衡效应。实际上，在基本的生产者理论中，无论勒夏特列效应是否存在，所有的需求曲线都必然是向下倾斜的，而当命题15.4的条件成立时，ET_2是向上倾斜的：更高的技能相对供给对应于更高的技能溢价（在图15.3中w_{ET2}比w_0更大）。

第12章讨论了创意的非竞争性特点的重要性，通过回顾这一点，我们可以对上述结论进行补充说明。在这里，正如前两章的基本内生技术模型，创意的非竞争性将（在所有要素，也包括技术中）引致规模报酬递增的总生产函数。正是这种规模报酬递增导致可能向上倾斜的相对需求曲线。换言之，由创意的非竞争性导致的市场规模效应是总报酬递增的原因，它可以催生足够强的诱致型技术变化，从而提高相对边际产品以及更丰裕要素的相对价格。

15.3.3 含义

命题15.3和命题15.4的最重要应用之一是工资结构和技能溢价的变化。对于这一应用，假定H表示接受过高等教育的工人。在美国劳动力市场中，尽管受过高等教育的工人供给量明显增加，但是技能溢价并未显示出下降的趋势。相反，技能溢价在20世纪70年代由于高等教育型工人的供给量激增而经历了一个短期下降后，整个80年代和90年代都增长十分迅猛，达到了二战后前所未有的水平。图15.1也体现了这些一般模式。

对这些模式最常见的解释是技能偏向型技术变化。比如，我们通常认为相对于非技能工人来说，计算机或新的信息技术（IT）更有利于技能工人。但是，在过去30年里或者说贯穿整个20世纪，为什么经济体更多地采用并发展了技能偏向型技术？一旦我们想起在19世纪期间，许多推动经济增长的技术，如工厂体系和纺织技术都不是技能偏向的而是非技能偏向的，这一问题就变得更有重要意义。概括而言，以下几个典型事实是有重要意义的：

1. 现实中技能偏向型技术变化增加了20世纪期间人们对技能的需求；
2. 在过去25年里技能偏向型技术变化可能有加速的倾向；并且
3. 在19世纪，一些重要的技术并不是偏向技能工人的。

命题15.3和15.4为我们提供了一个思考这些问题的框架。

1. 根据命题15.3和命题15.4，20世纪发生的技能劳动力数量增长引起了稳定的技能偏向型技术变化。因此，定向技术变化模型为20世纪技能偏向型技术的发展提供了合理的解释。

2. 如图15.1所示，过去25年里，技能工人的数量加速增加也导致了技能偏向型技术变化的加速。当$\sigma>2$且满足命题15.4时，这种加速也会导致技能溢价的快速增加。我们将在本节的稍后部分探讨这类模型如何说明要素价格随内生变化的技术而动态变化。

3. 该框架是否还能解释为何在18世纪晚期和19世纪流行技能替代型/劳动偏向型技术变化？尽管我们不了解在这一历史时期要素相对供给的变化以及技术的发展情况，但现有证据说明工厂雇用的非技能工人的数量大幅增加。例如，贝洛克（Bairoch，1988，第245页）描述了这种非技能劳动力在城市中的快速增长："在1740年到1840年间，英格兰的人口……从600万增至1570万……而1740年农业劳动力占总劳动力的60%~70%，到1840年仅占22%。"哈巴卡克（Habakkuk，1962，第136—137页）关于19世纪技术发展的著名记述也强调了英国城市中非技能劳动力供给的增加，并将其归因于工厂的大量出现。首先，"农业的技术变化增加了工业可获得的劳动力供给"。第二，"人口增长十分迅速"。第三，农村产业的劳动力储备来到城市。第四，"存在大量来自爱尔兰的劳动力"。

除了考虑到最近的技能偏向型技术发展和历史上的技术发展曾经表现为非技能工人偏向，该框架还就20世纪七八十年代高等教育溢价的变化给出了潜在解释。

有理由假设随着新技术的逐步建立和发展，N_H/N_L缓慢变化（正如命题15.2对动态变化的分析）。在这种情况下，当经济体沿着图15.4中的不变技术（不变的N_H/N_L）曲线运动时，技能供给的快速增加首先将减少技能溢价。随后，伴随着高等教育溢价的较大增加，技术开始调整且该经济体回到向上倾斜的相对需求曲线。因此，这种方法可以解释20世纪70年代高等教育溢价的下滑及随后的反弹，并将这些现象与技能工人供给的大幅增加联系起来。

另一方面，当$\sigma<2$，长期相对需求曲线是向下倾斜的，不过它又比短期相对需求曲线要平缓。伴随着相对技能供给的增长，高等教育溢价又开始出现下降，而随着技术开始调整，技能溢价也开始增长。但是，它将在低于其初始水平时就停止运动（图15.5）。

因此，定向技术变化模型既能解释实际技术的技能偏向又能说明技术引致要素价格的相对短期变化。在探讨这些结论的其他含义之前，需要注意另外两个更深层次的问题：第一，命题15.4说明了只有当$\sigma>2$的时候才会出现向上倾斜的

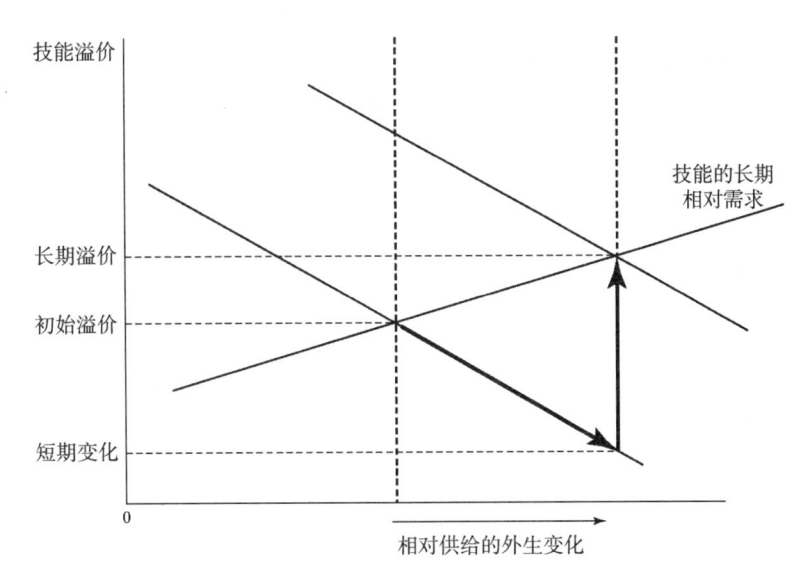

图 15.4 内生技术下的技能相对需求曲线向上倾斜时，
基于相对技能供给外生增长的技能溢价动态变化

相对需求曲线。在技能劳动力与非技能劳动力可替代的情况下，替代弹性不太可能大于 2。大多数估算认为替代弹性处于 1.4 和 2 之间。第 15.4 节说明，无论 $\sigma > 2$ 与否，对该结论都不那么重要；相对需求曲线向上倾斜的必要条件是 σ 必须大于某个阈值（详见命题 15.8）。第二，我们要了解市场规模和规模效应之间的关系，特别是了解引致型技术变化的结果是不是规模效应引起的（许多经济学家并不认为这是内生技术变化模型的重要特点）。第 15.5 节说明，事实并非如此，而且更准确地说，当剔除规模效应时才会得出相同的结果。第三，我们希望将这些思想用于探究新古典增长模型中是否有内生的劳动扩张型技术变化的理由。这个问题将在第 15.6 节探讨。最后，在比较均衡配置和帕累托最优配置时，这也很有用。在习题 15.6 中，我们会讨论这个问题。这个习题需要证明这里的定性结论，包括弱均衡偏向和强均衡偏向的结论在帕累托最优配置中也成立。

15.4 伴随着知识外溢的定向技术变化

现在，我将考查有知识外溢的上述定向技术变化模型，主要有三个目的。第一，它说明如何将关于技术变化方向的结论一般化为一个模型，在该模型中，关于创新可能性边界有另一种共通设定（common specification）。第二，这一分析说

611

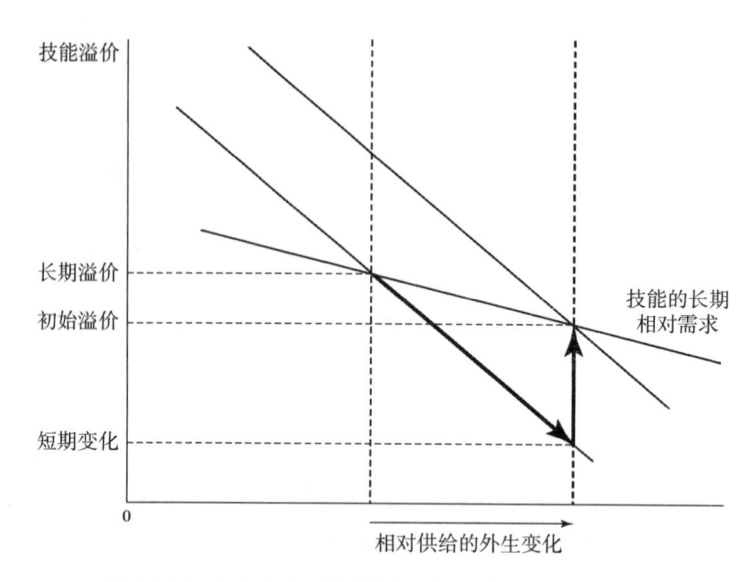

图 15.5　内生技术下的技能相对需求曲线向下倾斜时，
基于相对技能增长的技能溢价动态变化

明命题 15.4 的强偏向结果可以在更弱的条件下成立。第三，这种公式化是研究第 15.6 节的劳动扩张型技术变化的关键。

创新可能性边界的"实验设备"型设定的特殊性体现在：它不具有状态依赖的特征。状态依赖是指过去的创新路径将影响不同类型创新的相对成本。实验设备型设定意味着研发支出总是引起 L 扩张型和 H 扩张型机器数量的增长。我现在要引入有知识外溢的设定，该设定考虑了状态依赖性。请回想一下第 13 章第 13.2 节讨论的，当用于研发的要素稀缺时，不断增加用于研发的要素数量无法使经济持续增长。因此，为了获得持续增长，这些要素应该随着时间推移变得越来越高效，因为之前的研究存在着外溢效应。简单来说，让我们假定研发是由科学家实施的，同时科学家的供给量保持稳定，用 S 表示（习题 15.17 表明，该结论类似于工人可被研发部门雇用的情况）。在只有一个部门的情况下，第 13.2 节的分析表明，持续的内生经济增长要求 $\dot{N}/N$ 与 S 是成比例的。在两个部门情形中，则有很多设定，其中的状态依赖程度各有不同，因为每个部门的生产率都依赖两个部门的知识状态。以下是弹性表达式：

$$\dot{N}_L(t) = \eta_L N_L(t)^{(1+\delta)/2} N_H(t)^{(1-\delta)/2} S_L(t), \text{ 和}$$
$$\dot{N}_H(t) = \eta_H N_L(t)^{(1-\delta)/2} N_H(t)^{(1+\delta)/2} S_H(t) \tag{15.31}$$

其中 $\delta \leq 1$，$S_L(t)$ 是生产 L 扩张型机器的科学家数量，$S_H(t)$ 表示生产 H 扩张型机器的科学家数量。显然，科学家市场出清要求

$$S_L(t) + S_H(t) \leq S \tag{15.32}$$

在这个设定下，δ 表示状态依赖程度：当 $\delta=0$ 时，不存在状态依赖性，也即不论 N_L 和 N_H 是多大，都有 $(\partial \dot{N}_H/\partial S_H)/(\partial \dot{h}_L/\partial S_L) = \eta_H/\eta_L$，因为 N_L 和 N_H 都对两个部门当前的研究产生了外溢。在这种情况下，结论和前一节相同。相反，当 $\delta=1$ 时，存在极大的状态依赖性。此时，$(\partial \dot{N}_H/\partial S_H)/(\partial \dot{h}_L/\partial S_L) = \eta_H N_H/\eta_L N_L$，$L$ 扩张型机器储量的增加会令将来的劳动力互补型创新变得更为廉价，但是对 H 扩张型创新的成本毫无影响。这一讨论明确了参数 δ 的作用和状态依赖性的含义。从某种意义上说，状态依赖性增加了另一层"报酬递增"，这次并不是对整个经济体而言的，而是对特定技术类型而言的。特别是，大部分状态依赖性都说明当 N_H 比 N_L 大时，采用更多的 N_H 型创新会产生更多收益。

根据这种创新可能性边界的设定，自由进入条件为（见习题 15.7），如果 $S_L(t) > 0$，

$$\begin{aligned}\eta_L N_L(t)^{(1+\delta)/2} N_H(t)^{(1-\delta)/2} V_L(t) &\leq w_S(t) \\ \eta_L N_L(t)^{(1+\delta)/2} N_H(t)^{(1-\delta)/2} V_L(t) &= w_S(t)\end{aligned} \tag{15.33}$$

和如果 $S_H(t) > 0$，

$$\begin{aligned}\eta_H N_L(t)^{(1-\delta)/2} N_H(t)^{(1+\delta)/2} V_H(t) &\leq w_S(t) \\ \eta_H N_L(t)^{(1-\delta)/2} N_H(t)^{(1+\delta)/2} V_H(t) &= w_S(t)\end{aligned} \tag{15.34}$$

其中 $w_S(t)$ 表示科学家在 t 期的工资。当这些自由进入条件都能满足，平衡增长路径上的技术市场出清条件为

$$\eta_L N_L(t)^\delta \pi_L = \eta_H N_H(t)^\delta \pi_H \tag{15.35}$$

其中 δ 表示状态依赖性在技术市场出清条件中的重要性，利润不会随时间变化，因为这里的利润是指平衡增长路径上的值，在前一节［请回忆（15.15）式］它是稳定不变的。当 $\delta=0$ 时，该条件等同于（15.26）式。因此，如上所述，所有和技术变化方向相关的结果都与实验设备设定下的结果相同。

当 $\delta > 0$ 时，情况不再如此。为了描述这种情况下的结论，将（15.35）式、（15.15）式和（15.18）式联立，可以得到以下均衡相对技术（见习题 15.8）

$$\left(\frac{N_H}{N_L}\right)^* = \eta^{\frac{\sigma}{1-\delta\sigma}} \gamma^{\frac{\varepsilon}{1-\delta\sigma}} \left(\frac{H}{L}\right)^{\frac{\sigma-1}{1-\delta\sigma}} \tag{15.36}$$

这里请回想 $\gamma \equiv \gamma_H/\gamma_L$ 和 $\eta \equiv \eta_H/\eta_L$。这一表达式说明相对要素供给和相对实物生产率之间的关系取决于 δ。这个结论是直观的：只要 $\delta > 0$，N_H 的增加将减少 H 增加型创新的相对成本，因此为了重新达到技术市场均衡，π_L 需要增长得比 π_H 更多。将（15.36）式代入该表达式，可以得到给定技术下的相对要素价格表达式，仍由（15.19）式表示，进而可以得到下列相对要素价格和相对要素供给之间的长期（内生技术）关系：

$$\omega^* \equiv \left(\frac{w_H}{w_L}\right)^* = \eta^{\frac{\sigma-1}{1-\delta\sigma}} \gamma^{\frac{(1-\delta)\varepsilon}{1-\delta\sigma}} \left(\frac{H}{L}\right)^{\frac{\sigma-2+\delta}{1-\delta\sigma}} \tag{15.37}$$

如前所述，当 $\delta = 0$ 时，（15.36）式和（15.37）式都和前一节的相应表达式（15.27）式和（15.30）式相同。

该经济体的增长率由科学家的数量决定。在平衡增长路径上，两个部门都以相同比率增长，则需要满足 $\dot{N}_L(t)/N_L(t) = \dot{N}_H(t)/N_H(t)$ 或者

$$\eta_H N_H(t)^{\delta-1} S_H(t) = \eta_L N_L(t)^{\delta-1} S_L(t)$$

将该等式与（15.32）式、（15.36）式联立，我们可以得到研究人员在两类技术之间配置的满足平衡增长路径的条件：

$$\eta^{\frac{1-\sigma}{1-\delta\sigma}} \left(\frac{1-\gamma}{\gamma}\right)^{-\frac{\varepsilon(1-\delta)}{1-\delta\sigma}} \left(\frac{H}{L}\right)^{-\frac{(\sigma-1)(1-\delta)}{1-\delta\sigma}} = \frac{S_L^*}{S - S_L^*} \tag{15.38}$$

注意，在给定 H/L 时，平衡增长路径上的研究人员配置 S_L^* 和 S_H^* 是被唯一决定的，而且这决定了平衡增长路径上的增长率，如同下一个命题。

命题15.5 考虑知识外溢情况下的定向技术变化模型和创新可能性边界中的状态依赖性。假定

$$(1-\theta)\frac{\eta_L\eta_H(N_H/N_L)^{(\delta-1)/2}}{\eta_H(N_H/N_L)^{(\delta-1)}+\eta_L}S<\rho$$

其中 N_H/N_L 由（15.36）式给出，则存在着一个唯一的平衡增长路径均衡，其中相对技术由（15.36）式给出，消费和产出都以下列比率增长

$$g^*=\frac{\eta_L\eta_H(N_H/N_L)^{(\delta-1)/2}}{\eta_H(N_H/N_L)^{(\delta-1)}+\eta_L}S \tag{15.39}$$

证明 见习题15.9。

相比于有实验设备型技术的模型，转移动态并不总是使该经济体处于平衡增长路径的均衡上。这是因为上文提到的更多的规模报酬递增。在状态依赖性很强的情况下，当 $N_H(0)$ 远远高于 $N_L(0)$ 时，企业从事劳动扩张型（L 扩张型）技术的研发将不再有利可图。是否如此，还取决于状态依赖程度 δ 和替代弹性 σ 之间的对比。替代弹性之所以重要，是因为它决定了价格如何作为技术结构的函数而变化，并因此决定了价格效应对技术变化方向的影响强度。下一个命题分析了这种情况下的转移动态。

命题15.6 考虑有知识外溢的定向技术变化模型和创新可能性边界中的状态依赖性。假定 $\sigma<1/\delta$。接着，从任意 $N_H(0)>0$ 和 $N_L(0)>0$ 开始，存在唯一的均衡路径。如果（15.36）式给定的 $N_H(0)/N_L(0)<(N_H/N_L)^*$ 成立，则 $Z_H(t)>0$，$Z_L(t)=0$ 直到 $N_H(t)/N_L(t)=(N_H/N_L)^*$。如果 $N_H(0)/N_L(0)>(N_H/N_L)^*$，则 $Z_H(t)=0$ 和 $Z_L(t)>0$ 直到 $N_H(t)/N_L(t)=(N_H/N_L)^*$。

若 $\sigma>1/\delta$，那么如果以 $N_H(0)/N_L(0)>(N_H/N_L)^*$ 开始，随着 $t\to\infty$，该经济体中的 $N_H(t)/N_L(t)\to\infty$；如果以 $N_H(0)/N_L(0)<(N_H/N_L)^*$ 开始，随着 $t\to\infty$，该经济体中的 $N_H(t)/N_L(t)\to 0$。

证明 见习题15.11。

这里更加有趣的重点是有关技术变化方向的结论。从上一节可以很容易地总结出弱均衡偏向的第一个结论。

命题15.7 考虑知识外溢下的定向技术变化模型和创新可能性边界中的状态依赖性。那么从 H/L 的增加总能导致 H 偏向型技术变化的意义上看，弱均衡（相对）偏向总是存在的。

证明 见习题15.12。

尽管关于弱偏向的结论并没有变化，但是对（15.37）式的检验说明，现在

能更容易地获得强均衡（相对）偏向。

命题 15.8 考虑知识外溢下的定向技术变化模型和创新可能性边界中的状态依赖性。如果

$$\sigma > 2 - \delta$$

从 H/L 的增加总能提高 H 要素相对于 L 要素的边际产出和相对工资的意义来看，存在强均衡（相对）偏向。

直观地看，来自状态依赖性的额外规模报酬递增使强偏向更易获得，因为引致技术效应更为强烈。当一种特定要素，比如 H 变得更加丰富，这将促使 N_H 比 N_L 增长得更快（当 $\sigma>1$）。状态依赖性使未来 N_H 的增加能获得更大利润，最后对 N_H/N_L 产生更大效应。因为当 $\sigma>1$ 时，更大的 N_H/N_L 比值将提高 H 相对于要素 L 的相对价格。这更容易产生强偏向结果。

让我们回过头来讨论强偏向结果对美国劳动力市场中技能溢价表现的影响，命题 15.8 意味着熟练和非熟练劳动力之间的替代弹性远小于 2 可能足以产生强均衡偏向。替代弹性小于 2 多少取决于参数 δ。不幸的是，尽管现有证据表明，研发技术中存在着一定的状态依赖性，但是在实践中很难测度该参数。例如，根据实证结果，大多数形成于某个特定行业的专利都是基于该行业以往的专利产生的，这可以证实状态依赖性的存在。

15.5 不存在规模效应的定向技术变化

本节将要说明市场规模效应及其对技术变化方向的影响与是否存在规模效应无关。这里的市场规模效应是指两种不同类型技术使用者的市场规模，而规模效应是指人口规模对均衡增长率的影响。本节的结论说明，我们有可能完全区分引起或强或弱内生偏向的市场规模效应和规模效应。

考虑前一节基于知识的研发模型，但是只存在之前研究中的外溢。特别是，假定（15.31）式改写为

$$\dot{N}_L = \eta_L N_L^\lambda S_L, \quad \text{和} \quad \dot{N}_H = \eta_H N_H^\lambda S_H \qquad (15.40)$$

其中 $\lambda \in (0, 1]$。当 $\lambda = 1$ 时，适用前一节基于知识的研发模式，但是伴随着极度的状态依赖性。当 $\lambda < 1$ 时，过去研究的外溢程度是受限制的，缺乏人口增长

时，该经济体无法获得稳定的增长。

让我们再通过假设总人口，包括科学家人口以指数率 n 增长，来修正基准环境。使用类似于第 13.3 节的论点，可以证明，当 $\lambda < 1$ 时，该经济体的单位产出按以下比率增长（见习题 15.14）

$$g^* = \frac{n}{1-\lambda} \tag{15.41}$$

这里需要关注的关键点是技术变化方向的市场规模效应。为了研究这个问题，请注意技术市场出清条件意味着（15.40）式（见习题 15.16）

$$\eta_L N_L^\lambda \pi_L = \eta_H N_H^\lambda \pi_H \tag{15.42}$$

该表达式类似于（15.35）式。和之前类似的分析意味着我们可推导出均衡相对技术为

$$\left(\frac{N_H}{N_L}\right)^* = \eta^{\frac{\sigma}{1-\lambda\sigma}} \gamma^{\frac{\varepsilon}{1-\lambda\sigma}} \left(\frac{H}{L}\right)^{\frac{\sigma-1}{1-\lambda\sigma}} \tag{15.43}$$

现在将（15.43）式和（15.19）式联立——这也决定了给定技术下的相对要素价格——我们可得

$$\omega^* \equiv \left(\frac{w_H}{w_L}\right)^* = \eta^{\frac{\sigma-1}{1-\lambda\sigma}} \gamma^{\frac{(1-\lambda)\varepsilon}{1-\lambda\sigma}} \left(\frac{H}{L}\right)^{\frac{\sigma-2+\lambda}{1-\lambda\sigma}} \tag{15.44}$$

该等式说明，即使不存在规模效应，也可以得出和前面相同的结论。

命题 15.9 考虑不存在上述规模效应的定向技术变化模型。于是，总是存在弱均衡（相对）偏向，即 H/L 的增加总能导致相对偏 H 型的技术变化。此外，如果

$$\sigma > 2 - \lambda$$

则存在强均衡（相对）偏向，因为 H/L 的增加提高了要素 H 相对于要素 L 的边际产出和工资水平。

15.6 内生劳动扩张型技术变化

定向技术变化模型的优势之一，是它们可以帮助我们分析为何技术变化为了

均衡增长的需要可能是纯劳动扩张型的（请回忆第2章的定理2.6）。这一节将说明，定向技术变化模型给出了技术更有可能是劳动扩张型而非资本扩张型的一个合理理由。然而，在大多数情况下，均衡并非纯粹的劳动扩张型，而且相应地，平衡增长路径也不存在。然而，在一个重要的特殊情况下，该模型得出了和新古典增长模型一样的长期劳动扩张型技术变化，这为标准增长模型的强假设之一提供了一个理由。

当我们考虑劳动扩张型技术变化问题时，可以在总生产函数(15.3)式中考虑一个两要素模型，该模型中的H对应于资本，即$H(t)=K(t)$。相应地，让我们用N_L和N_K分别表示两部门的机器种类。我们还通过假定不存在资本折旧以简化假设，于是资本的价格$K(t)$等于利率$r(t)$。

我们首先注意，在资本和劳动可替代的前提下，经验研究表明替代弹性$\sigma<1$更为合理（当技能劳动力和非技能劳动力之间可替代时，证据表明$\sigma>1$）。弹性小于1不仅和可获得的实证数据相吻合，而且也具有经济学意义。例如，在固定替代弹性的生产函数下，资本和劳动力之间的替代弹性大于1意味着生产在缺乏劳动力或资本时也能开展，这显然有悖于我们的直觉。

现在请回忆，当$\sigma<1$时，要素扩张型和要素偏向型技术被逆转。因此，劳动扩张型技术变化相当于资本偏向型技术变化。于是该问题变成：在什么情况下，该经济体将产生相对资本偏向型技术变化？以及，什么时候均衡技术足以向资本倾斜，以至相当于哈罗德中性技术变化？将资本从劳动区分出来的是资本积累。换句话说，大多数增长模型都具有某种类型的资本深化，其$K(t)/L$随着经济增长而上升。于是，不同于迄今为止的分析，即关注相对供给的一次性变化，关注点应该转向连续的资本相对供给对技术变化的影响。在这种观察下，上述第一个问题的解答变得相当简单：资本深化和命题15.3一起，说明技术变化应更偏向劳动扩张型而非资本扩张型。

下一个命题总结了前一段的主要观点。为了简化表述，该命题将$K(t)/L$的上升当作一次性增长的结果（完全均衡动态将在下两个命题中研究）。

命题15.10 在资本为$H(t)=K(t)$的定向技术变化基本模型中，如果$K(t)/L$随时间上升且$\sigma<1$，则$N_L(t)/N_K(t)$也会随时间上升，即，技术变化将会偏向于劳动扩张型。

证明 (15.27)式或者(15.36)式以及$\sigma<1$意味着$K(t)/L$的上升提高了$N_L(t)/N_K(t)$。

这个结论已经给了我们一些重要的经济学洞见。定向技术变化的逻辑表明，技术更倾向于劳动扩张型而非资本扩张型有着合理的理由。尽管这是令人鼓舞的，但下一个命题将说明这些结论无法跟技术变化必须是纯劳动扩张型（哈罗德中性）的事实相符。为了用最简单的方式陈述这个结论，并为本节余下内容中的分析提供便利，让我们将分析简化并且假设资本按照下列外生比率累积

$$\frac{\dot{K}(t)}{K(t)} = s_K > 0 \tag{15.45}$$

命题 15.11 考虑存在知识外溢和状态依赖性的定向技术变化基本模型。假定 $\delta < 1$，且资本按照（15.45）式累积，则在平衡增长路径不存在。

证明 见习题 15.21。

直观地看，即使技术变化更偏向资本而非更偏向劳动，在均衡中仍然存在资本扩张型技术变化。这一点与资本累积，都和平衡增长不一致。实际上，可以证明存在更极端的结论（又见习题 15.21）：在任意渐进均衡中，利率都不是固定的，因此消费和产出增长也都不是固定的。

相对于这些极端结论，存在一种支持新古典增长模型基本框架的特殊情况。这种情况会出现在极端的状态依赖性存在时，即 $\delta = 1$ 时。尽管有些极端，这种情况仍然是一种可能自然发生的状态。尤其是，它假定知识外溢被限制在相同技术类型中，于是创新可能性边界（用劳动力或者知识增加型技术来表示）采取以下形式

$$\frac{\dot{N}_L(t)}{N_L(t)} = \eta_L S_L(t), \quad \text{和} \quad \frac{\dot{N}_K(t)}{N_K(t)} = \eta_K S_K(t)$$

在这种情况下，可以证明技术市场均衡意味着以下均衡增长路径中资本和劳动力在国民收入占比之间的关系（见习题 15.22）：

$$\frac{r(t)K(t)}{w(t)L} = \eta^{-1} \tag{15.46}$$

因此，定向技术变化意味着，从长期看，资本占国民收入的份额是固定的。长期稳定要素占比（即资本深化）意味着所有技术变化必然逐步趋于纯劳动扩张型。更具体地说，请回忆（15.19）式

$$\frac{r(t)}{w(t)} = \gamma^{\frac{\varepsilon}{\sigma}} \left(\frac{N_K(t)}{N_L(t)}\right)^{\frac{\sigma-1}{\sigma}} \left(\frac{K(t)}{L}\right)^{-\frac{1}{\sigma}}$$

其中 $\gamma \equiv \gamma_K/\gamma_L$，且在生产函数（15.3）式中，$\gamma_K$ 替代了 γ_H。因此

$$\frac{r(t)K(t)}{w(t)L(t)} = \gamma^{\frac{\varepsilon}{\sigma}} \left(\frac{N_K(t)}{N_L(t)}\right)^{\frac{\sigma-1}{\sigma}} \left(\frac{K(t)}{L}\right)^{\frac{\sigma-1}{\sigma}}$$

在这个例子中，联立（15.46）式和（15.45）式可知

$$\frac{\dot{N}_L(t)}{N_L(t)} - \frac{\dot{N}_K(t)}{N_K(t)} = s_K \qquad (15.47)$$

此外，还可以证实，均衡利率可以表示为（见习题15.23）

$$r(t) = \beta \gamma_K N_K(t) \left[\gamma_L \left(\frac{N_L(t)L}{N_K(t)K(t)}\right)^{\frac{\sigma-1}{\sigma}} + \gamma_K\right]^{\frac{1}{\sigma-1}} \qquad (15.48)$$

现在，让我们将平衡增长路径定义为消费以固定比率增长的均衡路径（尽管两部门和两种技术储备不需要以相同比率增长）。根据（15.22）式，只有当 $r(t)$ 稳定在 r^* 的水平时，这才可能发生。（15.47）式则说明 $(N_L(t)L)/(N_K(t)K(t))$ 是不变的，且（15.48）式说明 $N_K(t)$ 也一定是不变的。因此（15.47）式说明，$(N_L(t)L)/(N_K(t)K(t))$ 是不变的，且（15.48）式说明 $N_K(t)$ 也一定是不变的。因此（15.47）式说明对于最终达到平衡增长路径的经济体，长期技术变化必定是纯劳动扩张型的。这一结论可以归纳为下列命题。

命题 15.12 考虑具有劳动力和资本两种要素的定向技术变化基本模型。假设创新可能性边界是构建在具有状态依赖性极高的知识外溢基础之上，即有 $\delta = 1$，并且资本按照（15.45）式积累。于是，存在一个唯一的平衡增长路径配置，其中只存在劳动扩张型的技术变化，利率是固定的且消费和产出都以固定比率增长。

证明 部分证明已由该命题之前的论证给出。习题15.24要求读者完成证明并且说明不存在其他恒定不变的平衡增长路径配置。

请注意，命题15.12并不意味着所有技术变化都必须是哈罗德中性的（纯粹劳动扩张型的）。沿着该变化路径，也可以（而且实际上一定会）存在资本扩张型技术变化。然而，从长期看（例如，从渐进趋势看或者当 $t \to \infty$ 时），所有技术变化都是劳动扩张型的。

还可以证明，当 $\sigma < 1$ 时，纯劳动扩张型技术变化下的平衡增长路径配置是

全局稳定的（参见习题15.25）。这个结论是合理的，尤其是考虑到命题15.6的结果，该结果表明，知识外溢模型的均衡动态稳定性要求 $\sigma < 1/\delta$。由于存在绝对的状态依赖性（$\delta = 1$），稳定性要求 $\sigma < 1$。直观地看，当资本和劳动是总体替代时（$\sigma > 1$），均衡将包括资本的迅速积累和资本扩张型技术变化，以至于消费增长率趋于不断提高。然而，当资本和劳动力总体互补时（$\sigma < 1$），资本积累更大比例地提高了劳动力价格，而且来自劳动扩张型技术的利润比来自资本扩张型技术的利润增长得更多。这进一步促进了劳动扩张型技术变化的发展。这些强价格效应可以解释命题15.12中的平衡增长路径配置的稳定性。直观地看，资本和劳动之间的替代弹性小于1，促使该经济体朝着有效资本和劳动数量的平衡配置发展（这里的"有效"是指资本和劳动数量随其互补技术而增加）。由于资本是以固定比率积累的，平衡配置说明劳动生产率应该更快增长，该经济体将趋于具有纯劳动扩张型技术进步的均衡路径。

15.7 一般化和其他应用

到目前为止的结论都依赖于内生技术变化模型中固有的一系列具体假设（例如，假定迪克西特－斯蒂格利茨偏好和线性结构，以确保增长是可持续的）。你也许会疑惑，弱均衡偏向或强均衡偏向或许是因为放松这些假设条件导致的。这个答案大致是肯定的。阿西莫格鲁（2007a）在研究中提到，只要单一要素扩张型技术变化有可能存在，那么这里的主要结论也适用于有着更一般形式的生产函数和成本函数时的情况。特别是，在这种一般情况下，总是存在着相对供给增加时的（相对）弱均衡偏向，而且当替代弹性足够高时，总是存在强均衡偏向。然而，一旦我们允许更复杂的技术变化存在，这些结论将不一定成立。不过，结论的本质更具一般性。阿西莫格鲁（2007a）为绝对弱均衡偏向和绝对强均衡偏向给出了一个互补的概念，这两种偏向的主要区别在于要素的均衡价格是否随着该要素供给量而变化（而不是一种要素价格与另一种要素价格之比，这是我在本章曾经重点关注的概念）。在很弱的正则假设（regularity assumptions）下，总是存在绝对弱均衡偏向，因为一种要素供给量的增长总能引起偏向于这种要素的技术变化。此外，即使标准生产者理论意味着一种要素供给的增长会降低其价格，在合理的假设下，这种引致技术效应足以提高更丰裕要素的价格。在这种情况下，存在着强绝对均衡偏向，而且要素（一般均衡）需求曲线是向上倾斜的。由于这些结论需要更多的解释和数学论证，这里不再赘述。

我们还有必要简单地讨论定向技术变化模型的其他几种重要的应用。为了节约篇幅，让我们在习题中完成上述工作。特别是，习题15.19介绍了该模型如何应用于解释经济史上著名的哈巴卡克假说（Habakkuk hypothesis），它将19世纪美国的快速技术进步归因于相对劳动力的匮乏。如果不考虑这一假说在经济史上的重要性，那么在这个过程中不存在有说服力的模型。这个习题说明了为何新古典模型在解释这些问题时存在困难，以及当资本和劳动力之间的替代弹性小于1时，定向技术变化模型如何解释这一现象。

习题15.20说明了国际贸易对技术变化方向的影响。它强调国际贸易经常会影响新技术发展的方向，这种影响常常是通过前面强调的价格效应实现的。

习题15.26回过头来讨论前面提到过的技术变化和欧洲大陆国家的失业情况。它说明了"工资推动冲击"如何首先提升了均衡失业率，然后引起内生资本偏向型技术变化，它减少了对雇用劳动力的需求，进而提高了失业率。

最后，习题15.27说明了如何将要素相对供给内生化，并研究了相对供给和相对技术之间的相互影响。

15.8 劳动扩张型技术变化的另一种替代方法*

到目前为止，本章介绍的模型都建立在阿西莫格鲁（1998，2002a）发展的基本定向技术变化框架之上。第15.6节说明了当技术进步是内生劳动扩张型时，这种方法如何被用来为之提供条件。该问题的另一种解决方法由琼斯（2005）提出。现在，我会简单地介绍该方法。

迄今为止构建的模型都把不同类型的技术（例如前一节的 N_L 和 N_H）当作状态变量。于是，短期生产函数与给定状态变量下的生产可能性集相对应，而长期生产函数适用于当技术状态变量也发生变化时。基于霍撒克（Houthakker,1955）的一篇经典论文，琼斯提出了一种不同的方法。霍撒克认为，总生产函数应该根据不同创意（或"行动"）的上包络线推导而来。每种技术或者活动都与资本和劳动力的一种特定组合方式（即这两种生产要素的一种里昂惕夫生产函数）相对应。然而，当一个生产者有多种资本和劳动的组合方式时，由此得来的包络线则不同于里昂惕夫式的。在其著名的结论中，霍撒克证明了当技术分布是帕累托分布（下文有正式的定义）时，这个由大量活动构成的上包络线将与柯布-道格拉斯生产函数相对应。霍撒克还基于"活动分析"对柯布-道格拉斯生产函数进行了调整。

琼斯构建并拓展了这些观点。他提出，长期生产函数应该被看作大量随时间涌现的各种新创意的上包络线。在给定的时间点上，一个社会可获取的创业集合是固定的，这些创意决定了该经济体的短期生产函数。不过，从长期看，该社会将产生更多的创意（无论是外生的还是通过研发产生的），长期生产函数可以作为扩展的创意集合的上包络线而获得。将给定创意下的帕累托分布和里昂惕夫生产可能性相结合，琼斯证明了短期和长期生产函数之间存在着重要区别。具体地，正如霍撒克的研究，长期生产函数采用的是柯布－道格拉斯形式，表示资本占国民收入的比重是固定不变的。然而，对短期生产函数而言，就不一定如此。于是，使用类似于第15.6节的论证，可以通过采用劳动扩张型技术变化的形式将该经济体的短期生产函数调整为长期生产函数。

现在，我将简要地介绍琼斯模型，只涉及其主要的经济洞见。如前所述，琼斯模型的关键部分在于"创意"。我们将创意定义为把资本和劳动结合起来生产产品的一种技术。在任意给定时间，该经济体有很多种创意。让我们用 $\mathcal{I}$ 表示可能创意的集合，在 t 期可获得的创意集合表示为 $\mathcal{I}(t) \subset \mathcal{I}$。每个创意 $i \in \mathcal{I}$ 都用向量 (a_i, b_i) 表示。该模型的本质是根据一套可获得的创意构建该经济体的生产可能性集合。为此，我们首先要明确一个给定的创意如何用于生产。让我们假设存在一个唯一的最终产品 Y，它可以使用任意创意 $i \in \mathcal{I}$ 并通过以下形式的里昂惕夫生产函数生产出来：

$$Y(t) = \min\{b_i K(t), a_i L(t)\} \quad (15.49)$$

其中 $K(t)$ 和 $L(t)$ 分别是该经济体中资本和劳动的数量。通常，该经济体可能会使用多种创意，于是 $K(t)$ 和 $L(t)$ 应该用序号 i 标出，表示配置给创意 i 的资本和劳动力数量。然而，我沿着琼斯的思路，假定该经济体在任意时点都采用单一创意。这个假设比较严格，但是可以极大地简化模型和陈述（见习题15.29）。生产函数（15.49）式明确了 a_i 是创意 i 的劳动扩张型生产率，而 b_i 是其资本扩张型生产率。

请回忆第15.6节，标准模型只有在极端的状态依赖性假设下，即有 $\delta = 1$ 时（见命题15.12），才采用纯劳动扩张型技术变化。在这个模型中，我们也不得不根据霍撒克的观点做一个特别的假设，创意是相互独立的，而且通常满足帕累托分布。如果一个随机变量 y 的分布函数由 $G(y) = 1 - \Gamma y^{-a}$（$\Gamma > 0$ 且 $a > 0$）给出，我们说变量具有帕累托分布。现在假设每个创意的构成部分 a_i 和 b_i 分别得

自两个帕累托分布，于是我们有

$$\Pr[a_i \leq a] = 1 - \left(\frac{a}{\gamma_a}\right)^{-\alpha}, \text{ 和 } \Pr[b_i \leq b] = 1 - \left(\frac{b}{\gamma_b}\right)^{-\beta}$$

对于 $a \geq \gamma_a > 0$，$b \geq \gamma_b > 0$，$a > 0$，$\beta > 0$ 和 $\alpha + \beta > 1$（关于最后一个不等式的重要性可参见习题 15.31）成立。

这个帕累托假设在该模型的结论中起到了关键作用。于是，有必要了解帕累托分布具有哪些特点以及为何该分布在经济学的很多不同领域都扮演着重要角色。帕累托分布具有两个相关的特点：一是它的尾部比较厚（因此，具有帕累托分布的变量的方差可能无限大，见习题 15.30）；二是如果 y 具有帕累托分布，它的期望值取决于 y 是否大于某个 y'，即 $\mathbb{E}[y \mid y \geq y']$，且与 y' 成比例。因此不太严格地说，帕累托分布内置了一定程度的比例性（proportionality）。对某种事物未来更好的预期是基于其当前已取得成就的一定比例之上的。这种性质非常便于我们构建增长相关过程的模型。

现在，在给定的这个框架中，让我们定义函数

$$\mathbb{G}(b, a) \equiv \Pr[a_i \geq a \text{ 且 } b_i \geq b] = \left(\frac{b}{\gamma_b}\right)^{-\beta}\left(\frac{a}{\gamma_a}\right)^{-\alpha} \quad (15.50)$$

为 $a_i \geq a$ 和 $b_i \geq b$ 的联合概率。用 $\tilde{Y}_i(K, L)$ 表示使用技术 i、资本 K 和劳动力 L 得到的总产出水平。在使用 a_i 和 b_i 实现创意 i 之前，该产出水平是随机变量。由于生产函数是里昂惕夫形式的，$\tilde{Y}_i$ 的分布可以用该变量的分布函数表示为

$$\begin{aligned} H(y) \equiv \Pr[\tilde{Y}_i \leq y] &= 1 - \Pr[a_i L \geq y \text{ 且 } b_i K \geq y] \\ &= 1 - \mathbb{G}\left(\frac{y}{K}, \frac{y}{L}\right) \\ &= 1 - \gamma K^\beta L^\alpha y^{-(\alpha+\beta)} \end{aligned} \quad (15.51)$$

其中，第二行是根据函数 $\mathbb{G}$ 的定义，第三行是根据当 $\gamma \equiv \gamma_a^\alpha \gamma_b^\beta$ 时的 (15.50) 式。于是，$\tilde{Y}_i$ 的分布也是帕累托分布（前提是 $y \geq \min\{\gamma_b K, \gamma_a L\}$）。

让我们接下来考虑"整体"生产函数，该函数描述的是能够使用任意可获

得技术生产的最大产出量。换句话说，令 $\tilde{Y}(K, L) = \max_{i \in \mathcal{I}(t)} \tilde{Y}_i(K, L)$，令 $N(t)$ 表示在集合 $\mathcal{I}(t)$（在时间 t）可获得的生产诀窍（创意）总数量。于是，到 t 期为止，经济体已经发现了 $N(t)$ 个独立的创意。因为根据假设，这 $N(t)$ 个创意是彼此独立的，于是全局生产函数可以改写为

$$\tilde{Y}(t; N(t)) = F(K(t), L(t); N(t)) \equiv \max_{i=1,\ldots,N(t)} \min\{b_i K(t), a_i L(t)\} \quad (15.52)$$

因为 $N(t)$ 个创意是随机实现的，t 期的产出 $\tilde{Y}(t; N(t))$ 受到资本 $K(t)$ 和 $L(t)$ 的影响，也是随机变量。下面，我们要探讨其分布是如何决定的。在这里，$N(t)$ 种创意相互独立的事实能够简化分析。$\tilde{Y}(t; N(t))$ 小于 y 的概率等于每一种创意的产出少于 y 的概率。于是可得

$$\Pr[\tilde{Y}(t; N(t)) \leq y] = H(y)^{N(t)} \quad (15.53)$$
$$= (1 - \gamma K(t)^\beta L(t)^\alpha y^{-(\alpha+\beta)})^{N(t)}$$

(15.53) 式明确了随着创意的数量 $N(t)$ 变大，$\tilde{Y}(t; N(t))$ 小于任何水平 y 的概率将趋近于零。这只是重述了产出增长没有限度这一事实而已，这源自帕累托分布是没有边界的事实。因此，我们不能仅仅确定产出的分布为 $N(t) \to \infty$。相反，我们必须考察用一个合适变量加以标准化后的总产出，比如它的期望值（并且应用一种类似于中心极限定理的理论）。给定帕累托分布，则标准化因子为 $n(t) \equiv (\gamma N(t) K(t)^\beta L(t)^\alpha)^{\frac{1}{\alpha+\beta}}$，于是

$$\Pr\left[\tilde{Y}(t; N(t)) \leq (\gamma N(t) K(t)^\beta L(t)^\alpha)^{\frac{1}{\alpha+\beta}} y\right] = (1 - \gamma K(t)^\beta L(t)^\alpha (n(t)y)^{-(\alpha+\beta)})^{N(t)}$$
$$= \left(1 - \frac{y^{-(\alpha+\beta)}}{N(t)}\right)^{N(t)} \quad (15.54)$$

其中第二行明确了 $n(t) \equiv (\gamma N(t) K(t)^\beta L(t)^\alpha)^{\frac{1}{\alpha+\beta}}$ 确实是正确的标准化因子。现在请回忆极限 $\lim_{N \to \infty} (1 - x/N)^N = \exp(-x)$，我们可知

$$\lim_{N(t) \to \infty} \Pr\left[\tilde{Y}(t; N(t)) \leq (\gamma N(t) K(t)^\beta L(t)^\alpha)^{\frac{1}{\alpha+\beta}} y\right] = \exp(-y^{-(\alpha+\beta)}) \quad (15.55)$$

对于 $y>0$ 成立。(15.55) 式就是著名的弗雷歇分布 (Fréchet distribution), 这是三种极值的极限分布之一。① 更具体地, (15.55) 式说明

$$\frac{\tilde{Y}(t;N(t))}{(\gamma N(t)K(t)^\beta L(t)^\alpha)^{1/\alpha+\beta}} \sim \text{Fréchet}(\alpha+\beta)$$

于是, 标准化后的长期产出分布, 将逐步趋于弗雷歇分布。于是, 当 $N(t)$ 变大 (例如, 当 $t\to\infty$ 且发现了更多创意时), 长期的全局生产函数大致可以表示为

$$\tilde{Y}(t;N(t)) \approx \varepsilon(t)(\gamma N(t)K(t)^\beta L(t)^\alpha)^{\frac{1}{\alpha+\beta}} \qquad (15.56)$$

其中 $\varepsilon(t)$ 是取自弗雷歇分布的随机变量。对此结论的直观理解类似于霍撒克的结论, 即将使用帕累托分布中相互独立的技术生产出来的不同产量进行加总后, 我们可以得出柯布-道格拉斯生产函数。然而, 两个结论的含义不同。具体而言, 由于长期生产函数近似于柯布-道格拉斯函数, 所以长期要素比例应该是常数。然而, 短期生产函数 (对于有限数量的创意而言) 并非柯布-道格拉斯函数。因此当 $N(t)$ 增加时, 生产函数内生地朝着具有常数要素比例的柯布-道格拉斯函数演变, 而且正如第 15.6 节的分析一样, 这意味着技术变化最终必将变成纯劳动扩张型的。因此琼斯的模型表明, 与霍撒克的静态生产函数相关的各种见解意味着短期生产函数也会内生演变, 其中劳动扩张型的技术变化将主导极限行为, 而且可以肯定, 该经济体从长期看也将有柯布-道格拉斯生产函数。

尽管这个观点很有趣, 在很多重要的情况下都出现了帕累托分布, 且具有各种良好的性质, 我们还是不清楚该观点是否能令人信服地解释技术变化在长期是劳动扩张型的。劳动扩张型技术变化应该是一个均衡结果 (来自企业和工人的研究和创新激励)。定向技术变化模型强调这些激励是如何在不同均衡情况下产生的。在当前的模型中, 柯布-道格拉斯生产函数完全来自加总。这里不存在均衡的相互影响 (equilibrium interactions)、价格效应或者市场规模效应。与此相关的是, 分析的单位并不清晰。相同的论证可以运用于单个企业、行业或地区。于

---

① 具体而言, 统计得出的一个有趣结论表明, 如果我们忽略 $F(y)$ 的分布, 从 F 取 N 个独立变量, 并观察最大值的概率分布, 就有当 $N\to\infty$ 时, 该分布接近下列三种分布之一: 韦布尔 (Weibull) 分布, 耿贝尔 (Gumbel) 分布或者弗雷歇 (Fréchet) 分布。见 Billingsley (1995; 第 14 节)。

是,当我们认为这一论证对整个经济也适用时,我们也可以将其应用于企业、行业和地区,得出每单位产出或者每个企业、行业和地区的长期生产函数是柯布-道格拉斯形式的。然而,现有证据表明,不同行业的生产函数有相当大的不同,而且它们不能使用柯布-道格拉斯函数近似地表达(见关于行业和总生产函数证据的概述,参见 Acemoglu,2003a)。这说明,将霍撒克和琼斯论文中提到的不同活动或"创意"的加总与均衡的相互影响结合起来是很有意义的,这或许能够说明我们可以在什么层面加总以及加总为什么能够适用于(某个)经济体却不一定能适用于单个企业或行业。

15.9 小结

本章介绍了定向技术变化的基本模型。这些方法不同于前两章的内生技术变化模型,因为它们不仅决定了总技术的演化,而且决定了技术变化的方向和偏向。定向技术变化模型使我们能够研究一系列新问题,包括过去 100 年里技术朝着技能偏向型变化的原因、近几十年技术朝着技能偏向型加速演进的原因、19 世纪技术朝着非技能偏向型发展的原因、国际贸易对技术变化方向的影响,以及劳动市场制度与被开发和被采用的技术类型之间的关系。最后但也很重要的一点是,该模型还有助于我们研究为何新古典模型中的技术变化主要都是劳动扩张型的。

一类相对简单的定向技术变化模型都能解释这些问题。这些模型都易于处理,而且可以得到均衡的相对技术和长期增长率的闭式解。它们对以上提到的经验问题的启示主要来自两个初看令人意外的重要结论:弱均衡偏向和强均衡偏向。第一个结论意味着,在相当弱的假设下,一种要素相对供给量的增加总是导致技术内生变化相对偏向于该要素。结果,技能工人与非技能工人的比率或是资本劳动比的提高对这些要素的相对生产率都有显著影响。更令人吃惊的结论是,强均衡偏向认为,和基本生产者理论相反,(相对)需求曲线是可以向上倾斜的。具体地,当要素间的替代弹性足够高时,一种要素更多的相对供给会引起足够强的技术变化使较为丰裕要素的相对价格上涨。换句话说,长期(内生技术)相对需求曲线会变成向上倾斜。相对需求曲线向上倾斜的可能性不仅有一系列经验研究方面的含义,还说明了引致技术效应的强度。

本章还介绍了这些观点在几个重要实证领域的一些应用。虽然定向技术变化模型还不成熟,但是,我们可以从多个理论维度来进一步拓展这些模型。也许更为重要的是,这些思想还有很多其他应用。

最后，本章的模型进一步强调我们不应将技术视为一个黑匣子，相反，我们应该将技术视为经济体中的企业、个人或其他行为人决策的结果，并以此构建模型。这意味着不论在技术进步的总体比率还是在技术发展和运用的偏向方面，利润激励都起到了重要作用。

15.10　参考文献

定向技术变化模型由阿西莫格鲁（1998，2002a，2003a，b，2007a）、基利（Kiley，1999）、阿西莫格鲁和齐利博蒂（Acemoglu and Zilibotti, 2001）提出。这些文献使用了"定向技艺变化"这个词，但是这里我用的是"定向技术（Technological）变化"这个词，这样更能体现与前面章节研究的内生技术变化模型的连续性。这里介绍的框架是基于阿西莫格鲁（2002a）的研究。阿西莫格鲁（2007a）的文章中介绍了更一般的框架，它不受函数形式的限制。

其他构建了定向技术变化模型的文献包括许斌（Xu, 2001）、甘西亚（Gancia, 2003）、狄奥尼格和维迪尔（Thoenig and Verdier, 2003）、拉戈（Ragot, 2003）、杜兰登（Duranton, 2004）、博纳布（Benabou, 2005），卡塞利和科尔曼（2005），以及琼斯（2005）。

定向技术变化模型与早期的有关引致创新的文献关系十分密切。引致创新的文献最早由希克斯间接提出，他在《工资理论》（*The Theory of Wages*，1932，第124—125页）中提到："生产要素相对价格变化本身会刺激发明，而且这种发明是特定的，即朝着节约相对比较昂贵的要素的方向发展。"肯尼迪（Kennedy, 1964）发表的一篇重要论文介绍了"创新可能性边界"的概念，认为该边界的形式而非给定新古典生产函数的形状决定着要素的收入分配。肯尼迪后来又进一步提出，引致创新将推动经济体达到均衡，其相对要素比例是常量［也可参见Drandakis and Phelps, 1965）和萨缪尔森（Samuelson, 1965）］。大约同一时期，哈巴卡克（1962）发表了一部重要著作：《19世纪美国和欧洲的技术：对劳动力节约型发明的研究》。[①] 他在这部著作中提出，劳动力的稀缺性和劳动力节约型发明的研究是主导技术进步的主要因素。哈巴卡克的主要观点是：劳动力稀缺拉高了工资，这反过来促进劳动力节约型技术发生变化。然而，无论是哈巴卡克还是引致创新文献都没能给出研究技术变化或技术应用的建立在微观基础上的研究

---

① *American and British Technology in the Nineteenth Century: The Search for Labor-Saving Inventions.*

方法。例如，肯尼迪给出的企业生产函数具有规模报酬递增的特点，因为除了要素数量，企业还可以选择"技术数量"，但是在分析中没有考虑规模报酬递增。类似的问题也出现在其他的早期研究中。至于由谁承担研发活动以及如何筹资和定价的问题，都尚不清楚。这些缺陷降低了这些文献的说服力。

相反，阿西莫格鲁（1998）的分析和之后在此领域的研究，着手于前两章讨论的内生技术变化模型的显性微观基础。垄断竞争的出现避免了引致创新文献在规模报酬递增方面的问题。

阿西莫格鲁（2002a，b）提出，构建内生技术变化模型的具体方法并不会影响技术变化方向的主要结果。这一观点也可见习题15.18和习题15.28的阐述。此外，尽管本章的重点是技术进步，但阿西莫格鲁（2007a）的文章证明了所有结论都可以推广到技术应用模型。其中还提到了一对概念：弱绝对偏向和强绝对偏向，这对概念关注要素的边际产品而非相对边际产品，同时，我证明了关于弱绝对偏向和强绝对偏向还存在更具一般性的定理。接下来，我探讨了弱相对偏向和强相对偏向的结果与绝对偏向的结果有何不同。我（2007a）还证明了这里用到的固定替代弹性加总因子（CES aggregator）并不是结论的必要条件。我是为了简化表述才沿用了固定替代弹性框架。

奥特尔、卡茨和克鲁格（Autor、Katz and Krueger，1998），卡茨和奥特尔（2000），阿西莫格鲁（2002b）研究了美国在过去60年里的工资变化。最后一篇文章还探讨了定向技术变化模型如何解释过去100年工资变化的失衡，以及美国和英国在过去200年技术变化方向的改变（这两个问题）。关于技能和非技能工人之间的替代弹性有很多研究。估计值大多介于1.4和2之间。可参见卡茨和墨菲（Katz and Murphy，1992）、安格利斯特（Angrist，1995）、克鲁赛尔等人（Krusell et al，1999）。哈马米什（Hammermesh，1993）和阿西莫格鲁（2002b）对很多这类估计值进行了总结和讨论。

詹姆士和斯金纳（James and Skinner，1985）和莫克尔（1990）提出了19世纪的技术通常是劳动互补型偏向于非技能的证据，而戈丁和卡茨（1998）也对20世纪早期一系列重要技术的类型持相似的观点。

布兰查德（1997）讨论了欧洲失业问题的持续性，并提出只能通过减少对高成本劳动力需求的技术变化来理解20世纪90年代的情况。这个观点是习题15.26的基础。卡瓦列罗和哈默尔（Caballero and Hammour，1999）就上述观点提出了补充解释。

阿西莫格鲁（2003b）提出，扩大的国际贸易可能引起内生技能偏向型的技术变化。习题 15.20 就是基于这个观点。许斌（2001）、甘西亚（2003）、狄奥尼格和维迪尔（2003）对这个观点进行了拓展。

第 15.6 节提出的长期纯劳动扩张型技术变化模型最早由阿西莫格鲁（2003a）提出，这里介绍的模型是该文的简化版（Funk，2002）。对资本和劳动力之间的替代弹性小于 1 的假设源自各种经验研究。阿西莫格鲁（2003a）总结了其证据。第 15.8 节是建立在琼斯（2005）的研究上。又见霍撒克（1955）和拉各斯（Lagos，2001）。

15.11 习题

15.1 推导（15.1）式。

15.2 完成对命题 15.1 的证明。具体地，证明在任意均衡增长路径上，（15.27）式都必须成立，同时推导由（15.29）式给出的均衡增长率。并证明（15.28）式能够保证两个自由进入条件（15.20）式和（15.21）式一定以等式形式成立。最后，证明该条件也是保证家庭效用有限和横截性条件满足的充分条件。[提示：计算均衡利率并且利用（15.22）式。]

15.3 证明命题 15.2。[提示：利用（15.9）式证明，当 $N_H(0)/N_L(0)$ 不满足（15.27）式时，则（15.20）式和（15.21）式也不能作为等式成立。]

15.4 推导（15.30）式。

15.5 解释为什么命题 15.1 中，γ 对均衡增长路径增长率的影响（15.29）式是不确定的。这个效应在什么时候为正？请给出直观的解释。

15.6 这个习题要求你描述第 15.3 节模型中的帕累托最优配置。构建该模型中的最优增长问题。证明在最优增长（帕累托最优）配置中，不存在加成，于是

$$x_L^S(v,t) = (1-\beta)^{-1/\beta} p_L(t)^{1/\beta} L, \text{ 和 } x_H^S(v,t) = (1-\beta)^{-1/\beta} p_H(t)^{1/\beta} H$$

利用这些表达式，证明最优增长问题可以通过下列现值汉密尔顿函数描述

$$\mathcal{H}(N_L^S, N_H^S, Z_L^S, Z_H^S, C^S, \mu_L, \mu_H) = \frac{C^S(t)^{1-\theta}-1}{1-\theta} + \mu_L(t)\eta_L Z_L^S(t) + \mu_H(t)\eta_H Z_H^S(t)$$

其中

$$C^S(t) = (1-\beta)^{-1/\beta}\beta\left[\gamma_L^{\varepsilon/\sigma}\left(N_L^S(t)L\right)^{\frac{\sigma-1}{\sigma}} + \gamma_H^{\varepsilon/\sigma}\left(N_H^S(t)H\right)^{\frac{\sigma-1}{\sigma}}\right]^{\frac{\sigma}{\sigma-1}} - Z_L^S(t) - Z_H^S(t)$$

证明该问题有一个唯一解,其中,当 $t\to\infty$,(N_H^S/N_L^S) 收敛于唯一的由(15.27)式给出的 $(N_H^S/N_L^S)^*$,而且消费增长率收敛于

$$g^S = \frac{1}{\theta}\left((1-\beta)^{-1/\beta}\beta\left[\gamma_H^{\varepsilon}(\eta_H H)^{\sigma-1} + \gamma_L^{\varepsilon}(\eta_L L)^{\sigma-1}\right]^{\frac{1}{\sigma-1}} - \rho\right)$$

证明,该增长率严格大于由(15.29)式给出的均衡增长路径上的均衡增长率 g^*。最后,证明该最优增长配置中,弱均衡偏向和强均衡偏向结果的恒等式成立。

15.7 推导(15.33)式和(15.34)式的自由进入条件。对这些条件给出直观解释。

15.8 推导(15.36)式。

15.9 证明命题15.5。具体地,证明存在唯一的均衡增长路径,而且该均衡增长路径上的增长率满足横截性条件。

15.10 在第15.4节的模型中,证明:当 $\sigma>1$(而且 $\sigma<1/\delta$)时,η_H 的增长会增加均衡增长路径中 H 扩张型的技术科学家数量 S_H^*;当 $\sigma<1$ 时,则相反。请解释这个结论。

15.11 (a) 证明命题15.6。具体地,利用(15.9)式证明当(15.36)式不满足时,两个自由进入条件不能同时成立。接着证明当 $\sigma<1/\delta$ 时,人们更愿意从事相对稀缺技术的研究,而当 $\sigma>1/\delta$ 时,情况相反。

(b) 解释条件 $\sigma<1/\delta$ 的重要经济意义。[提示:联系以下事实,当 $\sigma<1/\delta$ 时,有 $\partial(N_H^\delta V_H/N_L^\delta V_L)/\partial(N_H/N_L)<0$,当 $\sigma>1/\delta$ 时则情况相反。]

15.12 证明命题15.7。

15.13 试求具有知识外溢和状态依赖性特点的模型(第15.4节)中的帕累托最优配置。证明:静态帕累托最优配置中的相对技术比率不再符

合平衡增长路径均衡。请解释为什么这个结论不同于第 15.3 节中的结论。

15.14 推导（15.41）式。

15.15 证明在第 15.5 节的模型里，如果 $\lambda = 1$，则不存在平衡增长路径。

15.16 推导（15.42）式和（15.43）式。

*15.17 将第 15.4 节的模型进行推广，考虑不存在科学家，研发部门也会使用技能和非技能工人的情况。于是劳动力市场出清条件变为

$$H^E(t) + H_L^R(t) + H_H^R(t) \leq H, \text{ 和}$$

$$L^E(t) + L_L^R(t) + L_H^R(t) \leq L$$

其中 $H^E(t)$ 和 $L^E(t)$ 表示制成品部门的雇员数，$H_L^R(t)$、$H_H^R(t)$、$L_L^R(t)$ 和 $L_H^R(t)$ 分别表示两个研发部门中的雇员人数。假定两个部门的研发技术中，技能和非技能劳动力的结合是基于具有相同不变规模报酬的生产函数。

(a) 定义该均衡和平衡增长路径配置，并求出自由进入条件。

(b) 试求平衡增长路径均衡。

(c) 证明：在这种情况下，命题 15.3 和命题 15.4 的等式成立。

(d) 试求此处的动态变化，并且证明它类似于命题 15.2 中的动态变化。

(e) 求该经济体的帕累托最优配置，并证明该静态均衡中的帕累托最优技术比率也由（15.27）式决定。

*15.18 考虑第 15.3 节介绍的定向技术变化的基础模型，唯一的区别是技术变化是由质量提高而非机器种类扩展推动的。具体地，让我们假设中间产品根据以下生产函数生产

$$Y_L(t) = \frac{1}{1-\beta} \left(\int_0^1 q_L(v,t) x_L(v,t \mid q)^{1-\beta} dv \right) L^\beta, \text{ 和}$$

$$Y_H(t) = \frac{1}{1-\beta} \left(\int_0^1 q_H(v,t) x_H(v,t \mid q)^{1-\beta} dv \right) H^\beta$$

生产一台质量为 q 的机器需要耗费成本 ψq，此处我们设定 $\psi = 1-\beta$。用于特定质量为 $q_f(v,t)$ 机器的研发开支 $Z_f(v,t)$，导致流量为 $\eta_f Z_f(v,t)/q_f(v,t)$ 的创新，并且引致机器质量提高到 $\lambda q_f(v,t)$，

其中 $f=L$ 或者 H，且 $\lambda \geq (1-\beta)^{-(1-\beta)/\beta}$，于是从事创新的企业可以制定无约束的垄断价格。

(a) 定义并描述均衡和平衡增长路径配置。

(b) 证明：平衡增长路径均衡中的相对技术由（15.27）式决定。

(c) 证明：命题 15.3 和命题 15.4 的等式在此情况下成立。

(d) 试求动态变化，并且证明它类似于命题 15.2 中的动态变化。

(e) 描述该经济体中的帕累托最优配置，并且证明该静态均衡中的帕累托最优技术比率也由（15.27）式决定。

(f) 相对于第 15.3 节研究的基础模型，本模型的优缺点分别是什么？

15.19 作为定向技术变化模型的一个潜在应用，考虑著名的哈巴卡克假说，他声称在 19 世纪美国经济中的技术应用快于英国是因为前者的劳动力相对更为稀缺（这提高了工资水平并且促进了技术应用）。

(a) 首先，考虑具有两种要素，即劳动力和技术 $F(A, L)$ 的新古典模型，其中 F 表示稳定的规模报酬，A 是技术，每个企业生产制成品的成本为 $\Gamma(A)$。假设 Γ 是连续、可微、严格递增且凸的。证明：工资增长（由劳动力供应下降引起或者因为最低工资提高导致工资外生增长）并不能提高 A。

(b) 其次，考虑本章研究的定向技术变化模型，其中 H 表示土地，假设 N_H 是固定的（于是只有研发能够提高 N_L）。证明：当 $\sigma > 1$ 时，会得出和哈巴卡克假说相反的结论。如果反过来，当 σ 远远小于 1 时，该模型得出的结论会与哈巴卡克假说一致。请解释这个结果，并说明为什么其影响不同于问题（a）的新古典模型。

15.20 考虑第 15.3 节定向技术变化的基础模型，假设该模型处于稳定状态。

(a) 证明：在稳态时，两种中间产品的相对价格 p 和 $(H/L)^{-\beta}$ 成比例。

(b) 现在假设该经济体是对外开放的，它面临的中间产品相对价格为 $p' < p$。请推导其对内生技术变化的影响。解释为何结果不同于前文的结论。[提示：将你的结果和价格效应联系起来。]

15.21 (a) 证明命题 15.11。证明：在任意平衡增长路径均衡中，(15.36) 式都成立，而且该等式与资本累积不一致。

(b) 证明不存在可使消费以常数比率增长的均衡配置。[提示：证明

15.22 请推导（15.46）式。

15.23 请推导（15.48）式。

*15.24 请完成对命题 15.12 的证明，并证明不存在任意其他平衡增长路径均衡。

*15.25 证明当 $\sigma < 1$ 且 $S_K < \eta_L S$ 时，命题 15.12 中的平衡增长路径均衡是全局稳定的。证明：当 $\sigma > 1$ 时，上述均衡是不稳定的。将该结论和命题 15.6 联系起来。

15.26 现在让我们利用命题 15.12 的结论重新审视布兰查德（1997）提到的欧洲大陆国家的失业情况。考虑第 15.6 节的模型。讨论高于市场出清水平的工资上涨如何首先引起失业，然后，当 $\sigma < 1$ 时，将引起资本偏向型的技术变化。这个模型是否可以解释欧洲大陆持续的失业问题？[提示：区分两种情况（1）最低工资下限是不变的；（2）最低工资下限和该经济体以相同的增长率增长。]

*15.27 本章的分析已经将两种要素的供给当作内生的，并分析了相对供给对要素价格的影响。本习题要研究相对供给和技术的联合决定问题。让我们集中讨论具有技能和非技能劳动力这两种要素的模型。假定在每个年代都有非技能劳动者诞生，用连续统 v 表示，而且每个人都面临一个流动死亡率（flow rate of death），等于 v，于是人口稳定在 1 的水平（正如第 9.8 节所示）。每个劳动者选择是否接受教育并成为一名技能工人。例如，劳动者 x，需要接受教育 K_x 年才能成为技能劳动力，在此期间，他不能获得任何劳动收入。K_x 的分布由 $\Gamma(K)$ 确定。模型剩下的部分和本文中的相同。假设 $\Gamma(K)$ 没有质点。试求一条平衡增长路径，其中 H/L 和技能溢价保持不变。

(a) 证明：在平衡增长路径上，当教育成本为 K_x 年的个人选择接受教育，另一个成本为 $K_{x'} < K_x$ 的人也必然会获取技能，而且存在 $\bar{K}$，使教育成本为 $K_x > \bar{K}$ 的个人不会成为技能工人。

(b) 证明：当 $v \to 0$ 时，平衡增长路径中的（劳动力）相对（要素）供给可以近似表达为

$$\frac{H}{L} \approx \frac{\Gamma(\bar{K})}{1-\Gamma(\bar{K})}$$

(c) 证明：在平衡增长路径上，$\bar{K} = \log \omega/(r^* + \upsilon - g^*)$，其中 r^* 和 g^* 分别代表平衡增长路径的利率和增长率。

(d) 通过结合问题（b）和问题（c）以及（15.30）式，求平衡增长路径上的技能溢价。多重均衡有可能出现吗？请解释。

*15.28 考虑一个具有不变人口和风险中性家庭的经济体未来以比率 r 贴现。人口由 L 名非技能工人、H 名技能工人和 S 名科学家组成。每个人的效用由最终产品表示，这些产品的生产函数为

$$Y(t) = \left(\int_0^n y(v,t)^{\frac{\varepsilon-1}{\varepsilon}} dv\right)^{\frac{\varepsilon}{\varepsilon-1}}$$

其中 $\varepsilon > 1$ 且中间产品 $y(v, t)$ 可以使用技能或者非技能劳动力生产。当一种新的中间产品被创造时，它首先仅使用技能劳动力生产，其生产函数为 $y(v, t) = h(v, t)$，最后，另一个企业会找到使用非技能劳动力生产该产品的方法，其生产函数为 $y(v, t) = l(v, t)$。假设新的产品是通过科学家基于以下创新可能性边界创造的：

$$\dot{n}(t) = b_n n(t)^\delta m(t)^{1-\delta} S_n(t), \text{ 和 } \dot{m}(t) = b_m m(t)^\delta n(t)^{1-\delta} S_m(t)$$

其中 $\delta < 1$ 且 $S_n(t)$ 和 $S_m(t)$ 是配置于这两类产品的科学家人数，且 $S_n(t) + S_m(t) \leq S$。用 $w(t)$ 表示科学家在 t 期的工资。发明新产品的企业将变成垄断生产者，但是它的垄断地位可以被那些能找到使用非技能劳动力生产该产品的新垄断者取代。

(a) 用 $w(t)$ 表示非技能工人工资，用 $v(t)$ 表示技能工人工资。证明：只要 $v(t)$ 比 $w(t)$ 足够大，在 t 期生产技术密集型和劳动力密集型产品垄断者的瞬时利润为

$$\pi_h(t) = \frac{1}{\varepsilon-1}\frac{v(t)H}{n(t)-m(t)}, \text{ 和 } \pi_l(t) = \frac{1}{\varepsilon-1}\frac{w(t)L}{m(t)}$$

请解释这些等式。为什么 $v(t)$ 比 $w(t)$ 足够大是必要条件呢？

(b) 又假设一个企业通过研发（用劳动力密集型）取代了技术密集型产品，它取代任意现存的 $n-m$ 技术密集型产品的概率都是相等的。证明：这个条件意味着技能和非技能工人的产出和工资都以 $g/(\varepsilon-1)$ 比率增长。[提示：在每一时期都使用计价方程（equation for numeraire），将最终产品价格设定为1。]

(c) 证明：在平衡增长路径上，科学家的工资与技能和非技能工人的工资以相同比率增长。

(d) 证明：平衡增长路径一定满足以下条件

$$b_n \mu^{1-2\delta} \frac{vH}{r-(2-\varepsilon)g/(1-\varepsilon)+\mu g/(1-\mu)} = b_m \frac{wL}{r-(2-\varepsilon)g/(1-\varepsilon)}$$

其中 $\mu \equiv m/n$。[提示：请注意生产劳动密集型产品的垄断者永远不会被替代，但是生产技术密集型产品的垄断者面临着恒定的流动替代率；另外，还要用到 $\dot{m}/(n-m) = g\mu/(1-\mu)$ 这个事实。]

(e) 利用不同种类产品的需求表达式（比如，$y(v, t)/y(v', t) = (p(v, t)/p(v', t))^{-\varepsilon}$），描述 μ 的平衡增长路径水平。H/L 的增加会对 μ 产生什么影响？请解释。

(f) 为什么有必要对创新可能性边界设定 $\delta<1$？请简单分析当 $\delta=1$ 时的情况。

*15.29 考虑第15.8节介绍的模型。

(a) 证明：当资本和劳动配置于竞争性市场，通常来说在均衡中将用到不止一种技术。[提示：构思一个例子，存在三种创意 $i=1$、2和3，只用到一种创意可表示为 $i=1$，而通过将一些劳动力和资本配置于创意2和创意3，产出就可以增加。]

(b) 证明：在这种情况下，第15.8节使用的总结论并不适用。

*15.30 假设 y 具有帕累托分布，表示为 $G(y) = 1 - B_y^{-\alpha}$。试求 y 的方差并证明该方差可能会无限大。

*15.31 假设 y 具有帕累托分布，表示为 $G(y) = 1 - B_y^{-\alpha}$，其中 $\alpha>1$。证明：

$$\mathbb{E}[y \mid y \geq y'] = \frac{\alpha}{\alpha-1} y'$$

当 $\alpha<1$ 时，又将怎样？